덕후를 위한 교양 수업

라이브 지음 | 김희성 옮김

BM (주)도서출판 성안당

머리말

게임, 애니메이션, 만화, 특수촬영, 피규어, 소설, 음악, 동인지.

덕후*(御宅, 한 분야에 열중하는 사람을 이르는 말) 문화는 미디어도 장르도 다양하다. 수가 많다는 것은 반대로 기회가 없어 접하지 못한 작품 또한 많다는 얘기이다. 당신이 덕후라는 것을 전제로 작품에 빠져 있다면 단어의 의미나 스토리, 설정 소재 등이 궁금하겠지만, 우연히라도 접하지 못한 작품이라면 그럴 기회조차 없다. 당신이 현재 알고 있는 지식 이상으로 덕후라면 알아둬야 할 지식, 교양이라는 것은 물리적으로 그리고 잠재적으로 매우 많다. 그런 현실이 안타까울 뿐이다. 고찰, 망상, 창작, 표현 등 덕후 활동을 하는 데 있어서 알아서 손해 볼 것은 하나도 없다.

그래서 이 책은 그런 덕후라면 알고 싶어 할만한, 다소 편향된 지식과 교양, 핵심 단어 등을 집중 소개하고 있다. 매일 한 페이지씩 1년간 읽을거리를 7개 분야 및 요일별로 나누어 구성했기에 매일매일 다채로운 정보를 접할 수 있다. 하루 한 페이지씩 읽다 보면 호기심과 상상력이 한층 더 자극받을 것이다. 이 책을 통해 풍요로운 덕후 생활을 보낼 수 있기를 희망한다.

월요일 [역사]

일본, 중국, 서양 역사를 중심으로 인물·사건·조직 등을 소개

화요일 [신화·전설]

일본, 서양, 아시아 신화·전설을 중심으로 캐릭터, 이야기, 사건 등을 소개

수요일 [문학]

일본, 서양, 중국을 중심으로 문학 작품, 문호 등을 소개

목요일 [과학·수학]

물리, 수학, 생물을 중심으로 용어나 이론 등을 소개

금요일 [철학·심리·사상]

철학, 심리학, 사상, 예술을 중심으로 용어와 인물 등을 소개

토요일 [오컬트·불가사의]

오컬트나 불가사의, 세계의 수수께끼를 중심으로
아이템, 사건, 장소 등을 소개

일요일 [종교]

일본, 서양, 아시아 종교를 중심으로 용어, 인물, 캐릭터 등을 소개

*일본어 오타쿠를 한국식으로 발음한 '오덕후'의 줄임말로, 현재는 어떤 분야에 몰두해 전문가 이상의 열정과 흥미를 가지고 있는 사람이라는 긍정적인 의미로 사용된다.

역사

제1주 1일 월요일 ❶ 고대 / 일본 / 인물

1 히미코 卑弥呼 ❷

야마타이국의 여왕 히미코는 분쟁이 이어지던 여러 국가를 통합하고 이웃 국가와 외교를 시작한 명군이다. 통치자로서 뛰어난 실적을 남겼지만 실체는 상당한 괴짜였던 것 같다.

민중을 이끈 여왕은 운둔을 즐기는 아줌마!

2세기에서 3세기경 일본에 존재했다는 전설의 고대 국가 야마타이국邪馬台國이다. 이 나라의 여왕 히미코卑弥呼는 전대 왕의 시대부터 계속되는 내란을 진압하고 239년 중국의 왜에 조공을 보냈다. 그리고 대가로 왜의 황제 조예曹叡로부터 '친위왜왕' 작위와 금인을 수여받고 왜국(일본)의 왕으로 인정받는 뛰어난 정치 수완을 발휘했다.

〈위지왜인전魏志倭人傳〉에 히미코는 아귀鬼道로 사람을 유혹한다고 기술되어 있다. 이에 대해 히미코는 항상 궁전 깊숙한 곳에 은둔한 채 다른 사람과 거의 만나지 않고 신변의 도움이나 점괘를 전하는 것은 동생의 역할이었다고 한다. 한 나라의 왕으로서는 상당히 모호한 인물이 ❸

하지만 당시는 다양한 자연현상의 원인이 해명되지 않았던 때. 민중들은 점괘로 모두를 이끌어주는 히미코를 믿고 의지했을 것이다. 이러한 역사적 사실에서 현대의 만화나 영상 작품에 등장하는 히미코는 신비로운 무녀(대개는 엄청난 미녀)의 이미지로 그려지는 경우가 많다. 하지만 〈위지왜인전〉에서 히미코는 이미 고령으로 등장한다. 여왕으로서 권세를 누렸던 히미코는 은둔형 노인이었던 것이다.

덧붙여서 〈고지키古事記〉와 〈일본서기日本書紀〉의 등장인물 중 히미코는 누구에 해당할까? 옛날부터 계속되고 있는 이 논쟁에서 유력한 것은 히미코=아마테라스 오미카미天照大神 설이다. 두 서적에는 여왕이라는 지위와 동생이 있다는 등의 공통점이 있다. 또한 천문학상 계산에 따르면 히미코가 죽은 연대의 전후에 개기 일식이 일어났다는 사실로 볼 때 아마테라스 오미카미가 아마노이와도天岩戸에 숨은 일화와 겹치는 것으로 알려져 있다.

관련 용어

야마타이국
邪馬台国
예전에 일본에 존재했던 고대국가의 하나. 위치는 규슈九州였다는 설과 긴키近畿 지방이었다는 설 등 현재도 논쟁이 계속되고 있다.

위지왜인전
魏志倭 ❹
〈삼국지 ❹ 전의 하나로, 왜국(당시의 일본)의 지리 및 주민들에 대한 내용이 기록되어 있다.

귀도 鬼道
히미코가 나라를 다스리기 위해 사용하던 방법. 귀도가 무엇인가에 대해서는 주술과 신교, 도교 등 다양한 설이 있다.

COLUMN 전설의 미녀의 진정한 매력은?

히미코처럼 일반적인 이미지와 실정이 다를 가능성이 높은 것이 클레오파트라다. 카이사르와 안토니우스가 그 미모에 매료되었다고 하 ❺ 역사가인 플루타르코스Plutarchos는 그녀의 미모가 그다지 뛰어나지는 않았다고 평가하고 있다. 그녀는 총명하고 어학에 능통한 여성이었음을 감안하면 남자들은 외모가 아니라 지성에 매료된 것 같다.

4

❶ 항목 관련 카테고리
❷ 항목 이름
❸ 항목에 대한 설명
❹ 항목 관련 용어 해설
❺ 항목에 대한 소재와 토막 지식

1 히미코 卑弥呼

야마타이국의 여왕 히미코는 분쟁이 이어지던 여러 국가를 통합하고 이웃 국가와 외교를 시작한 명군이다. 통치자로서 뛰어난 실적을 남겼지만 실체는 상당한 괴짜였던 것 같다.

민중을 이끈 여왕은 운둔을 즐기는 아줌마!

2세기에서 3세기경 일본에 존재했다는 전설의 고대 국가 야마타이국邪馬台國이다. 이 나라의 여왕 히미코卑弥呼는 전대 왕의 시대부터 계속되는 내란을 진압하고 239년 중국의 왜에 조공을 보냈다. 그리고 대가로 왜의 황제 조예曹叡로부터 '친위왜왕' 작위와 금인을 수여받고 왜국(일본)의 왕으로 인정받는 뛰어난 정치 수완을 발휘했다.

〈위지왜인전魏志倭人傳〉에 히미코는 아귀鬼道로 사람을 유혹한다고 기술되어 있다. 이에 대해 히미코는 항상 궁전 깊숙한 곳에 은둔한 채 다른 사람과 거의 만나지 않고 신변의 도움이나 점괘를 전하는 것은 동생의 역할이었다고 한다. 한 나라의 왕으로서는 상당히 모호한 인물이다.

하지만 당시는 다양한 자연현상의 원인이 해명되지 않았던 때. 민중들은 점괘로 모두를 이끌어주는 히미코를 믿고 의지했을 것이다. 이러한 역사적 사실에서 현대의 만화나 영상 작품에 등장하는 히미코는 신비로운 무녀(대개는 엄청난 미녀)의 이미지로 그려지는 경우가 많다. 하지만 〈위지왜인전〉에서 히미코는 이미 고령으로 등장한다. 여왕으로서 권세를 누렸던 히미코는 은둔형 노인이었던 것이다.

덧붙여서 〈고지키古事記〉와 〈일본서기日本書紀〉의 등장인물 중 히미코는 누구에 해당할까? 옛날부터 계속되고 있는 이 논쟁에서 유력한 것은 히미코=아마테라스 오미카미天照大神 설이다. 두 서적에는 여왕이라는 지위와 동생이 있다는 등의 공통점이 있다. 또한 천문학상 계산에 따르면 히미코가 죽은 연대의 전후에 개기 일식이 일어났다는 사실로 볼 때 아마테라스 오미카미가 아마노이와도天岩戸에 숨은 일화와 겹치는 것으로 알려져 있다.

관련용어

야마타이국
邪馬台国
예전에 일본에 존재했던 고대국가의 하나. 위치는 규슈九州였다는 설과 긴키近畿 지방이었다는 설 등 현재도 논쟁이 계속되고 있다.

위지왜인전
魏志倭人伝
〈삼국지〉 열전의 하나로, 왜국(당시의 일본)의 지리 및 주민들에 대한 내용이 기록되어 있다.

귀도 鬼道
히미코가 나라를 다스리기 위해 사용하던 방법. 귀도가 무엇인가에 대해서는 주술과 신교, 도교 등 다양한 설이 있다.

COLUMN **전설의 미녀의 진정한 매력은?**

히미코처럼 일반적인 이미지와 실정이 다를 가능성이 높은 것이 클레오파트라다. 카이사르와 안토니우스가 그 미모에 매료되었다고 하지만 역사가인 플루타르코스Plutarchos는 그녀의 미모가 그다지 뛰어나지는 않았다고 평가하고 있다. 그녀는 총명하고 어학에 능통한 여성이었음을 감안하면 남자들은 외모가 아니라 지성에 매료된 것 같다.

2 요모츠히라사카 黃泉比良坂

일본 신화의 이자나기노미코토와 이자나미노미코토의 에피소드로 알려져 있는 고개坂. 현생과 저승의 경계에서 한때 왕래할 수 있었지만, 바위로 막히고 나서 왕래할 수 없게 되었다고 한다.

저 세상과 이 세상의 경계

이자나기노미코토伊邪那岐命와 이자나미노미코토伊邪那美命는 남매로 부부가 된 신이다. 두 기둥 사이에서 여러 신이 태어났다. 이자나미노미코토는 불의 신 가구쓰치迦具土를 낳다가 생식기가 타서 죽었는데, 이자나기노미코토는 아내를 그리워 해 황천(저승)으로 떠났다. 그런데 이자나미노미코토가 저승의 신과 상담하니 들여다보지 말라고 주의했음에도 불구하고 이자나기노미코토는 기다리지 못하고 머리에 꽂았던 빗을 뽑아 불을 붙여 안으로 들어갔다. 하지만 불빛에 비친, 온몸에는 온갖 구더기들이 들끓고 여덟 기둥의 뇌신(雷神, 천둥을 관할하는 신)이 휘감은 이자나미노미코토의 모습을 보고 말았다. 그 모습에 아내에 대한 연모도 날아가고 이자나기노미코토는 저승에서 도망쳤다. 분노한 이자나미노미코토가 쫓아오자 무거운 바위로 요모츠히라사카黃泉比良坂의 길을 막았다는 것이다.

그런데 저승은 어디에 있었는가 하는 점인데, 일반적으로 지하라고 여겼다. 세계적으로도 예전에는 매장하는 풍습이 일반적이었고, 원래 '황천'은 중국에서 지하를 가리키는 말이다. 외국의 신화에서도 명계冥界는 지하에 있다. 단, 요모츠히라사카라고 여겨지는 장소는 시마네현島根県 마쓰에시松江市 히가시이즈모쵸東出雲町 이야揖屋에 실재하며 현지에는 금줄을 친 돌기둥이 세워져 있다. 금줄에는 악령을 물리치는 외에 신령이 사는 저승他界과의 경계라는 의미가 있고, 그곳부터 저승길이라는 것이다. 고대에는 죽은 자를 산에 묻었으며 산을 이계異界라고 여겼다. 소설 등에서 "섬뜩한 산길을 걷고 있는 사이에 어느새 이계를 헤매다"라는 설정을 가끔 볼 수 있는데, 이 역시 근거가 있는 셈이다. 덧붙여서 이 고개에서는 심령사진이 찍힌다는 소문도 있다. 저승의 입구까지는 아니더라도 어떤 힘이 작용하고 있는 불가사의한 장소이기는 한 것 같다.

관련용어

저승
일본 신화에서 죽은 자의 나라. 뱀, 지네, 쥐 등의 해충과 해수가 산다고 한다. 이자나기노미코토가 나타났을 때 이자나미노미코토는 저승의 음식을 먹어 소생하지 못했기 때문에 저승 신에게 상담하려고 이자나기노미코토를 기다리게 한 것이다.

여덟 기둥의 뇌신
이자나미노미코토의 몸에서 솟아난 뇌신들. 머리에서 대뇌, 가슴에서 흑뇌, 오른손에서 토뇌, 왼손에서 약뇌가 생겨나고, 성기에서 탁뇌拆雷, 오른발에서 복뇌伏雷, 왼발에서 명뇌가 나오는데, 이들은 천둥의 제 현상을 나타낸다는 설이 있다.

COLUMN **명계로 내려간 오르페우스**

그리스 신화에도 요모츠히라사카 신화와 비슷한 내용이 있다. 음유 시인 오르페우스Orpheus가 '저승에서 나올 때까지 뒤돌아보지 않는다'는 조건으로 아내를 저승에서 데려 오려고 하지만 저승을 나오는 지점에서 뒤돌아봐서 실패한다. 남편이 죽은 아내를 찾아 저승으로 가서 '봐서는 안 된다'는 금기를 어긴 점 등이 공통된다.

3 고킨와카슈 古今和歌集

〈고킨와카슈古今和歌集〉는 엔기(延喜) 5년(905)에 작성됐다(명한 해라고도 한다). 나라의 최고 권력자인 천황의 명령으로 만들어진 일본 문화의 미의식이라고도 할 수 있다.

일본 최초의 공식(국가 공인) 시화집

5·7·5·7·7의 리듬으로 읊는 단가短歌라는 형식은 7세기 중반에 완성됐다. 옛날에는 선두가旋頭歌나 편가片歌, 장가長歌 등의 형식도 있었다고 한다. 그런 와카 중에서도 단가만을 모은 일본 최초의 칙선와카슈勅撰和歌集인 〈고킨와카슈古今和歌集〉는 제60대 다이고醍醐 천황의 명에 의해 만들어졌다. 작가로 선정된 것은 기노 토모노리紀友則, 기노 쓰라유키紀貫之, 요시코치노 미쓰네凡河内躬恒, 미부노 타다미네壬生忠岑 4명으로 그들은 36가선에 이름을 올린 시인들이다.

전 20권, 총 1111수의 와카가 수록되어 있으며, 기노 쓰라유키가 가명으로 쓴 〈가명서〉, 기노요시모치紀淑望가 한문으로 쓴 〈마나서〉에서 시작된다. 와카는 각각 봄(상하), 여름, 가을(상하), 겨울의 〈사계가〉, 하례, 이별, 물건이름, 사랑(1~5), 애상, 대가소어가, 동가東歌 등으로 장이 구성되어 있다.

또한 사계절이라면 입춘에서 연말로, 연가라면 첫만남에서 밀회, 이별과 같은 식으로 하나의 이야기처럼 노래가 배열되어 있기 때문에 작가의 노력이 엿보인다.

〈고킨와카슈古今和歌集〉의 킨今은 작가들이 살았던 당대 시인들의 노래이고, 고古는 오노노고마치 등 6가선 시대의 것이다. 필시 유명한 시인들이 이름을 올렸을 것 같지만 전체의 약 40%는 작가 미상의 것이다. 국가의 위신을 건 칙선집이지만, '문화'를 형성하는 자에게 귀천은 없다고 본 방침은 훗날의 칙선집에도 이어진다.

기노 쓰라유키紀貫之

관련용어

와카和歌
시가 형태의 하나. 한시에 대비해 일본에서 읊어진 노래이다. 원래는 감정을 노래하는 가요에서 발전한 것이라고 알려져 있다.

칙선와카슈 勅撰和歌集
천황과 상황, 법황의 명령으로 편찬된 시집을 말한다. 문화적인 가치뿐만 아니라 시대별 정권의 힘을 나타내는 대표이기도 하다. 무로마치室町 시대의 〈신조쿠고킨슈新続古今集〉(1439)까지 21의 가집이 편찬됐다.

36가선三十六歌仙
후지와라노 긴토藤原公任의 수가선秀歌撰 〈36인선〉에 선정된 36명의 시인. 나라奈良 시대부터 헤이안平安 시대 중기, 약 300년의 역사에서 선정됐다.

가선歌仙
뛰어난 가인을 말한다. 〈고킨와카슈古今和歌集〉의 서문에서 기노 쓰라유키가 가키노모토노 히토마로柿本人麻呂와 야마벤 아카히토山部 赤人를 '와카의 선'이라고 부른 것에서 시작된다.

COLUMN 경기競技 카루타 이외에도 여러 가지 있는 백인일수百人一首

1인 1수, 와카의 미의식이라고도 할 수 있는 총 100수를 엄선한 것이 '백인일수'이다. 만화의 소재가 되기도 한 경기 카루타에서 사용되는 '오구라 백인일수'가 친숙하지만 이것은 백인일수의 1종에 지나지 않고, 〈무가 백인일수〉나 〈신新 백인일수〉 등 다수 존재한다. 덧붙여서 "우타 카루타"도 유행했던 에도 시대 당시에는 많은 버전이 있었다.

4 라플라스의 악마

근세·근대에 고전 물리학인 뉴턴 역학이 구축된 것은 큰 공적이었다. 동시에 과학의 세계에는 악마의 그림자가 드리운다. 그 악마의 정체는?

과거도 미래도 아는 물리학의 완벽한 악마 탄생

운동의 3법칙으로 알려진 아이작 뉴턴(1642~1727년)은 뉴턴 역학을 확립하고 혁명을 일으켰다. 그도 그럴 것이 그때까지의 과학은 '왜 인력은 있는가' 하는 목적을 탐구하는 철학적인 것이었다면, 그는 순수하게 '인력이 어떤 법칙으로 기능하는가'만을 설명하려고 했다. 지금은 당연하게 생각되는 방법론이 실은 당시의 과학자들에게는 혁명적이었던 것이다.

그러자 다른 문제도 발생한다. 법칙을 알고 있다면 원인에 따라 결과는 일의적一義的으로 도출되는, 다시 말하면 모든 사건은 원인이 되는 옛날의 사건에 의해서만 결정된다고 생각하는 과학자도 나타나게 됐다. 그런 사람 중 하나인 피에르 시몽 라플라스는 이렇게 주장했다.

"만약 어느 순간의 모든 물질의 역학적 상태와 힘을 알 수 있고, 또한 만약 그 데이터를 분석할 수 있는 능력의 지성이 존재한다고 하면, 이 지성에게는 불확실한 것은 아무것도 없고, 그 눈에는 미래도(과거처럼) 모두 보일 것이다"(《확률해석론Théorie analytique des probabilités》 1812년).

이 지성이 라플라스의 악마이다. 원인과 결과와 법칙성을 완벽하게 파악하고 미래도 과거도 보인다. 악마라기보다는 신적인 것은 물론 존재하지 않았다. 지금은 원리적으로 미래를 특정할 수 없는 양자 역학이 있기 때문에 라플라스의 악마는 근본적으로 부정당했다. 그러나 소설에서는 이 악마에 영감을 받은 인과를 총괄하는 초월적인 존재가 가끔 등장한다.

관련 용어

뉴턴 역학
운동의 3법칙, 만유인력의 법칙을 기초로 하는 뉴턴이 구축한 물체의 운동을 조사하는 동역학. 상대성이론과 양자역학이라는 새로운 장르가 탄생한 점에서 고전 물리학이라고 한다.

양자 역학
분자나 원자, 전자와 같은 양자(量子) 수준의 물리 현상을 연구하는 역학. 중첩하는 상태와 사건이 확률적으로만 기술되는 것이 큰 특징이다.

라플라스의 악마
Laplace's demon
프랑스의 수학자 피에르 시몽 라플라스가 1814년 고안한 가설에 등장하는 상상의 존재. '우주에 있는 모든 원자의 정확한 위치와 운동량을 알고 있는 존재가 있다면, 이것은 뉴턴의 운동 법칙을 이용해 과거와 현재의 모든 현상을 설명해 주고, 미래까지 예언할 수 있을 것이다'는 가설을 말한다.

COLUMN 뉴턴은 '마지막 마술사'였다!?

1936년에 방대한 미발표 문서가 세상에 모습을 드러냄으로써 뉴턴이 연금술 연구에 빠졌었다는 것이 판명됐다. 화학이 아직 오컬트 성향이었던 당시 그는 현자의 돌(중세 유럽의 연금사(鍊金師)들이 모든 병을 고치고, 모든 것을 금으로 바꿀 수 있다고 믿고 찾던 돌)이나 영약(elixir)의 발견에 몰두했다고 한다. 사후 그의 모발에서는 수은이 검출됐을 정도이므로 '마지막 마술사'로 불리는 것도 납득이 간다.

5 4대 원소

고대 그리스에서는 만물은 불, 바람, 물, 토양의 4개 원소로 되어 있다고 생각했다. 이 4대 원소의 사상은 현재는 판타지 세계에서 빼놓을 수 없는 요소가 되고 있다.

신비한 4대 원소의 사상

고대 그리스의 철학자 엠페도클레스Empedokles는 만물을 구성하는 요소로 불, 바람, 물, 토양의 4가지 원소를 제시했다. 4개의 원소가 결합하거나 이산함으로써 만물은 생성되고 이 세계는 계속 이어진다고 한다. 그 후 4대 원소는 플라톤과 아리스토텔레스로 계승되어 세계에 널리 보급됐다.

그런데 돌고 돌아 현대의 판타지 세계에서 '불, 바람, 물, 토양'이라고 하면 이미 친숙한 요소이다. 대표적인 것은 마법의 속성 또는 무기의 특성이나 몬스터의 속성 등 주로 '속성'이라는 개념으로 사용된다. 이 속성은 '불의 괴물에는 물의 마법이 효과가 있다'거나 '바람 속성은 토양 속성에 강하다'는 식으로 궁합의 규칙으로 사용되는 경우가 많다.

사실 4가지 원소의 상관관계도 오래전부터 생각해 왔다. 당시에는 '불이 굳어서 바람이 되고, 바람은 액화해서 물이 되고 물은 굳어서 토양이 되고 토양은 승화해서 불이 된다'라고 생각했다. 그 외에 불 속성은 공격적이고 물 속성은 시원하다 등 캐릭터의 성격과 관련되어 사용되는 경우도 종종 볼 수 있다.

이와 같이 다양한 장소에서 활용되고 있는 것은 그만큼 4대 원소가 신비하다는 증거일 것이다. 또한 작품에 따라서는 불, 바람, 물, 토양 4가지뿐만 아니라 번개 빛, 어둠 등을 더한 것도 있다. 모든 작품에서 공통 장치는 아니기 때문에 작품마다 규칙을 잘 파악하고 있어야 한다.

관련용어

엠페도클레스
Empedokles
기원전 490~기원전 430년경. 고대 그리스에서 활동했다고 알려진 철학자, 의사, 종교인. 스스로가 신임을 증명하기 위해 시칠리아의 에트나 화산에 뛰어들어 죽었다고 전해진다.

고대 그리스
먼 옛날 지중해의 동부 전역에 퍼져 있던 도시군. 기원전 2세기경 로마제국의 진출로 고대 그리스는 사라진다. 이후 오스만제국의 지배 등을 거쳐 제2차 세계대전 후 현재의 그리스가 태어났다.

속성
물건을 성질에 따라 구분했을 때, 그 성질과 특징. 색상, 모양, 능력 등 다양한 요소가 분류에 사용된다. 판타지 세계에서는 4대 원소에 따라 나누는 것이 일반적이다.

COLUMN 서양에서는 의학과 점성술에도 이용

서양에서는 현대 의학이 탄생하기 전에 4대 원소의 개념이 의학에도 이용됐다. 4원소가 균형을 이루어야 사람은 건강을 유지할 수 있다는 생각이다. 또한 4대 원소의 개념은 점성술과 연금술에도 사용됐다. 가령 불은 '행동력이 있다', 바람은 '합리적이다'와 같은 식으로 원소에 따라서 대략적인 경향을 분류했다.

6 푸 파이터 foo fighter

제2차 세계대전 중 조종사들에 의해 종종 목격된 발광 비행체의 호칭이다. 미군에 의해 푸 파이터라는 이름이 붙었지만, 그 정체는 아직 알려지지 않고 있다.

전투기를 추적하는 수수께끼 발광체의 정체는!?

애니메이션 〈카드파이트!! 뱅가드〉에 푸 파이터라는 조직이 등장하는데, 그 이름의 유래가 된 것이 제2차 세계대전 중에 조종사들 사이에서 목격된 수수께끼의 구체이다.

미군 조종사들에 의해 푸 파이터foo fighter라고 명명된 이 비행체는 1945년 〈타임〉지에서 기사화되어 널리 알려지게 된다. 잡지 기사에서는 프랑스에 기지를 둔 미군 전투기 조종사들이 독일 상공을 비행하던 중에 전투기를 추적하는 정체불명의 '불덩어리'와 조우했다고 소개했다.

목격자들에 따르면 이 수수께끼의 비행체는 흰색과 빨간색, 주황색 등으로 빛나는 구형 물체로 홀연히 모습을 드러내어 전투기를 감시하는냥 추적하기도 하고, 때로는 빠르게 접근했다고도 한다. 또한 무리를 지어 나타나는 것도 특징으로, 1942년에는 남태평양 솔로몬 제도 상공에서 150기의 무리가 일제히 출현했다는 보고도 있다.

처음에 조종사들은 이 정체불명의 비행체는 적국의 새로운 무기가 아닐까 생각했다. 그러나 이 비행체가 전투기에 위해를 가했다는 보고는 없었다. 또한 일본군과 독일군 조종사들 사이에서도 비슷한 목격담이 있었고 출몰 지역은 전 세계에 걸친다.

이 비행체의 정체에 대해서는 방전현상이라는 설, 독일군이 전투기의 야간 전투를 지원하기 위해 사용했던 컬러 포탄이라는 설, 외계인이 인류를 감시하기 위해 보낸 소형 무인기라는 설 등 다양한 의견이 있지만, 진상은 지금도 수수께끼에 싸여 있다.

관련용어

푸 파이터
foo fighter
제2차 세계대전 당시 연합국 조종사들이 목격한 미확인 비행 물체들

UFO
제2차 세계 대전 당시 연합국 조종사들이 목격한 미확인 비행 물체들의 UFO(unidentified flying object, 미확인 비행물체)에 해당한다. UFO라고 불리기 시작한 것은 제2차 세계대전 후인 1952년부터로 대전 중에는 이러한 호칭은 없었다. 또한 UFO=외계인의 탈것이라는 생각도 당시는 일반적이 아니라 '이상한 비행체'라는 인식에 불과했다.

로버트슨위원회
(UFO **위원회**)
전후에 CIA가 미확인 비행 물체를 조사하기 위해 발족한 위원회. 푸 파이터의 조사 결과 인류에게 위해를 가할 만한 행위를 하지 않았고 대부분은 금속의 원반 모양이라고 발표했다.

타임지
1923년에 창간한 미국의 뉴스 잡지. 세계 최초의 뉴스 잡지로 정치, 경제, 과학, 엔터테인먼트 등 다양한 분야의 정보를 다룬다.

COLUMN 로스앤젤레스 상공에 푸 파이터가 출현!?

1942년 2월 25일 로스앤젤레스에 붉게 빛나는 여러 비행체가 날아왔다. 미군은 대공포화로 요격했지만 한 발도 명중하지 못했고 결국 비행체는 사라졌다. 당시 미군은 이를 일본군의 공습이라고 생각했지만, 일본군이 이런 작전을 수행한 기록이 없어 정체는 지금도 밝혀지지 않고 있다. 붉게 빛나는 비행체, 그것은 푸 파이터였는지도 모른다.

7 석가 釋迦

부처님과 석가 등의 호칭으로 알려진 불교의 개조(開祖). 샤캬(Śākya)족의 왕자였지만, 출가해서 엄격한 수련을 통해 깨달음을 얻는다. 존격 이름은 석가여래.

샤캬족의 왕자로 불교의 개조

아미타여래와 약사여래 등 불교에는 많은 존격이 존재하지만, 가장 인기 있는 것은 석가여래일 것이다. 왜냐하면 그는 불교의 개조이며 가르침을 전파한 인물이기 때문이다. 이름인 석가는 인도의 샤캬족 또는 그 영지인 샤캬를 가리키며 개인적인 이름은 고타마 싯다르타Gotama Siddhartha라고 한다.

싯다르타는 기원전 556년경 샤캬족의 왕자로 태어났다. 그의 어머니 마야는 어느 날 밤 6개의 상아를 가진 흰코끼리가 몸에 들어오는 꿈을 꾸고 임신한다. 그 후, 왕궁 정원에서 산책을 하던 중 아름다운 사라쌍수 꽃에 마음이 끌려 잡으려는 순간에 오른쪽 옆구리에서 석가가 탄생했다고 한다.

성장한 싯다르타는 문무 재능이 뛰어났고 왕족으로 무엇 하나 불편함 없는 생활을 보냈지만, 세상의 무상함을 깊이 근심하고 왕위도 처자도 버리고 출가했다. 그로부터 몇 년에 걸쳐 그는 금식 등의 고행을 수행하지만, 이러한 수행은 깨달음을 가져다주는 게 아님을 깨닫고 포기했다. 그 후 강에서 몸을 정화하고 보리수 아래에서 명상을 하던 중 마침내 깨달음을 얻고 부처가 된다.

석가라고 하면 태어나자마자 천지를 가리키며 '천상천하유아독존'이라고 말했다는 이야기는 유명하다. 그러나 실은 이것은 석가의 말씀이 아니라 과거 칠불(석가 이전에 존재했다는 일곱 부처) 중 하나인 비바시불毘婆尸佛이 한 말이라고 한다. 갓 태어난 석가를 보고 주위 사람들이 천상천하유아독존라고 칭했을 뿐 석가는 아무 말도 하지 않았지만, 언젠가부터 석가가 말한 것으로 전해지고 있다.

석가가 흰코끼리가 되어 어머니의 자궁에 들어가는 장면

관련용어

존격

다른 종교의 신을 일컫는 말로 부처나 보살을 가리킨다.

천상천하유아독존

'이 세상에 나보다 존귀한 사람은 없다'는 의미로 사용되는 경우가 많지만, 사람은 평등하며 각자가 유일무이한 존재라고도 해석된다. 진정한 의미는 이 말을 한 석가 또는 비바시불만 안다.

과거 칠불

석가 이전에 존재했다는 부처. 석가도 포함된다. 부처가 된 순서대로 하면 비바시불毘婆尸佛, 시기불尸棄佛, 비사부불毗娑浮佛, 구류손불拘留孫佛, 구나함모니불俱那含牟尼佛, 가섭불迦葉佛, 마지막으로 석가모니불釋迦牟尼佛(석가여래)이다.

COLUMN 부처 세계의 계층 구조

천사와 마찬가지로 존격에도 계층 구조가 존재한다. 정점에 군림하는 것은 깨달음을 얻은 여래부이고 그 아래에 여래가 될 자격을 가진 보살부, 불교 세계의 수호자인 명왕부, 다른 종교의 신이 불교에 수용되어 여래나 보살 보좌역을 하는 천계로 이어진다.

8 사카노우에노 다무라마로 坂上田村麻呂

헤이안 시대의 초기 무관인 사카노우에노 다무라마로(758~811년)는 38년 전쟁(蝦夷征伐)과 구수코(薬子)의 변에서 무훈을 세운 인물이다.

오랑캐를 정벌한 대장군이 귀신을 퇴치하는 영웅으로!?

애조(蝦夷, 고대 일본 도호쿠 지방 및 홋카이도 지역에 살던 변경 거주 집단)의 아테루이阿弖流為와 후지와라노 쿠스코藤原薬子 같은 역적을 차례로 물리친 다무라마로田村麻呂는 그 공적을 인정받아 훗날 국가의 수호자, 군신으로 추앙받는 존재가 됐다. 그 결과, 여러 가지 전설이 거론되는 가운데 그를 모델로 하면서 후년의 무인 후지와라노 토시히토藤原利仁와 혼동된 사카노우에노다무라 마루토시히토坂上田村 丸利仁라는 전설상의 영웅이 탄생한다. 훗날 사실과는 동떨어진 초인적인 존재가 됐다.

다무라마로 전설 중에서도 가장 유명한 것이 동북의 아쿠로왕悪路王 퇴치일 것이다. 아쿠로왕은 에조의 수장 또는 무쓰국陸奥国에 둥지를 튼 귀신으로 전설에 의하면 비사문천毘沙門天에게 받은 검으로 퇴치됐다고 알려졌다. 이것이 전설의 원점이지만, 그것이 훗날 스루가駿河까지 쳐들어 온 다카마루高丸라는 귀신을 다무라마루가 퇴치했다는 식으로 이야기가 부풀려지기 시작한다. 다무라마로 전설에서 다음으로 유명한 것이 스즈카鈴鹿고개에 있었다고 하는 천녀 혹은 귀신 스즈카고젠鈴鹿御前(일명 타테에보시立烏帽子)의 시초이다. 전설에서는 귀신 오오타케마루大嶽丸의 아내 스즈카고젠이 다무라마루와 전투 후 서로 화해하고 계략을 꾸며 아쿠로왕을 토벌하고 둘은 맺어졌다고 전해진다.

이러한 각지의 다무라마로 전설은 민간에서 영웅담으로 친숙해지면서 각 전설이 융합하여 노(能, 일본의 전통가면극)와 오토기조시(御伽草紙, 무로마치 시대에 성행한 동화풍 소설)나 오쿠죠루리奥浄瑠璃 같은 창작 작품으로까지 발전한다.

〈센켄코시츠前賢故実〉
사카노우에노 다무라마로

관련용어

에조蝦夷

일본의 도호東方, 간토関東와 도호쿠東北 지방에 살았던 사람들의 총칭. 아스카·나라 시대부터 조정에서는 에조 정벌 사업을 추진했지만 다무라마로가 수장인 아테루이를 물리치고 도호쿠 지방을 평정했다.

오랑캐 정벌 대장군

조정의 에조 정벌 사업을 지휘하는 관직. 다무라마로가 아테루이를 제압한 후 잠시 중단된다. 그 후, 미나모토 노 요리토모가 오랑캐 정벌 대장군이 되고 이후 무가 정권의 사실상 최고 권력자의 자리에 오른다.

COLUMN 간 적도 없는데 전설이 내려온다

다무라마로 전설의 영향은 지금은 생각할 수 없을 정도로 컸던 것 같고, 그가 건립한 사원, 잔당 귀신과 독룡(독기를 품고 있는 독)을 퇴치한 장소, 앉아서 쉬었다는 돌과 같은 사적이 전국 각지에 무수히 많이 있다. 그중에는 애초 역사상 갈 수 없었던 땅까지 유래가 전해지고 있다고 하니, 과연 영웅이라 칭할 만하다.

9 아마테라스 오미카미 天照大御神

800만의 신 중에서도 가장 위에 위치하는 여신으로 이름이 가리키는 대로 태양신으로 여겨진다. 황실의 조상신이기도 하며 풍양신이자 무신적인 일면도 있다.

예로부터 인기인 풍양신

〈고지키古事記〉에 의하면 저승에서 돌아온 이자나기노 미코토伊邪那岐命가 더러움을 정화할 때 왼쪽 눈에서 태어났고 오른쪽 눈과 코에서 동생 츠키요미노 미코토月読命, 스사노오노 미코토天照大御神가 태어났다. 이 세 기둥은 '삼귀자三貴子'라고 하며 아마테라스 오미카미는 이나자기노 미코토의 지시로 다카마가하라(高天原, 일본 신화에 등장하는 천상의 나라)의 통치자가 됐다.

아마테라스 오미카미의 일화로는 이와토가쿠레(岩戸隠れ, 아마테라스 오미카미가 스사노오노 미코토(바람의 신)의 난폭함에 노하여 동굴에 숨었다는 고사(故事))가 잘 알려져 있다. 그 발단은 다카마가하라에 온 스사노오노 미코토가 논을 부수거나 신전에 대변을 보는 등 악행을 저지른 것. 처음에는 스사노오노 미코토는 '생각이 있는 거겠지'라며 동생을 감쌌지만, 더 나쁜 악행을 일삼아 직물의 여신이 사망했다. 동생을 감싼 자신의 잘못을 반성하며 스사노오노 미코토는 아마노이와토天岩戸에 틀어 박혔지만, 소란을 일으켜 신경을 끌려는 신들의 계략에 걸려 스스로 이와토를 열자마자 밖으로 끌려나왔다. 이 일화는 동생을 감싸는 친절함, 스스로 반성하는 성실함, 유치한 계략에 말리는 소박함이 엿보인다. 강력한 신인데도 교만함 없이 오히려 친근감마저 느끼게 하는 스사노오노 미코토는 풍양신인 점도 있어 옛날부터 인기였다. 특히 에도 시대에는 제사를(신으로) 모시는 이세伊勢 신궁에 참배를 하는 것이 성행했는데, 농민의 이동을 금지한 막부幕府도 참배를 인정했고 오히려 참배에 못 가게 하는 것을 금지했다고 한다.

친숙한 신인 만큼 게임이나 만화 등에 등장하기도 하는데 관대한 성격의 강력한 선신善神으로 그려지는 경우가 많다.

〈이와토카구라노키겐 岩戸神楽ノ起顕〉 아마테라스 오미카미

관련용어

고지키古事記
현존하는 일본 최고(最古)의 책. 서문과 상중하 3권으로 구성되며, 신화의 시대에서 제33대·스이코推古 천황까지의 행적이 적혀 있다. 덴무天武 천황의 명으로 제작되어 약 30년 후인 712년에 완성된 것으로 알려져 있다.

이나자기노 미코토 伊邪那岐命
이자나미노 미코토伊邪那美命의 오빠이자 남편. 죽은 이자나미노 미코토를 만나기 위해 저승에 가지만 변해 버린 아내의 모습을 보고 도망친다. 이때 죽음의 더러움을 덜기 위해 제사(禊, 액운을 떨어 버리기 위하여 물가에서 지내는 제사)를 지내던 중 아마테라스 오미카미들이 태어났다.

다카마가하라 高天原
신들이 태어나 살던 천상계. 그 아래에 인간이 사는 아시하라나카쓰쿠니(葦原中国, 일본의 옛 명칭)가 있고 땅속에 저승과 동일시되는 황천(根の国)이 있다고 여겼다.

COLUMN 아마노이와토天岩戸 관련 명소는 각지에 존재한다

이와토가쿠레는 신화 속 사건이지만 이와토로 여겨지는 장소 또는 문이 된 거석을 모시는 신사가 간토 지방에서 서쪽 각지에 20개 정도 존재한다. 동쪽 끝은 이와토 조각으로 여겨지는 바위를 놓아둔 치바현千葉県 소데가 우라시袖ケ浦市의 사카도坂戸 신사. 남쪽은 오키나와현沖縄県의 쿠마야 동굴로, 이곳은 현의 천연기념물로도 지정되어 있는 관광 명소이다.

10 겐지 모노가타리 源氏物語

헤이안 시대 중기에 만들어진 일본에서 가장 오래된 장편소설로, 귀족사회의 영화와 고뇌를 그렸다. 필자는 시인으로도 유명한 무라사키 시키부紫式部이다.

히카루 겐지의 죽음까지 그려낸 베스트셀러

우리에게도 친숙한 이 작품은 '히카루 겐지 계획'이라는 단어를 만들어냈고, 그래서인지 '히카루 겐지=난봉꾼 이야기'라는 이미지가 강하다.

이야기는 3부로 구성되어 있다. 제1부는 주인공 히카루 겐지가 태어나 여러 여성과 관계를 가지면서 천황까지 오르는 영화를 다룬 이야기(기리쓰보桐壷~후지노우라하藤裏葉까지의 33권)이다. 박해를 받은 나머지 젊은 나이에 돌아가신 어머니 기리쓰보코이桐壷更衣, 기리쓰보를 닮은 첫사랑 후지쓰보藤壺, 후지쓰보의 조카 무라사키노우에紫の上 등이 등장한다. 여기까지를 전반부라고 보는 경우도 있다.

영화榮華를 그린 전반부에 비해 후반부는 고난이 이어진다. 제1부에서 저지른 죄의 대가라고도 할 수 있는 이야기로 일찌감치 무라사키노우에가 병으로 쓰러지고 아내로 맞은 지 얼마 안 된 온나산노미야女三宮를 애송이에 빼앗긴다(와카나우에若菜下). 제2부는 히카루 겐지가 아름다움만 남기고 모든 것을 잃는 이야기다(와카나우에~마로보시까지 8권). 제3부는 히카루 겐지가 죽고 그 아들인 카오루薫가 주인공이다. 13권으로 구성되며, 그중에서 우지쥬조宇治十帖는 그의 사랑을 그리고 있지만 비련으로 끝나고 만다.

하렘물의 인상이 강하지만, 제대로 대가를 치르는 점이 여류 작가답다고 할까, 무라사키 시키부의 성격이 엿보인다. 어느 쪽인가 하면 희대의 미남에게 농락되고 싶은 여성의 꿈이 담긴 이야기일지도 모른다.

〈겐지 모노가타리 화첩〉
와카무라사키若紫

관련용어

무라사키 시키부
紫式部
후지와라노 다메토키藤原為時의 딸. 1000년경의 인물로 추정된다. 무라사키 시키부라는 이름은 사후에 붙여진 것으로, 생전 이름은 후지 시키부藤式部였다. 이치조一条 천황의 황후 테루코彰子를 섬긴 것은 〈겐지 모노가타리〉를 집필 중일 때다.

히카루 겐지 계획
연하의 사람(특히 어린 소녀)을 자신의 뜻대로 길러내는 것, 또한 그 계획. 여성이 소년을 기르는 경우 '갸큐逆 히카루 겐지 계획'이라고도 한다. 호조 츠카사北條司의 만화 〈시티 헌터〉 등에도 등장해 화제가 됐다.

히카루 겐지
〈겐지 모노가타리〉의 주인공. 천황의 친자식이면서 전쟁을 피하기 위해 '겐源'이라는 이름을 받고 신하가 된다. 난봉꾼이라는 점에만 주목하지만, 대가없이 가난한 공주를 도와주는 내용도 있다.

COLUMN 무라사키 시키부의 라이벌

작자 무라사키 시키부라고 하면 잊어서는 안 되는 것이 세이 쇼나곤清少納言의 존재다. 동 시대의 재주 많은 시인으로 이름을 날린 두 사람이지만, 무라사키 시키부는 〈무라사키 시키부 일기〉에서 분명히 세이 쇼나곤를 적대시했다. 세이 쇼나곤은 테루코 이전의 황궁 사다코定子를 섬기던 궁녀로 무라사키 시키부보다 먼저 궁중에 들어갔다.

11 상대성이론

당시 무명이었던 아인슈타인의 지명도를 단숨에 높인 상대성이론은 뉴턴 이후의 돌파구이자 고전 물리의 마지막 사건으로 기록됐다.

빛은 변하지 않는다고 했더니 4차원이 됐다!?

뉴턴 역학은 절대 시간·절대 공간이라는 전제하에서는 물체의 움직임을 설명할 수 있지만, 물체가 초고속으로 운동하면 묘한 작용이 일어난다. 이것을 설명한 것이 알베르트 아인슈타인 Albert Einstein이 주장한 특수상대성이론이다(훗날 일반 상대성이론도 등장). 아인슈타인은 빛의 불변성에 대응하여 빛의 속도가 변하지 않는다면 다른 무언가가 바뀐다고 생각했다. 그래서 그는 3차원+시간의 4차원 세계에서 다른 속도로 진행하고 있는 관찰자에 대해 운동의 법칙이 어떻게 변할지를 생각했다. 속도는 거리를 시간으로 나누어 구하지만 그 값이 절대인 광속을 초과하지 않도록 하려면 거리를 줄여 시간을 느리게 하지 않으면 안 된다. 이렇게 생각하고 이론을 확립한 결과 다음과 같은 현상이 설명됐다.

① 빛의 속도보다 빨리 움직이는 것은 없다(특수)

② 빛의 속도에 가까운 속도로 움직이는 것은 찌그러져 보인다(특수)

③ 빛의 속도에 가까운 속도로 움직이는 것은 시간이 더디게 흐른다(특수)

④ 무게와 에너지는 같다(특수)

⑤ 무거운 물체 주위에서는 시간이 더디게 흐른다(일반)

⑥ 무거운 물체 주위에서는 공간이 왜곡된다(일반)

이 4차원적 발상은 기차에 타고 있는 사람과 그것을 밖에서 보고 있는 사람의 움직임의 차이를 이용해서 설명하는 경우가 많다. 또한 실용면으로 말하면 GPS 위성을 들 수 있다. 위성 내의 시계는 더디게 진행하는 영향과 빠르게 진행하는 영향을 모두 받아 전체적으로 시계는 빠르게 진행되기 때문에 위성은 이 오차를 보정하여 운용되고 있다.

관련용어

알베르트 아인슈타인 Albert Einstein

1879~1955년. 독일의 이론 물리학자. 특허청 직원이던 그는 1905년 특수상대성이론을 발표하고 박사가 된다. 1907년에는 유명한 식 $E=mc^2$과 등가원리의 아이디어를 발표했다. 1921년 노벨 물리학상을 수상했다.

일반 상대성이론

1905년의 특수 상대성이론에 이어 1915~1916년에 발표한 이론. 관성과 중력을 연결하는 등가원리의 개념에 기초한다. 이 이론을 근거로 블랙홀의 존재와 빅뱅 등을 예측했다.

COLUMN 일본인만 아는 우라시마 효과

상대성이론에서 발상된 것이 우라시마 효과이다. 이것은 광속에 가까운 속도로 우주여행을 하고 돌아온 우주 비행사가 경험한 연수(年數)보다 지구에서의 시간이 길게 경과했다는 것이다. 일본의 민화 〈우라시마 타로浦島太郎〉의 경험과 유사하기 때문에 일본의 SF 작가 등이 그렇게 불렀다. 당연히 일본에서만 통한다.

12 오행사상

서양에서 태어난 4대 원소 사상에 대해 중국에서 고대부터 제기된 것이 〈나무·불·흙·쇠·물〉의 오행사상이다. 두 사상은 유사한 것으로 자주 대비된다.

동양에서는 5개의 원소가 만물의 근원

고대 중국에서는 '만물은 나무·불·흙·쇠·물의 5가지 원소로 이루어져 있다'고 여겼다. 이것이 오행사상의 시작이다. 서양의 4대 원소(불·바람·물·토양)와 비슷하지만, 그 뿌리와 내용은 완전히 별개이다. 원소가 5개라고 하는 것은 중국에서는 당시 태양계의 행성이 5개 관측된 것에서 유래한다.

오행은 사계절의 변화와 방향, 색상 등 인간 생활의 다양한 것을 설명하는 이론으로 이용됐다.

- 나무 : 봄, 동쪽, 파란색(또는 녹색)
- 불 : 여름, 남쪽, 빨간색
- 흙 : 환절기, 중앙, 노란색
- 쇠 : 가을, 서쪽, 흰색
- 물 : 겨울, 북쪽, 검은색

오행도 4대 원소와 마찬가지로 판타지 세계에서 흔히 이용된다. 단, 속성으로서가 아니라 '봄·여름·가을·겨울'이나 '동·서·남·북'의 개념으로 취급되는 경우가 많다. 대표적인 것은 중국의 신화에 나오는 사신四神, 즉 '동쪽의 청룡', '남쪽의 주작', '서쪽의 백호', '북쪽의 현무', 여기에 '중앙의 기린'을 넣어 5개의 영물 형태를 취하기도 한다.

또한 이 4명의 수호신에 계절을 맞추어 '청춘青春, 주하朱夏, 백추白秋, 현동玄冬'이라는 단어가 태어난 것은 잘 알려져 있다.

덧붙여서 오행은 음양설과 합쳐져 음양오행설이라고도 한다. 일본에는 옛날에 음양오행설을 바탕으로 운세를 보는 음양사라는 전문가가 있었다. 현재는 거의 사라졌지만 판타지 세계에서는 단골 직업으로 다양한 작품에 등장하고 있다.

관련용어

행성이 5개
태양에서 가까운 순서대로 수성, 금성, 화성, 목성, 토성이다. 육안으로도 보이기 때문에 고대부터 그 존재가 확인됐다. 각 행성은 오행의 이름이 붙어 있다.

사신四神
중국 신화에 나오는 4개 몸의 영수. 청룡, 주작, 백호, 현무의 4마리가 있다. 각각 동쪽, 남쪽, 서쪽, 북쪽 방향을 맡고 있다.

음양설
오행사상 이전부터 중국에 있던 철학 사조. '모든 것은 상반되는 성질을 가진다'고 하며 빛과 어둠, 하늘과 땅 등의 관계를 말한다. 양과 음 어느 쪽이 좋은가 나쁜가를 말하는 게 아니라 양자의 균형에 의해 모든 것은 변화한다고 여긴다.

COLUMN 도요노우 시노히(土用の丑の日, 우리나라의 복날)도 오행사상이 토대

오행 중 흙의 '환절기'는 입춘·입하·입추·입동의 각각 직전 18일간을 의미하며, 이 기간은 도요土用라 불린다. 도요노우 시노히는 여기에서 유래한 것이다. 입추(현재의 8월 8일) 직전의 여름의 도요 18일 중 12지가 황소인 날이 도요노우 시노히가 된다. 이 날은 장어를 먹는 풍습이 있다.

13 로즈웰 사건

미국 로즈웰 부근에 UFO가 추락했고, 그 잔해와 우주인의 시체가 미군에 의해 극비리에 회수됐다고 알려진 사건. 그 진위를 둘러싸고 다양한 검증이 이루어졌다.

UFO를 둘러싼 음모론의 시발점이라고 할 수 있는 사건

UFO에 얽힌 미스터리 중에서 가장 유명하며 미국 정부가 외계인의 존재를 은폐한다는 등 UFO를 둘러싼 각종 음모론의 시초라고도 할 수 있는 것이 이 로즈웰 사건이다.

간단히 설명하면 1947년 7월 뉴멕시코주 로즈웰에 수수께끼의 비행 물체가 추락했다. 사실을 통보받은 로즈웰 육군 항공 기지의 군 관계자가 출동해 비행 물체의 잔해를 회수했다. 이후 군은 "로즈웰 근처 목장에서 하늘을 나는 원반을 회수했다"고 언론 발표했지만 곧 "회수한 것은 하늘을 나는 원반이 아니라 기상 관측용 기구였다"고 정정했다. 이 사건은 단순한 '착각'으로 막을 내렸다.

그런데 그로부터 31년이 지난 1978년 로즈웰 사건은 다시 주목을 받는다. UFO 연구가 스탠튼 T. 프리드먼Stanton F. Friedman이 1947년 잔해 수거에 참여한 제시 마르셀Jesse Marcel 소령을 인터뷰하고 "군대는 외계인의 탈것을 회수했다"고 발표한 것이다.

또한 1987년에는 대통령 직속 비밀 기관 MJ12의 존재와 정부가 비밀리에 로즈웰에서 UFO와 외계인 사체를 회수했다는 내용이 담긴 기밀문서, 통칭 'MJ12 문서'가 공개된다. 이런 사실에서 로즈웰 사건은 단숨에 정부가 은폐한 의혹 사건으로 발전했다.

이에 따라 정부는 1995년과 1997년 두 차례에 걸쳐 '로즈웰 리포트'라는 제목의 보고서를 발표했다. 회수된 물체는 모굴 계획Project Mogul이라 불리는 정부가 극비로 수행하던 군사 기구용 잔해일 가능성이 높고, 외계인의 시체는 UFO 마니아에 의한 날조라며 의혹을 완전 부인했다. 또한 증거가 된 'MJ12 문서'도 검증 결과 날조됐을 가능성이 매우 높은 것으로 밝혀졌다. 현재는 '결국 아무것도 아니었다'는 것이 정설로 받아들여지고 있다. 하지만 사람들의 UFO에 대한 관심을 높였다는 점에서 매우 큰 사건이었던 것은 틀림없다.

관련용어

MJ12

UFO 문제에 대처하기 위해 설립된 대통령 직속 비밀 기관. 정부, 군, 정보기관의 고위 관리 12명으로 구성되어 있다. 이 기관이 로즈웰에서 일어난 사실(추락한 UFO와 외계인의 사체 회수)을 은폐했다고 보고 있다.

MJ12 문서

〈MJ12에 관한 개요 설명서〉와 MJ12 설립을 명령한 기밀문서가 찍힌 하나의 필름으로 구성된다. MJ12 문서는 정부가 UFO 문제를 은폐하고 있다는 증거로 여겼지만, 해리 S. 트루먼Harry S. Truman 대통령의 사인이 다른 문서의 것을 복사하여 붙인 가짜라는 점, 사용된 타이프라이터의 연대가 맞지 않는다는 점 등이 발각됐다. 현재 이 문서는 날조된 것으로 간주되고 있다.

14 미륵보살

불교에서 천계의 하나인 도솔천에서 수행하고 있는 보살. 석가가 죽고 나서 56억 7000만년 후에 도솔천에서 현세로 내려와 이상적인 세계를 만들었다고 한다.

약속된 미래의 구원자

미륵보살은 불교의 존격으로 보살의 한 존尊이다. 지장보살 정도는 아니지만 일본에서도 지명도가 높아 이름을 들어 본 적이 있는 사람도 많을 것이다. 미륵이라는 이름은 산스크리트어 Maitreya(마이트레아, 미륵)를 한자로 표기한 것으로, '자비로운 어머니'를 의미한다.

일본에서 미륵보살이 유명한 것은 헤이안 시대 이후 미륵 신앙이 성행했던 것에서 유래한다. 보살은 그 외에도 많이 있는데, 왜 미륵보살이었는가 하면 그는 석가 다음으로 부처가 되기로 정해진 미래 부처이기 때문이다.

석가는 미륵보살에게 "너는 내가 죽고 나서 56억 7000만 년 후에 이 세상에 나타나 깨달음을 얻어 부처가 되고 세상을 구할 것"이라고 예언했다.

미륵보살은 먼 미래라고는 해도 반드시 여래가 되어 세상을 구한다는 영웅적인 배경을 갖고 있다. 그 때문인지 미륵 신앙은 오랫동안 이어져서 에도 시대에는 미륵의 출현을 바라고 스스로 미륵을 체현하려는 '미로쿠身禄'라는 행자行者까지 나타났다.

만화 같은 소설 작품에서 미륵보살을 주인공으로 하는 것도 그가 구세주가 될 것으로 약속되어 있기 때문이다.

덧붙여서 미륵보살반가사유상과 같은 '무표정하지만 입가만 미소를 띠고 있는 표정'을 아르카이크 스마일archaic smile이라고 한다.

미륵보살반가사유상

관련용어

석가
불교의 개조. 긴 수행을 통해 깨달음을 얻고 부처가 됐다.

미륵보살未来仏
미래에 여래가 될 것으로 정해진 것. 미륵보살에 관해서는 보살, 여래 각각의 불상이 만들어지고 있다.

도솔천兜率天
미륵보살이 머무는 내원과 천인들이 즐거움을 누리는 외원으로 구성된 천상의 정토를 가리키는 이상세계

COLUMN 존격의 외모는 석가를 기준으로 한다

불교라고 하면 존격을 나타낸 불상을 만들고 장식하는 것으로 친숙한데, 실은 불상의 모습은 모두 부처를 기반으로 한다. 예를 들어 여래는 깨달음을 얻은 후의 석가가 모델이므로, 기본적으로 장식품은 지니고 있지 않고 의상도 심플하다. 한편 보살은 수행 중인 석가를 나타내므로 왕관이나 목걸이 등을 한 화려한 것이 많다.

15 구카이 空海

홍법대사의 이름으로 알려진 구카이(774~835년)는 일본 불교의 일파인 진언종의 창시자다. 불교계에서는 전설적인 존재로 신의 경지를 나타내는 에피소드를 많이 남긴 인물이다.

다양한 전설을 남긴 불교계의 슈퍼맨

중국의 당나라에서 건너와서 고승 케이카惠果에 입문한 구카이는 밀교(密敎, 헤아리거나 설명할 수 없는 경전, 주문, 진언 따위)를 배우고 귀국한다. 고야산(高野山, 진언종의 총본산인 콘고부사가 있는 산)에 콘고부사金剛峰寺를 열고 진언종을 넓혔다. 불교계에서는 모르는 사람이 없는 위인 중의 위인이다. 이러한 위인들은 진위는 어찌됐건 전설적인 에피소드가 따라 다닌다. 구카이와 관련된 전설은 일본 전국에 5000개 이상 있다고 알려져 있다.

유명한 것이 온천 발견에 얽힌 전설이다. 구카이는 수원水原을 찾아내는 영력을 가졌다고 알려져 있으며, 구카이가 발견했다고 전해지는 온천은 전국에 15곳이나 된다. 또한 구카이가 지팡이를 짚은 장소에서 물이 솟아나 우물이나 연못이 됐다고 하는, 이른바 고호미즈弘法水에 관한 전설은 전국에 1000곳을 넘는다고 한다. 또한 구카이는 다양한 문화와 물품의 전설자·발안자로도 이름을 남기고 있다. 예를 들어 뜸이나 우동(사누키 우동)은 구카이가 당나라에서 갖고 와 확산시킨 것으로 알려져 있으며, 히라가나와 이로하 노래(いろは歌, 헤이안 중기에 만들어진 47글자의 가나를 중복하지 않고 전부 사용하는 7·5조의 글자 연습 노래)를 발안한 것도 구카이라고 전해진다. 심지어 다우징(dowsing, 나무나 금속 막대를 가지고 땅 속의 광물이나 수맥 등을 찾는 비과학적 방법) 전문가였다는 설까지 있다.

이러한 전설이 모두 사실이라고는 할 수 없고, 실제로 많은 반론도 존재한다. 하지만 당시 최고의 종교가일 뿐 아니라 한시집 〈경국집経国集〉에 8개의 시를 남기는 등 문인으로도 유명하며 치수 공사와 같은 토목 기술에도 능통한 재능 많은 구카이라면 황당한 에피소드에 일정 부분 설득력이 있는 것도 납득이 된다.

구카이(신뇨요다이시 真如様大師)

관련용어

구카이空海
일본 헤이안 시대의 불교 승려로 진언종을 일으켰다. 시호는 홍법대사

케이카惠果
당나라의 밀교 승려. 구카이를 비롯한 여러 지역에서 모인 제자들을 가르쳤다.

콘고부사金剛峰寺
와카야마현和歌山県 고야산에 있는 진언종의 총본산. 사가嵯峨 천황에게 땅을 선물받은 구카이가 제자들에게 명해서 건립한 것이 시초

다우징dowsing
봉과 진자 등을 사용하여 지하 수맥이나 광맥을 찾아내는 기술 또는 점

COLUMN 구카이와 싸우고 결별한 불교계의 거물, 사이쵸最澄

구카이와 같은 시기에 당나라에서 공부하고 귀국 후 천태종을 널리 알린 사이쵸도 구카이에 뒤지지 않는 불교계의 거물이다. 실은 사이쵸는 구카이에게 배우던 시기가 있었는데, 사이쵸의 제자를 둘러싼 문제가 발단이 되어 사이가 틀어져 결별한다. 이를 계기로 사이쵸가 독자적으로 천태종을 일으킨다.

16 스사노오노미코토 須左之男命

아마테라스 오미카미의 동생으로, 야마타노오로치(八俣遠呂智, 일본 신화에 등장하는 전설의 생물)를 퇴치한 것으로 잘 알려져 있는 영웅신.

야마타노오로치 퇴치에서 보인 스사노오노미코토의 의협심

스사노오노미코토가 탄생했을 때, 이자나기노미코토(伊邪那岐命, 세상을 창조한 신. 뜻은 '불러내는 남자'. 이자나미의 남편)로부터 바다를 통치하라는 지시를 받았다. 그런데 스사노오노미코토는 이자나기노미코토가 있는 곳으로 가겠다고 울부짖었고 그 격렬함에 산의 녹색은 마르고 강과 바다는 말라붙고 악신들이 날뛰자, 이에 화가 난 이자나기노미코토에게 쫓겨났다. 그 후, 스사노오노미코토는 누나에게 인사를 하고 떠나려고 다카마가하라高天原를 찾았지만 악행을 너무 저질러서 이와토가쿠레(岩戸隠れ, 아마테라스오미카미天照大神가 스사노오노미코토素戔鳴尊의 난폭함에 노하여 동굴에 숨었다는 고사故事)에 처해진다. 그 결과 신들에게 다카마가하라에서 추방되어 내려온 이즈모出雲에서 야마타노오로치를 퇴치하게 된다.

이 공적으로 스사노오노미코토는 영웅신이 되는데 외국의 신화 등에서 볼 수 있는 영웅과 같은 정면 승부가 아닌 술을 먹여 잠든 중에 잘게 자르는 가혹한 짓을 했다. 일반적인 '괴물을 물리친 용감하고 씩씩한 신'이라는 인상과는 다르지만, 아시나즈치足名椎命와 데나즈치手名椎命 부부와 딸인 쿠시나다히메櫛名田比売를 구한 것은 사실이다. 속임수를 쓴 것도 정면 승부로는 이길 수 없다고 판단했기 때문으로, 거기에는 '곤란에 처한 사람을 돕는 데 힘을 다하겠다'는 의협심이 느껴진다.

이와 같이 의협심에서 사람을 돕는 것은 옛날부터 일본인이 좋아하는 이야기다. 스사노오노미코토가 가구라(神楽, 신에게 제사지낼 때 연주하는 무악舞樂)와 죠루리(浄瑠璃, 일본의 전통 예능에서 반주에 맞추어 이야기를 읊는 행위)의 소재로 등장하는 것도 사람들이 의협심에 공감하기 때문일 것이다.

〈본조영웅전〉 고즈牛頭 천황 이나타히메稲田姫

관련용어

스사노오노미코토
須左之男命
일본의 창세 신화 중 창조신의 아들이자, 일본 신화의 주신인 아마테라스 오미카미天照大御神의 남동생인 폭풍의 신

야마타노오로치
八俣遠呂智
뱀과 같은 여덟 개의 머리, 여덟 개의 꼬리를 가진 괴물

아시나즈치足名椎命와 데나즈치手名椎命
논에 관한 신으로 쿠시나다히메의 부모. 딸을 스사노오노미코토의 며느리로 삼는 대신 야마타노오로치를 퇴치해 달라고 부탁했다.

쿠시나다히메
櫛名田比売
비옥한 논의 수호신으로 아시나즈치와 데나즈치다리의 여덟 번째 아들. 야마타노오로치에게 잡혀 먹힐 뻔했지만 스사노오노미코토와 결혼해서 야시마치야치노미코토八島士奴美神를 낳았다.

COLUMN 야마타노오로치 퇴치에 얽힌 시마네島根현의 관광 명소

스사노오노미코토는 현 시마네현 니타仁多군 오쿠이즈모郡奥出雲정 토리우에鳥上에 내려온 것으로 알려져 있다. 야마타노오로치가 베개로 사용했다는 풀 베개 산을 비롯해 스사노오노미코토가 화살을 쏘았다는 야구치八口 신사, 스사노오노미코토와 쿠시나다히메가 살았다고 전해지는 스가須我 신사 등 시마네현 운난雲南시 부근에는 야마타노오로치 퇴치 관련 명소가 많다.

17 토리카헤바야 이야기

헤이안 시대 후기에 성립한 꼭 닮은 아름다운 이복남매가 성을 바꾸어 궁중에서 일을 한다는 이야기로, 성별이 뒤바뀌는 소재를 처음 다룬 작품이라 할 수 있다.

일본 최고最古의 트랜스젠더 이야기!?

여장을 하고 여학교에 잠입하고 남장을 하고 남학교에 입학한다. 황당하지만 낭만 넘치는 설정은 지금도 인기 장르이지만, 그런 이야기가 헤이안 시대에 이미 있었다고 하니 놀랍다.

〈토리카헤바야とりかへばや 이야기〉는 11세기 후반에 첫 작품이 탄생하고 그 후 개작을 거듭하면서 현재 전해지는 형태인 〈토리카헤바야 이야기〉가 됐다. 그러나 큰 줄거리는 바뀌지 않고 사다이진(左大臣, 장관 벼슬 중 하나) 아래에서 아름다운 남매가 태어난 것으로 이야기는 시작된다.

황제를 섬기는 사다이진에게는 서로 닮은 아름다운 이복남매가 있었다. 나이 어린 군주는 내성적이고 심하게 낯을 가리는 부드러운 남자로 항상 조용했다. 한편 공주는 쾌활하고 사교적인 성격으로 소년들과 정원에서 뛰어다니며 아악과 학문에 능하고 손님을 잘 기억했다. 성격이 바뀌어서 태어난 두 사람을 보고 아버지는 "차라리 바뀌어 버렸으면 좋겠다"고 생각하고 실제로 성별을 속여서 키운다. 그대로 남매는 원복(元服, 남자가 20세가 되어 관례를 치를 때에 입는 어른 옷)과 모기(裳着, 여자의 경우는 '노모(裳)'라는 허리 아래 입는 옷)를 입고, 공주는 남장을 하고 관리가 되고 왕자는 여장을 하고 황제의 여동생이자 동궁(황태자·태자 또는 왕세자를 일컫는 말)의 궁중의 최상급 여관(女官)으로 궁중에서 일을 시작한다. 바로 남장 여인과 여장 남자인 것이다.

황제의 마음에 든 공주는 좌대신까지 출세하고 성별을 숨긴 채 우다이진(右大臣, 사다이진 다음의 직위)의 네 번째 딸을 아내로 맞아 의미 없는 부부 생활을 하게 된다. 어린 왕자는 어린 왕자대로 동궁에 정체를 밝히고 몰래 육체관계를 가지며 빈틈없이 행동한다. 잘 나가던 둘의 비밀은 공주가 친구이며 호색한인 궁의 츄나곤(中納言, 다이죠칸太政官의 차관)에게 정체를 들켜 임신을 하면서 모든 게 바뀐다. 출산을 위해 몸을 숨긴 여동생을 생각하며 어린 왕자는 쥬니히토에(十二單, 옛날 여관(女官)들의 정장)를 벗고 여장을 하고 여동생을 찾아 여행을 떠났다. 무사히 재회하고 출산을 한 후 두 사람은 본래의 모습으로 교토에 돌아온다. 공주는 황제에게 첫눈에 반해 중궁에, 왕자는 동궁에 모든 이야기를 하고 그대로 아내로 맞이했다고 한다.

관련용어

원복元服**, 모기**裳着
11세부터 17세 정도에 열리는 성인의 의식을 치를 때 입는 옷. 남자는 갓(관, 가관), 여자는 치마(기모노의 일부)를 처음 입는 의식. 이에 따라 그날부터 헤어스타일과 복장도 성인과 동일하게 한다.

동궁東宮
원래는 황태자가 사는 집을 말하는데, 전하여 황태자(첫 황위 계승자)를 가리킨다.

궁중의 최상급 여관尚侍
황제를 옆에서 모시고 후궁의 예식 등을 담당하나는 고위 임원. 본 작품에서는 동궁의 시녀와 같은 역할을 한다.

중궁中宮
태황태후(천황의 할머니), 황태후(천황의 어머니), 황후(아내)가 사는 3개의 궁을 말하는데, 헤이안 시대 이후에 단순히 황후와 후궁을 가리킨다.

18 헴펠의 까마귀 Hempel's ravens

논리적으로 맞다. 분명히 맞는데, 증명 방법이 이상하다. 그런 증명 문제가 학문에는 존재한다. 과학 철학자 헴펠의 도전장을 살펴보자.

매우 귀찮은 우회 증명을 강요당하는 까마귀

사물을 증명하는 수단은 여러 가지지만, 그에 대한 억지이론 같은 문제가 있다. 1949년대에 칼 구스타프 헴펠(Carl Gustav Hempel, 1905~1997년)이 지적한 까마귀의 명제가 그것이다. 먼저 '모든 까마귀는 검다'는 명제를 세우고, 그것을 대우증명법으로 입증한다고 하자. 'A이면 B이다'의 진위는 그 대우 'B가 아닌 것은 A가 아니다'의 진위와 같으므로 '모든 검지 않은 것은 까마귀가 아니다'를 증명하면 된다. 그리고 검지 않은 것을 닥치는 대로 조사하여 까마귀가 아닌 것을 알면 명제를 증명한 것이 된다는 것이다.

단, 이 흐름은 누구나 직관적으로 이상하다고 눈치챌 것이다. 우선 검지 않은 것의 범주가 너무 방대하며 어디까지가 검지 않다고 판단해야 할지 그 기준도 불확실하다. 요점은 이 조사가 현실성이 없기 때문에 이상하다는 점이다.

게다가 까마귀를 한 마리도 보지 않고 까마귀는 까맣다고 증명하면, 난폭한 증명도 용서할 수 있게 된다.

예를 들어, 방 안에 있는 검지 않은 것만 조사해서 까마귀는 검다고 증명한다면 어떨까. 존재를 보증하지 않아도 되는 거라면 검지 않은 것을 모두 조사해서 '외계인은 검다'라고 증명한다면 어떨까. 이렇게 되면 이제는 오류, 강변(억지 이론) 수준임을 이해할 수 있을 것이다.

이러한 문제는 있지만, 대우증명법은 본래 상식적인 범위 내에서, 혹은 대우 측이 적은 경우 등에는 유효한 증명이다. 결론은 취급하는 데 주의해야 한다는 얘기이다.

덧붙여서 흰색 까마귀는 존재하기 때문에 '모든 까마귀는 검다'라는 명제는 반증됐다.

관련용어

칼 구스타프 헴펠
Carl Hempel
1905~1997년. 독일의 과학 철학자. 까마귀 역설과 연역-법칙적 설명 모델로 유명하다.

대우對偶
어느 명제의 과정과 결론 모두를 부정한 명제도 성립하다는 관계성을 말한다. 보통 수학에서는 'A이면 B'와 그 대우 'B가 아니면 A가 아니다'는 반드시 일치한다.

연역과 귀납
연역은 일반적이고 보편적인 전제에서 보다 개별적이고 특수적인 결론을 도출하는 추론. 귀납은 그 반대로 개별적이고 특수적인 사례에서 일반적이고 보편적인 법칙을 찾아내는 추론을 말한다. 전자는 전제가 참이면 결론도 참이지만, 후자는 그렇지 않다.

COLUMN 악마가 없는 것을 증명하려면… 그건 무리다

증명에 관한 단어에는 악마의 증명이라는 것도 있다. 이것은 원래 토지 또는 물건의 소유자를 소급해서 증명하는 것의 어려움을 비유한 것이다. 현대에는 '없는 것을 증명하는 것'은 불가능하다는 용법으로 많이 사용된다. 까마귀에 비유한다면, '빨간 까마귀는 없다'는 것이 악마의 증명으로 모든 까마귀를 조사하는 것은 어렵다.

19 아킬레스와 거북이

'아킬레스가 아무리 빨리 달려도 앞서 출발한 거북이를 쫓아갈 수 없다'. 고대 그리스의 철학자 제논이 주창한 역설의 하나이다.

왜 아킬레스는 거북이를 따라잡을 수 없는가?

이야기의 자세한 내용은 이렇다. 발이 빠른 아킬레스와 느린 거북이가 달리기 경주를 하게 됐다. 핸디캡을 적용해서 거북이는 아킬레스보다 먼저 출발한다. 아킬레스가 거북이를 추월하면 아킬레스가 이기고 따라잡지 못하면 거북이가 이기는 간단한 규칙이다.

그런데 이 승부에서 아킬레스는 거북이를 따라잡지 못했다고 한다. 아킬레스가 거북이가 있는 위치까지 도착하면 거북이는 그 사이에 조금 더 앞으로 나아간다. 다음에 아킬레스가 그 위치로 이동하면 거북이는 조금 더 앞으로 나아간다. 아킬레스는 아무리 시간이 지나도 거북이를 따라잡지 못한다는 것이다.

실제로는 아킬레스가 빠르기 때문에 반드시 거북이를 따라잡는다. 어째서 이 이론대로라면 언제까지고 따라잡을 수 없는 걸까? 이것은 옛날부터 여러 번 검증되어 어디가 잘못됐는지 다양한 대답이 도출됐다. 간단히 말하면 '일정 거리까지는 아킬레스는 거북이를 따라잡지 못하는 과정'을 무한히 반복하고 있을 뿐이다. 아킬레스와 거북이 사이의 거리를 무한으로 분할하면 얼마든지 반복 횟수를 늘릴 수 있고, 이것은 영원히 계속된다. 그러나 아킬레스와 거북이의 거리 자체는 무한하지 않고 아킬레스가 거북이를 따라잡는 거리는 확실히 존재한다. 그 모순을 깬 역설이다.

이 역설은 철학자 제논이 학파의 주장을 부정하기 위해 제기한 것으로 알려져 있다. '그 주장이 맞다면 이 역설도 맞다'라고 모순을 들이댄 것이다. 학문의 세계에서 자주 사용되는 방법이다.

*제논의 역설: 고대 그리스의 철학자 제논이 스승 파르메니데스의 사상을 옹호하기 위해 사용한 논법

관련용어

제논 Zenon ho Elea
기원전 490?~기원전 430?년경. 고대 그리스의 철학자. 소도시 엘레아 출신. '아킬레스와 거북이' 등 다수의 역설을 제창했다. 그 말고도 제논이라는 철학자가 있어 구별하기 위해 '엘레아학파 제논'이라고도 불린다.

역설
'보기에는 맞지만 사실은 잘못된 이론' 또는 '보기에는 잘못됐지만 실제로는 맞는 이론'. 이론이나 주장에 대해 그것을 부정하기 위해 반대 이론으로 사용한다.

아킬레스
그리스 신화에 등장하는 영웅. 발이 빠르고 혼자서 적을 모조리 물리치는 놀라운 솜씨의 소유자였다. 전쟁이 끝나기 직전에 발뒤꿈치에 화살을 맞아 죽고 만다. 아킬레스건이라 불리는 힘줄은 여기서 유래한다.

COLUMN 나는 화살은 날지 않는다

'아킬레스와 거북이'와 함께 제논의 역설에서 유명한 것이 '나는 화살은 날지 않는다'이다. 화살이 나는 시간을 순간마다 나누면 어느 순간에서도 화살은 멈춰 있고, 그래서 결국 화살은 멈춰 있다는 얘기다. 이것은 시간을 무한하게 분할하면 모순이 생긴다는 역설이다.

20 케네스 아놀드 사건

1947년 6월 24일 미국 워싱턴주에서 발생한 UFO 목격 사건. 이 사건으로 인해 '비행접시'라는 이름이 널리 쓰이게 됐다.

'하늘을 나는 원반' 이미지는 착각에서 비롯됐다!?

1947년 6월 24일 자가용 비행기를 타고 미국 워싱턴주에 있는 레이니어산 근처의 고도 2,900m 상공을 비행하던 케네스 아놀드Kenneth Arnold는 편대를 짜고 고속 비행하는 수수께끼의 9개의 물체를 목격한다. 그 물체는 일반적인 제트기와는 다른 납작한 모양을 하고 날개는 있지만 꼬리는 없고 제트 엔진 소리도 들리지 않았다고 한다.

아놀드의 증언을 듣고 언론은 그가 목격한 물체를 '비행접시'라고 명명하고 대대적으로 보도했다. 이후 유사한 물체를 목격했다는 보고가 잇따라 FBI 장관인 존 에드거 후버(John Edgar Hoover, 1895~1972년)가 UFO 목격 사례를 조사하는 프로젝트를 출범시킬 정도로 소란을 일으켰다.

이 사건은 UFO=비행접시라는 이미지를 널리 세상에 정착시키는 계기가 됐고 이후 이른바 원반형 UFO 목격 사례가 급증하게 되는데, 실은 아놀드 자신은 당초 비행 물체가 원반 모양이었다고 한마디도 말하지 않았다. 기자가 물체가 어떻게 나는지를 물어보자 아놀드는 '수면 위를 뛰어오르는 커피잔 받침처럼 날았다'고 발언했지만, 이것이 기자에 의해 '물체는 접시와 같은 형태였다'고 잘못 전해지면서 비행접시라는 명칭이 탄생한 것이다.

잘못 만들어진 명칭인데도, 언론에 의해 UFO=원반형의 이미지가 만들어지자 실제로 원반형 UFO를 목격했다는 사례가 증가한 것은 매우 흥미롭다. 덧붙여서, 정작 아놀드 자신도 비행접시라는 이름이 확산되자 "내가 본 것도 그러고 보니 원형이었다"고 말하고 다녔다. 이쯤 되자 그가 목격한 물체의 정체를 운운하는 것보다 '우리가 실제로 경험했다고 생각하는 기억도 실은 누군가에 의해 각인된 이미지를 투영시키고 있는 게 아닌가?' 하는 부분이 더 주목받은 사건이 됐다.

관련용어

FBI
미국연방수사국의 약어. 워싱턴 D.C.에 본부를 둔 미국 경찰 기관의 하나로, 주에 걸친 광역 사건 외에도 테러나 스파이, 정치 부패 등의 수사를 담당한다.

존 에드거 후버
John Edgar Hoover
1895~1972년. FBI의 초대 장관. 1924년에 FBI의 전신인 법무부 수사국(BOI)의 제6대 장관에 임명된 조직이 FBI로 개칭된 후 1972년 사망할 때까지 장관직을 맡았다. FBI 법의학연구소 등 과학 수사 기법을 도입한 인물로 칭송되는 반면, FBI 장관이라는 지위를 이용해 정치적으로 대립 관계에 있는 사람들의 정보를 무단으로 수집했다. 대통령을 위협할 정도의 권력을 가졌던 것으로도 알려져 있다.

21 대일여래 大日如來

우주의 법칙을 체현한 부처로, 모든 부처는 대일여래의 화신에 불과하다고 여긴다. 불법을 펼친 석가조차도 밀교에서는 대일여래의 일부인 셈이다.

밀교의 교주인 우주 최고의 부처

대일여래는 불교 유파의 하나인 밀교에서 본존으로 여기는 존격이다. 밀교에서는 우주의 진리가 체현한 것이며, 살아 있는 모든 것은 대일여래에서 태어났다고 간주하고 석가여래를 포함하여 다른 존격은 대일여래의 화신으로 생각한다.

대일여래는 깨달음을 얻기 위해 필요한 지혜를 상징하는 금강계 대일여래와 무한한 자비의 확산을 상징하는 태장계 대일여래의 두 모습을 하고 있다. 금강은 다이아몬드를 가리키며 그 지혜가 아주 견고해서 절대로 상처 입지 않는 것을 나타낸다. 한편 태장胎藏이란 모태와 같이 삼라만상이 대일여래 속에 감싸여 있는 것을 나타낸다. 이 두 가지가 갖춰져야 대일여래를 본불本佛로 하는 밀교 독자의 세계관이 구축되고, 그것을 나타낸 것이 금강계 만다라와 태장계 만다라, 그리고 둘을 합친 양계 만다라이다.

본래 여래 불상은 깨달음을 얻은 석가를 기반으로 하고 있기 때문에 장신구 등은 몸에 착용하지 않고 검소한 외관을 한 것이 많지만, 대일여래는 왕관과 팔찌 등을 여러 개 하고 있다. 이것은 대일여래가 만물을 내포한 우주 자체임을 나타내는 거라고 한다. 또한 금강계 대일여래상은 지권인(智拳印, 부처가 결하는 수인의 하나), 태장계의 대일여래상은 법계정인(法界定印, 부처와 보살들이 가장 기본으로 취하는 수인의 하나)을 하고 있다. 전자는 부처의 지혜의 깊이, 후자는 깨달음의 경지를 나타낸다.

대일여래상

*대일여래 : 진언眞言 밀교密敎의 본존本尊

관련용어

밀교
불교와 마찬가지로 깨달음을 해탈하는 것이 목적이다. 그러나 대중을 향해 세계관을 이야기하고, 명료한 말로 가르침을 설파하는 불교(顯教)에 대해 밀교에서는 비공개 교단 안에서 스승이 제자에게 가르침을 전한다. 일본에는 주로 천태종과 진언종의 두 종파가 존재한다.

본존
가장 숭배되는 존격. 다신교의 최고신으로 신도라면 아마테라스 오미카미가 이에 해당한다.

지권인智拳印
가슴 앞에서 왼손의 집게손가락을 세우고 그 검지를 오른손으로 감싼 것

법계정인法界定印
두 손을 포개어 무릎 위에 얹어 놓되, 두 엄지손가락을 서로 맞대고 오른손을 왼손 위에 올려놓는다.

COLUMN 잘 보면 술術과 인印은 밀교에서 유래한 것

사람을 저주해 죽이고 움직임을 봉쇄하는 등 밀교는 주술적인 요소도 다분히 포함하고 있으며, 수행 과정에서 다양한 술術과 그것을 사용하는 데 필요한 인印을 배운다. 구자호신법九字護身法(육갑비축)이 유명한데, 게임이나 애니메이션 등에서 본 사람도 많을 것이다 .

22 스가와라노 미치자네 菅原道真

헤이안 시대 중기의 고위 고관인 스가와라노 미치자네는 후지와라씨藤原氏의 음모로 불행한 죽음을 맞이했다. 그의 사후에 흉사凶事가 겹치자 원령怨靈이라고 두려워하게 된다.

원령에서 학문의 신으로

스가와라노 미치자네菅原道真(845~903년)는 '학문의 신'으로 유명하지만, 일본 삼대 원령 중 한 명이라는 전설도 있다. 신과 원령은 정반대의 의미로 받아들여지는데, 어떤 경위로 그렇게 된 걸까?

스가와라노 미치자네는 학식이 높고 우다宇多 천황의 신뢰를 얻어 우대신까지 오른 인물이다. 이 인사는 미치자네의 집안을 고려하면 이례적인 중용이었다. 그를 발탁한 목적은 당시 궁중을 석권하고 우다 천황을 위협할 정도로 강한 권력을 가지고 있던 후지와라씨를 견제하기 위한 의도도 있었던 것 같다. 그러나 이윽고 우다 천황이 출가하자 후원자가 없어진 미치자네는 궁중에서 발언권을 잃고 후지와라씨와의 정쟁에서 패해 규슈의 다자이후太宰府로 좌천된다. 미치자네는 그대로 다시 교토로 돌아가지 못했고 규슈에서 사망하여 안라쿠지安楽寺에 묻혔다.

미치자네에 얽힌 전설은 그의 죽음 이후에 시작됐다. 그가 죽고 곧 정적인 후지와라씨의 한 명인 후지와라노 도키하라藤原時平가 39세의 젊은 나이에 병사한 외에 도키하라와 친한 인물이 차례로 급사한다. 또한 궁중에 벼락이 떨어져 후지와라노 키요츠라藤原清貫를 비롯한 여러 조정 관리와 병사가 사망하고 사건을 목격한 다이고醍醐 천황도 몸이 안 좋아져 승하하는 등 짧은 기간에 연달아 불행한 사건이 속출한 것이다. 이쯤 되자 후지와라씨를 비롯한 궁중 사람들은 연이은 흉사를 미치자네의 재앙에 의한 것이라고 두려워했고, 재앙을 진정시키기 위해 기타노 텐만구北野天満宮를 지어 미치자네를 신으로 모셨다. 또한 사다이진(左大臣, 다이죠칸의 장관. 우다이진 위의 직위)과 다죠다이진(太政大臣, 정치를 통괄하는 다이죠칸의 최고 벼슬) 등 생전보다 높은 벼슬을 주어 미치자네의 명예를 회복시켰다. 이러한 조치로 궁중에서 재앙을 가져온다는 미치자네의 원령이라는 측면은 차츰 잊혀지는 대신 학문의 신으로 추앙받는다.

스가와라노 미치자네

관련용어

일본 삼대 원혼
비명횡사로 혼령이 됐다고 하는 역사상 인물. 스가와라 미치자네, 타이라노 마사카도平将門, 스토쿠崇徳 천황 3명을 일컫는다.

다자이후太宰府
7세기경 지쿠젠국(筑前国, 현재 후쿠오카현 서부)에 설치한 행정기관

안라쿠지安楽寺
다자이후에 있던 사원. 미치자네가 묻힌 땅으로 사후 미치자네를 모셨다. 메이지 유신 때 열린 신불神佛 분리 정책으로 폐사됐고 이후 미치자네는 다자이후 텐만구太宰府天満宮에서 모시게 됐다.

기타노텐만구
北野天満宮
교토시 가미교구에 있는 신사. 미치자네를 모시는 대표적인 신사로 행운을 비는 수험생들이 많이 찾는다.

23 오쿠니누시노 미코토 大国主命

아시하라노 나카쓰쿠니의 주재신. 스쿠나비코나노카미와 함께 제국을 돌며 국가를 구축하고 미모로야마위坐神의 영혼을 모시고 아시하라나카쓰쿠니를 완성시킨다.

일본 신화의 하렘 주인공

이즈모 신화의 주역으로 쿠니츠카미(国津神, 지신, 토착 호족)의 지배인(회계·경리 등을 총괄하는 역)과 같은 존재. 국토의 수리 및 보호를 담당한 외에 농업 기술 지도, 해수害獸와 해충을 물리치는 금염(술법으로 액운이나 재난을 막는 일) 제정, 질병 치료법과 의약품 보급, 온천 개발 등 다양한 업적을 남긴 건국의 신이다.

오쿠니누시노 미코토의 일화로는 와니(和邇, 악어)에게 껍질이 벗겨지는 토끼를 돕는 '이나바의 흰 토끼'가 유명하다. 이 이야기는 80신이라는 오쿠니누시노 미코토의 형들이 야가미히메八上比売에 구혼하러 갔을 때의 일이다. 토끼에게 거짓말 치료법을 가르친 형들과 달리 오쿠니누시노 미코토는 진정한 치료법을 가르치는 친절한 신으로 그려진다. 결국 야가미히메도 80신의 청혼을 거부하고 마음씨가 상냥하고 미남인 오쿠니누시노 미코토를 선택한다.

그런데 오쿠니누시노 미코토를 질투한 80신에게서 달아나 저승으로 갔을 때 스사노오노미코토須左之男命의 딸 스세리비메노미코토須勢理毘売命売와 서로 한눈에 반해 결혼했다. 사랑의 도피와 같은 형태로 아시하라노 나카쓰쿠니로 돌아오는 길에 쫓아온 스사노오노미코토에게도 결혼을 인정받아 80신을 쫓아내고 국가를 건설한다.

오쿠니누시노 미코토에게는 이외에도 누나카와히메沼河比売와 타키리히메노미코토多紀理比売命, 가무야타테히메노미코토神屋楯比売命, 도토리노카미鳥耳神 4기둥의 아내가 있고, 6기둥의 아내 사이에 180명의 아이가 태어났다. 이러한 사정에서 오쿠니누시노 미코토가 모셔진 이즈모 대사는 특히 결연의 효험으로 알려져 있다. 오쿠니누시노 미코토의 인기는 라이트 노벨의 주인공 같기도 하지만, 오쿠니누시노 미코토가 적극적으로 구애한다는 점이 이른바 둔감한 주인공과는 다르다. 어느 쪽인가 하면 인기 많은 꽃미남 같은 위치가 된다.

덧붙여서 현대의 일본에서는 아내가 6명이면 불법이다. '여성의 적'이라고도 보이지만 한편으로 오쿠니누시노 미코토가 인간이었다고 해도 에도 시대까지라면 합법적이다. 거기는 여신들도 알고 있었다고 하는데, 의외로 신들의 세계도 '결국은 외모'인지도 모른다.

관련용어

이즈모 신화
出雲神話
〈이즈모 풍토기〉에 기록된 이즈모의 신화. 조정의 명령으로 만들어진 〈고지키〉와 〈일본서기〉의 차이를 통해 당시의 지방을 아는 단서가 되고 있다.

쿠니츠카미国津神
지상계인 아시하라노 나카쓰쿠니葦原中国 출신의 신들을 말한다. 아마테라스 오미카미와 같은 천계로 여겨지는 다카마가하라高天原 출신의 신들은 아메노토리후네天津神라고 부른다. 덧붙여서 스사노오노미코토須左之男命는 다카 마가하라의 출신이지만, 추방되어 아시하라노 나카쓰쿠니로 내려왔기 때문에 쿠니츠카미로 분류되어 있다.

와니和邇
악어를 말한다. 이전에는 상어라는 설이 유력했지만, '이나바의 흰 토끼'를 닮은 민화가 외국의 다양한 지역에 있고 또한 악어가 일본에 없다고 해서 옛 사람이 몰랐다고는 단정할 수 없는 점 등에서 현재는 악어 설이 유력하다.

24 도죠지 道成寺

실재하는 사원의 이름이지만, 보통은 이 절에 전해지는 전설을 가리킨다. 도죠지, 안친기요히메安珍清姫라는 이름으로 가부키(歌舞伎, 일본 고전연극의 하나)의 소재로도 유명하다.

남자의 거짓말과 여자의 원망

도죠지道成寺라는 것은 와카야마현 히다카가와정에 현존하는 천태종 사원이다. 히다카지日高寺, 가니마키데라鐘巻寺라고도 한다. 다이호大宝 원년(701년)에 건립된 사찰이지만, 엔쵸延長 6년(929년) 사원에서 큰 사건이 일어났다.

기슈紀州 지방 무로군牟婁群 마사고真砂의 쇼지庄司 집에 안친安珍이라는 사람이 머물게 해달라고 청했다. 기요히메는 오슈(奥州, 옛 지방의 이름. 지금의 후쿠시마福島·미야기宮城·이와테岩手·아오모리青森의 4현)의 수도승으로 구마노熊野로 참배를 하러 가는 길이었다. 쇼지의 딸 기요히메清姫는 안친을 보고 첫눈에 반해 열정적으로 다가갔다. 거절하지 못한 안친은 '구마 참배를 마치고 돌아오는 길에 꼭 오겠다'는 말을 남기고 떠났다.

하지만 기다리고 기다려도 안친은 나타나지 않는다. 배신당한 것을 깨달은 기요히메는 남의 눈도 신경쓰지 않고 안친을 쫓아갔다. 겨우 찾아낸 안친이 사람을 착각했다는 말을 듣고 기요히메는 격앙했다. 귀신의 형상을 하고 쫓는 기요히메와 필사적으로 도망치는 안친은 히다카가와日高川까지 다다르자 배를 타고 해안을 떠났지만 기요히메는 독사로 모습을 바꾸어 추격했다. 안친은 도죠지에 들어가 승려의 도움으로 종 안에 숨었지만 기요히메의 눈을 속일 수 없었다. 기요히메는 종을 휘감고 불을 뿜어 안친을 태워 죽였다.

노能 〈도죠지〉에서는 이후의 일담이 담겨 있다. 도죠지에서 범종을 복구한 날 한 명의 시라뵤시(白拍子, 헤이안 시대 말기부터 카마쿠라鎌倉 시대까지 유행했던 가무 또는 이것을 노래하고 춤췄던 유녀)가 나타난다. 이 시라뵤시는 일찍이 이 사원의 종을 태운 뱀이라고 한다. 어지간히 사원의 종소리가 싫었을 것이다.

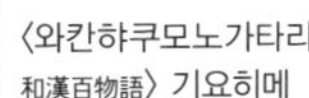
〈와칸햐쿠모노가타리 和漢百物語〉 기요히메

관련용어

안친安珍·기요히메清姫 전설
도죠지, 히다카가와 전설 등 다양한 명칭이 있다.

기슈紀州 무로군牟婁群
현재의 와카야마 현 동쪽~미에현 북쪽 일대

쇼지庄司
장관이라고도 한다. 영주의 명을 받아 장원(莊園, 중세기의 귀족이나 사원이 사유하던 토지)에서 소작료 징수와 치안 유지 등의 임무를 맡았던 사람. 중앙에서 파견되거나 현지의 호족이 임명되기도 했다.

구마노熊野 참배
구마노 신앙에 따라 와카야마현 구마 지방의 구마노 삼산(모토미야新宮·신구新宮·나치那智)을 참배한다. 무로마치 시대의 신궁 참배가 유행하기 이전에 성행했다.

COLUMN 귀신을 나타내는 무서운 반야면(般若面, 반야를 닮은 무서운 얼굴)

반야般若는 반야심경 등으로 알려진 지혜를 의미하는 불교 용어이지만, 노能에서는 귀신을 가리키는 말이다. 이것은 한냐보般若坊라는 장인의 이름에서 붙은 것 같다. 2개의 뿔, 미간에 생긴 주름, 크게 찢어진 입 또는 송곳니를 드러낸 표정은 질투와 분노로 악마로 변한 여자를 나타내고 있다. 이 얼굴은 주로 〈도묘지〉와 〈아오이상〉의 공연에 사용되었다.

25 맥스웰의 도깨비

뜨거운 것과 차가운 것이 접촉하면 둘의 온도는 같아진다. 우리가 상식이라고 생각하는 그런 현상에 장난을 치는 악마가 존재한다. 과연 그 악마란?

열역학의 악마를 넘어뜨렸더니 절망의 미래가 기다리고 있다

맥스웰이 제창한 사고실험의 내용은 이렇다.

① 균일한 온도의 기체로 채워진 용기를 준비한다. 다만 각 분자의 속도는 균일하지 않다.

② 이 용기를 작은 구멍이 뚫린 칸막이로 A, B의 부분으로 분리한다. 각 분자를 보고 구멍을 개폐할 수 있는 '존재'가 있다고 하자.

③ 이 존재는 빠른 분자만을 A에서 B로, 느린 분자만을 B에서 A로 통과시키듯이 구멍을 개폐한다.

④ 이 과정을 반복하면 언젠가 이 존재가 일을 하지 않고 A의 온도를 낮추고 B의 온도를 높일 수 있다. 그러나 이것은 열역학 제2법칙과 모순된다.

이 초월적인 존재가 맥스웰의 도깨비이다. 요점은 물리학의 가상 적(敵)인 셈인데, 하지만 이것을 인정하면 영구기관이라는 불가능한 기계가 성립되어 버리기 때문에 학자들은 이 도깨비를 매장하기 위한 증명에 기를 썼다. 해결하기까지의 과정은 생략하지만, 이 도깨비는 창문 개폐 시에 정보를 기억하고 삭제하는 등의 일을 해야 해서, 전체적으로 엔트로피가 감소하지는 않는다고 결론 내려 악마는 매장됐다.

순간 다른 각도에서 공포가 등장했다. 엔트로피 증가의 법칙은 우주 전체에서 보면 우주는 반드시 엔트로피를 계속 늘리고 있다. 즉 언젠가 우주는 생물도 무기질도 공기도 경계 없이 같은 열, 같은 물질의 밀도가 된 평형의 바다가 된다는 끔찍한 종언이 가설되었다. 이것을 '우주의 열적 죽음heat death'이라고 하며 애니메이션이나 만화 등에서도 자주 등장하는 SF 소재로 사용되고 있다.

관련용어

제임스 클러크 맥스웰
James Clerk Maxwell
1831~1879년. 영국의 이론 물리학자. 1864년 전자기력에 관한 법칙을 정리한 맥스웰 방정식을 발표했다. 참고로 1861년에는 최초의 컬러 사진 촬영에 성공했다.

엔트로피entropy
열역학의 방향성 있는 현상의 정도를 나타내는 것. 예를 들면 커피에 우유를 넣었을 때 아직 섞이지 않은 상태를 엔트로피가 작다고 하고 완전히 혼합된 상태를 엔트로피가 크다고 한다.

열역학 제2법칙
열은 항상 높은 쪽에서 낮은 쪽으로 이동하고 그 반대는 일어나지 않는다는 법칙. 그리고 다른 것과 열 출입이 차단된 '단열계'에서 불가역 변화(원래 상태로 돌아가지 않는다)가 발생한 경우 엔트로피는 항상 증가한다.

*맥스웰의 도깨비Maxwell's demon : 맥스웰이 속도분포법칙을 만들 때 생각해낸 가상적 존재

COLUMN 빠른 분자와 느린 분자를 나누는 도깨비 기계

맥스웰의 도깨비처럼 실제로 빠른 분자와 느린 분자를 분리시키는 기계에 에든버러의 물리학자 데이비드 리David Morris Lee가 만든 나노 스케일 머신이 있다. 그러나 이것은 외부 전원이 필요하기 때문에 제2법칙을 깬 것은 아니다. 결국 어떤 도깨비도 에너지 법칙은 거스를 수 없는 것 같다.

26 무지無知의 지知

고대 그리스의 철학자 소크라테스의 철학의 근저를 드러내는 말이 무지無知의 지知이다. 그는 "나는 내가 아무것도 모른다는 사실을 알 뿐이다"라고 말했다.

현대에 전해지는 소크라테스의 철학

'무지無知의 지知'라는 말이 태어난 계기는 이렇다. 어느 날 델포이의 신탁소에서 소크라테스의 제자가 "아테네에서 가장 지혜로운 사람은 누구인가?"라고 묻자 "그것은 소크라테스이다"라는 말을 들었다. 그것을 소크라테스에게 전하자 소크라테스는 "그렇지 않다"라고 믿지 않고 현자라 불리는 사람에게로 확인하러 갔다. 그런데 그 현자들과 만나 이야기를 해 본 결과, 소크라테스는 어느 사실을 깨닫는다. "그들은 모르는 것을 알고 있다고 믿고 있다"고. 그 점에서 소크라테스는 "나도 모른다. 하지만 나는 내가 모른다는 것을 알고 있다. 그만큼 내가 지혜가 있다"고 깨달았다.

즉, 모른다는 것을 자각해야 비로소 그것을 알고자 하는 향상심이 생긴다. 무지의 지는 제자 플라톤 등에 의해서 전파되어 현재도 비즈니스에서 격언으로 사용되고 있다. 후세에 미친 영향은 매우 클 것이다.

이렇게 말을 하니 "소크라테스는 위대한 사람이다"라는 느낌이 들지만, 한편 현자들을 완전히 누른 대화는 매우 불쾌하고 끈질기며 상대를 자멸시키는 논법이었다고 한다.

우선 "난 아무것도 모른다. 그러니 가르쳐 달라"고 하고, 상대의 주장을 이끌어낸다. 그 주장에 대해 부정 내지 비판은 하지 않고 "이건 잘 모른다. 이런 건가?"라고 더 자세히 묻는다. 그러면 상대방은 "그렇다"고 대답하고, 거기에 대해 소크라테스가 다시 질문한다. 이윽고 상대의 주장과 앞뒤가 맞지 않게 되면 소크라테스는 "당신이 말하는 것은 모순"이라고 지적한다.

그야말로 트집 잡기에 가까운 문답이다. 이런 질문 공격을 당하면 누구나 당황해서 아무 말이나 내던질 것이다.

소크라테스의 흉상

관련용어

소크라테스
Socrates
기원전 470년경~기원전 399년. 고대 그리스의 철학자. 무지의 지는 그의 에피소드 중에서도 특히 유명한 이야기다. 그 자신은 책을 전혀 남기지 않아 제자 플라톤 등의 저작물이 그를 아는 유일한 단서가 되고 있다.

델포이의 신탁소
하나님의 예언이 무녀를 통해 전달되는 장소. 그리스에서 가장 오래된 신탁소로 간주되며 그리스 신화에도 등장한다. 여기에서 내린 예언은 델포이의 신탁이라고 불린다.

현자賢者
글자 그대로 지혜로운 사람. 또한 지식이 많고 분별 있는 사람

27 아담스키형 UFO

1952년에 작가이자 UFO 연구가인 조지 아담스키에 의해 촬영된 UFO. 매우 유명한 사진으로 이후 UFO를 상징하는 공식 이미지로 자리 잡았다.

세계 최초의 피접촉자가 촬영한 UFO

조지 아담스키는 세계 최초로 외계인과 접촉한 것으로 알려진 인물이다. 이른바 피접촉자의 원조이며, 1965년에 74세의 나이로 사망할 때까지 무려 25차례나 우주인과 연락했다고 한다. 게다가 단순히 우주인과 대화를 나누었을 뿐 아니라 때로는 우주인과 함께 UFO를 타고 우주여행도 했다고 하니 너무 터무니없다.

다만 당시는 세계적으로 UFO에 대한 관심이 높아진 시기여서 그가 우주인과 만난 체험을 쓴 저서 〈비행접시가 착륙하다Flying Saucers Have Landed〉(1953년)는 베스트셀러가 됐고, 속편 〈UFO 동승기Inside the Spaceship〉(1955년)도 연이어 성공했다. 각지에서 UFO와 외계인에 관한 강연도 하는 등 세계에서 가장 유명한 피접촉자가 됐다.

그런 아담스키가 1952년 12월 13일에 촬영한 것이 훗날 '아담스키형'으로 알려지게 된 UFO 사진이다. 아담스키에 따르면 이 UFO가 지상 30m까지 하강한 모습을 촬영한 것이라고. 당시에도 날조라는 비판이 있었지만 공상과학에서나 나올 법한 디자인과 함께 오늘날에도 UFO라고 하면 아담스키형이 먼저 떠오를 정도로 친숙하다.

실제로 아담스키의 이야기는 황당무계해서 당시에도 UFO 연구가들의 대부분은 상대하지 않았다. 그래도 그는 특유의 입담으로 사람들을 매료시키며 일종의 컬트적인 인기를 얻었다. 아담스키는 "외계인들은 핵 전쟁 위기를 인류에게 알리기 위해 지구에 왔다"고 주장했지만, 아무리 비판을 받아도 활동을 계속한 것은 그 나름의 평화에 대한 강한 소망이 있었기 때문인지도 모른다.

관련용어

피접촉자contactee
외계인과 접촉했다고 주장하는 사람을 말한다. 아담스키가 금성인과 텔레파시로 대화한 것을 기록한 〈비행접시가 착륙하다〉를 출판하자 자신도 비슷한 경험을 했다는 피접촉자가 속출했다.

아담스키 철학
아담스키는 철학자로서의 일면도 있어, 그의 추종자들은 그 생각을 아담스키 철학(또는 우주철학)이라고 부르며 독자적으로 연구하고 있다.

COLUMN 듀얼 마스터즈에서의 아담스키

만화 〈듀얼 마스터즈Dual Masters〉에는 우주인 캐릭터가 등장하는데, 그의 비장의 무기인 카드가 'S급 우주(공간) 아담스키'라는 것. 우주인이라는 설정도 생각하면 이것은 아담스키에서 유래했다고 생각하는 것이 자연스러울 것이다.

28 업 業, karma

아시아권 종교에서 볼 수 사상. 특히 불교와 관련이 깊고, 카르마를 초래하는 것은 신구의(身口意, 몸가짐과 말과 정신. 곧 일상생활의 모든 행위)의 3업 중 하나로 분류된다.

자신의 행위와 그것이 가져오는 결과

카르마는 불교나 힌두교 등 인도에서 발상된 종교에서 볼 수 있는 사상이다. 그 말에 부정적인 인상을 받는 사람도 많지만, 카르마의 본질은 인과응보의 법칙에 따라 결정되기 때문에 반드시 나쁜 것만은 아니다. 어디까지나 스스로의 행위에 대한 결과이며, 선행을 쌓으면 좋은 카르마가, 악행을 거듭하면 불행이 초래되는 것이다.

불교에서는 신업身業, 구업(口業, 어업語業), 의업(意業, 사업思業)의 3업은 반드시 어떤 카르마를 가져다주며, 업이 있는 한 윤회에서의 해탈은 불가능하다고 생각한다. 각각을 설명하면, 우선 신업은 신체에 관련된 것으로 사람을 손상시키는 행위 등이다. 구업은 말에 관련되는 것으로 거짓말을 하거나 폭언 등이 해당한다. 마지막으로 의업은 생각에 관련된 것으로, 예를 들어 "이 상사 짜증나니까 후려치고 싶다" 등이다.

불교에서는 '했는가 아닌가' 또는 '말했는가 아닌가'보다는 '생각했는가 아닌가'를 중요하게 여기며 가장 무서운 것으로 여긴다. 원래 몸과 입이 움직이는 것은 마음이 명령했기 때문이기도 하므로 의업이 중시되는 것도 당연하다면 당연하다.

덧붙여서 나쁜 마음에 의해 일어나는 업을 악업이라 하고 ① 살생=생물을 죽이다 ② 투도偸盜=훔치다 ③ 사음邪淫=음란한 생각을 하다 ④ 망어妄語=거짓말하다 ⑤ 양설兩舌=이간질을 하다 ⑥ 악구惡口=욕을 하다 ⑦ 기어綺語=말을 꾸미다 ⑧ 탐욕貪欲=탐하다 ⑨ 진에瞋恚=화를 내다 ⑩ 사견邪見=옳지 못한 견해를 십악(十惡, 불교의 열 가지 죄악)이라 하여 가르치고 있다.

관련용어

인과응보
선행은 좋은 결과를, 악행은 나쁜 결과를 초래한다는 생각. 전생의 행위는 현세에, 현세의 행위는 내세에도 영향을 준다고 한다.

COLUMN 자신의 일에 의해 자신이 얻을 결과

카르마는 나쁜 결과만 국한되지 않는다고 위에서 설명했는데, 이것은 자업자득에 대해서도 마찬가지이다. 자업자득이라는 말은 일반적으로 나쁜 결과에 대해 사용되지만 원래는 '스스로의 행위에 의해 자신이 얻은 결과'이므로 좋은 일도 나쁜 일도 모두 포함해서 자업자득인 것이다. 인과응보와 마찬가지로 불교에서 유래한 말이다.

29 다이라노 마사카도 平将門

헤이안 중기의 무사, 다이라노 마사카도는 조정에 반란을 일으켜 간토關東 지방을 지배한 영웅이다. 하지만 그 이름을 알리게 된 것은 사후에 퍼졌던 원령 전설이었다.

재앙신에서 샐러리맨의 수호신으로?

다이라노 마사카도(平将門, ?~940년)는 자신을 의지해서 도망쳐 온 후지와라 겐메이藤原玄明를 둘러싸고 주변국의 영주와 다툼을 일으켰고, 이 전쟁을 계기로 주변국에 출병하여 간토의 지배자가 됐다. 그리고 신황神皇을 자처하며 독립된 지방 정권을 만들어 조정에 반기를 든다. 하지만 마사카도는 조정에서 파견된 토벌군과의 싸움에서 전사하고 신 정권은 와해됐다. 그의 목은 교토로 옮겨져 효수(梟首, 머리를 장대에 매달아 그 죄를 경계시킨 형벌)됐다.

그런데 이것으로 일단락되지 않았던 것이 마사카도 전설의 놀라운 점이다. 목을 둘러싸고는 몇 가지 내용이 전해지는데, 그중 하나에 따르면 마사카도의 목은 몇 달이 지나도 썩지 않고 눈을 부릅뜬 채 마치 살아있는 것 같았다고 한다.

또 다른 이야기에 따르면 밤마다 자신의 몸통을 찾아 외치고 다녀서 교토의 사람들을 위협했다고 전해진다. 그리고 마지막으로 목이 어떻게 됐는지에 대해서도 여러 설이 있는데, 간토를 향해 날아갔다는 일화가 가장 유명하다.

그런데 교토에서 날아간 마사카도의 목은 어디로 갔을까? 날아온 마사카도의 목을 모셨다는 무덤(首塚, 참수한 적의 목을 매장한 곳에 공양(供養)하기 위해 만든 무덤)은 전국에 여럿 있지만, 가장 유명한 것은 도쿄의 중심부 오테마치大手町에 있는 무덤이다. 이 무덤은 과거에 몇 번이나 구획 정리를 위해 철거될 뻔했으나 그때마다 공사 관계자가 급사하거나 의문의 사고가 발생하는 바람에 공사가 중단된 것으로 알려져 있다.

이런 이야기를 들으면 마사카도는 아직도 재앙신처럼 생각되지만, 현재는 수호신으로 모셔져 있다. 무덤이 있는 경내에는 많은 개구리 장식물이 봉납되어 있는데, 이것은 마사카도의 목이 간토로 돌아온 것에 빗대어 개구리(일본어로 개구리는 가에루)와 돌아가다(일본어로 돌아가다도 가에루)를 의미한다. 지방이나 해외에 전근을 갔다가 반드시 돌아올 수 있기를 바라는 직장인들이 소원을 담아 참배하고 있다고 한다. 또한 목을 매장한 무덤이므로 더 이상 자르지 못한다는 점에서 구조 조정을 두려워하는 직장인들에게도 은근히 인기 있는 것 같다.

관련용어

후지와라 겐메이
藤原玄明
헤이안 중기의 간토 지방에 있던 호족. 히타치국(常陸国, 현재의 이바라키茨城현)에서 문제를 일으키고 도망쳐서 마사카도에게 몸을 맡겼다. 히타치국의 행정관이었던 후지와라노 코레치카藤原維幾明는 겐메이의 인도를 요구했으나, 마사카도가 이를 거부하자 전쟁이 일어나 마사카도가 난을 일으키는 계기가 됐다.

무덤首塚
전투에서 전사하거나 참수에 처해진 사람의 목을 공양하기 위해 만든 무덤

30 야마토타케루노 미코토 日本武尊

제12대 게이코景行 천황의 황자로 제13대 주아이仲哀 천황의 아버지. 규슈의 구마소타케루熊曾建 정벌 등 고대의 영웅으로 지방 전설이 집약된 조정의 무력을 상징한다.

야마토타케루 이야기는 전형적인 귀종유리담貴種流離譚

〈고지키〉에서는 야마토타케루倭建命, 〈일본서기〉에서는 야마토타케루日本武尊로 표기된다.

이름은 야마토타케루노 미코토가 일반적이지만, 일화는 〈고지키〉가 더 유명하다. 어느 날, 아침저녁의 제사 의식에 나오지 않는 오빠를 설득하라는 아버지의 명을 받자 야마토타케루는 괴력으로 오빠의 손발을 비틀어 떼서 대발로 감아 버렸다고 한다. 야마토타케루는 지나친 대응으로 아버지에게 외면당하고 단신으로 구마소타케루熊曾建 정벌을 명령받는다. 무사히 임무를 완수하고 돌아오자 곧바로 동방을 정벌하라는 명령을 받자 "나는 죽으라는 건가?"라고 한탄하면서 출발한다. 아내의 투신자살 등 비극을 딛고 임무를 완수하고 돌아가는 길에 이부키伊吹산의 신에게 앙갚음을 당해 죽어 영혼이 백조가 되어 날아갔다는 비극의 영웅으로 전해진다. 〈일본서기〉도 큰 줄거리는 같지만 천황과 사이가 좋고 조정의 기대를 짊어진 영웅으로 그려졌으나 결말은 그리 비극적이지 않다.

이와 같이 '고귀한 신분의 사람이 어떤 사정이 있어 객지를 여행한다'는 이야기는 귀종유리담이라는 이야기 장르 중 하나다. 〈고지키〉의 내용이 더 유명한 것도 비극적인 만큼 드라마틱하기 때문일 것이다.

관련용어

마소타케루熊曾建
조정에 따르지 않은 규슈 호족. 〈고지키〉에서는 여장을 하고 수령인 에타케루兄建과 오토타케루弟建 형제를 죽이고 오토타케루에서 야마토타케루倭建라는 이름을 받고, 이후 야마토타케루倭建命라고 불리게 됐다고 한다.

동정東征
야마토타케루에 의한 동방 세력의 평정. 이때 야마토타케루는 들판에서 불 공격을 당한 적이 있는데 칼로 주변의 잔디를 깎은 후 맞불을 놓아 위기를 모면했다. 이 칼은 야마타노오로치八俣遠呂智의 꼬리에서 발견된 것으로, 잔디를 후려쳐 쓰러뜨렸기 때문에 쿠사나기검草薙劍이라고 불리는 설의 근거가 되고 있다. 또한 우라가스이도우浦賀水道에서 바다가 거칠어지자 오토타치바나히메弟橘媛가 입수해서 바다를 진정시킨 이야기도 유명하다. 치바현 부근에 많은 신사가 있다.

〈월백자月百姿〉
오우스노미코小碓 황자

*야마토타케루日本武尊 : 고훈 시대 일본의 12대 게이코景行 천황의 황자
*귀종유리담貴種流離譚 : 원래 고귀한 혈통이었던 사람이 어떠한 연유로 인해 밑바닥으로 추락. 그리고 그 밑바닥에서부터 치고 올라온다는 이야기

COLUMN 야마토타케루에서 유래하는 3곳의 시라토리 미사사기(白鳥陵, 백조능)

〈고지키〉 〈일본서기〉 모두에 야마토타케루는 사후에 백조가 되어 날아갔다고 나온다. 죽은 노보노能褒野 무덤(미에현 가메야마시) 외에 〈일본서기〉에서 백조가 머물렀다고 하는 고토히키하라大和琴弾原(나라현 고세시), 카와후루이치河内古市(오사카부 하비키노시)의 2곳에 백조능이라 불리는 능이 있고 이 3개가 일본 야마토타케루와 관련된 능으로 인정받고 있다.

31 기케이키 義経記

헤이안 시대의 무장 미나모토노 요시츠네源義経의 생애를 그린 무로마치 시대 초기에 완성된 군기모노가타리의 하나. 역사보다 비극의 영웅담 색채가 강하다.

일본에서 가장 오래된 비극의 귀공자 일생

이야기의 소재가 되는 실존 인물은 많지만, 그중에서도 최고의 인기와 출현 빈도를 자랑하는 사람이 미나모토노 요시츠네源義経일 것이다. 미나모토노 요시츠네源九郎義経(통칭), 우시와카마루牛若丸(어릴 때 이름) 등 수많은 이름으로 불리는 그의 이야기는 〈아타케安宅〉(노), 〈간진쵸勧進帳〉(가부키) 등 이루 다 헤아릴 수 없다.

이들 작품의 토대가 되고 있는 것이 그의 생애를 그린 기케이키義経記이다. 〈판관이야기判官物語〉, 〈요시츠네 이야기義経物語〉라고도 불리는 이 작품은 무로마치 시대 전반에 성립한 것으로 알려져 있지만 저자는 확실하지 않다. 왜냐하면 당시 군기모노가타리라는 것은 비파 법사와 이야기 승려에 의해 입에서 입으로 전해지는 것이 대부분이었다. 〈기케이키〉는 이러한 구전 전설과 각지에 남은 요시츠네의 일화를 집약한 것으로 여겨진다. 더 말하면 〈기케이키〉는 다른 군기모노가타리에 비하면 이야기 색이 강하고, 요시츠네를 비극의 영웅으로 묘사한 것이 특징으로 꼽힌다. 현재까지도 불행의 귀공자로 취급하는 것은 이 책의 영향일지도 모른다. 이야기는 헤이지平治의 난(1160년) 막바지에서 시작된다. 전반부는 헤이케平家 타도의 기치를 든 사원에서의 어린 시절, 그리고 무사시보 벤케이武蔵坊弁慶를 만나 오슈奥州에서 오빠 미나모토노 요리토모源頼朝의 거병을 알기까지의 사춘기를 그리고 있다. 후반부는 단노우라壇ノ浦の 전투(1185 년) 후 요리토모와 사이가 틀어져 도피한 끝에 오슈 히라이즈미平泉에서 자해하기까지의 비극을 그리고 있다. 전쟁의 천재라고 불린 요시츠네의 생애를 그리면서 의외로 중요한 헤이케 토벌의 공적에 대해서는 단 몇 줄에 그쳤다.

〈기케이키고조바시노즈義経記五条橋之図〉

관련용어

군기모노가타리
軍記物語
가마쿠라鎌倉·무로마치室町 시대에 만들어진 전쟁을 주제로 하여 서사시적으로 엮은 역사 소설

미나모토노 요시츠네源義経
1159~1189년. 헤이안 후기부터 가마쿠라 초기의 무장. 헤이지의 난 이후 구라마데라鞍馬寺의 치고(稚児, 신사나 사찰의 축제 행렬에 때때옷을 입고 참가하는 어린이)가 된다. 헤이케 타도를 위해 남몰래 무예에 힘쓰다가 문책을 당해 다른 곳으로 옮겨 샤나오遮那王라고 개명한다. 후지와라노 히데히라藤原秀衡를 의지해 오슈로 내려가 이복형인 요리토모의 거병 소식을 듣고 달려가 헤이케 멸망에 힘쓰지만 간계를 당해 도망자 생활을 한다. 오슈 히라이즈미에서 후지와라노 야스히라의 배신으로 자해했다.

비파 법사·이야기 승려
일본 중세에 많이 볼 수 있었던 이야기를 낭송하는 예능자, 승려. 눈이 먼 사람이 많다.

COLUMN 이 시기에 왠지 많은 'ㅇㅇ 고젠御前'

요시츠네를 말하는 데 빼놓을 수 없는 인물이라고 하면 무사시보 벤케이蔵坊弁慶, 그리고 요시츠네의 첩 시즈카 고젠静御前이다. 어전御前이란 여성의 이름에 붙이는 경칭으로 일본 역사상 유명한 어전이라고 하면 도키와 고젠常盤御前, 도모에 고젠巴御前, 시즈카 고젠静御前이 유명하며, 모두 같은 시기의 인물이다.

32 절대영도 絶対零度

누구나 이 강력한 단어를 한 번쯤 들어보지 않았을까. 절대영도란 도대체 무엇이 어떻게 절대인 걸까?

이론적으로 침해받지 않는 절대영역인 저온

온도의 단위에는 몇 가지가 있지만 우리가 평소 사용하는 섭씨온도(단위 ℃)는 1기압 상태에서 물의 빙점을 0℃, 끓는점을 100℃로 하고 그 사이를 100등분한 것을 1℃로 하고 있다. 그러나 이 방법은 사실은 부정확하며 열팽창계수는 온도에 따라서 달라진다. 그래서 영국의 물리학자 켈빈Kelvin은 '물질의 종류에 좌우되지 않는 온도'를 결정하기 위해 이상기체(Ar(아르곤)과 He(헬륨))의 열팽창을 계산했다. 원자와 분자는 끊임없이 운동을 하는데 고온이 될수록 운동은 격렬해지고 저온이 될수록 둔해지며, 그리고 이론상 완전히 정지 상태가 된다. 그 물질이 정지하는 온도가 절대영도=0K(켈빈)로 이 절대영도를 기준으로 하는 온도가 절대온도이다. 절대영도는 섭씨 −273.15℃, 화씨 −459.67°F 된다.

분자나 원자가 정지하기 때문에 절대영도보다 낮은 온도는 존재하지 않는다(온도는 상한이 없다). 그러면 원래 절대영도는 계산으로 나온 온도이지만, 실제로 관측된 적은 있을까. 지구 관측 사상 최저의 자연 기온은 1993년 7월 21일 남극에 있는 러시아 보스토크 기지에서 기록한 −89.2℃이며, 지표면 온도는 남극에서 2010년 8월 10일에 −93.2℃로 관측됐다.

그럼 우주는 어떨까. 지금까지 발견된 것 중에서 가장 차가운 환경은 부메랑 성운 속의 검은 가스 구름이 불과 1K로 확인됐다. 주변은 2.7K로 미지근한 온도이지만, 이것은 우주 전체에 빅뱅의 흔적 열로 여겨지는 우주 마이크로파 방사(전자파)가 충만해 있기 때문으로, 그 열이 차단되지 않으면 더 이상 저온은 되지 않는다고 생각되고 있다.

실험실에서 인공적으로 만든 경우는 어떨까. 1994년 미국 국립표준기술연구소가 레이저를 이용하여 세슘 원자를 냉각하는 방식으로 10억분의 700K까지, 2003년 매사추세츠 공과대학이 10억분의 0.5K까지 도달했다. 근접은 했지만 역시 도달하지는 못했다.

관련용어

섭씨온도
스웨덴의 천문학자 안데르스 셀시우스가 제기한 실용적 온도계를 바탕으로 한 국제 온도 단위. 절대온도도 온도의 양을 나타내는 단위로는 동일하므로 절대온도에서 273.15를 빼면 섭씨온도이다.

배런 켈빈
Baron Kelvin
1824~1907년. 영국의 물리학자로 본명은 윌리엄 톰슨William Thomson이다. 절대온도의 도입과 톰슨의 원리Thomson's principle, 줄-톰슨 효과Joule-Kelvin effect를 발견한 공적이 있다. 전자기 유도와 자기 능력을 나타내기 위해 벡터를 처음 사용하기도 했다.

부메랑 성운
켄타우루스자리 방향, 지구로부터 5000광년 떨어진 위치에 있는 행성상 성운. 1995년 ESO가 칠레에 있는 서브밀리 망원경으로 관측했고 1K의 온도가 추정되었다. 발견 당시 부메랑처럼 보였지만, 이후의 정밀 관측으로 나비넥타이와 같은 형태인 것으로 확인됐다.

33 에우튀프론의 딜레마

플라톤(기원전 427~기원전 347년)**이 남긴, 스승 소크라테스와 에우튀프론의 대화를 담은 이야기. 경건**敬虔**을 주제로 나누는 두 사람의 문답에서 세상의 딜레마가 엿보인다.**

경건이란 무엇인가?를 둘러싼 문답

이야기는 어느 관공서 부근에서 철학자 소크라테스와 신앙심 깊은 청년 에우튀프론이 만난 것에서 시작된다. 에우튀프론은 하인을 죽인 아버지를 고소하기 위해 관공서에 온 것. 에우튀프론은 "그들은 경건(=하나님에 대한 충성심과 믿음)이라는 것을 모른다"며 자신은 경건을 이해하고 있기 때문에 아버지를 고소하는 거라고 말한다.

거기에서 소크라테스와 에우튀프론의 '경건이란 무엇인가?'라는 문답이 시작되었다. 에우튀프론이 "신들에게 사랑받는 것이 경건이며, 사랑받지 못하는 것이 불경건이다"라고 대답하자, 소크라테스는 "신들 사이에도 갈등과 의견의 차이가 있다. 어느 신에게 사랑받아도 다른 신에게 사랑받지 못하는 일도 있지 않을까?"라며 모순을 지적한다. 에우튀프론이 "그렇다면 모든 신들이 사랑하는 것이 경건"이라고 말하자, 소크라테스는 "신들에게 사랑받기 때문에 경건한 것인지, 아니면 경건하기 때문에 신들에게 사랑받는가?"라고 되묻는다.

이런 문답 끝에 결국 에우튀프론은 다람쥐 쳇바퀴에 빠져 버린다. 그리고 대답을 하지 못한 채 에우튀프론은 "일이 있어서"라며 그 자리를 떠나 대화는 종료된다. 결국 에우튀프론은 경건이라는 것을 이해하지 못했다는 얘기다.

이것은 '무지의 지'와 함께 유명한 소크라테스식 문답의 하나이다. 상대의 대답을 하나하나 정중하게 따지면 곧 상대는 자신이 하는 말의 앞뒤가 맞지 않음을 알게 된다. 즉, 실은 그것을 이해하지 않았다는 것이 증명되는 것이다.

소트라테스식 문답법은 현재 테마에 대한 이해를 깊이 하기 위한 효과적인 토론법으로 알려져 있다. 문답을 반복하며 테마를 조금씩 이해하고 문제점과 모순점을 밝히는 방법이다. 그러나 깐족거리며 따졌다가는 오히려 상대를 불안하게 해서 반감을 살 수 있다.

관련용어

에우튀프론
Euthyphro
플라톤이 소크라테스를 주인공으로 쓴 대화편 중 하나. 이 대화편에서 소크라테스와 문답을 나누는 청년의 이름이기도 하다. 소크라테스 자신은 아무것도 쓰지 않았기 때문에 플라톤의 저작이 소크라테스의 인물상을 아는 유일한 단서가 되고 있다.

경건
부모와 하나님에 대한 충성심과 믿음. 고대 그리스의 덕목 중 하나였다.

에우튀프론의 고소
그는 식민지에서 농장을 경영했고 그곳에서 노예가 하인에게 죽음을 당했다. 이에 분개한 에우튀프론의 아버지가 그 하인을 묶어 하수도에 방치해서 하인은 죽어 버렸다. 이렇게 해서 에우튀프론은 아버지를 살인죄로 고소하게 된다.

34 플랫우즈의 괴물

1952년 미국 웨스트버지니아주 블랙스톤 플랫우즈에서 UFO와 함께 목격된 미확인 생물. 그 정체는 외계인으로 간주되고 있다.

그 정체는 외계인? 아니면 올빼미?

1952년 미국의 시골 마을 플랫우즈에 사는 에드워드 메이와 프레드 메이 형제가 친구와 학교에서 축구를 하던 중 하늘에서 밝게 빛나는 물체가 언덕 위에 떨어지는 것을 목격한다.

소년들은 곧장 집으로 가 메이 형제의 어머니에게 UFO가 언덕에 떨어졌다고 말한다. 엄마와 소년들이 손전등을 들고 물체가 착륙한 것으로 보이는 언덕에 가니 그곳에 거대한 불 덩어리 같은 물체가 빛나고 있었다. 그리고는 근처에 있던 상수리나무 아래에서 빛나는 눈을 가진 10피트(3.05m)는 되는 놀라운 생물이 출현했다. 그 생물은 '쉬익' 하는 소리를 내며 날아올라 소년들에게 접근해 왔다고 한다.

놀란 일행은 공포에 질려 집으로 도망갔다. 즉시 보안관과 지역 신문 기자에게 전화를 했다. 통보를 받은 보안관과 기자들은 부근을 수색했지만 불 덩어리 같은 물체도 소름끼치는 생물도 발견할 수 없었다.

이것이 플랫우즈의 괴물이 목격된 경위이다. 이 생물의 정체에 대해서는 'UFO를 타고 지구에 온 외계인'이라는 것부터 '낙하한 것은 운석이고 일행은 단순히 올빼미를 착각했을 뿐'이라는 것까지 다양하게 설이 오갔지만 아직까지 진실은 밝혀지지 않았다.

또한 이 사건이 보도되자 플랫우즈는 미국에서 큰 주목을 받아 많은 관광객이 마을을 찾았다. 또한 2002년에는 수수께끼 생물과의 만남 50주년을 기념한 축제도 열었다. 그 정체가 무엇이든 플랫우즈의 마을 부흥에 한몫한 것만은 틀림없다.

관련용어

가면올빼미
올빼미목 가면올빼미과로 분류되는 조류. 몸길이는 보통 33~39cm 정도. 전 세계에 서식하고 있으며, 플랫우즈에도 서식하고 있다. 목격자가 말한 괴물의 특징은 나뭇가지에 앉아 있는 올빼미의 모습과 나는 방법, 놀랐을 때의 울음소리와 비슷한 것으로 보아 가면올빼미를 오인한 것이라는 설이 유력하다.

로봇설(說)
이외에도 플랫우즈 괴물의 정체에 대해서는 로봇설이 있다. 이를 주장한 것은 기자인 프랭크 페치노라는 인물로, 그는 현지 목격자를 인터뷰하는 등 철저하게 사건을 조사하고 괴물의 신장이 3.6m나 되는 점과 몸통이 금속이라는 점을 알아냈다. 따라서 정체는 로봇이나 외계인이 우주복을 입은 모습일 거라고 주장했다.

COLUMN 영감을 받은 캐릭터들

〈신세기 에반게리온〉의 사도 샴시엘, 〈개구리 중사 케로로〉의 우주 탤런트, 〈우주전대 큐레인저〉의 전투원 츠요 인더베이 등은 플랫우즈 몬스터에 영감을 받아 디자인한 캐릭터로 알려져 있다. 외형에서 풍기는 강한 임팩트 때문인지 크리에이터들에게 많은 영향을 미쳤다.

35 수미산 須弥山

인도에서 유래한 종교에서 자주 거론되는 신들이 사는 산이다. 인도 신화에 나오는 sumeru 산을 한자 음역한 것으로, 불교에서는 수미산이라고 한다.

세계의 중심에 우뚝 솟은 거대한 산

고대 인도에서는 인간 세계의 중심에는 수미산라는 거대한 산이 존재한다고 생각했다. 이 세계관은 불교와 힌두교 등 인도 유래 불교에 수용됐다.

아비달마구사론(阿毘達磨俱舍論, Abhidharmakosa, 약칭 구사론)에 따르면 이 세계는 금륜金輪, 수륜水輪, 풍륜風輪이라 불리는 3장의 원반과 여러 개의 산과 바다로 구성된다. 원반은 태양계 정도의 크기로, 그것이 3장 겹쳐 있으며, 인간이 사는 세상은 가장 위의 원반인 금륜의 남쪽에 위치한다고 한다.

또한 금륜의 중심에는 높이 약 132만km나 되는 거대한 수미산이 솟아 있고, 그것을 감싸면서 8개의 산맥과 바다가 펼쳐져 있다. 이것을 구산팔해九山八海라고 부른다.

수미산 정상에는 제석천(帝釋天, 범왕梵王과 함께 불법佛法을 지키는 신)을 비롯한 여러 신이 살고 있으며, 그 중턱에는 동서남북을 관장하는 4기둥의 신 지국천왕持国天王(동쪽), 광목천왕広目天王(서쪽), 증장천왕增長天王(남쪽), 다문천왕多聞天王(북쪽)이 있다. 특정 분야에 뛰어난 4명을 가리켜서 사천왕이라고 칭하는데, 바로 여기에서 유래하고 있다.

또한 티베트 불교에서는 티베트 고원 서부에 있는 카일라스Kailas산(해발 6566m)을 수미산과 동일시하고 있다. 다른 불교, 힌두교에서도 이유는 제각각이지만 이 산을 성지로 간주하고 있다. 때문에 등정 허가가 나지 않아 주위에 있는 순례로만 돌 수 있다.

*수미산須弥山 : 불교의 우주관에서 세계의 중앙에 솟아 있는 산

수미산을 그린 회화

관련용어

아비달마구사론
阿毘達磨俱舍論
4~5세기경에 지은 불교 이론 책. 구사론이라고도 불린다.

COLUMN 신들이 사는 실재하는 산

세계의 중심에 거대한 산이 있고 그곳에 신들이 살고 있다는 세계관은 다른 신화와 종교에서도 볼 수 있다. 우리나라에서는 그리스 신화가 유명하고, 최고의 신 제우스를 비롯한 신들은 올림포스 산 정상에 살고 있는 것으로 알려졌다. 이 산은 그리스의 테살리아 지방에 실재하며 전자장비 제조업체 올림푸스의 사명에도 이용되고 있다.

36 미나모토노 요리미쓰 源賴光

미나모토노 요리미쓰는 후지와라씨藤原氏를 모시고 궁중을 지킨 인물이다. 후세에 전설이 가미되어 요괴를 퇴치한 명인으로 여기고 있다.

도적 토벌 실적이 요괴 퇴치 일화로 탈바꿈

미나모토노 요리미쓰(源賴光, 948~1021년)는 세이와淸和 천황의 혈통을 이어받은 명문 세이와겐지淸和源氏의 3대 당주로, 당시 섭관정치를 하며 절대적인 권력을 자랑하던 후지와라씨의 측근을 역임했다. 사료에 따르면, 궁중에 이변이 일어난 경우에는 천황과 대궐의 경호를 담당하는 등 무인의 역할도 하지만 평소에는 조정의 의식이나 행사에 참여하거나 다른 유력 귀족과 교류를 하는 등 정치 활동을 많이 했던 것 같다. 또한 칙선와카슈勅撰和歌集에 3수의 단가가 선정되어 있는 등 문화인으로도 일가견이 있다.

하지만 현재 잘 알려진 요리미쓰의 인상은 요리미스 사천왕이라 불리는 우수한 부하를 거느리고 사사노酒呑 동자 등의 요괴를 물리친 전설의 무인 이미지일 것이다. 잘 알려진 사사노 동자 토벌 에피소드는 다음과 같다.

단바국丹波国의 오에야마(大江山, 현재의 교토부京都府 후쿠치야마시福知山市)에는 사사노 동자라는 악마의 우두머리가 부하 악마들과 함께 도시에서 난동을 부리고 공주를 납치하는 등 사람들을 괴롭혔다. 그들을 토벌하라는 명령을 받은 요리미쓰와 요리미쓰 사천왕은 수도자로 변장하고 사사노 동자의 성을 방문한다. 그리고 귀신이 마시면 독이 된다는 독주를 대접해서 귀신들을 취하게 해 사사노 동자와 부하 악마들을 죽인다.

사사노 동자 토벌 에피소드는 옛날이야기에 자주 있는 귀신 퇴치 이야기 같지만 후세에 창작된 것만도 아니다. 교토에 있는 나리아이지成相寺에는 1018년에 오에야마 이적夷賊 토벌을 명령받은 것을 기록한 요리미쓰가 직접 쓴 기원서祈願書가 남아 있다. 아마도 당시의 오에야마는 산적처럼 주변에 피해를 주는 자들이 있고, 그것을 토벌한 요리미쓰 일행을 민중들이 칭송하면서 여러 가지로 덧붙여진 것 같다. 또한 요리미쓰 사천왕에도 이바라키茨木 동자 격퇴와 오로치大蛇 토벌 등 몇 개의 요괴 퇴치 에피소드가 있는데 이들도 각지의 악당과 독립 세력의 싸움이 부풀어졌을 가능성이 높다.

〈센켄코시츠前賢故実〉
미나모토노 요리미쓰

관련용어

세이와겐지
清和源氏
第56대 세이와 천황의 황자를 선조로 하는 겐지 가문. 가마쿠라 막부를 일으킨 미나모토노 요리토모源頼朝는 가와치 겐지河内源氏의 일족이지만, 역시 세이겐지의 한 계통이다.

칙선와카슈
勅撰和歌集
천황과 상황의 명에 의해 편찬된 시집. 최초의 칙선와카슈勅撰和歌集인 〈고킨와카슈古今和歌集〉에서 마지막 〈신속고킨와카슈新続古今和歌集〉까지 총 21권 있다.

요리미쓰頼光
사천왕四天王
미나모토노 요리미쓰를 섬기는 뛰어난 무인들로, 와타나베노 츠나渡辺綱, 사카타노 킨토키坂田金時, 우라베노 스에타케卜部季武, 우스이 사다미츠碓井貞光 4명을 일컫는다.

37 삼종신기 三種神器

쿠사나키노 츠루키(검), 야타노카가미(거울), 야사카니노마가타마(굽은 구슬)를 총칭한다. 천손 강림 시에 아마테라스 오미카미가 니니기노 미코토에게 하사했다. 황실에 대대로 전해지고 있다.

황위 계승 정통성의 증거가 되는 신기神器

야타노카가미와 야사카니노마가타마는 아마테라스 오미카미의 이와테가쿠레 시에 만들어졌다. 굽은 구슬은 당시의 사람들이 끈으로 몸에 착용한 부적으로 비취, 수정, 마노, 호박 등 재질은 다양하다. 구슬瓊이 붉은 구슬을 나타내므로 야사카니노마가는 붉은 마노로 여겨진다. 한편 거울은 아마테라스 오미카미를 이와테로부터 끄집어내는 계기가 된 아이템. 당시는 청동으로 만든 것이 많았지만, 〈고지키〉에는 하늘의 금산의 철을 채취해 만들었다고 하니 재질은 다를 가능성도 있다. 나머지 쿠사나키노 츠루키는 스사노오노미코토須佐之男命가 퇴치한 야마타노오로치八俣遠呂智의 꼬리에서 발견한 것. 원래의 이름은 〈고지키〉에서는 츠무가리노타치都牟刈大刀, 〈일본서기〉에서는 아메노무라쿠모노츠루기天叢雲劍(청총운검)라고 돼 있고, 나중에 일본 야마토타케루日本武尊가 동정 시에 잔디를 베어 쿠사나기검이라고 명칭이 바뀌었다. 이들은 통치자로 임명된 니니기노 미코토瓊瓊杵尊가 아시하라노나카츠쿠니葦原中国에 내려올 때 아마테라스 오미카미에게 받았다. 여러 설이 있지만 쿠사나키노 츠루키는 아쓰다熱田 신궁, 야타노카가미는 이세伊勢 신궁, 야사카니노마가타마는 황거에 진품이 현존하는 것으로 여겨진다.

일본은 2019년부터 연호가 레이와令和가 됐고 즉위예정전의식即位礼正殿の儀 때 삼종신기도 화제가 됐다. BBC 등의 기사에서는 "The mysterious Imperial Treasures" 또는 "Imperial Treasures or Regalia"라고 소개된 바 있다. 레갈리아Regalia라는 것은 정통성의 증거가 되는 왕권 등을 상징한 물품을 말한다. 역시 신비한 인상이 강해서인지, 삼종신기에 비유된 아이템은 종종 창작 작품에도 등장하고 그 자체가 막강한 힘을 발휘하거나 3개가 다 모이면 무슨 일이 일어나는 등 강력한 무기와 핵심 아이템으로 다뤄지는 경우가 많다.

관련용어

즉위예정전의식
即位礼正殿の儀
새로운 황제가 즉위하는 것을 공개적으로 선포하는 의식. 2019년 10월 22일에 열렸다.

아츠다熱田 신궁
아이치현 나고야시 아츠다구에 있는 신사. 야마토타케루日本武尊의 아내 미야스히메宮簀媛가 남편의 지시로 쿠사나키노 츠루키를 모셨다.

이세伊勢 신궁
야타노카가미八咫鏡를 모시는 신사. 제신祭神은 거울을 신주로 하는 아마테라스 오미카미이다.

COLUMN 가전 삼종신기

일반 사회에서 삼종신기라고 하면 흑백 TV, 전기세탁기, 전기냉장고의 3가지를 말한다. 1950년대의 가전 삼종신기가 유명하며, 1960년대의 고도 성장기에는 컬러 TV, 에어컨, 자가용이 새로운 삼종신기가 됐다. 뭔가의 중심이 되는 단골 3요소를 삼종신기라고 하는 경우도 있고, 단어 자체는 꽤 일반적이다.

38 야오야오시치 八百屋お七

불타오르는 에도 마을에서 열심히 경종을 울리는 16세 소녀 시치お七. 그리운 사람을 만나고 싶은 마음에 불을 지른 그녀는 야오야오시치 이야기로 다양한 작품에 등장한다.

에도와 자신을 사랑의 불꽃으로 태운 운명

화재와 싸움은 에도의 꽃이라고 하지만 사실 에도는 화재가 많이 일어난 마을이었다. 덴나天和 2년(1683년)의 세밑(세모), 에도 혼고本郷 근처에서 불길이 올랐다. 청과점을 운영하는 상인의 딸 시치는 타오르는 집을 뒤로 하고 어머니와 함께 고마고메駒込에 있는 다이엔지大円寺에 몸을 피했다가 그곳에서 만난 절에서 심부름을 하는 기치사부로(吉三郎, 사헤이佐兵衛라고도 한다)와 사랑에 빠진다.

두 사람은 비밀리에 연애편지를 나누며 사이가 깊어졌지만 좀처럼 만날 시간이 없었다. 시치가 친정에 돌아온 뒤로는 얼굴을 볼 수도 없었다.

기치사부로를 그리워하는 마음은 나날이 커져갔고 급기야 시치는 묘안을 생각해낸다. 기치사부로를 처음 만난 때를 기억한 것이다. 그래, 다시 화재가 일어나면 다이엔지로 피난가게 될 거라고. 그러면 기치사부로를 만날 수 있다고.

시치가 집에 불을 지른 것은 3월. 바람이 강해 시치가 생각했던 것보다 불이 커졌다. 정신을 차린 시치는 불이 난 것을 알리기 위해 경종을 울렸다고 한다. 당시 방화는 중범죄였고 붙잡힌 시치는 화형에 처해졌다.

실제로 고마고메의 다이엔지에는 시치와 관련된 것이 남아 있지만, 사료에는 처형만 기록되어 있다. 16세의 소녀는 거리를 끌려 다니다가 화형에 처해졌다고 한다.

야오야오시치八百屋お七

관련용어

이하라 사이가쿠
井原西鶴
1642~1693년. 에도 중기의 하이쿠 시인 우키요조시(浮世草子, 에도 시대에 화류계를 중심으로 한 세태·인정 따위를 묘사한 소설) 작가. 본명은 히라야마 도고平山藤五. 처음에는 하이카이(俳諧, 세계에서 가장 짧은 시 형식)에서 활약하지만 덴나天和 2년부터 에도의 인문화를 그린 소설 우키요 조시 제작에 몰두한다.

우키요조시浮世草子
에도 시대 전~중기에 성행한 소설의 일종으로, 이하라 사이카쿠의 〈호색일대남好色一代男〉이 시초로 알려져 있다. 에도의 상인 문화를 우습고 재미있게 그린 것이 많아, 당시의 풍속을 잘 반영하고 있다.

COLUMN 메이레키明暦 대화재 '후리소데 화재'

에도의 화재와 사랑의 사건이라고 하면, 〈후리소데振袖 화재〉도 있다. 메이레키 3년(1657년) 에도성을 태운 에도 최대의 화재는 어느 절에서 공양을 위해 점화한 후리소데(겨드랑이 밑을 꿰매지 않은 긴 소매)에서 발화했다고 한다. 그 후리소데는 청년을 애타게 그린 나머지 병으로 목숨을 잃은 16세 소녀의 것. 소녀의 사후, 옷을 입은 16세의 소녀가 잇따라 사망했다.

물리 / 파동 / 현상

39 도플러 효과

구급차의 사이렌은 가까워질수록 소리가 크게 들리고 멀어질수록 작게 들린다. 이것이 그 유명한 도플러 효과인데, 의외로 활용 범위가 넓다.

사이렌의 수수께끼를 풀었더니 빅뱅이 발견됐다?!

도플러 효과는 파도(초음파 및 전자파, 빛 등)의 발생원이 관찰자에게 가까워지면 파도의 파동이 막혀 주파수가 높아지고, 반대로 멀어지면 진동이 늘어 낮아지는 현상을 말한다. 앞에서 말한 소리의 사례는 오래전부터 알려져 있었지만, 도플러가 1842년에 속도와 주파수의 관계식을 도출하여 1845년에 증명한 것이다.

도플러 효과는 빛에서도 같은 현상이 관측되었는데, 광원이 멀어질수록 붉게 보이고(적색 편이=레드 시프트), 가까워질수록 푸르게 보인다(청색 편이=블루 시프트). 이것이 빛의 도플러 효과이다. 이 현상은 천문학에서는 자주 활용되고 있다.

다만 우주에서는 특수상대성이론에 따라 파원派源상에서 시간의 진행이 더디게 관측되므로 그 분광의 진동수가 작게 관측되는 현상이 추가된다. 그러한 차이도 반영해서 행성의 빛에 새겨진 패턴을 찾아냄으로써 1990년대부터 태양계 외에 있는 수백 개의 행성이 발견됐다. 다만, 적색 편이는 행성의 움직임만으로 생기는 것은 아니라 우주 자체의 팽창에 의해서도 발생하므로 은하의 빛은 전반적으로 낮은 주파수로 편이하고 있다.

도플러 자신도 빛의 도플러 효과가 천문학에 도움이 된다고 생각했다. 별에서 닿는 빛의 색상에서 효과가 확인됐다고 주장하기도 했지만, 당시는 격렬한 반론에 부딪혔다고 한다. 그런데 1912년 미국 베스토 슬라이퍼Vesto Melvin Slipher가 파장이 적색으로 어긋나 있는 스펙트럼선을 발견했다. 이 점에서 빅뱅 모델 발전의 토대를 구축하는 시대에 돌입하게 된다. 구급차의 사이렌에서 빅뱅을 발견하다니, 물리는 정말 재미있다.

관련용어

크리스티안 도플러
Christian Doppler
1803~1853년. 오스트리아의 물리학자, 수학자. 상대운동에 의한 진동수의 변화를 조사하고 도플러 효과의 관계식을 만들었다.

베스토 슬라이퍼
Vesto Melvin Slipher
1875~1969년. 미국의 천문학자. 은하의 적색 편이를 발견한 외에 로웰천문대 소장으로 클라이드 톰보Clyde William Tombaugh의 명왕성 발견을 지도했다.

빅뱅
우주는 매우 고온 고밀도 상태에서 시작하여 크게 팽창해 저온 저밀도가 되었다는 우주론

COLUMN 생활 속에서도 맹활약하는 도플러 효과

물건의 움직임이 있으면 도플러 효과는 있기 때문에 응용 범위는 넓다. 물건 자체에 계측기 없이도 전파든 초음파를 조사(照射)하고 그 반사를 측정하면 속도를 알 수 있다. 스피드 건은 이 현상을 이용한 것이다. 레이저빛이나 초음파를 조사하여 모세혈관 내 적혈구의 반사를 통해 측정하는 혈류 측정기도 있다.

40 이데아론

플라톤(기원전 427~347년) **철학의 근본이라 할 수 있는 '이데아론'. 우리 눈에 보이는 것은 모두 불완전하며, 진실의 존재 이데아는 다른 세계에 있다고 한다.**

플라톤이 찾은 진실의 존재란

예를 들어 종이에 삼각형을 그렸다고 하자. 그 삼각형은 선이 미묘하게 일그러진 경우도 있고, 확대하면 단순한 점의 모임에 지나지 않을지도 모른다. 그러나 우리는 그것을 삼각형이라고 인식할 수 있다. 그것은 삼각형이란 어떤 것인지 본질을 알고 있기 때문이다. 삼각형의 본질이야말로 '이데아'이다.

또는 '선善'에 대해 생각하면 어떤 나라에서는 '피해를 입으면 보복하는 것이 선'이라고 여기지만, 다른 나라에서는 '피해를 입어도 참는 것이 선'이라고 여긴다. 이처럼 같은 선이라도 국가에 따라 내용은 다르다. 그러나 선이라는 것이 있는 그 자체는 변하지 않는다. 즉, 그것이 선의 이데아이다.

이것이 플라톤이 제창하는 이데아론이다. 세상에 있는 모든 물건에 대해 이데아가 존재하고 그것은 이데아계에 있다고 그는 말한다. 이데아계라는 진실의 세계가 삼라만상을 만들어내고 있다는 것이다.

당연히 그 이데아계는 당신의 이데아도 있는가 하면 친구의 이데아도 있다. 아직 태어나지 않은 당신의 자손의 이데아도 이데아계에 존재하고 있다. 또한 최근 수십 년 사이에 기술이 눈부시게 발전한 PC나 스마트폰 등은 기술 혁신으로 태어난 것이 아니라 처음부터 이데아가 존재하고 그것을 형태로 한 것에 지나지 않는다는 얘기가 된다.

그렇게 생각하면 이데아계라는 것은 세상의 미래도 운명도 모두 알고 있는 만능 데이터베이스라고 할 수 있다. 그러나 이 세상에서 이데아계에는 접근할 수 없고, 이성에 의해서만 이데아에 도달할 수 있다고 그는 말한다. 결국, 이데아에 도달할 수 있도록 '잘 살아서 이성을 연마하세요'라는 것이 이야기의 핵심이라고 할 수 있다.

관련용어

이데아
모든 사물의 본질이 이데아이며, 우리의 눈에 보이는 것은 모두 그 복사본이다. 우리는 태어나기 전에는 이데아계에 있어 이데아에 접촉했지만 태어났을 때 그것을 모두 잊는다. 잊은 이데아를 생각해내는 것이 '배우는 것'이라고 플라톤은 말한다.

이성
사물을 제대로 판단하는 힘을 말한다. 인간이 가진 사고 능력의 하나로, 감정이나 정서와 대비된다.

COLUMN 이데아계는 저승에 있다?

플라톤은 '이데아계는 영계에 있다'고 했다. 즉 사후의 세계…저 세상이다. 저 세상이라는 것은 동서고금을 막론하고 신비한 세계로 여겨 왔다. 기독교에서는 천국과 지옥을 말하고, 불교에서는 유명한 곳으로 극락정토라는 개념이 있다. 저 세상은 어떤 세상인지, 그것은 인간이 영원히 추구해야 할 테마일지도 모른다.

41 힐 부부 사건

1961년 운전 중이던 힐 부부가 UFO에 납치되어 생체 검사를 당했다고 주장한 사건. 미국 최초의 외계인 납치 사건으로 알려져 있다.

미국 최초의 외계인 납치 사건

1961년 9월 19일 저녁, 뉴욕주와 퀘벡주에서 휴가를 보내던 바니와 베티 힐 부부는 집이 있는 포츠머스로 차를 몰던 중 UFO를 만났다. 처음에는 멀리서 비행하던 UFO는 점차 부부의 차량에 접근했다. 두려움을 느낀 부부는 당황해서 차를 달렸지만 UFO가 집요하게 그들을 쫓아왔다고 한다.

이 정도라면 단순한 UFO 조우 체험이지만, 이야기는 이것으로 끝이 아니다. 왜냐하면 이 사건 이후 부인 베티는 매일 이상한 꿈을 꾸게 된다. 그것은 부부가 신장 150cm 정도의 '작은 남자들'에게 떠밀려 금속 원반을 타고 거기서 생체 검사를 받았다는 것이다. 꿈의 내용을 보면 베티는 기억은 없지만, 실은 자신들은 외계인에 의해 UFO에 납치된 것이 아닐까 생각하게 된다. 실제로 휴가지에서 집까지는 4시간이면 도착할 거리이지만 UFO를 만난 밤은 7시간이나 걸렸다. 즉, 기억에 없는 3시간이 존재하는 것이다.

그래서 부부는 실제로 무슨 일이 있었는지를 확인하기 위해 최면을 실시한다. 그 결과는 놀라웠다. 두 사람 모두 외계인에 의해 UFO에 끌려가 생체 검사를 받았다고 얘기를 시작한 것이다. 다만 부부의 최면 요법을 실시한 의사의 반응은 회의적이었는데, 남편의 이야기는 아내에게 들은 꿈 내용에 영향을 받아 만들어낸 것이라고 말했다.

하지만 힐 부부의 충격적인 경험은 세간의 큰 주목을 끌었고, 1966년에는 작가 존 G. 풀러가 〈우주 납치 힐 부부 중단된 여행〉이라는 책을 발행한 외에 드라마의 소재가 되기도 했다. 결국 힐 부부가 정말로 외계인에 의해 UFO에 끌려갔는지는 수수께끼이지만, UFO 역사에 길이 남을 사건으로 사람들의 기억에 새겨진 것만은 확실하다.

관련용어

외계인 납치
UFO의 목격자가 본인의 의사와 상관없이 외계인에게 납치된다. '제4종 근접조우'라고도 불린다.

작은 남자들
힐 부부에 따르면 우주인은 키 150cm 정도로 체형은 인간과 거의 같지만, 피부는 회색이고 눈이 치켜 올라가 있고, 코와 입은 거의 구멍뿐이고 입술은 없었다고 한다.

생체 검사
베티의 증언에 따르면 우주인들은 그녀의 머리와 손톱, 피부의 일부를 채취했다. 또 신경계를 조사한다며 뇌파계와 같은 장비를 쓰거나 전라 상태로 한 후 바늘 같은 기구를 사용해서 임신 검사도 했다고 한다.

42 윤회전생

윤회전생은 죽은 사람이 단지 살아나는 게 아니라 다른 생물로 환생하는 것이다. 일부 종교에서는 이 루프에서 벗어나는 것을 구원이라고 한다.

끝없는 전생 여행

윤회와 전생은 각각 독립적인 의미를 가진 단어이지만 의미가 비슷하기 때문에 사자성어로 사용되는 경우도 많다. 이 경우는 윤회전생 또는 전생윤회라고 하고 '생명이 있는 것은 죽으면 끝나는 게 아니라 다른 존재로 다시 태어난다'는 의미이다.

이러한 재생 사상은 세계 각지에 존재하고, 특히 불교나 힌두교에서 중요시되고 있다. 예를 들어 불교에서는 죽은 사람은 육도(六道, 불교에서 깨달음을 얻지 못한 무지한 중생이 윤회전생하게 되는 6가지 세계 또는 경계)라는 6개의 세계 중 하나에 환생하고 고통을 당한다고 한다.

불교에서는 이 육도 윤회에서 벗어나, 즉 해탈하여 극락정토에 가는 것이 목적이다. 덧붙여서 인간의 영혼은 생전의 기억을 기록하는 힘이 있고 다시 태어난 인간은 전생의 기억을 그대로 유지한다고 한다.

명확한 증거가 적어 오컬트의 영역을 벗어나지 못하지만, 본인이 알지 못하는 정보와 신빙성 높은 증언을 하는 사람도 있기 때문에 부인할 수 없는 것도 사실이다.

죽은 사람이 환생할 수 있는지의 여부를 떠나서 사람이 다시 태어난다는 현상은 종교 단체가 신자를 획득하기 위해 만들어 낸 것이라고 알려져 있다.

왜냐하면 어떤 종교의 지도자도 나이를 먹고 언젠가는 죽을 것이다. 힘 있는 지도자가 사라지면 귀중한 신자도 잃게 된다. 그렇다면 지도자는 불사신 또는 죽어도 시간이 지나면 다시 돌아오는 존재라고 여기게 하면 된다.

관련용어

육도六道
불교에서 중생이 환생하는 여섯 세계. 천도, 인도, 축생도, 아귀도, 지옥도, 아수라도가 있으며 각각의 고통을 맛보게 된다.

극락정토
부처님과 보살이 사는 세상. 깨달음을 열고 육도 윤회에서 해탈하는 자만이 갈 수 있다.

COLUMN 전생의 기억을 가진 것들

전생의 기억을 가진 사람은 전 세계에 있다. 특히 남아공에 살던 여성 조이 버웨이Joey Verwey는 열 명의 전생의 기억을 가지고 있었다. 가장 오래된 기억은 석기시대에 동굴에서 생활하던 인간의 것으로 그녀의 증언을 토대로 선사시대의 유적도 발견했다. 이러한 사례가 있는 이상, 전생이 불가능하지만도 않다.

43 스토쿠崇德 천황

스토쿠 천황(1119~1164년)은 궁중의 권력 다툼에서 패해 유배된 후 비명횡사한다. 하지만 사후에 연달아 이변이 일어났기 때문에 재앙신으로 두려워하게 된다.

생전에도 사후에도 철저하게 불행했던 스토쿠 천황

스토쿠崇德(1119~1164년) 천황은 아버지인 도바鳥羽 천황에게 외면당해 도바 상황의 명으로 동생인 고노에近衛 천황에게 선양을 강요당하고(이후에 스토쿠 상황이 된다), 고노에 천황의 붕어 후에 스토쿠 상황의 황자를 제쳐 놓고 고시라카와後白河 천황을 즉위시키는 등 노골적으로 차가운 처사를 받았다. 급기야는 도바 상황이 중병에 걸렸는데도 스토쿠 상황은 면회가 허락되지 않아 죽음을 보지도 못했다. 이러한 거듭되는 외면에 결국 폭발한 스토쿠 상황은 후지와라노 요리나가藤原賴長와 손을 잡고 호겐의 난을 일으킨다. 하지만 여기에서도 운이 없어 야습에 의해 하룻밤 만에 패배하고 사누키국讃岐国(현재의 가가와香川현)에 유배되었다.

역사 이야기 〈이마카가미今鏡〉에 따르면 스토쿠 상황은 자신의 불행을 한탄했지만 누군가를 원망하는 일 없이 유배지에서 조용히 생을 마감했다고 한다. 하지만 스토쿠 상황이 죽고 10여 년이 지나자 고시라카와 천황과 가까운 인물이 차례로 죽거나 교토에서 각종 재해와 사건이 수시로 일어난다. 사람들은 이것이 비명에 간 스토쿠 상황의 원령이 저지른 소행이라고 떠들며 두려워했다. 당시의 모습을 그린 군기모노가타리(軍記物語, 가마쿠라鎌倉·무로마치室町 시대에 만들어진 전쟁을 주제로 하여 서사시적으로 엮은 역사 소설) 〈겐모노가타리保元物語〉에는 스토쿠 상황이 경문을 베껴 조정에 내밀었는데, 저주가 담겼다고 의심받아 거부당하자 절망한 나머지 혀를 깨물어 덴구天狗가 됐다는 설명이 있다. 이와 같은 경위에 의해 스토쿠 상황의 원령설은 완전히 정착해 버려 〈우게츠이야기雨月物語〉, 〈친세쓰유미하리즈키椿説弓張月〉, 〈신 헤이키이야기新·平家物語〉 등 근현대 창작물에서도 원혼의 대표격으로 자리 잡았다.

〈덴시세칸미에이天子摂関御影〉 스토쿠인崇德院

관련용어

도바鳥羽 상황
1103~1156년. 제74대 천황. 할아버지 시라카와白河 법황의 사후 인세이(院政, 왕이 양위한 뒤에도 계속 정권을 쥐고 다스리는 정치)로 정치의 실권을 잡았다. 스토쿠 덴노는 도바 상황의 친자가 아니라 시라카와 법황과 황후 사이에서 태어난 자식이라는 소문이 있었다.

후지와라노 요리나가藤原賴長
1120~1156년. 헤이안 말기의 고관으로 도바 상황에게 외면당해 실각했다. 그 후, 고노에 천황을 저주했다는 의심을 받고 내몰리자 스토쿠 상황과 함께 호겐의 난을 일으킨다.

이마카가미今鏡
헤이안 시대 말기에 지은 역사 이야기. 1025년부터 1180년까지의 역사가 기술되어 있다.

COLUMN 정적을 저주해 죽였다? 대원령, 고토바後鳥羽 천황

고귀하게 태어나 불우한 생애를 보낸 사람은 죽은 원혼이 되었다는 소문이 나는 경우가 많다. 가마쿠라 막부와 싸우다 유배된 고토바 천황도 그중 한 명이다. 고토바 천황은 '망념妄念에 의해 악마가 되는가 하면 재앙을 일으킬 것'이라는 기록이 남아 있고, 사후 막부 쪽 인사들이 잇따라 사망하자 매우 두려워했다고 한다.

44 다이다라봇치

일본 각지에 내려오는 거인 또는 큰 도깨비로, 산과 호수가 생긴 유래에 관한 이야기가 많고 지역에 따라 명칭은 다소 다르다.

산을 만들고 발자국이 호수가 된 일본의 대형 거인

다이다라봇치의 전설은 주로 동북 지방에서 중부 지방에 걸쳐 내려온다. 그중에서도 후지산을 만든 이야기는 유명하고, 성토를 판 장소가 고후甲府 분지와 비와琵琶호가 되었다고 한다. 이외에도 군마현群馬県의 하루나후지榛名富士를 만들어 하루나榛名호를 만든 이야기, 후지산과 츠쿠바산筑波山의 무게를 비교하던 중 츠쿠바산을 떨어뜨려 봉우리가 2개가 된 이야기 등이 있다. 이 밖에 과거 늪이 있었던 도쿄도 세타가야구世田谷区 시로타代田를 비롯해 나가노현長野県의 니시나산호仁科三湖와 다이자호시이케大座法師池, 아이치愛知県 토카이시東海市의 다다陀々 법사 등 이름을 딴 지명은 각지에 있고 연못이나 늪의 유래로 이야기되고 있다.

이를 바탕으로 다이다라봇치는 국가 건설의 신, 오오쿠니누시노 미코토大国主命 신화에서 탄생했다는 설이 있다. 한편, 다이다라봇치는 요괴로 취급되어 귀신(도깨비)이나 오뉴도(大入道, 일본 각지에 나타나는, 크기 변신이 자유로운 요괴의 총칭) 등의 거인에서 태어났다는 설도 있다.

또한 아키타현과 나가노현, 이바라키현 등에는 간척을 돕거나 산을 치우는 등 인간을 돕는 이야기가 전해진다. 그래서인지, 특히 어린이 그림책은 유별나게 크면서도 외로움을 잘 타는 사람이거나, 친절한 거인으로 묘사되는 경향이 있다. 그림책을 제외하고 창작 작품에 등장하는 일은 그다지 많지 않지만 특수 촬영 작품에 악역으로 등장한 바 있다. 만화나 게임에서는 '외로움을 잘 타지만 너무 커서 친구가 적다', '조개를 매우 좋아한다.' '몸의 크기를 바꿀 수 있다', '합체하면 거신이 된다'는 전설이 많다.

〈괴담백귀도 회怪談百鬼図会〉 오뉴도大入道

관련용어

고후甲府 분지
야마나시현의 중앙부에 있는 분지. 현청 소재지인 고후시를 비롯해 가이시甲斐市 또는 후에후키시笛吹市, 야마나시시山梨市 등 8개의 도시가 있다.

간척
수심이 얕은 호수의 물을 빼거나 얕은 바다 등으로 바닷물을 전부 빠지게 해서 육지로 만든다. 아키타현의 요코테横手 분지는 '새의 바다'라는 호수를 동해로 흘려보내 생겼다는 전설이 있다. 다이다라봇치가 이를 도운 것으로 전해지고 있다.

패총(조개무덤) 전설
나라奈良 시대의 〈히타치 국풍토기常陸国風土記〉에는 다이다라봇치가 먹은 대합 껍질이 쌓여서 언덕이 됐다는 얘기가 있다. 이바라키현 미토시水戸市 시오자키쵸塩崎町에 있는 오오쿠시大串 패총이라고 생각되고 있다.

COLUMN 세계의 신화에 등장하는 거인

구약성서에 나오는 타락한 천사와 인간의 자식 네피림과 그리스 신화의 기가스족, 북유럽 신화의 요툰 등 외국에도 거인의 신화가 있다. 일반적으로 실존하지 않는다고 하지만, 일부 지역에는 바위에 새겨진 발자국이 있고, 신문에서 거인의 뼈가 발견됐다고 보도된 적도 있다. 다이다라봇치도 이러한 거인의 동료일지도 모른다.

45 사토미핫겐덴 里見八犬伝

난소사토미핫켄덴은 8개의 구슬이 이끌어가는 견사犬士에 의한 권선징악의 이야기로, 현재도 주목받는 장편소설이다.

약자를 돕고 강자를 꺾는 영웅물의 원조!?

〈난소사토미핫겐덴総里見八犬伝〉은 이름에 '견犬'이 붙고 신체에 모란 반점, 진귀한 보석을 가진 여덟 명의 남자가 활약하는 이야기이다. 〈수호전〉에서 구상을 얻고 〈호죠고다이이키北条五代記〉를 참고로 그린 장편 전기傳奇 소설의 대표작이다.

조로쿠長禄 원년(1457년) 아와安房の사토미 요시미里見義実는 다테야마館山 성주 안자이 카케츠라安西景連에게 공격을 당해 절체절명의 상황에 놓인다. 몸에 여덟 개의 모란 반점을 가진 딸의 애견 야츠후사八房에게 농담으로 '카케츠라를 죽이면 딸을 주겠다'고 말했는데 정말 카케츠라의 목을 물고 돌아왔다. 딸 후세히메伏姬는 야츠후사를 따라 도야마富山로 들어간 직후 생리가 멈춰 버린다. 그 사실을 안 공주의 남편 후보인 가나마리 다이스케金椀大輔가 야츠후사를 총살했고 그 유탄이 후세히메를 직격했다. 죽음에 빠진 상태에서도 후세히메가 야츠후사와의 불의不義를 부정하며 자신의 배를 가르자 후세히메의 염주가 하늘로 올라가 仁인·義의·礼예·智지·忠충·信신·孝효·悌제 문자가 새겨진 8개의 구슬들이 사방으로 흩어졌다. 이를 본 다이스케는 출가하여 8개의 구슬을 찾아 여행을 떠난다. 이것이 9집 98권에 이르는 이야기의 제2집 전반부까지의 이야기이다. 이후 효孝의 구슬을 가진 이누즈카 시노犬塚信乃를 비롯해 여덟 명의 견사犬士가 사토미가에 가세하여 성주가 될 때까지를 그린다. 그들은 같은 구슬과 반점을 가진 동료를 찾아나서는 도중에 도적을 쓰러뜨리거나 억울하게 잡힌 자를 도와주거나 덕德이 새겨진 보석을 가진 자에 어울리는 행동으로 활약한다.

〈미용수호전美勇水滸傳〉 사토미지로타로요시나리

관련용어

요미혼讀本
에도 시대 소설의 종류. 그림이 중심인 구사조시草双紙에 대해 문자를 읽는다고 하는 점에서 요미혼이라고 불린다. 처음에는 중국 소설을 번역한 것이 중심이었으나 이후 전기伝奇 소설이 유행한다.

사토미 요시미
里見 義実
1412~1488년. 무로마치 시대의 무장. 유키전투結城合戦에서 우에스기 노리자네上杉憲実에게 패해 아와安房로 피한다. 아와 사토미가씨安房里見氏의 선조라고 하지만 확실하지는 않다.

COLUMN 보석에 새겨진 문자의 의미는?

보석에 새겨진 仁인·義의·礼예·智지·忠충·信신·孝효·悌제는 유교의 '덕'을 나타낸다. 인(배려), 의(정의), 예(예절), 지(도리를 안다), 신(정직)의 오덕에 주군에 대한 충, 부모와 연장자를 공경하는 효와 제가 추가됐다. 전체적으로 유교적·무사적 이야기인 이 작품의 근간을 이루는 요소라고 할 수 있다.

46 알파입자 산란실험

모든 원자는 원자핵이 있다. 교과서에서 배우는 이 상식은 약 112년 전, 러더퍼드의 지도하에 가이거와 마르스덴이 실시한 실험에서 발견한 것이다.

의외의 실험 결과에서 도출된 미크로 행성

당시 원자 구조의 일반적인 이론은 조셉 존 톰슨Joseph John Thomson이 1904년에 제안한 자두 푸딩 모델(톰슨 원자모형, Thomson model)이라는 것이었다. 이 모델에서는 원자는 양전하(+)의 구체이고 음전하(−)인 전자는 그 전체에 스펀지케이크 안에 묻은 자두처럼 분산되어 있다고 생각했다.

그러나 어니스트 러더퍼드Ernest Rutherford는 자신의 실험에 경악하게 된다. 원래 그는 가이거 카운터를 개발하고 있었지만 정확도를 실현하지 못했다. 그 원인을 찾는 과정에서 얇은 금박을 목표로 무거운 α입자를 방사하는 실험을 지시했는데, 대부분의 입자가 통과하는 얇은 금박인데 약간의 비율로 입자가 튀어 오르는 기록이 나온 것이다.

이 실험이 바로 알파입자 산란실험(가이거 마르스덴의 실험)이다(이름은 실험을 한 사람의 이름을 합친 것). 훗날 러더퍼드는 '15cm 포탄을 티슈에 발사했더니 되돌아와서 내가 맞았다'고 술회했을 정도로 상당히 의외였던 것이다.

자두 푸딩 모델이라면 α입자를 되튀길 만큼의 전기력은 어디에도 없다. 그래서 그는 금 원자 내부에 뭔가 α입자보다 질량이 크고 딱딱한 물체가 있는 건 아닐까, 그리고 밀도가 높고 전하가 집중해 있는 중심부가 있는 건 아닐까 생각한 것이다. 그리고 1911년 원자핵을 중심으로 전자가 부유하는 행성형의 원자 모델을 발표했다. 의외의 결과와 실패로 인해 대발견·대발명을 한 예는 많지만 가이거 마르스덴의 실험도 그 일례이다. 있을 수 없는 일이라고 치부하지 않았기에 가능했던 대발견이다.

관련용어

어니스트 러더퍼드
Ernest Rutherford

1871~1937년. 영국 뉴질랜드 출신의 물리학자. 우라늄에서 2종류의 방사선(α선과 β선)이 나오는 것을 발견한 외에 원자핵의 발견, 반감기 개념을 제창하는 등의 공적을 남겼다.

조셉 존 톰슨
Joseph John Thomson

1856~1940년. 영국의 물리학자. 1897년 원자에 전자라는 입자가 포함되어 있는 것을 발견했고, 동위원소(원자 번호는 같지만 중성자의 수가 다른 동일한 원자)를 발견한 것으로도 유명하다.

α 입자

높은 운동에너지를 가진 헬륨4의 원자핵. 방사선의 일종인 α선은 α 입자의 흐름을 가리킨다.

COLUMN 원자 물리학의 아버지는 자애 넘치는 영국 신사

러더퍼드는 원자 물리학의 아버지로 불리지만, 비단 α선·β선이나 원자핵을 발견한 공적 때문만은 아니다. 사랑이 넘치는 사람이었던 것 같으며 연구소의 젊은 연구원들을 친밀감을 담아 '보이즈boys'라고 불렀다. 또한 여름 해변에서 재킷을 벗지 않는 영국 신사이기도 했다.

47 플라톤

소크라테스의 제자이며 아리스토텔레스의 스승인 플라톤(기원전 427~347년)**. 그들 세 사람은 철학계의 시조로 전설적인 존재이며, 그 이름을 모르는 사람은 없을 것이다.**

플라톤은 에로스의 시조

'서양 철학의 역사는 플라톤의 방대한 주석으로 구성된다'라는 말이 플라톤의 위대함을 여실히 말해준다고 할 수 있을 것이다. 주석이란 해석이나 설명을 의미한다. 플라톤이 주장한 사상의 좋은 점과 나쁜 점을 철저하게 검토하면서 서양 철학은 걸어온 것이다.

플라톤은 원래 정치를 지향했지만 당시의 정치에 대한 실망과 스승 소크라테스를 사형에 처해지자 철학의 길에 뜻을 둔다. 소크라테스의 '선의 추구' 개념을 기반으로 하여 '영원한 진리', '영원한 선', '영원한 아름다움'을 탐구했다. 그 끝에 도달한 것이 '절대적인 진실은 다른 세계에 있다'고 하는 이데아론이다.

플라톤이 남긴 기록으로는 덕 있는 철학자가 나라를 다스려야 한다고 말한 〈국가〉와 소크라테스와 에우튀프론의 상호 작용을 그린 〈소크라테스의 변명〉 등이 유명하다. 이들은 소크라테스를 주인공으로 하여 대화식으로 적혀 있는 것이 특징이다. 소크라테스는 저작물을 하나도 남기지 않았기 때문에 이들 책들에 기록된 소크라테스의 면모가 소크라테스를 이해하는 유일한 단서가 되고 있다.

또한 플라톤은 에로스를 제창한 시조이기도 하다. 당시 넘쳐나던 육욕적인 에로스를 부정하고, 미의 이데아로 상승하는 것이 올바른 에로스라고 역설하며 진실의 아름다움을 추구해야 한다고 주장했다. 이 플라톤적인 사랑은 플라토닉러브platonic love라는 말로 지금도 널리 알려져 있다. 이렇게 보면, 플라톤은 친숙하게 느껴지지 않는가?

〈아테네 학당〉 플라톤

관련용어

국가
플라톤의 저서 중 하나이다. 플라톤의 중기 작품으로 전 10권으로 구성된다. 이데아론도 거론되고 있다.

에로스
원래는 그리스 신화에 등장하는 사랑의 신 에로스. 그것이 변형돼서 '성적 사랑'과 '성 본능'이라는 뜻으로 쓰이게 됐다.

COLUMN 아카데미의 어원은 플라톤의 학원

교육기관 등을 의미하는 아카데미라는 말은 플라톤이 아테나이(당시 아테네)의 교외에 만든 학원 아카데메이아에 그 바탕을 두고 있다. 그의 제자인 아리스토텔레스도 여기에서 배웠다. 아카데메이아는 유럽에서 유명한 학교로 자리 잡았고, 이어서 연구기관이나 교육기관이 그 이름을 따라 아카데미라고 불리게 됐다.

48 움모Ummo 사건

1965년경부터 스페인의 불특정다수 사람들에게 움모 행성인을 자칭하는 인물로부터 편지가 온 사건으로, 그 수는 6000통 이상이나 된다.

마음대로 편지를 보내는 우주인

집에 '우주인'이라고 자칭하는 인물로부터 편지가 도착하면 당신은 무슨 생각을 할까? 분명 질 나쁜 장난이거나 신종 사기의 일종이라고 생각할 것이다. 어느 쪽이든 바보 같다고 생각 하겠지만, 그런 바보 같은 이야기가 실제로 있었다.

그것은 스페인에서 발생한 움모 사건이다. 1962년경부터 수십 년에 걸쳐 마드리드를 중심으로 한 불특정다수의 시민 앞으로 행성인을 자칭하는 인물로부터 편지가 왔는데, 그 수는 무려 6000통이 넘는다.

편지에 따르면 발송인은 행성 움모에 사는 유밋토라는 우주인으로 조사를 위해 지구에 왔다고 한다. 그들의 외모는 지구인과 흡사하며 평소에는 지구인과 섞여 생활하고 있으며 편지도 조사의 일환이라고 한다. 편지에는 움모 행성의 환경과 역사, 우주의 구조, 심지어 철학과 심리학에 대해 때로는 그림을 섞어서 기록되어 있으며, 편지에는 그들의 상징으로 여겨지는 '왕王'자와 비슷한 모양의 수수께끼 마크가 반드시 찍혀 있었다.

당초 편지는 일부 호사가들 사이에서만 화제가 됐지만, 1967년에 익명의 인물이 촬영했다는 UFO 사진이 신문에 게재되자 단번에 이목을 끌었다. 마드리드 교외에서 촬영되었다는 UFO 사진에는 움모 행성에 사는 우주인의 상징인 '왕王'과 비슷한 마크가 명확하게 인쇄되어 있었던 것이다.

이후에도 움모 행성인은 스페인의 지식인이나 유명인사를 중심으로 부지런히 편지를 보냈고 마침내 움모 행성인 추종자 단체가 설립될 정도로 분위기가 고조됐다. 또한 물리학자인 장 피에르 프티Jean-Pierre Petit가 그들의 편지를 연구한 책을 출판했다. 결국 움모 행성의 정체는 수수께끼지만 수십 년에 걸쳐 편지를 계속 보냈다는 의미에서도 매우 독특한 사건이었다고 할 수 있다.

관련용어

장 피에르 프티
Jean-Pierre Petit

1937년 출생. 이학 박사. 파리 국립고등항공우주학교에서 항공 공학을 전공했다. 프랑스 국립과학연구기구(CNRS)에서 연구원으로 종사했다. 움모 행성인 연구의 일인자이고 관련 서적은 30권이 넘는다.

움모 행성인의 정체

움모 행성인의 정체에 대해서는 움모 연구가 호세 루이스의 장난이라는 설이 유력하다. 그는 가장 먼저 움모 행성인에게서 편지를 받았다고 하는 인물인데, 그가 그리는 그림이 움모 행성인의 편지에 있던 그림과 흡사한 것으로 보아 모두 그가 지어 냈다고 보고 있다.

49 귀자모신 鬼子母神

이름에서 나쁜 신을 상상하는 사람도 많지만, 석가의 설득으로 아동과 출산을 관장하는 선신이 됐다. 일본에서도 절이나 신사 등에 모셔져 있다.

석가에 설득되어 귀신에서 수호신으로

귀자모신은 불교와 힌두교의 순산 등을 관장하는 야차夜叉의 한 존尊이다. 별명은 가리테이모訶梨帝母. 귀자모신은 비사문천毘沙門天의 부하인 팔대 야차(八大夜叉, 다문천왕이 통솔하는 여덟 야차) 대장 중 한 명인 판치카(Pāñcika, 般闍迦)의 아내로 500명의 자녀를 둔 어머니였다. 그러나 자신의 자녀를 양육하기 위해 인간의 아이를 잡아서 먹었기 때문에 석가가 아이 한 명을 숨겨 버린다. 그녀는 전 세계를 다니며 아이를 찾지만 7일이 지나도 찾지 못해 결국 석가에게 도움을 청하게 된다. 거기서 자신의 아이를 잃은 슬픔과 생명의 소중함을 듣고 개종한 귀자모신은 아이를 돌려받고 석가의 가르침과 모든 아이들을 지키겠다고 약속했다. 그렇게 해서 육아와 순산을 담당하는 선신이 됐다고 한다. 가족을 도와준 것을 계기로 악역이 회개하여 아군이 되는 식의 전개는 소설 작품에서도 흔히 볼 수 있지만, 역시 신에게도 가족은 중요한 것이다.

불상이든 그림이든 귀자모신은 그 손에 어린이와 석류를 든 모습으로 그려지는 경우가 많다. 이것은 석류 한 개의 열매에 여러 개의 씨앗이 있어, 자손 번영을 나타내는 과일이라고 생각하기 때문이다. 또한 석류는 인육의 맛이 나기 때문에 인간이 먹고 싶어지면 대신 석류를 먹으라고 석가가 말했다는 설도 있지만, 이건 지어낸 이야기라고 한다.

가리테이모訶梨帝母(귀자모신)상

* 귀자모신: 유아를 보호·양육하는 신 또는 불법을 수호하는 선녀신

관련용어

야차夜叉
인도 신화에 등장하는 귀신 또는 신령. 불교에서는 불법과 불교를 지키는 호법선신護法善神으로 여겨진다.

비사문천毘沙門天
불교에서는 천계에 속하는 불신仏神으로 알려져 있다. 지국천, 증장천, 광목천과 함께 사천왕으로 여긴다.

팔대 야차八大夜叉 **대장**
비사문천을 섬기는 악귀들. 비사문천을 포함해 원래는 모두 악신이었지만 불교를 받아들이면서 선신이 되어 다른 신들처럼 모셔지게 됐다.

석가
불교의 시조로 깨달음을 열고 석가여래가 됐다.

COLUMN 석류는 신화·전설에서 친숙한 과일

신비한 힘을 품은 사람이 많아서인지 신화와 전설에서는 석류가 자주 등장한다. 예를 들어 이집트 신화에서는 태양신 라가 석류로 만든 약을 사용하여 파괴 신 세크메트의 분노를 멈추었다. 또한 그리스 신화에서 저승 신 하데스에게 납치된 여신 페르세포네가 저승에서 여섯 개의 석류를 먹어 저승으로 끌려가는 처지가 됐다.

50 미나모토노 요시쓰네 源義経

헤이케(平家, 타이라平 성을 가진 집안)를 타도한 영웅 미나모토노 요시쓰네는 형 미나모토노 요리토모源頼朝에 의해 죽음을 맞이하지만 일화의 주인공으로 전설의 존재가 됐다.

비극의 인생에서 반전, 생존설까지 생긴 요시쓰네의 인기

헤이안 말기의 무장 미나모토노 요시쓰네源義経(1159~1189년)는 헤이케 타도를 외치며 군사를 일으킨 형 미나모토노 요리토모를 섬기고, 요리토모와 대립한 기소 요시나카木曽義仲와 헤이케를 상대로 연승한다. 단노우라壇ノ浦 전투에서 결국 헤이케를 멸망시킨다. 하지만 전시 중에 요리토모의 허가 없이 관직을 받거나 독단으로 행동해 많은 다른 무장들의 분노를 사서 헤이케 토벌 후 요리토모와 대립한다. 소년 시절에 인연이 있던 오슈奥州 후지와라씨藤原氏에게 도망을 가지만 요리토모의 위협에 겁을 먹은 후지와라노 야스히라藤原泰衡의 배신으로 31세의 젊은 나이에 자살했다. 비극의 영웅 요시쓰네는 후세 사람들에게 동정을 받아 시대를 거치면서 영웅으로 추앙받는다. 그 과정에서 다양한 전설이 만들어져 역사상의 요시쓰네와는 거리가 먼 존재로 거듭난다.

대표적인 요시쓰네 전설로는 어린 시절에 교토 쿠라마鞍馬 절에 맡겨져 있던 시기에 안마鞍馬산의 다이텐구大天狗(음양사인 기이치 호겐鬼一法眼이라는 설도 있다)로부터 검술과 병법을 배웠다는 것이다. 또한 요시쓰네의 첫 번째 가신으로 유명한 무사시보 벤케이武蔵坊弁慶와 고조五条의 큰 다리에서 싸웠다는 일화와 이후의 벤케이의 활약도 무로마치 시대에 쓰인 군기모노가타리軍記物語 〈요시쓰네기義経紀〉의 내용이 바탕이 된 것이다.

또한 요시쓰네의 죽음을 안타까워한 사람들은 요시쓰네는 오슈에서 죽은 것이 아니라 비밀리에 에조치蝦夷地(현재의 홋카이도)로 피신하여 다양한 모험에 도전한다는 전설을 만들었다. 그리고 에도 시대에는 여기에서 더 나아가 요시쓰네가 대륙으로 건너가 칭기스칸이 됐다는 설까지 튀어나오니 놀랄 수밖에 없다.

요시쓰네상義經像

관련용어

미나모토노 요리토모源頼朝
1147~1199년. 가와치 겐지河内源氏의 기둥으로 요시쓰네의 이복형. 헤이시平氏를 멸하고 일본 역사 최초의 무가 정권인 가마쿠라鎌倉 막부를 열었다.

기소 요시나카木曽義仲
1154~1184년. 가와치 겐지 일족으로 요시쓰네의 사촌이다. 요리토모·요시쓰네 형제에 앞서 헤이시를 물리치고 교토에 들어가지만, 고시라카와後白河 법왕과 대립했다가 요시쓰네의 군대에게 토벌당했다.

오슈奥州 **후지와라씨**藤原氏
11세기 후반부터 12세기 후반까지 현재 이와테현 히라이즈미쵸를 중심으로 동북 지방 일대에 세력을 자랑하던 호족. 요시쓰네는 사춘기에 구라마데라鞍馬寺에서 도망쳐서 오슈 후지와라씨에 몸을 맡겼다.

COLUMN 뛰어난 군사적 재능이 위협이 됐다? 중국의 명장 한신韓信

요시쓰네처럼 명장으로 활약하다가 비극적인 죽음을 맞이한 사람이 고대 중국의 무장 한신이다. 한신은 한나라를 세운 유방을 천하통일로 이끈 가장 큰 공로자이지만, 전후 유방에 반란을 일으키려고 한다는 의심을 받았으며, 마지막에는 정말로 반란을 획책하여 자멸했다. 전시 중에는 의지가 돼도 평화를 찾으면 위협으로 여긴다. 요시쓰네가 살해된 것도 같은 이유였을지도 모른다.

51 슈텐酒呑 동자

헤이안 시대에 도시를 떠들썩하게 했다는 악마의 우두머리. 미나모토노 요리미쓰와 사천왕 등으로 구성된 토벌대에 의해 쓰러진 전설로 잘 알려져 있다.

아마도 일본에서 가장 유명한 귀신

일본에서는 예로부터 친숙한 악마로, 특히 슈텐酒呑 동자는 심복 이바라키茨城 동자와 함께 유명하며, 도시에서 젊은이들을 납치해서 하인으로 삼거나 잡아먹었다. 그 거점에 대해서는 단바국丹波国의 오에大江산이라는 설과 오미국近江国의 이부키伊吹산이라는 설이 있으며, 또한 교토부와 나라현, 시가현, 그리고 슈텐 동자의 고향이라 불리는 니가타현에는 슈텐 동자의 출신과 관련된 다른 전설이 있다. '내 나라(고장) 자랑'이라는 말도 있듯이 옛날부터 '우리 지역은 ○○로 유명하다'고 말하고 싶어 하는 사람이 많아 유명인사나 신과 관련된 전설이나 물품이 별로 관계없을 것 같은 장소에 있기도 한다. 슈텐 동자의 다른 전설이 여러 지역에 있는 배경에는 이런 내 나라(고장) 자랑 요소가 있었을지도 모른다.

덧붙여서 슈텐 동자의 에마키모노絵巻物(일본 회화인 야마토에大和絵의 일종으로 긴 종이를 파노라마 형식으로 길게 이어서 이야기나 풍경화를 연속적으로 전개하는 기법)는 현존하고 있다. 가장 오래된 것으로 여겨지는 것은 오사카부 이케다池田시의 이츠오逸翁 미술관이 소장하고 있는 〈오에야마 에고토바大江山絵詞〉로 오에야마계의 전설을 바탕으로 가마쿠라 시대에 만들어진 것으로 생각되고 있다. 이외에도 박물관이나 미술관에서 볼 수 있는 에마키모노는 많으며 그중에는 인터넷에서 볼 수 있는 것도 있다. 에마키모노라고 하면 2019년에 국제일본문화연구센터의 기획으로 에마키모노를 기원으로 하는 만화 작품이 발표됐다.

* 슈텐酒呑 동자 : 헤이안 시대에 교토의 오에야마大江山에 살았다고 전해지는 귀신

〈금석화도속백귀今昔画図続百鬼〉 슈텐 동자

관련용어

오에야마大江山
교토부 후쿠치야마福知山시와 미야즈宮津시에 걸친 연산. 국립공원으로 지정되어 있고, 운해의 명소, 꽃의 명산으로 알려져 있다.

이부키伊吹 산
시가현 마이바라시와 기후현 이비揖斐군 부근에 걸쳐 있는 산. 시가현의 산으로는 가장 표고가 높고 비와코 국립공원으로 지정되어 있다. 예로부터 신이 머무는 산으로 신앙의 대상이 되고 있으며, 이전에는 수험자의 수행 장소이기도 했다. 〈고지키〉에서 야마토타케루日本武尊에게 앙갚음을 당한 이부키 다이묘진伊吹大明神과 전설적인 수도자, 엔노 오즈누役小角와도 관계가 있다.

COLUMN 슈텐 동자와 관련된 다양한 설說

애주가 슈텐 동자는 요리미쓰가 내민 독주를 마시고 토벌되었다는 공통점 때문인지 야마타노오로치八俣遠呂智의 아들이라는 설이 있다. 또한 옛날부터 '귀신의 정체는 외국인'이라고도 하며 슈텐 동자에게는 '슈테인 도이치라는 독일인'이라는 설이 있다.

52 도카이도요츠야東海道四谷 괴담

'요츠야四谷 괴담'이라는 이름으로 알려진 쓰루야 난보쿠鶴屋南北 작품의 가부키. 남편에게 배신당해 분에 못 이겨 죽은 오이와お岩의 재앙을 그린 괴담 이야기로, 1825년 초연됐다.

남편을 원망한 여자의 원망이 요괴를 창출

일본의 괴담이라고 하면 〈사라야시키皿屋敷〉와 더불어 유명한 것이 〈도카이도요츠야東海道四谷 괴담〉이다.

이 이야기는 사실 에도에 있던 어떤 여자의 죽음을 바탕으로 〈가나테혼츄우신구라仮名手本忠臣蔵〉의 세계를 도입해서 그렸다. 가부키 교겐歌舞伎狂言 세와모노 중에서도 특히 유명한 대표적 괴담극이다.

무대는 에도 요츠야, 이에몬伊右衛門과 오이와라는 부부가 있었다. 산후 몸 상태가 좋지 않아 자리에 누워 있던 오이와에게 어떤 약물이 배달된다. 오이와가 이것을 마신 순간 그녀의 얼굴은 보기 흉하게 무너지기 시작했다. 사실 이에몬을 연모하는 손녀를 위해서 건넨 독약이었던 것이다. 게다가 남편 이에몬도 가담했다는 것을 알고 오이와는 분노한 채 사망한다. 이에몬은 남자 하인을 죽이고 오이와와 함께 시신을 간다神田강에 떠내려 보내 두 사람이 동반자살을 한 것처럼 위장했다. 원하는 대로 혼례를 올렸지만 이에몬은 두 사람의 원혼에 저주를 받아 파멸한다. 실제로 여기에 오이와 아버지의 복수도 더해져서 나름대로 복잡한 인간 모양이 그려져 있지만, 자세한 내용은 원전을 보기 바란다.

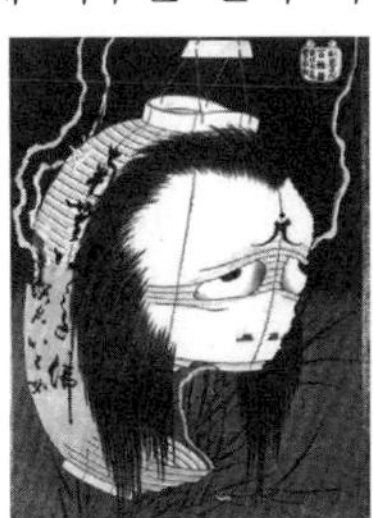

〈햐쿠모노가타리百物語〉
제등귀신 오이와

관련용어

사라야시키皿屋敷
하녀가 주로 주인이 소중히 여기는 접시를 깬 일로 자해를 하고(또는 살해되어) 원혼이 되어 밤마다 접시의 수를 헤아린다는 전설적인 괴담

가나테혼츄신구라
仮名手本忠臣蔵
닌교죠루리人形浄瑠璃(일본의 대표적인 전통 인형극)·가부키의 시대물. 츄신구라라는 통칭으로 알려져 있다. 아코오로시赤穂浪士의 습격을 각색한 작품

세와모노世話物
(세태물)
죠루리나 가부키에서 무사 집안이나 귀족의 이야기인 '시대물'에 대해 민중을 주제로 한 사회극을 말한다. 가부키에서는 시대물을 첫 번째, 그와 관련 있는 세태물을 두 번째로 공연한다고 해서 두 번째 노能라고도 한다.

COLUMN 괴담의 정평, 햐쿠모노가타리百物語의 뿌리는?

일본의 괴담이라고 하면 〈햐쿠모노가타리(밤에 몇 사람이 모여서 갖가지 괴담을 하는 놀이나 그 괴담)〉가 유명하다. 촛불을 백 개 준비하고 기담이나 괴담을 하나 이야기할 때마다 불을 끈다. 이야기가 끝나면 무슨 일이 일어난다는 것이다. 위험한 놀이로 알려져 있지만 전국시대 무사들의 담력을 단련하기 위해 실시했다는 설이 있다.

53 방사능

오래된 괴수 영화 시절부터 왠지 모르게 위험하다고 여겨온 방사능. 원전사고로 다시 집중을 받았는데, 실제로 무엇을 가리키는 걸까.

비유하자면 반딧불이 빛을 내는 능력

원자는 원자핵과 전자로 이루어지지만 핵종(원자핵의 종류)에 따라서는 균형이 무너져서 방사선을 방출하는 방사성 붕괴를 일으켜 다른 핵종으로 변화할 수 있다. 이 붕괴를 일으키는 성질의 것을 방사능이라고 부른다. 일반적으로 원소의 동위원소 중 방사능을 가진 '방사성 동위원소를 포함하는 물질 = 방사성 물질'이 단위 시간당 방사성 붕괴하는 원자의 '개수'가 방사능의 단위가 되고, 이것이 잘 알고 있는 베크렐(Bq)이다.

비슷한 말에 방사선이 있지만, 방사성 붕괴 때 전자파로 방출되는 것이 방사선이다. 사람이 방사선에 노출되는 것을 피폭이라고 하며 그 생물학적 영향의 크기를 나타내는 단위가 시버트(Sv)이다. 반딧불에 비유하면 반딧불이 방사성 물질, 방사선은 반딧불의 빛, 방사능은 빛을 내는 능력이 된다. 방사선 양이 많을수록 인체에 유해하지만, 원래 자연계에는 중성자와 우주선, 라돈, 탄소 14 등 자연에 존재하는 방사성 핵종이 있고 자연 방사선의 피폭량은 세계 평균 2.4mSv로 추정되고 있다. 즉, 우리는 단지 지구상에 있는 것만으로도 노출되고 있는 셈이다(물론 이것만으로 죽는 것은 아니다).

원전 사고를 계기로 방사능 관련 보도가 증가하고 있는데, 단위의 규모와 양에 따라 숫자가 바뀌므로 1kg 단위의 베크렐인지, 1년 단위의 시버트인지, 혹은 밀리인지 마이크로인지에 따라 위험도는 완전히 달라진다. 1000mg을 함유했다는 드링크 제품의 선전문구라는 것도 요는 1g에 불과한데 숫자만 보면 많이 들어 있는 것 같은 인상을 준다.

관련용어

동위원소
동일한 원자 번호에 중성자 수가 다른 핵종을 말한다. 방사능을 가진 방사성 동위원소와 그렇지 않은 안정 동위원소가 있다. 우라늄의 동위원소 우라늄 235는 핵연료 등에 사용되고 우라늄 238에서 전환되는 우라늄 239도 핵연료가 된다.

베크렐
방사성 물질이 1초에 붕괴하는 원자의 개수를 나타내는 단위. 우라늄의 방사능을 발견한 프랑스의 물리학자 앙리 베크렐에서 유래한다. 옛날에는 1g 라듐의 방사능을 나타내는 퀴리Ci라는 단위가 이용됐다.

시버트
생체의 피폭에 의한 생물학적 영향의 크기를 나타내는 단위. 방사선 방호 연구를 한 물리학자 롤프 막시밀리안 시버트Rolf Maximilian Sievert에서 따왔다. 또한 선량당량을 나타내는 단위로는 렘rem이 있고, 1Sv=100rem이다.

COLUMN 바나나로 쉽게 알 수 있었던 단위

피폭량의 단위에 바나나 등가선량이 있다. 동식물 필수 원소 칼륨에는 방사능이 있는 칼륨 40도 포함되어 있으며, 식품도 예외는 아니다. 바나나도 그중 하나이므로 일반인에게 전달하기 쉽게 하기 위해 이 단위가 태어났다. 바나나 하나를 먹으면 선량은 0.1μSv이지만 실제로는 바나나의 피폭 정도로는 인체에 영향은 없다.

54 아리스토텔레스

소크라테스에서 제자 플라톤으로, 그리고 그 제자 아리스토텔레스(기원전 384~322년경)로 철학이 이어졌다. 그것이 오늘날 전해지는 철학의 기초가 되고 있다.

스승 플라톤과 일선을 그은 철학을 탐구

지금부터 2000년 이상도 더 되는 옛날에 철학의 세계를 개척한 소크라테스, 플라톤, 아리스토텔레스 세 사람. 소크라테스의 사상을 바탕으로 철학의 기반을 만든 것이 플라톤이라면 아리스토텔레스는 그것을 학문으로서 체계를 구축한 사람이다. 현재 있는 수많은 학문은 대부분 아리스토텔레스에 의해 창시된 것이다. 그런 점에서 아리스토텔레스는 '모든 학문의 아버지'라고 불린다.

아리스토텔레스는 플라톤의 이데아론과 같은 이상주의가 아니라 현실의 자연 과학을 규명한 것으로 알려져 있다. 삼각형을 예로 들면, 플라톤이 '삼각형의 이데아라는 절대 진실이 있고 그것을 알고 있기 때문에 우리는 삼각형이 삼각형임을 알 수 있다'라고 말한 반면, 아리스토텔레스는 '우선 삼각형이라는 물건이 있고, 그것을 표현하기 위해 삼각형이라는 분류를 우리가 만들었다'라는 입장이다. 실로 현실적인 견해를 가진 인물이었다.

이렇게 아리스토텔레스는 물리학이나 수학, 정치학, 동물학 등 다양한 학문의 체계를 세웠다. 지금 보면 천동설과 '무거운 물건은 빨리 떨어진다' 등 잘못된 이론도 여러 가지 있지만 2000년도 더 된 옛날에 제기된 점을 감안하면 무리도 아닐 것이다.

그의 가르침은 기독교에 도입된 것도 있고, 오랫동안 신성하게 여기며 후세에 전해졌다. 코페르니쿠스나 갈릴레오 갈릴레이가 오류를 지적한 르네상스 시대까지 1000년 이상 불가침 영역이었다.

아리스토텔레스의 흉상

관련용어

아리스토텔레스의 저서
아리스토텔레스는 500권 이상의 저서를 남긴 것으로 알려져 있다. 그러나 한 차례 행방을 알 수 없었다가 기원전 1세기경에 발견, 재편집되어 현재에 전해지고 있다고 한다. 따라서 내용이 아리스토텔레스의 뜻에 부합하는지의 여부는 의문의 여지가 있다.

알렉산더 대왕
Alexandros the Great
기원전 356~기원전 323년. 알렉산더 3세라고도 한다. 16세까지 아리스토텔레스의 가르침을 받은 후에 왕에 즉위하고 그리스에서 인도 방면까지를 거느리는 대제국을 만들어냈다. 그의 싸움은 연전연승으로 무패를 자랑한다.

COLUMN 알렉산더 대왕의 교사였다

아리스토텔레스는 훗날 마케도니아의 왕이 되어 이름을 날린 알렉산더 대왕의 교사였던 것으로 알려져 있다. 알렉산더 대왕은 동방원정으로 제국을 정복한 무용담으로 유명한 영웅이다. 그는 아리스토텔레스의 가르침을 굉장히 중요하고 여겼고, 특히 자연과학이나 의학에 관심을 나타낸 것으로 알려져 있다.

55 그레이 외계인

'그레이 타입'이라고도 불리는 가장 유명한 우주인이다. 연구가에 따르면 그레이 외계인은 '라지 노즈 그레이'와 '리틀 그레이'로 분류할 수 있다고 한다.

외계인의 대표 모습이 된 그레이

우리가 외계인의 모습 하면 가장 먼저 떠올리는 것이 바로 그레이 외계인이다. 실제로 스마트폰에 우주인을 입력하면 그레이 외계인의 이모티콘이 등장하고 UFO 관련 책 표지에 그려져 있는 우주인도 대체로 그레이 외계인이다. 그만큼 널리 사람들에게 인식되는 우주인이다.

대략적인 특징은 신장은 몸집이 작은 사람 정도이고 피부는 회색이다. 아몬드 모양의 머리와 큰 검은 눈을 가지고 코와 입은 거의 구멍뿐이다. '그레이'라는 명칭은 피부색이 회색인 것에서 유래한 것이다.

그레이 외계인에 의한 사건으로 알려진 것 중에서 특히 유명한 것이 힐 부부 사건이다. 미국 최초의 외계인 납치로 불리는 이 사건에서 힐 부부가 만났다고 주장하는 외계인의 특징은 그레이 외계인의 모습과 거의 흡사하다. 또한 로즈웰 사건에서 미군이 회수했다고 소문이 난 우주인도 그레이 타입으로 알려져 있다.

물론 '그레이 같은 게 있을 리가 없다'라는 반론도 있다. 그러한 사람들은 그레이의 모습은 영화 〈2001 스페이스 오디세이 2001: A Space Odyssey〉에 등장하는 스타차일드나 텔레비전 드라마 〈아우터 리미츠 The Outer Limits〉에 등장하는 우주인을 원형으로 해서 만들어졌을 거라고 말한다. 또한 그레이 외계인이 아니라 미확인 동물(UMA)이라는 설과 미래에서 온 사람이라는 설도 있다. 가장 유명한 우주인인 그레이 외계인이지만, 그 정체는 지금도 많은 수수께끼에 싸여 있다.

관련용어

그레이 타입
미국 전 해군 장교 밀턴 윌리엄 쿠퍼Milton William Cooper에 따르면, 그레이에는 큰 코를 가진 라지 노즈 그레이와 유전자 조작으로 만든 리틀 그레이 두 종류가 존재한다. 일반적으로 잘 알려진 그레이는 후자의 리틀 그레이다.

외계인 납치
UFO 목격자가 본인의 의사와 상관없이 외계인에 의해 납치된다.

2001 스페이스 오디세이 2001: A Space Odyssey
1968년에 공개된 스탠리 큐브릭Stanley Kubrick 감독의 SF 영화. SF 영화의 금자탑으로 세계적으로 높은 평가를 받고 있다.

아우터 리미츠 The Outer Limits
1963~1965년에 미국에서 방송된 SF 드라마 시리즈. 1화 완결형 드라마로 UFO와 외계인, 괴물, 초능력, 괴기 현상 등을 소재로 하고 있다.

COLUMN 특수 촬영 작품에도 등장!

그레이 외계인은 너무나 유명하기 때문에 다양한 소설 작품에 등장하고 있다. 특히 잘 알려진 것이 스티븐 스필버그 감독의 영화 〈미지와의 조우 Close Encounters Of The Third Kind〉에 등장하는 외계인이 그렇다. 일본 작품에서도 〈울트라 맨〉 제35화 '잠든 소녀'에 등장한 데시모 외계인이 그레이 타입의 우주인으로 그려져 있다.

56 염라대왕

염라대왕은 누구나 다 아는 지옥의 왕으로, 사자死者의 생전의 죄를 심판한다. 그러나 원래는 사자를 심판하는 역할은 나중에 덧붙여진 것이다.

지옥을 다스리는 첫 사자死者

염라대왕은 불교와 힌두교에서 지옥의 왕으로 여기지만, 원래는 야마라는 사람이었다. 〈리그베다(인도 최고(最古)의 성전〉에 의하면 야마와 그 여동생 야미가 결혼해서 인류를 낳았다. 이윽고 야마는 인간 중에서 첫 사망자가 되어 사자의 나라의 왕이 되었다고 한다.

고대 인도에서는 생전에 선행을 쌓은 사람은 천계에 해당하는 야마의 나라에 갈 수 있다고 생각했다. 이 나라는 사자의 낙원이며, 조상의 영혼과 일체화된다고 한다. 그러나 시대가 흐르면서 죽은 영혼을 명계에 묶고 사망자의 생전의 죄를 심판하는 존재로 취급된다.

이것이 불교에 도입되어 지옥을 다스리는 염마천焰摩天(염라)이 탄생했다. 그 후 염라는 중국에 전해져서 도교에 흡수되어 염라왕으로 불리게 된다. 당나라 말기에는 십왕十王(사자에 대한 죄의 경중을 다루는 10명의 왕) 신앙이 생겼고, 염라왕도 제5번의 재판관에 이름을 올린다. 염라왕을 포함하여 이 믿음이 일본에도 전해져서 언제부터인가 염라대왕은 지옥의 재판관이며 지배자로 인식된 것이다. 염라대왕이 어떤 신인지에 대해 현대에는 게임이나 애니메이션의 영향으로 일반적으로도 널리 알려져 있다.

지옥의 법정을 그린 중국의 불화

관련용어

리그베다Rigveda
베다라 불리는 고대 인도의 경전 중 하나. 베다 중에서도 가장 오래됐다.

야마 / 야미
태양신 비바스바트Vivasvat의 자식. 부부가 되어 인류를 만들어 낸 인류의 시조이다.

염마천焔摩天
야마가 불교에 받아들여진 것. 죽음과 저승을 관장한다.

십왕十王 **신앙**
지옥에서 죽은 사람을 심판하는 10기둥의 신. 진광왕秦廣王, 초강왕初江王, 송제왕宋帝王, 오관왕五官王, 염라왕閻羅王, 변성왕變成王, 태산왕泰山王, 평등왕平等王, 도시왕都市王, 전륜왕轉輪王 등이다.

COLUMN 신화·전설에 등장하는 지옥의 지배자들

지옥과 저승의 지배자 또는 사망자의 영혼을 심판하는 신은 세계 각지의 신화·전설에 등장한다. 예를 들어 그리스 신화의 하데스, 이집트 신화의 아누비스, 메소포타미아 신화의 에레시키갈 등이다. 또한 지옥의 이미지도 천차만별인데 메소포타미아 신화에서 지옥은 반드시 심판을 받는 장소가 아니라 죽은 영혼이 다다르는 영역에 불과하다고 한다.

57 단노우라壇ノ浦 전투

단노우라壇ノ浦 전투(1185년)에서 패한 헤이케平家는 주요 인물을 잃고 거의 멸망 상태가 됐다. 하지만 죽은 헤이케 집안은 원한을 남겼다고 하여 후세에 수많은 원혼 전설을 낳았다.

억울하게 죽은 헤이케 집안이 세상을 저주하다

헤이안 말기 헤이케 집안은 영화를 누리지만, 미나모토노 요리토모를 비롯한 겐지源氏 세력에 의해 일제히 반란이 시작됐다. 각지에서 패배한 헤이케는 교토의 수도에서 쫓겨나 서쪽 지방으로 퇴각, 결국 나가토국長門国 단노우라(현 야마구치현 시모노세키시)까지 내몰려 겐지와 결전을 치른다. 단노우라 전쟁 초반에는 헤이케군이 우세했지만, 중간에 조수의 흐름이 바뀌어 전세가 역전되어 겐지군이 승리한다. 패한 헤이케군에서는 주요 인사들이 속속 입수하여 죽음을 선택했다. 여성이나 어린아이도 예외가 아니었고 헤이케와 행동을 함께한 안토쿠安徳 천황도 8살의 나이에 승하한다.

패전으로 중심 세력을 모두 잃은 헤이케는 역사의 무대에서 사라지고 세상은 겐지의 기둥인 미나모토노 요리토모가 연 가마쿠라 막부의 통치로 평화를 맞이할 거라고 생각했다. 하지만 그로부터 불과 4개월 후에 대지진이 일어나서 교토를 중심으로 긴키近畿 지방 곳곳에서 건물이 붕괴하는 큰 피해를 입었다. 사람들은 이 지진이 억울하게 죽은 헤이케 집안의 저주 때문이 아닐까 우려했다. 또한 미나모토노 요리토모가 53세의 젊은 나이에 사망한 것도 헤이케의 원혼 전설이 유포되는 데 한몫했다. 요리토모의 사망 원인은 여러 설이 있는데, 역사서 〈보력간기保暦間記〉에는 안토쿠 천황이나 미나모토노 요시쓰네의 망령을 보고 병으로 쓰러졌다는 기록이 있다. 또한 이렇게 정착한 헤이케 원령설은 현대까지 전해져서 〈귀 없는 호이치耳なし芳一(안토쿠 천황과 헤이케 가문을 모신 아미타불 사원을 무대로 한 이야기)〉라는 괴담도 만들어냈다.

〈안토쿠 천황安徳天皇 엔기에즈縁起絵図〉

관련용어

안토쿠安徳 천황
1178~1185년. 제81대 천황. 다카쿠라高倉 천황과 다이라노 기요모리平清盛의 딸, 도쿠코徳子의 첫째 왕자. 3세에 즉위하지만 기소 요시나카木曽義仲에 의해 헤이시平氏 일가가 교토에서 쫓겨났기 때문에 함께 낙향했다. 이후 헤이시와 함께 서쪽 지방으로 피했다가 단노우라 전투에서 투신자살한다.

보력간기保暦間記
14세기 중반에 쓰인 역사서. 헤이안 시대 말기부터 남북조 시대 전기까지의 역사에 대해 설명하고 있다.

귀 없는 호이치
고이즈미 야쿠모小泉八雲의 〈괴담怪談〉에도 수록된 괴담

COLUMN 헤이케의 원혼이 옮았다? 헤이케가니平家蟹

헤이시 가문의 원혼 전설에 얽힌 이야기가 또 하나 있다. 일본 근해에 서식하는 헤이케가니平家蟹(게의 일종)라는 작은 게는 껍질의 모양이 성난 사람의 얼굴처럼 보인다고 한다. 이 게는 규슈 연안과 내륙에서 흔히 볼 수 있기 때문에 물에 빠진 헤이케 집안의 분노가 옮아서 이런 모양이 된 것이라고 옛 사람들은 믿었다.

58 아다치가하라의 마귀할멈

후쿠시마현 니혼마쓰시에 전해지는 식인 마귀할멈의 전설. 예로부터 잘 알려져 있던 것 같고, 헤이안 시대의 단가에서도 읊기도 하고 가부키나 노 등 전통 예능 공연에서도 다룬다.

비슷한 다른 이야기가 여럿 있는 마귀할멈 전설

외딴 지역에 사는 노파가 나그네를 묵게 하고는 죽여서 먹거나 금품을 빼앗았다는 이야기는 각지에 있다. 이 가운데 아마도 가장 유명한 것이 아다치가하라의 마귀할멈安達ヶ原の鬼婆일 것이다. 여행 중이던 유케이祐慶라는 승려가 아다치가하라安達ヶ原에서 할머니의 집에 묵게 됐는데 방 안에 수많은 사람의 뼈가 있는 것을 보고 노파가 식인 마귀할멈이라고 알게 됐다. 도망친 유케이는 쫓기다가 죽을 뻔했지만 결국에는 살아난다는 이야기다. 살아난 이유는 갖고 있던 보살상에 기도를 하자 보살상이 화살을 쏘았다거나 벼락을 일으켜 마귀할멈을 없앤다거나 보살에 설득당해 마귀할멈이 부처에 귀의한다거나 아니면 보살은 등장하지 않고 유케이 혼자서 도망을 쳤다는 등의 이야기가 있다.

반대로 유케이가 처음부터 마귀할멈을 물리치기 위해 아다치가하라를 방문해서 멋지게 물리치고 사당을 세운 이야기, 싸우다가 상처를 입고 도망쳤다는 이야기 등이 있다. 후쿠시마현 니혼마쓰二本松시에는 토벌한 마귀할멈의 것으로 여겨지는 무덤이 있다. 근처에는 유케이가 보살상을 모시기 위해 건립했다는 간세지観世寺가 있고 노인이 마귀할멈이 된 이유가 전해지고 있다.

참고로 유명한 만화가 데즈카 오사무手塚治虫가 아다치가하라의 마귀할멈을 바탕으로 한 SF 버전의 〈아다치가하라〉를 그렸고, 2000년대의 괴기 SF 소설에도 아다치가하라의 마귀할멈을 소재로 한 작품이 있다. 뱀파이어가 된 미나모토노 요시쓰네가 주인공으로 등장하는 등 상당히 내용이 수정됐지만 만화는 물론 2008년에는 애니메이션으로도 선보였다.

〈화도백귀야행画図百鬼夜行〉 구로즈카黒塚

관련용어

마귀할멈
노인의 모습을 한 악마. 옛날이야기는 산에 사는 마귀할멈, 야만바山姥(일본 각지의 산에 산다고 알려진 요괴의 일종)가 자주 등장하는데 일반적인 호칭일 수도 있다.

아다치가하라
현재 후쿠시마현 니혼마쓰시에 있는 지명. 동쪽 도호쿠 신칸센과 서쪽 도호쿠 본선 사이에 있다.

유케이祐慶
아다치가하라의 흑총 전설黒塚伝説에서는 기이국紀伊国(와카야마현과 미에현 남부)의 승려로 나온다. 이 땅의 수행자(수도자)는 국가를 돌 때 도코보 유케이東光坊祐慶를 자칭했다는 이야기가 있기 때문에, 전설의 유우키도 수험자였는지도 모른다.

COLUMN 인육 식습관이 있었던 지역에서 일어난 진화

죽은 사람의 고기를 먹는 습관이 있었던 해외의 어느 지역에서는 구루병으로 죽는 사람이 많았다. 잘 알려진 크로이츠펠트 야콥병과 마찬가지로 프레온이 원인이지만, 살아남은 사람들의 유전자 배열은 보통 사람들과 달라 내성이 생긴 것으로 밝혀졌다. 아다치가하라의 마귀할멈도 실은 이러한 '진화한 인류'였는지도 모른다.

59 보탄도로 牡丹灯籠

〈괴담 보탄도로牡丹灯籠〉는 1861년경에 산유테이 엔쵸가 창작한 만담·괴담 이야기로, 에도 시대 초기의 가나조시를 바탕으로 떠돌이 무사의 복수와 사랑에 애태우는 여자의 연모를 그렸다.

사랑하는 남자를 길동무로… 정말로 아름다운 명혼담冥婚譚

에도의 밤은 어둡다. 깜깜한 길, 사랑하는 남자의 집까지 가는 길을 모란이 그려진 등불이 비춘다. 삐걱삐걱 나막신 소리를 내고 밤마다 나타나는 그 여성은 더 이상 이 세상 사람이 아니었다.

괴담으로 알려진 〈보탄도로牡丹灯籠〉의 줄거리는 매우 간단하다. 어떤 남자가 일터에서 만난 여자와 서로 끌리지만 다시 만나지 못하고 그녀가 죽은 것을 알게 된다. 남자는 슬퍼하며 여자의 명복을 열심히 빌었다. 어느 날 밤, 그 남자의 집에 찾아가는 사람이 있었다. 그것은 죽은 여자였고 그로부터 매일 밤 남자를 찾았다. 의심스럽게 생각한 이웃사람이 방을 들여다보니 방에 있던 것은 피골의 괴물. 다음날 아침, 이웃 남자에게 그 사실을 말하자 결국 남자는 죽어 버린다. 이 이야기를 세상에 알린 것은 만담가 산유테이 엔쵸의 괴담 이야기 〈괴담 보탄도로〉이다. 당시 에도에서 일어난 무사의 소동에 복수를 곁들여 슬픈 이야기로 만들어냈다. 메이지 시대에 들어서는 가부키에도 등장하는데 여자가 모란 등롱을 손에 들고 나타나는 장면은 특히 인상적이다.

귀신이 여자의 모습으로 인간 세상에 다니거나 시집을 가는 이류혼인담異類婚姻譚(이 경우 명혼담)은 예로부터 사랑받고 있다. 음양사 아베노 세이메이安倍晴明 등은 어머니가 여우였다는 일화가 남아 있다. 대부분의 경우 '잘 됐구나 잘 됐어'로 끝나는 상식을 뒤집고 명복을 빌어준 좋아하는 남자를 죽이는 처참한 이 작품은 이질적이라고 할 수 있다. 아니, 어떤 의미에서 '메리 배드 엔드'일지 모른다.

〈신형삼십육괴이선新形三十六怪撰〉 보탄도로

관련용어

가나조시仮名草子
일본 근세소설의 장르

보탄도로 牡丹灯籠
원래는 에도 시대 초기에 쓰여진 괴담 이야기 〈오토기보코御伽婢子(아사이 료이浅井了意 작품)〉에 수록되어 있는 단편소설로 중국의 괴이 소설집 〈전등신화剪燈新話〉에 게재되어 있던 것을 일본풍으로 번안했다.

산유테이 엔쵸
三遊亭円朝
1839~1900년. 에도 막부 말기·메이지 시대의 만담 명인. 초대円朝. 괴담 이야기와 슬픈 이야기를 전문으로 하며 대부분을 자작 연출했다.

메리 배드 엔드
'메리 배드 엔드merry bad end'의 약어. 이야기는 배드 엔딩이지만 당사자(등장인물)는 행복을 느끼는 결말인 경우에 사용된다. 이 항목에서는 남자는 살해됐지만(배드) 저 세상에서 연결됐다고 보면 두 사람에게는 해피엔딩이다.

COLUMN 괴이의 대부분은 의외로 중국산?

이른바 '괴담'이 일본에서 유행하기 시작한 것은 에도 시대 초기. 그때까지 명확하게 장르가 구분되지 않았다고 한다. 당시 중국의 괴기 소설을, 무대를 일본으로 바꾸어서 번역한 것이 유행했다. 요괴도 중국의 〈산해경山海経(고대 중국의 지리책(총 18권)〉 등에서 차용한 것이 많다. 창작 등에서 흔히 볼 수 있는 이야기와 요괴는 의외로 중국산이다.

60 멜트다운 meltdown

체르노빌과 후쿠시마 원전 사고로 널리 알려진 멜트다운. 매우 위험하다는 것은 알지만, 어떤 현상인지 알아보자.

초고온의 핵연료가 용기에서 누출하는 대위기

원자력발전은 핵연료를 임계 상태(원자핵 분열 상태를 일정하게 유지하고 있는 상태)로 하여 핵분열에서 발생하는 열로 발전한다. 그리고 유지보수 등으로 운전을 정지할 때 연료에서 나온 핵분열 생성물은 핵분열 정지 후에도 잠시 방사성 붕괴를 해서 복사열을 계속 발생한다. 이 때문에 노심爐心도 한동안 냉각을 계속해야 한다.

그러나 어떤 요인으로 냉각되지 않는 경우 노심의 온도가 상승한다. 고온이 된 연료봉이 물과 반응하면 연료 집합체(원자력발전에서 사용되는 연료의 최소 단위)를 파괴한다. 이것이 멜트다운이다. 이때의 핵연료는 철도 녹일 만큼 고온이기 때문에 대량의 방사성 물질을 포함한 핵연료가 용기 외부, 최악의 경우 발전소 밖으로까지 누출될 가능성이 있다. 안전평가에서는 연료봉의 온도가 1200℃에 도달하면 붕괴가 일어나는 것으로 보고 있다.

사고가 일어나는 원인은 기본적으로 두 가지 유형이 있다. 하나는 노심을 냉각하는 기능이 상실되는 냉각제 상실 사고이고, 또 하나는 임계 상태를 제어하는 반응도의 조정에 오류가 있는 반응도 사고이다. 전자의 사례는 후쿠시마 원전 사고, 후자의 사례는 체르노빌 원전 사고가 유명하다.

이런 사고가 일어난다고 하니 원자력발전은 위험하다고 생각하겠지만, 원자력발전뿐만 아니라 발전소의 사고는 피해가 크다. 수력발전의 경우 집중호우 등으로 댐이 붕괴하면 하류의 도시는 큰 타격을 받는다. 화력발전소도 파이프라인 및 연료 탱크에 인화하면 큰 화재로 번진다. 인류는 원자력발전 이전에 전기라는 문명의 이기利器를 손에 넣은 순간부터 이런 위험에 노출되어 왔다. 만화 〈강철의 연금술사〉는 아니지만 뭔가를 얻으려면 그에 상응하는 대가는 따르기 마련이다.

관련용어

핵분열 생성물
핵연료가 되는 우라늄 235와 플루토늄 239가 핵분열에 의해 생긴 핵종을 말한다. 핵분열 생성물이 어떤 핵종이 될지는 확률로 결정된다. 그러나 대체로 양성자와 중성자 수의 균형이 무너져서 방사능을 가진다.

노심
핵분열로 속에 있는 핵연료가 핵분열 연쇄반응을 일으키는 영역. 원자로는 연료, 감속재, 냉매제, 제어봉, 긴급 노심 냉각 장치 등으로 구성된다.

반응도
핵분열을 지속적으로 일으키기 위해서는 중성자 수를 조정할 필요가 있고 중성자를 흡수하는 제어봉은 이 때문에 있다. 반응도란 이러한 조정을 해서 원자로가 임계 상태에서 벗어난 정도를 나타내는 것으로, 반응도가 바뀌면 출력도 바뀐다.

COLUMN 장소가 장소인 만큼 착각하기 쉬운 그 폭발

후쿠시마 원전 사고 당시 건물이 날아가는 영상이 있었는데, 그것은 수소 폭발이라 불리는 현상이다. 연료 피복관에 사용되는 합금 지르칼로이zircaloy(내열·내식성이 뛰어난 지르코늄 합금)가 고온의 수증기와 반응하여 수소를 발생하고, 이어서 그 수소가 산소와 반응하여 가스 폭발을 일으킨다. 이 반응은 900℃에서 현저해진다. 장소가 장소인 만큼 핵폭발로 착각하기 쉽지만 전혀 다르다.

61 무더기의 역설 paradox of the heap

모래 산에서 모래 한 알을 제거해도 모래 산 그대로이다. 그리하여 두 알, 세 알 제거한다. '결국 나머지 한 알이 남으면 그것은 모래 산인가?'를 묻는 역설이다.

인간 사회의 왜곡을 넌지시 보여주는 역설

이 모래 산의 이야기는 어딘가 모순이 있다.

어떤 사람은 '모래에서 모래를 한 알이라도 제거하면 그것은 더 이상 모래 산이 아니지 않나?'라고 의문을 제기할지도 모른다. 또 어떤 사람은 '어느 정도의 모래를 제거해도 모래 산이지만, 그 이하가 되면 모래 산이 아니다'라고 생각할지도 모른다. 또는 '마지막 한 알이라도 있으면 그것은 모래 산'이라고 주장하는 사람도 있을 것이다.

사실 모두 같은 말을 하고 있는데, '몇 알 있어야 모래 산인가?'라는 경계선이 다를 뿐이다. 물론 모래 산의 경계는 존재하지 않는다. 즉 진짜 문제는 경계선이 없는 것을 '모래 산인가 그렇지 않은가' 둘로 나누려고 하는 것이다.

사실 이것은 인간 사회의 왜곡을 드러내는 역설이기도 하다. 경계선 없는 것을 둘로 나눈다고 하면 시험 점수에 의한 합격·불합격 또는 '몇 살 이상이 고령자인가' 등을 들 수 있다. 예를 들어 시험에서 '80점 이상이 합격'이었다고 하자. 80점과 79점은 거의 같은 결과인데 합격과 불합격이라는 결정적인 차이가 발생해 버린다. 또한 '65세 이상이 고령자'라고 정해져 있다고 하면 64세와 65세는 그렇게 다를까 하는 의문이 제기된다.

또는 분명히 '오타쿠'라고 부를 만한 사람이 있다고 하고, 그 사람으로부터 오타쿠의 지식을 하나씩 줄여 나간다고 하자. 어디까지 줄이면 그 사람은 오타쿠가 아닌 게 될 것인가? 뭐 그런 역설이므로 문제에 정답은 없다.

관련용어

모래 산
산처럼 모래가 쌓긴 상태. '산처럼'이라고 하는 이상 한 알이나 두 알로는 모래 산이라고 할 수 없겠지만, 몇 알 이상이면 모래 산인지는 여전히 불분명하다.

고령자
사회에서 상대적으로 연령이 높은 사람을 말한다. WHO(세계보건기구)에서는 65세 이상을 고령자라고 정하고 있다. 일본에서는 65~74세를 전기 고령자, 75세 이상을 후기 고령자라고 부른다.

에우보우리데스
Euboulides
고대 그리스의 철학자. 다양한 역설을 생각해 낸 것으로 알려져 있다.

COLUMN 원래는 대머리 이야기

이 이야기는 고대 그리스의 철학자 에우보우리데스가 만든 '대머리의 역설'이 바탕이라고 한다. '머리카락이 덥수룩한 사람의 머리카락을 하나 뽑아도 대머리가 아니다. 두 개, 세 개 뽑아 이윽고 마지막 하나가 남아도 대머리가 아닐까?'라는 얘기다. 자칫하면 대머리는 차별 용어가 될 수 있기 때문에 모래 산 이야기가 되었다고 한다.

62 미스터리 서클

논밭의 곡식이 원형으로 쓰러지는 현상으로, 영어로는 크롭 서클crop circle이라는 호칭이 더 일반적이다. 1980년대에 세계 각지에서 비슷한 현상이 발생하여 큰 화제가 됐다.

UFO 관련 설도 제기된 미스터리 서클

1980년대부터 90년대에 걸쳐 전문가들 사이에서도 가장 논란이 된 것이 미스터리 서클이다. 논밭의 곡식이 하룻밤 사이에 원형으로 쓰러지는 괴기 현상이 전 세계에서 확인됐고 일본에서도 1990년에 후쿠오카현 사사구리정篠栗町에 직경 20m와 5m의 원형이 출현했다. 이 사건은 언론들도 대대적으로 보도하는 소란이 일었다.

발생 원리로는 처음에는 플라즈마설이 유력하게 제기됐다. 일본에서 이 설을 시끄럽게 주장한 것이 물리학자인 오츠키 요시히코大槻義彦 교수이다. 그는 현지 조사를 실시하고 서클은 플라즈마 탄성체에 의해 생긴 것이라고 단정했다. 괴기 현상이 아니라 자연 현상에 의한 것으로 결론지었다.

한편, 점술 연구가들 사이에서 화제가 된 것이 UFO 관련 설이다. 왜냐하면 처음에는 간단한 원형이었던 서클의 도안 패턴은 화제가 되면서 점점 복잡해졌다. 도저히 자연 현상으로는 생길 수 있는 수준이 아니었던 것이다. 그들은 서클은 인간 이외의 생명체의 메시지가 담긴 암호라고 주장했다.

그런데 1991년에 그런 논쟁을 불식시킨 사태가 일어난다. 무려 영국에 사는 2인조 노인이 자신들이 서클을 만들었다고 주장하며 진짜로 간단한 도구와 인력에 의해 단시간에 서클을 만들어 보인 것이다. 또한 일본에 출현한 서클도 고등학생들의 장난으로 밝혀졌다. 미스터리 서클은 괴기 현상도 무엇도 아니며 단순히 사람이 만든 것으로 여겨졌다. 하지만 오컬트 연구가들 중에는 여전히 미스터리 서클은 외계인의 메시지라고 생각하는 사람도 있다. 이 설의 지지자는 서클 중에는 진짜도 있으며, 그러한 서클은 토양의 성분이 다른 것과 비교해서 분명히 변화하고 있고, 보리의 세포벽이 비정상적으로 팽창하고 있다고 한다. 일반적으로 장난이라고 결론이 난 미스터리 서클이지만, 오컬트 연구가들의 열정은 아직 식지 않았다.

관련용어

사사구리정篠栗町

후쿠오카 시내에서 동쪽으로 12km 떨어진 곳에 위치한 도시. 인구는 3만 866명(2019년). 일본에서 처음으로 미스터리 서클이 출현한 장소이며, 마을에서 미스터리 서클 전화카드를 발매하는 등 마을 부흥에 활용했다.

오츠키 요시히코
大槻義彦

1936년 출생. 일본의 물리학자로 와세다대학 명예 교수. 오컬트 부정론자이며 TV 해설자로 활약했다. 플라즈마 물리학 연구의 제일인자로 미스터리 서클을 비롯해 심령사진이나 인체 자연 발화 등도 플라즈마가 원인이라고 주장했다.

플라즈마

전기를 띤 입자를 포함하는 고온 기체를 말한다. 고체, 액체, 기체에 이어 제4의 물질 상태이며, 자연에서 번개나 오로라, 인공물에서는 형광등이나 네온 램프가 플라즈마이다. 또한 태양도 거대한 플라즈마 덩어리이며 우주의 99.9% 이상은 플라즈마로 돼 있다.

63 칠복신 七福神

일곱 가지 행복을 가져온다는 7기둥 신. 일본에서는 예로부터 신앙으로 받들어왔지만, 처음에는 다이코쿠텐과 에비스뿐이었고 7기둥이 된 것은 에도 시대 무렵이라고 한다.

다른 토지와 종교에서 모인 7기둥의 신

칠복신은 일본에서 신앙으로 모시는 7기둥 신을 말한다. 일반적으로 다이코쿠텐大黒天, 비샤몬텐毘沙門天, 에비스텐恵比寿天, 벤자이텐弁財天, 쥬로진寿老人, 후쿠로쿠쥬福禄寿, 호테이손布袋尊의 7기둥이다. 사이쵸最澄가 히에이산比叡山에서 시작한 다이코쿠텐 신앙이 민간으로 퍼지고 퍼져 결국 일본의 토착 신인 에비스와 함께 신앙으로 모시게 됐다. 그 후, 헤이안 시대에는 비샤몬텐, 무로마치 시대에는 호테이손과 후쿠로쿠쥬, 쥬로진이 더해졌고 에도 시대에 들어 지금의 형태가 되었다고 한다.

- 다이코쿠텐 : 인도 힌두교의 시바의 화신인 마하칼라Mahakala가 기원이다. 음식과 재보(재산과 보물)의 신으로 알려져 있다.
- 비샤몬텐 : 기원은 인도 힌두 신인 쿠베라. 일반적으로 전쟁의 신이지만, 칠복신으로 복을 가져다 주는 신으로 모시고 있다
- 에비스텐 : 이자나기노 미코토伊邪那岐命와 이자나미노 미코토伊邪那美命의 아들인 아들인 히루코신蛭子神 또는 오쿠니누시노카미大国主神의 코토시로누시노카미事代主神를 모시는 신도神道(일본 민족 사이에서 발생한 고유의 민족신앙)에서 유래한 신. 어업의 신이지만 사업 번창과 오곡 풍요 등의 효험이 있다.
- 벤자이텐 : 인도 힌두교의 여신 사라스바티Saraswati가 불교에 받아들여져 예술과 재복이 있는 텐뇨天女가 됐다.
- 쥬로진 : 원래는 중국 도교의 신 남극별의 화신. 장수 연명, 부귀 장수 등의 신으로 받들고 있다.
- 후쿠로쿠쥬 : 중국 도교의 신으로 쥬로진과 동일시 여기기도 한다. 역시 장수 등의 신으로 모셔지고 있다.
- 호테이손 : 불교 선승을 신격화한 것. 손에 든 자루에 보물이 들어 있어 그를 믿는 자에게는 부를 가져다 준다.

이상과 같이 칠복신의 신들은 출생과 종교가 각각 다르다. 그런 신들을 하나로 묶어서 받들고 있는 것은 매우 드문 일로 세계적으로도 유례가 없다. 이것은 신불습합神仏習合이라는 독자의 종교관을 가진 일본이기에 가능하다고 할 수 있다.

우키요에浮世絵의 칠복신

관련용어

사이쵸最澄
불교 종파의 하나인 천태종의 개조

신불습합
일본이 불교를 수용한 후 토속신앙인 신도神道 신앙과 불교 신앙이 융합한 결과 나타난 하나의 신앙 형태이다. 예를 들어 아마테라스 오미카미天照大御神는 대일여래大日如來가 모습을 바꾼 것으로 이들은 동일하게 여겨진다.

다이코쿠텐大黒天
칠복신의 하나. 삼보三寶를 사랑하고 음식을 넉넉하게 하는 신

에비스恵比寿
칠복신의 하나(상가商家)의 수호신으로 오른손에 낚싯대, 왼손에 도미를 들고 있다.

64 구스노키 마사시게 楠木正成

구스노키 마사시게(1294?~1336년)는 고다이고後醍醐 천황을 도와 가마쿠라 막부를 타도하는 데 공헌한 무장이다. 거대한 막부군을 상대로 소수정예로 싸운 게릴라 전법의 달인이었다.

신출귀몰한 능력으로 상대를 농락한 명장

가마쿠라 시대 말기, 막부의 지배력이 약해지자 일본 각지에서 막부에 반항하는 세력이 나타나기 시작했다. 구스노키 마사시게도 이런 세력 중 하나로 알려져 있으며, 고다이고 천황의 막부 타도 운동에 협력해서 막부군과 전투를 벌인다.

마사시게는 얼마 안 되는 병력으로 대군에 맞서 싸우는 것이 전문인 무장이었다. 마사시게가 활약한 전투 중에서도 유명한 것은 1331년에 있었던 아카사카성赤坂城 싸움이다. 이 전투에서 마사시게는 불과 500명 정도의 병력으로 아카사카성을 점거하고 막부의 대군에 맞섰다. 역사 문학 〈타이헤이키太平記〉에 의하면 막부군은 약 30만 명이라고 하는데, 다소 과장된 숫자이고 실제로는 1만 명 정도였을 것으로 추정된다. 그래도 양군의 병력 차이는 약 20배나 됐다. 하지만 마사시게는 미리 산에 숨겨둔 병사와 성의 병사가 함께 적을 협공하거나 밀려오는 적에게 큰 나무와 암석, 뜨거운 물 등을 퍼붓는 등 갖가지 방법으로 끈질기게 저항했다. 식량이 없어 철수를 결정했을 때도 전사한 병사의 시체를 사용하여 위장 공작을 펼쳐 성을 불태워서 막부군으로 하여금 자신들이 죽었다고 생각하게 해서 방심을 유도했다.

또한 1333년에 열린 지하야성千早城 전투에서도 마사시게는 불과 1000여 명의 군사를 이끌고 약 2만 5000명의 막부군과 대적했다. 여기서도 마사시게의 군략은 빛났는데 짚으로 만든 인형 군인으로 적을 교란하거나 적에게 기름을 두르고 불을 지르는 등 수많은 비책으로 막부군을 농락한다. 그리고 마사시게가 대군과 맞서고 있는 사이에 아시카가 다카우지足利尊氏(무로마치 막부의 초대 쇼군)와 닛타 요시사다新田義貞(마쿠라 시대 말기와 남북조 시대의 무장)가 막부의 중요 거점을 함락시켜 가마쿠라 막부를 멸망케 했다.

마사시게의 힘의 비밀은 당시의 상식적인 전투 방법에 얽매이지 않고 기습을 하거나 함정을 파는 등 승리하기 위해 모든 수단을 이용한 것이었다. 현대에서 말하는 게릴라전에 능했던 것이다.

구스노키 마사시게상

*겐무신정建武の新政 : 가마쿠라 막부 멸망 후인 1333년 6월부터 1335년 11월까지의 2년 반 동안, 고다이고 천황에 의해서 주재主宰된 복고정치를 이르는 말이다.

관련용어

고다이고 천황
1288~1339년. 제96대 천황. 구스노키 마사시게와 아시카가 다카우지, 닛타 요시사다 등의 협력을 얻어 가마쿠라 막부를 타도하고 겐무 신정建武新政을 실시했다.

타이헤이키
가마쿠라 시대 말기부터 남북조 시대 초기까지를 무대로 한 군기모노가타리軍記物語(논픽션 군대 소설)

아시카가 다카우지
1305~1358년. 가와치겐지河內源氏 일족으로 가마쿠라 막부의 일가. 고다이고 천황의 타도 막부 운동에 동참하여 가마쿠라 막부에 반란을 일으켜 교토의 막부 거점인 로쿠하라단다이六波羅探題를 멸했다. 훗날 고다이고 천황과 대립하고 무로마치 막부를 열었다.

닛타 요시사다
1301~1338년. 가와치겐지 일족이자 가마쿠라 막부의 일가이면서 막부에 반역을 일으킨다. 가마쿠라를 공격하여 막부를 멸망으로 몰아넣었다. 고다이고 천황의 새로운 정권 수립 후 아시카가 다카우지와의 싸움에 져서 죽음을 맞는다.

65 하치다이텐구 八大天狗

덴구天狗(일본 민간 신앙이 전설된 것으로 신 또는 요괴로 불리는 전설의 생물) **중에서도 특히 힘이 센 여덟 명의 덴구를 말한다. 신성하다고 하는 산에는 각각 산신으로 덴구의 우두머리가 있다.**

원래는 유성이었던 일본을 대표하는 요괴

덴구는 요괴 중에서도 대표적인 존재로 〈일본서기〉에도 기록되어 있을 정도로 역사가 오래되었다. 다만 중국에서 전해진 초기에는 흉사를 알리는 유성을 구체화한 것이었다. 유성은 대기와의 마찰로 큰 소리를 내고 공중에서 폭발하기도 한다. 이를 으르렁거리면서 하늘을 달리는 개라고 판단한 것이 덴구로, 〈산해경山海経(고대 중국의 지리책)〉에는 살쾡이 같은 모습으로 그려져 있다.

일본에서 산악신앙(산을 지키고 다스리는 산신에게 종교적인 믿음을 바치는 민간신앙)이 활발해지자 산을 이계異界(영적 세계)로 간주한 서민들은 산중에서 일어나는 이상한 소리 등의 원인을 산신, 덴구에게서 찾게 된다. 이것은 유성을 가리킨 덴구의 소리 부분이 산의 소리에 겹쳤다고 생각할 수 있다.

한편, 불교를 바탕으로 '교만의 수행자나 승려가 육도六道에서 벗어난 덴구도天狗道(지옥과 비슷한 장소)로 타락한다'는 생각이 있어 양자가 결합하여 수험자 같은 모습의 덴구가 태어난 것 같다. 덧붙여서 덴구도는 마계魔界(악마의 세계)로 간주되고 있다. 덴구가 하늘을 날고 다양한 신통력을 구사할 수 있는 것은 마계의 거주자이기 때문이라는 것이다.

덴구에도 종류가 있으며 붉은 얼굴에 긴 코 덴구는 하나타카鼻高덴구, 입이 새의 부리와 같은 덴구는 가라스(일본어로 까마귀가 가라스)덴구, 코끝이 뾰족한 것은 하葉덴구라고 불린다. 특히 유력한 덴구인 교토부 아타고산愛宕山의 타로보太郎坊는 덴구의 필두이며 요괴를 다룬 작품에도 자주 등장하고 있다. 이름이 다르지만 덴구의 우두머리의 모티브는 대부분이 타로보라고 생각해도 좋다. 대개는 강력한 힘을 갖춘 자존심 높은 존재로 등장해 처음에는 주인공에게 어려운 문제를 던진다. 하지만 일단 인정받으면 이후에는 도움을 주는 것이 기본 흐름이다. 선도 악도 될 수 있는 산신이라는 본래의 모습과도 통한다.

관련용어

산해경山海経
중국에서 가장 오래된 지리책. 각지의 명물이나 요괴 같은 존재도 기록되어 있다. 중국은 유교의 창시자로 유명한 공자의 자세를 가리킨 '괴력난신怪力亂神을 말하지 않는다'라는 말이 있다. 신화와 요괴 전설 같은 이성으로 설명할 수 없는 이야기의 대부분이 일찍이 도태되어 버렸기 때문에, 그런 의미에서 매우 귀중한 책이다.

육도六道
불교의 천도天道, 인도, 아수라도, 축생도, 아귀도, 지옥도를 말한다. 깨달음을 열고 이러한 육도에서 반복하는 전생에서 해탈하는 것이 불교의 목적이다. 여기에서 벗어난 덴구도는 구제 방법이 없기 때문에 마계가 됐다.

66 히구치 이치요 樋口一葉

'키재기'로 알려진 일본 여류 작가의 제1인자. 당시 냉혹한 문인들로부터 극찬을 받아 화려한 업적을 남겼지만 인생은 너무 찰나였다.

14개월에 큰 공적을 남긴 준열한 여성 문호

일본의 5,000엔 지폐의 초상으로 상당히 익숙한 얼굴의 히구치 이치요樋口一葉는 일본 여류 작가의 제1인자로 꼽히는 문호이다. 부유한 가정에서 자랐지만 10대에 오빠, 아버지를 잃고 가장으로서 가족을 부양하기 위해 소설을 쓰기 시작했다. 갑자기 소설로 생계를 잇는 것은 무모한 짓이라고 생각하겠지만, 이치요는 어머니의 뜻에 따라 학교를 중퇴하고 대신 나카지마 우타코中島歌子 하기노샤(萩の舍)에서 단가와 고전을 공부했다. 여자의 몸으로 호주를 맡으려면 문필로 고료를 얻는 것이 그녀에게는 가장 현실적이었는지 모른다. 사실 집필을 하면서 잡화점을 경영하지만 1년도 안 돼 폐업한다. 그러나 그 경험을 살린 〈키재기〉로 일약 유명 작가의 반열에 오른다. 〈키재기〉의 무대는 요시하라吉原에 가까운 시타야류센지초下谷龍泉寺町로 그녀가 장사를 한 마을이다. 메이지 27년(1894년) 5월에 가게를 접고 혼고 마루야마本郷丸山로 자리를 옮긴 후 이치요는 무세운 기세로 작품을 발표한다. 같은 해 12월 〈선달그믐날〉, 이듬해 1월에 〈키재기〉, 12월에 〈열사흘밤十三夜〉, 이듬해 1월에 〈갈림길〉을 발표할 때까지 14개월 만에 7개의 소설과 4개의 수필을 발표했다. 그녀의 대표작 대부분이 이 기간에 집필되어 '기적의 14개월'이라 불린다. 하지만 그 후 그녀의 붓의 움직임은 급속하게 둔해진다. 결핵에 걸린 것이다.

그녀의 본명은 나츠(나츠코라고도 한다)이고 이치요는 필명이다. 이것은 달마대사가 갈대잎을 타고 양자강을 건넜다는 고사에서 따온 것이라고 한다. 격류 속에 몸부림치며 한 장의 잎이 드디어 빛을 보나 했더니 강바닥에 가라앉아 버렸다. 이치요가 사망한 것은 1896년, 불과 24년의 짧은 생애였다.

관련용어

나카지마 우타코
中島歌子
1845~1903년. 메이지 시대의 시인. 덴구당의 난으로 남편을 잃고 도쿄 고이시카와小石川에 와카 학원(歌塾) 하기노야萩の舎를 연다. 전성기에는 1000명이 넘는 문하생이 있었다고 한다.

수필
자신의 경험과 생각 견문을 정리한 산문. 에세이. 일본에서 가장 오래된 수필은 마쿠라노소시枕草子로 알려져 있다.

달마대사
483~540년. 선종禅宗의 시조로 달마 인형의 모델이 되었다. 6세기에 인도에서 중국으로 건너간 것으로 알려져 있다.

*카케코토바掛詞 : 와카의 수사법(修辭法)의 하나. 한 말에 둘 이상의 뜻을 갖게 한 것

COLUMN 제목에서 보이는 운율과 가케고토바掛詞의 활용

와카和歌처럼 운율·형식이 있는 문장을 운문韻文이라고 하고 운율, 동음어의 가케고토바掛詞를 이용하는 등의 기법이 있다. 가사와 랩이라고 하면 이해가 빠를 것이다. 일본에서는 이들을 구사해서 작품의 제목을 붙이는 경우도 많다.

67 터널 효과

양자量子 세계에서는 비상식이 통용되는 일이 꽤 많다. 터널 효과도 그중 하나로, 설마했던 벽을 통과해 버린다.

확률적으로 벽 통과 기술(재주)을 사용하는 미세 크기의 요괴

과학이 발전하고 연구 범위가 미세 분자나 전자 등 양자(=소립자)에 이르자 지금까지의 상식이 통하지 않게 된다. 양자는 입자와 파동의 이중성을 갖고 있고(작은 물체이며, 파도이기도 하다) 양자의 위치와 운동량을 확정할 수는 없다.

예를 들어, 공을 벽에 부딪친다면 보통은 튕겨져 돌아오지만 입자의 경우 통과하는 일이 있다. 포텐셜 장벽(이른바 에너지 장벽)보다 더 작은 에너지를 가진 입자라도 특정 확률로 빠져 나가는 현상이 일어나는 것이다. 이것은 마치 터널을 통과한 것과도 같다고 해서 터널 효과라고 한다. 이미지로 말하면 구름과 연기가 벽에 닿으면 몇 퍼센트는 벽에 튕겨 돌아오지만, 몇 퍼센트는 반대편으로 빠지는 느낌이다.

방사성 붕괴의 하나인 α붕괴도 이 현상의 일례이다. 원자핵에는 결합하려는 강한 핵력이 작용하지만 방사성 붕괴 시에 α입자는 그것을 뿌리치고 방출되어 버린다. 그리고 일단 밖으로 나온 입자는 이번에는 척력斥力(멀어지는 힘)이 작용해서 그대로 원자 밖으로 고속으로 튀어나간다.

터널 효과에 관한 이론은 방사능 및 원자물리학 연구에 의해 발전했다. 입자의 반감기와 방출되는 에너지의 관계식이 터널 효과의 발생 확률과 관련이 있는 것으로 밝혀졌다. 또한 터널 효과가 보편적인 현상이라는 점도 판명되어 반도체 연구 등의 과정에서 전자도 터널 효과가 있음을 알게 됐다. 요점은 우리의 눈에 보이지 않는 곳에서 양자는 곳곳에서 벽을 통과하고 있으므로 생물 크기로 변경하면, 거의 요괴 또는 귀신의 종류이다.

관련용어

포텐셜 장벽
포텐셜은 직역하면 잠재력을 뜻하며 물리적인 장場이 물체에 잠재적으로 가하는 작용을 말한다. 포텐셜 장벽이란 그 에너지의 벽으로 근거리에서는 인력, 원거리에서는 척력이 작용하지만, 그것을 그림으로 나타내면 벽과 같은 형태가 된다.

α붕괴
원자핵이 헬륨 원자핵을 방출하는 방사성 붕괴를 말한다. 방출되는 헬륨 원자핵을 α선이라고 부른다. 헬륨 원자핵은 양성자 2개, 중성자 2개로 구성되어 있다.

반감기
방사성 동위원소가 방사성 붕괴했을 때, 그 중 절반이 다른 핵종으로 변화하는 데 걸리는 시간. 반감기는 핵종의 안정도를 나타내며 길수록 안정적이고 짧을수록 불안정하다고 할 수 있다. 반감기에는 방사능도 반감한다.

COLUMN 터널로 잡은 노벨상 일본인 수상자의 업적

노벨 물리학상을 수상한 에사키 레오나江崎玲於奈는 반도체 실험을 하던 중 전압을 올렸더니 전류가 감소하는 현상을 관찰했다. 이것은 고체의 터널 효과에 의한 것으로, 이 연구에서 개발된 것이 에사키 다이오드(불순물을 많이 함유한 p-n 접합으로 이루어진 다이오드)이다. 당시는 고속 동작으로 CPU 처리 속도의 고속화에 응용할 수 있을 것으로 기대를 모았다(현재는 다른 방법이 주류).

68 테세우스의 배

영웅 테세우스의 배는 기념으로 보존되어 있지만 세월과 함께 열화되어 목재를 새것으로 순차적으로 대체했다. 과연 그래도 그의 배라고 할 수 있을까?

정체성을 묻는 역설

이 이야기는 그리스 신화의 영웅 테세우스(Theseus : 그리스 신화에서 헤라클레스에 비견되는 아테네 최고의 영웅)를 바탕으로 1세기경 철학자 플루타르코스Plutarchos(고대 로마의 그리스인 철학자·저술가)가 쓴 것으로 알려져 있다.

영웅 테세우스는 괴물 미노타우로스를 죽이고 나서 배를 타고 아테나이(현재 아테네)로 귀환했다. 그 배는 기념으로 오랫동안 아테나이에 보존되었지만, 점점 썩어서 조금씩 새 목재로 대체했다. 결국 모든 목재가 새것으로 바뀌자 "이것은 테세우스의 배라고 할 수 있습니까?"라는 의문이 제기된 것이다.

아무리 목재가 새것이라고 해도 테세우스의 배라고 해서 보존되어 있으니 테세우스의 배라고 할 수 있을 것이며, 테세우스의 배와는 전혀 다른 것이라고도 말할 수 있을 것이다. 요점은 '무엇을 근거로 테세우스의 배라고 하는가?'에 따라서 대답이 달라질 것이다.

덧붙여서 내용이 바뀌어도 물건 자체는 변하지 않는 예는 주변에 많이 있다. 예를 들어 회사 직원이 바뀌어도 그 회사는 계속 존재하고 프로야구 팀은 선수가 세대 교체돼도 팀 자체는 변하지 않는다. 회사든 프로야구 팀이든 정체성이 유지되고 있기 때문이다. 최근에는 멤버를 교체하면서 팀을 유지하는 아이돌 그룹도 있다.

한편 창작에서 볼 수 있는 '죽은 인간을 사이보그로 부활시켰다'거나 '의식을 다른 몸에 전달했다'라는 설정은 본인이라고 할 수 있을지 없을지 정체성이 미묘한 부분이다. 반대로 그 점을 들추어내서 이야기를 재미있게 한다고도 할 수 있다.

관련용어

테세우스Theseus
그리스 신화에 등장하는 전설적인 영웅으로 아테나이를 건국한 인물. 미노타우로스를 퇴치하는 등 괴력의 소유자로 알려져 있다. 바로 그의 배가 이야기의 역설 주제로 다뤄졌다.

플루타르코스
Plutarchos
46~127년경. 로마제국에서 활약한 그리스인 작가. 당시의 저명한 인물의 자서전 〈영웅전〉을 비롯한 많은 저서를 남겼다.

정체성
그것이 그것인 이유와 근거. 회사를 예로 들면 그 회사다운 제품과 기업 문화, 브랜드 파워 등을 들 수 있다.

COLUMN '테세우스의 배'라고 하면…

'테세우스의 배'라고 하면 일본에서는 같은 이름의 드라마가 더 유명하다. 일본 TBS의 일요극장에서 2020년 1월부터 방영된 〈테세우스의 배〉이다. 원작은 2017~19년에 걸쳐 잡지 〈모닝〉에 연재된 만화로 '과거로 가서 역사를 바꾸면 그 사람이 그 사람인가?'라는 주제로 그리고 있다.

69 51구역

미국 네바다주 남부에 있는 미 공군 기지. '추락한 UFO를 옮겨와 극비리에 연구하고 있다'는 소문이 전해지는 곳으로 알려져 있다.

외계인과 UFO 공동 연구를 하고 있다!?

UFO 관련 화제로 반드시 등장하는 것이 미국 네바다주에 있는 51구역이다. 공식적으로는 Groom Lake 공군 기지라고 불리는 이 땅은 오랜 세월에 걸쳐 미국 정부와 외계인의 관계를 연결하는 가장 중요한 지역이 되어 왔다.

이른바 '추락한 UFO를 군이 51구역으로 옮겨와 극비리에 연구를 진행하고 있다', '사실 미국은 이미 외계인과 접촉을 취하고 있으며, 그들과 함께 UFO를 연구·개발하고 있다'는 것이다.

이러한 미국 정부와 UFO에 얽힌 음모론의 출발점은 '로즈웰 사건'에서 비롯되지만 그 로즈웰 사건에서 회수한 UFO와 외계인의 시체도 51구역에 보관되어 있다는 소문도 있다.

그럼 왜 51구역에 그런 소문이 났을까? 원래 이곳은 미군의 기밀 신형 항공기를 테스트하던 장소로, 기지 주변에서는 수수께끼의 비행 물체가 종종 목격된 바 있다. 또한 기지는 매우 엄중하게 경비되고 있으며, 부지 주변의 출입이나 촬영은 물론 주변 공역의 비행도 금지되어 있다.

여기에 미국 정부와 군은 오랫동안 51구역의 존재를 명확하게 인정하지 않았다. 실제로 2013년에 공식적으로 그 존재를 인정할 때까지 미국 정부가 만드는 지도에도 51구역은 전혀 기재되지 않았다.

즉, 정부가 그 존재를 공개하고 싶지 않을 정도의 기밀 사항이 51구역에서 이루어지고 있으며, 그중 하나가 UFO 연구라고 해도 이상하지 않다는 식으로 엮었다고 생각할 수 있다.

또한 1989년에는 51구역의 전 직원인 밥 라자르Bob Lazar가 "UFO가 개발에 참여했다"고 폭로했다. 그는 외계인 사체 사진도 보았다고 증언하면서 51구역을 둘러싼 의혹은 더욱 깊어졌다.

한편 미국 정부는 이러한 의혹에 대해 노코멘트로 일관하고 있다. 51구역에서는 정말로 UFO 연구가 진행되고 있을까? 그 대답은 지금도 수수께끼에 싸여 있다.

관련용어

신형 항공기 테스트
51구역은 1981년에 개발된 F-117 같은 스텔스기 시험 비행을 실시했던 게 아닐까 생각된다.

밥 라자르
Bob Lazar
51구역의 전 직원. 1989년 언론 취재에 응해 "51구역에서 UFO의 추진 원리를 연구했다"고 폭로해서 큰 주목을 끌었다. 증언에 따르면, 51구역에는 9대의 비행접시가 있고 그는 그 추진 장치의 구조를 밝히는 연구에 종사했다고 한다. 또한 UFO 승무원이었던 외계인에 관한 서류와 시체 사진도 봤다고 한다. 이 폭로로 그는 현재도 정부의 감시를 받고 있다고 주장하고 있다. 라자르는 나중에 학력 위조 의혹도 보도되었지만, 그의 말에 따르면 그것 또한 모든 정부의 음모라고 한다.

70 진언 다치카와류 真言立川流

진언 다치카와류는 진언종(불교 종파의 하나)에서 파생한 밀교 종파의 하나. 다키니텐(불교의 하느님)을 모시고 해골을 본존으로 하는 집단과 동일시되어 쇠퇴하다가 에도 시대 후반에 소멸했다.

권력자에게 당한 불우한 종파

진언 다치카와류는 헤이안 시대 말기에 성립한 진언종을 기반으로 하는 밀교 유파의 하나이다. 진언종의 근본 도량인 도지東寺(본 교토 시에 있는 진언종의 사원)의 고승 닌칸仁寬은 도바鳥羽 천황의 암살을 도모하다가 이즈伊豆에 유배되고 그곳에서 만난 무사시노쿠니武蔵国 다치카와立川 출신의 음양사에게 밀교의 비술을 전수했다. 이 때문에 진언종 다치카와류라고 불리게 됐다고 한다.

다치카와류는 계율에서 금지한 성행위와 육식을 권장하고 정액과 애액을 혼합한 것을 바른 해골을 본존으로 삼고, 반혼술反魂術을 거행하는 기괴한 종교로 취급되어 왔지만, 그 실태는 크게 다르다. 물론 남녀 교합에 의한 깨달음을 설파한 것은 사실이지만, 근본적인 부분은 당시의 진언종이나 천태종과 다르지 않고 초인적인 수행을 통해 얻은 주술의 힘을 사용하여 사람들을 구원한다는 것이었다. 그들이 이런 오해를 받은 것은 유력자들의 권력 다툼에 휘말렸기 때문이라고 한다.

진언 다치카와류가 탄생한 후, '그의 법' 집단이라 불리는 수수께끼의 밀교 집단이 등장한다. 그들은 다키니텐荼枳尼天을 모시고 해골을 본존으로 하며 성적 의식을 신봉하는 이른바 사교邪教이며, 다치카와류의 승려 심정心定도 '그의 법' 집단을 비난했는데, 북조의 학승인 유카이宥快를 비롯한 다른 스님은 다치카와류야말로 해골을 본존으로 하는 사교라고 유포한 것이다. 이로 인해 다치카와류와 '그의 법' 집단은 혼동되어 언제부터인가 다치카와류가 사교로 취급받게 된다. 일설에 의하면 남조의 실력자인 몬칸文観과 그 일파를 무너뜨리기 위해 유카이가 헛소문을 퍼뜨린 것이라고 한다. 진언 밀교계의 남북조 내란에서 승리하기 위해 유카이는 몬칸파=다치카와류=사교 집단('그의 법' 집단)이라는 도식을 만들어 몬칸파를 없앤 셈이다. 진위 여부를 떠나서 그런 오해를 받은 다치카와류는 심한 탄압을 받아 에도 시대에 완전히 소멸한다. 그러나 후세에 오해가 풀리었고 몬칸과 그 일파인 진언 다치카와류, '그의 법' 집단은 서로 다른 조직으로 간주된다.

관련용어

진언종眞言宗
구카이空海가 개조인 밀교 종파의 하나

닌칸仁寬
?~1114년. 진언종 승려 최고 자리인 아사리阿闍梨까지 오른 인물

그의 법 집단
다키니텐荼枳尼天을 모시고 해골을 본존으로 하는 밀교 집단. 13~14세기 무렵에 탄생했다. 정식 명칭을 몰라 이렇게 불리고 있다.

다키니텐荼枳尼天
힌두교의 사람을 먹는 야차 다키니를 기원으로 하는 불교의 신. 흰 여우에 올라탄 선녀의 모습으로 그려진다.

유카이宥快
1345~1416년. 다치카와류를 비판한 책 〈보경초宝鏡鈔〉를 저술한 북조의 학승. 남조의 몬칸文観을 적대시했다.

몬칸文観
1278~1357년. 고다이고後醍醐 천황에 중용된 남조의 승려. 다치카와류의 시조로 보는 경우도 있지만, 양자에 관계가 없다는 게 정설이다.

71 마쓰나가 히사히데 松永久秀

마쓰나가 히사히데는 미요시 가문과 오다 가문을 섬긴 전국 무장. 장군 살인과 도다이지의 방화, 주군에 대한 반역 등 악인의 이미지가 강하지만, 최근 들어 재평가되고 있다.

마쓰나가 히사히데의 악행의 대부분은 누명이었다?

마쓰나가 히사히데松永久秀(1508~1577년)는 정무와 군략 모두에서 뛰어난 재능을 나타낸 무장으로, 미요시 나가요시三好長慶를 섬기며 중신으로 중용됐다.

하지만 나가요시가 죽자 동료인 미요시 가문의 삼인방과 결탁해서 무로마치室町 막부의 제13대 쇼군 아시카가 요시테루足利義輝를 시역弑逆(신하가 임금을 죽이는 일)한다. 이윽고 미요시 삼인방과 대립하게 되자 오다 노부나가織田信長를 따르고 일찍이 주군이던 미요시 가문과 싸우게 된다.

그러나 노부나가에 대한 충성심이 없어 기나이畿内(교토에 가까운 긴키 지방 일대)의 정세가 불안해지자 두 차례 반역을 저지른다. 한 번은 용서받았지만 두 번째는 용서를 받지 못하고 자해했다.

간단히 확인된 것만 해도 장군의 살인과 모시던 가문에 대한 배신, 심지어 새로운 주군에게도 발톱을 드러내는 등 히사히데의 이미지는 꽤 나쁘다.

또한 히사히데는 미요시 가문을 모시던 시절에 나가요시의 동생들과 아들을 암살한 혐의를 받았고, 도다이지東大寺의 대불전을 태워버린 악행도 확인되었다. 그래서인지 예로부터 히사히데는 효웅(잔인하고 강한 거친 인물)이라고 불렸다.

하지만 최근에는 다양한 사료를 통해 이러한 이미지의 대부분은 사실무근일 가능성이 높아지고 있다.

예를 들어, 아시카가 요시테루의 살해에 관해서는 습격 시에 히사히데가 야마토국(현재의 나라현)에 있었던 것으로 밝혀져 적어도 실행범은 아니다. 또한 도다이지의 대불전을 불태웠을 때는 미요시 삼인방과 전투 중이었고, 미요시 삼인방이 도다이지에 진을 치고 있었기 때문에 전장에서 발생한 불행한 사고라는 견해도 있다.

나가요시 가족을 암살했다는 것도 속설에 불과하며 믿을 만한 역사서에도 기록되어 있지 않다.

〈태평기영용전십사 太平記英勇伝十四〉 마츠나가단죠히사히데 松永弾正久秀

관련용어

미요시 나가요시 三好長慶
1522~1564년. 기나이畿内와 아와국阿波国(현재 도쿠시마현)에서 세력을 떨친 전국 다이묘. 전성기에는 일본 굴지의 경제력과 군사력을 가진 큰 세력으로 '일본의 부왕副王'이라는 별명을 갖게 된다.

아시카가 요시테루 足利義輝
1536~1565년. 무로마치室町 막부 장군. 검술의 명인으로 불렸다. 약화된 막부를 재건하려고 했지만, 미요시 가문과 대립하다가 교토에서 추방되는 등 만족스러운 성과를 거두지 못했다.

미요시 삼인방
미요시 나가요시 사후에 미요시 가문에서 대두한 세 명의 중신으로 미요시 나가야스三好長逸, 미요시 마사야스三好政康, 이와나리 도모미치岩成友通를 일컫는다. 나가요시의 조카인 미요시 요시츠구三好義継의 후견인으로 미요시 가문을 좌지우지했다.

72 구미호

아홉 개의 꼬리가 달린 여우 요괴. 중국에서는 악녀로 유명한 달기妲己(은나라 주왕의 귀비), 일본에서는 도바鳥羽 상황의 총애를 받은 다마모노마에玉藻前 이야기로 잘 알려져 있다.

원래는 꼬리 두 개의 여우였던 다마모노마에 전설

구미호는 매우 강력한 요괴로 특히 다마모노마에 대한 이야기로 유명하다. 헤이안平安 시대에 미즈쿠메藻女라는 미녀가 도바 상황의 총애를 받아 다마모노마에라고 불렀다. 이윽고 상황이 의문의 병에 시달리게 되자 음양사 아베노 야스나리安倍泰成에 의해 다마모노마에가 일으키는 요사스러운 기운이 원인으로 밝혀졌다. 다마모노마에는 야스나리의 진언으로 변신이 풀려 구미호의 모습으로 도망을 갔지만 훗날 토벌대에 의해 죽어 살생석殺生石이 됐다.

이 이야기는 무로마치 시대의 독본 〈다마모노소시玉藻の草紙〉에 이미 등장했고, 특히 에도 시대에는 독본 외에도 죠루리나 가부키 공연에서도 인기였다. 다만 초기에는 꼬리가 두 개 있는 7척(약 2m)의 여우였고 살생석 이야기도 없었다고 한다. 구미호로 바뀐 것은 에도 시대부터이고 '달기로 바뀌어서 은나라 주왕을 홀린 구미호' 이야기가 다마모노마에 이야기에 흡수된 것으로 여겨진다. 덧붙여서 이와테현 도노遠野 지방의 전설을 소개한 〈도노遠野物語 이야기〉에는 돌을 내리게 하는 꼬리가 두 개로 나뉜 늙은 여우 이야기가 있다. 다마모노마에 이야기에서 생겨났을 가능성은 있지만, 이것이 더 오래된 것이라면 앞의 꼬리 두 개 여우와 관계있을지도 모른다.

예로부터 사랑받아 온 만큼 다마모노마에 이야기를 기반으로 한 소설은 많이 있고 요괴를 다룬 만화나 게임에도 자주 등장한다. 강력한 적으로 등장하는 경우가 많지만 만화에서는 주인공의 좋은 라이벌로 함께 싸우는 경우도 있다.

〈삼국요호전 제1반 족왕어전단 三国妖狐伝 第一斑 足王御殿段〉

관련용어

도바鳥羽 상황
1103~1156년. 제74대 천황. 스토쿠崇德 천황(첫째 왕자), 고노에近衛 천황(아홉째 왕자), 고시라카와後白河 천황(넷째 왕자)의 아버지로 스토쿠 천황에게 양위하고 실권을 휘두른다. 후지와라노 나리코藤原得子를 총애하여 탄생한 아홉째 왕자 나리히토体仁 친왕을 천황으로 만들기 위해 스토쿠 천왕에게 양위시켰지만, 고노에 천황은 13년 만에 승하한다. 나리코의 뜻대로 고시라카와 천황을 즉위시키지만 자신이 승하한 후 호겐保元의 난이 일어나는 원인이 된다. 다마모노마에 모델이 후지와라노 나리코라고 한다.

살생석
내뿜는 독으로 접근하는 생물을 죽인다고 여긴 돌을 말하다. 이 독은 화산 가스가 아닌가 생각된다.

COLUMN 각지에 있는 살생석 관련 명소

구미호가 토벌된 것은 도치기현栃木県 나스정那須町으로 현지에는 살생석이 모셔져 있다. 살생석은 훗날 겐노 신쇼玄翁和尚가 부수어서 독을 내지 않게 됐는데, 이때 부서져 전국으로 날아갔다고 하며 시라카와시白河市의 상재원, 교토부 교토시의 신쇼 고쿠라쿠지真正極楽寺 등에 살생석의 파편으로 여겨지는 돌과 살생석으로 만들었다고 하는 지장地蔵이 있다.

73 도노이야기 遠野物語

이와테현의 중앙부에 위치한 분지 도노遠野에 전해지는 민간 전설 이야기를 정리한 책. 산신, 가신, 유령 등을 담은 짧은 이야기 109화가 담겨 있다.

자시키와라시座敷童를 전국에 전파한 민속학의 시초

야나기타 쿠니오柳田国男라는 문호를 알고 있는가. 다야마 가타이田山花袋(1872~1930년, 소설가)와 시마자키 도손島崎藤村(1872~1943년, 시인, 소설가) 등과 교류가 있는 서정파 시인으로 알려진 인물이다. 하지만 그는 30대 중반에 문단을 떠나 어떤 일에 몰두했다. 바로 민속학이다. 야나기타는 일본 민속학의 주역으로 불리는 존재이다.

그런 그의 대표작이 〈도노이야기遠野物語〉이다. 문어체로 적혀 있으나 민간 전설 기록서라는 색채가 강하고, 제목 그대로 이와테현 도노 마을에 구전된 일화·민간 신앙·연중행사·전설을 정리한 것이다.

이야기꾼은 도노 출신의 사사키 키젠佐々木喜善. 그도 단편소설과 시가를 집필했지만 야나기타의 사사를 받고 도호쿠東北 지방의 민화 연구·민속학자로 크게 성공한다.

이 책은 1910년에 발행된 일본 민속학의 고전으로 알려져 있다. 발행 당시 세간의 반응은 미미했지만 많은 문호의 눈길을 끌었다. 특히 유명한 것은 미시마 유키오三島由紀夫(1925~1970년, 본명은 히라오카 기미타케. 소설가)로 그는 〈도노이야기〉에 관한 에세이까지 썼다.

〈도노이야기〉의 지명도는 솔직히 그다지 높지는 않지만 영향력은 크다. 현재 일본에서 〈괴이怪異〉로 친숙한 대다수의 존재는 이 책을 통해 확산됐다고 해도 과언이 아니기 때문이다. 예를 들어 산신, 덴구, 산사나이, 갓파, 동물에 얽힌 전설, 그리고 무엇보다 〈자시키와라시座敷童〉를 전국구로 만들었다.

일본에는 지역마다 전해지는 독자의 신과 우상, 기이한 축제가 많이 존재한다.

관련용어

야나기타 쿠니오
柳田国男
1875~1962년. 이와테현 출생. 농상무성 관료로 근무한 뒤 아사히신문으로 옮긴다. 일본 전국을 여행하고 민속 전설을 조사하여 일본 민속학의 확립에 진력을 다한다. 민간전설회, 민속연구소를 설립했다.

민속학
민간 전설 조사를 통해 서민의 생활과 문화의 발전을 연구하는 학문이다.

사사키 키젠
佐々木喜善
1886~1933년. 이와테현 출신 민화 연구가. 원래는 소설가를 지망하여 상경했다. 야나기타 쿠니오의 고향에 전해지는 민화를 듣고 그것을 〈도노이야기〉로 정리한다. 귀향하고 나서는 도호쿠의 민간 전설 정보를 수집한다.

COLUMN 외국인이 본 '일본의 여기가 재미있다!'

구전 민화를 정리한 책이라고 하면, 고이즈미 야쿠모小泉八雲의 〈괴담〉을 기억하는 사람도 있을 것이다. 그는 그리스 출생으로 일본의 전설에 강한 관심을 가지고 있었다고 한다. 이외에도 이사벨라 버드Isabella Lucy Bird의 〈일본 오지 기행〉이나 도널드 킨의 〈일본 문학사〉 등 해외에 일본을 소개하는 책은 명저가 많다. 야나기타의 민속학과는 또 다른 관점에서 바라볼 수 있다.

74 슈뢰딩거의 고양이

너무도 특이한 양자역학의 세계를 이해하기 위해 동물이 이름을 올렸다. 그 이름도 슈뢰딩거의 고양이. 이 고양이는 자신의 몸으로 양자를 설명한다!

상자 속에 있는 고양이가 나타내는 양자 세계의 분기점!?

위치도 에너지량도 일정하지 않은 양자역학에서 피할 수 없는 문제가 중첩이다. 양자는 A의 상태가 될 수도 있는가 하면 B의 상태가 될 수도 있고(혹은 그 이상), 관측에 따라 어느 쪽인지가 결정된다. 관측을 하기 전에 아직 정해지지 않은 상태를 A와 B의 중첩이라고 한다. 이 특수성을 주위의 익숙한 것에 적용한 것이 슈뢰딩거의 고양이라는 사고실험이다.

이것은 이름 그대로 슈뢰딩거라는 물리학자가 1935년에 발표한 것으로, 원래는 양자역학의 모순을 지적하는 것이었다. 그 개요는 이렇다.

① 방사선을 감지하면 청산 가스를 발생시키는 장치인, 가이거뮐러 계수기(가장 오래된 방사선 검출기), 라듐 등의 방사성 물질, 한 마리의 고양이를 뚜껑이 달린 밀폐된 상자에 넣는다.

② 이 방사성 물질은 1시간 내에 원자 붕괴할 가능성이 50%이다. 만약 붕괴하면 고양이는 독가스로 죽게 된다. 붕괴하지 않으면 고양이는 죽지 않는다.

③ 1시간 후 상자 안의 고양이는 살았을까, 죽었을까.

이 실험의 결과 자체에는 의미가 없고 아직 뚜껑을 열지 않은 상태의 상자 속 고양이를 어떻게 해석하느냐가 문제이다.

양자역학에서는 이 문제에 다양한 해석을 제시한다. 양자역학은 확률로밖에 설명할 수 없기 때문에 상자 안의 고양이는 '살아 있는 고양이와 죽은 고양이가 중첩해서 존재한다'라는 것이다. 이것이 현재 주류를 이루는 코펜하겐 해석이다.

한편, 에버렛Everett의 다세계 해석이라는 것도 있는데, 이것은 관측에 의해 '살아 있는 고양이를 관측한 관측자'와 '죽은 고양이를 관측한 관측자'의 중첩 상태로 분기하고 있다. 두 해석 모두 관측 결과를 모순 없이 설명할 수 있기 때문에 이론상 오류라고는 할 수 없다.

관련용어

에르빈 슈뢰딩거
Erwin Schrödinger
1887~1961년. 오스트리아 출신의 이론 물리학자. 양자역학의 기본 방정식 슈뢰딩거 방정식을 제안했다. 1933년에는 노벨 물리학상을 수상했다.

코펜하겐
덴마크의 수도. 코펜하겐의 보어연구소가 코펜하겐 해석을 발표했다.

휴 에버렛 3세
Hugh Everett III
1930~1982년. 미국의 물리학자. 프린스턴 대학 대학원생 시절에 다세계 해석을 주장했다.

75 르네 데카르트 René Descartes

'나는 생각한다, 고로 존재한다'라는 유명한 말을 남긴 철학자 르네 데카르트(1596~1650년). 그는 거기에서 진리를 추구하여 근대 철학의 아버지로 불리게 됐다.

모든 것을 의심하고 새로운 학문을 수립한 철학자

데카르트라고 하면 '나는 생각한다, 고로 존재한다'라는 말이 너무도 유명하다. 이것은 그가 진리를 추구하는 가운데 도착한 결론이다.

당시의 시대는 기독교의 가르침이 절대적인 힘을 가지고 있었다. 예를 들어 먼 옛날 아리스토텔레스가 주장한 천동설은 기독교의 올바른 이론으로 간주되었고, 그것을 부정하는 것은 신성 모독으로 여겼을 정도이다.

그러나 '그것은 잘못됐다'고 목소리를 낸 코페르니쿠스나 갈릴레오 같은 인물이 등장하기 시작하고 데카르트도 기존의 학문에 의심을 갖게 됐다.

그리고 그는 지금까지 있었던 모든 전제를 의심하고 확실한 근거를 추구했다. 수많은 이론도 학문도, 그리고 지금 눈에 보이는 이 세계조차 "사실은 존재하지 않는 게 아닐까?"라고. 그러나 그런 와중에 "이렇게 의심하고 있는 자신이 있다는 것만은 틀림없다"고 깨닫는다. 그것이야말로 논쟁의 여지가 없는 근거이고 그것을 표현한 말이 '나는 생각한다, 고로 존재한다'이다.

참고로 모든 것을 의심하는 데카르트의 방법은 방법적 회의라고 불린다. 사물에 대해 '왜?'라고 근거를 규명해 가는 방법이다. 예를 들어 '왜 가격이 올랐는가?', '원료비가 상승했기 때문이다', '왜 원료비가 상승했나?', '재료를 쉽게 구할 수 없기 때문이다', '왜 쉽게 구할 수 없게 됐는가?'…. 확실한 근거에 도달할 때까지 '왜?'라고 따져 묻는다.

일반적인 논의에서도 유효한 논리적 사고이지만, 너무 지나치면 대화 상대가 불쾌해하므로 주의가 필요하다.

데카르트의 초상

관련용어

천동설
지구가 우주의 중심에 있고 우주가 지구 주위를 돌고 있다는 생각. 아리스토텔레스가 체계화하여 기독교의 공식 가르침으로 이어져 왔다. 그러나 17세기에 지동설에 밀려 천동설은 사라졌다.

니콜라우스 코페르니쿠스
Nicolaus Copernicus
1473~1543년. 폴란드의 천문학자. 지동설을 주창한 선구자로 알려져 있다. 다만 당시에는 지동설은 기독교에 위배되었기에 가까운 사람에게만 가르치고 세상에 알려진 것은 17세기 들어서였다.

갈릴레오 갈릴레이
Galileo Galilei
1564~1642년. 이탈리아의 물리학자이자 천문학자. 망원경을 실용화한 선구자로 지동설의 정당성을 입증했다. 그로 인해 유죄 판결을 받았다.

COLUMN 수학에서 익숙한 좌표와 변수 기호의 발안자

사실 우리 주변에 데카르트가 고안한 것이 몇 가지 더 있다. 하나는 x축과 y축으로 나타내는 좌표 개념이다. 지금은 당연한 이 표현 방법은 데카르트가 처음 고안한 것으로, '데카르트 좌표'라고도 한다. 다른 하나는 수식에서 자주 사용되는 상수 a, b, c와 변수 x, y 등의 표기이다. 이 또한 데카르트가 생각한 것이다.

76 저지 데블 Jersey Devil

18세기 초부터 미국에서 구전되는 전설의 악마. 리즈가家의 악마라고도 불린다. 1909년에는 총 1000명이 넘는 사람들에게 목격되어 대소동이 일어났다.

정체는 사람들의 공포심이 만들어낸 환상이었다!?

저지 데블Jersey Devil은 미국 뉴저지주에서 오래전부터 구전되는 전설의 괴물이다. 몸길이는 1~1.8m 정도로, 말과 같은 머리에 새빨간 눈과 날카로운 이빨을 가지고 있다. 등에는 박쥐 같은 날개가 돋아 있고 자유자재로 하늘을 날 수 있다. 또한 가늘고 긴 꼬리가 있다. 성격은 포악해서 가축뿐만 아니라 사람에게도 덤빈다고 한다.

저지 데블은 18세기경에 이미 목격되었다고 하는데, 자주 모습을 나타내게 된 것은 20세기가 되고 나서이다. 특히 유명한 것이 1909년의 사건으로, 이때는 미국에서 캐나다에 걸친 30개 이상의 지역에서 저지 데블이 출현했다. 목격자가 1000명 이상에 달한다고 한다.

그러나 이 소동은 노먼 제프리라는 남자의 장난에 기인한 집단 히스테리인 것으로 밝혀졌다. 사실 이 소동이 일어나기 전에 제프리는 저지 데블이 출현했다는 거짓말을 신문에 기사화했다. 이 기사는 다양한 매체에 실려 저지 데블의 이름은 미국 전체에 널리 알려지게 된다. 그 결과 곳곳에서 이 괴물의 소문이 나돌았고, 마침내 많은 목격자가 나타나 소동으로 발전했다는 것이다.

한편, 2000년대 들어서도 여전히 저지 데블로 보이는 괴물을 목격했다는 사실이 계속 보도되어 단순한 전설이라고는 단정하지 못할 가능성도 있다. 저지 데블은 정말 존재하는지, 아니면 사람들의 두려움이 낳은 환상인지. 그 정체는 지금도 수수께끼이다.

관련용어

저지 데블의 전설

저지 데블의 탄생에는 여러 가지 설이 있다. 일설에 따르면, 1735년에 뉴저지 남부 파인 바랜스Pine Barrens에 살았던 리즈가의 부인이 출산 시 매우 힘든 난산을 겪으면서 "이렇게 힘들게 할 거라면 악마가 태어나면 좋겠다'라고 말했는데 정말로 말의 얼굴과 날개를 가진 악마 같은 아이, 저지 데블이 태어난 것이라고 한다.

최근의 목격담

1993년에는 뉴저지의 자연공원 관리자가 숲을 순찰하던 중에, 2006년에는 뉴저지의 고속도로에서, 2015년에는 펜실베이니아에서 각각 저지 데블로 보이는 기괴한 생물을 목격했다는 보고가 있다.

COLUMN X 파일에서도 소재로 다루었다

저지 데블은 수많은 영화나 드라마의 소재로도 등장한다. 유명 드라마 〈X 파일〉에서도 시즌1 제5화에서 '저지 데블'이라는 제목의 이야기를 방송했다. 덧붙여서 이 회차의 평판은 지독했는데, 어느 비평가는 진부한 에피소드라고 혹평했다.

77 팔백만신 八百万神

삼라만상에 신이 머문다고 생각했던 일본인은 모든 것에서 신을 만들어냈다. 정확한 숫자는 알 수 없지만, 너무 방대하기 때문에 지금은 팔백만신八百万神이라고 칭하고 있다.

뭐든 신격화!

일본에서는 예로부터 만물에 신이 머물고 있다고 여기고 모든 것을 신격화했다. 이것은 다신교에서 흔히 볼 수 있는 사상인데, 일본은 그중에서도 특히 두드러진다. 대지를 신격화한 구니노토코타치国之常立神와 바다, 산을 신격화한 오야마쓰미노카미大山津見神 등은 그렇다고 해도 부엌의 부뚜막에서 오키쓰히코노카미奥津日子神, 오키쓰히메노미코토奥津比売命, 청소에 사용하는 빗자루에서 야노하하노키카미矢乃波波木神로, 일용품에서까지 신을 찾아낸 것이다. 또한 역사상 위인을 신격화하는 일도 있는데, 예를 들어 도쿠가와 이에야스徳川家康는 사후 닛코日光 도쇼구東照宮에 안치되었다. 또한 요괴를 신격화하거나 반대로 신을 요괴로 바꾸는 사례도 있는데, 일본 각지에서 볼 수 있는 갓파河童 신앙 등이 이에 해당한다. 이렇게 태어난 신은 그 수를 헤아릴 수 없으며 어느새 일본의 신을 팔백만신(수많다는 뜻)이라 부르게 됐다. 이들 신은 각지에서 신앙으로 받들어 이윽고 신도神道라는 일본 고유의 종교가 탄생한 것이다. 다만 일본에 불교가 침투하자 신불습합 사상이 확산되어 팔백만신을 부처의 화신으로 여겼다. 메이지 시대에 신 정부가 신불 분리령을 내렸기 때문에 현재는 별개로 다루지만, 아마테라스 오미카미天照大御神는 대일여래大日如来 등 부처와 동일시하던 시절도 있었다.

팔백만신의 대부분은 일본 신화에 등장한다. 이야기의 주요 인물인 일부의 신은 어떤 형태로든 현대의 소설 작품에도 등장해서 익숙한 것도 많을 것이다. 특히 아마테라스 오미카미와 스사노오노미코토須佐之男命 등은 인기가 높아 캐릭터로 등장하는 외에도 무기와 기술에 그 이름이 사용되는 경우도 적지 않다.

아메노이와토신화天岩戸神話의 아마테라스 오미카미

관련용어

오키쓰히코노카미 奥津日子神, **오키쓰히메노미코토** 奥津比売命
〈고지키〉에 등장하는 부뚜막과 화로의 수호신

야노하하노키카미
矢乃波波木神
민간에서 널리 받드는 빗자루 신. 더러움을 수반하는 행위라고 여기던 출산을 지켜주는 신이기도 하다.

도쇼다이곤겐
東照大権現
사후에 이에야스에 주어진 신의 칭호. 도쇼다이곤겐이 된 이에야스는 도치기현 닛코시에 있는 도쇼구東照宮에 모셔졌다.

신불습합
신도와 불교가 융합해 새로운 종교관을 만들어내는 것

일본 신화
〈고지키〉와 〈일본 서기〉의 전설으로 이루어진 일본의 신화. 천지개벽과 일본의 성립 등이 그려진다.

COLUMN 만물에서 태어나는 것은 하나님만은 아니다

옛날부터 만든 지 100년이 경과한 도구에는 정령이 깃들어 쓰쿠모가미付喪神(시간이 지나 오래된 물건에 정령이 깃들어 요괴로 변하는 것들의 총칭)가 된다고 생각했다. 신도 기본적으로 인간에게 악영향을 미치는 존재이기 때문에 현대에는 요괴로 분류되어 있다. 오랜 세월을 거쳐 신이나 정령으로 승화된다는 설정에 매력을 느끼는 사람이 많아서인지 소설 작품에 도입되는 경우도 많다.

78 미카즈키 무네치카 三日月宗近

천하오검의 하나인 미카즈키 무네치카三日月宗近는 국보로 지정된 명도名刀이다. 하지만 유명한 칼인 것에 비해 도쿠가와 막부의 손에 건네지기까지의 경위는 분명하지 않다.

내력 불명의 명검? 미카즈키 무네치카의 수수께끼

미카즈키 무네치카는 헤이안 시대의 도공刀工인 산죠 무네치카三条宗近의 작품으로 여겨지는 칼이다. 칼 이름의 유래는 칼의 몸체에 초승달 모양의 물결무늬(담금질로 생기는 무늬의 일종) 때문이라고 하며 천하오검이라 불리는 명검 중에서도 가장 아름답다는 평가를 받고 있다. 무로마치 시대의 도검서 〈초쿄메이즈쿠시長享銘盡〉에 '산죠 무네치카의 미카즈키'라는 설명이 있는 것에서 예로부터 명검으로 알려진 것 같다.

이 칼은 에도 시대에 도요토미 히데요시豊臣秀吉의 정실인 고다이인高台院의 유품으로 도쿠가와 가문에 증정된 이후 쇼와昭和 초기까지 도쿠가와 가문에서 소유하고 있었다. 하지만 고다이인의 손에 건네지기 전의 소유자에 대해서는 여러 설이 있어 명확하지 않다. 옛날부터 유명한 칼이었는데 조금 이상한 일이다.

잘 알려져 있는 것은 아시카가足利 쇼군 가문이 소유했다는 설이다. 그것이 제13대 쇼군 아시카가 요시테루足利義輝가 미요시 삼인방에 습격당해 살해됐을 때 삼인방 중 한 명인 미요시 마사야스三好政康의 손을 거쳐 도요토미 히데요시에게 건네졌다. 아시카가 요시테루는 겐고쇼군剣豪将軍이라고 불리며 습격 사건 때도 직접 칼을 들고 분전한 것으로 전해지는 호걸이었다. 아시카가 막부 소유설이 사실이라면 요시테루 최후의 전투에서 휘두른 칼 중에 혹시 미카즈키가 있었을지도 모른다.

그 외에 유력한 것이 히노우치미츠日野内光라는 고관이 소유하고 있었으며 전쟁에서 죽은 후 고야산高野山에 봉납되었다는 설이다. 또한 중국 지방의 맹장 야마나카 시카노스케山中鹿之助가 소유했다는 설과 고다이인을 섬기던 무사로 동명의 야마나카 시카노스케라는 인물이 소유했다는 설도 있다. 도대체 누구의 소유였는지, 명검에 얽힌 이야기를 상상해 보는 것도 역사를 즐기는 방법 중 하나가 아닐까.

관련용어

미카즈키 무네치카
三日月宗近
일본도日本刀 중 명품으로 일컬어지는 5개의 검

산죠 무네치카
三条宗近
헤이안 시대의 도공. 이치조一条 천황에게 헌상되었다는 고기츠네마루小狐丸도 무네치카의 작품. 가요곡 〈고카지小鍛冶〉는 고기츠네마루 제작에 관한 에피소드를 다룬 것

천하오검
일본도 중에서도 특히 명검으로 평가가 높은 5개의 검을 말한다. 오오덴타 미츠요大典太光世, 오니마루 쿠니츠나鬼丸国綱, 쥬즈마루츠네츠구数珠丸恒次, 미카즈키 무네치카三日月宗近, 도우지키리 야스츠나童子切安綱가 이에 해당한다. 천하오검이라는 용어는 무로마치 시대와 에도 시대에는 없었고 메이지 시대 이후에 정착한 것으로 알려져 있다.

COLUMN 천하오검에 뒤지지 않는 창의 명품, 천하삼명창

명검의 대표격이라고 하면 천하오검이지만, 창에도 천하오검에 필적하는 천하삼명창이라는 명품이 존재한다. 바로 오테기네御手杵, 니혼고日本号, 돈보키리蜻蛉切를 가리킨다. 오테기네는 유키 히데야스結城秀康, 니혼고는 후쿠시마 마사노리福島正則와 모리 토모노부母里友信, 돈보키리는 혼다 다다카쓰本多忠勝라는 호걸들의 소장품이었다.

79 갓파 河童

머리에 접시, 등에 등딱지(갑각)가 있는 물가의 요괴. 좋아하는 음식은 오이와 시리코다마尻子玉(일본에서 옛날 항문에 있다고 상상하던 구슬)이고 어린이와 말 등을 강으로 끌어들이는 장난을 한다.

일반적인 인상보다 무서운 갓파

갓파의 전설은 홋카이도와 오키나와를 제외한 전국에서 전해지며 꼬리 등에 달라붙어 민가까지 따라온다는 내용의 이야기가 많다.

인간에게 잡혔다가 놓아주거나 베인 팔을 돌려주는 대신 보답을 한다는 이야기도 자주 볼 수 있어, 일반적으로 '장난을 치기는 하지만 그다지 해가 되지는 않는다'는 인상이 강하다.

한편, 거미가 다리에 거미줄을 쳤기에 그것을 나무에 묶었더니 그 나무가 물속으로 끌려들어갔다는 좀 무서운 이야기도 있다.

이 전설은 갓파가 거미로 변했다는 내용이다. 일반적인 인지도는 높지 않지만 '갓파가 둔갑한다'는 전설이 각지에 있다. 익사자가 많은 강 근처에서는 갓파를 수신으로 여기고 제물을 바치는 지역도 있고, 또 여우 빙의나 견신 빙의와 같이 '사람에게 빙의한다'고 여기는 지역도 의외로 많다. 단지 유명한 만큼 다른 요괴의 이야기가 갓파로 와전된 경우가 있는 것 같다.

갓파가 등장하는 작품으로는 갓파를 닮은 소년 산페이와 갓파의 교류를 그린 미즈키 시게루水木しげる(일본 만화가)의 〈갓파 산페이河童の三平〉가 유명하다.

1955년경 종이 연극으로 시작되어 주간 만화 잡지 등에 게재되기에 이른다. 1993년에는 애니메이션으로도 선보였다. 이외에도 갓파는 요괴를 다룬 작품에 자주 등장한다.

〈도화백귀야행図画百鬼夜行〉 갓파

관련용어

답례
민물고기를 가져오고 약을 만드는 방법을 전수하는 등의 내용이 전해지고 있다.

견신 빙의
개의 혼령에 의한 귀신 또는 개의 원혼을 이용한 저주에 의한 빙의 현상. 서일본, 특히 시코쿠 지방과 규슈 지방에 뿌리 깊은 믿음이 있었다.

*갓파河童: 일본 각지의 강, 호수, 바다 등에 사는 요괴의 일종.

COLUMN 전국에 있는 갓파 명소

갓파를 딴 명소는 전국, 특히 이와테현 도노시遠野市의 갓파 연못이 유명하다. 이바라키현의 우시쿠누마牛久沼도 예로부터 갓파 전설이 많은 곳이다. 또한 후쿠오카현 기타큐슈시北九州市의 미무스비皇産霊 신사에는 여러 종류의 효험이 복을 부르는 갓파 석상이 있다. 홋카이도 죠잔케이定山渓 온천은 본토에서 전해진 갓파가 토착 신앙과 융합된 것 같다.

80 다니자키 준이치로 谷崎潤一郎

메이지~쇼와 시대의 문호로 〈시세이刺青(문신)〉 〈사사메유키細雪〉 등의 소설뿐만 아니라 수필 〈음예(어스름) 예찬陰翳礼讃〉이나 〈겐지모노가타리〉의 현대어 번역 등으로도 알려져 있다.

'아름다움(美)'의 참뜻을 추구한 문호

다니자키 준이치로(1886~1965년)의 대표작은 무엇인가?라는 질문을 받으면 쉽게 답이 나오지 않는다. 그만큼 그는 많은 소설과 수필을 세상에 남겼고 고전을 현대어로 번역한 작품도 많다. 게다가 임종을 앞두고 "앞으로 소설을 써야 한다"는 말을 해서 모두를 놀라게 했다.

다니자키는 1886년 도쿄 니혼바시日本橋에서 태어났다. 학생 때부터 글재주를 발휘했고 월반을 할 만큼 머리도 좋았다. 도쿄제국대학 국문과에 진학하지만 가업이 기울어 학비가 밀려 퇴학을 당한다. 마침 이 무렵 제2차 〈신사조新思潮〉에 〈시세이刺青(문신)〉(1910년)를 발표하고 문단의 대열에 합류했다. 관능적이고 독특한 미의식을 가진 작풍은 당시의 자연주의파에게 큰 충격을 주었다고 한다.

다니자키라고 하면 〈시세이刺青〉, 〈미친 사랑痴人の愛〉(1924년)의 영향도 있어 매저키즘이 감도는 에로틱한 작풍이라는 인상이 있다. 인간의 어두운 면을 그린 것에서 악마주의라고도 불리는 경우도 많다. 다만 어느 쪽인가 하면 그는 '아름다움'을 추구한 작가이다.

그 하나의 도달점이 〈슌킨쇼春琴抄(춘금초)〉(1933년)라고 할 수 있다. 일본의 고전적인 아름다움을 표현한 이 작품은 도전적인 특징이 있는데, 바로 구두점을 이상하게 적는 것이다.

다니자키는 향년 79세로 당시의 문호치고는 장수한 편이다. 유미주의唯美主義의 전기, 고전주의의 중기, 그리고 도전을 계속한 풍요의 후기 등 다양한 작풍이 존재한다. 처제와 불륜을 저지르고 아내를 친구에게 양보하는 등 전대미문의 에피소드도 많지만 그는 아름다움의 탐구자이자 뼛속부터 글쟁이다.

관련용어

제2차 신사조新思潮
1차를 주재한 오사나이 카오루小山内가 중심이 되어 도쿄 대학의 학생들이 만든 동인지. 자연주의에 대립하는 탐미적인 작품이 많았다.

유미주의唯美主義
아름다움에 최상의 가치를 추구하는 주의를 말한다. 19세기 후반에 영국과 프랑스에서 일어나고 보들레르 등이 주도했다. 일본에서는 나가이 가후永井荷風와 다니자키 준이치로谷崎潤一郎가 대표적이다.

COLUMN 문호의 삼각관계 오다와라小田原 사건

문호라고 하면 진기한 사건 한두 가지는 일으키는 느낌이 있지만, 다니자키는 한층 더 색다른 일화가 있다. 친구인 사토 하루오佐藤春夫에게 아내를 빼앗긴 것이다. 다니자키는 둘의 불륜을 알고 분노하여 사토와 절교한다. 그러나 결과적으로 다니자키가 이혼을 하고 사토에게 아내를 양보하는 형태가 됐다. 게다가 다니자키는 이것을 소재로 소설을 썼다.

81 반물질

등교 중 모퉁이에서 여자와 부딪치면 사랑이 시작될지도 모른다. 하지만 물질과 반물질이라면 서로의 존재는 완전히 사라진다. 그런 무서운 반물질이란 무엇일까?

만나면 서로 소멸! 정반대 성격을 가진 이면의 존재

만화나 애니메이션 등에서는 모든 공격을 무효화하고 순식간에 일대를 증발시키는 강력한 공격과 무기가 등장한다. 이론은 설정상 각각이지만, 그 설정 중 하나에 반물질이 있다. 반물질이란 어느 물질에 비해 질량과 스핀이 같은데 구성하는 소립자의 전하 등이 정반대인 성질을 가진 물질을 말한다. 반물질의 원자는 반양성자, 양전자(반전자), 반중성자라는 반입자로 구성되어 있으며, 예를 들어 전자는 음전하를 갖지만, 양전자는 양전하를 가지는 식이다. 물질과 반물질이 충돌하면 대對 소멸하여 질량이 에너지가 되어 방출되고, 원래 있던 물질과 반물질은 완전히 없어진다.

이 무서운 사실은 처음에 이론적으로 예언됐을 뿐이었지만 1932년에 양전자가, 1955년에 입자 가속기를 사용하여 반양성자와 반중성자도 발견되면서 그 존재가 입증됐다. 그러나 반물질은 자연계에는 거의 존재하지 않고, 현재는 인공적으로 만들어내는 방법밖에 없으며 실제로 1995년에는 반反수소가, 2011년에는 반헬륨 원자핵이 생성되었다.

왜 반물질이 거의 없는지에 대해서는 최근의 연구에서 다음과 같이 설명되고 있다. 초기의 우주, 초고온의 카오스 상태에서 양자와 중성자가 생겨나고 각각의 반입자와 충돌해서 전자파와 감마선으로 변환된다.

그러나 반물질은 물질보다 약간 수명이 짧아 물질만 남겨진 경우가 있으며 무한히 생성과 소멸을 반복하는 가운데 물질로 구성된 우주가 됐다는 것이다. 단지 이것은 가설이므로 진실을 완전히 알려면 앞으로의 연구 결과에 달려 있다.

관련용어

대對 소멸
입자와 반입자가 충돌해서 에너지가 광자 등으로 변환되는 현상. 대소멸의 경우 질량이 거의 100% 운동에너지로 변환된다. 1원 동전 크기의 알루미늄과 반알루미늄이 대 소멸하면 히로시마 원폭의 2.9배의 에너지를 갖는다.

입자 가속기
전자파 등으로 입자를 가속하고 에너지를 높이는 장치. 입자를 최대로 광속 근처까지 가속시키고 입자를 고정 표적에 대거나 마주 가속시켜 정면충돌시키는 등의 실험을 한다.

반수소
1995년 유럽입자물리연구소(CERN)가 생성에 성공한 수소의 반물질. 양전자와 반양자 각각 한 개로 구성된다. 덧붙이면 반수소의 동위원소도 합성되어 있다.

COLUMN 큰 손해를 보면서까지 반물질 에너지가 필요한 이유

반물질을 만드는 에너지는 반물질을 연료로 해서 얻는 에너지보다 크고 만들수록 손해이다. 하지만 연구가 진행되고 있는 것은 에너지 밀도만 생각하면 매우 고밀도이므로 경량의 연료로 이용할 수 있다면, 우주 개발 등 특수 용도에서 유용하다고 보기 때문이다. 과연 그런 미래는 올 것인가?

82 파스칼의 내기

'신은 존재하는가 존재하지 않는가. 당신은 어느 쪽에 걸 것인가?'라고 묻는다면 당신은 어떻게 대답할까. 철학자 파스칼(1623~1662년)의 대답은 양자택일이다.

하나님의 존재에 내기를 하는 이야기는 확률론(?)

파스칼은 자신의 저서 〈팡세Pensées〉에서 자신의 견해를 이렇게 설명했다.

우선 전제로서 신의 본질은 알 수가 없고 신이 있는지 없는지 인간의 이성으로는 설명할 수 없다. 그것을 인간의 이성으로 대답하지 못해도, 인간은 억측이든 맹신이든 신의 존재 여부에 대해 종교 신앙의 선택을 하고 있다. 그런 이유에서 신의 실재·비실재와 믿는다·믿지 않는다의 의사 결정과 결과를 정리해 본다.

① 신이 존재하는 경우, 신의 존재를 믿으면 천국에 갈 수 있으므로 무한한 행복을 얻을 수 있다.

② 신이 존재하는 경우, 신의 존재를 믿지 않으면 영원한 단죄로 괴로운 지옥이 된다(정확하게는 파스칼 자신은 언급하지 않았다).

③ 신이 존재하지 않는 경우, 신의 존재를 믿어도 딱히 잃을 게 없다. 그 사람 자체가 행복하니까.

④ 신이 존재하지 않는 경우, 신의 존재를 믿지 않아도 마찬가지로 잃을 것은 없지만 얻는 것도 없다.

즉, 손실과 이익만 생각하면 무한한 행복을 얻을 수 있다는 기대치가 크기(=얻어지는 것이 크고 잃을 것이 적기) 때문에 신이 존재한다는 쪽에 거는 것이 현명한 선택이다. 정말로 현실적인 개념이지만, 파스칼적으로는 신의 실재를 증명하고 싶은 것이 아니라 불확실한 것에 대한 기대치만을 이야기하고 있다.

파스칼의 내기는 잘못된 신을 믿어 버릴 수도 있다는 등 다양한 비판을 받았다. 애니메이션이나 게임에서도 믿었던 절대신이 실은 악마였다는 결말을 맞는 패턴은 많이 있다. 그래도 이 고찰이 여전히 구전되는 것은, 특히 수학에서 획기적이고 불확실한 것에 대한 기대치, 즉 '확률론'의 기초가 됐기 때문이다.

파스칼의 초상

관련용어

블레즈 파스칼
Blaise Pascal
프랑스의 철학자, 수학자. 조숙한 천재로 '인간은 생각하는 갈대이다' 등의 명언을 남긴 외에 파스칼의 정리와 파스칼의 삼각형 발견, 승합 마차와 기계식 계산기의 발명 등 다방면으로 활약했다.

기대치
한 번의 시도로 얻을 수 있는 값의 평균치를 말한다. 얻을 수 있는 가능성이 있는 모든 값과 그것이 일어날 확률의 곱을 합한 것. 주사위로 말하면 1회 던질 때 나오는 눈의 기대치는 3.5이다.

확률
확률에 대해 다루는 수학 분야. 현실에는 존재하지 않을지도 모를 미래와 과거에 대해 수학적으로 다루기 쉬운 형태로 모델화하고 일어날 가능성을 수치화해서 세상의 현상을 해명한다.

83 빅풋 bigfoot

북미 대륙의 산악지대에 서식한다고 알려진 거대한 수인獸人. 1800년대 초반부터 그 존재가 소문이 났고 1967년에는 모습을 담은 영상도 촬영됐다.

패터슨 필름으로 세계적으로 유명해지다

북미 대륙에 전해지는 수수께끼의 수인 빅풋은 몸길이는 2~3m, 체중은 200~300kg으로 추정된다. 전신은 갈색 또는 회색 털로 덮여 있고 인간처럼 두 발로 보행한다. 큰 몸집을 가졌지만 성격은 온순해서 사람을 습격하지는 않는다고 한다. 또한 자녀를 동반한 모습을 목격한 것으로 미루어 하나가 아니라 여러 명인 것으로 여겨진다.

빅풋은 1800년대 초반부터 그 존재가 소문 났지만 세계적으로 유명해진 것은 속칭 '패터슨 필름'이라 불리는 영상의 영향이 크다.

1967년에 로저 패터슨Roger W. Patterson과 밥 김린Bob Gimlin이라는 두 남성이 촬영한 이 영상에는 산길을 두 발로 걷는 털이 덥수룩한 수인의 모습이 선명하게 찍혔다. 두 사람은 16mm 무비 카메라를 들고 평소 빅풋이 출현한다고 소문이 난 캘리포니아 블러프 크릭Bluff Creek 숲에 잠입한다. 이전에 거대한 발자국이 발견된 장소에서 매복하고 있다가 빅풋을 만났다고 한다.

이 영상은 큰 반향을 일으켰지만, 당연히 날조 의혹도 있었고 2005년에는 패터슨의 의뢰로 인형 옷을 입고 카메라 앞을 가로 질러갔다고 고백한 남성도 등장했다. 그러나 이 고백 자체가 날조라고 주장하는 사람도 있어 진위를 둘러싸고 탁상공론의 양상을 보였다.

결국 빅풋이 정말 실재하는지는 수수께끼이지만, 히말라야의 예티Yeti(설인)와 요위Yowie(도마뱀을 닮은 괴물), 중국의 야인 등 빅풋과 같은 수인 전설은 세계 각지에 남아 있다. 어떤 알 수 없는 짐승들이 존재하고 있을 가능성이 전혀 없는 것도 아니다.

관련용어

요위Yowie
호주에 서식하는 것으로 알려진 미지의 수인. 몸길이는 1.5~3m로 온몸이 갈색에 가까운 체모로 덮여 있다. 최초로 목격된 것은 1795년이며 그 후 1970년에 블루 마운틴의 일각에 있는 솔리터리Solitary 산의 숲에서, 1976년에는 리즈몬드 지역의 민가에서 각각 출현했다는 보고가 있다.

야인
중국에서 목격된 미지의 수인. 후베이성湖北省 선능자神農架 지역에서 많이 목격되고 있으며, 과거에는 중국 최대의 과학 연구기관인 중국과학원이 조사를 했지만 지금도 발견하지 못했다.

COLUMN B급 영화 소재로 인기

빅풋은 영화 소재로도 많이 등장한다. 그 대부분은 빅풋을 광폭한 괴물로 그린 저예산 B급 호러 작품이지만 개중에는 빅풋이 인간과 협력하여 좀비와 싸우는 〈빅풋 vs 좀비〉(2016년)와 같은 터무니없는 설정도 있다. 관심이 있다면 보는 것도 좋을 것이다.

84 이즈모타이샤 出雲大社

결연의 효험으로 알려진 쿠니누시노카미大国主神를 모시는 신사. 10월이면 전국의 신들이 이즈모타이샤에 모여 회의를 열었다.

건국 신에서 유래하는 유서 깊은 신사

이즈모타이샤出雲大社는 시마네현 이즈모시에 있는 일본 최대의 신사이다. 일본 신화에서 건립 경위가 그려지는 등 매우 긴 역사를 자랑하는 국보로 지정되어 있는 본전을 비롯해 다수의 중요 문화재가 있다. 〈이즈모국풍토기出雲国風土記〉에 따르면 '국가 양도' 시에 아시하라노나카쓰쿠니葦原中津(일본)의 지배권을 넘겨준 오쿠니누시노카미大国主神에 대한 보답으로 아마테라스 오미카미天照大御神가 이 신사를 건립하고 오쿠니누시노카미를 모시도록 했다고 한다.

위의 전설에서 알 수 있듯이 이즈모타이샤의 주요 제신은 오쿠니누시노카미이다. 이 신은 '이나바因幡의 흰 토끼'에서 부상을 입은 토끼 치료법을 전수하거나 스쿠나비코나노카미少名毘古那神와 함께 전국을 돌며 의료 보급에 힘썼다.

또한 스세리비메노미코토須勢理毘売命와 다기리히메노미코토多紀理毘売命 등 생애에 6명의 아내를 맞이한 것에서 이즈모타이샤에는 질병 치유와 결연의 효험이 있다고 여겼다. 또한 오쿠니누시노카미는 신불습합으로 다이코쿠텐大黒天(인도 출신으로 풍작·복덕·개운의 신)과 결합됐기 때문에 사업 번창의 효험도 기대할 수 있다고 한다.

덧붙여서 결연은 남녀의 결연뿐 아니라 가족이나 친구, 거래 상대방 등 다양한 인연을 가져다 준다고 한다. 이것은 오쿠니누시노카미가 많은 신에게 도움을 받으면서 국가 건설이라는 대 사업을 완수한 것에서 유래한다.

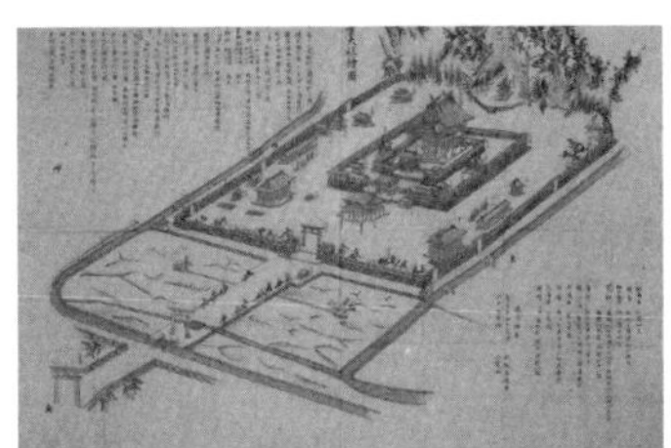

〈이즈모타이샤 그림〉

관련용어

이즈모국풍토기

〈고지키〉등과는 다른 전설이 기록된 풍토기

오쿠니누시노카미大国主神

아메노후유키누노카미天之冬衣神와 사시쿠니와카히메刺国若比売의 아들. '이나바因幡의 흰 토끼'나 '국가 양도' 등 일본 신화의 몇 가지 에피소드에 등장한다. 스쿠나비코나노카미 등과 협력하여 국가를 건설하여 아시하라 나카츠쿠니葦原中津国의 통치자가 되지만, 아마테라스 오미카미의 국가의 지배권을 넘겨달라는 요구에 결국 승낙했다.

이나바因幡의 흰 토끼

오쿠니누시노카미가 상처 난 흰 토끼를 치유한다는 전설. 질병 치유의 효험은 여기에서 유래한다.

다이코쿠텐大黒天

힌두교의 신 시바가 불교에 흡수된 것으로, 일본에서는 칠복신의 한 기둥으로 알려져 있다. 이름 앞의 다이코쿠大黒는 다이코쿠大國로 통하기 때문에 신불습합으로 오쿠니누시노카미와 동일 신으로 간주됐다.

COLUMN 본전의 크기는 현재의 두 배 이상이었다!?

현재 이즈모타이샤의 본전은 높이 24m이지만 재건축되기 전에는 48m 혹은 100m에 달했다고 알려져 있다. 이 설을 뒷받침하듯이 2000년경의 발굴 조사에서는 이즈모타이샤의 지하에서 가마쿠라 시대의 것으로 추정되는 직경 3m 정도의 거대한 기둥이 발견된 외에 훗날 검증에서 높이 48m의 본전이라면 당시의 기술로도 만들 수 있음이 판명됐다.

85 센지 무라마사 千子村

무라마사는 도검에 관심이 있다면 모르는 사람이 없을 정도로 지명도가 높은 칼이다. 뛰어난 칼이라는 명성이 있는 한편, 주인에게 불행을 가져다주는 요도妖刀라는 평가도 있다. 진상은?

도쿠가와 막부를 응징했다? 요도, 무라마사

무라마사는 무로마치 시대부터 에도 시대에 걸쳐 이세국伊勢国(현재의 미에현)과 미카와국三河国(현재의 아이치현 동부)에서 활동하던 도공 무리와 그들이 만든 칼을 가리킨다. 센지 무라마사는 무리의 창시자로 센지파村正派(千子派)의 대장장이 기법을 확립한 인물이다.

도검으로서의 무라마사는 베는 맛이 좋은 칼이라는 평가를 받고 있으며, 전국 시대에는 도쿠가와 이에야스徳川家康와 그 아래의 무장, 관백 도요토미 히데쓰구豊臣秀次 등 쟁쟁한 무사들이 애용했다. 한편 이토 히로부미伊藤博文처럼 예술품으로 무라마사를 수집한 인물도 있다. 이러한 사실에서도 무라마사는 실용성, 예술성 모두 초일류의 검이라고 해도 좋을 것이다.

그러나 이러한 평가는 일본도에 대해 어느 정도의 지식을 갖고 있는 계층 사람들의 의견에 지나지 않는다. 일반적으로는 무라마사는 '요도'의 이미지가 강하지 않을까? 무라마사 요도 전설이 태어난 이유는 이 칼이 마쓰다이라가松平家(도쿠가와 가문의 전신)에 종종 불행을 가져왔기 때문이라고 알려져 있다. 먼저 첫 번째 희생자는 도쿠가와 이에야스의 조부인 마쓰다이라 기요야스松平清康이다. 기요야스는 아베 마사토요阿部正豊라는 미친 가신에 의해서 살해됐지만, 이때 마사토요가 사용한 칼이 무라마사였다. 또한 기요야스의 뒤를 이은 마쓰다이라 히로타다松平広忠도 이와마츠 하치야岩松八弥라는 인물의 무라마사에 의해 살해됐다고 한다(히로타다의 사인에는 여러 설이 있다). 또한 이에야스의 장남 마쓰다이라 노부야스松平信康는 적과 내통했다는 혐의를 받고 할복하지만, 이때 카이샤쿠介錯(할복하는 사람의 뒤에 있다가 목을 치는 것)에 사용된 칼도 무라마사였다고 한다. 이런 이유에서 도쿠가와 이에야스는 집안에 있는 무라마사를 모두 처분시켰다고 한다.

하지만 이런 종류의 요도 전설의 대부분은 후세 사람들이 창작했을 가능성이 높다. 왜냐하면 이에야스의 유품 중에는 두 개의 무라마사가 있고, 생전 소중히 여기던 것은 확실하기 때문이다. 원래 무라마사는 도쿠가와 가문의 지역에서 생산된 칼이며, 유통량을 생각하면 다양한 사변에 등장하는 것은 당연하다는 견해도 가능하다.

관련용어

도요토미 히데쓰구豊臣秀次

1568~1595년. 도요토미 히데요시의 조카로 나중에 입양되어 관백關白의 자리에 오른 인물. 고서와 칼을 수집하는 문화인으로서의 일면도 있었다. 히데요시의 후계자가 돼야 했지만, 히데요시에게 적자가 탄생했기 때문에 소외되고 모반을 의심받아 할복을 명받았다.

이토 히로부미
伊藤博文

1841~1909년. 조슈長州의 무사. 메이지 유신 이후 초대 총리를 맡았다. 말년에 도검 애호가가 되어, 특히 무라마사를 즐겨 수집한 것으로 알려져 있다.

86 오사카베히메 刑部姫

히메지성姫路城 천수각에 있던 요괴. 성주인 이케다 테루마사池田輝政를 모신 지주신(그 토지와 집 등의 수호신)이지만 에도 시대에 요괴로 전설이 퍼졌다고 한다.

요괴가 된 히메지성의 지주신

히메지성이 지어진 히메야마姫山에는 오사카베타이신刑部大神 신사가 있었다고 한다. 세키가하라関ヶ原 전투 후 성주가 된 이케다 테루마사가 대규모 리노베이션 공사를 했다. 그러자 기이한 일이 일어나기 시작했고 테루마사도 병으로 쓰러지자 성에 재앙이라는 소문이 흘렀다. 이에 이케다 가문이 천수각에 오사카베타이신을 모셨다고 한다.

에도 시대 후기의 〈갑자야화甲子夜話〉에는 천수각에 사는 오사카베타이신은 사람을 싫어해서 1년에 딱 한 번만 성주와 회담했다고 한다. 또한 〈노파다화老媼茶話〉에는 담력 시험으로 천수각에 오른 모리타 즈쇼森田図書라는 시중을 드는 소년이 용기를 칭찬한 오사카베히메에게 목을 보호하는 방어구를 받았다는 이야기가 있고 오사카베히메를 후쿠시마현의 이나와시로성猪苗代城에 사는 괴물과 같은 것으로 여겼다. 이를 토대로 한 메이지 시대의 작가 이즈미 쿄카泉鏡花의 〈천수이야기〉에서는 오사카베히메가 이계의 요부로 그려졌다. 또한 오사카베히메는 에도 시대 무용담의 소재로도 다뤄졌는데, 최하급 무사로 섬기던 수행 시대의 미야모토 무사시宮本武蔵가 괴이를 두려워하지 않고 천수각에 올랐더니 그 덕분에 '들러붙었던 늙은 여우가 사라졌다'라며 오사카베타이신에게 명검을 받은 이야기가 있다.

오사카베히메를 요괴로 소개한 것에는 에도 시대 중기에 도리야마 세키엔鳥山石燕이 그린 요괴 화집 〈금석화도속백귀今昔画図続百鬼〉, 후년의 기타오 마사요시北尾政美가 그린 〈요괴착도첩夭怪着到牒〉 등이 있다. 이를 바탕으로 현대에 오사카베히메를 요괴로 다루는 일이 많은 것 같다.

〈요괴착도첩夭怪着到牒〉
오사카베히메刑部姫

관련용어

오사카베타이신
刑部大神
고닌光仁 천황(제49대)의 아들 오사카베 친왕과 그 딸 도미히메를 말한다. 예로부터 히메야마姫山의 지주신으로 모셔졌고 히메지시에는 3개의 신사가 있다.

갑자야화甲子夜話
히젠국肥前国 히라도번平戸藩의 제9대 영주 마츠라 키요시松浦清가 1821년 12월부터 20년에 걸쳐 엮은 수필. 폭넓은 분야의 사물이 기록되어 있어 당시의 풍속을 아는 데도 중요한 자료가 되고 있다.

노파다화老媼茶話
1742년 쓴 기담집. 저자는 三坂大弥太라는 아이즈会津의 낭인으로 아이즈 지방의 이야기를 중심으로 수록되어 있다.

COLUMN 마에바시前橋 도쇼구東照宮에 모셔진 오사카베히메

18세기 중반에 히메지 번주 마츠다이라 토모노리松平朝矩가 마에바시번으로 옮기자 오사카베히메를 모신 신사도 마에바시성으로 옮겨졌다. 그러나 나중에 마에바시성은 수해로 큰 피해를 입어 토모노리는 강 너머로 이전했다. 이때 토모노리는 데려가 달라는 오사카베이메의 부탁을 거절하고 이듬해에 급사하자 재앙이라고 소문이 났다.

87 에도가와 란포 Edogawa Rampo

다이쇼·쇼와 시대의 문호. 일본의 추리 소설을 확립시킨 인물로, 탐정 아케치 고로明智五郎와 소년 탐정단으로 친숙하다. 환상 괴기 소설도 평가가 높으며 폭넓은 활약을 했다.

없는 그 모습은 마치 이십면상

에도가와 란포라는 인물만큼 논할 점이 많은 사람도 그리 없을 것이다. 문호라는 일면에서는 일본의 추리 소설, 환상 괴기 소설의 선구자이자 통속 장편과 아동 문학에서도 인기를 얻었다. 문화인이라는 점에서는 에도 근세 자료 수집가, 국내외 추리소설의 소개, 일본추리작가협회의 전신인 '탐정 작가 클럽'과 지금도 추리소설 작가의 등용문으로 알려진 에도가와 란포 상을 창설하여 후진 양성에도 열심이었다. 다양한 직업을 전전하며 종종 거처를 옮겼다.

매우 꼼꼼한 성격에 메모광인 그는 전쟁 중에는 시회의 부회장을 맡아 배급이나 동네 행사를 세세하게 기록했다고 한다. 작품도 널리 알려졌지만 그의 인품과 수많은 일화에서 그 자신이 어느새 '캐릭터'로 친숙하다는 인상이 강하고, 많은 창작에 그를 본뜬 인물이 등장한다.

그는 1894년 10월 미에현三重県에서 태어났다. 본명은 히라이 타로平井太郎. 에도가와 란포는 필명으로 추리소설의 시조 에드거 앨런 포Edgar Allan Poe에서 딴 것이라는 이야기는 유명하다. 와세다 대학 경제학부를 졸업한 후 오사카의 무역회사에 취직하지만 헌책방이나 신문기자 등 자주 직업을 바꾸다가 1923년 〈2전짜리 동전二銭銅貨〉으로 작가에 데뷔했다.

정통한 에로틱하고 그로테스크한 작품부터 아동 문학까지 다양한 작품을 썼는데, 그 수는 무려 130작을 넘는다고 한다. 이런 폭넓은 시야는 살아온 인생 경험에서 생긴 것일까, 아니면 수집한 자료에서 힌트를 얻은 것일까.

그 뇌 안의 '환영성幻影城'에서 만들어진 작품은 사후 반세기 이상 지난 지금도 사람들을 매료시키고 있다.

관련용어

이십면상二十面相
아동용 추리 소설 〈괴인 20면상〉에 등장하는 탐정 아케치 고로와 소년 탐정단이 쫓는 괴도. 변장에 능하다.

에드거 앨런 포
Edgar Allan Poe
1809~1849년. 미국의 시인, 비평가, 소설가. 세계 최초의 추리 소설 〈모르그 가의 살인 The Murders in the Rue Morgue〉을 집필한 인물

2전짜리 동전
二銭銅貨
〈신청년新青年〉에 게재된 에도가와 란포의 데뷔작. 암호 해독 물질을 다룬 단편 추리 소설.

환영성幻影城
1951년에 발행된 추리 소설 평론집. 평론이라기보다는 추리 소설에 관한 연구서·논문으로 자리매김한다.

COLUMN 지금도 남아 있는 '리얼 환영성'

문호의 장서를 그대로 보관하고 있는 경우는 많지만, 란포는 건물 통째로 사료로 보관되어 있는 드문 경우다. 도쿄 이케부쿠로에 있는 릿쿄 대학立教大学 부지 내에 '대중문화연구센터'라고 해서 남아 있는 창고는 진짜 란포의 마지막 거처였다. 사료 및 메모류가 빼곡하게 놓여 있는 그곳은 란포의 뇌의 일부라고 할 수 있다. 참고로 일반에 공개되고 있다.

88 힉스 입자 higgs particle

과학의 발달로 소립자 세계도 서서히 밝혀지고 있지만, 그런 가운데 물리학자들이 발견하지 못한 입자가 있다. 그것이 질량을 부여하는 힉스 입자이다.

질량을 발생시키는 미립자계의 미싱 링크

질량이 어떤 메커니즘으로 발생하는지에 대해 물리학자들은 오랜 시간 고민해왔다. 1964년 힉스는 이 문제에 대해 '입자는 힉스 장(필드)이라는 장 속을 헤엄칠 때 느려져서 보다 큰 질량을 갖는다'고 하는 가설을 제기했다. 이미지적으로는 물이 들어간 컵에 구슬을 떨어뜨리면 텅 비었을 때보다 구슬이 바닥에 닿을 때까지 오랜 시간이 걸린다. 그 모습은 구슬의 질량이 증가하고 있는 것과도 같다. 힉스 장도 이와 같이 점성이 있는 액체와 같은 기능을 해서 힘을 운반하는 다른 입자의 움직임을 더디게 해 이들에게 질량을 부여한다고 예측했다.

기본적인 미립자는 더 작은 입자인, 쿼크quark, 렙톤lepton, 보스 입자Bose particle로 되어 있으며, 연구 과정에서 '표준 모델'이라 불리는 이른바 '소립자의 가계도'가 태어났다. 보스 입자가 바로 이 힉스 입자인데, 방금 전 예측이라고 말한 것은 가계도 안에서 이것만 발견되지 않은 미싱 링크missing link이기 때문이다.

힉스 입자가 매우 무거운 것은 알고 있지만, 왠지 엄청난 에너지가 있을 때만 극히 짧은 기간 출현할 수 있다. 그런 힉스 입자를 탐지하기 위한 장치가 스위스에 있는 유럽입자물리연구소(CERN)의 대형 입자 가속기Hadron Collider(LHC)이다. 여기에서는 역방향의 양성자 빔을 만들어 최대 가속이 되면 서로를 정면 충돌시킨다. 이 붕괴에 의해 생성된 입자를 기록하고 힉스 입자의 흔적을 찾고 있다. 2012년 LHC에서 새로운 입자가 발견되어, '힉스 입자는…'이라고 보도된 적이 있으나 아직 확정된 것은 아닌 듯하며 앞으로의 실험에 기대하고 있다.

관련용어

미싱 링크
missing link
생물 진화 과정에서 멸실되어 있는 생물종으로 잃어버린 고리 또는 멸실환이라고도 한다. 진화 계열의 중간에 해당하는 종류가 존재했다고 추정되는데 화석으로 발견되지 않은 것을 말한다.

피터 힉스
Peter Higgs
1929년~. 영국의 이론 물리학자. 1964년 소립자의 질량 기원을 설명하는 대칭성 파괴 이론을 발표하고, 그 가설을 뒷받침하기 위해 힉스 입자를 생각했다.

쿼크quark
소립자 그룹의 하나. 쿼크끼리 결합하여 해드론hadron이라는 복합 입자가 된다. 가장 안정적인 해드론이 양자와 중성자가 된다.

렙톤lepton
소립자 그룹의 하나. 전하를 가진 하전 렙톤과 중성의 뉴트리노로 분류되며 전자, 뮤온, 타우, 전자 중성미자, 뮤온 중성미자, 타우 중성미자의 6종류가 있다.

COLUMN **중성미자 관측으로 존재가 증명됐다**

중성미자도 원래는 가설의 입자였다. 방사성 붕괴인 β 붕괴로 일부 에너지가 사라진 것 같았기 때문에 그를 보충하기 위해 중성 입자가 있다는 가설이 세워졌다. 그것이 중성미자이다. 이 입자는 다른 것과 상호작용이 없고 질량도 매우 작지만, 실험을 거듭해서 간신히 그 존재가 증명됐다.

89 흄의 법칙 / 흄의 단두대

영국의 철학자 흄이 제창한 이론은 흄의 단두대 혹은 흄의 법칙이라는 이름으로 세상에 알려져 있다. 과연 무엇을 잘라낸다는 말인가?

사실에서 권장론을 이끌어낼 수 없다

그 이론은 흄의 저서 〈인간 본성론〉에서 이야기되고 있다.

'~이다'라는 사실에서 '~해야 한다'는 권장론은 이끌어낼 수 없다는 내용이다. 예를 들어 '빨리 먹으면 소화에 나쁘다'는 사실이 있다고 해서 그것과 '그래서 식사는 천천히 해야 한다'는 권장론으로 이어지지는 않는다는 것이다.

생각해 보면 맞는 말이다. 이 경우 '빨리 먹으면 소화에 나쁘다'는 것은 의심할 여지 없는 사실이지만, '그래서 식사는 천천히 해야 한다'는 것은 누군가의 주관에 지나지 않는다. '아니, 시간이 없으니까 어쩔 수 없다'라고 생각하는 사람도 있는가 하면 '소화에 좋은 것을 먹으면 된다'라고 생각하는 사람도 있을 것이다. 사람에 따라서 가치관이나 생각은 다르다. 그래서 '사실과 권장론 사이에는 흄이 놓은 단두대가 있고 양자는 연결되지 않는다'라고 하는 것이다.

즉, '권장론에는 절대적인 올바름은 없다'는 것이다. 설령 모두가 옳다고 생각하는 것도 근거를 더듬으면 종교적, 윤리적, 사회 상식 등 결국 누군가의 주관이 바탕이 되어 있다. 사람과 사회가 다르면 그 올바름의 판단도 달라질 것이다.

우리는 다른 사람과 '이렇게 해야 한다'. '아니, 이렇게 하는 게 좋다'라고 매일 의견을 부딪치며 살아간다. 그러나 어떤 의견이 올바른지 절대적인 기준은 없고 의견이 엇갈린 채 평행선인 경우도 많이 있다. 누군가가 타협하거나 꺾이지 않으면 이야기는 정리되지 않는다. 그런 세상의 숙명을 지적한 단어라고 할 수 있다.

흄의 초상

관련용어

데이비드 흄
David Hume
1711~1776년. 영국 출신의 철학자. 인간의 지식과 경험론에 대해 추구했다. 주요 저서에는 〈인간 본성론〉이 있다.

단두대
죄인의 목을 잘라내기 위한 장치. 목을 순식간에 잘라 죄인의 고통을 덜어줄 목적으로 만들어졌다. 그만큼 확실히 자른다는 비유에서 '흄의 단두대'라는 단어로 사용되고 있다.

인간 본성론
흄의 저서. 흄이 28세이던 1739년에 출간했다. 인간의 지각과 관념, 지식 등을 연구한 것으로, '흄의 단두대'가 실려 있다.

COLUMN 정당한 권장론도 있지 않을까?

대금을 받으면 제품을 건네야 한다거나 약속했으면 실행해야 한다와 같이 하지 않으면 안 되는 권장론도 세상에는 있을 것이다. 흄에 따르면 이들도 심리적·관습적으로 인과관계가 발생할 뿐 거기에 필연성은 없다고 말한다. 거참, 꽤 무서운 말을 아무렇지 않게 말하는 사람이다.

90 네시 Nessie

영국 스코틀랜드의 네스호에서 목격된 공룡 같은 모습을 한 미확인 동물이다. 세계적으로 화제가 되어 수많은 현지 조사도 이루어졌지만, 현재도 그 존재는 확인되지 않고 있다.

대규모 조사가 진행된 네스호의 괴수

세계에서 가장 유명한 미확인 생명체라고 하면 네스호의 네시이다. 지금까지 수많은 사진과 동영상이 촬영되어 세계적으로 그 정체를 두고 논쟁을 벌인 미확인 생명체의 대표격이라고 할 수 있는 존재이다.

네시를 찍은 사진 중에서도 특히 잘 알려진 것이 1934년 데일리 메일 신문에 게재된 일명 '외과 의사의 사진'이다. 이것은 런던의 의사 로버트 케네스 윌슨이 찍은 사진으로 긴 목을 내놓고 호수 위를 수영하는 플레지오사우루스를 닮은 생물의 모습이 찍힌 사진이다. 또한 1960년에는 한 네시 연구가가 촬영한 수영하는 네시를 포착한 필름이 공개되어 큰 화제가 됐다.

이렇게 네시는 존재 증거가 되는 다양한 사진과 영상이 있지만 안타깝게 오늘날 그들은 무리를 지은 물새나 물 위에 떠다니는 나무 등을 오인했거나 날조된 것으로 확인됐다. 또한 지금까지 네스호에는 다양한 조사대가 찾아왔으며, 1987년에는 최신형 수중 음파 탐지기를 갖춘 20척의 순양함을 투입해 네스호 일대를 샅샅이 조사했음에도 불구하고 별다른 성과는 없었다. 2009년에도 최첨단 수중 로봇을 사용해서 호수 바닥을 조사했지만 역시 실패로 끝났다. 하지만 지금도 여전히 네시의 정체를 밝혀내려고 조사를 계속하고 있는 사람들도 있다. 과연 이 호수에 어떤 신 생물이 존재하는 걸까? 사람들의 로망이 있는 한 그 가능성이 사라지지는 않을 것이다.

관련용어

외과 의사의 사진
네시의 모습을 포착한 것으로 알려진 대표적인 사진 중 하나. 나중에 장난감 잠수함 뱀을 사용하여 촬영한 날조 사진으로 판명됐다.

네시의 정체
네시의 정체에 대해서는 지금까지 고대 생물의 생존설이 제기되고 있으며, 플레지오사우루스 등의 수장룡이 그 후보로 올랐다. 그러나 2018년에 뉴질랜드 오타고 대학의 유전학 연구팀이 네스호의 환경 DNA를 조사한 결과 수장룡의 DNA가 발견되지 않아 이러한 생물이 네스호에 살았을 가능성은 배제되었다. 한편, 장어의 DNA가 발견된 점에서 네시의 정체는 거대한 장어라는 설이 제기되고 있다.

COLUMN 애니메이션 작품에도 소재로 등장한 네시

네시는 〈도라에몽〉과 〈루팡 3세〉, 애니메이션판 〈요괴 워치〉 등 많은 유명 작품에 소재로 등장하고 있다. 특히 〈도라에몽〉의 에피소드인 '네시가 온다'의 원작 버전은 실제로 촬영된 네시의 사진과 그것들이 날조였다는 사실도 소개하는 등 미확인 생명체 팬도 읽어볼 만한 내용이다.

91 이세신궁 伊勢神宮

이세신궁은 미에현 이세시에 있는 신사군을 총칭하는 말이다. 아마테라스 오미카미를 모시는 신사의 총본사이며 내궁에는 삼종신기의 하나인 야타노카가미가 안치되어 있다.

이세 씨로 알려진 역사 깊은 신사

이세신궁은 아마테라스 오미카미를 모시는 코타이진구皇大神宮(신궁의 내궁)와 도요우케비메노카미豊宇気毘売神를 모시는 도요우케다이진구豊受大神宮(외궁)를 정궁으로 하며 14별궁 109의 섭사, 말사, 소관사의 총 125사로 이루어진 대규모 신사이다.

역사가 오래되고 다이라노 기요모리平清盛나 오다 노부나가織田信長 같은 위인들도 참배하던 곳이다. 현대에서는 '이세 씨' 또는 '신궁 씨'라는 애칭으로 사랑받고 있지만, 사실은 '진구神宮'가 정식 명칭으로 다른 신궁과 혼동하지 않도록 '이세신궁'이라고 부르게 됐다고 한다.

어째서 이세에 만들어졌는가 하면 지금부터 2000년 전, 나라의 수도에 모셔져 있던 아마테라스 오미카미는 야마토히메倭姫命를 미츠에시로御杖(신의 뜻을 받드는 매체)로 세우고 자신에게 보다 적합한 장소를 찾기 위해 여행을 떠났다. 이때 방문한 이세를 아마테라스 오미카미가 마음에 들어 이 땅에 자리 잡은 것이 시초라고 한다.

외궁에 모셔진 도요우케비메노카미는 아마테라스 오미카미의 식사를 담당하는 신으로 '외궁 우선 참배'라고 해서 내궁에 앞서 외궁에 신찬을 바친다.

이세신궁을 참배할 때는 이를 본따서 외궁에서 내궁 순으로 참배하는 것이 일반적이다. 외궁은 미에현 이세시 도요카와쵸豊川町, 내궁은 우치칸쵸宇治館町에 있기 때문에 이동하는 데 다소 시간이 소요된다.

〈아세참궁명소도회 伊勢参宮名所図会〉

관련용어

별궁別宮, **섭사**摂社, **말사**末社, **소관사**所管社
큰 신사의 경내에는 본사(정궁, 정전, 본전) 외에 작은 사가 여럿 존재하는 일이 있다. 이것은 별궁과 섭사 등으로 불리며 모두 본사에 연고가 있는 신이 모셔져 있다. 이세신궁은 125사를 총칭하는 말로 모두를 순례하는 '125사 참배'라는 행사도 있다.

야마토히메倭姫命
제11대 스이닌垂仁 천황의 딸. 제국을 순례하던 중 신탁을 받고 아마테라스 오미카미를 이세의 땅에 모신다.

미츠에시로御杖代
하나님과 천황에 지팡이로 섬기는 것

신찬
신에게 바치는 음식과 술을 말한다.

COLUMN 지폐와 부적을 세는 방법

신사에서 취급하는 지폐와 부적은 '1매' 또는 '하나'가 아니라 '1체'라고 센다. 이것은 일반적으로 헤아리는 방법이 아니라 신을 공경하는 것이며, 신 기둥 또는 자리座라고 세는 것과 같다. 덧붙여서, 이세신궁에서 취급하고 있는 부적은 내궁이 아마테라스 오미카미, 외궁이 도요우케비메노카미豊宇気毘売神의 것으로, 양쪽 모두 갖는 것을 권장하고 있다.

92 무라카미村上 수군

무라카미 수군은 전국 시대에 오우치 가문 및 오다 가문과 싸워 용명을 떨친 해적 무리이다. 힘의 비밀은 정교한 항해 기술과 호로쿠비야焙烙火矢(발사식 폭탄)라는 강력한 무기였다.

화약을 무기로 날뛰던 해적 집단, 무라카미 수군

일본에서는 옛날부터 해안에 사는 사람들이 집단을 이뤄 주변 해역을 지배하는 해적 무사로 활동했다. 일반적으로 해적이라고 하면 주로 대항해 시대에 활동하던 상선이나 해안 마을을 습격하는 도적단을 떠올리기 쉽지만, 해적군의 실태는 그와는 다르다. 물론 약탈 행위를 하지 않은 것은 아니지만, 기본적으로는 선박과 협상을 해서 통행료를 받을 뿐이고 선박을 경호하거나 물자를 운반하기도 했다. 그리고 요청이 있는 경우는 협력해서 전쟁에 참여하기도 했다. 도적이라고 해도 무법자의 모임이 아니라 오히려 해상의 치안 유지에 기여하던 조직이었다.

무라카미 수군도 이러한 해적 무리의 하나로, 세력 범위는 세토나이카이瀬戸内海의 게이요제도芸予諸島를 중심으로 한 해역이었다. 남북조 시대부터 활동한 기록을 볼 수 있지만, 화려하게 활약한 것은 역시 전국 시대일 것이다. 전국 시대의 무라카미 수군은 주고쿠中國 지방의 전국 다이묘인 모리가毛利家와 우호 관계에 있어 모리 가문이 전투를 할 때 수군의 주력으로 참전했다. 유명한 전투는 이쓰쿠시마厳島 전투를 비롯해 미노시마豊前簑島 전투, 이요伊予 출병 그리고 오다 노부나가의 수군을 해산시킨 1차 기쓰카와구치木津川口 전투 등을 들 수 있다.

그들의 힘을 지탱하던 것이 호로쿠비야焙烙火矢라는 무기이다. 이것은 질그릇 도자기에 화약을 채운 것으로, 도화선에 불을 붙여 적에게 던져 폭발시키는 발사식 폭탄 같은 무기였다. 무라카미 수군의 군선은 적함에 접근해서 호로쿠비야를 던진다. 폭발에 흩날린 도자기 조각이 적병에게 부상을 입히고 선박에도 손상을 주었다.

하지만 오다 노부나가와 다시 붙은 제2차 기쓰카와구치 전투에서 마침내 무라카미 수군의 진격이 중단됐다. 이 싸움에서 오다 군은 선체 철판으로 덮은 철갑선이라고 불리는 군선을 투입했다. 무라카미 수군의 호로쿠비야는 이 배의 장갑판에 맞고 튕겨나와 오히려 철포와 대포의 공격을 받아 큰 손실을 입고 패배했다.

관련용어

게이요제도芸予諸島
내륙 서부에 위치하는 제도. 각 섬은 히로시마현과 에히메현에 속해 있다. 게이요세도의 하나인 노시마에는 무라카미 수군의 거점 중 하나인 노시마 성터의 유적이 남아 있다.

철갑선
1차 기쓰카와구치 전투에서 패전하자 오다 노부나가가 건조를 명령한 군선. 자세한 내용은 불분명하지만 선체에 철의 장갑판을 붙여 조총이나 대철포를 장비한 대형 선박으로 전해진다. 오다 군은 배를 6척 건조하여 2차 기쓰카와구치 싸움에서 무라카미 수군에게 승리했다.

93 나베시마鍋島 소동

사가번佐賀藩 초창기에 일어난 집안 소동으로, 실질적인 지배권을 장악한 나베시마 나오시게, 카츠시게 부자에게 불만을 가진 류조지 타카후사가 아내를 죽이고 자살을 기도했다.

사가번의 집안 소동에서 바케네코化け猫 전설이 되다

류조지 타카후사는 1대에서 히젠국肥前国(사가현·나가사키현)의 전국 대영주에 오른 류조지 다카노부龍造寺隆信의 손자이다. 사건의 발단은 다카노부가 시마즈씨島津氏와의 싸움에 패배하여 전사한 것이다. 뒤 이어 가장(가독家督)이 된 다카노부의 아들 마사이에政家는 병약했기 때문에 류조지 가문의 중신으로 다카노부의 동생이기도 한 나베시마 나오시게를 양자로 맞아서 정무를 맡기고 나오시게의 양자로 맞은 아들인 다카후사高房에게 가장을 양보하고 은거했다. 당시 다카후사는 아직 5, 6세의 아이에 불과했고 류조지가는 우수한 나가시게의 수완으로 전국 시대를 살아간다.

그 후 천하를 잡은 도쿠가와 이에야스가 막부를 열자 다카후사는 사가번에서 류조지 가문의 복권을 요청했다. 다카후사가 나가시게의 양자가 된 것도 향후 장래적으로 지배권을 류조지가로 되돌리기 위해서였다. 그런데 막부는 류조지가로부터의 선양으로서 나베시마鍋島의 지배를 인정하고, 다카노부 동생들도 나베시마를 지지했다. 이 결과 나오시게의 아들 가츠시게가 공식적으로 사가 번주가 되어 절망한 다카후사는 2번 자살을 시도해 사망한다. 그 상심 때문인지 마사이에도 같은 해에 죽어 다이묘로서의 류조지가는 단절한다.

나베시마에 위양한 것은 막부에서 공인한 일이지만, 그 후에 사가 성벽 아래에서 다카후사의 유령이 나온다는 소문이 났고, 이것이 발전하여 〈나베시마의 바케네코 소동〉이라는 전설이 탄생한다. 2대 사가 영주 나베시마 미츠시게鍋島光茂에 류조지 마타시치로龍造寺又七郎가 살해되어 그 어머니가 자살했을 때 피를 핥은 길 고양이가 복수를 위해 미츠시게를 괴롭히지만 번의 충신에게 토벌한다는 내용이 줄거리다. 가부키 상연 목록은 물론 나중에는 강담의 소재로도 인기가 있었다.

관련용어

가독家督
집안의 대를 이음. 여기에서는 류조지 가문 당주로서의 권한을 말한다. 다카노부는 전사하기 이전에 가독을 마사이에에게 양보했지만 실권을 잡고 있었다.

류조지 가문 단절
다이묘 가문은 단절했지만 다카후사에게는 출가했던 아들인 스에아키季明가 있었다. 아버지의 죽음 이후 스에아키 또한 가문의 몇 명과 함께 류조지 가문의 복권을 호소했지만, 사가번이 안정되어 있던 점도 있어 인정받지 못하고 아이즈번会津藩(에도 시대 일본의 지명으로 현재의 후쿠시마현 서부)에 맡겨져 아이즈 번사가 됐다.

막부 공인
다이묘 가문의 상속에는 막부, 즉 장군의 승인이 필요했다. 가령 류조지 가문 모두가 다카후사를 당주로 원해도 막부가 인정하지 않으면 변경할 수 없었다.

COLUMN 바케네코를 모신 슈린지秀林寺와 네코다이묘진猫大明神

강담에 등장하는 바케네코는 치부모토우에몬千布本右衛門이라는 무사에게 토벌됐다. 그런데 치부千布 본가에서 사내아이가 태어나지 않자 바켄코의 저주라고 생각하고 호다이지菩提寺의 슈린지에 고양이 무덤을 세웠다는 이야기가 있다.

94 미야자와 겐지 宮沢賢治

다이쇼·쇼와 시대의 시인, 동화 작가. 농업 연구가, 농업 지도자로도 활동했다. 종교와 자연을 바탕으로 한 독자적인 세계관을 갖고 수많은 동화·시를 남겼다.

이상을 추구한 순수한 문호

의무 교육을 받고 있기에 미야자와 겐지의 작품을 접한 적이 없는 일본인은 거의 없을 것이다. 동화집 〈주문이 많은 요리점〉(1924년), 동화 〈은하철도의 밤〉(1927년경), 시 〈비에도 지지 않고〉(1931년), 동화 〈바람의 마타사부로又三郎〉(1934년) 등은 특히 유명하다. 출생지인 도호쿠東北의 자연과 생활을 많이 그렸다.

1896년에 이와테현 하나마키花巻에서 태어나 니치렌종日蓮宗(일본의 불교 종파)에 깊은 믿음을 갖는다. 그 믿음은 일화에 남을 만큼 열심이었다고 한다. 농학교에서 교사를 맡는 한편으로 시집 〈봄과 수라〉(1913년)와 〈주문이 많은 요리점〉을 자비 출판했다. 일부 문호로부터는 존경받았지만 그가 살아 있는 동안 미야자와 겐지라는 문호는 일반층에게까지 알려지지는 않았다. 그가 평가를 받은 것은 38세의 나이로 사망한 뒤의 일이다.

그에 관한 말로 'Ihatov'라는 것이 있다. 〈주문 많은 요리점〉의 광고에서 사용된 신조어로, '이상향'을 나타낸다고 한다. 그의 고향 이와테를 에스페란토식으로 발음했다는 설이 농후하며 따라서 이와테현에는 그의 이름을 따서 'Ihatov'라는 이름이 붙은 장소가 많이 있다.

그런 미야자와 겐지에게도 함부로 다뤄지는 이야깃거리가 있다. 그렇다, 바로 동정童貞이다. 겐지는 평생 동정이라고 알려져 있으며 이에 관한 일화도 많다(그러나 춘화 수집가로도 알려져 있다). 이상을 추구한 겐지의 아름다운 세계관은 생생한 현실을 접하지 못했기 때문일까….

관련용어

에스페란토
1887년 자멘호프Zamenhof에 의해 고안된 인공 국제 언어. 에스페란토는 '희망을 가진 자'라는 뜻

COLUMN 동정童貞으로 불린 동화 작가들

의외로 평생 동정으로 알려진 위인은 적지 않은데 만유인력으로 알려진 아이작 뉴턴은 평생 한 번도 정액을 흘린 적이 없다는 일화까지 있다. 조금 재미있는 우연으로는 야코프 그림과 한스 크리스티안 안데르센도 동정이었다고 한다. 미야자와 겐지를 포함하여 모두 동화로 알려진 작가이다.

95 특이점

블랙홀의 중심에 있다고 하는 특이점. 그러나 특이점은 우주에만 있는 존재는 아니다. 물리의 세계에서는 비교적 자주 등장하는 '점点'인 것이다.

무한대를 갖고 인과율을 붕괴시키는 불규칙

평행세계나 시간여행을 다룬 픽션에서는 특이점이라는 단어가 나온다. 이 경우에는 역사나 세계가 바뀌어도 그 영향을 받지 않는 특별한 존재를 지칭하는 경우가 많다. 수학이나 공학에서도 사용되는 단어이지만, 물리에서도 자주 등장한다.

가장 유명한 '중력 특이점'은 중력장이 무한대가 되는 장소를 말하며, 구체적으로는 블랙홀의 중심을 가리킨다. 블랙홀의 특이점은 빛마저도 삼키는 공간에 둘러싸여 있기 때문에 특이점을 직접 관찰할 수 없다. 블랙홀의 경계 쪽을 '사상 지평선(빛이 도달하는 한계 영역)'이라고 하는데, 계산상 사상 지평선에 둘러싸여 있지 않은 특이점='벌거숭이 특이점'도 있을 수 있다는 것이다. 다만 특이점을 블랙홀 외부로 인정해 버리면 상대성이론이 파탄나게 되지만, 그것이 실재하는지의 여부는 알려져 있지 않다.

이외의 특이점으로는 프란드틀-글라우어트Prandtl-Glauert 특이점이 있다. 이것은 물체가 기체 중을 고속 이동하여 음속을 초과하면 지금까지 압력과 온도가 상승했는데 갑자기 온도가 내려간다는 것이다. 또한 반호프Van Hove 특이점은 결정의 상태 밀도가 발산=무한대가 된다는 것이다.

이렇게 보면 특이점은 대체로 '이론식에서 무한대나 이상異常을 나타내는 특정 장소나 값'이 된다. 왜 그런 것이 있는지에 대한 해명은 전문가에게 맡기겠지만, '이론의 인과율을 붕괴시키는 불규칙 존재'라는 의미에서는 소설의 특이점과 겹친다.

관련용어

사상 지평선
상대성이론에서 정보가 전달되는 빛이나 전자파 등으로 전달하지 못하는 거리에 있는 영역의 경계. 그 이후의 정보를 인류는 알 수 없다.

루트비히 프란틀
Ludwig Prandtl
1875~1953년. 독일의 물리학자. 열전도에 대한 무차원의 물성치, 프란틀 수Prandtl number를 명명했다.

레온 반 호프
Leon Van Hove
1924~1990년. 벨기에 물리학자, 전 CERN 사무총장. 진동을 양자화한 포논의 상태 밀도에 대해 최초로 다룬다.

COLUMN 인공지능이 문명을 지배하는 특이점은 2045년!

기술적 특이점(싱귤래리티)이라는 것도 있는데 이는 인공지능의 발전이 가속화하여 인류의 지성을 합친 것보다 더 뛰어난 초인공지능이 출현하는 시점을 말한다. 물론 그런 미래는 아직 오지 않았지만, 2045 년경에 도달한다는 것이 유력한 설이다. 이것은 2045년 문제라고도 한다. 과연 미래는 어떻게 될까?

96 임마누엘 칸트 Immanuel Kant

지금까지의 철학을 근본적으로 재검토하고 새로운 개념으로 근대 철학의 기초를 구축한 임마누엘 칸트(1724~1804년). 그의 철학의 키워드는 '비판'이다.

존재라는 개념을 바꾼 철학자

칸트는 3대 비판서 〈순수 이성 비판〉, 〈실천 이성 비판〉, 〈판단력 비판〉을 쓴 것으로 유명하다. 그의 철학은 매우 난해한 것으로도 유명하지만, 이 3권은 지금까지 많은 사람들이 해석을 해서 내용이 비교적 널리 알려져 있다.

중심 내용을 고르면 지금까지 '사물이 있기 때문에 우리는 그 사물을 인식할 수 있다'라고 일반적으로 생각했지만, 칸트는 '우리가 인식해야 비로소 사물이 존재한다'고 역설했다. 즉, 우리가 인식이나 경험할 수 있는 것이 존재이며, 그렇지 않은 것은 존재하지 않는 것과 마찬가지라는 것이다. 이 생각은 지금까지 믿어 온 철학을 180도 뒤집는 것으로, 지동설을 주장한 코페르니쿠스를 따서 '코페르니쿠스적 전환'이라고 불렸다.

또 하나 칸트는 도덕에 대해서도 독자의 이론을 설명했다. 도덕은 모두가 존경할 규칙이지만, 왜 그것을 따를 것인가 하면 '신의 가르침이기 때문'이라는 게 당시의 철학이었다. 그러나 칸트는 '본래 모두가 가지고 있는, 사람으로서 그래야 한다는 자율성'을 꼽았다. 속셈이나 타산 등이 아니라 본래는 아무런 대가 없이 '좋은 행동을 하자'는 마음이 있다는 것이다.

이러한 칸트의 사상은 '초월 철학'이라고 불리며 이후 독일 철학자들에게 면면히 계승됐다. 이렇게 쓰니 칸트는 위대한 딱딱한 철학자일 것 같지만 실생활에서는 사교적이고 열정 넘치는 교수로 주위의 사랑을 받았던 인물이라고 한다.

임마누엘 칸트의 초상

관련용어

3대 비판서
칸트의 저서. 57세가 되는 1781년에 초판을 간행했다. 이 유명한 저서에서 칸트의 철학은 비판철학이라고도 불린다.

칸트의 도덕
칸트는 도덕에 대해 기독교 등의 신앙에 의한 것이 아니라, 모두가 반드시 가진 보편적인 것이라고 말했다.

COLUMN 전쟁 없는 세계를 언급한 〈영원한 평화를 위해〉

칸트의 저서 중에서 〈영원한 평화를 위해〉도 잘 알려진 책이다. '인간은 이기적이며, 전쟁은 불가피하지만 전쟁을 통해서만 영원한 평화를 창출한다'는 내용의 책이다. 이 책은 현재 국제연합과 일본 헌법 제9조 등의 내용을 생각케 하는 1권으로서 논의를 좋아하는 사람들의 관심을 많이 받고 있다.

97 예티 yeti

히말라야에서 목격된 수수께끼의 설인雪人. 전신은 많은 털로 덮여 있고 직립 보행한다고 알려져 있다. 신종 유인원은 아닐까 화제가 됐다.

'히말라야의 설인'이라는 애칭으로 알려진 미확인 생명체

예티는 히말라야산맥이 있는 네팔에 사는 셰르파족 사이에서 예로부터 전설로 내려온 수수께끼의 설인이다. 이 설인이 세계적으로 널리 알려지게 된 것은 1951년 영국의 등산가 에릭 시프턴Eric Shipton이 예티의 것으로 보이는 거대한 발자국을 촬영하고부터다. 이 사진은 큰 반향을 불러일으켰고 이후 본격적인 예티 조사가 시작된다.

덧붙여서 일본에서도 1959년 도쿄 대학 의학부의 오가와 테이조小川鼎三 교수를 대표로 하는 '일본 설인 연구 그룹'이 결성되어 6명의 학술 탐험대가 에베레스트 기슭에 파견됐다. 하지만 지금까지 그 존재를 보여주는 명확한 증거는 발견되지 않았다.

예를 들어, 예티에 대해서는 지금까지 그 체모와 머리로 여겨지는 것이 현지에서 전해졌지만, 감정 결과 이들은 곰과 영양 등 이미 알려진 동물의 것으로 판명됐다. 또한 1986년에 영국에서 설원에 서 있는 털이 덥수룩한 설인이 촬영되어 화제가 된 적도 있었지만 나중에 이 사진은 쌓인 눈이 흘러내려 바위 표면이 드러난 부분이 우연히 설인처럼 보였던 것으로 드러나 단순한 착각으로 끝났다.

또한 예티 붐을 지핀 시프턴의 거대한 발자국 사진에 대해서도 '시프턴은 상습적인 허풍쟁이'라고 제기되는 등 조작 의혹이 부상한다. 점차 예티 따위 없는 게 아닌가 그 존재가 의심받게 된다. 게다가 현지 셰르파들에게 큰곰을 보였더니 그들이 이것을 예티라고 인식한 사실도 밝혀졌다. 이러한 점에서 현재는 설인의 정체는 갈색 곰이라는 설이 유력시되고 있다.

한편, 예티는 지금까지 많은 산악인들에게 목격되고 있어 경험 많은 그들이 한결같이 큰 곰으로 착각할 리 없다는 반론도 있어 그 정체에 대해서는 지금도 논쟁의 여지가 남아 있다.

관련용어

히말라야산맥
중국, 부탄, 네팔, 인도, 파키스탄에 걸쳐 있는 산맥. 세계 최고봉 에베레스트가 있는 것으로 알려져 있다.

산악인들의 목격
서양인이 설인을 목격한 곳은 1925년에 인도와 네팔의 국경에 있는 고봉 칸첸중가가 최초라고 한다. 최근에는 1998년에 미국의 산악인이 베이스캠프에서 하산 도중에 2마리의 예티를 목격했다고 증언했다. 또한 2002년에는 일본의 산악인 고니시 히로후미小西浩文가 히말라야 동부의 해발 1,000m에 있는 티베트 사원에 머무는 동안 예티로 보이는 생물을 만났다고 증언했다.

98 후시미 이나리 신사 伏見稲荷大社

후시미 이나리 신사는 교토부 교토시 후시미구 이나리 산기슭에 있는 큰 신사이다. 이나리 신사의 총본사이고 본전에는 우카노미타마노카미宇迦之御魂神 등이 모셔져 있다.

이나리를 신앙하는 신사의 총본사

전국에 약 3만 개나 존재하는 이나리노카미稲荷神를 신앙하는 신사로, 그 총본사가 후시미 이나리 신사이다. 이나리 신사에 모셔진 이나리노카미란 곡물과 농업을 관장하는 신이며, 우카노미타마노카미宇迦之御魂神와 도요우케비메노카미豊宇気毘売神 등 음식신이라 불리는 신과 동일시되고 있다. 우카노미타마노카미宇迦之御魂神, 사타비고토오오카미佐田彦大神, 오오미야노메노오오카미大宮能売大神, 다나카노오오카미田中大神, 시노오오카미四大神 등 나카 테라스 사대신 등, 후시미이나리 신사의 본전에 4기 등의 신이 모셔져 있는 것도 그 때문이다. 또한 이나리는 여우를 뜻하기도 하므로 이나리 신사 중에는 다마모노마에玉藻前를 모시는 곳도 있다고 한다.

후시미 이나리 신사이기 때문에 당연히 경내에는 도리이鳥居(신사의 경계 영역을 표시하는 문)가 존재한다. 다만 그 수는 다른 신사보다 압도적으로 많아 전부 1만 기나 된다고 한다. 이들 도리이는 신자들이 봉납한 것이며 경내에 빽빽하게 놓여 있다. 그중에서도 주홍색 도리이가 겹겹이 겹쳐 아름다운 터널을 형성하고 있는 센본토리이千本鳥居라 불리는 길은 매우 유명하다. 더 이상 없을 만큼 환상적이고 아름다운 광경은 일본을 무대로 한 판타지 작품에서도 종종 등장한다.

후시미 이나리 신사

관련용어

이나리노카미
稲荷神
벼를 신격화한 것으로 원래는 오곡 풍요를 관장하는 신이었으나 현대에는 장사 번성과 교통안전 등의 효험이 있다고 한다.

이나리稲荷 신사
이나리노카미와 동일시되는 우카노미타마노카미 등을 모시는 곳도 많다.

우카노미타마노카미宇迦之御魂神, 사타비고토오오카미佐田彦大神, 오오미야노메노오오카미大宮能売大神, 다나카노오오카미田中大神, 시노오오카미四大神
이나리노카미와 동일시되는 혹은 관계가 깊다고 여겨지는 신

다마모노마에
玉藻前
도바鳥羽 상황의 총애를 받은 아름다운 여자. 그러나 그 정체는 9개의 꼬리를 가진 여우 요괴 구미호이다. 음양사 아베 야스나리安倍泰成에게 정체를 들켜 도주하지만 야스나리 등에 의해 토벌당했다.

COLUMN 이나리 신사에서 여우를 신의 사자로 모시는 이유

신사라고 하면 고마이누狛犬이지만 후시미 이나리 신사 등의 이나리 신사에서는 신의 사자로 여우 상이 놓여 있다. 여우인 이유에 대해서는 여러 설이 있는데, 우카노미타마노카미의 별명이 미케츠노카미御饌津神로 세 여우신이라고 불렸기 때문이다. 또는 여우가 곡물을 먹어치우는 쥐를 포식하는 동물로 몸의 색이나 꼬리의 형태가 벼 이삭과 비슷하기 때문이라고도 알려져 있다.

99 오다 노부나가 織田信長

전국 시대의 무장 오다 노부나가(1534~1582년)는 1대에서 천하통일 직전까지 달성한 전국 시대의 최고 영웅이다. 가혹한 이미지가 있는 인물이지만 의외의 일면도 전해지고 있다.

노부나가의 가혹한 이미지는 과거의 일?

전국 시대의 3영걸로 불리는 오다 노부나가는 오와리국尾張国(현재의 아이치현 북부)의 작은 영주에서 시작하여 이마가와가문今川家이나 사이토가문斎藤家, 미요시가문三好家을 물리치고 긴키近畿 지방까지 세력을 확장한다. 무로마치 막부를 멸망시키고 독립 정부를 수립하여 천하통일 바로 직전까지 간 인물이다.

불행히도 부하인 아케치 미쓰히데明智光秀에 배반당해 천하 통일을 이루지 못했다. 하지만 단 1대에서 이만큼을 이룬 노부나가는 어떤 인물이었을까? 일반적으로 민감한 성격에 가혹하며 부하에게도 엄격한 인물이라는 이미지가 있다. 확실히 노부나가는 히에이잔比叡山과 나가시마 잇코잇키長島一向一揆에 불을 질러 전쟁에 참가하지 않은 사람을 몰살하고 대대로 중신이었던 사쿠마 노부모리佐久間信盛의 실책을 용서하지 않고 추방하는 등 잔학하고 냉철한 에피소드를 남겨 마왕이라고 불리기도 했다. 하지만 이러한 행위 이면에 노부나가의 타인에 대한 배려와 친절함이 전해지는 에피소드도 많이 남아 있다.

예를 들어, 어느 날 노부나가가 영내를 지나다가 길가에서 농부가 자는 모습을 본 적이 있다. 가신은 농민을 나무라며 칼로 쳐 죽이려고 했지만 노부나가는 "농민은 땅을 경작하는 직업으로 흙에서 자는 것은 좋은 일"이라며 웃으며 용서했다고 한다. 또한 부하인 하시바 히데요시羽柴秀吉(도요토미 히데요시)가 아내인 네네와 불화가 있다는 것을 알고는 네네를 격려하는 편지를 보내고 히데요시에게도 반성을 촉구했다고 한다. 실패한 부하에게 다시 만회할 기회를 주는 일도 많아, 친동생 오다 노부유키織田信行와 마쓰나가 히사히데松永久秀 등 자신에게 반역한 사람도 한 번 용서하는 등 도량이 넓었다.

엄격하기만 했다면 부하가 따르지 않았을 것이다. 진짜 노부나가의 모습은 필요하다면 엄격한 조치를 마다하지 않았지만, 본질적으로는 인정 넘치는 인간미가 매력적인 인물이 아닐까.

오다 노부나가상

관련용어

3영걸
전국 시대에 눈부신 활약으로 천하 통일의 길을 연 3명의 전국 다이묘를 말한다. 오다 노부나가, 도요토미 히데요시豊臣秀吉, 도쿠가와 이에야스徳川家康가 이에 해당한다. 3영걸이라는 정의가 성립된 것은 메이지 시대라고 한다.

도요토미 히데요시
豊臣秀吉
1537~ 1598년. 하층민 출신으로 오다 노부나가를 섬기며 두각을 나타낸다. 노부나가 사후에 세력의 기반을 이어 천하 통일을 이룬 인물. 일본 사상 최대의 입신출세를 이룬 영웅으로 일컫는다.

100 가이아

그리스 신화에서 원시 혼돈에서 최초로 태어난 여신으로, '게'라고도 불린다. 그리스 신화에서는 많은 신들이 가이아의 핏줄이라고 보고 있으며, 인간도 가이아의 후예가 된다.

혼돈에서 탄생한 신들의 대모

원초적 혼돈에서 태어난 가이아는 혼자서 하늘의 신 우라노스, 어두운 암흑의 신 에레보스, 바다의 신 폰투스, 밤의 신 닉스를 낳는다. 이어 우라노스와의 사이에서 오케아노스, 크리오스, 히페리온, 크리오스, 이아페토스, 크로노스 등의 남신과 테티스레아, 테미스, 므네모시네, 포이베, 디오네, 테이아 등의 여신이 탄생한다. 대부분의 신은 이들 티탄Titan(그리스 신화의 신족)의 계보이고 신들의 대모인 가이아는 대지 모신으로 여겨진다.

참고로 지구를 하나의 생명체에 비유한 유명한 가이아 이론은 가이아에서 명명됐다. 게임이나 애니메이션에 등장하는 '별의 의지'도 가이아 이론의 영향으로 대지와 지구를 가이아라고 부르는 것도 같은 이유다.

게임에서 가이아의 이름은 갑옷이나 방패 등 방어구의 명칭에서도 종종 보인다. 공격적인 설정이 많은 불, 바람에 대해 흙이나 땅 속성이 방어적으로 설정되는 것도 어머니 가이아의 이미지 때문일 것이다.

그런데 가이아는 첫째 거인 키클로페스, 팔이 100개 달린 헤카톤케이르 같은 괴물도 낳았는데, 우라노스는 추한 그들을 타르타로스에 가뒀다. 이를 용서하지 못한 가이아는 보복을 생각하고, 아다마스로 만든 큰 낫을 건네받은 크로노스가 우라노스를 거세하여 신들의 새로운 왕이 된다. 그러나 크로노스의 횡포 때문에 제우스 등이 크로노스에 도전한 티타노마키아 전쟁에서 제우스들을 도와 승리했다. 그런데 제우스도 티탄을 타르타로스에 봉인했기 때문에 거인 기가스들이 제우스 등에게 도전하거나 티폰을 낳는 등 한동안 전쟁이 이어진다.

어머니 가이아가 '모두 평등하고 사이좋게' 지내기를 바라는 건 당연하겠지만, 어느 의미에서는 인간과 같아 신들의 세계에서 완전한 평화는 어려웠던 것 같다.

〈가이아〉

관련용어

타르타로스
Tartarus, Tartaros
후세에서 지옥으로 간주된 지하 최하층에 있는 나락을 말한다. 항상 안개가 자욱하고 청동 벽으로 둘러싸여 있기 때문에 신들조차 도망갈 수 없다.

티타노마키아
Titanomachy, Titanomachia
티탄 신족과 아들 제우스 형제들 간의 전쟁. 전쟁은 10년간 이어졌지만, 가이아가 타르타로스에 갇혀 있던 괴물들의 존재를 제우스에게 알려줘 그들의 힘을 빌린 제우스가 승리했다.

기가스Gigas
우라노스가 거세됐을 때 가이아가 흘린 피를 만져 태어난 거인족. 가이아가 제우스에 대항하기 위해 낳았다는 설도 있다.

101 무뢰파 無頼派

종전 직후에 활약한 사카구치 안고坂口安吾 등이 포함된 문호의 일파로, 신게사쿠파新戯作派라고도 한다. 전후 일본의 혼동 속에서 반속무뢰反俗無頼의 심정을 그리고 실천했다.

중심인물은 낙오자, 약물중독자, 자살 마니아!?

'문호'라는 존재에 비상식, 알코올 중독, 연애 소동, 약물 중독, 비뚤어진 성질 등 편향된 이미지는 따라다닌다. 후세에 이름을 남긴 위인은 어딘가 '일반인'과는 다른 삐딱한 부분이 있을 것이다. 말을 가리지 않고 말하면 '문호 쓰레기 에피소드'로 책 한 권을 만들 수 있을 정도로 이루 다 열거할 수 없다. 그중에서도 특출하고 타락적인 인물·일화가 거론되는 사람들이 무뢰파이다. 전후의 허탈감, 기성 가치관에 대한 반기 등 '무법 행위'를 추구한 것이 무뢰파 문호의 특징이다.

"나는 리베르탱libertin이다. 무뢰파이다. 속박에 저항한다. 때를 만나 의기양양한 모양을 조롱한다". 이것은 다자이 오사무太宰治가 〈판도라의 상자〉(1945년)에서 한 말이다. 이것이 실질적으로 무뢰파의 출범이며 세상을 향한 선서였을 것이다. 전쟁 중의 억압, 그리고 전후의 허탈. 거기서 생겨나는 타락과 무상관無常觀을 탐구하고 실행하고 그렸다. 특히 그 중심인물인 사카구치 안고, 오다 사쿠노스케織田作之助, 다자이 오사무는 '무뢰파 3인방無頼派三羽烏'이라고 불리며 자주 술자리를 갖고 문학론을 논했다고 한다.

사카구치 안고는 〈타락론〉이나 〈백치〉, 오다사쿠노스케는 〈부부 단팥죽〉, 다자이 오사무는 〈사양斜陽〉, 〈인간실격〉으로 알려져 있다.

무뢰파는 신게사쿠파新戯作派로 불리기도 한다. 게사쿠戯作라는 것은 에도 시대에 학자가 심심풀이로 쓴 통속문학을 말하며, 교쿠테이 바킨曲亭馬琴의 〈난소사토미핫겐덴南総里見八犬伝〉 등을 가리킨다. 새로운 오락 소설의 형태를 찾는다는 의미에서 이런 이름이 붙여졌다. 아무래도 문호 본인의 엉뚱한 에피소드에 눈길이 가버리지만 전후 일본의 폐허와 혼란을 교묘하게 그린 그들의 작품은 바로 세상을 비춘 쇼와昭和(1926~1989년)의 오락 소설이라고 할 수 있을 것이다.

관련용어

무뢰파
주요 3인 외에 단 카즈오檀一雄와 이시카와 준石川淳도 일원. 이 두 사람은 기존의 리얼리즘을 부정하고 새로운 표현을 모색하는 데 중심을 뒀다.

다자이 오사무
太宰治
1909~1948년. 아오모리현 출생. 이부세 마스지井伏鱒二에게 사사받고, 아쿠타가와 류노스케芥川龍之介의 열광적인 팬으로 알려져 있다. 자살 시도와 동반 자살을 반복한다. 1948년 다마가와 상수玉川上水에서 투신 자살했다.

사카구치 안고
坂口安吾
1906~1955년. 니가타현 출생. 소년 시절부터 파격적인 행보를 보이며 거의 학교에 다니지 않았다고 한다. 수면제와 각성제로 종종 착란 증세를 보였다. 1955년 뇌출혈로 사망했다.

오다 사쿠노스케
織田作之助
1913~1947 년. 오사카 출생. 1947년 결핵에 의한 대량 각혈을 일으켜 사망했다.

COLUMN 문호의 성 취향마저 관심거리

일본의 문호와 관련해서는 원하든 원치 않든 버릇이나 일화가 남아 있다. 그 원인의 하나가 〈사소설〉일 것이다. 글자처럼 저자 자신의 경험과 심리를 그대로 소설로 한 것이다. 그래서 그들은 자신의 버릇을 폭로한 셈이다. 또한 수필 등에서도 타인의 일화를 이야기한 것이니까 많은 정보가 남아 있는 것은 당연하다.

102 영구기관

'무한 에너지를 만들고 싶다'. 산업혁명 이후 인류는 그런 꿈을 꾸어왔다. 그런 꿈의 기계가 바로 영구기관인데, 현실은 그리 만만치 않았다.

영구기관은 역시 무리라고 알게 된 역사가 물리의 역사

중세 무렵부터 과학자들은 외부에서 에너지를 받지 않고 영원히 일을 계속하는 기계, 즉 영구기관을 꿈꾸었다. 그런 것이 있으면 무한 에너지를 만들 수 있기 때문에 에너지 문제는 완전히 해결된다. 그 꿈을 향해 과학자들은 정력적으로 연구했는데, 연구를 하면 할수록 물리 법칙을 해명하게 되어 실현할 수 없는 일임을 알게 된다.

영구기관에는 2종류가 있는데, 먼저 '제1종 영구기관'이라는 것은 외부에서 에너지를 받지 않고 일을 외부로 꺼낼 수 있다. 그러나 에너지 보존의 법칙에 따라 기관의 에너지 총량은 변화하지 않는다. 즉, 그 무엇도 에너지원이 없는 상태에서 작업할 수는 없었다.

그래서 '제2종 영구기관'은 에너지 보존의 법칙을 깨지 않고 실현하려고 했다. 이것은 일을 수행하는 부분을 장치에 매립하여 열원에서 열에너지를 꺼내 작업으로 변환하고, 그 일에서 발생한 열을 다시 열원으로 회수하는 것이다. 그러나 이번에는 엔트로피 증가의 원리가 가로막았다. 열은 온도가 높은 쪽에서 낮은 쪽으로 흐르기 때문에 열효율이 100% 이상이 될 수 없다. 따라서 일에서 발생한 모든 열을 회수하는 것은 불가능하다.

영구기관은 결국 19세기에는 실현 불가능하다고 판단됐다. 그러나 돌이켜보면 오히려 모색하는 과정이 있었기 때문에 중요한 법칙을 발견한 셈이다. 노력이 낭비되는 일은 없다.

관련용어

에너지 보존의 법칙
에너지가 어느 형태에서 다른 형태로 변화하는 전후에 에너지의 총량은 항상 불변한다는 법칙. 예를 들어, 쇠공이 자유낙하로 지상에 떨어질 때 낙하함에 따라 운동에너지는 증가하고 위치에너지는 줄어들지만 역학적 에너지는 일정하다. 이유는 이 법칙 때문이다.

엔트로피 증가의 원리
엔트로피의 총합은 가역적 변화가 생겨도 불변하지만 불가역 변화가 생긴 경우에는 증가하여, 어느 쪽이든 줄어들지는 않는다는 원리. 예를 들어, 전기는 질이 높은 에너지이지만 열은 질이 낮다. 전열선을 사용해서 전기를 사용하여 열로 변환할 수는 있어도 열에서 전기로 되돌릴 수는 없다.

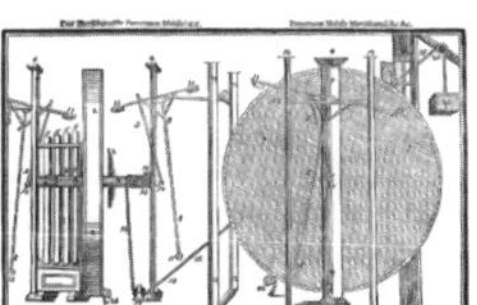

오르피레우스의 자동바퀴

COLUMN 수수께끼로 묻힌 오르피레우스Orffyreus 영구기관

18세기 독일에서 오르피레우스라는 사람이 영구기관을 개발, 전시했는데 이것이 미심쩍게도 어떠한 내부 구조도 공개되지 않았다. 당연히 의심을 받게 됐고 황족이 엄청난 금액으로 매입해서 조사하려고 했지만, 매입 직전에 오르피레우스가 기계를 파괴해 버린다. 결국 진상은 어둠 속에 묻혔다.

103 게오르크 빌헬름 프리드리히 헤겔

임마누엘 칸트의 철학을 기반으로 독일 관념론의 절정을 구축한 현대 독일 최대의 철학자로 여겨지는 인물이다. 특히 유명한 저서로는 〈정신현상학〉이 있다.

신은 자연의 섭리 자체이다

헤겔(1770~1831년)의 철학에서 핵심이 되는 것은 '모든 사건의 근저에는 신이 있다'는 이론이다. 예를 들어 태양이 동쪽에서 떠오르고 물건이 아래로 떨어지는 것 등 우리가 자연현상으로 당연하게 여기는 것은 다 신의 소행이라고 본다. 그리고 우리 인간이 태어나 생각하고 물건을 만드는 등의 활동을 하는 것도 신이 행하게 하는 일이라고 한다.

아닌 게 아니라 자연이 있는 것도 인간이 태어난 것도, 우리가 뭔가를 생각하거나 누군가를 좋아하게 되는 것도 근거를 과학적으로 설명할 방법이 없다. 그러나 그들은 확실히 존재하고 있는 이상 존재 이유가 있다. 그래서 '신이라는 존재가 근저에 있고 모든 것은 신이 행하게 한다'는 얘기가 되는 셈이다.

즉 헤겔이 말하는 신이란 자연의 섭리 자체인 것이다. 신이라고 하면 선인의 모습을 떠올릴지도 모르지만, 그렇지 않고 정체를 알 수 없는 신비한 힘을 신이라고 부르고 있다.

'인간의 근저에 신이 있다'는 생각은 이외에도 예가 있다. 불교에서는 '마음속에 부처가 있다'고 설교하고 기독교에서는 '하나님이 인간으로 내려온 것이 예수'라고 가르친다.

그런 점에서 헤겔의 철학은 곧 '신이 사람 속에 있다면 신=사람이며, 신이라는 특별한 존재는 없다'는 무신론으로 비판을 받게 된다. 이런 점까지 포함해서, 현대 철학에 절대적인 영향을 미친 인물인 것은 확실하다.

헤겔의 초상

관련용어

독일 관념론
18세기 후반부터 19세기 초반에 걸쳐 독일에서 주류가 된 철학. 정신적인 것을 중심으로 세계를 고찰하는 것이 특징이다. 칸트에서 시작해 피히테와 셸링을거쳐 헤겔이 완성시켰다.

정신현상학
1807년에 출간한 헤겔의 저서. 의식이 이성에 도달하는 과정을 말한 것이지만, 매우 난해한 내용으로 알려져 있다.

COLUMN 인간 안에 하나님이 있다는 개념

'인간 안에 하나님이 있다'는 개념은 신의 영혼을 나눈다는 의미로도 해석된다. 분리된 영혼이 여기저기 신사에 모셔지고 참배를 하면 그 사람 안에도 영혼을 나누어 받을 수 있다고 한다. 철학이나 종파를 불문하고 '인간 안에 신이 있다'는 생각은 비교적 널리 사용되고 있다.

104 모스맨 Mothman

미국 웨스트버지니아의 황폐한 마을 포인트 플레젠트에서 목격된 정체불명의 괴인이다. 거대한 날개를 가지고 고속으로 비행할 수 있다.

주민들을 두려움에 떨게 한 나방 인간

모스맨은 1966년에서 1967년 미국 웨스트버지니아주의 포인트 플레젠트라는 작은 마을에서 잇따라 목격된 정체불명의 괴물이다.

몸길이는 2m 정도로 체모는 회색이며, 붉게 빛나는 큰 눈과 같은 것을 갖고 있으며 팔은 없고 등에 큰 날개가 나 있다. 날개를 사용하여 시속 160킬로미터의 속도로 비행할 수 있다고 한다.

처음 목격된 것은 1966년 11월 12일로 포인트 플레젠트의 TNT 구역이라 불리는 지역 부근에 사는 주민들이 모스맨으로 여겨지는 괴물을 목격했다. 또 11월 14일 자정에는 TNT 구역 근처를 드라이브하던 지역 주민이 모스맨에게 추격당하는 사건이 일어난다. 그들은 전속력으로 차를 몰았지만 모스맨은 소리를 내면서 하늘을 날아 추격해 왔다고 한다.

또한 모스맨을 둘러싼 다음과 같은 불길한 소문도 있다. 1967년 12월 15일 포인트 플레젠트와 오하이오주 카노가를 잇는 실버 브리지가 무너졌다. 사망자와 실종자를 합쳐 46명에 이르는 대참사였지만, 이 사고가 일어나기 직전에 실버 브리지 부근에서 모스맨을 목격했다는 보고가 있다. 이 때문에 다리의 붕괴와 모스맨이 어떤 관계가 있는 건 아닌지 의심하는 사람도 있었다. 그리고 신기하게도 이 사고를 계기로 모스맨을 목격했다는 이야기는 뚝 끊겼다.

모스맨과 관련한 몇몇 목격 정보는 있지만, 그 실재를 보여주는 흔적 등은 전혀 없어 지금도 정체를 알 수 없는 상태이다. 홀연히 사라진 점까지도 수수께끼 같은 이해할 수 없는 미확인 생명체라고 할 수 있다.

관련용어

모스맨의 정체
모스맨의 정체에 대해서는 독수리 같은 조류를 오인했다는 것에서 포인트 플레젠트는 UFO가 자주 목격되던 것에서, 외계인 또는 그 애완동물(외계인 동물)이 아닐까 하는 것까지 다양한 설이 있다.

실버 브리지 붕괴 사고
1967년 12월 15일에 발생한 붕괴 사고. 현수교를 지탱하는 철판 체인 강철판의 일부가 오랜 부식에 의해 약해져 있었던 데다가 사고 당시 다리 위가 정체되어 무게를 견디지 못한 것이 원인으로 여겨진다. 31대의 차량이 휘말려 44명이 숨지고 2명이 실종, 18명이 부상을 입은 대형 참사였다.

*모스맨Mothman : 1960년대에 웨스트버지니아주에서 목격되었다는 괴물의 일종

COLUMN 관계자의 죽음은 모스맨의 저주에 의한 것!?

모스맨에 얽힌 이야기 중 하나인 영화 〈The Mothman Prophecies〉(2002)이 있다. 모스맨을 소재로 한 이 작품은 공개 후 관계자가 잇따라 죽자 '모스맨의 저주'라고 불렸다. 하지만 주연 리차드 기어도 감독 마크 펠링턴도 사망하지 않았다. 정말 저주라면 그들이 가장 먼저 표적이 됐어야 하는 만큼 설득력이 부족하다.

105 엔노 오즈누 役小角

공작명왕孔雀明王의 주법을 이용하여 하늘을 날았다는 엔노 오즈누는 수험도의 개조이며 음양사 아베노 세이메이安倍晴明의 스승인 카모노타다유키賀茂忠行의 조상에 해당하는 인물이다.

많은 전설이 남아 있는 수험도의 개조

야마토국(현재의 나라현)의 카쓰라기葛城 지방에 뿌리를 둔 가모 가문賀茂家에서 태어났다. 가모 가문은 신이 사는 영지 가쓰라기 산의 제사를 주관하고 오즈누 가문은 신으로부터 예언과 신탁을 맡는 역할을 담당하고 있었다.

오즈누는 어릴 때부터 머리가 좋아 8세가 되자 나라奈良의 관학에 입학하여 유교를 공부하기 시작했다. 아이임에도 불구하고 가르침을 이해하는 모습에 대제사장들도 매우 놀랐다고 한다. 다만 너무 총명했기 때문에 13세에 학문의 길에 한계를 느끼고 몇 년 후에는 관학을 퇴학했다. 자신이 나아갈 길을 모색한 끝에 산 깊숙이 들어가 수험자로서 수행을 시작했다. 초월적인 힘을 얻기 위해 대자연 속에서 심신을 단련하던 오즈누는 간코지元興寺의 승려 혜관慧灌을 만나 공작명왕의 주법을 배워 신통력을 몸에 익힌다. 그는 그 힘을 사용하여 많은 사람들을 도왔다. 오즈누의 이름은 많은 사람들에게 알려졌고 마침내 그를 연모하는 자들의 커뮤니티가 탄생했다. 이것은 이른바 종교 단체로, 수험도의 기원으로 간주되고 있다. 한편, 날로 세력을 넓히는 오즈누들을 위험하게 여긴 자도 있었다. 바로 그때의 조정이며, 그들은 죄를 날조해서 오즈누에게 이즈오섬伊豆大島에 유배를 가라고 했지만 신통력으로 하늘을 나는 오즈누에게 아무런 의미가 없었다. 그는 밤이 되면 하늘을 날아 일본 각지의 산을 돌아다니며 거기에 사는 신의 허가를 얻어 그 산을 산림 수행의 도장으로 이용했다. 그렇게 수험도를 넓힌 오즈누는 그 공적을 인정받아 수험도의 개조라고 불렸다.

오즈누에 관해서는 믿기 어려운 일화도 많은데, 후세에 전해지면서 선인과 요괴로 와전된 것도 드물지 않다. 예를 들어 〈니혼료이키日本霊異記〉에서는 오즈누는 공작명왕의 주법으로 하늘을 날고 귀신을 따라다니고 마지막에는 신선이 되어 하늘로 돌아갔다고 적혀 있다. 덧붙이면 이 귀신은 젠키前鬼, 고키後鬼이라는 부부 귀신으로 애니메이션이나 게임에 등장하여 많은 사람들에게 알려져 있다.

〈호쿠사이만가北斎漫画〉 엔노 오즈누

관련용어

수험도修驗道
일본 고래의 산악신앙이 외래의 밀교, 도교, 유교 등의 영향하에 헤이안 시대 말에 하나의 종교 체계를 형성한 것

유교
중국의 사상가 공자가 체계화한 종교 사상

공작명왕
밀교에서 신앙되는 명왕이라는 존격의 하나이다. 재난과 고통을 없애는 공덕이 있다고 한다.

신통력
하나님과 부처님이 지닌 초자연적인 힘

니혼료이키
日本霊異記
헤이안 시대 초기에 성립한 것으로 알려진 설화집이다.

106 이이의 붉은 군단 井伊の赤備え

이이의 붉은 군단井伊の赤備え은 도쿠가와 이에야스의 최강의 군단으로 가장 용명을 떨친 정예 부대이다. 그 힘의 비밀은 대장이 직접 창을 들고 적에게 돌격하는 맹렬한 전투 방식에 있다.

장군을 선두로 전군이 돌격하는 정예 부대, 붉은 군단

전국 시대에는 갑옷을 같은 색으로 통일해서 군단을 편성했다. 붉은 군단 이름에서 알 수 있듯이 빨간색으로 색을 통일한 데서 유래한다.

이이의 붉은 군단은 도쿠가와 이에야스를 섬긴 무장인 이이 나오마사井伊直政가 이끄는 정예 부대이다. 원래 빨간색은 가이국甲斐国(현재의 야마나시현)의 다케다武田家 가문의 정예 부대였지만 다케다 가문이 멸망하면서 나오마사에게 다케다 가문의 옛 신하가 보내진 것을 계기로 붉은 군단이 계승된 것으로 알려져 있다.

나오마사의 부대는 투구와 갑옷 등 모든 장비를 빨간색으로 통일했기에 전장에서 매우 눈에 띄었다. 하지만 이이의 붉은 군단이라는 이름이 세상에 알려진 이유는 외형보다 그 전투 방식에 의한 바가 크다. 일반적으로 부대의 지휘관은 군단의 중앙 또는 후방에서 전세를 보면서 행동한다. 하지만 나오마사는 싸움이 시작되면 가장 먼저 적진에 돌진하여 창을 휘두르며 분전하는 맹장이었다. 부하들도 대장군에게 뒤지지 않으려고 뒤를 이어 맹렬한 기세로 적진에 돌격한다. 고마키 나가쿠테小牧 長久手 전투에서는 이 전투 모습을 적군들이 칭찬했고 이후 나오마사는 '이이의 붉은 군단'이라고 불리게 됐다. 또한 오다와라小田原 공격에서는 각 부대가 오다와라성을 포위하고 머물러 있는 가운데, 나오마사의 군대만 요새에 야습을 해 대활약하면서 적과 아군에게 그 용명을 떨쳤다.

항상 맨 앞에 서서 돌격하기 때문에 나오마사는 부상이 끊이지 않았고 마지막에는 세키가하라関ヶ原 전투에서 입은 상처가 악화되어 42세의 나이로 사망한다. 하지만 이이 가문에서는 그런 나오마사의 용기를 자랑으로 삼으며 막부 말기까지 붉은 군단을 이어갔다.

관련용어

이이 나오마사
井伊直政

1561~1602년. 도쿠가와 이에야스를 섬긴 무장. 붉은 군단을 이끌고 전장에서 공훈을 세웠을 뿐 아니라 협상가로 활약하며 이에야스의 신뢰가 두터웠다. 도쿠가와 가문을 섬긴 무장 중에서도 특히 효자 공신인 도쿠가와 사천왕徳川四天王과 도쿠가와 산케츠徳川三傑, 도쿠가와 16신장徳川十六神将 중 한 사람으로 꼽힌다.

COLUMN 호조가北条家의 막강함을 지탱한 붉은 군단

군단의 색상에는 흰색이나 검정, 파랑 등 다양한 색깔이 있었다. 붉은색 이외에 정예 부대로 유명한 색에는 간토關東 호조가의 호조 오색을 들 수 있다. 이것은 노랑, 빨강, 파랑, 흰색, 검정의 5색으로 이루어진 부대이다. 특히 노랑 군단을 이끈 호조 쓰나시게北条綱成는 집안 최고의 맹장으로 이름이 높고 다케다 가문과 우에스기 가문上杉家 등 주변 세력과의 싸움에서 맹활약했다.

107 크로노스 Kronos

그리스 신화의 농경신으로 천공신 우라노스와 지모신地母神 가이아의 아들이다. 형제들 중에서는 막내이지만 아버지 우라노스를 제거하고 주신이 되어 티탄의 우두머리가 됐다.

아이들에게 패배해 유폐된 신들의 왕

자신이 낳은 괴물들이 타르타로스에 갇히자 가이아는 우라노스를 용서하지 못해 아이들에게 보복을 호소했다. 여기에 유일하게 부응한 것이 막내 크로노스이다. 그리하여 가이아는 아다마스(강철)로 만든 큰낫을 만들고 이를 건네받은 크로노스가 자고 있는 우라노스를 제거하고 새로운 신들의 왕이 됐다.

그런데 떠날 때 우라노스로부터 "너 또한 자식에게 쓰러질 것이다"라는 예언을 들은 크로노스는 이 말에 번뇌하게 된다. 그 후에 크로노스는 여동생 레아와 결혼한다. 헤스티아, 데메테르, 헤라, 하데스, 포세이돈 등이 태어났지만, 크로노스는 아이들이 태어나면 옆에 있다가 아이들을 통째로 삼켰다. 그러나 마지막으로 태어난 제우스만은 레아가 돌과 바꿔치기를 했기 때문에 삼키지 못했다. 크로노스는 나중에 성장한 제우스가 약을 먹여 삼킨 아이들을 내뱉게 된다. 그리고 제우스를 비롯한 아이들과의 사이에서 10년에 이르는 싸움 티타노마키아 Titanomachy가 시작된다. 이 싸움에서 패해 타르타로스에 유폐된다.

크로노스의 왕좌는 일시적이었지만, 일설에는 그 시대는 인간에게 여러 가지로 행복을 가져다준 황금시대로, 추방된 후에는 행복의 섬의 왕이 됐다고도 전해진다. 또한 본래 크로노스는 그리스 민족의 신이 아니라 토착신이고, 제우스와의 싸움은 그리스 민족이 원주민족을 쫓아낸 경위를 나타낸 것이라는 주장도 있다.

크로노스와 그 아이들

관련용어

아다마스

신화에서는 강철을 가리키는 것으로 생각된다. 그러나 나중에 매우 단단한 물질인 다이아몬드를 가리키게 됐고, 심지어 자석도 아다마스라고 부르게 됐다. 게임 등에 등장하는 아다만타이트, 아다만티움 등 가공 금속은 '딱딱한 물질'을 나타내는 아다마스에서 유래한다고 생각해도 좋을 것이다.

COLUMN 혼동하기 쉬운 시간의 신 크로노스

크로노스는 시간을 의인화한 동명의 신과 혼동하기 쉽다. 그리스어의 철자는 첫 번째 한 글자만 다르고 발음은 거의 같다. 영어 발음은 동일하다. 크로노스는 창작 작품이나 등장인물의 이름으로 사용되고 신 자체가 등장하는 작품도 있다. 농경신인지 시간의 신인지에 따라 의미가 달라지므로 확인할 필요가 있다.

108 나카하라 츄야 中原中也

쇼와 전기에 활약한 다다이즘 시인. 프랑스 시를 번역한 〈랭보 시집〉으로 알려져 있다. 젊은 나이에 사망했지만 술주정으로 인한 전대미문의 에피소드가 꽤 많다.

다자이 오사무와 기묘한 교우 관계

나카하라 츄야는 허무와 권태를 노래한 시인으로 시집 〈산양의 노래〉(1934년)에 수록되어 있는 '더럽혀진 슬픔에' 등은 들어 본 적이 있는 사람도 많을 것이다. 1907년에 야마구치현山口県에서 개업의의 아들로 태어나 다들 훌륭한 의사가 될 거라고 믿는 신동이었다. 그러나 어떤 일을 계기로 그는 문학에 심취한다. 바로 어린 동생의 죽음이다.

랭보, 베를렌 등 프랑스 상징주의자에 매료되어 프랑스 시를 탐독한다. 함께 상경한 연인을 고바야시 히데오小林秀雄에게 빼앗기는 등의 이별을 경험하고 더욱 더 문학에 빠져들었다. 시집으로는 생전에 발행한 〈산양의 노래〉, 사후에 〈지난날의 노래〉(1938년)가 있다.

30세의 젊은 나이에 세상을 떠난 나카하라 역시 문호답게 엉뚱한 에피소드라면 빠지지 않는다. 특히 유명한 것은 다자이 오사무와 교제하면서(둘 다 20대였다고는 해도) 마치 초등학생처럼 군 일화가 많이 남아 있다. 나카하라는 술주정이 심한 것으로 알려져 있는데, 술에 취해서 다자이의 집에 갑자기 찾아가 한밤중임에도 불구하고 '바보 바보!'라고 외치는 등 남들이 싫어하는 짓을 반복했다. 덧붙여서 다자이는 이에 화를 내는 게 아니라 겁이 나서 이불을 뒤집어쓰고 울었다고 한다. 이외에도 술집에서 다자이에게 '청고등어*'라는 욕을 하거나 꽤나 귀찮은 짓을 저질렀다. 다자이도 한때는 나카하라와 거리를 뒀다고도 하지만 그의 임종을 몹시 아쉬워했다.

관련용어

프랑스 상징주의자
보들레르를 필두로 언어가 가지는 음악적·영상적 면에 중점을 두고 상념의 세계를 표현하고자 했던 시인의 일파. 랭보가 계승하고 일본에는 우에다 사토시의 번역으로 소개됐다. 일본에서는 기타하라 하쿠슈北原白秋와 하기와라 사쿠타로萩原朔太郎 등이 유명하다.

고바야시 히데오
小林秀雄
1902~1983년. 평론가. 가와바타 야스나리川端康成 등과 함께 〈문학계〉를 창간한다.

다자이 오사무
太宰治
1909~1948년. 무뢰파의 소설가. 〈달려라 메로스〉 〈사양斜陽〉 〈인간 실격〉 등으로 알려져 있다. 아쿠타가와 류노스케芥川龍之介의 마니아인 것으로도 유명하다.

*청고등어青鯖는 실제로 나카하라 츄야가 다자이 오사무를 디스하며 한 말이다.

COLUMN 속박을 파괴하라! 다다이즘

나카하라는 다다이즘 시인이라고 불리는데, 다다이즘이라고 하는 것은 반문명, 반합리적 예술 운동의 총칭이다. 기성의 모든 사회적, 도덕적 속박에서 해방되는 것을 목표로 한다. 앞에 나온 무뢰파와 비슷한 점이 있는데, 저쪽은 타락, 이쪽은 파괴를 위주로 한다. 무의미함과 우연의 산물에 대한 관심은 나중에 초현실주의 운동으로 이어졌다.

109 에테르

학문의 세계에서는 인정받지 못하고 사라진 가설도 많다. 대표적인 설이 에테르로, 일찍이 빛을 전하는 매질로 여겨졌다.

생각했지만 역시 없었던, 우주를 채우는 수수께끼 물질

르네 데카르트는 모든 공간에는 미세하게 분할할 수 있는 미세 물질이 연속해서 채워져 있고, 모든 물리 현상은 그 속에서 일어나는 소용돌이라고 주장했다. 빛은 미세 물질 속의 파동과 같은 것이라고 했다. 로버트 훅은 그 생각을 계승해서 이 미세 물질을 에테르라고 명명했다. 이것이 물리학에서 말하는 에테르이다. 당시 이 설은 어느 정도 지지를 얻으며 많은 실험이 행해졌는데, 1887년 마이클 몰리의 실험이 결정타가 됐다.

우주가 에테르로 채워져 있다면 태양 주위를 공전하는 지구는 지구 쪽에서 보면 에테르의 바람이 불게 된다. 계절이나 시간별로 변화는 있으므로 그 빛의 속도를 조사하면 지구의 에테르에 대한 상대운동을 알 수 있다고 생각했다.

이 실험은 바로 '에테르의 바람'이라는 것을 측정하려고 한 것으로, 지금까지 가장 정확한 방법으로 지구의 운동에 의해 발생하는 간섭무늬(두 개 이상의 파동이 중첩하여 만드는 밝고 어두운 띠로 된 무늬)의 차이를 측정하려고 했다.

그러나 에테르의 바람은 예상보다 매우 작고, 실질 풍속 제로로 간주되어 에테르의 증거가 되지 않았다. 거기에 에테르 없이도 설명되는 특수상대성이론이 등장함으로써 에테르는 완전히 부정당하고 말았다.

결국 에테르는 지금은 부정된 가설이지만 미지의 물질 또는 미립자가 우주를 채우고 있고, 그것은 세계관 설정의 근본이 된다는 내용을 다룬 애니메이션(특히 로봇 메카) 작품은 많다. 픽션의 세계에서는 에테르적 발상이 아직 죽지 않은 것 같다.

관련용어

르네 데카르트
René Descartes
1596~1650년. 프랑스 태생의 철학자이자 수학자. 생각하는 주체로서의 자기와 그 존재를 정식화한 '나는 생각한다, 고로 존재한다'라는 명제로 유명하다. 근대 철학의 아버지로 불린다.

로버트 훅
Robert Hooke
1635~1703년. 영국의 자연 철학자이자 건축가. 훅의 법칙과 생체의 최소 단위를 세포라고 이름 붙인 것으로 유명하다. 알려져 있다.

마이컬슨-몰리 실험
1887년 앨버트 마이컬슨Albert Michelson과 에드워드 몰리Edward Morley가 한 실험. 에테르의 바람을 관측하는 실험에서 광속에 대한 지구 속도의 비율의 제곱을 검출했다.

COLUMN 열은 물질이었다!? 지금은 없는 칼로릭설caloric theory

에테르가 빛이라면, 이쪽은 열이다. 19세기까지 열은 칼로릭(熱素)이라는 물질의 이동으로 설명하는 학설이 통용됐다. 이 이론에 따르면 칼로릭은 보이지 않고 무게가 없는 열 유체로, 모든 물질의 틈새에 스며들어 있다고 한다. 참고로 그 이전에는 플로지스톤(燃素) 가설도 있었다.

110 르상티망 ressentiment

르상티망은 약자가 강자에게 원한의 감정을 품는 것을 말한다. 처음 이를 주장한 것은 키에르케고르이지만, 그것을 확산시킨 니체의 말로 일반적으로 알려져 있다.

약자가 강자에 대해 마음속에서 승리

약자가 강자에게 원한의 감정을 품는 것은 흔한 일이다. 가난한 사람이 부자를 부러워하거나 실패한 사람이 성공한 사람을 질투하기도 한다. 그러나 르상티망은 단순히 이러한 감정을 말하는 것은 아니다. 이러한 감정을 토대로 약자가 '자신의 것이 정의'라고 인식하고 마음속에서 우위에 서는 도식을 가리킨다.

예를 들어, 가난한 사람이 '나는 가난하지만 그만큼 마음이 친절하다. 저 녀석은 부자이지만 오만하다. 그래서 내가 정의의고 저 녀석은 악이다'라고 생각하고 마음속으로 이긴 것에 만족한다는 느낌이다.

르상티망이라는 말은 니체가 기독교의 도덕을 설명하기 위해 사용하면서 일반인들 사이에도 퍼졌다. 기독교는 원래 로마제국의 학대를 받은 유대인들이 "자신들이야말로 올바르다"는 것을 믿기 위해 만든 마음의 의지이다. 그런 기독교를 니체는 '노예의 도덕'이라고 말하고 르상티망이라고 불렀다.

그런데 이 약자가 강자에 대해 콤플렉스를 품는다는 의미에서는 오타쿠 문화가 바로 그것이다. 예전까지는 오타쿠 문화는 '어둡고 기분 나쁜 것'이나 '제대로 된 어른이 해서는 안 된다'고 여겼다. 약자인 오타쿠들은 열등감을 느끼면서 강자인 일반인 뒤에 숨어 오타쿠 취미를 즐겼다. 그러나 오타쿠 본인은 만족감과 행복감이 높고, 세간의 평가 따위는 '빌어먹을'이라고 생각했다. 바로 르상티망의 구도이다.

돌이켜보면 현재는 오타쿠 문화가 널리 확산되고 누구나 즐기는 일상이 됐다. 그런 '벼락 오타쿠'가 많아진 현상을 진정한 오타쿠들은 어떻게 생각하고 있을까?

관련용어

쇠렌 키에르케고르
Sören Kierkegaard

1813~1855년. 덴마크의 철학자. 개념적 헤겔의 이론에 이의를 제기하고 구체적인 개체로서의 인간을 대상으로 한 실존주의를 내걸었다.

COLUMN 르상티망은 창작 테마로도 활용

오타쿠의 르상티망을 그린 작품으로 2004~2005년 <빅 코믹 스피릿>지에 연재된 만화 <르상티망>이 있다. 또한 교토 대학 애니메이션 동호회가 만든 <원한 전대 르상티망>은 오타쿠와 일반인의 갈등을 테마로 한 작품이다. 이처럼 르상티망은 오타쿠와 깊은 관계가 있다.

111 쓰치노코 槌の子

일본 각지에서 목격된 뱀 모양의 미확인 생물체이다. 한때 전국적으로 쓰치노코 붐이 일어나, 생포하면 2억 엔의 현상금을 지불하겠다는 지자체도 등장했다.

예로부터 전해지는 환상의 생물

쓰치노코는 에도 시대의 〈화한삼재도회和漢三才図会〉에도 기록되어 있는 등 예로부터 일본에서 구전되어 온 전통적인 미확인 생물체이다. 몸길이는 30~70cm 정도에 삼각형의 머리와 평평한 부푼 몸통, 짧은 꼬리가 특징이다. 몸의 색깔은 검정색, 갈색, 회색으로 등에는 줄무늬가 있다.

이동할 때는 뱀처럼 구불구불 기어서 가지 않고 몸을 굽혔다 폈다 하면서 전진하는가 하면 몸을 둥글게 말아 구르기도 한다고 한다. 또한 엄청난 점프력으로 10m 가까이 점프할 수 있다는 설도 있다.

쓰치노코가 일반적으로 널리 알려지게 된 것은 1960년 수필가이자 낚시꾼인 야마모토 소세키山本素石가 교토의 밤夜泣峠에서 쓰치노코에 습격당했다는 경험담을 낚시 잡지에 게재한 것이 계기라고 하다.

특히 붐이 된 것이 1970년대로 '낚시광 산페이'로 알려진 만화가 야구치 다카오矢口高雄가 쓰치노코를 테마로 한 작품 〈괴물뱀 바치헤비幻の怪蛇バチヘビ〉를 발표하고 〈도라에몽〉에서도 쓰치노코를 그린 에피소드가 잡지에 게재되면서 아이들 사이에서도 단번에 쓰치노코의 이름이 퍼졌다.

이렇게 일본인에게 친숙한 존재가 된 쓰치노코는 일본 각지에서 많이 목격되었음에도 불구하고 지금까지 명확한 생존 증거는 발견되지 않았다. 1992년 기후현, 2000년 오카야마현 등 몇 차례 쓰치노코로 보이는 생물의 시체가 발견되었지만, 감정 결과 이들은 기존의 뱀과 도마뱀의 시체인 것으로 판명됐다.

관련용어

화한삼재도회
和漢三才図会
테라지마 료안寺島良安이 에도 시대 중기인 1712년에 편찬한 백과사전. 45권에 '노즈치野槌蛇'라는 명칭으로 쓰치노코에 대한 설명이 있다.

야마모토 소세키
山本素石
1919~1988년. 낚시 연구가이자, 수필가. 1965년대 1차 쓰치노코 붐을 유발한 사람으로 〈도망쳐 쓰치노코〉, 〈환상의 쓰치노코〉 등의 저서도 발표했다.

쓰치노코와 지자체
쓰치노코는 일본 각지에서 목격되면서 그 인기에 덕을 본 지자체도 많다. 예를 들어, 전국 유수의 쓰치노코 목격 다발 지역인 기후현 히가시시라카와촌東白川村에는 쓰치노코 자료관과 쓰치노코 신사가 있다. 또한 쓰치노코 수색 이벤트 '쓰치노코 페스타'를 개최하는 등 쓰치노코를 마을 부흥에 활용하고 있다.

COLUMN 〈환상의 괴물뱀 바치헤비〉로 70년대 쓰치노코 붐이 일어나다

〈환상의 괴물뱀 바치헤비〉는 저자인 야구치 다카오가 쓰치노코(도호쿠 지방에서는 바치헤비라고 불렀다) 탐색에 나서는 모습을 그린 다큐멘터리 방식의 만화 작품. 허구와 실상이 섞인 전개로 인기를 끌면서 쓰치노코 붐을 일으켰다. 제5회 고단샤講談社 출판문화상(아동 만화 부문)을 〈낚시광 산페이〉와 공동 수상한 걸작이다.

112 아베노 세이메이 安倍晴明

헤이안 시대를 대표하는 음양사이다. 뛰어난 실력과 업적으로 높은 벼슬을 얻었고 가마쿠라 시대부터 메이지 시대까지 음양 기숙사를 통괄하는 아베씨(츠치미카도가문土御門家門)의 시조가 됐다.

명실공히 최고의 음양사

아베노 세이메이는 헤이안 시대를 대표하는 음양사 중 한 명이다. 원래 음양사는 고대 중국에서 건너온 음양오행설과 도교 등의 사상과 거기에서 태어난 역학, 복점, 풍수, 주술 같은 지식과 기술을 익힌 자들을 말한다.

그들은 야마토大和 조정이 설립한 음양 기숙사에 소속되어 공무원으로 근무했다. 세이메이도 그들 중 하나이며, 특히 뛰어난 능력을 갖고 있던 그는 다양한 전설을 남겼다. 〈곤쟈쿠이야기今昔物語集〉와 〈우지슈이宇治拾遺이야기〉에 의하면, 세이메이는 시키가미式神(음양도를 사용하는 음양사가 부리는 귀신의 일종)를 사용해서 문을 여닫거나 잎을 시키가미로 개구리를 죽였다고 한다.

그 밖에도 '주술을 물리치고 사람을 지켰다, 교토에 결계를 쳤다, 마귀를 제압했다' 등 다양한 일화가 남아 있다. 그 힘이 너무 막강해서인지 세이메이의 어머니는 여우 요괴 구즈노하葛の葉라는 전설도 있다. 이 내용은 인형극과 가부키로도 공연됐다.

아베노 세이메이의 업적은 현대까지 전해지고 있으며, 그를 주인공으로 하거나 그 이름을 단 판타지 작품도 수많이 만들어졌다. 또한 아베노 세이메이 본인이 아니라 그 후예를 일컫는 캐릭터가 등장하는 작품도 지금은 드물지 않다.

카모노 타다유키賀茂忠行와 아시야 도우만蘆屋道満 같은 유명한 음양사는 그 밖에도 많이 존재하지만, 현대 일본에서는 인기와 지명도에서 아베노 세이메이가 최고가 아닐까.

아베노 세이메이상

관련용어

카모노 타다유키
賀茂忠行

아베노 세이메이의 스승인 음양사. 수험도의 개조인 엔노 오즈누役小角의 후손. 음양도를 포함한 학문 전반에 밝았다.

음양 기숙사

나카츠카사쇼中務省의 기관 중 하나로 역학과 풍수 전문가로서 음양사를 고용했다. 천문박사와 달력박사 등 여러 부서가 존재하고 장관인 온요우노카미陰陽頭가 그들을 통괄한다.

시키가미式神

음양사가 사역하는 귀신. 아베노 세이메이는 불교에서 신앙되는 열두 신장神將을 시키가미로 삼았다.

아시야 도우만
蘆屋道満

아베노 세이메이와 동시대에 활약한 음양사. 세이메이와 친했던 후지와라노 미치나가藤原道長의 정적 후지와라노 아키미츠藤原顕光에게 중용되어 세이메이의 라이벌이 됐다. 두 사람이 대결했다는 일화도 많이 존재한다.

COLUMN 아베노 세이메이와 인연 깊은 민간 음양사

아시야 도우만은 조직에 속하지 않는 민간 음양사로 전국을 돌아다니면서 다양한 일을 했다고 한다. 아베노 세이메이와의 일화는 일부 남아 있지만, 그중에서도 유명한 후지와라노 아키미츠의 요청을 받고 도우만이 세이메이에게 저주를 걸었다는 이야기. 그때, 도우만은 세이메이에게 계략을 들켜 체포되어 결국 출신지인 하리마국播磨国(현재 효고현)에 유배되었다고 한다.

113 세키가하라 전투

세키가하라 전투는 전국 시대에 최대 규모로 열린 야전이다. 천하를 겨루는 결전이라고도 하는데, 최근 연구에 따르면 알려진 만큼 팽팽한 싸움은 아니었던 것 같다.

사전 공작으로 승부는 이미 결정 나 있었다

게이쵸慶長 5년 9월 15일(1600년 10월 21일) 미노국美濃国(현재의 기후현 남부)의 세키가하라関ヶ原에서 도쿠가와 이에야스를 중심으로 한 동군과 이시다 미쓰나리石田三成를 중심으로 한 서군이 격돌했다. 세상이 말하는 세키가하라 전투関ヶ原の戦い가 발발한 것이다. 싸움의 원인은 도요토미 히데요시의 사후에 표면화된 정부 내부의 대립이었다.

세키가하라 전투는 간토 지방에서 규슈까지 일본 각지의 다이묘가 참전하고 양군의 병력은 합쳐서 15만 명을 넘었다(숫자에 대해서는 여러 설이 있다). 이것은 전국 시대에 치러진 야전으로는 최대 규모이다. 일반적으로 이 정도의 큰 세력이 격돌하는 경우 승패가 결정되기까지 며칠이 걸리는 경우가 많다. 당시의 기록에서도 많은 무장이 그렇게 생각한 증거를 볼 수 있다. 하지만 많은 사람들의 예상과 달리 세키가하라 전투는 전투를 시작하고 불과 반나절 만에 승부가 났다. 도대체 왜 이런 결말이 된 걸까?

통설은 개전 당시의 병력은 서군이 우세하고 각 군의 포진에서도 서군의 여러 장군이 동서에서 동군의 본진을 포위한 형태로 압도적으로 유리한 상황에 있었다고 한다. 그러나 실은 이에야스는 전투 시작 전부터 서군의 고바야카와 히데아키小早川秀秋와 와키사카 야스하루脇坂安治, 깃카와 히로이에吉川広家 등과 내통해 밀약을 맺었다.

실질적인 병력은 동군이 훨씬 우세했기 때문에 서군의 포위망도 전혀 기능하지 않았다. 군기모노가타리軍記物語 등에서는 고바야카와 히데아키 등이 형세를 관망하다가 이에야스의 군대에게 총격을 당해 당황해서 태도를 결정한 것처럼 묘사되어 있지만, 사실은 그들이 동군으로 돌아선 것은 전투가 시작하고 바로였다. 따라서 전투가 시작됐기 때문에 서군에게는 처음부터 전혀 승산이 없었다. 장군들의 배신으로 포위된 서군은 순식간에 무너져서 반나절 만에 승패가 결정난 것이다. 동군의 승리 요인을 든다면 전투가 시작되기 전에 모략전을 장치해서 필승의 준비를 한 이에야스의 능수능란함 때문이 아닐까.

〈세키가하라 전투 병풍〉

관련용어

도쿠가와 이에야스
1543~1616년. 미카와국三河国(현재의 아이치현 남부) 출신의 전국 다이묘. 어린 시절은 이마가와 가문今川家의 인질이었지만, 이마가와 요시모토今川義元의 죽음을 계기로 독립하여 오다 노부나가의 동맹자로 활약한다. 도요토미 히데요시가 노부나가의 기반을 이어받아 따르고 자신의 세력을 유지했다. 히데요시의 사후에 정적을 타도하고 에도 막부를 열었다.

이시다 미쓰나리
1560~1600년. 도요토미 히데요시 배하의 무장. 도요토미 정권하에서는 봉행으로 활약했지만, 히데요시의 사후에 동료와의 불화로 인해 실각한다. 자신의 파벌 확대에 열중하는 도쿠가와 이에야스를 위험하게 여기고 이에야스에 반발하는 다이묘와 함께 거병하지만 세키가하라 전투에서 패배하여 처형되었다.

114 제우스

티탄 크로노스와 레아 사이에서 태어난 그리스 신화의 최고 신이다. 정실 헤라 외에도 다양한 여신, 님프, 인간과 교제하여 많은 신과 영웅의 아버지가 되었다.

분별없이 여자에게 손을 대는 그리스 신화의 종마

제우스가 태어났을 때 어머니 레아는 배냇저고리에 감싼 돌을 제우스라고 내밀어 크로노스가 삼키게 했다. 제우스는 크레타섬에 숨어서 쿠레테스와 아말테이아에 의해 길러지고 무사히 성장한다. 제우스에게 도움을 요청받은 지혜의 여신 메티스가 구토제를 섞은 넥타르Nectar(그리스 신화에나오는 신들의 음료)를 크로노스에게 마시게 했다. 그리고 제우스는 크로노스가 토해내어 나온 형, 누나와 함께 크로노스에게 도전해서 티탄을 물리치고 신들의 왕이 됐다.

제우스의 주무기인 뇌정雷霆(천둥)은 이 싸움에서 타르타로스에서 구출한 키클롭스가 만든 것이다. 그 후 제우스는 메티스와 결혼하지만 크로노스와 가이아로부터 '탄생하는 아들에게 왕위를 빼앗긴다'는 예언을 듣고 메티스를 삼켜 버린다. 메티스는 제우스의 배 속에서 예언을 하게 되고, 그 지혜로 제우스는 전지전능한 힘을 갖게 된다. 이어 제우스는 법과 규정의 여신 테미스와 결혼한다. 둘 사이에서 태어난 아이가 인간에게 불을 가져다준 프로메테우스이다. 그런데 나중에 제우스는 여동생(실은 누나) 헤라에 손을 대고 이때 결혼을 조건으로 했기 때문에 테미스와 이혼한다. 이후에도 종종 외도를 반복하여 티탄의 여신 레토와 므네모시네, 마이아, 누나인 데메테르, 물의 여신 에우리노메 외에도 수많은 인간 여성과도 교제하여 새로운 신과 영웅들이 탄생한다.

이렇게 제우스는 상당히 호색이지만 각국의 왕이 제우스의 계보에 이름을 올리기 위해 창작한 부분도 있고, 그런 이유에서 제우스의 호색한 기질이 두드러지고 있다. 또한 제우스의 분방함에서 고대 그리스는 일부다처제라고 생각하기 십상이지만, 공식적으로는 일부일처제이다.

제우스상

관련용어

쿠레테스
크레타섬에 살던 신령들. 창과 방패를 두드리며 춤을 추고 소란을 피워 어린 제우스의 울음소리가 크로노스에게 들리지 않도록 속였다고 한다.

아말테이아
크레타섬에 살던 님프 또는 암컷 염소로 아기 제우스에게 젖을 먹여 키운 부모. 염소자리 전설에서는 아말테이아의 사후에 제우스는 그 가죽으로 아이기스의 방패를 만들어 길러준 감사의 뜻을 담아 별자리로 만들었다고 한다.

넥타르
마시면 불멸한다는 신들의 음료, 꿀로 만든 술이나 특별한 식물의 증류주라고 알려져 있다.

115 흑사관黒死館 살인사건

1934년에 발표된 오구리 무시타로小栗虫太郎의 장편 추리 소설로, 흑사관黒死館에서 일어나는 연쇄 살인을 그렸다. 일본 추리 소설의 3대 기서奇書 중 하나로 꼽힌다.

독자를 어리둥절하게 하는 3대 기서 중 하나

일반적으로 일본 3대 기서라고 하면 먼저 유메노 큐우사쿠夢野久作의 〈도구라 마구라〉가 떠오를 것이다. 읽는 동안 한 번쯤은 정신이상을 불러일으킬 거라는 저자의 말로 유명하다. 이에 대해 이 책은 이런 말을 듣는 일도 많다고 한다. '이 책을 독파한 사람은 그것만으로도 자랑거리다'라고.

무대는 가나가와현에 있는 메이지 이래의 건축물, 통칭 '흑사관黒死館'. 주인인 후루야기降矢木 박사가 변사한 후 이 관에서 박사의 예언대로 연쇄 살인이 일어난다. 탐정 역은 변호사인 노리미즈 린타로法水麟太郎, 딱히 언급되지는 않지만 직업은 형사 변호사이다. 조사를 진행함에 따라 이 건물 자체가 어떤 실험장이었던 것을 알게 된다.

이 책의 저자인 오구리 무시타로의 작풍은 페단티즘(현학취미衒学趣味), 극단적으로 말하면 전문 지식을 많이 담은 소설이다.

〈흑사관 살인 사건〉은 정수라고도 할 수 있는 작품으로 흑마술(악령을 소환하거나 남을 저주하는 따위의 비윤리적인 주술 행위)과 카발라, 신비학, 오컬티즘, 온갖 '오컬트' 지식이 등장한다.

서장에서는 괴테의 〈파우스트〉에서 주제를 갖고 와서인지 파우스트 박사의 4대 주문도 핵심 내용으로 되어 있다. 윤리성과 합리성을 요구하는 추리 소설에서 독자를 미혹하는 속임수가 들어 있다. 이것이 이 책을 '독파할 수 없다'는 가장 큰 원인일 것이다. 그런 이유에서 3대 기서, 안티 미스터리의 거편이라고 불린다. '나야말로'라고 생각하는 사람은 꼭 도전하기 바란다.

관련용어

일본 3대 기서
유메노 큐우사쿠 〈도구라 마구라〉, 오구리 무시타로小栗虫太郎의 〈흑사관 살인 사건〉, 나카이 히데오中井英夫의 〈허무에의 제물〉을 말한다.

오구리 무시타로
1901년생. 형사, 전기伝奇 소설가. 본명은 에이지로栄次郎. 데뷔작은 〈완전 범죄〉(1933년). 미국의 추리 소설가 반 다인Van Dine식 펜던트리 작풍을 구사한다.

현학취미衒学趣味
원래의 의미는 '학자인 체하는 것', '지식을 과시하는 것'이지만 문학에서는 '전문 지식을 아낌없이 사용한 작풍'를 가리킨다.

안티 미스터리
추리 소설이면서 기존의 추리 소설을 부정하는 실험적인 작품. 추리 소설이라는 구조 자체를 이용하는 메타 미스터리.

COLUMN 일본 추리 소설의 3대 기서

기서奇書라고 하면 중국의 4대 기서를 가리킨다. 기서란 '멋진 책'이라는 뜻인데, 일본의 3대 기서는 조금 다르다. 기발한, 현혹적 등 글자대로 '이상한 책'이라는 의미가 강하다. 3대 기서로서는 〈검은 수맥〉나 〈안티 미스터리 3대 거편〉, 〈일본 이단 문학사 3대 위업〉을 꼽기도 한다.

116 나노 머신

극소 사이즈를 제어하는 기술을 나노 기술이라고 하는데, 그런 크기의 기계를 나노 머신이라고 한다. 과연 꿈의 기계인가? 악마의 기계인가?

암 치료도 가능한 극소 기계로 지구가 종말을 맞는다?

나노 머신을 직역하면 nm(=0.000000001m) 크기의 기계로, 넓은 의미로는 눈에 보이지 않을 정도로 작은 크기의 기계를 가리킨다. 이 기계의 발상은 물리학자 리처드 파인만Richard Feynman이 1959년에 실시한 강연이 발단이다. 그에 따르면, 일반적인 공구로 그것보다 작은 공구를 만들고 그 공구로 더 작은 공구를 만들고…를 반복하면 결국 분자 수준의 기술이 확산된다는 것이었다.

그 후, 공학자 에릭 드렉슬러Eric Drexler가 자신의 저서에서 극소 크기의 제어 기술 전반, 즉 나노 기술에 의한 미래를 제안하면서 세상에 나노 머신, 나노 기술의 개념이 알려졌다. 물론 나노 머신은 아직 완성되지 않았지만, 나노 기술 연구가 진행하고 있으며, 신소재의 개발이나 컴퓨터의 프로세서 등에서 기술이 응용되고 있다.

그리고 만약 나노 머신이 완성된다면, 가령 의료 분야에서 활용이 기대되고 있으며, 암이나 동맥경화 등 그동안 치료가 어려웠던 질병을 유전자 치료할 수 있는 가능성이 있다고 한다. 반대로 단점은 테러나 요인 암살 등에 악용될 우려가 있다.

또한 자기 증식형 나노 머신 어셈블러(공장에서 생산하는 것보다 저렴하다)가 완성된 경우 오류를 일으키면 무궁무진하게 증식하여 결국 지구 전체를 나노 머신이 뒤덮는 그레이 구grey goo(자기 복제를 할 수 있는 나노 기계가 무한하게 증식하여 지구를 뒤덮는 가상의 종말 상태)를 일으킬 위험이 있다고 한다. 허구의 세계에서 나노 머신의 무한 증식이 등장하는 것은 이 그레이 구를 소재로 한 것이다. 하지만 실제로 그런 나노 머신이 생기다고 해도 에너지 보존의 법칙을 거스를 수는 없다. 증식을 위한 에너지가 대량으로 필요하고, 또한 나노 머신의 구성 원소, 요점은 재료 자체가 없어지면 더 이상 증식할 방법이 없다. 즉, 무한 증식의 가능성은 낮다고 여겨진다.

관련용어

리처드 파인만
Richard Feynman
1918~1988년. 미국의 물리학자. 소립자의 운동 모습을 규명하는 경로 적분과 소립자의 반응을 도시한 파인만 다이어그램의 발안자. 1965년, 도모나가 신이치로朝永振一郎 등과 함께 노벨 물리학상을 공동 수상했다.

에릭 드렉슬러
Eric Drexler
1955년~. 미국의 공학자. 분자 스케일에서 동작하는 나노 시스템을 대상으로 하는 분자 나노 기술이라는 분야를 개척했다.

그레이 구
존 폰 노이만John von Neumann이 제창. 자기 증식 기능을 가진 나노 머신이 모든 바이오매스를 사용하여 무한 증식하여 지구가 나노 머신으로 뒤덮인다는 지구의 종말

117 칼 마르크스

공산주의 이념을 제창하여 경제사에 절대적인 영향을 끼친 마르크스(1818~1883년). 자본주의 사회가 왜곡되기 시작한 현재 마르크스의 사상은 다시 주목받고 있다.

가난한 사람들의 영웅적인 존재?

마르크스라는 이름은 경제를 잘 모르는 사람이라도 한 번은 들어본 적이 있을 것이다. 그는 19세기 유럽에서 자본주의의 모순을 지적하고 공산주의를 주장한 것으로 알려져 있다.

자본주의는 자본가가 노동자를 이용하여 이익을 올리는 경제지만, 이익을 추구하면 노동자의 착취로 이어져 빈부 격차가 점점 심해진다. 결국 노동자들이 참다 못해 혁명을 일으켜 스스로 사회주의 경제를 만들 거라고 그는 말한다. 그리고 '인류의 역사는 오직 착취하는 자와 착취당하는 자의 싸움이다'라고 말했다. 덧붙여서, 사회주의의 더 정교한 이상적인 형태가 공산주의이다.

즉, 마르크스는 격차 사회를 문제 삼았다. 부자가 점점 부유해지고 가난한 사람이 더 가난해지는 사회를. 말하자면 가난한 사람들의 영웅적인 존재이다. 무엇보다 자기 자신은 가난한 사람이 아니라 자산가의 집안이었다고 하고, 자신은 '자본가를 타도하자'는 데에는 열정적이었던 것은 아닌 것 같다.

또한 그의 이론은 현재의 관점에서 보면 잘못된 부분도 있어 찬반양론으로 나뉜다. 게다가 실제로 사회주의 길을 걸었던 옛 소련과 동유럽 국가들은 결국 한계에 부딪혀 자본주의 앞에 굴복했다.

그럼에도 불구하고 자본주의 사회에서 빈부 격차가 커지는 것은 확실하고, 격차 사회라고 불리는 현재 마르크스의 가르침을 재검토하려는 움직임이 활발하다.

마르크스의 사진

관련용어

사회주의와 공산주의
생산과 관리를 사회적으로 공유하는 시스템이 공산주의. 이상적인 사회의 상징으로 여겨졌다. 궁극적으로는 국가라는 시스템도 불필요하다. 공산주의를 부분적으로 채택한 시스템이 사회주의. 시장 경제를 남긴 채 일부를 사회적으로 공유하고 사회 보장과 복지를 중시한다.

격차 사회
소득과 재산이 있는 사람과 없는 사람이 선명하게 나뉘어 그 지위가 뒤바뀌기 어려운 상태. 금전 이외에도 정보를 얻을 수 있는 사람과 얻을 수 없는 사람의 차이, 환경의 좋고 나쁨의 차이 등에도 사용된다.

COLUMN 마르크스의 사상과 통하는 만화 〈나니와 금융도〉

'마르크스의 생각은 나의 생각과 비슷하다'고 만화가 아오키 유지青木雄二는 말한다. 그의 히트작 〈나니와 금융도〉에는 자본주의의 모순이 여기저기에 그려져 있다. 일을 해도 해도 생활이 나아지지 않는 사람, 부자지만 단 한 번의 실패로 바닥으로 떨어진 사람. 그런 자본주의의 어둠을 마르크스는 약 150년 전에 지적했다.

118 바다뱀

태고부터 많은 선원들 사이에서 목격된 바다에 사는 미지의 거대 생물이다. 뱀과 같이 생긴 모습이 일반적이지만, 그 모습은 목격자에 따라 다양하다.

유사 이래, 전해 내려온 바다의 괴물

바다뱀은 오래전부터 전 세계의 바다에서 목격된 미지의 거대 생물이다. 몸길이는 10~30m 정도로 일반적으로 뱀과 같은 모습을 하고 있는 것으로 알려져 있지만, '악어 같았다', '갈기가 있었다', '혹이 있었다'는 등 목격한 사람에 따라서 그 모습은 다양하다. 이러한 이유에서 바다뱀은 어느 한 종류의 생물을 지칭하는 명칭이 아니라 '정체는 잘 모르지만, 어쨌든 본 적이 없는 바다에 사는 거대한 생물'을 총칭하는 말로 사용되고 있다.

이러한 '정체불명의 바다 괴물'을 목격했다는 예는 기원전부터 있었으며, 기원전 4세기의 철학자 아리스토텔레스와 서기 77년 로마의 학자 플리니우스도 바다에 나타나는 거대한 괴물에 대한 기록을 남겼는데, 이것이 단순한 전설로 끝나지 않는 것은 20세기 이후에도 목격 사례가 잇따르고 있기 때문이다.

예를 들어, 1985년에는 샌프란시스코만 안쪽에서 바다표범을 쫓는 길이 20m의 거대한 뱀 같은 괴물이 목격된 외에 2003년에도 캐나다 케이프브레턴섬 앞바다에서 어부들이 뱀 같은 거대한 생물을 맞닥뜨리는 사건이 일어났다. 또한 1975년부터 영국 팔머스 베이에서 목격되는 모르가Morgawr와 1905년 이후 캐나다 밴쿠버섬 앞바다를 중심으로 100건 넘는 목격 정보가 있는 캐디도 바다뱀의 일종으로 간주되고 있다. 물론 이들은 기존 생물을 오인하거나 지어냈을 가능성이 있는데, 다른 한편으로 1976년에 발견된 메가 마우스와 같은 사례도 존재한다. 바다 깊숙한 곳에 우리가 모르는 거대한 생물이 서식하고 있을 가능성은 충분히 있다.

관련 용어

모르가 Morgawr
영국 팔머스 베이에서 목격된 몸길이 6~12m 정도의 거대한 생물. 처음 목격 보고가 있었던 1975년 이후 자주 목격됐다고 한다. 그 모습은 뱀 같았다, 수장룡 같았다 등 다양하다. 또한 머리에 뿔이 나 있고 목 뒤쪽에 갈기가 있었다는 증언도 있다.

캐디
캐나다 밴쿠버섬 앞바다를 중심으로 종종 목격되는 거대한 생물. 길이는 9~15m 정도. 말과 같은 머리와 뱀 같은 긴 몸통을 갖고 있다. 그 모습을 포착했다는 필름과 사진도 많이 존재하여 존재 가능성이 높지만, 현재도 발견되지 않고 있다.

메가 마우스
1976년에 발견된 신종 상어. 몸길이는 최대 7m 정도로 심해에 서식하고 플랑크톤을 주식으로 한다. 하와이 연안에서 활동 중이던 미 해군 조사선의 앵커에 얽힌 것이 첫 발견 예. 매우 희귀한 종으로 포획 예도 극히 적기 때문에 그 생태에 대해서는 아직 알 수 없는 부분도 많다.

COLUMN 〈구약성서〉에 등장하는 바다 괴물

바다 괴물의 대표격이라고 하면, 레비아탄일 것이다. 〈구약성서〉에 등장하는 이 괴물은 다양한 게임이나 애니메이션에 등장한다. 비록 성경을 몰라도 그 이름을 들어본 적이 있는 사람은 많을 것이다. 레비아탄처럼, 태고부터 사람들은 바다에 악마가 산다고 믿었고 그것이 오늘의 바다뱀으로 이어지는 것이다.

119 예수

기독교에서 하나님과 동일하게 여기는 인물이다. 〈신약성서〉는 예수 그리스도의 말씀을 정리한 것이고 〈구약성서〉와 함께 기독교의 성서로 여겨진다.

신이며 아들이자 구세주이기도 하다

예수는 유대교의 포교에 힘써 왔으며 이후 기독교가 탄생하는 계기를 만든 인물이다. 그 이름은 그리스어로 '그리스도(구세주) 예수'라는 뜻. 기독교에서는 삼위일체설에 의해 하나님과 동일시되며 신앙의 대상이 되고 있다.

예수는 목수 요셉과 그의 아내 마리아의 아들로 기원전 4년 12월 25일에 태어난 것으로 알려졌다. 성경에 기록되어 있지 않기 때문에 이 날짜는 정확하지 않다고 하지만 기독교에서는 예수의 탄생을 크리스마스라고 해서 축하하고 있다.

30세 전후에 세례자 요한에게 세례를 받은 예수는 곧 유대교 포교를 시작한다. 그 과정에서 베드로를 비롯한 많은 제자를 만들지만, 유대인의 왕 혹은 하나님의 아들이라고 자칭한 죄로 잡혀 재판에 넘겨져 처형되고 만다.

그러나 이후 부활의 기적을 일으켜서 예수님은 하나님의 아들로서 더욱 추앙받게 되고 마침내 기독교의 모체가 되는 원시 교단이 성립된다.

기독교에서는 예수 그리스도라고 하면 곧 하나님 그 자체 또는 신이 인간으로 태어난 것으로 간주되지만, 기독교의 원형이라고도 할 수 있는 유대교에서는 예수는 하나님도 구세주도 아니라는 견해가 일반적이다. 한편, 이슬람교에서는 예언자로 간주될 뿐 역시 하나님으로 인정하지 않는다.

〈예수의 부활〉

관련용어

삼위일체설
하나님, 예수, 성령은 동일한 것이며, 각각 하나의 측면에 불과하다는 가르침

크리스마스
예수의 탄생을 축하하는 이벤트. 처형된 예수의 부활을 축하하는 부활절(이스터)도 있다.

세례자 요한
기원전 6년부터 기원전 2년경~36년경. 중동에 있는 요르단강(요단강)에서 예수에게 세례를 한 인물. 예수의 제자 중에도 요한이라는 인물이 있기 때문에, 이쪽은 세례자 요한이라고 부르는 경우가 많다.

세례
기독교인이 되기 위한 의식. 머리 또는 전신에 물을 뿌리거나 머리를 물에 적시는 것

성육신
하나님이 사람의 몸을 받아 이 세상에 나타나는 것

COLUMN 기념일 투성이의 기독교

기독교에서는 위업을 달성한 인물을 성인으로 추앙하고 있다. 그런데 이 성인이 헤아릴 수 없을 정도로 많고, 게다가 저마다 기념일이 정해져 있다. 우리나라에서는 크리스마스와 부활절 정도만 알려져 있지만, 기독교인에게는 매일이 누군가의 기념일이며, 그것을 축하하는 사람도 적지 않다.

120 베르덱 단체 사진

베르덱 단체 사진은 사카모토 료마坂本龍馬와 사이고 다카모리西郷隆盛 등 메이지 유신 당시 활약한 영웅호걸의 단체 사진으로 알려졌으나, 다양한 분석 결과 현재는 명확하게 부정당하고 있다.

무심코 꿈꾸고 싶은 수수께끼의 단체 사진

1974년 잡지 〈일본역사〉에 어느 사진에 대한 논문이 게재되었다. 논문의 저자는 초상화가인 시마다 다카시島田隆資. 내용은 논문에서 다룬 사진에 사카모토 료마와 사이고 다카모리, 다카스기 신사쿠高杉晋作 등 메이지 유신의 지사들이 찍혀 있다는 것이었다. 깜짝 놀랄 만한 주장은 학회에서 전혀 상대도 해주지 않았지만 대중의 주목도는 높아 역사 박물관에서 이 설을 받아들여 전시를 하거나 사진을 구워 붙인 휴판을 판매하는 등 사회 현상을 일으켰다.

이 화제의 중심이 된 사진이 베르덱 단체 사진이다. 사진이 처음으로 세상에 모습을 드러낸 것은 1895년에 잡지에 게재되면서이다. 당시는 사가佐賀의 영어학교 치엔칸致遠館에서 강사를 하던 네덜란드 선교사인 귀도 베르덱Guido Verbeck과 학생들의 단체 사진으로 소개됐다. 그러면 학생들의 단체 사진과 유신 지사들의 단체 사진 중 어느 설이 맞는 걸까?

2013년 논란에 종지부를 찍은 귀중한 증거가 발견되었다. 개인 소장 자료 중에서 베르덱과 사가 무사 등 7명이 찍힌 사진의 유리 원판이 발견된 것이다. 촬영 시기도 기록에 남아 있어 메이지 원년(1868년)으로 밝혀졌다. 사진에 찍힌 사가 무사 중 5명은 치엔칸 교사로, 그들은 거의 같은 모습으로 베르덱 단체 사진에도 찍혀 있었다. 즉, 베르덱 단체 사진이 촬영된 시기도 메이지 원년(1868년)으로 여겨지며 유신 지사의 단체 사진 설은 완전히 무시됐다(사카모토 료마는 사진 촬영 시 이미 사망).

관련용어

치엔칸致遠館
사가번이 나가사키에 설립한 영어 학교로 영학을 배우는 번교(藩校, 제후의 자제들을 교육하는 학교). 이와쿠라 도모미岩倉具視의 차남 이와쿠라 도모사다岩倉具定 등 메이지 시대에 멋지게 활약한 사람들이 이곳에서 공부했으며 베르덱 단체 사진에도 찍혀 있다.

귀도 베르덱
Guido Verbeck
1830~1898년. 네덜란드 출신의 기독교 선교사. 미국에서 공부한 후 나가사키를 방문해 글방을 열고 막부와 사가번의 요청으로 강사를 맡았다.

COLUMN 현재도 수수께끼에 싸여 있는 메이지의 공헌자, 사이고 다카모리의 진정한 모습

베르덱 단체 사진에 찍혀 있다는 인물 중 한 명인 사이고 다카모리는 극단적으로 사진을 싫어하는 것으로 알려져 있어, 실은 사이고라고 단정할 수 있는 사진은 한 장도 발견되지 않았다. 베르덱 단체 사진이 최초의 사진이 된다면 일대 사건이지만 현재는 무시당하고 있기 때문에 새로운 자료의 발견이 기대된다.

121 포세이돈

그리스 신화의 해신으로 올림포스 12신 중 하나이다. 원래는 그리스의 원주민이 숭배한 대지의 신으로 여겨지며 바다뿐 아니라 대지도 지배했다.

괴물과 왕들의 아버지이기도 한 유명한 해신

크로노스와 레아의 아들이다. 명계의 하데스가 형, 주신 제우스가 동생이지만 크로노스로부터 토해진 것을 두 번째 탄생으로 보는 설에서는 원래의 형제 관계가 뒤바뀐다. 아내는 바다의 여신이자 님프라고도 하는 암피트리테이다.

포세이돈은 성미가 거친 신이었기 때문에 청혼을 받은 암피트리테는 싫어하며 숨었지만, 돌고래가 찾아서 설득해서 결혼이 성립한다. 이 업적에서 탄생한 것이 돌고래자리이다. 그렇게까지 암피트리테에게 홀딱 반하고서도 포세이돈에게는 몇 명의 애인이 더 있었다. 그중 한 명이 유명한 메두사이다.

그녀는 미인이었지만, 하필이면 아테나의 신전에서 사랑을 나눈 탓에 괴물이 되어 훗날 페르세우스에 의해 퇴치된다. 이때 그 피에서 태어난 것이 천마 페가수스와 괴물 클레리오르로 이들도 포세이돈의 아들이라고 한다.

유명한 만큼 해양 관련 회사부터 잠수함의 미사일에 이르기까지 다양한 분야에서 포세이돈이라는 이름이 사용되고 있다. 일본에서는 변형 합체하는 로봇 작품과 초능력 소년의 활약을 그린 작품 등 바다에서의 활동이 전문인 로봇으로 등장한다. 특수 촬영 작품에서도 〈헤이세이 가면 라이더〉에 가면 라이더 포세이돈이 등장했다. 또한 포세이돈이 손에 들고 있는 삼지창 토리아이나는 영어로 '트라이덴트'라고 하는데 이것도 미국 해군 특수 부대의 상징과 대학의 심볼 등에 사용되고 있다.

포세이돈과 아테나의 분쟁

관련용어

님프
그리스 신화에 자주 등장하는 하급 신 또는 정령들을 말하며 님프라고도 불린다. 산과 계곡, 숲, 나무 등 속성에 의해 개별 명칭이 있으며, 암피트리테는 해신 네레우스를 아버지로 하는 바다의 님프, 네레이데스 중 한 명이었다.

엘레우시스
유명한 아테네 근처에 있던 고대 그리스의 작은 도시로 여신 데메테르 신앙의 중심지였다. 현재 그리스 서부 아티카 지방의 엘레프시나 부근이다.

이올코스
아르고호가 출항한 곳으로 유명한 고대 그리스의 도시. 현재 그리스 마그니시아 볼로스시의 한 귀퉁이에 있었다. 지금도 이올코스라 불리는 지역이 있는데, 고대 이올코스와 완전히 일치하는 것은 아니다.

COLUMN 이오니아인들 사이에서 성행했던 포세이돈 신앙

고대 그리스에는 아이올리아인, 이오니아인, 도리스인의 3개 집단이 있다. 포세이돈은 특히 해양 교역이 성행했던 이오니아인이 숭배했고 아테나이를 건국한 영웅 테세우스의 아버지라고도 한다. 또한 포세이돈을 기리는 이스트미아 제전은 고대 올림픽과 대등할 정도로 성황을 이루었고 아테나이 사람들은 전쟁 중에도 참가했다고 한다.

122 도구라 마구라

1935년에 발행된 유메노 큐우사쿠夢野久作의 장편 추리 소설이다. 정신병동을 무대로 기억상실증에 걸린 '나'가 자신의 정체를 모색한다. 일본 3대 기서奇書 중 하나이다.

많은 작가의 머리를 휘저은 희대의 기서

'〈도구라 마구라〉는 천하의 기서이다. 이것을 다 읽은 자는 몇 시간 이내에 한 번은 정신에 이상을 일으킨다고 한다.'

이 책을 평가한 너무도 유명한 이 문장은 이 책을 발행한 가도카와角川 서점이 스스로 붙인 띠지의 문구라고 하니 놀랍다. 책을 열지 않고도 읽을 수 있는 띠지에 미리 '책임을 지지 않습니다'라고 적을 정도로 이 책의 충격은 강하고, 그래서 매력적이라고 할 수 있다.

이어서 '일본 3대 기서'를 소개하는데 〈도구라 마구라〉라는 이름은 너무나 유명하다. 이 책은 유메노 큐우사쿠가 10년의 세월에 걸쳐 구상·집필했고 발행한 이듬해에 본인이 뇌출혈로 급사했다는 '그럴싸한' 결말까지 붙은 까닭이다. 많은 작가들의 칭찬의 목소리가 어디까지 가닿았는지 모르지만, 지금도 이 책에 영향을 받았다는 크리에이터는 적지 않다.

글의 첫머리에 '나'는 창문에 쇠창살이 박힌 독방 같은 병실에서 깨어난다. 그래서 무대는 정신과의 입원실인 것이다. 법의학 교수로부터 '나'가 잃어버린 기억이, 라고 어떤 사건의 중요한 열쇠를 쥐고 있다는 이야기를 전해 듣는다. 사건의 진상을 쫓는 의미에서는 추리 소설이지만, 작품 중에 '도구라 마구라'가 등장하는 중첩 구조와 뇌수의 지옥이라는 트릭, 그로테스크하고 에로틱한 표현…. 이 모든 것이 추리 소설의 틀을 파괴하고 있다. '안티 미스터리(반추리소설)', 그 이름에 걸맞는 작품이라고 할 수 있다.

관련용어

유메노 큐우사쿠
夢野久作

1889~1936년. 소설가, 동화 작가, 시인. 장르에 얽매이지 않고 다양한 작품을 많이 만들어냈다. 필명은 후쿠오카현의 방언으로 '몽상가'라는 뜻의 '유메노 큐우사쿠(꿈의 久作)'에서 가져온 것으로 알려져 있다.

COLUMN 3대 기서 중 가장 친숙한 〈허무에의 제물〉

3대 기서 중 하나인 나카이 히데오의 〈허무에의 제물〉은 1964년에 발행된 장편 추리 소설이다. 타이틀부터 싫은 예감이 들지만, 실은 가장 친숙한 작품이다. 왜냐하면 이 책의 '안티' 부분은 '추리 소설 기인이 사건이 일어나기 전에 범인을 맞춘다'라는 설정으로, 미스터리 속에 미스터리가 존재하고 스토리의 반전이 많다.

123 암흑물질 dark matter

끝없이 넓은 우주. 그곳에 원자로 구성된 물질은 총량의 4.9%라고 한다. 나머지는 무엇이 차지하고 있을까? 그 하나로 여겨지는 것이 암흑물질이다.

우주의 약 25%를 차지하지만 보이지 않는다

1934년 프리츠 츠비키Fritz Zwicky는 은하의 운동을 보고 은하단의 전체 질량을 추정했는데 광학적으로 관측할 수 있는 것보다 400배나 되는 질량이 존재한다고 판단했다. 즉, 눈에 보이는 것의 총량보다 분명히 전체의 질량이 너무 많은 것이다. 그래서 그는 눈에 보이지 않지만, 충분한 질량과 중력을 미치는 물질이 있을 거라고 추측한 것이다.

우리의 상식으로는 말도 안 되는 이야기이지만, 1970년대 베라 루빈Vera Rubin에 의해 은하의 회전 속도에서 암흑물질이 간접적으로 발견됐다. 그리고 빛을 내지 않고 질량만 있는 물질을 암흑물질이라고 명명하게 된 것이다.

그 후 연구가 진행되어 우주의 분포도라고도 할 수 있는 '우주의 대규모 구조'의 발견과 우주의 팽창 가속 관측에 의해 이를 설명하기 위해 암흑물질과 암흑 에너지(우주의 확장을 가속하고 있다고 생각되는 에너지)의 개념이 도입됐다. 2013년의 관측 결과에 근거하면 우주의 총량의 비율은 암흑물질 26.8%, 암흑 에너지 68.3%, 원자 4.9%라고 하니 인간도 지구를 포함한 원자의 물질은 너무 작은 존재인 것이다.

이 암흑물질로 여겨지는 것은 결국 무엇인지는 지금도 알 수 없다. 소립자론에서 접근하면 중성미자(뉴트리노)와 초중성자(뉴트랄리노), 액시온(axion) 등이 후보로 거론되고 있다. 뉴트리노는 발견되기는 했지만 연구가 진행됨에 따라 암흑물질의 주성분이라고는 생각하고 있지 않다. 나머지 후보에 대해서는 아직 가설상의 미발견 소립자이다. 그것이 언젠가 발견될지 혹은 실재하지 않는 것으로 밝혀질지 향후의 연구가 기대된다.

관련용어

프리츠 츠비키
Fritz Zwicky

1898~1974년. 스위스 국적의 천문학자. 초신성 연구의 선구자로 초신성이 중성자별로 전환하는 과정인 점과 초신성이 우주선의 발생원이 된다고 시사했다.

베라 루빈
Vera Rubin

1928~2016년. 미국의 여성 천문학자. 안드로메다은하의 회전 속도를 관측한 결과, 천체의 분포에서 예측한 속도와 크게 다르기 때문에 암흑물질에 관한 이론을 발전시켰다.

액시온axion

소립자의 가계도(표준 모형)에 관한 미해결 문제(강한 CP 문제)를 해결하기 위해 제기된, 미발견 입자. 강한 자장磁場 속에서 빛으로 바뀐다고 하며 전 세계에서 검출이 시도됐다.

COLUMN 우주의 약 70%를 차지하는 반발하는 에너지

암흑 에너지는 우주 전체에 퍼져 반발하는 중력으로 영향을 미치는 가상 에너지를 가리킨다. 그 유명한 아인슈타인은 우주의 크기는 불변하다고 생각하고 중력과 균형을 이루기 위해 우주 상수라는 개념을 이용했다. 당시 그 생각은 부정당했지만 결국 지금은 이것이 암흑 에너지에 해당한다고 볼 수 있다.

124 프리드리히 니체

기독교에 이의를 제기하고 자신답게 사는 것을 추구한 독일 철학자 니체(1844~1900년). '하나님은 죽었다'라는 그의 가르침은 오늘날에도 널리 알려져 있다.

현대를 살아가는 우리에게 영향을 주는 니체의 가르침

기독교에서는 '모든 것은 하나님의 창조물'이라고 보고 도덕과 규범을 엄격하게 정해 놓고 있다. 그러나 니체는 '그런 일에 사로잡혀 사는 것은 자연스럽지 않다'고 지적했다. 누군가가 정한 선이나 도덕을 신경 쓰면서 살아서는 진정한 자신을 잃어버린다. 그것보다 자신이 '이러고 싶다'고 생각하고 살아가는 것이 중요하다고 생각했다. 그리고 그는 소크라테스 시대부터 이어져 온 '하나님을 신앙하는 철학'을 뒤집고 '신 따위는 없다'라는 새로운 가치를 만들어냈다. 그런 그의 사상을 표현한 것이 저서 〈차라투스트라는 이렇게 말했다〉에서 언급한 '신은 죽었다'이다.

이 가르침은 현대에 사는 우리에게도 매우 큰 깨달음을 준다. 지금은 무엇이든 남들과 비교를 하고 항상 사람들의 눈을 의식하면서 살아가는 시대다. 그러나 만약 니체가 지금 있다면 이렇게 말할 것이다. "그런 거 신경 쓰지 마. 자기 살고 싶은 대로 살아"라고. 남들보다 열등하다거나 주위가 인정해주지 않는다거나 누군가가 정한 기준과 평가를 신경 쓰기 때문에 살아가기 어려워지는 것이다.

니체의 말에 '초인超人'이라는 또 하나의 키워드가 있다. 초인이라고 해도, 강인한 육체를 가졌다거나 몇 천만 파워가 있다거나 그런 것을 말하는 게 아니다. '자신의 가치관에 따라 자신답게 사는 인간'을 니체는 초인이라고 부른다. 그런 초인을 목표로 살면 남들과 비교하면서 고민하거나 후회하지 않고 행복하게 살아갈 수 있는 것이다.

니체의 초상

관련용어

차라투스트라는 이렇게 말했다

1883년부터 1885년까지 4부작으로 발표한 니체의 저서. 차라투스트라를 주인공으로 하는 이야기에서 하나님이 죽었다는 것과 초인에 대해 이야기하고 있다.

COLUMN 저서가 게임의 부제목

주요 저서인 〈차라투스트라는 이렇게 말했다〉는 나중에 동명의 그림과 노래가 만들어진 외에도 2006년에 반다이 남코 게임스에서 발매한 게임 〈제노사가 에피소드 Ⅲ〉의 부제목으로도 등장한다. 이 작품은 니체를 비롯한 융과 프로이트 등의 철학 사상을 도입하여 장대한 스토리가 전개되는 RPG로 인기를 얻었다.

125 추파카브라 Chupacabras

1995년 이후 주로 남미에서 잇따라 목격된 미확인 생물체. 가축의 피를 빨아먹는것은 물론 인간을 공격하는 사례도 있다. 뉴스에도 보도되면서 큰 소동이 일어났다.

가축의 피를 빨아먹는 기괴한 생물

1990년대에 가장 세간을 떠들썩하게 했던 미확인 생물체라고 하면 이 추파카브라일 것이다. 신장은 약 1~1.8m로 온몸이 털로 덮여 있으며 등에는 가시 모양의 돌기가 있다. 빨간색 큰 눈과 이빨이 난 입을 갖고 있고 직립으로 이동하는 것이 가능하다. 또한 날개가 있어 하늘을 나는 것을 봤다는 목격담도 있다.

성격은 사나워서 염소나 소 등 가축을 습격해서 피를 남김없이 빨아 먹는다고 한다. 추파카브라라는 이름은 스페인어로 '빨다'라는 뜻의 '추파chupa'와 '염소cabra'라는 뜻의 '카브라'를 조합한 것이다.

추파카브라에 의한 피해가 처음 보고된 것은 1995년 3월. 푸에르토리코의 한 마을에서 집에서 기르는 염소 8마리가 온몸의 피가 빨린 채 사망한 것이 발견됐다. 이때 염소의 몸에 날카로운 관을 찔러 넣은 듯한 3개의 구멍이 있었다고 한다. 같은 해 8월에는 푸에르토리코 북동부에 있는 카노바나스에서 여성이 기괴한 생물을 만난 사건이 발생한다. 그 후 이 지역에서 피가 빨린 채 죽은 소나 양이 발견된 것에서 추파카브라의 첫 번째 목격으로 보고됐다.

출몰 지역은 푸에르토리코뿐 아니라 다음 해 이후가 되자 칠레와 멕시코, 미국 등 주변국, 심지어 멀리 떨어진 러시아에서도 추파카브라로 보이는 생물이 목격됐다는 보고와 그 소행으로 보이는 가축의 피해가 잇따라 보고됐다.

그 정체에 대해서는 들개와 코요테 등을 오인한 것이라는 설부터 군이 비밀리에 연구하던 생물 병기라는 설, 또한 남미는 UFO 다발 지대이기 때문에 외계인 혹은 외계인이 만들어낸 에일리언 애니멀이라는 설까지 다양하게 제기됐다. 물론 모두 확증이 아닐 뿐더러 그 정체는 지금도 알 수 없다.

* 추파카브라Chupacabras : 아메리카 대륙에 산다는 미확인 동물

관련용어

추파카브라의 정체

추파카브라의 정체로 유력한 것이 기존의 동물을 착각한 것이라는 설이다. 예를 들어, 코요테는 옴(진드기병)을 앓으면 털이 빠지고 피부가 주름진 모습이 된다. 이것은 언뜻 보면 기괴한 생물로 보이기 때문에 미지의 생물로 착각한다고 해도 이상하지 않다. 그러나 코요테의 경우 보행했다는 목격과 일치하지 않는다. 따라서 붉은털 원숭이를 착각한 것이라는 설도 있다. 또한 푸에르토리코의 환경성과 자연성의 연구에 따르면 추파카브라의 피해로 보이는 가축의 시체는 실제로 피가 빨리지 않았고 단순히 들개 등에 습격당했을 뿐이라고 발표했다.

126 성스러운 창 The Holy Spear

책형에 처해진 예수의 옆구리를 관통한 창으로, 그 이름은 창 소유주인 병사의 이름에서 유래한다. 소유하게 되면 막강한 힘을 부여받는다는 점에서 여러 작품에 등장되고 있다.

예수와 관련된 성스러운 창

성유물이라 불리는 것 중 하나이며, 롱기누스라는 이름의 병사가 예수의 옆구리를 이 창으로 찔러서 생사를 확인했다고 한다. 단, 성경에는 그런 병사는 등장하지 않고 '확인할 것도 없이 예수는 분명히 죽었다'라고 적혀 있기 때문에, 창으로 찌른 이유는 사실은 잘 알려져 있지 않다. 이 이야기가 창작이든 아니든 롱기누스의 창에는 큰 힘이 깃들어 있으며, 소유자는 세계를 제패할 힘을 부여받을 수 있지만 반대로 잃으면 신세를 망친다고 한다. 서로마 황제 샤를마뉴는 이 창을 손에 넣고 나서 수많은 전투에서 승리를 거뒀지만 창을 떨어뜨린 직후에 사망했다고 한다.

롱기누스의 창을 성유물로 취급하게 된 것은 초대 로마 황제 콘스탄티누스 대제의 영향이 크다. 그는 로마제국에서 기독교를 공인하고 포교를 위해 예수의 시신을 감싼 천이나 십자가 등의 유물을 모았다. 또한 이 창에는 다양한 일화가 있으며, 특히 아서 왕 전설에 도입되면서 그 신비함은 한층 더 확고해졌다. 전설 속에서 이 창은 성배와 함께 원탁의 기사 앞에 모습을 드러낸다. 성창 끝에서 피가 떨어져 세계가 종말의 날을 맞이할 때까지 멈추지 않는다고 한다.

이 창은 예수를 죽인 무기로도 생각할 수 있으며, 애니메이션이나 게임에서는 하나님과 그와 유사한 존재를 죽음에 이르게 하는 아이템으로 사용된다. 그와는 반대로 예수의 부활을 위한 만반의 준비를 한 것에서 초자연적인 힘을 가져다주는 것으로 그려지는 경우도 있다.

예수의 옆구리를 찌르는 롱기누스

관련용어

성유물
예수 그리스도와 성인의 유품, 유해를 말한다. 예수님과 제자들이 최후의 만찬에서 사용한 성배 등 다양한 유물이 있다.

롱기누스
창 소유자인 로마 병사. 예수의 옆구리를 찔렀을 때 튄 피가 눈에 들어가 백내장이 완치되자, 회개를 하고 세례를 받아 기독교인이 된다. 나중에 성인으로 인정받아 현대에는 성 롱기누스로 통한다.

샤를마뉴
Charlemagne
프랑크 왕국의 국왕. 이탈리아, 독일, 스페인 등 각지로 원정을 떠나 여러 국가를 지배한다. 결국 서유럽을 통합하고 서로마 황제를 자칭한다.

콘스탄티누스
초대 로마 황제. 4분할 통치되던 로마제국을 통일하고 전제군주화를 달성했다.

아서 왕 전설
영국의 전설의 왕 아서와 그를 섬기는 기사들의 전투와 모험, 로맨스를 그린 작품

COLUMN 제2차 세계대전의 방아쇠?

속설이지만 나치 지도자인 아돌프 히틀러가 그의 야망을 위해 제2차 세계대전을 일으킨 것은 그가 비엔나 호프부르크 왕궁에서 롱기누스의 창을 접했기 때문이라고도 알려져 있다. 창 소유자는 세계를 제패할 힘이 주어진다는 전설에서 이러한 설이 생겨났을 것이다.

127 신센구미 新選組

신센구미는 막부 말기 교토의 치안을 담당한 검객 집단이다. 옛날부터 많은 소설이나 영상 작품에 등장하는 인기 있는 조직이지만, 실상은 터무니없는 집단이었다.

내분으로 분열된 신센구미의 실체

에도 막부 말기의 교토에는 전국에서 존왕양이尊王攘夷(임금을 숭상하고 오랑캐를 물리침)와 막부 타도 운동을 하는 지사들이 모여들었고 그들의 과격한 행동으로 치안이 어지러웠다. 신센구미新選組는 이러한 운동에 대처하기 위해 결성되어 활동한 조직이다. 신센구미의 활약으로 가장 유명한 것은 이케다야池田屋 사건일 것이다. 이 사건으로 신센구미는 고쇼御所(대신이나 쇼군 등의 처소) 습격을 도모하는 불순분자가 이케다 여관에서 회의를 연다는 것을 파악하고 국장인 곤도 이사미近藤勇를 포함한 단 4명이 가게에 돌입한다.

다른 장소를 수색하던 별동대가 달려오기까지 20명 이상의 지사를 상대로 난투극을 벌여 9명을 베어 버리고 4명을 체포하는 큰 전과를 올렸다. 이 활약으로 신센구미의 용맹은 널리 알려져 지사들이 두려워하게 됐다.

하지만 시대의 흐름은 신센구미의 편을 들지 않았고 결국 에도 막부는 해체했다. 신 정부와 구 막부군의 전쟁이 시작되자 신센구미는 구 막부군의 일원으로서 각지를 전전하지만, 구 막부군의 패배로 해산됐다. 이러한 배경에서 옛날부터 창작물에서는 신센구미는 시대의 흐름을 거스르지 못한 비극의 영웅으로 취급될 수 있었다. 하지만 신센구미에 대해 자세히 알아보면, 의외로 실망하게 되는 사실도 밝혀진다. 그중 하나는 현대의 블랙 기업도 질릴 만큼 엄격했다.

신센구미는 규정을 위반하거나 경영진과 사상이 대립하면 가차 없이 숙청된 것이다. 신센구미의 전신인 미부로시구미壬生浪士組 결성부터 신 정부군과 전쟁에 돌입할 때까지 내부 숙청에 의해 죽은 대원의 수는 무려 40명. 이것은 적과 싸우다 죽은 대원의 수보다 훨씬 많고 신센구미의 활동에 의해 베어 죽인 적의 수를 능가하니 놀랍다.

또한 결성 당시에는 자금난에 시달렸기 때문에 상가를 거의 협박하는 방식으로 자금을 조달했다는 것도 밝혀졌다. 일단 상가에는 차용 증서를 건넸지만 갚는 일은 거의 없었던 것 같다.

관련용어

존왕양이尊王攘夷
왕(에도 막부 말기에는 천황을 가리킨다)을 공경하고 외적을 배척하자는 생각. 막부 말기에 막부의 제외국에 대한 대응이나 외국의 압력에 위기감을 느낀 사람들 사이에서 급속히 퍼져 막부 타도 운동으로 이어졌다.

곤도 이사미
近藤勇
1834~1868년. 신센구미의 최고 높은 자리인 국장을 지낸 인물

128 하데스

그리스 신화에 나오는 명계冥界의 신이다. 원래는 포세이돈과 제우스의 형이지만, 통째로 삼킨 크로노스가 토출해낼 때 형제의 순서가 바뀌어 제우스 등의 동생이 되었다고도 전해진다.

신들 중에서는 비교적 상식적인 명계의 신

크로노스와 레아의 아들이다. 태어나자마자 아버지 크로노스에게 통째로 삼켜졌지만 제우스에게 도움을 요청한 메티스의 계략으로 토해지게 된다. 그 후 제우스, 포세이돈 등과 함께 티탄과 교전을 벌인다. 이때 키클롭스에게서 모습이 보이지 않는 투구를 받고 티탄의 무기를 빼앗았다고 한다. 보이지 않는 투구는 나중에 거인 기가스와의 싸움에서 헤르메스에 빌려줬고 또한 영웅 페르세우스가 메두사를 퇴치할 때에도 빌려줬다.

티탄에게 승리한 후 제우스 및 포세이돈과 제비뽑기로 지배 지역을 정하고, 하데스는 저승을 다스리게 됐다. 당초 저승은 서쪽 저편에 있다고 여겼지만 나중에 지하에 있다고 믿게 된다. 하데스는 올림포스산에 없기 때문에 올림포스 12신에는 꼽히지 않는 것이 일반적이지만 제우스의 형제라는 점에서 하데스를 포함하는 설도 있다.

하데스가 대지의 여신 데메테르의 딸 페르세포네를 납치하고 아내로 삼은 이야기는 유명하다. 딸을 납치당한 데메테르가 지혜를 주지 않게 되어 큰 문제가 됐고 제우스는 하데스에게 페르세포네를 돌려주라고 지시한다. 그러나 하데스는 페르세포네에게 저승의 음식인 석류를 주고, 이를 4알(6알이라고도) 먹은 페르세포네는 신들의 명령에 따라 그 수와 같은 달 동안 저승에 살기로 결정했다. 이후 데메테르는 딸이 저승에 있는 기간에는 지상에 은혜를 주지 않았는데, 이것이 계절의 시초로 여겨진다.

덧붙여서 현대라면 범죄에 해당하는 납치를 했지만 페르세포네에 대한 취급은 신사적이었다고 한다. 영화에서 하데스는 악역으로 등장하는 경우도 많은데, 지나치게 분방한 제우스와 매우 난폭한 포세이돈에 비하면 실은 매우 상식적인 성격의 신이다.

페르세포네의 약탈

관련용어

키클롭스

높은 대장장이 기술을 보유한 첫 번째 거인으로 하늘의 신 우라노스와 대지의 여신 가이아의 아들. 저급의 신이기도 하며 서사시 〈오디세이〉 등에 등장하는 동명의 괴물과는 다른 존재이다. 우라노스에 의해 타르타로스에 갇히지만 제우스에게 도움을 받아 같은 편이 되고 무기를 만들어 신들에게 선물했다.

신들의 계명

저승의 음식을 입에 넣은 사람은 저승에 속한다는 규법. 하지만 데메테르의 은혜가 끊기면 곤란하므로 페르세포네는 몇 달만 저승에 머물게 된다. 이 약속은 신들의 이해를 조정한 결과의 타협안이라고도 할 수 있다.

129 산월기 山月記

1942년에 〈문학계〉에 발표된 나카지마 아쓰시中島敦의 데뷔작. 당대의 전기 〈인호전人虎伝〉을 주제로 높은 자존심 때문에 호랑이로 변한 남자를 그린 단편 소설이다.

오타쿠에게 지나치게 꽂히는 교과서의 단골

"목소리의 주인은 나의 벗 이징이 아닌가?"

"그렇다네. 나는 농서의 이징이라네."

〈산월기〉라고 하면 이런 식이다. 〈산월기〉는 나카지마 아츠시의 단편 소설이다. 그의 데뷔작이기도 하며 중국의 일화집 〈인호전〉에서 소재를 따왔다. 중국 당나라 시대를 무대로 당시의 과거 관료제도 등이 얽혀 있기 때문에 조금은 다가가기 어렵지만 이야기 자체는 간단하다.

시골 출신의 유능한 이징李徵은 과거 시험을 거쳐 관료가 되는데 자존심을 다쳐 실종된다. 그의 친구인 원참袁慘은 지방 순회 중에 식인 호랑이를 만나고 그 호랑이가 이징의 영락한 말로임을 알게 된다. 그것이 모두冒頭의 대화이다. 왜 호랑이가 됐는지, 이징은 '비겁한 자존심과 오만한 수치심' 탓이라고 말하고 원참에게 아내와 자식을 부탁하고 풀숲으로 사라진다.

교과서에 반드시 나온다고 해도 좋을 정도로 유명한 작품인데, 그렇기 때문에 많은 사람들에게 영향을 주고 있다. 〈산월기〉를 읽고 오타쿠에 눈을 떴다고 말하는 사람은 의외로 많다. 부녀자腐女子(여자 오타쿠를 지칭하는 말)에게 물으면 'BL에 눈을 뜬 것은 이징과 원참 때문'이며 케모나(일본의 서브 컬처 영역에서 의인화된 동물 캐릭터를 사랑하는 사람들)에게 물으면 '짐승과 의수화擬獸化에 눈을 뜬 것은 이징 때문'이다. 모두의 대화는 지금도 패러디에 사용되고 있다.

창작을 하는 사람이라면 '이징의 마음을 아플 정도로 잘 안다'고 깊이 수긍할 것이다. SNS가 성행하는 승인 욕구에 휘둘리는 사람들이 많은 이 시대에 다시 검토해야 할 작품일지도 모른다.

관련용어

나카지마 아츠시
中島敦

1909~1942년. 소설가. 중국의 역사·고전을 소재로 한 소설을 많이 남겼다. 고전을 소재로 하는 수법을 두고 아쿠타가와 류노스케芥川龍之介가 돌아왔다는 평가를 받기도 했는데 데뷔한 해에 사망했다.

과거科挙
(옛날 문무관文武官을 뽑을 때 보던 시험)

중국 당나라~청나라 시대에 시행했던 관리 채용 시험 제도. 경쟁률·난이도 모두 매우 높았다.

BL

Boys Love의 약자. 남성끼리의 동성애를 소재로 한 작품 장르. 부녀자는 그 연인의 속칭.

케모나

동물을 본뜬 또는 동물의 캐릭터를 '케모노'라고 하고 그 연인을 케모나라고 한다. 여러 설이 있지만 일반적으로(이족 보행을 하는 등) 의인화된 동물과 동물의 특징(고양이 귀)이 가미된 인간을 '케모나'라고 한다.

COLUMN 교과서는 향기 풍기는 BL로 넘친다

교과서에서 명작을 읽고 BL에 눈을 떴다(부녀자가 됐다)고 하는 여자는 많은데, 특히 자주 거론되는 것이 〈산월기〉 〈마음〉 〈달려라 메로스〉 〈은하 철도의 밤〉 〈우게츠 이야기雨月物語(일본판 전설의 고향)〉부터 〈국화의 약속〉 정도가 아닐까. 모두 남자끼리의 우정 또는 복잡한 감정을 담은 걸작이다. 걸작이기 때문에 그 심정을 깊이 이해하게 된다.

130 슈퍼 스트링 이론

아직 우주의 진리에 대해 모르는 것투성이인 채 여러 가지 가설이 난무하고 있다. 그런 와중에 유력시되고 있는 이론 중 하나가 슈퍼 스트링 이론이다.

우리 또한 10차원 세계의 단순한 끈이다!?

스트링 이론이란 소립자는 점이 아니라 하나의 선과 같은 끈(열린 끈)이거나, 고무줄처럼 닫힌 끈(닫힌 끈)이기도 하고, 그 끈이 진동·회전하여 입자가 되어 있다는 가설이다. 이 끈에 초대칭성(보스 입자와 페르미온의 교체)을 가하면 슈퍼 스트링 이론이 되고 그런 끈이 진동하면 진동수가 다른 파동을 발생하여 그 하나하나가 입자에 대응한다고 한다.

그런 슈퍼 스트링 이론의 개념은 시공이 10차원이다. 우리는 3차원+시간의 4차원밖에 인식할 수 없기 때문에 잉여의 6차원 관측에 걸리지 않을 정도로 콤팩트하다. 어쩐지 갑자기 SF 이야기가 나오는데, 이 이론은 이렇게 해석하는 것이므로 어쩔 수 없다.

그리고 이 이론은 양자뿐 아니라 우주론에도 응용되어 우주의 모습과 탄생의 메커니즘을 해명하는 유력한 후보로 거론되고 있다. 이론을 적용한 일례로는 우리가 인식할 수 있는 4차원 시공은 더 고차원의 시공(벌크)에 포함된 막(브레인)과 같은 것이 아닐까 생각하는 '브레인 월드'라는 우주 모델이 있다.

브레인 우주론에서는 빅뱅의 기원은 여러 브레인의 충돌로 일어난다거나 우주의 인플레이션은 브레인 운동이라는 등 다양한 시각으로 우주를 해석한다.

물론 10차원이라는 관측할 수도 없는 것을 필요로 하는 등 문제는 여러 가지가 있다. 의문을 품은 학자도 많지만, 그래도 자연의 힘을 모두 통합하는 이상적인 이론을 목표하기 때문에 지금도 많은 연구가 진행되고 있다.

관련용어

보스Bose
보존이라고도 한다. 스핀이 정수인 소립자와 복합 입자를 말한다. 광자, 중간자, 짝수 개의 핵자로 구성된 원자핵 등이 이에 해당한다.

페르미 입자
페르미온이라고도 한다. 스핀이 반홀수인 소립자와 복합 입자를 말한다. 중성미자, 전자, μ 입자, 홀수 개의 핵자로 구성된 원자핵 등이 이에 해당한다.

브레인 월드
4차원 시공은 더욱 더 고차원의 시공에 포함된 막과 같은 시공이 라고 주장하는 우주 모델

COLUMN 팽창과 수축을 반복한 50번째 우주설

우주론의 하나에 사이클릭 우주론이 있다. 이것은 우주가 빅뱅으로 시작하여 빅 크런치(수축해서 1점으로 무너지는 현상)로 끝나는 사이클이 영원히 지속하는 것으로, 지금의 우주는 이것을 반복한 50번째 우주라고 한다. 브레인 월드도 사실은 사이클릭 우주 모델의 하나이다.

131 루트비히 비트겐슈타인

현대 철학사에서 세 손가락 안에 꼽히는 철학자 비트겐슈타인(1889~1951년)은 '언어란 무엇인가'를 추구한 저서 〈논리 철학 논고〉로 유명하다.

언어가 세계를 구성하고 있다

비트겐슈타인의 사상을 딱 잘라 말하면 '세계는 언어로 되어 있다'라는 것이다. 즉 언어로 나타낼 수 있는 것이 세계를 구성하고 있다는 것이다. 대지이든 하늘이든 집에서도 차에서도 언어로 나타낼 수 있는 것이 세계의 구성 요소인 셈이다. 반대로 신과 영계, 사상 등 개념적인 것은 세계의 구성 요소가 아니다.

무슨 말인가 하면, 예를 들어 '나무'라면, 누구나 나무라고 인식하고 나무라는 언어로 상대에게 전해진다. 모두가 공통 인식을 갖고 있고 그것에 의해 '나무'라는 말이 성립하고 있기 때문이다.

그러나 '신'은 어떨까. 하나님은 있는지 없는지, 어떤 모습을 하고 있는지, 사람에 따라 다르게 인식할 것이다. 어떤 사람이 '이것은 신'이라고 해도 다른 사람은 '아니, 그것은 신이 아니다. 그냥 짐승이다'라고 말할지도 모른다. 즉 공통 인식이 없기 때문이다.

비트겐슈타인은 이런 것은 언어로써 말하는 것은 무리가 있다고 생각했다. 철학의 세계에서는 오랫동안 '하나님은 무엇인가?'라든지 '있다는 것은 무엇인가'라는 것에 대해 묻고 답해 왔지만, '그런 것은 세계에 없다'고 딱 잘라버린 것이다. 이것은 철학계에 큰 충격이었다.

한편 현대는 가상현실이 가까이에 있고 실재하지 않는 화면에서 얼마든지 형태로 구현할 수 있는 시대이다. '이것은 ○○라는 신이다', '바하무트Bahamut는 이런 모습이다'라고 실재하지 않는 것도 화면에서 단어를 공통 인식하게 된다. 자, 비트겐슈타인이 보면 어떻게 생각할까.

관련용어

논리 철학 논고
비트겐슈타인의 대표 저서로, 33세에 출간했다. 언어로 무엇을 나타낼 수 있는지를 규명했다. 나중에 생각이 확 바뀌어 사후에 정리된 저작 〈철학 탐구〉에서는 '언어는 어차피 언어 게임이다'라고 말했다.

가상현실
현실이 아닌 것을 그림 등으로 실제와 똑같이 실현하여 유사 체험케 하는 기술. 현대에서는 CG(컴퓨터 그래픽)를 통해 정교한 이미지와 영상을 만들어내 한층 더 실제에 가까운 모의 체험을 할 수 있다.

COLUMN 만화 주인공 비트겐슈타인

비트겐슈타인라고 하면 일부에서는 '하이네 비트겐슈타인'이 더 유명할지도 모른다. 만화 〈왕실교사 하이네〉의 주인공이다. 유럽이 무대라는 점, 두뇌가 명석하고 교사라는 점, 같은 4월생인 점 등 공통점은 많지만 비트겐슈타인과의 관련성은 딱히 거론되지 않고 있다.

132 아틀란티스 대륙

일찍이 대서양에 존재했던 것으로 전해지는 전설의 대륙. 고도의 문명과 막강한 군사력을 가진 국가가 있었지만, 대지진과 홍수로 만 하루 만에 바다에 침몰한다.

플라톤이 저술한 전설의 대륙

대홍수에 의해 바다에 잠겼다는 아틀란티스 대륙. 애초에 아틀란티스 대륙이라는 것이 왜 실재한 것처럼 이야기되는가 하면, 플라톤의 저작 〈티마이오스〉와 〈크리티아스〉에서 발단한다.

이 책에 따르면 아틀란티스 대륙은 지브롤터해협의 바로 바깥쪽 대서양에 존재했다고 한다. 아틀란티스는 자원의 보고로, 여기에는 포세이돈의 후예가 세운 거대한 제국이 있었다. 이 제국은 84만 병력과 1만 대의 전차, 1200척의 군함과 24만 명의 승무원을 동원할 수 있었다고 하니 상당한 군사력을 가지고 있었다고 해도 좋을 것이다.

그런데 지나치게 부와 영토를 추구한 나머지 신들의 분노를 사서 대지진과 홍수로 인해 만 하루 만에 바다에 침몰했다고 한다. 플라톤에 따르면 기원전 9400년경의 사건이고, 사실이라면 이집트 문명과 메소포타미아 문명보다 훨씬 옛날에 고도의 문명이 존재했다는 얘기가 된다.

다만 플라톤 이전에 이 아틀란티스 대륙을 언급한 문헌이 전혀 없고 이러한 대륙이 있었다는 명백한 증거도 존재하지 않는다. 따라서 학술적으로는 '단순한 옛날 이야기'라고 생각된다. 한편 잃어버린 고대 문명이라는 단어는 매우 매력적이어서 후세 사람들이 아틀란티스 대륙에 대해 다양한 형태로 언급하고 있으며 그 존재는 지금도 전설로 남아 있다.

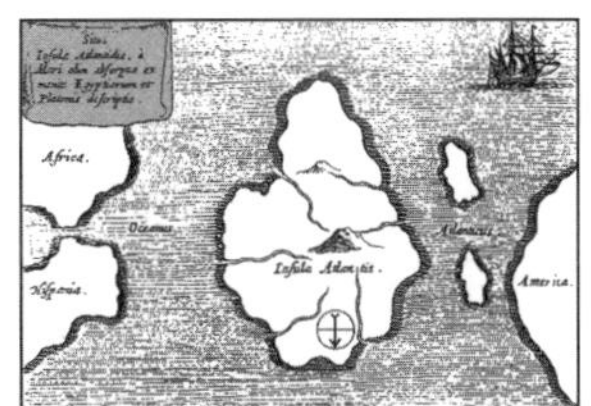

아틀란티스가 그려진 지도

관련용어

플라톤
기원전 427~기원전 347년. 고대 그리스의 철학자. 소크라테스의 제자이고 아리스토텔레스의 스승에 해당한다. 〈소크라테스의 변명〉과 〈국가〉 등의 저작으로 알려진 서양 철학에 큰 영향을 준 인물이다.

포세이돈
그리스 신화에 등장하는 바다와 지진을 관장하는 신. 올림포스 12신 중 하나로 해양의 모든 것을 지배하고 쉽게 폭풍과 해일을 일으키는 외에 다른 대륙을 침몰시킬 수도 있다.

오리하르콘orihalcon
아틀란티스에 존재했다고 전해지는 금속의 명칭. 아틀란티스와 함께 유명한 금속으로, 게임이나 애니메이션 등의 소설 작품에 특수 금속으로 등장한다.

COLUMN **픽션 작품에서도 많이 그려진다**

아틀란티스가 등장하는 작품은 여럿 있지만, 특히 유명한 것이라면 쥘 베른의 소설 〈해저 2만리〉일 것이다. 잠수함 노틸러스호의 모험담으로 아틀란티스의 이름을 널리 알리는 계기가 됐다. 왕년의 애니메이션 팬들에게는 〈신비한 바다의 나디아〉의 원작으로도 친숙한 작품이다.

133 12사도

레오나르도 다 빈치의 〈최후의 만찬〉으로 알려진 예수의 제자들이다. 예수와 함께하며 그의 사후에도 기독교 선교에 몸을 바쳤다.

선교에 목숨을 바친 12명의 제자들

12사도는 예수 그리스도를 섬긴 12명의 수제자를 말한다. 그 12명은 베드로(시몬), 안드레, 야고보, 요한, 빌립, 바돌로매, 도마, 세리 마태, 알패오의 아들 야고보, 다대오, 시몬, 가룟 유다이다. 그들은 예수님을 모셨을 뿐만 아니라 예수의 사후에 원시 기독교단을 결성하고 그 가르침을 전 세계에 전파했다. 당시 기독교도는 규모가 작고 사람들에게 좀처럼 받아들여지지 않았지만, 그들의 충실한 선교가 기독교를 크게 발전시킨 것이다.

당시의 선교는 위험을 수반하였기에 천수를 다한 요한을 제외한 12사도의 대부분은 선교를 하는 동안 비명의 죽음을 맞는다. 예를 들어 그리스도의 수제자 베드로는 예수로부터 천국 열쇠를 받아 초대 교황이 되지만, 로마 네로 황제에게 박해를 당하고 결국 처형됐다. 또한 바돌로매는 인도에서 포교를 하지만 사교邪教라고 적대시되어 산 채로 피부를 벗기는 잔인한 형벌을 받았다. 이외에도 빌립은 돌에 맞아 순교하고 토마스는 창에 찔리는가 하면 다대오는 참수를 당하고, 알패오의 아들 야고보는 곤봉으로 박살나는 등 비참한 꼴을 당했다.

12사도라고 듣고 감이 오지 않아도 이스캐리엇의 유다는 알고 있는 사람도 많을 것이다. 그는 최후의 만찬에서 예수님으로부터 배신할 거라는 예언을 받은 인물로, 그 후 즉시 은화를 대가로 예수의 신병을 유대교의 일파에 전했다. 예수님이 붙잡혀 처형된 것은 유다가 배신했기 때문이다. 이 전설에서 유다는 배신자라는 이미지가 정착했다.

〈최후의 만찬〉

관련용어

천국의 열쇠
천국에 이르는 문을 열 수 있는 열쇠. 예수님이 베드로에게 전달했다고 하지만 실제로 열쇠를 건네준 게 아니라 예수가 교회에 권능을 위임한 것으로 해석되고 있다.

네로
본명은 네로 클라우디우스 카이사르 아우구스투스 게르마니쿠스. 로마제국의 제5대 황제. 그의 박해로 베드로가 순교했다.

COLUMN 그 공적을 인정받아 사후에 성인이 된 선교사

12사도의 의지를 이어 선교 활동에 힘쓴 기독교인은 많다. 1549년에 일본에 간 선교사 프란치스코 하비에르도 그들 중 하나로 일본에 기독교가 퍼지는 데 그의 활약도 한몫했다. 그러나 그도 천수를 다하지 못하고 포교 활동을 위해 중국을 방문하자마자 46세의 젊은 나이로 병사했다. 다행히도 그는 사후에 성인으로 인정받았다.

134 도고 헤이하치로 東鄕平八郞

쓰시마対馬沖 해전에서 강적 러시아 발트 함대를 물리친 도고 헤이하치로. 과묵하고 남성적인 인물로 알려져 있지만, 의외로 독특한 일면을 알리는 일화도 남아 있다.

군신, 도고 헤이하치로의 인간미 넘치는 에피소드

1904년에 시작된 러일 전쟁 개전 직후 러일 양국의 국력과 군사력은 절망적일 정도로 차이가 커서 누구나 러시아 제국의 승리을 의심하지 않았다. 하지만 일본은 엄청난 희생을 치르면서도 뤼순 공략 전쟁과 봉천(지금의 순양) 전투에서 승리를 거둔다. 그리고 러시아 해군의 최강 전력이었던 발트 함대도 연합 함대 사령 장관을 역임했던 도고 헤이하치로의 지휘 아래 쓰시마 해전에서 격파하고 일본이 유리한 조건으로 화해를 이끌어내는 데 성공한다.

발트 함대는 당시 세계 최강으로 알려진 함대로 연합 함대가 이를 격파한 것은 세계를 놀라게 했다. 사령 장관이었던 도고東鄕의 용맹이 크게 알려져 세계 각국에서 관심의 대상이 됐다. 일본에서도 도고는 신격화되어 사후에는 도고 신사가 건립되어 신으로 모셔졌다.

그런데 이 같은 경력을 가진 도고는 한 사람의 인간으로서 어떤 인물이었을까? 평소 도고는 '침묵의 제독'이라 불릴 정도로 과묵하고 엄격한 사람이었다고 한다. 하지만 단순히 고지식하고 융통성이 없는 사람은 아니었다고 하며 말년에 학습원에서 강연을 하던 중에 미래에 군인이 되고 싶다고 말한 학생에게 '육군에 들어가면 죽으니 해군에 들어가라'고 농담처럼 해군으로 유혹한 에피소드도 남아 있다(한편 이를 들을 육군 대장, 노기 마레스케노기 마레스케乃木希典는 격노했다고 한다). 또한 부인의 건강을 염려하여 요양을 위해 온천에 별장을 짓는 등 애처가였던 것으로도 알려져 있다. 적군을 두려워하게 한 군신, 도고의 진정한 모습은 의외로 장난기가 있는 부드러운 인물이었는지도 모른다.

관련용어

러일 전쟁
1904년부터 1905년에 걸쳐 일본과 러시아 사이에서 벌어진 전쟁. 한반도와 만주의 지배권을 둘러싼 대립이 전쟁으로 발전했다.

쓰시마對馬 해전
1905년 5월 27일과 28일 양일간 일본의 연합 함대와 러시아 해군의 발트 함대에서 벌어진 해전. 이 전투에서 연합 함대는 정자전법丁字戰法이라 불리는 전법으로 발트 함대에 큰 타격을 준 것으로 알려졌지만, 최근의 연구에서 정자전법은 불가능하다는 견해가 주류를 이루고 있다.

COLUMN 해전사史에 이름을 남긴 제독

세계 해전사에는 도고 외에도 극적인 승리를 거둔 제독들이 있다. 그 대표격이 트라팔가 해전에서 프랑스와 스페인 연합 함대를 물리친 영국 호레이쇼 넬슨과 미국 독립 전쟁에서 영국 함대를 물리친 미국의 존 폴 존스이다.

135 아테나 Athena

지혜와 전략 외에도 예술, 공예를 관장하는 그리스 신화의 여신이다. 그리스의 원주민이 숭배했던 도시의 수호 여신이 나중에 그리스인들에게 수용된 존재로 간주하고 있다.

지성과 방어적인 전투를 관장하는 제우스의 딸

제우스와 첫 부인 메티스의 딸이다. 메티스는 회임한 상태에서 제우스에게 삼켜지지만, 아테나는 제우스 안에서 탄생해서 무사히 성장했다. 나중에 제우스는 심한 두통에 시달려 헤파이스토스 또는 프로메테우스에게 자신의 머리를 열게 하자 성인이 된 갑옷을 입은 아테나가 나타났다. 제우스는 크로노스에게 '메티스가 낳은 아들에게 왕위를 빼앗긴다'고 예언을 받지만, 아테나가 제우스의 머리에서 태어났기 때문에 예언은 이루어지지 않았다고 한다.

아테나의 신앙은 유명한 고대 그리스의 도시 국가 아테나이가 중심지이다. 신화에서는 아테나가 해신 포세이돈과 아테나이의 지배권을 두고 싸우는 과정에서 인간에게 말을 준 포세이돈에 대해 아테나는 올리브 나무를 주고 지지를 받는다. 이 신화를 바탕으로 지성과 학문, 공예의 상징으로 여겨지는 올빼미와 더불어 올리브는 아테나의 상징이 되었다. 구약 성서에 있는 대홍수 때 노아가 비둘기가 물고 돌아온 올리브 가지로 홍수가 잠잠해졌다는 것을 알았기 때문에 올리브는 평화의 상징이 됐다. 아테나의 전략은 어디까지나 방어로 여겨지므로 그 의미에서도 올리브 는 어울리는 상징물이지만, 다른 한편으로 화나게 하면 가혹한 보복을 하기도 하므로 방심할 수 없다.

아테나라고 하면 헤라와 아프로디테와 함께 아름다움을 겨룬 '파리스의 심판' 이야기도 알려져 있고, 게임 캐릭터 등에서는 고지식한 성격의 미소녀 혹은 미인으로 묘사되는 경우가 많은 것 같다.

아테나상 복제품

파리스의 심판
영웅 펠레우스의 결혼을 축하하는 자리에서 초대받지 못한 불화의 신 에리스가 가장 아름다운 여신에게 보낸 황금 사과를 던진 것에서 비롯된다. 제우스는 세 여신에 대한 심판을 꺼려서 그 역할에 트로이 왕의 아들 패리스를 지명한다. 그는 '가장 아름다운 여자를 주겠다'고 약속한 아프로디테를 선택하지만 그것이 스파르타 왕비였기 때문에 트로이 전쟁이 발발한다.

이지스 시스템
미국 해군이 개발한 방공 전용 함재 무기 시스템. 200개가 넘는 목표를 동시에 포착·추적하고, 그중 24개의 목표를 동시에 요격할 수 있다. 이것을 탑재한 함정을 일반적으로 이지스 함이라고 부른다.

COLUMN 방어적인 인상이 강한 아테나

아테나가 가지고 있는 아이기스의 방패는 매우 유명하며, 미국 해군 방공 전투용 시스템 '이지스'의 명칭으로도 알려져 있다. 게임에서도 방패 자체가 강력한 방어구로 등장하는 경우가 많으며, 또한 아테나 본인이 방어에 뛰어난 캐릭터로 등장하거나 방어구 세트의 이름에 아테나의 이름을 딴 것도 있다.

136 미시마 유키오 三島由紀夫

쇼와 후기의 소설가, 극작가. 장편 〈가면의 고백〉(1949년)으로 문단에서 위치를 다진다. 극작가로는 〈로쿠메이칸鹿鳴館〉이 유명하며 한창 인기를 누리던 중 자살한다.

전후 일본을 대표하는 가열한 문호

미시마 유키오 역시 다양한 에피소드를 가진 문호 중 한 사람이다. 소설가로서의 재능은 말할 것도 없이 극작가, 노能와 가부키의 신작을 만들기도 하고 직접 메가폰을 잡고 영화감독, 각본, 주연을 맡아 해냈다. 사상가로서도 카리스마를 발휘했고, 교우 관계도 여러 가지로 화제가 됐다.

그러나 다양한 재능을 갖고 있었음에도 불구하고 그의 일화에서 가장 유명한 것이 그 최후인 것이 아쉽다. 자위대 이치가야市ヶ谷 주둔지에서 할복자살했는데, 세칭 미시마三島 사건이다.

미시마 유키오는 1925년에 도쿄에서 태어나 10대 초반에 소설을 발표했다니 놀라울 따름이다. 첫 작품집 〈꽃 만발한 숲〉을 간행한 것은 그의 나이 19세의 일이다. 그리고 바로 그 무렵 미시마는 허약 체질을 이유로 징병 검사에서 떨어졌다. '성인 남성으로 인정받지 못했다', '국가에 도움이 되지 않았다'는 생각은 미시마의 사상에 큰 영향을 준 것으로 알려져 있다. 그 심경은 자전적 소설 〈가면의 고백〉 등에 자세히 드러난다.

유미적, 고전적인 미세계를 그려 종종 '문제작'으로 불린 미시마의 작품은 서서히 정치색을 강하게 띤다. 장교를 주인공으로 한 작품을 그리고 문무양도文武兩道를 제창하며 자위대에 체험 입대도 반복했다. 그리고 1970년, 그 충격적인 사건을 일으켰다.

일본에서는 사후 50년이 되는 2020년에는 미시마 유키오라는 인물에 대한 재논의가 있었다. 그를 아는 사람들에 의해 생생하게 말해지는 그의 모습은 점차 과거가 되어 사라지고 있다.

관련용어

미시마 사건
1970년 11월 25일 자신이 주재하는 '방패회' 회원 네 명과 함께 이치가야의 육상 자위대 주둔지에 침입, 총감실에서 당시의 총괄 마시타 카네토시益田兼利를 불법 감금한다. 발코니에서 자위대 대원에게 쿠데타를 촉구하는 연설을 한 직후 총감실에서 할복자살을 했다.

문무양도
학문 무술 모두를 수련하는 것. 미시마는 '소년 같은 몸매'였지만, 1960년 후반 무렵부터 체력 단련에 들어간다. 영화 등에서 그의 멋진 육체미를 볼 수 있다.

COLUMN 미시마 유키오의 교우 관계

세상은 레이와令和. 쇼와昭和는 멀어져 가는데 여전히 미시마와 교류가 있었던 유명 인사는 현역이다. 이시하라 신타로石原愼太郎는 '문제작'을 쓰는 사이로 사이가 좋았다고 하고, 세토우치 자쿠초瀬戸内寂聴는 죽기 직전까지 교류했다. 미시마가 돈을 들인 미와 아키히로美輪明宏가 기회가 있을 때마다 미시마의 빈약한 몸을 바보 취급했다는 일화도 남아 있다.

137 빅뱅 big bang

우주의 팽창이 발견된 것을 계기로 빅뱅이라는 폭발에서 우주가 시작됐다는 우주론이 제기됐다. 현재 많은 지지를 얻고 있는 이 이론에 의한 우주의 연대기는?

우주의 기원이 된 기적의 불덩어리

빅뱅은 직역하면 대폭발이라는 뜻이다. 빅뱅 이론은 초기의 우주는 초고온, 초고밀도의 에너지로 가득 차 있는 불덩어리 상태에서 시작하고, 그것은 138억 년 전 빅뱅이라는 대폭발이 일어나 우주가 탄생했다고 한다. 이 우주론은 에드윈 파월 허블이 1929년에 은하가 지구에서 멀어져 가는 것을 발견한 것에서 시작하여 발전된 것이다.

대략적으로 우주가 될 때까지를 좇아 보면, 우선 양자적인 흔들림에 의해 엄청난 수의 미시적인(미크로) 시공이 탄생하고 인플라톤inflaton이라는 에너지에 의해 급격히 팽창한다(인플레이션). 이것이 끝나고 우주는 고온의 진공에서 저온의 진공으로 상전이하고 초고온, 초고밀도의 불덩어리 상태가 되어 에너지가 방출, 우주는 점점 팽창한다(10^{-36}초간에 적어도 공간이 1026배로 확산했다). 동시에 온도는 내려가고, 그 과정에서 우주에 존재하는 기본적인 힘과 소립자가 출현한다. 그리고 30만 년 후에는 원자가 탄생하고(우주의 재팽창) 오랜 세월을 거쳐 물질이 중력에 이끌려 은하 등을 형성했다고 한다.

시작이 있으니까 끝은 어떻게 될까 하면, 여기에는 제설이 있다. 우주의 엔트로피가 최대가 되어 은하는 블랙홀로 붕괴 또는 증발한다고도 하고, 팽창이 이윽고 수축으로 변해 한 점으로 무너지는 대붕괴(big crunch)가 일어난다고도 한다. 우주의 팽창은 끝없이 가속해서 궁극적으로는 중력과 전자력의 속박까지 뿌리치고 원자핵을 찢는 빅 립big rip이 일어난다고. 꽤나 무서운 여러 가지 우주의 종말설이 제기되고 있다.

관련용어

에드윈 파월 허블
Edwin Powell Hubble
1889~1953년. 미국의 천문학자. 은하계 밖에 있는 은하의 존재와 은하에서 나온 빛이 우주의 팽창에 수반해서 적방 편이(red shift)하고 있는 것을 발견했다.

양자적 요동
양자의 움직임이 일정하지 않고 요동치는 상태. 초기 우주의 경우 진공에서 에너지를 빌려 공간 곳곳에서 무작위로 에너지 밀도의 요동이 발생했다.

인플라톤inflaton
음의 압력을 만들어내는 장소의 잠재적 에너지로 생각되는 것. 음의 압력이 척력(멀리하려하는 힘)으로 작용하여 만유인력을 이기면 우주는 가속 팽창할 수 있다.

COLUMN 빅뱅의 흔적 발견에서 소용없게 된 불변의 우주 설

지금은 소용없게 된 우주론에 정상우주론Steady-state cosmology이 있다. 이것은 우주 공간에 분포하는 은하의 수는 항상 일정하게 유지되고 있다는 것으로, 공간에 희박한 중성 수소 가스가 있고 은하는 배처럼 이 가스 안을 운동하고 있다는 것이다. 우주의 시작을 필요로 하지 않는 것도 이 이론의 특징이었지만, 빅뱅 이론에 패했다.

138 마르틴 하이데거 Martin Heidegger

그간의 철학의 상식을 뒤집고 '지금 여기에 있는 나'를 추구한다는 말로 유명해진 하이데거(1889~1976년)**. 20세기 최고봉으로 일컬어지는 철학자 중 한 명이다.**

죽음과 마주하고 진지하게 살아갈 것을 설교

플라톤 이래 이어져 온 철학은 인간의 이상과 초자연적인 내용이 주요 테마였다. 그러나 하이데거는 그러한 것에 이의를 제기하고 '지금 여기에 있는 내가 어떻게 살아야 하는가'를 추구했다. 선이나 신 같은 불변의 진리가 아니라 '인간의 생명은 한정되어 있다'는 점을 중시하고 그 속에서 무엇을 해야 하는가를 묻는 것이다.

하이데거는 저서 〈존재와 시간〉에서 '본래적'과 '비본래적'이라는 말을 썼다. 인간은 누구나 언젠가 죽지만, 평소 죽는 것을 생각하고 사는 사람은 적다. 그리하여 평균적으로 주위 사람들처럼 사는 것이 '비본래적'이다. 한편 죽음과 마주하고 자신의 존재를 진지하게 생각하며 사는 것이 '본래적'이라고 나누고 사람은 '본래적'으로 살아야 한다고 주장했다.

즉, '한정된 인생을 소중하게 살라'는 것이다. 지당한 지적이지만 실제로 평소에 죽음을 생각하고 사는 일은 드물다. 임종이 다가오거나 질병 등으로 수명이 얼마 남지 않았을 때 비로소 죽음을 의식하고 남은 인생을 소중하게 여기며 살아야겠다고 다짐한다.

또는 의도적으로 죽음을 의식하지 않는 것일지도 모른다. 죽음을 전제로 하면 가능성은 거기서 끝나 버리지만 죽음을 생각하지 않으면 가능성은 무한하다(상한이 있는 것도 있지만). RPG나 카드 게임에서도 캐릭터는 거의 무한히(상한이 있는 것도 있지만) 성장한다. 점점 쇠약해져서 결국 죽는, 그런 작품은 거의 없다. 그렇게 무한한 가능성을 즐기면서 평범하게 살고 있는 사람들을 하이데거는 '비본래적이다!'라고 경고한 것이다.

관련용어

초자연적
자연을 초월한 설명할 수 없는 현상이다. 신의 존재와 사후 세계 등이 있다.

존재와 시간
하이데거의 대표적인 저작. 인간 존재를 분석한 책으로 이후의 철학 세계에 큰 영향을 미쳤다. 상권·하권의 2권으로 출간될 예정이었지만 하권은 발표되지 않았다.

COLUMN 유한한 생명에 항거한 '불로장생'에 대한 생각

'생명에 한계가 있다'는 것은 불변의 진리이지만 그에 항거한 개념이 불로장생이다. 불가능하다는 것을 알면서도 동서고금을 막론하고 많은 사람들이 동경해 왔다. 중국에서는 진시황이 불로장생을 찾아 약을 만들게 했다는 전설이 있다. 물론 그런 약은 있을 리가 없고 맹독이 섞인 약을 먹고 오히려 죽었다고 한다.

139 무Mu 대륙

한때 태평양에 존재했다고 알려진 환상의 대륙. 유례없을 정도로 고도의 문명이 번성했지만 거대 지진과 해일에 의해 하룻밤 사이에 해저에 가라앉았다고 한다.

과학적으로 부정당한 공상의 대륙

아틀란티스 대륙과 쌍벽을 이루는 잃어버린 초고대 문명으로 유명한 것이 무Mu 대륙이다. 이 대륙은 1926년에 미국의 작가 제임스 처치워드James Churchward가 〈잃어버린 무 대륙The Lost Continent of Mu〉이라는 저서에서 발표하면서 세상에 알려지게 됐다.

처치워드에 따르면 1868년에 그가 인도에서 복무할 당시 현지의 힌두교 사원에 문외불출의 점토판 나카루 비문Naacal tablets이라는 것이 있었다고 한다. 흥미가 생긴 처치워드는 고승에게 부탁해 어떻게든 그 비문을 보게 됐는데, 거기에 알 수 없는 고대 문명, 즉 무 대륙에 관한 기록이 그림문자로 새겨져 있었다고 한다. 처치워드는 오랜 세월 그림문자를 해석해서 앞서 말한 저서로 정리했다.

다만 그 인도 사원의 장소와 나카루 비문이 되는 원전의 사진 등은 일절 공개되지 않았다(미공표된 것은 사원에서 원했던 것 같다). 또한 처치워드가 〈잃어버린 무 대륙〉을 발표한 1926년 당시에는 해저 조사 기술이 발달하지 않아 한때 태평양에 거대한 대륙이 있었는지 여부는 알려지지 않았다. 그러나 해저 조사 기술이 발달한 오늘날 무 대륙이 있었다고 여겨지는 장소가 일찍이 육지였던 흔적은 없고 1만 2000년보다 더 이전부터 쭉 바다였음이 밝혀졌다. 이러한 점에서 현재 무 대륙은 공상의 산물이라는 것이 일반적인 인식이다.

무 대륙의 위치가 표시된 지도

관련용어

제임스 처치워드
1851~1936년. 미국에 거주하는 영국인 작가로 무 대륙에 대한 여러 저작을 발표했다. 영국 군인으로 인도에서 복무할 당시 무 대륙에 대해 기록한 비문을 봤다고 주장했지만 나중에 영국군에 재적했던 기록이 없는 것으로 밝혀졌다.

무의 명칭
무의 명칭은 1862년경 프랑스의 성직자 찰스 에티엔느 부랏스루가 마드리드의 왕립역사학회 도서관에서 마야 문자와 스페인어 알파벳을 대조한 표를 발견한 것에서 시작한다. 부랏스루는 이 표를 사용하여 마야 문명의 트로아노 그림 문서를 해독했다. 그러자 '무'라는 왕국이 대참사에 의해 함몰된 전설이 적혀 있었다. 그러나 현재 이 번역은 완전한 오류였음이 판명됐다. 또한 부랏스루은 '무'는 아틀란티스 대륙이라고 생각했지만, 그것을 새로운 대륙이라고 주장한 것이 처치워드이다.

COLUMN 애니메이션, 만화, 게임, 소설 등의 소재로 대인기

과학적으로 완전히 부정당한 무 대륙이지만, 그 존재는 상당히 매력적이었던 것 같으며 다양한 작품에 등장하고 있다. 무 대륙의 존재를 주장한 처치워드는 경력 사칭이 폭로되는 등 크게 비판을 받았지만, 1차 자료조차 없는 이론으로도 이만큼 큰 영향을 끼쳤다는 의미에서는 대단한 작가였다고 해야 할지도 모르겠다.

140 막달라 마리아

막달라 마리아는 예수와 여행을 하고 그의 십자가와 매장, 부활에 입회했다고 전해지는 인물. 성인 중 한 명으로 전례典礼상 사도와 동격으로 여겨진다.

예수 그리스도의 수난과 부활에 입회한 여성

막달라 마리아는 〈신약성서〉의 〈복음서〉에 등장하는 여성으로, 그 이름은 통설에서는 그녀가 고대 팔레스타인의 갈릴리에 있던 도시 막달라 출신인 것에서 유래한다고 한다. 마리아는 예수 그리스도와 깊이 관련이 있는 인물로, 가톨릭교회와 정교회 등 기독교의 주요 교파에서는 성인으로 꼽힌다.

복음서에 의하면 막달라 마리아는 자신에게 빙의된 7명의 악령을 예수에 의해 없애고 그 이후 그에게 들러붙게 됐다. 예수가 십자가 책형에 처해질 때 멀리서 그 모습을 엿보고 매장까지 지켜봤다고 한다.

또한 예수의 죽음 이후 마리아는 천사로부터 그의 부활을 전해들었고, 그것을 들은 그녀는 즉시 제자들을 불러 이윽고 되살아난 예수와 대면했다. 기독교에서 마리아가 중요시되고 있는 것은 그녀가 예수의 수난과 부활에 입회한 몇 안 되는 인물이기 때문일 것이다.

〈누가복음〉과 〈요한복음〉에는 갈릴리 지방의 한 마을에서 식사를 하던 예수의 아래에 '죄 많은 여자'가 와서 울면서 자신의 발에 향유를 바르고 머리카락으로 닦았다고 기술되어 있다. 이 여성의 이름은 알 수 없지만, 훗날 막달라 마리아와 동일 인물일 것으로 추정하게 됐다. 마리아가 긴 머리로 그려지거나 창녀였다고 하는 것은 그 때문이다.

막달라 마리아상

관련용어

복음
〈신약성서〉를 구성하는 책 중 하나이다. 정전으로 여기는 4복음서(마태복음, 마가복음, 누가복음, 요한복음) 외에 〈토마스 복음서〉 등의 외전이 있다.

가톨릭교회
서방 교회로 분류되는 기독교의 최대 교파

정교회
동방 교회로 분류되는 기독교 교파의 하나. 각국에 교회 조직을 두고 있다.

죄 많은 여자
막달라 마리아와 동일시되는 여자. 베다니의 마리아라고도 불린다. 그녀가 지은 죄가 불분명하지만, 일반적으로 성적 부적절 행위(창녀였다)이며, 예수님에게 참회했다고 한다.

COLUMN 항아리와 두개골이 그려진 이유는

종교화의 소재로도 자주 등장하는 막달라 마리아. 그녀는 죄 많은 여자와 동일시되는 점에서 회화 등에서는 기름병을 지닌 모습으로 그려지는 경우가 많다. 또한 예수 그리스도 처형에 입회했기 때문에 십자가와 함께 그려지거나 처형장인 골고다 언덕(두개골의 장소라는 뜻)을 따서 두개골이 그려지는 일도 있다.

141 2·26 사건

일본의 육군 내부에서 두 파벌의 갈등이 일어났던 1936년. 무력에 의해 세상을 바꿀 수 있다고 믿은 급진적인 청년 장교들은 최악의 쿠데타 미수 사건을 일으킨다.

천황 중심의 세상을 만든다는 것이 천황을 화나게 하는 실수를 저지르다

2·26 사건은 일본 근대사에서 유일하다고 할 수 있는 군사 쿠데타이다. 전대 미문의 이 사건은 왜 일어났을까?

배경에 있는 것은 당시 일본 육군에 존재한 황도파와 통제파라는 두 파벌의 대립이다. 황도파는 천황을 정점으로 하는 정치 체제의 실현을 목표하는 일파로, 목적 달성을 위해서는 수단과 방법을 가리지 않는 과격한 단체였다. 한편 통제파는 합법적인 방법으로 군 주도의 정치 체제를 실현시키고자 했다. 당시 통제파가 군의 중추를 장악하고 있어 황도파는 자신들이 처한 상황에 위기감을 갖고 있었다. 이러한 정세가 원인이 되어 황도파의 일부 청년 장교들이 폭발하여 2·26 사건을 일으킨다.

사건이 일어난 것은 1936년 2월 26일 새벽. 22명의 황도파 청년 장교가 약 1500명의 병사를 이끌고 총리 관저와 육군성, 참모본부, 경시청 도쿄 아사히신문사 등을 점거하고 재무 장관인 다카하시 코레쿄高橋是清, 내대신인 사이토 마코토斎藤実, 교육 총감 와타나베 조타로渡辺錠錠太郎를 살해했다. 최대 목표였던 내각 총리 대신인 오카다 게이스케岡田啓介도 노렸으나 의동생인 마츠오 덴조松尾伝蔵를 오카다로 오인하고 살해하는 바람에 오카다의 살해에 실패했다. 또한 이외에 요인 경호를 맡고 있던 경찰관 5명이 희생됐다.

사건 발생 사흘 뒤인 29일. 반란에 참가한 병사의 대부분은 투항하고 장교도 자결한 한 명을 제외하고 모두 체포되어 반란은 진압됐다. 주모자의 대부분이 처형되고 사건은 막을 내린다. 청년 장교들이 오판했던 것은 그들이 주主라고 여기고 받들었던 쇼와 천황이 사건의 전말을 알고 분노하여 사건을 일으킨 부대를 반란군으로 규정하고 진압을 명령한 것이었다. 황제의 분노는 대단했는데, 직접 근위 사단을 이끌고 진압하겠다고 말했다는 기록도 남아 있다. 청년 장교들이 궐기 후 천황에게 쇼와 유신을 호소하고 신 정권을 수립할 생각이었지만, 그들의 의도는 처음부터 그릇됐던 것이다.

관련용어

쇼와 유신
昭和維新

1930년대 일본에서 일어난 사상으로 메이지 유신을 표본으로 천황 중심의 정치 체제를 수립하는 것을 목적으로 했다. 쇼와 유신을 주장하는 자에게 원로와 중신, 재벌들은 배제의 대상이며, 이 개념을 바탕으로 5·15 사건을 비롯한 수많은 테러 행위가 자행됐다.

142 에키드나 Echidna

상반신은 미녀이지만 하반신은 뱀의 모양을 한 괴물. 에키드나의 출생에 대해서는 여러 설이 있어 확실하지 않지만, 그리스 신화의 다양한 괴물을 낳은 어머니로서 중요한 존재이다.

그리스 신화의 영웅담은 에키드나 덕분

에키드나의 출신과 관련해서는 몇 가지 설이 있는데, 헤시오도스의 〈신통기神統記〉에서는 크리사오르와 칼리로에의 딸로 기록되어 있다. 크리사오르의 부모는 바다의 신 포세이돈과 메두사이므로, 에키드나는 이들의 손자가 된다.

한편, 아폴로도로스의 〈그리스 신화〉에서는 대지의 여신 가이아와 타르타로스의 딸이라고 돼 있어 신화 중 최대의 괴물 티폰의 누나 또는 여동생이 된다. 또한 파우사니아스의 〈그리스 안내〉에서는 거인의 아들 팔라스와 저승 강의 여신 스틱스의 딸이고, 해신 포르키스와 케토의 딸이라는 설에서는 마찬가지로 포르키스를 아버지로 고르곤 세 자매와 그라이아이 세 자매와는 자매가 된다. 어쨌든, 에키드나가 어떤 괴물적인 존재가 있는 계보에 들어 있는 것만은 확실하다.

에키드나는 티폰의 아내라고 하며 유명한 지옥의 문을 지키는 개 케르베로스를 비롯해 머리가 두 개 달린 개 오르토스, 레르네의 히드라, 황금 사과를 지키던 라돈, 프로메테우스의 간을 쪼아먹는 독수리 에톤, 영웅 페르세우스에게 쓰러진 케토스, 아르고나우타이의 이야기에서 황금양을 지키던 용, 영웅 벨레로폰에게 쓰러진 괴수 키마이라 등을 낳았다. 또한 어린아이인 오르토로스와도 관계를 한 것으로 알려져, 네메아의 사자와 스핑크스도 낳았다.

에키드나의 아이들 대다수가 헤라클레스의 모험에 관계하고 있으며, 다른 아이들도 유명한 괴물 퇴치 에피소드에는 빠지지 않는다. 그리스 신화를 장식한 영웅담은 괴물들의 어머니인 에키드나가 있었기 때문에 성립하는 셈이다.

관련용어

헤시오도스
Hesiodos
기원전 700년경 고대 그리스에서 활동했다고 전해지는 서사 시인. 신들의 계보를 쓴 〈신통기〉의 저자로 여겨지며 책에서는 주신이 된 제우스의 정통성을 강조한 것으로 생각된다.

아폴로도로스
Apollodoros
BC 2세기 고대 로마 시대에 활동한 것으로 여겨지는 그리스의 저술가

파우사니아스
Pausanias
115~180년경. 그리스의 지리학자. 실제로 그리스 각지를 여행하고 다니며 보고 들은 것을 〈그리스 안내〉에 정리했다.

COLUMN 헤로도토스가 고찰한 에키드나의 여신설

역사가인 헤로도토스는 게리온의 황소를 잡으러 가던 헤라클레스가 스틱스의 땅(현재 우크라이나 근처)에서 뱀 여자와 어우러져 탄생한 세 명의 아이 중 하나가 스키타이 왕가의 시조가 되었다고 여겼다. 뱀 여자가 스키타이의 여신이었던 에키드나라고도 생각했고, 그렇다면 많은 아이가 헤라클레스와 관계가 있는 것도 납득된다.

143 요코미조 세이시 橫溝正史

1902년 태생 소설가. 긴다이치 코스케金田一耕助 시리즈 등의 탐정 소설 외에도 탐미 소설 〈도깨비불〉, 〈창고 속〉 등으로도 유명하다. 많은 작품이 영화나 드라마로 만들어졌다.

이중의 의미에서 기사회생한 명작들

참새 둥지 같은 부스스한 머리를 손으로 마구 헝크러트리자 그때마다 눈송이처럼 비듬이 날려서 떨어졌다. 인상이 좋고 유유자적한 인품은 강경한 태도의 형사가 캐내지 못하는 사소한 정보를 주인에게서 빼내간다.

일본을 대표하는 명탐정 중 한 명인 긴다이치 코스케金田一耕助는 '손자'의 활약도 있어서인지 지금도 인기가 높다.

긴다이치 코스케를 탄생시킨 것이 요코미조 세이시다. 일본의 풍토를 살린 탐미적·괴기적인 작품을 전문으로 하며 본격 추리 소설을 중심으로 수많은 작품을 썼다. 긴다이치 코스케 시리즈 77작품, 유리선생由利先生&미쓰기 슌스케三津木俊助 시리즈 33작품, 인형 사시치 체포장人形佐七捕物帳 시리즈는 180 작품에 이른다.

요코미조는 효고 태생으로 은행에 근무하면서 쓴 단편 〈섬뜩한 만우절〉이 탐정 잡지 〈신청년〉의 현상에 입선, 데뷔를 했다. 이때 그의 나이 18세였다. 그 후 에도가와 란포江戸川乱歩의 권유로 상경해서 잡지 편집을 하면서 해외 탐정 소설을 번역하고 직접 창작 활동도 했다. 전쟁 중에 발표한 것이 유리 린타로와 미쓰기 슌스케 시리즈, 그리고 인형 사시치 체포장 시리즈이다. 긴다이치 코스케가 처음 등장하는 〈혼진 살인사건本陣殺人事件〉은 전후의 작품이다.

요코미조는 결핵에 걸려 종종 각혈을 했다고 한다. 1964년에는 잠시 현역에서 물러나기도 했다. 그러나 1970년대 영화와 드라마를 비롯해 가도카와쇼텐角川書店에서 요코미조의 작품이 문고화되어 일대 붐을 이루었다. 이에 힘입어 요코미조는 집필 활동을 재개하고 사망하기 직전까지도 장편 작품을 썼다.

관련용어

손자
〈김전일(긴다이치) 소년의 사건부〉(원작 : 아마기 세이마루天樹征丸, 가나이 요자부로金成陽三郎, 작화 : 사토 후미야)에 등장하는 고교생 탐정 긴다이치는 긴다이치 고스케의 손자라는 설정

유리 린타로와&미쓰기 순스케 시리즈
1935년 〈석고 미인〉에서 첫 등장한다. 탐정 유리린타로由利麟太郎와 기자 미쓰기 순스케津木俊助 콤비가 펼치는 추리물

인형 사시치 체포장
시대 소설 시리즈. 에도를 무대로 미남의 앞잡이 사시치佐七가 사건을 해결해 간다.

COLUMN 이루지 못한 대리 원고

1933년 초여름, 요코미조는 〈신청년〉의 원고를 분실한다. 이때 대리 원고로 발표한 것이 나중에 일본 3대 기서를 쓰는 오구리 무시타로小栗虫太郎의 처녀작 〈완전범죄〉였다. 요코미조는 "자네(오구리)가 몸이 안 좋을 때는 내가 대신 원고를 쓰겠다"고 말했지만 이루지 못하고 오구리는 44세의 나이로 사망했다.

144 로슈한계 Roche limit

크게 히트한 애니메이션 영화의 클라이맥스에 그려져 화제가 된 로슈한계. 에두아르 로슈 Édouard Roche가 주장한 이 한계는 어떤 것인가?

위성이 부서지지 않고 접근할 수 있는 한계 거리

로슈한계는 중력이 작용하는 별과 별이 파괴되지 않고 접근할 수 있는 한계를 말한다. 중력이 있는 별끼리 접근하면 서로 중력으로 당기는데, 알기 쉽게 달과 지구에 비유해 본다.

중력은 거리가 멀수록 작아지므로 '달에 가까운 쪽의 표면', '지구의 중심', '달에서 먼 쪽의 측면'에 따라 별에 가해지는 중력이 달라진다. 이처럼 일정하지 않아서 가해지는, 이른바 끌리는 힘이 조석력이라고 한다. 앞서 말한 장소별 달의 중력에서 지구의 중력을 빼면 이 조석력이 된다. 쉽게 이해할 수 있는 예가 조수 간만으로, 주로 달과 태양의 인력에 의한 것이다(날씨에 의해서도 일어나지만).

어느 작은 별(반성伴星)이 어떤 이유로 다른 별(主星)에 빠르게 접근했다고 하자. 반성은 주성의 로슈한계에 가까워질수록 주로 별의 조석력에 의해 타원형으로 변형된다. 로슈한계를 초과하면 조석력을 견디지 못하고 반성은 붕괴한다.

지구의 경우 19,134km(지구의 반경 3배 이내)가 로슈한계의 범위이다. 로슈한계를 넘어 별이 붕괴하는 것을 조석 분열이라고 하며, 실제로 1994년 목성에 근접한 슈메이커 레비9(Shoemaker–Levy9) 혜성은 조석 분열로 붕괴했다. 또한 화성의 위성 포보스, 해왕성의 위성 트리톤도 서서히 주성에 접근하고 있기 때문에 언젠가 조석 분열할 것으로 여겨진다.

단, 로슈한계 내에 있어도 천체 자체가 충분히 작으면 붕괴하지 않을 수도 있고, 소행성의 상태에 따라서 로슈한계의 범위도 다르다.

관련용어

에두아르 로슈
Édouard Roche
1820~1883년. 프랑스의 천문학자. 수학적으로 로슈한계를 계산하여 토성의 위성이 로슈한계를 넘어 조석 분열로 파괴되어 토성의 고리가 생겼다는 이론을 발표했다.

슈메이커 레비9 (Shoemaker-Levy9) 혜성
1993년 3월 24일 미국 팔로마 천문대에서 관측된 혜성. 이후의 관측에서 1960년경 목성에 포착되어 1992년 7월 로슈한계를 돌파했다. 분열된 파편은 1994년 7월까지 잇따라 목성층에 충돌한 것으로 판명됐다.

포보스Phobos
1877년에 발견된 화성의 첫 위성. 화성의 표면에서 6,000km 이내의 궤도를 돌고 있다. 화성의 자전보다 빨리 공전하고 있기 때문에, 1세기에 1.8m 정도 화성에 끌리고 있어 결국 로슈한계에 도달해서 파괴될 운명에 있다고 한다.

COLUMN 스페이스 콜로니 설치에 적합한 안정된 장소

천체역학의 단어 중 어느 의미에서 가장 유명한 용어가 라그랑주 점Lagrangian point(포인트)일 것이다. 이것은 천체와 천체의 중력으로 균형을 이루고 있는 우주 속에서 안정적인 장소를 말한다. 우주 정거장이나 우주 망원경, 심지어 스페이스 콜로니 등의 설치 장소 후보로 올라 있으며, SF 애니메이션을 통해서도 친숙한 용어이다.

145 장폴 사르트르

'인간은 자유롭도록 저주받은 존재'라는 말로 유명한 사르트르. 그는 하이데거의 영향을 받으면서 '인간의 존재'에 대해 탐구했다.

먼저 존재가 있고 본질은 나중에 만든다는 사상

'사람이 신에 의해 존재와 목적을 부여받고 있다'고 여기던 시대에 사르트르는 '신은 없다'고 정면으로 부정했다. 인간은 신으로부터 아무것도 주어지지 않으며 신을 의지할 필요도 없다. 따라서 인간은 자유롭다. 오히려 자유를 부여받고 있다는 것이다.

이 생각의 근저에 있는 것이 그의 말 '실존은 본질에 앞선다'이다. 존재에는 이유와 본질이 있다고 생각하기 쉽지만, 그런 것은 없다. 존재는 '그저 존재하고 있다', 그뿐이다.

예를 들어 인간이라는 존재는 신이 준 것도 없으며 어떤 의미나 목적이 있는 것도 아니다. 먼저 존재하고, 본질과 의미는 나중에 만드는 것이다. 본질을 만들지 않으면 단지 존재할 뿐인 존재에 지나지 않는다. 본질을 만든다는 자유를 부여받은 것이다. 이것이 모두에서 말한 '인간은 자유롭도록 저주받은 존재'로 이어진다.

즉, 자유라는 것은 그만큼 무거운 짐이다. 자유롭게 살아간다는 것은 스스로 삶의 방식을 결정하고 그 책임을 지는 것이다. 확실히 누군가로부터 물음(문제)과 목적을 부여받아 사는 것이 훨씬 편할 것이다. 예를 들어 RPG라면 악한 왕을 물리치거나 퀘스트를 클리어하는 것이거나, 목적과 목표가 대개 정해져 있다. 그렇기 때문에 나아가는 길이 명쾌하고 보람도 있다. 오히려 '무엇을 해도 괜찮다'라는 자유로운 게임이라면 어떻게 해야 할지 몰라 의욕이 없어 관둘지 모른다.

그렇다고 해도 지금은 사르트르의 사상은 회의적이며 주변과의 조화를 가리키는 개념이 주류를 이루고 있다.

관련용어

장폴 사르트르
Jean Paul Sartre
1905~1980년. 프랑스 철학자. 제2차 세계대전 중에 간행한 〈존재와 무〉가 주요 저서이고, 이로써 실존주의라는 개념이 확산됐다. 이 저서에서 '인간은 자유롭도록 저주받은 존재'라는 말을 했다.

실존주의
지금 여기에 존재하고 있는 자신을 중심으로 생각하는 철학적 사상. '만약 신이 모든것을 만들었다면 신은 누가 만들었는가?'라고 사르트르는 묻고, 모든 것은 존재가 먼저이고 신은 존재하지 않는다고 역설했다.

자유
외부에서 강제와 속박을 받지 않고 자신의 의사대로 움직일 수 있는 것. 다만 그 행동에 대한 책임을 지는 것이 일반적이다. 책임이 없는 것은 자유가 아니라 방임이 된다.

COLUMN '자유롭게 사는' 게임이 늘었다

한때 하나의 목표를 향해 돌진하는 게임이 많았지만, 네트워크 환경이 보급된 현재는 각자가 여러 가지 목표를 가지고 놀 수 있는 게임이 많아졌다. 돈을 지불하고 최강을 목표해도 좋고, 가능한 범위에서 작은 목표를 세우고 놀아도 좋다. '자유롭게 산다'라는 사르트르의 가르침이 영향을 미친 면이 있을지도 모른다.

146 스톤헨지 stonehenge

영국 남부 솔즈베리 교외에 있는 거대한 돌. 기원전 3000년경부터 단계적으로 만들어졌다고 하는데, 누가 무슨 목적으로 세웠는지는 지금도 수수께끼이다.

고대인이 건설한 수수께끼 거석군

1986년에 세계유산으로 등록되는 등 관광 명소로도 유명한 스톤헨지는 말발굽 형태의 돌이 연결된 높이 7m의 거석 5쌍과 그 주위에 지름 100m 정도의 범위에 늘어선 높이 5m 정도의 30개의 입석으로 이루어진 고대 유적이다.

스톤헨지에 대해서는 지금까지의 조사·연구에서 기원전 3000년경에 원형의 토루가 만들어지고 기원전 2500년경부터 돌이 놓이고 이후 기원전 2000년경에 걸쳐 단계적으로 조성된 것으로 밝혀졌다. 하지만 누가 어떻게 무엇 때문에 건설했는지는 지금도 잘 알려져 있지 않다.

누가 만든 것인가에 관해서는 당시 이 지역에 살던 주민들이라고 생각할 수 있지만, 확실한 것은 알 수 없다. 또한 재료인 돌에는 거대한 사르센(약 36t)과 비교적 작은 블루스톤(최대 3.6t)이 있고 사르센은 50km 떨어진 채석장에서, 블루스톤의 일부는 250km나 떨어진 웨일즈에 있는 채석장에서 각각 운반된 것으로 보이지만, 운반 방법에 대해서도 아직 밝혀지지 않았다(일단 돌을 썰매에 실어 레일 위로 미끄러트리고 뗏목을 사용해서 강에서 날랐다고 추측된다).

또한 건조한 목적에 대해서도 '왕의 무덤설', '천문대설', '제단설' 등부터 'UFO의 발착 기지였다'는 터무니없는 것까지 여러 설이 있고 지금도 그 대답은 수수께끼에 싸여 있다.

스톤헨지

관련용어

세계유산
1972년 유네스코 총회에서 채택된 세계문화 및 자연유산 보호협약에 따라 등록된, 인류가 공유해야 할 과거로부터 물려받은 소중한 자산을 말한다. 특성에 따라 문화유산, 자연유산, 복합유산의 3가지로 분류된다. 스톤헨지는 문화유산으로 등록되어 있다.

COLUMN **'아서 왕 이야기'와도 관련 있다**

스톤헨지는 <아서 왕 이야기>에 등장하는 마법사 멀린이 건설했다는 전설도 있다. 이 전설에 따르면 아서 왕의 삼촌 아우렐리우스가 영국 왕이 됐을 때 멀린에게 아일랜드에서 거석을 운반하게 해 스톤헨지를 만들게 했다고 한다. 이러한 전설이 생길 정도로 스톤헨지는 불가사의한 존재이다.

147 세례자 요한

세례자 요한은 예수의 친척이자 그에게 세례를 한 인물이다. 예수에 앞서 선교 활동을 비롯해 예수를 그 길로 이끈 것에서 선구자로 여겨진다.

주의 길을 정비한 위대한 세례자

〈신약성서〉에 등장하는 고대 유대 종교가로 예수 그리스도에게 세례를 한 인물이다. 기독교에서는 예수에게 세례를 한 것에서 선구자로 자리매김하며, 정교회에서는 선구자라는 칭호를 부여했으며, 가톨릭교회와 정교회 등에서는 성인으로 꼽힌다.

〈신약성서〉의 누가복음에 따르면, 그의 부모는 제사장 사가랴와 그의 아내 엘리사벳이다. 예수의 어머니 마리아는 엘리사벳의 친척이므로 예수와 요한도 혈연 관계에 있는 셈이다.

세례라고 하면 기독교를 연상하는 사람도 많지만, 이것은 기독교가 탄생하기 이전부터 존재했다. 당시의 세례는 유대교 개종자를 이스라엘 백성으로 받아들이는 의식의 일부로 외계에서 온 것들을 정화하는 행위로 여겼다. 그러나 요한은 유대인조차도 죄로 얼룩져서 하나님의 백성이라고 불릴 권리를 잃었다고 생각하고 세례에 새로운 의미를 더했다. 요한이 수여한 세례는 그 사람이 이슬라엘 백성으로 받아들여진 것을 나타내고, 또한 스스로의 행위를 회개한 것에 하나님이 용서를 하는 행위였던 것이다.

그런 요한에게 세례를 받은 것이 나중에 예수 그리스도라 불리는 나사렛 예수이다. 요한에게 세례를 받은 예수는 팔레스타인 갈릴리에서 선교를 비롯해 많은 제자들을 거느린다. 그 가운데에는 가룟 유다처럼 예수를 배반한 자도 있지만, 나중에 그들의 손에서 기독교가 만들어지게 됐다.

세례자 요한

관련용어

세례
기독교인이 되기 위한 의식. 머리 또는 전신에 물을 뿌리는 것

나사렛 예수
나사렛은 예수가 어린 시절을 보냈다는 이스라엘의 도시

가룟 유다
예수의 제자 중 한 명. 돈 욕심에 예수를 배반하고 죽음으로 몰았다.

COLUMN 신자라면 누구나 갖고 있는 세례명

현대에는 세례를 받을 때 성인이나 천사의 이름을 딴 세례명을 받는다. 어느 정도 자신이 정할 수 있기 때문에 엉뚱한 이름으로 정하는 사람도 적지 않다. 예를 들어 회화의 거장 피카소의 세례명은 파블로 디에고 호세 프란시스코 데 파울라 후안 네포무세노 마리아 데 로스 레메디오스 크리스핀 크리스피니아노 데 라 산티시마 트리니다드 루이스 이 피카소…로 너무 긴 것으로 유명하다.

148 달기 妲己

중국 고대 국가 은왕조의 주왕紂王에게 사랑받은 달기는 미모로 왕을 타락시키고 결국 파멸로 몰았다. 그녀의 행동은 후세에 전해져 전설의 대요괴를 낳았다.

구미호로 변화한 중국 역사상 보기 드문 악녀

은나라의 주왕은 총명한 왕이었지만 달기를 왕비로 맞이하고는 완전히 그녀의 색과 향기에 빠져 버린다. 달기는 주왕에게 주지육림酒池肉林(온갖 사치를 다한 술자리)을 비롯해 다양한 사치를 조르고 왕에게 충언하는 자는 중상모략을 해서 잔인한 방법으로 살해했다. 이러한 행위로 민심은 주왕에게서 멀어지고 마침내 반란을 일으킨 주나라의 무왕에 의해 은나라는 공격을 당해 멸망하고 달기와 주왕도 목숨을 잃는다.

왕을 홀려서 나라를 망친 희대의 악녀 달기는 후세 사람들의 마음에 강한 인상을 남겼다. 이에 의해 달기는 역사에 이름을 남겼을 뿐 아니라 연극이나 소설 등 다양한 창작물에 등장하는 전설적인 존재가 됐다.

달기가 등장하는 대표적인 작품으로는 원나라 때 간행된 역사물 〈전상평화全相平話〉가 있다. 여기에 수록된 이야기에서 달기의 정체는 구미호라는 요괴로 주왕에게 시집갈 예정이었던 딸을 덮쳐 육체를 빼앗아 변화한 것으로 되어 있다.

명나라 때에 지은 소설 〈봉신연의封神演義〉에도 달기는 요괴가 변화한 것으로 그려져 있다. 이 작품은 은나라와 주나라의 전쟁 시대를 소재로 선인과 요괴, 인간들의 대전쟁을 그린 것이다. 달기는 여우 요괴로 등장하여 은나라의 주왕을 유혹하고 각종 악행을 저질러 은나라를 망치기 위해 암약한다.

또한 달기 전설은 중국에서만 알려진 것이 아니라 일본에도 전해져 악녀 전설과 결부되었다. 그 하나가 타마모노마에玉藻前 전설이다.

〈호쿠사이만가北斎漫画〉 은나라 달기

관련용어

은나라
중국 고대 왕조. 기원전 17세기경부터 기원전 11세기까지 번성했다. 은나라 이전에 존재한 하왕조를 멸망시키고 건국한 것으로 전해진다.

주왕紂王
기원전 1100년경. 은나라의 제30대 왕. 정식 명칭은 제신帝辛으로 주왕은 속칭이다. 사서에 따르면 얼굴이 빼어나게 아름답고 머리가 좋으며 무예도 뛰어난 인물이었지만, 애첩인 달기에 빠져 민심을 잃고 은나라의 멸망을 초래했다.

주지육림
주왕이 달기의 소원을 들어주기 위해 개최한 호사로운 술잔치. 술로 연못을 만들고 새끼돼지 통구이를 늘어놓고 벌거벗은 남녀를 서로 쫓게 하는 퇴폐적인 것이었다고 전해진다.

COLUMN 중국 삼대 악녀도 달기에는 미치지 못한다?

중국 역사상에는 때때로 무시무시한 악명을 떨친 여성이 등장한다. 특히 유명한 것은 한나라의 여치呂雉(본명은 여후呂后), 당나라 측천무후, 청나라 서태후로 중국 삼대 악녀로도 불린다. 하지만 이들은 잔혹 행위를 하고 국정을 혼란시킨 적은 있지만, 나라를 망치지는 않았다. 이 점에서 달기는 격이 다르다고 할 수 있겠다.

149 판도라 Pandora

대장장이의 신 헤파이스토스가 만든 최초의 여성. '열어서는 안 된다'고 말한 상자를 열어 안에 들어 있던 수많은 재앙을 세상에 푼 '판도라의 상자' 일화로 유명하다.

제우스의 지시로 만들어진 최초의 여성

태곳적 아직 미개했던 인간은 추위와 굶주림에 시달렸다. 제우스는 인간에게 불을 주는 것을 금지했지만 보다 못한 프로메테우스가 인간에게 불을 줬다.

제우스는 프로메테우스를 벌하고 불을 얻은 인간에게 대가를 치르게 하려고 결정하고 헤파이스토스에게 점토로 여성을 만들게 했다.

이것이 판도라로 아테나에게는 직물을 짜는 능력, 아프로디테에게는 남자를 괴롭히는 매력과 같은 식으로 신들에게 다양한 선물을 받았다. 판도라라는 이름도 '모든 선물을 받은 여자'라는 뜻이다.

다만 헤르메스가 거짓말과 도둑의 본질을 주는 것처럼 반드시 좋은 것에 한정하지 않고, 제일 마지막으로 주어진 것이 피토스(항아리)였다.

그 후, 판도라는 프로메테우스의 동생 에피메테우스에게 보내져서 곧 포로가 된 그와 결혼한다. 물론 항아리도 가지고 있다. 신들은 '결코 열지 말라'고 충고했지만, 그 후에 판도라는 호기심을 이기지 못하고 항아리를 열었고 안에서 튀어 나온 재앙이 인간에게 보내졌다. 제우스는 이것을 계산하고 그녀를 보낸 셈이다. 또한 원래는 항아리였는데 '판도라의 상자'라 불린 것은 중세에 라틴어로 소개됐을 때 오역된 것이 계기이다. 이것이 퍼졌기 때문에 항아리가 아니라 '상자'가 일반적이 된 것 같다. '판도라의 상자'는 만져서는 안 되는 것을 나타내는 단어로 우리에게도 친숙한데, 정작 판도라보다 상자가 더 유명세를 타고 있는 느낌마저 든다.

〈보석 상자를 든 판도라〉

관련용어

프로메테우스
티탄의 남신으로 일설에서는 인간의 창조주로 되어 있다. 지혜가 뛰어나고 선견지명이 있으며 티타노마키아에서 제우스의 편에 섰다. 제우스와의 불화는 헤시오도스의 〈신통기〉나 〈일과 날〉, 아이스킬로스의 비극 〈결박된 프로메테우스〉 등에서 이야기되고 있다.

헤르메스
올림포스 12기둥의 하나. 제우스의 전령사로 유명하지만, 실은 그리스 신화 중에서도 많은 권능을 갖고 있는 신으로 속임수나 도박, 도둑의 신이기도 하다.

에피메테우스
프로메테우스의 동생. 형과 달리 우둔했다고 한다. 프로메테우스는 '제우스의 선물은 돌려보내라'고 충고했지만, 에피메테우스는 그 뜻을 이해하지 못하고 판도라를 받아들였다.

COLUMN 해석에 따라 포지티브도 네거티브도 되는 이야기

항아리 속에는 엘피스(오래된 그리스어로 희망과 전조, 기대 등을 나타내는)만 남게 됐다. '재앙을 당해도 희망이 있으면 살아갈 수 있다'라는 긍정적인 해석이 일반적이지만, 다른 한편으로 '큰 재앙이 있는 것을 알고 있는 것은 불행이다'라고 부정적인 해석도 있다. 판도라의 이야기는 어떻게 받아들이느냐에 따라 의미가 달라진다.

150 인간실격

1948년 잡지 〈전망展望〉에 연재된 다자이 오사무太宰治의 대표작으로, 세계에서 가장 많이 읽히는 책에 버금가는 세계적인 베스트셀러이다. '인간실격자' 오오바 요조大庭葉蔵의 생애를 그리고 있다.

다른 사람과 다른 것은 〈인간실격〉인가?

"이제 나는 완전하게 인간이 아니게 됐습니다".

일본은 물론 세계적인 베스트셀러 중 하나로 지금도 영화나 애니메이션으로 만들어지는 다자이 오사무의 대표작이다. 무엇보다 제목이 주는 임팩트가 대단하다. 〈인간실격〉이라는 단어에 '덜컥'하지 않는 사람은 없을 것이다. 이 작품은 누구나 가지고 있는 '살아가는 괴로움' 또는 '사회생활에서 느끼는 위화감'을 그리고 있다.

이 작품은 미치광이가 돼 버린 오오바 요조의 수기를 소개하는 형식으로 되어 있다. 요조는 '생활의 영위'라는 것을 이해하지 못해 어릿광대를 하면서 힘겹게 사회생활을 보내고 있었다. 거짓말을 하고 서로 비방하고 그래도 상처 입지 않고 평범하게 생활하고 있는 '인간'이라는 것이 무서워서 어찌할 바를 모른다. 이렇게 공포에 시달리며 생활하던 요조는 어떤 사건에 의해 드디어 정신이 병들어 약에 의지하다가 정신병원에 들어가게 된다. 이때 그가 한 말이 앞에 서술한 말이다. 그래, 이렇게 그는 '인간실격자'가 된 것이다.

하지만 정말 그는 인간실격자였을까. 마지막에 미치광이로 나오지만 오히려 그는 누구보다도 인간적이고 그윽하고 고상하게 지내고 있는 것처럼 보인다. 무엇보다 미치광이가 스스로를 '미치광이다'라고 할까. 자각이 있는 만큼 그는 정상이었는지도 모른다.

이 책은 다자이의 경험과 인생관이 많이 투영되어 있다. 괴로움에 떨던 그의 부드러운 마음을 엿볼 수 있을 것이다. 다자이는 이 작품을 마치고 다마가와玉川 상수에 몸을 던졌다.

관련용어

다자이 오사무
1909~1948년. 도쿄 태생의 무뢰파 소설가. 이부세 마스지井伏鱒二에게 사사하고 〈달려라 메로스〉 〈사양斜陽〉 등을 쓴다. 종종 자살 및 동반 자살 미수를 일으켰다. 1948년 마침내 다마가와 상수에서 동반 자살을 한다.

괴롭힘
다자이는 같은 문호인 나카하라 츄야中原中也에게 자주 괴롭힘을 당해 겁을 먹고 울었다는 일화가 있다.

COLUMN 스스로 싹을 꺾은 문호들

문호는 자기 파괴적인 사고 방식을 가진 사람이 많고 자살자도 많다. 유명한 것으로 불안감에 약을 먹고 자살한 아쿠타가와 류노스케, 할복자살한 미시마 유키오, 노벨상을 수상했으나 가스관을 물고 자살한 가와바타 야스나리, 〈나랑 새랑 방울이랑〉 등으로 유명한 카네코 미스즈도 약물 자살로 목숨을 잃었다.

151 델타 V delta V

19세기 말, 로켓에 대한 중요한 정의가 제창되었다. 바로 델타 V. 이 말의 등장으로 우주여행은 단숨에 현실성을 띠게 됐다고 한다.

우주 시대의 도래를 제시한 단어

1897년 콘스탄틴 치올코프스키에 의해 로켓 추진에 관한 공식 '치올코프스키 로켓 공식'이 발표됐다. 이것은 분사 가스의 속도가 빠르고 로켓 점화 시와 연소 종료 시의 질량비가 클수록 더 높은 속도를 얻을 수 있다는 것을 제시했다. 그 로켓 속도의 변화량이 델타 Vdelta-V이다.

인공위성 등을 위성 궤도에 진입시키기 위한 궤도 속도를 '제1 우주 속도'(약 7.9km/s), 지구의 중력을 뿌리치기 위해 필요한 지표의 초속도를 '제2 우주 속도'(약 11.2km/s)라고 하는데, 로켓의 델타 V는 이것을 해결하지 않으면 지구 밖으로 날아갈 수 없다.

즉, 델타 V의 개념이 등장함에 따라 인류는 로켓으로 우주에 갈 수 있는 시행착오에 도전하는 출발선에 처음 선 것이다.

로켓 공식은 중력의 영향과 공기 저항 등은 포함하지 않고(실제로는 그것도 해결하지 않으면 안 되지만), 델타 V가 로켓 엔진의 큰 평가 포인트인 것에는 변함이 없다. 우주선의 개발에 필요한 총합 델타 V를 줄이거나 효율적으로 큰 델타 V를 낳을 수 있을지에 대한 연구가 진행되고 있다.

덧붙여서 현재 모든 위성 발사기는 다단식 로켓인데, 이것 역시 치올코프스키의 아이디어이다. 이동 본체의 질량은 전체와 비교해서 가능한 한 작아야 델타 V는 크다. 그래서 비어 있는 추진제인 탱크와 그것을 연소시키는 엔진은 분리 구조로 되어 있다.

관련용어

콘스탄틴 치올코프스키
Konstantin Tsiolkovskii

1857~1935년. 러시아 태생의 로켓 연구자, 물리학자. 로켓 공식 외에 인공위성과 우주선의 시사, 다단식 로켓, 우주 엘리베이터안案 등을 논문으로 발표한 '우주여행의 아버지'로 불린다.

우주 속도

궤도 역학적으로 우주 비행이라고 할 수 있는 궤도에 타기 위한 속도를 말한다. 위성 궤도에 올라타는 제1 우주 속도, 지구의 중력을 탈출하는 제2 우주 속도, 태양의 중력을 뿌리치는 제3 우주 속도가 있다.

다단식 로켓

충분한 델타 V 확보를 위해 불필요한 부품을 분리하는 구조의 로켓을 말한다. 이론적으로는 좀 더 세세하게 분리하면 가장 효율적이지만 현실적인 기술로는 2~3단식 구성이 주류이다.

COLUMN 인력을 이용하는 것도 로켓 고유의 기술

천체의 인력을 역으로 이용하는 로켓 기술도 있다. 스윙 바이는 천체의 전후 부근을 통과하고 그 천체의 운동과 중력을 이용하여 우주선의 진로를 변경하는 기술을 말한다. 일본의 소행성 탐사선 하야부사 2도 이 스윙 바이로 궤도 경사각 수정 및 속도의 증가를 수행하고 있다.

152 통 속의 뇌 Brain in a vat

'혹시 당신이 현실이라고 생각하는 세계는 모두 모조품일지도 모른다'. 철학자 퍼트넘이 제기한 이 질문은 '통 속의 뇌'라고 불린다.

이 세계가 모조품이 아니라고 증명할 수 있는가?

철학자 힐러리 퍼트넘은 다음과 같이 물었다.

"어쩌면 당신은 수조에 떠있는 단순한 뇌일지도 모른다. 뇌에는 컴퓨터가 연결되어 있어 당신이 오감으로 느끼는 정보는 모두 컴퓨터에서 보내는 전기 신호이다. 당신이 현실이라고 생각하는 세계는 모두 컴퓨터가 만들어낸 것이다. 그렇지 않다고 하면 그것을 증명할 수 있는가?"라고.

꽤 어려운 질문이다. 우리는 오감을 통해 물건의 모양이나 색깔, 소리, 냄새, 맛 등을 감지하고 있다. 어디까지나 그 물건이 '이런 물건이다'라고 느끼고 있을 뿐 정말 그런 것인지는 알 수 없다. 알 방법이 없기 때문이다.

모르는 이상 우리가 느끼는 모습을 현실이라고 생각하면 되지 않을까, 라고도 할 수 있다. 일찍이 철학자 칸트가 말한 것이기도 하다. 비록 그것이 사실은 모조품이라도 우리에게 보이는 것이야말로 현실이다. 그 이상은 알 수 없기 때문이다.

모조품의 세계라는 의미에서 지금 발전하고 있는 가상현실 VR 기술은 바로 그것이다. 현재는 아직 시각과 청각에 의해 재현하는 게 전부이지만, 언제가 미각·후각·촉각을 포함한 오감 전부로 느낄 수 있는 가상현실이 실현될지도 모른다. 오감으로 현실과 똑같은 세계를 느낄 수 있다면, 그것은 이제 현실이다. 그때, 우리는 두뇌만 있으면 살아서 인생을 누릴 수 있을 것이다. 바로 '통 속의 뇌' 시대가 도래하는 것이다.

관련용어

힐러리 퍼트넘
1926~2016년. 미국의 철학자. 분석 철학을 중심으로 하며 2016년에 타계했다. 본고에서 언급한 '통 속의 뇌'라는 사고 실험을 주장한 것으로 알려져 있다.

임마누엘 칸트
1742~1804년. 독일의 철학자. 주요 저서로 〈순수 이성 비판〉, 〈실천 이성 비판〉, 〈판단력 비판〉의 3비판서가 있다. '물건이 있어서 그것을 인식하는' 것이 아니라 '인식해야 비로소 물건이다'라는 개념을 제시했다.

오감
인간과 동물이 물건을 인지하는 감각 기능 중 대표적인 5가지. 시각, 청각, 미각, 후각, 촉각이 있다. 실제로 이외에도 감각이 있고 초능력이라고도 불리는 육감은 이야기의 소재로 사용된다.

COLUMN 컴퓨터가 만들어낸 세계가 무대인 〈매트릭스〉

'통 속의 뇌'를 나타낸 세계관이라고 하면 1999년 공개된 미국 영화 〈매트릭스〉가 유명할 것이다. 이 세계 전체가 사실은 컴퓨터가 만들어낸 가상현실이고 인간 본체는 배양 탱크에 갇혀 있다는 설정의 이야기이다. 이 작품을 비롯해 '통 속의 뇌' 논리는 다양한 창작물에 이용되고 있다.

고대문명 / 아시아 / 세계유산

153 모헨조다로 Mohenjo Daro

파키스탄에 있는 고대 유적. 기원전 2500년부터 기원전 1800년까지 번성했으나 단기간에 쇠퇴했다. 쇠퇴 이유에 대해서는 여러 설이 있다.

핵전쟁 멸망론도 거론되는 수수께끼 고대 유적

인더스 문명의 고대 유적 모헨조다로. 현지어로 '죽음의 언덕'이라는 의미를 가진 이 유적은 지금도 밝혀지지 않은 많은 수수께끼가 남아 있다.

그중에서도 최대의 미스터리는 멸망을 둘러싼 이유일 것이다. 모헨조다로는 전성기에는 4만 명이 살 정도로 번성했던 것으로 추측되지만, 기원전 1800년경에 갑자기 쇠퇴해서 역사에서 자취를 감추었다. 모헨조다로가 멸망한 원인에 대해서는 홍수설이 유력시되고 있지만, 또 하나 고대 핵전쟁설도 힘을 얻고 있다.

고대 핵전쟁으로 멸망했다는 설은 당치도 않은 얘기로 들리며 실제로도 그러한데, 이게 근거 같은 것은 있어서 당황스럽다. 예를 들어 모헨조다로의 유적에서 46명의 백골 시체가 발견됐는데 그것은 들판에 버려진 상태여서 마치 돌연사한 것처럼 보인다. 또한 시신 중 9구에는 고온에 노출된 흔적이 남아 있었다고 한다. 이 밖에도 시신에서 통상의 50배에 달하는 방사선이 검출됐다거나 핵폭발에 의해 모래가 녹아 유리로 된 지역이 있다는 이야기도 있어(원래 현지인들은 아무도 그런 장소는 모르고 들어본 적도 없지만), 이들을 토대로 '고대의 핵전쟁에 의해서 멸망했을 가능성이 있다'고 주장하는 사람들이 있다.

또한 모헨조다로는 매우 치밀한 도시 계획에 따라 만들어졌다. 시가지는 대로를 사이에 두고 질서 정연하게 나뉘어 있고 수도와 목욕탕, 오염 배수 시스템 등도 갖추고 있는 등 도저히 4500년 이상 전에 세워졌다고는 생각되지 않을 만큼 기능적으로 디자인되어 있다.

게다가 도시라는 것은 보통은 조금씩 발전하기 마련인데 모헨조다로의 경우 처음부터 이 형태로 출현했기에 큰 수수께끼가 됐다. 핵전쟁 멸망설은 억지스러운 감은 있으나 모헨조다로가 신비로운 유적인 것만은 틀림없다.

관련용어

인더스 문명
원전 2500~기원전 1500년경 인더스강 유역에 번성했던 문명. 모헨조다로와 하라파의 양대 유적이 유명하다.

고대 핵전쟁
태고에 핵전쟁이 있었다고 하는 설. 〈창세기〉나 〈마하바라타〉라는 신화에는 외계인의 존재와 핵전쟁을 연상시키는 묘사가 있다. 이러한 점에서 고대에는 외계 생명체에 의한 고급 문명과 기술이 존재했지만 핵전쟁으로 멸망했다는 설이 제기되고 있다.

유리화된 지역
고대 핵전쟁론자 데이비드 대번포트David Davenport는 모헨조다로에는 현지인이 '유리가 된 마을'이라고 부르는 장소가 있고 자신은 그곳을 방문했다고 주장했다. 그러나 대번포트는 그 위치를 분명히 밝히지 않았고 그 외에 그 장소를 발견한 사람도 없는 점에서 단순한 호러 이야기로 취급된다.

154 모세

〈구약성서〉의 첫 5권 〈모세오경〉을 만든 선지자. 역대 선지자 중에서도 특히 신성시되고 있으며, 이슬람교에서는 5대 예지자 중 하나로 꼽히고 있다.

하나님의 이름으로 히브리인을 구제한다

〈구약성서〉의 '출애굽기' 등에 등장하는 아브라함의 종교에 전해지는 선지자로 고대 이스라엘의 지도자였던 것으로 알려져 있다.

출애굽기에 따르면 모세는 이집트에 살던 헤브라이인(유대인)의 아이지만, 히브리인이 늘어날 것을 우려한 파라오가 아이들을 죽이라고 명령했기 때문에 모세의 부모는 그를 나일강에 버렸다고 한다.

그 후 수영을 하고 있던 파라오의 딸이 그를 건져서 길렀다. 성장한 모세는 하나님의 계시를 받고 이집트의 노예였던 헤브라이인을 '약속의 땅'에 놓아주는 사명을 띤다. 곧 모세는 하나님으로부터 주어진 3개의 '증표'를 사용하여 이집트에서 탈출을 시도했다. 헤브라이인을 놓아주기 위해 모세가 바다를 가르는 장면은 회화 등으로 유명하지만, 이것은 증표가 일으킨 기적 중 하나다.

그리고 이집트를 탈출한 모세 일행은 시나이산까지 가고 그곳에서 하나님으로부터 10개의 계율을 받았다. 이것이 그 유명한 십계명이며, 그 내용은 다음과 같다. 교파에 따라 미묘하게 해석이 다르지만 이러한 계율은 현대의 유대교와 기독교에서도 중요시되고 있다.

① 야훼 이외의 다른 신을 섬기지 말라.
② 우상을 섬기지 말라.
③ 하느님의 이름을 망녕되이 부르지 말라.
④ 안식일을 거룩히 지키라.
⑤ 너희 부모를 공경하라.
⑥ 살인하지 말라.
⑦ 간음하지 말라.
⑧ 도둑질하지 말라.
⑨ 이웃에 대하여 거짓증언을 하지 말라.
⑩ 네 이웃의 재물을 탐내지 말라.

〈모세의 십계〉

관련용어

아브라함의 종교
선지자를 통해 사람들에게 전달된 하나님의 말씀을 정리한 〈구약성서〉나 〈코란〉 등. 이 경전을 중요시하는 유대교, 기독교, 이슬람교를 말한다. 창세기에 나오는 선지자 아브라함에서 유래한다.

선지자
〈구약성서〉나 〈코란〉에 등장하는 하나님의 말씀을 대변하는 자들을 말한다. 모세 외에는 최초의 사람 아담과 방주의 전설으로 알려진 노아, 72기둥의 마신을 거느린 솔로몬 등이 유명하다.

약속의 땅
이집트의 노예가 된 헤브라이인(이스라엘 민족)에게 하나님이 준 토지. 구체적인 위치는 알 수 없으나 유프라테스강 부근이라고 여겨진다.

증표
하나님의 존재를 나타내는, 어떤 기적을 수반하는 것

십계명
하나님께서 제시한 사람들이 지켜야 할 규칙을 기록한 것. 2개의 석판으로 구성되어 있다.

155 조조

조조(155~220년)는 후한 말기에 군웅으로서 두각을 나타내며 삼국시대에 최대 세력을 자랑한 위나라를 세운 대영웅이다. 하지만 〈삼국지연의〉에서는 악역으로 묘사되어 있다.

한민족이 억압받던 역사에 의해 평가가 일변

후한 말기, 조정이 지배력을 잃고 군웅할거의 시대가 도래한 가운데, 조조는 각지의 군웅과 도적을 물리치고 세력을 확대하여 후한의 황제 헌제를 보호하고 권력 기반을 다졌다. 그리고 최대의 라이벌이었던 원소를 물리치고 중원(현재 화북 평원 일대)의 패자가 된다.

그 후, 적벽대전에서 패한 것 등이 원인이 되어 중국 통일은 이루지 못했지만, 삼국시대 최대의 대국 위나라를 건국했다. 조조가 1대에서 이룬 위대한 업적을 보면 삼국시대 최대의 영웅이라고 해도 과언이 아니다. 정사正史 〈삼국지〉의 저자인 진수陳寿도 조조를 비상지인非常之人(월등히 뛰어난 인물)으로 평가하고 있다.

하지만 널리 사랑받고 있는 소설 〈삼국지연의〉에서 조조는 냉혹하고 비정한 위정자로 그려져 있고 주인공 격인 유비와 대립하는 악역으로 나온다.

왜 이렇게 됐을까? 그 원인은 〈삼국지연의〉가 쓰인 과정에 있다. 〈삼국지연의〉는 14세기 후반에 성립한 소설이지만 그 원형이 된 것은 정사 〈삼국지〉 외에 송대에서 원대에 걸쳐 성립된 강담으로 알려져 있다. 송나라에서 원나라에 걸쳐서는 한족이 북방의 이민족을 위협하던 시대였다. 당시 사람들은 강대한 힘을 가진 조조에게 맞선 유비에게 자신들의 처지를 빗대어 공감하고 유비는 선인, 조조는 악인이라는 구도가 형성됐을 것으로 생각된다. 또한 송나라 후기에 등장한 유생으로 주자학의 창시자인 주희(주자)가 유비가 건국한 촉한이야말로 한나라의 정당한 후계자 왕조라고 주장한 것도 요인일 것이다.

〈월백자月百姿〉南屏山昇月 남병산승월

관련용어

동탁董卓
?~192년. 후한 말기에 등장한 군웅 중 한 명. 조정의 혼란을 틈타 권력을 잡지만, 제후의 반감을 사서 왕윤과 자신의 부하였던 여포에 암살되었다.

헌제獻帝
189~220년. 후한의 마지막 황제. 조조의 비호를 받았다. 조조의 아들 조비 시대에 선양하고, 한 왕조 역사에 막을 그었다.

원소袁紹
?~202년. 후한 말기에 등장한 군웅 중 한 명. 명문가 출신으로 젊은 시절부터 조조와 교류가 있었다. 허베이(현재의 황하 북쪽 지역 일대)의 4개 주(기주冀州·청주青州·병주幷州·유주幽州)를 지배하는 큰 세력이 되어 조조와 대립하지만 관도官渡 대전에서 대패하고 실의에 빠져 있다가 병사했다.

COLUMN 유생에 의해 왜곡된 진시황의 업적

중국 최초의 통일 국가를 세운 진시황도 조조처럼 후세에 평가가 바뀐 인물 중 한 명이다. 진시황은 유생을 탄압한 폭군의 이미지가 따라다니지만, 이는 후세의 유생들이 지어낸 부분이 많다. 실제로 선진적인 정치 제도로 합리적인 국가 운영을 목표로 한 명군으로서, 최근 들어 재평가되고 있다.

156 헤라클레스 Heracles

주신 제우스와 페르세우스의 손자 알크메네 사이에서 태어난 그리스 신화 최대의 영웅. 헤라의 계략에 의해 에우리스테우스왕의 노예가 되어 12가지 과업을 수행했다.

자주 영화화되는 그리스의 영웅

헤라클레스는 제우스가 바람을 피워 얻은 아이였다. 제우스는 그를 미케네왕으로 삼을 작정이었지만 탄생 전부터 그를 미워하던 헤라의 계략으로 왕이 되지 못했다.

헤라클레스가 태어나자 제우스는 자고 있는 헤라의 젖을 빨게 해 그를 불사로 만들었다. 분노한 헤라는 요람에 뱀을 풀었지만 헤라클레스는 맨손으로 뱀을 잡아 죽여 위기를 모면한다.

그러나 나중에 헤라는 결혼한 헤라클레스의 정신을 잃게 해 처자식을 살해하게 하고 속죄를 바란 헤라클레스는 델포이의 신탁을 통해 미케네왕이 된 에우리스테우스를 모시고 12가지 과업에 도전하게 된다.

이 난행에서 헤라클레스는 네메아의 사자, 레루네의 히드라, 에리만토스의 멧돼지, 스팀팔로스의 새를 물리치고 황금 뿔을 가진 케리네이아 사슴, 디오메데스왕의 식인 말, 크레타의 수소, 게류온의 붉은 소, 지옥의 문을 지키는 케르베로스를 포획한다. 또한 아마존 여왕의 허리띠와 헤스페리데스의 황금 사과를 손에 넣고 아우게이아스왕의 외양간 청소 등도 해냈다.

그 밖에도 수많은 모험담이 있는 헤라클레스는 창작 작품의 소재로 선호되는 미국 만화의 영웅이기도 하다. 종종 영화로 제작되며 2014년에는 일본에서도 2편의 영화가 공개됐다.

헤라클레스와 어린 텔레포스

관련용어

미케네뮈케나이
펠로폰네소스반도 북동부에 있던 고대 도시. 헤라클레스의 어머니 알크메네는 원래 이 도시 출신이었다. 뮈케나이라고도 불리며 미케네 문명의 중요한 유적이 있는 것으로도 알려져 있다.

테베
현재 중앙 그리스 지방 보이오티아현의 현도, 테베에 있던 도시 국가로 헤라클레스의 고향이다. 건국자인 카드무스는 술의 신 듀오뉴소스를 낳은 세멜레 공주의 아버지이기도 하다.

델포이의 신탁
델포이는 파르나소스산 기슭에 있던 도시 국가. 아폴론 신전에서 무녀가 신탁을 했으며 가장 오래된 신탁장으로 유명하다.

COLUMN 헤라클레스와 관련된 별자리

유명한 별자리 중 헤라클레스에 연관된 것이 많다. 사자자리는 네메아의 사자, 바다뱀자리는 히드라, 게자리는 히드라 퇴치 시 헤라가 보냈는데 짓밟혀서 모양이 변한 게이다. 또한 무술 스승이었던 켄타우로스의 케이론은 궁수자리, 헤라클레스의 독화살을 다리에 맞고 죽은 폴로스는 켄타우로스자리가 됐다.

157 호시 신이치 星新一

1926년 태생의 소설가이자 SF 작가이다. 재치 있는 짤막한 이야기의 명수로 〈봇코짱〉, 〈미래의 이솝우화〉 등이 유명하다. 장편 소설과 가족의 전기도 남아 있다.

우화적 콩트의 신

호시 신이치라고 하면 단편의 명수, 콩트의 신, SF의 명수로도 알려져 있다. 콩트라는 것은 400자 원고지 10장 정도의 콩트 소설로, 호시의 작풍인 쉬운 한자와 평이한 문체로 남녀노소, 국적을 불문하고 폭넓은 사람들에게 인기를 얻고 있다. 평생에 1000여 작품을 쓴 다작 작가 중 한 명이다.

그런 호시의 성장 과정은 그야말로 엘리트라고 부르기에 합당하다. 할아버지는 도쿄대학 명예 교수이자 인류학 전문가 제1인자인 코가네이 요시키요小金井良精, 할머니는 모리 오가이森鷗外의 여동생 키미코喜美子, 아버지는 호시제약星製薬 창업자이다. 어린 시절 부모 형제와 떨어져 조부모에게 응석을 부리며 성장했다. 도쿄대학 대학원을 졸업한 후 호시제약주식회사 사장, 부사장을 맡고 1957년 동인지 〈우주진宇宙塵〉에 〈세키스트라〉를 발표했다. 이것이 에도가와 란포가 편집하는 잡지 〈보석〉에 전재되어 정식 데뷔를 한다.

당시는 우주 개발이 막 불이 지피기 시작하던 무렵이다. 그 시류도 있어 일본의 SF를 견인하는 존재가 됐다. 인생이 별 탈없이 풀렸지만, 물론 노력도 아끼지 않는 사람이었다. 만년에 호시는 자신의 작품을 고쳐 썼다고 한다. 예를 들어 '다이얼을 돌린다'라는 표현은 '전화를 한다'라는 식으로 시대에 맞게 수정했다.

그는 우화 작가라 불리는 것을 좋아한다. 현재 호시 신이치의 작품은 일본의 이솝이라고 불리는 존재가 됐다.

관련용어

우주 개발
19세기 중반부터 구체적인 개발이 시작됐다. 1903년 로켓 이론이 본격적으로 전개되고 실제로 비상 실험에 성공한 것은 1926년이다. 유명한 아폴로 11호가 달 표면에 착륙한 것은 1969년의 일이다.

우화
이솝 이야기 등으로 대표되는 교훈을 목적으로 한 짧은 이야기. 의인화한 동물이 활약하는 경우가 많다.

COLUMN SF 작가는 미래를 내다본다?

호시 신이치뿐만 아니라 SF 작가의 작품이라는 것은 어딘가 미래를 예견하는 듯한 묘사가 많다. 물론 그들은 나름대로 미래를 상상해서 쓰는 것이니까 당연하다면 당연하겠지만, 다시 읽어 보면 소름 끼치는 시사적인 글도 많다. 쥘 베른과 H.G. 웰즈 등은 좋은 예이다.

158 파이어니어 변칙 Pioneer anomaly

1973년 세계 최초의 목성 탐사선 파이어니어 10호는 무사히 목성에 접근해 관측 데이터를 보내왔다. 그러나 이 기기는 이후 예상 외의 움직임을 보였다!

천왕성을 넘은 탐사기가 상상 초월의 감속

파이어니어 10호는 목성과 그 위성, 목성의 자기권 밴앨런대 Van Allen belt 등을 관측하고 이후 목성에 접근해서 태양계를 탈출하는 궤도에 올라탔다. 여기까지는 예상한 범위 내이다.

예측대로라면 중력 이외의 가장 큰 힘이 되는 태양광 방사압에 의해 가속을 해야 했다. 그러나 파이어니어 10호는 천왕성의 궤도를 넘은 지점(20au)에서 그 방사압의 영향을 상쇄할 만큼 충분히 감속을 하고 있는 것으로 나타났다(태양 쪽을 향해 있는 상대적인 가속이 걸려 있다).

이 문제는 파이어니어 10호에서 확인됐기 때문에 외계로 탈출한 행성 탐사기가 예측되는 궤도와 어긋난 궤도를 취하는 것을 파이어니어 변칙이라고 부르게 된 것이다. 비슷한 현상은 파이어니어 11호에서도 발견되었는데, 마찬가지로 태양 쪽으로 향하는 상대적인 가속이 걸려 있었던 것이다.

파이어니어 변칙의 원인은 외부에서 알 수 없는 힘 내지는 궤도 분석 프로그램의 오류 등 다양한 가능성이 검토되어 왔다. 그러나 2012년의 재분석에서 탑재되어 있던 원자력 전지의 방사에 편차가 있어 열 방출에 의해 예기치 못한 추진력이 생긴 것으로 결론 났다.

오랜 수수께끼의 현상이었던 만큼, 원인을 알게 되자 씁쓸한 기분도 든다. 또한 파이어니어 10호는 그 후 약 30년에 걸쳐 신호를 송신하고 그 시점에서 82.1au 부근을 통과했다. 2010년 시점에서는 태양에서 100.5au 지점으로 추측되고 있다. 덧붙여서 지금도 알데바란 방향으로 계속 이동하고 있는데, 만약 파이어니어 10호가 알데바란에 도착하면 약 170만 년 후가 될 것이다.

관련용어

밴앨런대
Van Allen belt
지구의 자기장에 잡힌 양성자와 전자의 방사선대. 지구를 360도 도넛 모양으로 둘러싸고 있고, 양자가 많은 내대(inner belt)와 전자가 많은 외대(outer belt)의 구조로 되어 있다.

au
astronomical unit의 약자로, 천문 단위라고도 한다. 태양에서 지구까지 직선거리의 평균 거리를 1au로 나타낸다. 천문학의 길이 단위이다. 정확히는 149,597,870,700m이다.

알데바란
황소자리의 α별. 황소자리에서 가장 밝은 별로 겨울의 다이아몬드를 형성하는 항성의 하나

COLUMN 외계 생명체에 대한 메시지, 인간도 해독 불가

파이어니어 10호, 11호에는 외계 생명체에 대한 인류의 메시지로서 기호와 전라의 남녀 그림 등을 기재한 금속판이 비치되어 있다. 유명한 금속판이지만, 애초에 인간인 연구원조차 그 판을 봐도 내용을 해독할 수 있는 사람은 거의 없다던가. 외계 생명체가 발견되었다고 해서 해독은 어려울 것이다.

159 메리의 방

메리의 방이라고 하는 사고 실험이 있다. 흑백의 방에서 자란 메리가 밖으로 나가 처음 색을 보았을 때 어떤 반응을 나타낼까?

지식은 경험을 덮을 수 있을까?

메리는 흑백으로 되어 있는 방에서 자랐다. 흑백 이외의 것은 본 적이 없다. 그러나 메리는 슈퍼 과학자로 색상에 대한 모든 지식을 갖고 있다. 그런 메리가 바깥으로 나와서 처음 색깔이 있는 물건을 본다면 뭔가 새로운 기술을 배우게 될까? 이것은 철학자 프랭크 잭슨이 제시한 사고 실험의 일종이다.

일반적으로 생각하면 아무리 지식을 가지고 있어도 흑백 이외의 물건을 처음 봤을 때 뭔가 얻는 것이 있을 것이다. 감성을 울리는 것이나 마음을 움직이는 것 등 경험해 보지 않으면 알 수 없는 것이 있기 때문이다.

예를 들어 처음 게임을 할 때 미리 정보 및 플레이 동영상을 다 봐서 게임의 구석구석까지 알고 있다고 해도 직접 플레이를 하면 다른 감동과 만족감을 얻을 수 있을 것이다. 지식으로 알고 있는 것과 경험해 보고 깨닫는 것은 다르다.

그런 이유에서 이 사고 실험은 '물리적 사실의 지식으로 모든 것을 설명할 수 있다'고 하는 물리주의에 대해 대립 명제로 제시된 것이다. 만약 메리가 나왔을 때 뭔가 새롭게 얻는 것이 있다면 물리적 지식으로 설명할 수 없는 것이 있다는 얘기이다. 즉 물리주의가 주장하는 이론은 잘못되었음을 의미한다.

또한 이 이론에 적용되지 않는 것도 있다. 예를 들어 영화의 경우 스토리를 처음부터 끝까지 미리 알고 있으면 실제로 영화를 볼 때 감동도 놀라움도 거의 느끼지 못할 것이다. 지식으로 경험을 덮어 버리기 때문이다.

관련용어

메리의 방
메리는 흑백으로 되어 있는 방에서 태어나 자라고 여기에서 흑백의 책을 읽거나 또는 흑백 TV를 보고 색상에 대한 지식을 익혔다. 그리고 여기에서 한 발짝도 밖으로 나온 적이 없다는 것이 사고 실험의 전제이다.

프랭크 잭슨
1943년~. 호주의 철학자. 아버지는 비트겐슈타인의 학생이었다. 1982년에 발표한 논문에서 메리의 방을 제기했다.

물리주의
지식과 마음 등 눈에 보이지 않는 것도 포함하여 모든 것은 물리적이라는 생각. 그리고 모든 것은 물리적인 사실의 지식으로 설명할 수 있다고 본다. 흑백 메리의 방은 이 점의 모순을 찔렀다.

COLUMN 지식과 경험의 차이를 묻는 전도된 감각질(inverted qualia)

애초에 경험은 지식인가? 그런 의문을 갖게 하는 전도된 감각질이라는 이론이 있다. 예를 들어 '토마토가 붉다'라는 사실은 지식으로 공유할 수 있어도 정말로 붉게 보일지 어떨지는 사람에 따라서 다를지도 모른다. 즉 '경험은 개인의 주관이다'라고도 할 수 있다. 공유할 수 없는 것은 지식이 아니다. 자, 당신은 어떻게 생각하는가?

160 나스카 지상화

페루에 있는 거대한 지상화로, 기원 전후부터 서기 800년경에 그려진 것으로 추정되지만, 무엇 때문에 이런 거대한 그림을 그렸는지는 알 수 없다.

거대한 지상화는 외계인이 관계하고 있다?

나스카는 8세기에 망한 나스카 문화유산으로 여겨지며 벌새, 원숭이, 거미 등 크고 작은 그림 외에도 수km에 달하는 거대한 직선이나 기하학적인 무늬도 발견되고 있다.

지상화는 큰 것은 300m나 되지만, 이것들을 그린 방법은 파종 응용법과 확대법의 2가지가 제기되고 있으며, 어떤 방법으로도 지상화를 재현할 수 있는 것으로 입증됐다. 그린 목적에 대해서는 기우설과 사회사업설, 권력자의 매장설 등 다양한 설이 있지만 지금도 확실하게 밝혀진 것은 없다. 그런 가운데 오컬트주의자들을 중심으로 전해지는 것이 외계인 관련설이다.

원래 오컬트주의자들 사이에서는 고대에 외계인이 지구에 날아와 초고대문명을 전수했다는 설이 나돌고 있다. 그들은 멋대로 전 세계 각지에 불가사의한 유물과 외계인을 엮으려고 하는 경향이 있다.

실제로 나스카 중에도 '그렇게 듣고 보니 외계인과 우주 비행사로 보이지 않는 것도 아니다' 싶은 도안도 존재하며, '외계인을 향한 메시지' 또는 'UFO 탑승장'이라는 설이 제기됐다.

또한 2003년에는 칠레 아타카마 사막에서 이상한 모습을 한 소형 미라가 발견되어 외계인의 미라가 아닐까 화제가 됐다. 그러나 이 미라는 이후 DNA 감정을 통해 인간의 것으로 밝혀졌다. 이로써 우주인설은 완전히 부정당했다.

하지만 고대 나스카인들은 왜 상공에서만 전모를 알 수 있는 거대한 그림을 이 정도로 많이 남겼을까 하는 의문은 지금도 풀리지 않고 있다. 그렇기에 인지를 뛰어 넘는 누군가의 존재를 결부시키려는 것도 무리는 아닐지도 모른다.

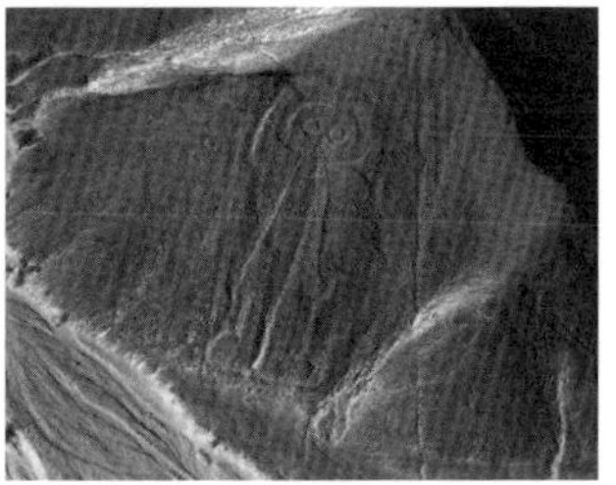

나스카 지상화

관련용어

나스카 문화
기원전부터 800년경까지 페루의 나스카 도시 주변에 번성했던 문화. 안데스 문명의 고전기 문화로 농업을 중심으로 하며 성전이나 피라미드를 건설했다. 또한 다양한 색상 토기도 많이 발굴되고 있다.

파종 응용법
여러 사람들이 일렬로 늘어서서 보폭을 맞춰 가며 전진한다. 보폭에 따라 거리를 측정하면서 균등하게 그림을 그리는 방법

확대법
먼저 지상화의 모델이 되는 작은 원화를 바닥에 그려 말뚝과 로프를 사용하여 측정하면서 그 원화를 확대한 도안을 만들어가는 방법. 실제로 완성된 지상화의 원화로 보이는 축소판 그림이나 말뚝의 흔적이 발견되고 있어 이 방법을 사용했다는 설이 유력시되고 있다.

161 노아의 방주

노아의 방주 전승으로 알려진 큰 배. 신앙심을 잊지 않은 노아와 그의 가족을 구하기 위해 하나님이 만들게 했다. 거기에는 짝짓기를 할 수 있게 모든 동물을 한 쌍씩 실었다.

인류 구제를 바라고 만든 거대선

노아의 방주는 〈구약성서〉의 창세기에 기록된 이야기 또는 거기에 등장하는 배를 말한다. 지상에 타락한 인간이 늘어난 것을 근심한 하나님은 대홍수를 일으켜 인류를 멸망시키려 한다.

그때, 신앙심 깊은 노인 노아에게만은 홍수가 날 것을 알리고 거대한 방주를 만들도록 명령했다. 그 말을 믿고 노아는 오랜 세월에 걸쳐 큰 방주를 만들어 가족과 모든 동물을 한 쌍씩 배에 싣는다. 곧 홍수가 발생하여 지상에 있던 사람들은 멸망했다.

그 후, 아라라트산에 표착한 노아는 물이 빠졌는지 알아보기 위해 조류를 내보낸다. 먼저 날린 까마귀와 비둘기는 머물 나무가 없었기 때문에 배에 돌아오지만 다음에 날린 비둘기는 올리브 열매를 가지고 돌아왔고 마지막에 날린 비둘기는 배로 돌아오지 않았다. 이렇게 해서 물이 빠진 것을 알게 된 노아는 지상에 내려 제단을 만들어 신에게 기도를 바쳤다. 그러자 하나님은 노아에게 축복을 내리고 두 번 다시는 이런 것은 하지 않겠다고 약속했다고 한다.

자연재해로 인류가 엄청난 피해를 입은 후 재건한다는 이야기는 세계 각지에서 볼 수 있다. 예를 들어 〈길가메시 서사시〉에는 엔키로 선정된 남성과 그 일가가 엔릴이 일으킨 대홍수로 방주를 타고 도망가 살아남는다는 이야기가 있는데, 이것이 노아의 원형으로 알려져 있다. 또한 대만의 아미족에 전해지는 민화는 표주박을 타고 홍수를 피한 남매가 하나님의 능력으로 세상을 부흥했다. 신화라고는 하지만 표주박을 타는 이야기는 고대인 특유의 발상일 것이다.

관련용어

노아
아담과 이브의 조상에 해당하는 인물. 방주를 만들 때 500~600세로 추정된다.

아라라트산
터키에 있는 산. 대홍수 당시 노아의 방주가 표류한 곳으로 알려져 있다.

길가메시 서사시
고대 메소포타미아에서 전해지는 서사시. 고대 메소포타미아의 전설적인 왕 길가메시를 주인공으로 한 영웅담이다.

엔키
메소포타미아 신화의 신. 대홍수가 일어날 거라는 사실을 아트라하시스라는 남성에게 전하는 등 신들의 왕 엔릴이 인류를 멸망시키려 할 때마다 그것을 방해했다.

엔릴
메소포타미아 신화의 신. 아카드 신화와 수메르 신화에서 최고신으로 나온다.

〈홍수〉

COLUMN 세계 각지에서 발견되는 유물

노아의 방주가 실재했다고 생각하는 사람은 많은데, 실제로 잔해를 발견했다는 보고가 끊이지 않는다. 이것은 방주에 국한된 것이 아니라, 특히 성유물이라 불리는 것은 곳곳에서 발견되고 있다. 예수와 그 제자들이 최후의 만찬에서 사용한 술잔(성배)과 예수의 몸을 찌른 창(롱기누스의 창) 등이 유명하다.

162 유비

유비(161~223년)는 후한 말기부터 삼국시대에 걸쳐 활약한 무장. 소설 〈삼국지연의〉에서는 인덕이 있지만 전쟁 때는 약한 인물로 여겨지는데 정사正史의 모습은 마치 딴사람 같다.

진짜 모습은 역전의 용병 대장

우리나라에 알려진 삼국지에 관한 문헌 중에서 가장 유명한 것은 소설 〈삼국지연의〉일 것이다. 이 소설에 등장하는 유비는 정의감이 넘치고 세상의 종말을 염려하며 민중에게도 존경받는 성인군자로 그려진다.

한편 전투에는 서툴러서 수많은 전투에 참전하지만 여러 번 패배를 거듭해 영지에서 쫓겨나는 경우가 많다. 그러나 유비는 의형제 관우와 장비 같은 호걸과 함께 난세를 강인하게 살아남아 결국은 천재 군사 제갈량과의 만남을 통해 도약의 순간을 맞고 유비의 인덕에 매료되어 모인 명장·지장과 더불어 촉한을 다스리는 황제로 출세한다.

하지만 이 같은 인물은 군주는 덕을 가지고 인민을 다스려야 한다는 유교의 이상적인 군주상에서 만들어진 것이다. 그러면 실제 유비는 어떤 인물이었을까?

정사에 등장하는 유비도 세상에 막 나왔을 때는 자주 패배하여 영지를 잃고 여러 세력에 몸을 전전했다. 하지만 결코 전쟁에서는 밀리지 않았는데, 당시의 큰 세력인 원술 대군과 호각 이상으로 싸우고, 조조를 섬긴 명장 하후돈과 우금을 격파하는 등 곳곳에서 화려한 활약상을 보였다. 상대와 동등 이상의 전력으로 임한 싸움에서 패배한 예는, 실은 이릉 대전夷陵大戰 정도밖에 없다. 또한 유비는 다양한 세력에게 전전했지만, 어떤 세력에서든 유비는 일군을 받아 최전선을 맡았다. 이 사실도 유비의 군사적 능력이 높았음을 증명한다.

촉왕 유비

관련용어

촉한
익주(현재 쓰촨 분지와 한중 분지 일대)를 지배한 유비가 221년에 세운 나라

이이릉 대전夷陵大戰
(또는 효정 전투猇亭戰鬪)
221년에 발발한 촉한과 오나라의 싸움. 황제 유비가 직접 군대를 이끄는 촉한군은 초반에 우세하게 전투를 이어갔다. 하지만 오나라군을 이끌던 육손의 화공으로 전세가 역전되어 촉한군은 대패했다.

COLUMN 사실은 강했던 한漢 왕조의 창시자 유방劉邦

한나라를 건국한 영웅 유방도 유비처럼 유교의 이상적인 리더상에 맞춰진 인물이다. 인덕과 도량에서 부하인 명장 한신과 군사 장량을 거느리며 그들의 활약으로 천하를 가졌다고 말하지만, 전력을 살펴보면 한신과 장량이 동행하지 않은 전투에서도 수많은 승리를 거두었으며, 군사적 능력이 높았던 것은 틀림없다.

163 피그말리온

오비디우스의 〈변신이야기〉에 등장하는 키프로스섬의 왕. 현실의 여성에 대한 흥미가 사라져 멀리하는 한편 자신의 이상형을 담아 만든 여성상과 사랑을 성취시켰다.

너무 순수했던 키프로스섬의 왕

키프로스섬은 여신 아프로디테의 탄생지이지만 섬의 더러운 딸들은 아프로디테를 신으로 인정하지 않아 돌이 됐다고 알려져 있다. 너무 순수했던 피그말리온은 그녀들을 보고 여성을 꺼리게 되어 결혼은커녕 연애도 하지 않는 독신이었다. 한편 그는 조각에 뛰어난 재주가 있어 여신을 모티브로 상아의 여성상을 조각하기 시작한다.

그런데 조각상은 마치 살아있는 소녀처럼 훌륭해서 피그말리온은 상아인지 살아있는 사람인지 알 수 없게 됐다. 매일 만지고 확인하는 사이에 조각상을 사랑하게 된 그는 말을 걸거나 입맞춤을 할 뿐 아니라 보석을 선물하게 되고 결국은 동상을 아내라고 부르게 된다.

그런 와중에 키프로스섬에서 성대하게 축하하는 아프로디테의 축제일이 찾아와 제단 앞에서 피그말리온은 "상아 처녀를 닮은 여자를 아내로 바랍니다"라고 빌었다. 차마 '상아 처녀를 아내로' 달라고는 말하지 못했지만, 그의 마음을 안 여신은 그의 말을 알아들었다. 집으로 온 피그말리온은 조각상을 만져보고 평소와 느낌이 다르다는 것을 알게 된다. 여신의 힘으로 조각상은 진짜 여자가 됐고 피그말리온은 순조롭게 이 여성 갈라테이아와 맺어진다.

이 신화는 창작 의욕을 자극해서인지 그림의 소재로 많이 이용됐다. 재능이 많은 것으로 알려진 조지 버나드 쇼도 희곡 〈피그말리온〉을 제작했다. 이를 바탕으로 유명한 〈마이 페어 레이디〉가 만들어졌다.

〈피그말리온과 갈라테이아〉

관련용어

키프로스섬
아나톨리아의 남쪽에 위치한 동부 지중해의 섬. 현재 섬 북부의 북키프로스 터키 공화국과 남부의 키프로스 공화국으로 양분되어 있다.

갈라테이아
다른 신화에 등장하는 바다의 님프로 해신 네레우스의 딸들인 네레이데스의 한 명. 〈변신이야기〉에는 조각상에서 인간이 된 여성의 이름은 기록되어 있지 않지만, 후세 사람들이 이 님프에서 명명했다고 한다.

조지 버나드 쇼
1856~1950년. 아일랜드의 문학가. 재능이 많아 작가, 극작가이자 또한 교육가, 정치가로도 활약했다. 평생에 50개 이상의 연극에 참여하며 노벨 문학상을 수상했다.

COLUMN 신화에서 따온 피그말리온 효과

심리학 용어 중에 피그말리온 효과라는 것이 있다. 교사가 기대하는 학생과 그렇지 않은 학생은 성적의 향상에 차이가 있다는 실험을 통해 다른 사람의 기대가 학습이나 작업의 성과를 높인다는 것. 기대에 상응하게 대하면 대상자의 동기가 유발된다는 것이데, 그 반대의 경우도 있을 수 있으므로 주의가 필요하다.

164 신곡 神曲

이탈리아의 시인 단테 알리기에리가 1321년에 완성한 서사시(운문). 그때까지 추상적이었던 지옥의 이미지를 만들어낸 작품으로도 주목받았다.

명작, 하지만 내용은 단테의 원망 섞인 불평?

〈신곡〉은 간단히 말하면 지옥을 순례하는 이야기이다. 주인공은 저자인 단테이다. 한 번은 숲을 방황하다가 존경하는 시인 베르길리우스를 만나 그에게 이끌려 지옥의 문을 빠져 나간다. 지옥에서 인간의 '악'이 만드는 비참함, 죄를 정화하기 위한 고행을 보고 단테는 죽음으로 헤어진 연인 베아트리체와 재회하고 하늘로 올라간다.

지옥의 모습을 상세하게 그린 작품으로 후세에 큰 영향을 미쳤고, 더욱이 기독교 문학 중에서도 중요한 위치에 있다. 이렇게 말하면 딱딱한 느낌을 받지만 사실 이 작품은 그렇게 어마어마한 내용은 아니다. 어쨌든 원제는 〈희극Commedia〉, 코미디이다.

지옥에는 다양한 죄인이 등장한다. 특히 기독교적 죄인으로 유다와 이슬람교 무하마드, 이권을 탐하는 교황의 모습까지 그리고 있다. 이것이 기독교적으로 지나치게 올바르다고 불리는 이유 중 하나다.

심지어 자신의 정적까지 등장시켜 고행을 주는 결말. '내가 싫어하는 놈은 모두 지옥에 떨어져라!'라고 말할 것만 같다. 마음에 들지 않는 놈이 지옥에서 시달리고, 자신은 연인에게 이끌려 천국에 가니까 단테에게 이것은 그야말로 '만족스런' 코미디인 것이다.

또한 이 작품은 단테의 사후 16세기경부터 〈신성한 희극La vinaCommedia〉이라고 불리게 된다. 꽤 아이러니한 제목이라 할 수 있다.

〈지옥의 그림〉

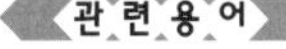
관련용어

신곡
서론이 되는 제1노래, 지옥편(Inferno) 33노래, 연옥편(Purgatorio) 33노래, 그리고 천국편(Paradiso) 33노래, 전체 3부 1+99 노래로 이루어진 서사시(운문). 각 노래도 3행으로 구성되어 있다.

단테 알리기에리
1265~1321년. 이탈리아의 시인이자 정치가. 르네상스 문학의 선구자로 알려져 있다. 요절한 사랑하는 연인 베아트리체는 〈신생新生〉에도 등장한다. 1295년경부터 시정에 참가하지만 정적에게 쫓겨 망명한다. 그 후 〈신곡〉의 집필을 시작해 완성 직후인 56세에 사망한다.

베르길리우스
기원전 70~기원전 19년. 로마 문학의 황금시대를 대표하는 시인. 로마 최대의 서사 시인이라 불린다.

COLUMN 지옥의 문

〈신곡〉은 많은 이야기와 예술에 영향을 끼쳤는데, 그중에서도 유명한 것이 오귀스트 로댕의 〈지옥의 문〉일 것이다. 로댕은 단테를 애독했으며, 정부에서 미술관의 정문을 장식할 조각을 제작해 달라는 요청에 망설이지 않고 〈신곡〉을 모티브로 선택했다. 정문의 일부인 〈생각하는 사람〉은 원래 '시작詩作에 빠진 단테'가 놓일 예정이었다고 한다.

165 매스 드라이버 mass driver

우주 개발에서 검토해야 할 아이디어라는 것이 몇 가지 있는데, 매스 드라이버도 그중 하나이다. 우주에 화물을 대량 수송하기 위한 방법이다.

초가속으로 화물을 툭! 와일드 운송법

매스 드라이버는 행성의 위성 궤도 및 주회 궤도에 물자를 대량 수송하기 위한 설비나 시설을 말한다. 구조로 말하면 컨테이너 등을 쌓은 거대한 포탄을 대포처럼 쏘아올리는 것인데, 제1 우주 속도(위성 궤도에 올려놓는 데 필요한 궤도 속도)까지 가속하여 대량의 짐을 방출한다. 발사된 짐은 우주에 나와 버리면 관성의 법칙에 따라 비행할 뿐이므로 그것을 매스 캐처라는 시설로 회수한다고 한다.

이 아이디어의 원형 자체는 SF 소설에서 따왔는데, 매스 드라이버의 실현 가능 여부에 대해서는 실제로도 연구되고 있다. 왜냐하면 로켓에 의한 발사는 수송비(우주 왕복선으로 약 8,800달러/kg)가 너무 많이 들기 때문에 그 비용을 줄이기 위해서도 매스 드라이버가 검토되고 있다.

현재 (1) 거대한 포신 몇 단계의 고압가스 및 폭약을 주입하는 다약실포, (2) 수소와 헬륨 같은 가벼운 가스를 사용하는 라이트 가스건 (3) 전자석의 반발로 단계적으로 가속하는 코일 건 (4) 두 레일 사이에 높은 전위를 가해 탄체 또는 그 후방에 발생한 플라즈마의 반발로 가속하는 레일 건 등의 방안을 생각할 수 있다. 레일 건은 특히 애니메이션이나 만화 등에서도 자주 듣는 용어이다.

다만 수km의 상승 거리에 걸쳐 수행해야 할 가속 속도를 수백m 정도의 포신으로 내는 것이 매스 드라이버이므로 해당 가속이 장난 아니라는 등 문제는 여러 가지 있다. 물론 사람은 실을 수 없다. 하지만 예를 들어 달이나 화성 등 지구보다 중력이 약한 별이라면 유효한 사출 수단이 될 것이라는 의견이 제기되고 있다.

관련용어

궤도
주회하는 궤도를 말하며 달과 인공위성처럼 지구 주위를 도는 것이 지구 주회 궤도. 태양을 중심으로 도는 것이 태양 주회 궤도이며, 태양계의 행성과 혜성은 모두 이에 해당한다.

우주 왕복선
NASA가 개발한 재사용을 염두에 두고 만든 유인 우주선. 적재량은 24,400kg. 2011년 7월 8일에 발사된 비행으로 30년에 달하는 계획을 마쳤다.

레일 건
전자기 유도로 가속하여 두 레일에 낀 물체를 내보내는 장치. 매스 드라이버 용도보다는 군사 연구로 진행하고 있는 국가도 적지 않다.

COLUMN SF의 아버지가 발상한 매스 드라이버의 원형

매스 드라이버 아이디어의 원형은 쥘 베른의 소설 〈달나라 여행〉에 나오는 콜롬비아드포라고 알려져 있다. 소설 속에서 달에 포탄을 발사하기 위해 플로리다에 거대한 포대를 건조한다. 그 포탄은 달에 닿을 만큼의 속도를 지녔다고 한다. 소설의 설정대로라면 실현 불가능하지만, 매스 드라이버는 한 발 나아가 현실적인 구상으로 발전하고 있다.

166 철학적 좀비

좀비라고 해도 공포 작품에 나오는 그 좀비가 아니다. 어느 철학적 주장을 비판하기 위한 모델로 만들어진 가상의 존재, 그것이 철학적 좀비이다.

물리주의의 모순을 깨기 위한 개념

철학적 좀비는 인간과 물리적으로 완전히 동일한 구조를 갖고 있으며 유일하게 의식을 갖지 않는다는 점만이 다르다. 우리와 마찬가지로 생활하고 울고 웃으며 생각하기도 하지만, 그것은 어디까지나 그런 식으로 행동하고 있을 뿐. 거기에 의사는 존재하지 않는다.

그렇다고 '그런 사람이 있기 때문에 주의하자'는 얘기를 하고 싶은 것이 아니다. 모든 것은 물리의 법칙으로 설명할 수 있다고 주장하는 물리주의에 대한 대립 명제로 만들어진 개념이다. 만약 물리주의가 올바르다면 철학적 좀비가 존재하게 된다. 물리주의에서는 인간의 행동이나 생각도 모두 물리 법칙으로 설명할 수 있다. 행동이나 생각 등은 입력(=외부 정보)에 대해 적절한 출력(=행동)을 하는 단순한 동작이다. 거기에 의사가 있든 없든 상관없다. 즉 철학적 좀비이다.

하지만 '그렇지 않다'라고 우리는 알고 있다. 왜냐하면, 지금 바로 그렇게 생각하고 있다는 의사가 있기 때문이다. 의사가 있는 이상 철학적 좀비가 아니다. 원래 의사가 정말 있는지 없는지는 본인밖에 모른다. 그래서 '의사가 있다'고 증명하는 것도 사실은 불가능하다. 철학적 좀비가 아니라고 딱 잘라 말할 수는 없다.

덧붙여서 인간과 똑같이 행동하는 안드로이드와 로봇 등은 의사는 없지만 인간과 물리적 구조가 다르기 때문에 철학적 좀비가 아니다. 의사를 가진 로봇도 마찬가지다. 철학적 좀비는 존재하지 않아야 하는 것을 나타내는 단순한 개념이다.

관련용어

좀비
죽은 인간과 동물이 시체의 상태로 움직이는 것. 현실에 존재할 수 없지만 판타지 세계에서 인간의 적으로 등장한다. 시체이므로 쓰러뜨려도 다시 소생하는 위험한 적인 경우가 많다.

대립 명제
antithese
이론이나 주장을 부정하는 반대 이론. 또한 캐릭터와 성격이나 매개 변수 등이 전혀 반대인 캐릭터를 지칭하는 경우도 있다.

*철학적 좀비(Philosophical zombie, p–zombie) : 심리철학에서 쓰이는 용어이다.

COLUMN 제창자 자신이 지적하는 철학적 좀비의 문제점

철학적 좀비 이론을 제창한 데이비드 챌머스David John Chalmers(1966년~) 자신도 납득하지 못하는 부분이 있다. 의사가 물리적으로는 설명할 수 없는 거라면 그것을 옹호하려고 하는 자신의 의지 자체는 어떻게 설명할 것인가. 챌머스는 이것을 '현상 판단의 역설'이라고 부르고 최대의 문제로서 해결을 시도하고 있다.

167 안티키테라 기계 Antikythera Mechanism

에게해에 있는 안티키테라섬 인근 난파선에서 발견된 고대 그리스 시대의 유물로, 천체 운행을 시뮬레이션하기 위해 만들어진 기어식 기계이다.

고대의 기술이 결집한 놀라운 장치

안티키테라 기계는 기원전 100년경에 만들어진 세계에서 가장 오래된 컴퓨터라고도 불리는 장치이다. 이 유물은 1903년 에게해의 난파선에서 발견됐으나 손상이 심해서 오랫동안 이것이 도대체 무엇인지를 알지 못했다. 그러나 X선 분석 결과, 도구의 표면에 3500개 이상의 문자가 적혀 있는 것을 알게 됐다. 문자를 해독한 결과 해와 달 등의 천체 운행을 시뮬레이션하기 위한 기계임이 밝혀졌다.

그 구조는 매우 복잡하고, 내부는 적어도 30개의 청동 기어가 사용되고 있다. 장치의 전면에는 날짜와 시간을 나타내는 눈금이 새겨진 원형 부품이 있으며, 이 눈금은 각각 날짜, 태양, 달을 나타내는 3개의 바늘이 붙어 있다. 측면에는 크랭크가 장착되어 있어 이것을 돌리면 태양과 달의 위치, 달의 영휴, 일식과 월식이 일어나는 시기를 알아낼 수 있었다.

또한 이 장치는 윤년 조정이 가능하게 돼 있으며, 당시에는 아직 발명되지 않았을 차동 기어와 유성 기어도 사용되고 있었다고 한다. 또한 그리스에서 처음으로 윤년을 이용한 율리우스력이 사용된 것은 기원전 45년의 일이다. 차동 기어는 이 장치가 만들어지고 나서 1600년 이상 뒤인 16세기, 유성 기어는 18세기에야 발명됐다. 지금부터 2000년 전에 이 정도의 장치를 만들어낸 것은 엄청난 일이라고 할 수밖에 없다.

이 장치는 철학자 포세이도니오스와 천문학자 히파르코스가 제작에 관여한 것으로 보고 있으나 정확한 것은 밝혀지지 않았다. 또한 이와 유사한 기계가 하나도 발견되지 않는 등 이 기계는 아직도 많은 수수께끼가 남아 있다.

안티키테라 기계

관련용어

차동 기어
회전수가 다른 2개의 기어를 이용하여 또 하나의 새로운 회전을 낳는 기어 기구

유성 기어
중심에 있는 톱니바퀴가 구동해서 그 주위를 돌도록 회전하는 기어를 말한다.

포세이도니오스
Posidonius
기원전 135년경~기원전 51년경. 그리스의 철학자, 정치가. 천문학에도 정통하여 지구에서 태양이나 달까지의 거리를 측정했다.

히파르코스
Hipparchos
기원전 190경~기원전 120년경. 그리스의 천문학자. 현대로 이어지는 49별자리를 설정한 외에 삼각법에 의한 측량 및 춘분점 이동을 발견했다고 한다.

168 성 게오르기우스

게오르기우스는 고대 로마 말기의 순교자로 현대에서는 성인으로 취급되고 있다. 기사이기도 한 그는 북아프리카를 방문했을 때 사악한 용을 퇴치했다고 한다.

용을 물리치고 사람들을 구한 성인

게오르기우스는 기독교의 성인 중 한 명으로, 그의 생애는 분명하지 않지만 3세기 후반에 팔레스타인에서 태어나 기사가 되고 기독교 포교에 힘썼다. 당시 지도자인 로마제국의 황제 디오클레티아누스가 기독교로 개종을 강요하지만, 그는 따르지 않고 순교한 것으로 알려져 있다. 또한 〈황금전설Legenda aurea〉에 따르면 게오르기우스는 용을 물리치고 사람들을 구했다고 한다.

북아프리카의 리비아에 있는 작은 나라 실레나에 한 마리의 용이 살고 있었다. 그 모습에 대해서는 전설에 따라 제각각이지만, 이 용이 등장하는 이야기를 모티브로 한 회화 등에서는 두 개의 다리와 큰 날개(뱀의 눈과 같은 모양이 새겨진)가 달린 황녹색 도마뱀으로 그려져 있다. 또한 '그 시체를 8마리의 소가 끌고 날았다'라는 설명에서 상당한 크기였을 것으로 생각된다. 몸이 크다고 하는 것만으로도 충분히 놀라운데 사람들이 무엇보다 두려운 것은 드래곤이 입에서 내뿜는 독 기운이었다. 이것은 전염병을 일으키는 위험한 것으로, 실레나의 국왕은 매일 두 마리의 양을 제물로 바쳐 용을 진정시켰다고 한다. 그러나 양이 부족하자 마침내 인간을 희생하는 사태가 됐다. 그리고 제비뽑기 결과 왕의 딸이 제물이 될 처지였는데 운 좋게 게오르기우스가 지나가다가 용을 잡고 공주를 구출한다. 게오르기우스는 잡은 용을 마을로 나르고 기독교로 개종한다면 죽이겠다고 왕과 백성들에게 말했다. 그들이 이 제안을 받아들여 용은 퇴치되었다고 한다.

성 게오르기우스와 용

관련용어

성인
고결함으로 존경받는 인물

디오클레티아누스
3세기경에 활약한 로마제국의 황제. 본명은 가이우스 아우렐리우스 발레리우스 디오클레티아누스

황금전설
Legenda aurea
기독교의 성인 일화를 모은 위인전. 롱기누스의 창으로 알려진 성인 롱기누스 등 많은 성인의 에피소드가 실려 있다.

COLUMN 악당의 대명사가 된 용

〈요한계시록〉을 비롯해 기독교 관련 작품에는 다양한 용이 등장한다. 이 용은 기본적으로 악당이고 마지막에 하나님의 능력으로 퇴치되는 경우가 많다. 성 게오르기우스 외에 성 마르가레타와 성 다니엘이 용을 물리친 성인으로 유명하다. 그 일화는 모두 〈황금전설〉에 정리되어 있다.

169 관우

후한 말기의 무장 관우(?~220년)는 유비의 의형제로 창단부터 죽을 때까지 충실하게 봉사했다. 사후 관우의 무용과 충의의 마음은 사람들에게 칭송받으며 신으로 추앙받았다.

삼국 최고의 명장이 장사의 신으로 변신

유비의 의형제로 창단 이후의 가신인 관우는 마찬가지로 의형제인 장비와 함께 오랫동안 유비를 지원하는 공신이다. 관우의 용감함은 동 시대에서도 1, 2위를 다툴 만큼 뛰어났고 일군을 이끌며 발군의 지휘 능력을 발휘했다.

또한 의리가 깊었던 것으로도 유명하여, 유비가 조조에게 패배하고 행방불명이 되자 유비의 가족을 지키려고 조조에게 투항한다. 여러 차례에 걸친 조조의 권유를 거절하고, 유비의 생존을 알게 되자 조조의 곁을 떠난다. 유비도 관우에게 두터운 신뢰를 보였으며 촉나라를 공격하러 갈 때는 가장 중요한 거점이었던 형주(지금의 호북성 강릉현)에 관우를 남겨 수비를 맡겼다.

그 후, 관우는 북진해서 조조를 공격한 틈을 노려 기습침공한 손권에게 형주를 빼앗긴데다 잡혀서 처형된다. 그러나 고금무쌍의 용기와 충렬의 마음을 보인 관우의 삶은 사람들에게 사랑받았고, 당나라 때는 무신으로 모셔지게 된다. 또한 세월이 흘러 관우는 많은 사람들에게 신앙처럼 받들어져, 결국은 장사의 신으로도 추앙받게 됐다.

무신이었던 관우가 왜 장사의 신이 됐을까? 여기에는 여러 설이 있지만, 관우의 고향인 하동군 해현(지금의 산서성 원청시)이 유명한 소금 산지로 장사가 번성했던 것과 관련이 있다는 설이 유력하다. 계기는 소금 상인들이 지역 출신의 위인인 관우를 신앙으로 모셨다. 그들이 각지로 장사를 확대하는 과정에서 이를 목격한 사람들이 관우 덕택에 장사가 잘 되는 것이 아닐까 생각했다고 한다.

〈통속삼국지지내通俗三国志之内〉 관우

관련용어

장비
167~221년. 유비, 관우의 의형제. 관우 못지않은 용감한 무사로 1만 명의 병사에 필적한다고 칭송받은 맹장이다.

소금 산지
하동군 해현에는 해지解池(염지)라는 중국 유수의 소금 호수가 있고, 고대부터 중요한 소금 생산지였다. 관우도 세상에 나오기 전에 소금의 밀매에 관여했다는 설이 있다.

COLUMN 바다의 여신이 된 딸, 묵냥默娘

항해와 어업의 수호신으로 받들고 있는 도교의 마조媽祖라는 여신도 실존 인물을 신으로 모신 존재로 인간이었을 때의 이름은 묵냥이라고 한다. 묵냥은 송나라 관리의 딸로 관우처럼 뛰어난 영웅은 아니지만 아버지가 해난 사고를 당해 행방불명이 된 것을 계기로 집을 나와 아미산峨眉山에 도착해 신이 됐다고 한다.

170 트로이 전쟁

그리스 신화에서 거론되는 그리스와 트로이의 싸움으로, 트로이의 파리스가 메넬라오스의 아내 헬레네를 납치하면서 발발했으며, 10년의 전쟁 끝에 그리스가 승리했다.

미녀가 발단이 돼 발발한 대전

파리스는 트로이의 왕 프리아모스의 아들. 〈아테나〉(p.138)에서 언급한 파리스의 심판으로 여신 아프로디테를 선택하고, 이때의 약속으로 스파르타에서 왕비 헬레네를 트로이로 데리고 왔다. 헬레네는 스파르타의 왕 틴다레오스의 딸로 절세의 미녀였기 때문에 많은 영웅들에게 청혼을 받았다.

틴다레오스는 분쟁을 두려워하며 사위의 선택을 망설이는데 구혼자들이 '누가 뽑혀도 그가 어려움에 빠지면 전원이 돕겠다'라고 선서를 했고, 그 결과 메넬라오스가 선정됐다. 헬레네가 납치되자 이 맹세를 바탕으로 메넬라오스의 형 아가멤논이 영웅들을 규합한다. 그를 총대장으로 하는 그리스 세력이 트로이에 쳐들어갔다.

이 싸움에서 파리스는 용사 아킬레우스를 죽였다고도 하지만, 그 역시 헤라클레스의 화살을 가진 필록테테스에 맞아 죽는다. 그의 동생 데이포보스와 헬레노스가 헬레네를 두고 다투었고 패한 헬레노스가 트로이에서 이탈했다가 잡혔다.

설득당한 그는 예언의 힘으로 트로이 함락 조건을 알아내고, 조건을 갖춘 그리스 세력의 트로이 목마에 의해 트로이는 함락, 멸망한다.

트로이 전쟁을 다룬 작품은 별로 없지만, 브래드 피트가 아킬레우스를, 올랜도 블룸이 파리스를 연기한 2004년 영화 〈트로이〉가 화제가 됐다.

〈일리오스의 함락〉

관련용어

트로이
아나톨리아의 북서쪽 다르다넬스해협의 남쪽에 있었다고 전해지는 고대 도시. 1871년 독일의 고고학자 하인리히 슐리만이 유적을 발견했다. 신화에서 말하는 도시 여부에 대해서는 논쟁의 여지가 있다.

트로이 목마
내부가 텅 빈 거대한 목마. 철수를 가장한 그리스 세력은 트로이군을 속이고 목마를 성 안으로 끌어들이는 데 성공했다. 그날 밤 목마에 숨어 있던 메넬라오스들이 신호를 보내고 몰래 돌아온 그리스 세력이 목마를 넣기 위해 부순 성문으로 도시 안으로 들어왔다. 유용한 소프트웨어인 것처럼 위장해서 소유자의 의지대로 설치하게 하는 악성 코드의 이름으로도 유명하다.

COLUMN 트로이 전쟁이 로마를 낳았다!?

고대 로마의 시인 베르길리우스의 〈아이네이스〉에 따르면 트로이가 함락됐을 때 무장 아이네이아스가 도망쳐서 신탁에 따라 배를 타고 이탈리아를 향했다. 우여곡절 끝에 도착한 그는 라위니움Lāuīnĭum이라는 도시를 구축하고 나중에 후손 로물루스가 새로운 도시를 건설한다. 이 도시는 그의 이름을 따서 명명된 로마라고 한다.

171 로미오와 줄리엣

1595년에 발표된 영국의 극작가 셰익스피어의 중기 작품이다. 운명의 장난으로 금단의 사랑에 빠진 두 사람이 길이 엇갈려서 비극적인 최후를 맞이하는 비련 이야기이다.

더 이상 말이 필요 없다, 비련극의 대표작

'오 로미오, 당신은 왜 로미오인가요?'

누구나 한 번은 들어 본 적이 있는, 아니 말해 본 적이 있는 대사일 것이다.

무대는 14세기 이탈리아의 도시 베로나. 대대로 서로를 적대시하는 몬태규가와 캐퓰렛가의 아이들이 서로의 입장을 모른 채 사랑에 빠진다. 온갖 방법을 쓰며 양가의 화해를 시도하지만 거듭되는 문제와 엇갈림 끝에 로미오와 줄리엣은 목숨을 잃는다. 결말은 비극이지만, 젊은 두 사람과 그들을 둘러싼 사람들이 생생하게 그려져 청춘물이라고 보는 사람도 있을 것이다.

셰익스피어의 작품 중에서도 특히 로맨틱하고 대중적이라고 할 수 있는 이 작품은 현재도 상영, 리메이크, 오마주로 인기 있는 명작이다.

원래 이 작품 자체는 밑받침이 되는 이야기가 있다. 아서 브룩의 서사시 〈로미우스와 줄리엣의 비극적인 이야기〉이다. 더 거슬러 올라가면 이것 또한 반델로의 〈단편소설집〉을 소재로 하고 있다. 〈로미오와 줄리엣〉은 말하자면 반델로의 2차 창작물이라고 할 수 있다. 표절이라고 생각하는 사람도 있을지 모르겠다. 그러나 이것은 연극이다. 기존의 이야기를 소재로 해도 이상한 일이 아니며 연기하는 사람에 따라 표현이 다른 것도 당연하다. 사실 현재도 셰익스피어의 대본은 다양한 표현을 만들어내고 있다.

〈로미오와 줄리엣〉

관련용어

윌리엄 셰익스피어
William Shakespeare
1564~1616년. 16세기에 활약한 영국의 시인·극작가. 부유한 상인의 장남으로 태어났지만, 훗날 몰락한다. 18세에 결혼하고 20세 무렵에 런던 연극계에 들어간 것으로 알려져 있다.

마테오 반델로
Matteo Bandello
1480~1562년. 이탈리아의 이야기 작가. 처음에는 수도사를 하다가 환속하여 군인, 궁정인 등 자유분방한 생활을 한다. 단편 소설을 많이 남겼으며 유럽 근대 소설의 선구자라고 불린다. 셰익스피어 비롯해 스탕달, 뮤세 등 많은 작가에게 영향을 주었다.

COLUMN 밤이 긴 영국 특유의 오락

연극은 원래 문자 해독률이 낮은 서민들에게 성경의 내용을 전달하기 위해 만들어진 것으로 알려져 있다. 유럽에서도 특히 영국은 연극 문화가 왕성했다. 왜냐하면 영국은 특성상 밤이 길다. 날씨와 시간에 좌우되지 않는 연극은 국민에게 최고의 오락이었다.

172 지구화 Terraforming

우주 이민의 기술로 유명한 것은 애니메이션 등으로도 친숙한 스페이스 콜로니이(우주 식민지)이지만, 또 다른 구상이 있다. 그것이 지구화Terraforming이다.

이주 지역 만들기, 행성 리모델링 계획

테라포밍Terraforming을 직역하면 지구화로 인위적으로 행성의 환경을 변화시켜 인간이 살 수 있는 별로 개조하는 계획을 말한다. 이것도 발상 자체는 SF 소설에 나오는 아이디어지만, 현실에서도 1961년 칼 세이건의 논문 〈행성 금성〉을 계기로 지구화의 연구를 시작했다. 현재 지구화 후보로 거론되고 있는 곳은 화성으로 1991년에 NASA는 '화성의 테라포밍 구상'을 공표했다.

화성 개조 방법은 이렇다. 우선 기온이 너무 낮기 때문에 프레온가스와 메탄가스를 화성에 뿌리고 거대한 거울로 태양의 반사 빛을 모아 수백 년을 데운다. 기온이 상승하면 화성의 극관에 있는 드라이아이스가 녹기 때문에 이산화탄소가 화성에 충만된다. 또한 화성의 토양에 잠든 영구동토도 녹기 때문에 바다도 생긴다. 이렇게 하면 원시지구의 모습이 되기 때문에 남은 것은 식물을 지구에서 들여오고 바다에 조류를 넣어 광합성으로 산소를 만들어 다른 식물도 생성시킨다는 공정이다. 정말 이런 일이 일어날 수 있을지는 앞으로의 연구 결과에 달렸겠지만, 일단 이런 방법이라면 화성에 사람이 살 수 있게 될 수도 있다는 희망은 있다.

논문에도 있었던 금성도 테라포밍 후보로 거론되고 있지만, 온도가 500℃나 되기 때문에 온도를 낮추지 않으면 안 된다. 단지 그 방법이 우주에 거대한 파라솔을 세워서 햇빛을 차단하거나 수백km의 거대한 천체를 충돌시켜 짙은 이산화탄소의 대기를 중력권 밖으로 날려보내야 하는 등 화성과는 비교할 수 없을 만큼 어려운 방법이므로 가능성은 낮다.

관련용어

칼 에드워드 세이건
Carl Sagan
1934~1996년. 미국의 천문학자. NASA의 행성 탐사 지도자. 각 전쟁에서 지구 규모의 빙하기가 일어나는 핵겨울과 우주 역사를 1년의 척도로 대체한 우주 달력, 테라포밍 등의 지론으로 유명하다.

NASA
미국항공우주국의 약어. 미국 정부의 우주 개발 계획을 담당하는 기관. 유인 우주 비행 머큐리 계획Project Mercury, 인간을 달에 착륙시킨 아폴로 계획, 우주 왕복선 등의 계획을 수행했다.

극관極冠
행성과 위성의 얼음으로 덮인 고위도 지역을 말한다. 지구로 말하면 북극과 남극이다. 화성도 극관이 있고 결빙한 이산화탄소(=드라이아이스)와 물로 구성된다.

COLUMN 오타쿠 필수 신조어를 낳은 SF계의 장로

테라포밍이라는 말은 SF적 발상으로 미국의 SF 작가 'SF계의 장로'라고도 불리는 잭 윌리엄슨이 만들어낸 신조어이다. 그의 작품 〈항성 군단〉도 평행 세계의 분기점 '존바르 분기점'의 유래가 됐기 때문에 오타쿠라면 이 대가의 이름을 기억해서 손해 볼 건 없다.

173 지그문트 프로이트 Sigmund Freud

프로이트(1856~1936년)는 정신분석학을 개척한 선구자로 알려져 있다. 그는 무의식의 영역을 분석하여 사람의 행동의 원인을 규명할 수 있다고 생각했다.

꿈을 분석하여 사람의 심리를 파악한다

프로이트는 정신과 의사이며 정신질환 환자를 치료하기 위해 마음을 분석하는 방법을 처음으로 연구한 인물이다. 사람의 마음은 의식 영역과 무의식 영역이 있고, 무의식 영역이야말로 소중한 기억이 많이 축적되어 있다고 그는 생각했다. 그 무의식을 알기 위해 '꿈을 분석'하는 방법을 사용한 것은 유명하다.

그의 말에 따르면 꿈은 그 사람의 본능적인 욕구나 욕망을 비춘 것이라고 한다. 그것도 욕망이 그대로 드러날 뿐만 아니라 형태를 바꾸어 나타나는 경우도 있다.

예를 들어 하늘을 나는 꿈을 꾼 경우 이것은 정말로 하늘을 날고 싶어 하는 게 아니라 현실에서 도망치고 싶은 마음이 나타난 것이라는 식이다. 이처럼 꿈을 해석해서 그 사람의 심리 상태를 밝히려고 한 것이다.

꿈이 욕구와 욕망을 표현한다는 것은 지금은 잘 알려진 사실이다. 현실에서 불가능한 것을 꿈으로 실현하고, 현실의 고민이 꿈에까지 나와 시달리는 경험은 자주 있다.

창작의 세계에서 꿈은 소재로 많이 사용된다. 스토리의 처음부터 끝까지가 '실은 꿈이었습니다'라고 끝을 맺는 결말도 드물지 않다.

다만 실제로는 분명한 꿈보다 뭐가 뭔지 알 수 없는 지리멸렬한 꿈이 훨씬 많다. 본인도 알지 못하는 무의식의 욕망이 많기 때문이다. 또한 꿈은 잠에서 깰 때 가공되어 명확하게 떠올릴 수 없다고 한다.

프로이트의 사진

관련용어

정신분석학
'인간의 마음에는 무의식의 영역이 있고 그것이 행동에 영향을 주고 있다'는 관점에서 정신질환 치료를 생각하는 이론. 프로이트가 창시자이다.

꿈
자고 있는 사이에 현실처럼 느끼는 환각. 옛날에는 영혼이 빠져 나가서 경험한 것 내지는 하나님의 말씀이라고 생각했다. 현재의 심리학과 신경생리학으로도 풀지 못한 것이 많다.

정신분석 입문
꿈의 분석에 대해 쓴 프로이트의 저서. 그가 1915~1917년의 비엔나 대학에서 한 강연을 정리해 책으로 출간했다.

COLUMN 소설 작품에 등장하는 프로이트

프로이트는 정신분석학의 일인자로 소설 작품에 등장한다. 1974년에 공개된 영화 〈홈즈의 7퍼센트 용액The Seven-Per-Cent Solution〉에서 홈즈를 진료하는 정신과 의사로 등장했다. 또한 최근의 작품은 꿈을 연구하는 프로이트 교수가 주인공인 소설 〈꿈 탐정 프로이트〉 시리즈에서 그 이름이 사용되고 있다.

174 수정水晶 해골

크리스털 스컬crystal skull이라고도 부르는 수정으로 만들어진 해골 모형. 마야 문명과 아즈텍 문명의 유물로 여겨지는데 그 대부분이 최근에 제조된 가짜로 판명됐다.

13개 모이면 무슨 일이 일어난다!?

수정 해골에 얽힌 전설 중에서도 특히 유명한 것이 탐험가 미첼 헤지스와 양녀 안나가 마야 문명의 유적에서 발굴했다는 헤지스 스컬에 관련된 것이다.

이 수정 해골은 두개골과 아래턱이 하나의 같은 수정으로 만들어져 해부학적으로도 정확하게 인간의 두개골을 재현하고 있다. 게다가 문자를 쓴 종이를 해골에 올리면 눈 부분에서 읽을 수 있는데, 빛의 굴절률을 치밀하게 계산하지 않으면 이러한 제품은 만들 수 없다고 한다. 더 놀라운 것은 두개골은 공구를 사용한 흔적이 전혀 보이지 않아 어떻게 만들었는지 알 수 없다고 한다. 고대 마야인이 같은 물건을 만들었다고는 도저히 생각되지 않으며 도대체 누가 무엇을 위해 만들었는지는 지금도 수수께끼이다. 이것이 대략적인 전설의 내용이다.

이러한 전설에서 수정 해골은 오랫동안 오파츠ooparts의 대표격으로 여겨왔다. 하지만 2008년 스미소니언연구소에 정밀 조사를 의뢰한 결과 표면에 다이아몬드 연마제 등의 가공 흔적이 있는 것을 발견했다. 마야 문명의 유물은 더더욱 아니며 현대에 제작된 가공품인 것으로 밝혀졌다. 덧붙여서, 수정 해골은 지금까지 대영박물관이 소장한 브리티시 스컬이나 프랑스 파리 인류학 박물관이 소장한 패리스 스컬 등 다수 발견됐으며, 세계에는 총 13개의 수정 해골이 존재하고 그들이 모두 모이면 인류는 큰 지혜를 얻을 수 있어 세계는 구원받는다는 중2병적인 전설도 있었다. 그러나 이들 수정 해골도 모조리 19세기 이후 근대에 만들어진 것으로 확인됐다.

이렇게 수정 해골에 얽힌 전설은 쉽게 무너졌지만 공전의 히트를 기록한 영화 〈인디아나 존스: 크리스털 해골의 왕국〉(2008년)의 소재가 되는 등 많은 사람들의 로망을 불러일으킨 것은 사실이다.

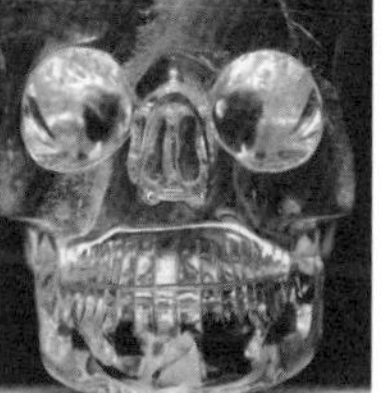
수정 해골

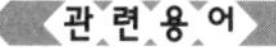
관련용어

마야
중앙아메리카의 과테말라에서 유카탄 반도에 걸친 지역에 번성했던 마야의 도시 문명. 옥수수 화전 농경을 기반으로 거대한 피라미드와 신전을 건축했다. 또 한 독자의 마야 문자를 발달시켰다. 기원 전후에 흥해서 4~9세기에 전성기를 맞았으나 이후 쇠퇴했다. 1500년대에 스페인의 침략으로 1697년 마야 전역이 스페인의 식민지가 됐다.

인디아나 존스: 크리스털 해골의 왕국
2008년 공개한 미국 영화. 인기작 〈인디아나 존스〉 시리즈의 제4탄으로 감춰진 보물 크리스털 해골을 찾아 분투하는 인디아나의 활약을 그린 모험극이다. 시리즈 최고인 전 세계 7억 8,000만달러의 흥행 수입을 기록하는 등 대박을 터뜨렸다.

175 야훼

이 세상과 그 안에 사는 모든 생물을 창조한 전지전능한 하나님. 유대교와 이슬람교는 야훼(주, 主, Lord), 이슬람교는 알라라고 부르며 신으로 믿고 있다.

모든 종교에서 신으로 믿는 전지전능한 하나님

유대교와 기독교의 만물의 창조주로서 전지전능한 신. 그 이름을 나타내는 히브리어 4개의 자음 문자는 신성 4문자라 불린다. 유대교도 사이에서는 신의 이름을 입 밖에 내는 것은 송구하다고 여기고 아도나이야(주라는 뜻, 主, Lord)라고 바꾸어 읽었다. 기독교에서도 하나님의 이름을 함부로 입에 올려서는 안 된다고 해서 '주'라고 부른다.

창조신인 야훼는 6일에 걸쳐 세계를 만들고 1일 휴식을 취했다. 일요일이 휴일인 것은 여기에서 유래한다. 그 후 야훼는 자신의 모습과 비슷한 최초의 인간 아담을 만들고 나중에 아담의 갈비뼈에서 아내 이브를 만들었다. 야훼는 아담과 이브를 에덴동산에 살게 했지만, 그들이 지시를 어기고 지혜의 열매를 먹은 것에 격노하여 두 사람을 외계로 추방했다. 그 후 지상에서 살던 아담과 이브의 자손이 나쁜 짓을 저질렀기 때문에 대홍수를 일으켜 인간을 멸망시킨다. 이 이야기가 그 유명한 전설 '노아의 방주'이다. 또한 높고 거대한 탑을 쌓아 하늘에 닿으려 했던 인간이 바벨탑의 건축을 시작하자 사람들의 언어를 여럿으로 나누어 소통을 막아 탑의 건설을 막았다. 또한 소돔과 고모라에 사는 사람들이 타락했을 때 하늘에서 유황과 불을 떨어뜨려 도시를 통째로 멸망케 한다. 단, 자비로운 일면도 있어 모세가 동포를 이끌고 이집트에서 탈출할 때 도움을 줬다.

야훼는 원래 유대교의 신이었지만, 기독교와 이슬람교에서도 신앙의 대상이 됐다. 성경의 일부를 공유하고 있는 것에서도 알 수 있듯이 원래 기독교도 이슬람교도 유대교를 기반으로 하고 있고, 특히 기독교는 유대교 그리스도파라고 불러도 무방하다. 의견 차이로 갈렸지만 본래는 하나의 종교인 것이다. 또한 이슬람교에 관해서는 야훼를 '알라'라고 부를 뿐 세 종교의 신이 동일하다는 점은 인정하고 있다. 믿는 신은 같아도 종교관과 사상의 차이, 과거의 인연으로 인해 지금도 여전히 대립하고 있다.

관련용어

노아
〈구약성서〉의 창세기에 기록된 이야기. 타락하는 사람들을 멸하기 위해 하나님이 홍수를 일으키지만 신앙심을 잊지 않은 노아와 그의 가족, 일부 동물들은 하나님의 명령으로 배를 만들어 살아남아 그 후의 세계에서 평온하게 살고 있다.

바벨탑
〈구약성서〉의 창세기에 등장하는 탑. 인간들이 탑을 세우려고 한 이유는 불분명하지만, 도중에 하나님에 막혀 완성하지 못했다.

소돔과 고모라
〈구약성서〉의 창세기에 등장하는 도시. 사해 부근에 있었던 것으로 알려져 있다.

모세
고대 이스라엘의 유대교 지도자. 이집트에서 불편 없이 생활하지만 학대받는 동포 유대인을 구하기 위해 일어선다. 백성을 이끌고 약속의 땅 가나안을 향하던 도중에 사망했다.

176 제갈량

제갈량(181~234년)은 유비와 그의 아들 유선을 섬기며 수많은 계책과 정치 수완으로 주군을 도운 명참모이다. 하지만 그런 그에게도 한 가지 중요한 단점이 있었다.

과로사한 제갈량

제갈량은 유비가 삼고초려를 해서 얻어낸 인물이다. 세상에 나오기 전부터 여러 인물로부터 당대 제일의 귀재로 평가를 받았으며 그때까지 각지의 세력을 떠돌아다니는 유랑 집단에 불과했던 유비 일행에게 다양한 계책을 제시하고 촉한의 건국까지 이끈 큰 공로자이다.

소설 〈삼국지연의〉에서는 적군의 움직임을 완벽하게 예측하고 함정에 빠뜨리거나 뛰어난 언변으로 다른 나라의 지혜자를 꼼짝 못하게 한 것 외에 새로운 무기도 개발하는 등 다방면에서 활약이 돋보인다. 또한 기도로 바람을 불어 싸움을 유리하게 하는 등 인지人知를 뛰어넘는 성과도 올려 단순한 군사의 테두리를 벗어나 신선 또는 요술을 사용하는 존재로 여겨졌다. 물론 이러한 묘사는 소설을 재미있게 하기 위한 과장이지만, 정사에서의 제갈량도 매우 유능했던 것만은 확실하고, 〈삼국지〉의 저자인 진수陳壽도 그의 정치 수완을 최고로 평가했다.

이처럼 완벽한 인물처럼 보이는 제갈량에게는 한 가지 치명적인 단점이 있었다. 그것은 일벌레이다. 유비의 신뢰가 두터웠던 제갈량은 촉한을 건국하고 승상丞相에 취임하여 녹상서사錄尙書事와 가절假節을 겸임했다. 또한 유비의 의형제인 장비가 죽은 후에는 사예교위司隷校尉(중국 한나라 무제武帝 때 둔 벼슬. 경사의 백관 및 각 군의 행정을 규찰한다)도 담당한다. 이것은 여러 장관직에 법원이나 경찰 조직의 장관을 겸한 상태이며 분명히 과로이다.

하지만 고지식한 제갈량은 전력으로 이 직무를 담당했다. 유감스럽게 제갈량은 일의 세세한 부분까지 직접 확인하지 않으면 개운해하지 않은 성격이었던 것 같다. 제갈량이 직접 장부를 확인하고 있을 때 부하인 양옹楊顒이라는 인물에게 '남의 일을 빼앗을 정도로 일해서는 안 된다'고 충고를 받은 일화가 남아 있다. 능력이 있는 사람에게 업무가 집중되어 과로하는 현상은 현대사회에서도 문제되고 있지만, 이러한 구도는 오래전부터 있었던 것이다. 몸과 마음을 다해 격무를 해낸 제갈량은 53세의 젊은 나이에 과로사했다.

〈삼재도회三才圖會〉 제갈량

관련용어

승상丞相
군주를 보좌하고 정무를 집행하는 최고관직. 후한 말기에 조조도 한나라의 승상을 맡았다.

녹상서사錄尙書事
상서를 묶는 장관직. 상서는 신하의 상주上奏를 읽고 무엇을 상주할지 결정하는 중요하고도 절대적인 권한을 갖고 있었다.

가절假節
군령 위반자를 처벌하는 권한을 가진 직책

사예교위司隷校尉
수도 주변의 감시를 실시하여 불법을 단속하는 행정 장관

177 위그드라실 Yggdrasil

북유럽 신화에 등장하는 초거대 물푸레나무. 신화의 아홉 세계를 내포하는 존재로, 말하자면 북유럽 신화 그 자체이다. 우주수宇宙樹나 세계수世界樹(world tree)라고도 불린다.

아홉 세계에 뿌리를 내린 거목

북유럽 신화에는 아홉 세계가 있다. 아스 신족이 사는 아스가르드, 반 신족이 사는 바나헤임, 요정들이 사는 알브헤임, 인간이 사는 미드가르드, 거인족이 사는 요툰헤임, 암흑 요정 또는 드베르그(소인)들이 사는 스바르트알파헤임, 불꽃의 거인이 사는 무스펠헤임, 극한의 땅 니플헤임, 죽은 자의 나라 하데스 헬헤임이다. 다만 〈에다〉에는 소인이 사는 니다벨리르라는 지명도 등장하고 니플헤임과 헬헤임을 동일시하거나 처음부터 있는 무스펠헤임을 제외하는 등 여러 설이 있다.

여하튼 위그드라실은 이들 세계에 연결되는 존재이다. 〈무녀의 예언〉에서는 뿌리가 9개이고 첫 번째 뿌리 아래에 헬, 두 번째 뿌리 아래에 서리 거인, 세 번째 뿌리 아래에 인간이 산다고 돼 있지만 〈궐피의 속임수Gylfaginning〉에서는 첫째 뿌리가 아스 신이 있는 곳으로 뻗어 있다고 한다. 뿌리 아래에 수많은 뱀이 있고 오부니루, 구라바쿠, 구라후붸루스, 스봐부니루가 가지를, 니드호그가 뿌리를 갉아 먹고 있다. 위쪽 가지에서 다인, 도봐린, 두네이루, 두라스로루의 머리 4개인 수사슴이 새싹을 먹고 줄기에서는 라타토스크가 뛰어 다닌다.

또한 첫 번째 뿌리 아래에는 우르드의 샘Urðarbrunnr이 있고, 부근의 관사는 운명의 여신 노르닐(우르드, 베르단디, 스쿨드)이 매일 우르드의 샘물과 진흙을 위그드라실에 뿌려 시들지 않도록 유지하고 있다.

그런데 북유럽 신화라고 하면 세계의 종언 '라그나로크'가 유명하다. 이때 '공포에 떨다'라고 돼 있으므로 위그드라실은 의지가 있는 존재 같다. 그래서인지 위그드라실이 캐릭터로 등장하는 게임도 있다. 대부분 귀여운 나무 요정 모습을 하고 있는 것은 세계를 지켜보는 위그드라실이 모성, 여성을 연상시키기 때문이 아닐까.

〈신 에다〉 영어 번역본 삽화

관련용어

아스 신족
주신 오딘을 비롯해 많은 신들이 속한 하나님의 일족

반 신족
해신 뇨르드, 풍요의 신 프레이, 사랑이나 싸움 등의 여신 프레야 등이 속한 하나님의 일족

무녀의 예언
신화를 전하는 〈신 에다〉의 맨처음에 적힌 구절

궐피의 속임수
Gylfaginning
아이슬란드 저술가 스노리 스투를루손의 〈신 에다〉를 구성하는 작품. 오늘날 알려진 북유럽 신화의 대부분이 여기에 의거한다.

서리의 거인
원시 거인 이미르(거인족의 시조)에서 태어난 거인족. 이미르가 최초의 신들에게 쓰러졌을 대 멸망할 뻔했지만 살아남은 한 쌍의 부부를 조상으로 해서 재부흥했다.

라타토스크
하늘의 일각에 머물러 있는 독수리의 모습을 한 거인 흐레스벨그와 니드호그의 대화를 중계하는 다람쥐

178 햄릿

셰익스피어가 쓴 〈4대 비극〉 중 하나로, 덴마크의 왕자 햄릿이 아버지를 독살한 숙부에게 복수하는 이야기이다. 등장인물의 대부분이 죽는 처절한 인간 드라마다.

지금도 번역가를 괴롭히는 명언의 보고

〈햄릿〉은 몰라도 '사느냐 죽느냐 그것이 문제로다'라는 대사는 다들 알고 있을 것이다. 원문에서는 'To be, or not to be : that is the question'. 직역하면 '하느냐 마느냐 그것이 문제'가 되지만 번역가에 따라 다양하게 표현되고 있다.

이처럼 입 밖으로 내서 기분 좋은 명대사가 많은 것도 배우 출신의 극작가이기에 가능한 셰익스피어의 특징이라고 할 수 있겠다. 본 작품은 그의 후기 작품으로 〈로미오와 줄리엣〉과 마찬가지로 이것도 원 작품이 있다.

원래 햄릿은 덴마크의 전설적인 인물로 역사서에 의해 영국으로 전해졌고, 토마스 키드Thomas Kyd에 의해 연극으로 만들었다. 현재 원原 햄릿(현존하지 않음)이라 불리는 이 연극을 바탕으로 창작한 것이 셰익스피어 버전인 셈이다.

부왕을 독살하고 어머니를 빼앗아 왕좌에 앉은 삼촌 클라우디우스에게 복수를 맹세한 왕자 햄릿. 계획이 알려지지 않게 광기를 가장하는데, 이를 본 연인 오필리아가 그 충격으로 미쳐 버린다.

오필리아라고 하면 강에 떠있는 여자의 그림이 유명한데, 바로 그 사람이다. 결국 햄릿은 복수에 성공하지만 연인은 미쳐서 죽고 어머니는 독배를 마시고 죽는 등 죽음의 색이 상당히 짙다.

햄릿이 'The rest is silence'라고 중얼거리며 막이 내린다. 직역하면 '남은 것은 침묵뿐이로다'이다. 당신은 어떻게 번역하겠는가?

관련용어

햄릿
1603년 초판, 5막 19장에 걸친 비극. 초판은 불량 버전으로 다음해 제2판이 원래 원고에 가깝다고 알려져 있다. 12세기에 쓰인 덴마크 역사가의 〈덴마크인의 사적事蹟〉에 있는 햄릿 전설을 바탕으로 그려져 있다.

윌리엄 셰익스피어
1564~1616년. 원래는 런던의 소극장에서 배우 생활을 했다. 상인의 아들이었지만 몰락한다. 배우는 20살경부터 시작한 것으로 알려져 있다.

The rest is silence
'To be, or not to ~'와 마찬가지로 다양하게 번역되고 있다.

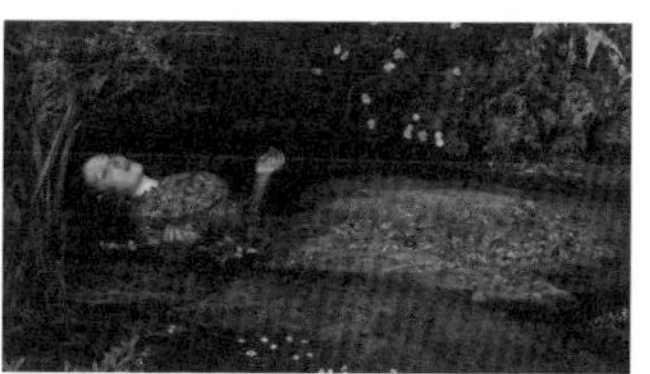

〈오필리아〉

COLUMN 셰익스피어의 4대 비극

셰익스피어의 비극 중에서도 4대 비극으로 불리는 〈햄릿〉, 〈오셀로〉, 〈리어왕〉 〈맥베스〉는 특히 인기가 높다. 이 작품들은 1600~1606년에 연달아 집필됐기 때문에 셰익스피어의 비극 시대라고 불린다. 까다로운 느낌이 있지만 스토리 라인은 명확하고 서민이 즐기는 오락 성격의 작품이다.

179 우주 엘리베이터 space elevator

최근 화제로 자주 오르내리는 우주 엘리베이터orbital elevator(궤도 엘리베이터라고도 한다). 지상에서 무척 큰 엘리베이터를 만들어 우주로 물자를 수송한다는데, 정말 실현될까?

우주의 인공위성까지 닿는 현대판 바벨탑

우주 엘리베이터는 정지 궤도 위성을, 중심을 그곳에 고정한 채 지상에 도달할 때까지 수직으로 늘려서 케이블을 뻗어 말단에 앵커를 설치하는 시설이다. 이름은 엘리베이터라고 하지만 실제로는 고정된 궤도를 타고 상자가 상하 이동하는 것에 지나지 않는다. 케이블을 매개로 이동하는 세로 방향의 화물 열차라고 말하는 것이 맞을지도 모른다. 케이블의 총길이는 약 10만 km. 발착 거점(접지 포트)은 케이블에 걸리는 장력을 작게 할 수 있는 적도상이 최적이라고 여겨진다.

이 착상 자체는 로켓 공식을 발표한 콘스탄틴 치올코프스키Konstantin Tsiolkovsky가 1895년 자신의 저서에서 공개했으며 하늘을 향해 탑을 지어 가면 어느 지점에서 원심력과 중력이 균형을 잡는다고 적었다. 그 후, 1959년에 유리 아르크타노프Yuri Artsutanov가 지금의 우주 엘리베이터 구상을 발표했다.

우주 엘리베이터는 로켓보다 저렴한 비용에 우주로 물자를 보낼 수 있는 것이 이점이지만, 애초 건설에 필요한 강도를 가진 소재가 없어 오랫동안 이론에만 그친 구상이었다. 그런데 1991년이 되어서야 매우 강도가 높은 탄소 나노튜브가 발견된다. 현대의 기술만으로도 실현 가능한 범위에 있다는 것을 알게 되면서 연구가 단숨에 활기를 띤다. 케이블의 비강도(밀도에 대한 강도)를 더욱 높이거나, 승강기 자체의 구조 및 리프팅용 에너지를 어떻게 할 것인가 등의 과제를 극복하기 위해 대응이 진행되고 있다. 물론 지금 당장 해결할 수 있는 문제가 아니기 때문에 느긋하게 꿈의 실현을 기대하고 싶다.

관련용어

콘스탄틴 치올코프스키
Konstantin Tsiolkovsky

1857~1935년. 러시아의 물리학자, 로켓 연구자. 우주 엘리베이터, 인공위성, 우주선 등을 고안하고 로켓으로 우주여행의 가능성을 시사했다. 우주여행의 아버지로도 불리며 살아생전에 성과를 평가받지 못했다.

유리 아르크타노프
Yuri Artsutanov

1929~2019년. 러시아의 공학자. 정지 궤도에서 매다는 형식의 우주 엘리베이터를 제안한 것은 무려 학창 시절이라고 한다.

탄소 나노튜브

탄소 원자가 그물망처럼 결합되어 원통형으로 된 것. 직경은 나노미터(nm)로 사람 머리카락의 5만 분의 1. 강도는 강철의 100배, 열전도는 구리의 약 10배, 전도성은 구리의 약 1000배에 달한다. 그러나 건강 피해의 위험성이 지적되고 있다.

COLUMN 로봇 애니메이션의 대가도 고문으로 있는 협회

일본에는 우주 엘리베이터를 실현하기 위한 활동을 적극적으로 실시하는 '우주 엘리베이터 협회'가 있다. 여기에서는 매년 무인 소형 승강기의 속도와 안정성을 겨루는 '우주 엘리베이터 대회'를 열고 있다. 그리고 협회의 고문에는 애니메이션 감독 토미노 요시유키富野由悠季도 있다고 한다.

180 오이디푸스 콤플렉스 Oedipus complex

오이디푸스 콤플렉스는 프로이트가 제기한 개념으로, 아이가 어린 시절에 어머니에게 성애 감정을 품고 아버지를 질투하는 억압된 심리를 말한다.

모두가 극복해야 할 금단의 욕망

프로이트에 의하면 오이디푸스 콤플렉스는 남아와 여아에 관계없이 모두 갖고 있다고 한다. 물론 어머니에 대한 성애 감정이 달성되는 일은 우선 없겠지만, 그렇다는 것을 알고 이 감정을 버리는 것이 중요하다. 그렇게 하지 못해 마음 깊은 곳에 성애 감정은 품은 채 성장하면 사회 적응 문제와 신경증 발병으로 이어진다.

말하자면 마마보이와 유사하다. 어렸을 때는 누구나 어머니와 밀착 관계를 유지하지만 성장하면서 어머니로부터 멀어진다. 그것이 언제까지고 어머니로부터 멀어지지 못하면 정신적으로 문제가 생긴다는 것은 자주 듣는 이야기이다.

그렇다 치더라도 프로이트가 말하는 것은 에로틱한 이야기가 쓸데없이 많다. 어린 남아가 어머니에게 성애 감정을 품거나 여아의 경우는 이윽고 아버지가 애정의 대상이 되는 등 정말로 금단의 영역이다.

또한 그는 사람이 가진 무의식의 영역을 분석한 것으로 알려져 있는데, 그 무의식의 깊은 곳에 있는 가장 큰 욕망은 성욕이라고 말했다. 이렇게만 보면 마치 '인간은 에로틱 덩어리'라고 말할 수도 있겠다. 당시의 유럽이라면 몰라도 오늘날에는 조금 이야기가 비약되어 납득하기 어렵다.

덧붙여서 오이디푸스 콤플렉스라는 이름은 그리스 신화에 나오는 비극의 왕 오이디푸스에서 유래한다. 오이디푸스는 친아버지를 죽이고 어머니와 결혼해서 아이를 만든 왕이다. 단, 오이디푸스는 어린 시절에 부모와 생이별을 하고 아버지인 줄 모르고 죽이고 어머니인 줄 모르고 결혼한 것이다. 그 사실을 알게 된 오이디푸스는 절망해서 자신의 두 눈알을 뽑아내고 여기저기 돌아다녔고, 어머니는 자살했다고 한다.

관련용어

프로이트
1856~1936년. 오스트리아의 정신과 의사. 정신분석학의 창시자로 사람이 가진 무의식 영역에는 행동에 영향을 미치는 욕구와 원망이 있다고 주장했다. 심리학 세계에서는 이름이 가장 먼저 거론되는 거장이다.

마마보이
어머니에게 집착하는 마음을 가진 상태를 말한다. 우리나라에서는 부정적인 단어로 사용되지만, 외국에서는 어머니에 대한 애정은 '부모를 사랑하는 마음'이라는 좋은 의미가 강하다.

오이디푸스
그리스 신화에서 도시국가 테베의 왕 라이오스와 그의 아내 이오카스테 사이에서 태어난 아이. 아버지를 죽이고 어머니와 결혼한 이야기는 그리스 비극 중 하나로 알려져 있다.

COLUMN 오이디푸스 콤플렉스와 마마보이

오이디푸스 콤플렉스와 마마보이는 비슷하지만 본질적으로 다르다. 오이디푸스 콤플렉스는 아버지를 죽이고서라도 어머니와 결합하고 싶다는 성애 욕망인 데 반해, 마마보이는 단순히 어머니에 집착하는 상태이다.

181 인체 자연 발화

살아있는 인간의 신체가 뚜렷한 외부 발화 원인 없이 연소하는 현상을 말한다. 사람의 몸에 있는 지방과 인, 담배나 알코올 등이 원인이라고 하는데, 상세한 것은 알려져 있지 않다.

갑자기 몸에 불이 붙는 미스터리 현상

인체 자연 발화는 인간이 자연 발화해서 사라지는 현상이다. 기본적으로 주위에 발화를 일으키는 원인이 되는 것이 존재하지 않고 인체만 소실하는 경우를 가리킨다.

미국 플로리다에서 발생한 메리 리서의 사례가 유명하다. 1951년 세인트피터즈버그라는 맨션에서 메리의 아들 리처드가 어머니의 탄 시체를 발견한다. 그녀의 몸은 탔지만 슬리퍼를 신은 발은 남아 있었다고 한다.

또한 1988년에는 영국 사우샘프턴에서 비슷한 사건이 발생했다. 피해자는 알프레드 애쉬튼이라는 남성으로 그의 상반신만 불에 탄 채 발견됐다. 이 사건 역시 주위에는 화기가 없고 몸에 불이 붙은 원인은 알려지지 않았다.

인체 자연 발화의 원리에 관해서는 여러 가지 설이 있다. 첫 번째 설은 섭취한 알코올이 체내에 남아 있어 그것이 연료가 되어 몸이 불탄다는 것. 또 하나는 사람의 몸에 있는 지방과 인이 염증을 일으킨다는 설이다. 그 밖에도 사람이 가진 유전자 속에 발화성 물질이 있고, 그것이 원인이 되어 돌발적으로 몸에 불이 붙는다는 재밌는 설도 존재한다. 이러한 설의 대부분은 과학적으로 부정되고 있지만, SF를 비롯한 다양한 장르와 잘 어울리며 만화나 게임 등에 도입되는 일도 많다.

관련용어

인
인체의 세포를 구성하는 원소 중 하나로, 다양한 음식에 함유되어 있다.

SF
공상 과학. 과학적 논리를 기반으로 하면서 판타지 요소를 도입한 작품

COLUMN 자연 발화의 원인은 초능력?

초능력의 일종인 파이로키네시스가 자연 발화의 원인이 될 수도 있다. 이 힘을 가진 사람은 도구를 사용하지 않고 불을 일으킬 수 있기 때문에 무의식적으로 자신에게 불을 붙여 버린 것이라는 주장이다. 참고로 1982년 이탈리아에서는 파이로키네시스 능력을 가졌다고 하는 베이비시터가 주택을 방화한 혐의로 유죄 판결을 받았다.

182 미카엘

〈구약성사〉나 〈코란〉에 등장하는 천사 중 한 명. 악마의 왕 사탄을 물리친 실력자로 유대교, 기독교, 이슬람교 모두에서 고위 천사로 여기고 있다.

사탄을 물리친 공적으로 7계급 특진!?

하나님을 섬기는 천사 중 한 명으로 히브리어로 '하나님을 닮은 자' 또는 '하나님과 동등한 자'라는 뜻을 가진 이름을 갖고 있다. 기독교뿐만 아니라 유대교와 이슬람교에서도 위대한 천사로 여겨지며, 기독교에서는 가브리엘, 라파엘과 함께 3대 천사, 유대교에서는 거기에 우리엘을 포함하여 4대 천사로 여기고 있다.

미카엘은 3대 천사와 4대 천사에서 으뜸으로 취급되는 외에 천사의 군단장과 낙원의 수호자 등 많은 역할을 담당하고 있다. 그렇다고 해도 미카엘이 직접 이끄는 것은 아키엔젤Archangel이라는 대천사와 버츄Virtues라는 역천사 군단뿐이고, 천사의 9계급에서 대천사는 위에서 8번째, 역천사는 5번째에 해당한다. 미카엘 자신도 대천사로 격이 낮음에도 불구하고, 왜 이렇게 높이 평가될까.

그것은 붉은 용과의 싸움에서 큰 공을 올렸기 때문이다. 〈신약성서〉의 〈요한계시록〉에 따르면 미카엘은 천사 군단과 함께 싸워 붉은 용을 물리치고 그리스도의 어머니인 성모 마리아를 지켰다. 이 붉은 용은 악마의 우두머리인 사탄의 화신이라고 하고 그것을 쓰러뜨린 공적으로 특별대우를 받은 셈이다.

원래 천사의 등급은 신학자인 위僞 디오니시오스가 고안한 것으로, 이전까지 대천사가 최상위 존재였다. 미카엘은 그 공적에 상응하는 계급이라고 할 수 없기 때문에 나중에 '미카엘 대천사이며 치천사(세라핌Seraphim)이기도 하다'고 변경됐다. 이에 대해서는 가브리엘과 라파엘 등의 천사들도 마찬가지다.

〈대천사 미카엘〉

관련용어

3대 천사
기독교에서 유력시되는 세 명의 천사. 유대교에서는 우리엘을 포함하여 4대 천사, 이슬람교에서는 미카엘, 가브리엘, 라파엘, 아즈라엘을 4대 천사로 여긴다.

천사의 등급
위 디오니시오스의 저서 〈천상위계론〉은 천사를 3위계·9계급으로 분류하고 있다. 최상위는 아버지의 계층(치천사, 지천사, 좌천사)이고 그 아래에 하위 계층(주로 천사, 역천사, 능천사), 성령의 계층(권천사, 대천사, 천사)으로 이어진다. 덧붙여서 루시퍼(사탄)도 미카엘과 같은 대천사이다.

사탄
지옥을 다스리는 악마의 왕. 한때 천사였던 루시퍼와 동일시된다.

COLUMN 속성 개념은 천사도 존재한다?

특별히 힘을 가졌다고 여기는 4대 천사는 다양한 것과 결부되어 왔다. 그중 하나가 판타지 작품에 빠뜨릴 수 없는 4원소라는 개념이다. 원소는 이 세상의 근원이 되는 것으로 주로 불, 바람(공기), 물, 흙의 4종류가 있으며, 천사 중에는 미카엘이 불, 라파엘이 바람, 가브리엘이 물, 우리엘이 땅에 대응하고 있다고 한다.

183 황건적의 난

후한 말기 184년 종교 세력 태평도를 이끄는 장각(?~184년)이 황건적의 난을 일으켰다. 이 반란은 후한을 쇠퇴시키는 동시에 영웅들이 세상에 등장하는 계기가 됐다.

수많은 영웅 탄생의 방아쇠를 당긴 황건적의 난

황건적의 난은 반란을 일으킨 태평도의 신자들이 서로를 알아보기 위한 표시로 노란 두건을 착용한 데서 유래한다.

당시 조정에서는 치열한 권력 투쟁이 계속되고 관리 사이에서는 출세를 위해 뇌물이 횡행하는 정치 부패가 만연해 있었다. 악정의 여파는 서민에게 미쳤고 사람들의 마음은 한나라에서 떠나갔다. 이러한 민중들이 의지한 것이 장각이 창시한 태평도 교단이다. 단기간에 국가에 불만을 가진 사람들을 흡수하여 세력을 확장한 태평도는 점차 군사 조직화되어 184년 2월 마침내 황건의 난을 일으킨다.

반란이 일어난 것을 안 한나라 왕조는 즉시 토벌군을 파견했다. 싸움은 처음에는 황건군이 우세한 듯 했으나, 토벌군이 각지를 평정한다. 그리고 난의 주모자인 장각이 병사하고 동생 장보 및 장량도 토벌되어 발생 9개월 만에 난은 수습됐다. 또한 토벌군에는 훗날 위나라를 건국한 조조와 우나라를 건국한 손권의 아버지 손견, 촉한을 건국한 유비 등이 참여했으며, 각각 공훈을 세워 출세의 발판을 마련했다. 〈삼국지〉에서 황건의 난은 영웅들이 세상에 등장하는 계기가 된 중요한 사건이다.

하지만 황건의 난이 영웅들에게 미친 영향은 이뿐만은 아니다. 사실 난이 수습된 후에도 황건군의 잔당은 각지에 흩어져 반란을 이어갔으며 192년에는 연주 자사兗州刺史의 유대가 청주(칭저우, 현재의 산둥성)의 황건 세력을 진압하려다가 패배하는 일이 발생했다. 이에 따라 공석이 된 연주 자사 자리에 오른 것이 조조이다. 조조는 황건군의 잔당에 신앙의 자유를 약속하고 그들을 항복시켜 자신의 세력에 끌어들이는 데 성공했다. 작은 세력의 군웅밖에 없었던 조조는 이를 계기로 약 30만 명의 병사를 손에 넣고 도약하는 발판을 마련했다.

청나라 서적에 실린 황건적의 난

관련용어

태평도
후한 말기에 믿음이 팽배한 도교의 일종. 우길이라는 인물이 얻은 신서 〈대평청령서太平清領書〉를 경전으로 하고 이 책을 입수한 장각이 교단을 일으켰다.

장각
?~184년. 태평도의 교단을 일으킨 인물로 자신을 대현량사大賢良師라고 칭했다. 신자의 병을 치유하고 죄를 참회시켜 추종자를 얻어 수십만 명의 신자를 모았다.

184 오딘 Odin

북유럽 신화의 주신으로 싸움과 죽음, 시문 등의 신이다. 외눈에 수염이 길고 챙이 넓은 모자를 쓰고 궁니르 창을 들고 다리가 8개 달린 말 슬레이프니루에 탄 모습으로 그려진다.

지식의 수집에 욕심 많은 북유럽 신화의 주신

최초에 탄생한 신 부리의 손자이다. 아버지는 부리의 아들 보르Bor, 어머니는 거인 보르손Borson의 딸 베스틀라Bestla이고 동생으로는 빌리Vile와 베Vile가 있다. 오딘 형제는 원시 거인 이미르를 쓰러뜨리고 그 혈육으로 세계를 창조하고 다시 해안에 떨어져 있던 두 개의 나무로 인간 남녀를 만든다.

오딘은 호흡과 생명, 빌리가 지혜와 운동, 베는 얼굴과 언어를 주어 두 사람을 선조로 하는 인간이 미드가르드에 살게 된다.

나중에 오딘은 대지의 신의 딸 프리그를 아내로 맞아 일족인 아스 신족의 신들이 탄생한다. 이후 오딘은 아내와 흘리드스캴프Hliðskjalf라는 단상에서 세계를 바라보며 매일 아침 후긴Huginn과 무닌Muninn이라는 까마귀를 보내 수집한 세계의 정보를 기억한다.

오딘은 싸움의 신이지만 힘이 아니라 지혜와 책략, 마법을 구사하는 두뇌파로 자신이 직접 하지는 않는다. 지식을 얻는 것에 탐욕적이어서 외눈을 대가로 거인 미미르의 지혜의 샘물을 마시고 지혜를 얻은 외에, 창으로 몸을 상처내고 목을 밧줄로 매단 채 9일 밤을 보내는 의식을 치러 룬rune 문자의 비밀도 알게 된다.

또한 직접 아홉의 세계를 여행하고 박식한 거인과 문답을 한 일도 있다. 지식을 모은 오딘은 이윽고 맞이하게 될 라그나로크를 알게 됐고, 전사한 용사의 영혼 에인헤랴르를 발할라에 모았다. 그러나 신이라고 해도 운명에서 벗어나지 못하고 결국 난폭한 늑대 펜리르에게 잡아먹힌다.

오딘

관련용어

이미르
나플헤임의 샘에서 흐르는 강을 따라 내려간 독기를 품은 서리가 무스펠헤임의 열풍에 녹아 인간이 되어 탄생한 거인. 마찬가지로 서리 물방울에서 태어난 암소 아우둠블라의 우유를 마시고 자랐다.

미미르
오딘의 삼촌에 해당하는 거인. 위그드라실의 근원에 있는 지혜의 샘의 소유자로 샘물을 매일 마셨기 때문에 매우 영리했다. 일반적으로 요툰 일족으로 여기지만 물의 거인과 아스 신족의 일원이라는 설도 있다.

발할라
에인헤랴르가 머무는 궁전. 에인헤랴르는 낮에는 싸우며 전사의 기량을 닦고 밤에는 쓰러진 사람도 일으켜 연회를 즐긴다. 바이킹은 여기에 초대되는 것을 명예로 여겼기 때문에 죽음을 두려워하지 않고 용맹했다고 한다.

COLUMN 미미르의 목을 고문으로 여긴 오딘

일찍이 아스 신족과 반 신족이 전쟁을 끝내고 휴전하면서 인질을 교환했다. 미미르는 헤니르라는 신과 함께 바나헤임에 보내졌지만, 헤니르라는 미미르가 없으면 아무것도 결정하지 못하자 화가 난 반 신족은 미미르의 목을 베어 돌려보냈다. 그러자 오딘은 마법으로 목을 부활시키고 방부 처리를 해서 고문으로 삼았다고 한다.

185 마더 구스 Mother Goose

동요, 민요, 손바닥놀이 노래, 빠른 말, 말장난… . 마더 구스란 이러한 전설 가요를 총칭하는 말이다. 예로부터 전해지는 노래는 잘 읽어 봐도 이해할 수 없는 가사도 많다.

어릴 적부터 각인된 수수께끼 노래들

마더 구스라는 것은 영국에서 전해지는 전래 동요나 자장가 등을 총칭하는 말이다. 우리나라에서 말하는 동요, 손바닥놀이 노래, 민요, 전설 동요를 아우르는 존재라고 할 수 있다. 특정 노래를 가리키는 것은 아니지만 노래의 한 장르를 가리키는 말이다.

우리나라에서도 유명한 것으로 말하면, 유희 노래 '런던 다리'나 '험프티 덤프티' 정도가 아닐까. 예로부터 사랑받는 민요들은 다시 한 번 가사를 보면 의미심장한 내용이 그려져 있다. 그것은 자연을 나타내는 것이기도 하고 교훈적인 것이기도 하며 지역의 전통이거나 인습이기도 하다. 앞서 언급한 '런던 다리'를 보자. 런던 다리는 10세기경 실제로 붕괴를 반복했다. 그러나 매번 노래하는 '마이 페어 레이디'는 도대체 무엇일까? 일설에서는 희생양, 즉 제물로 바치는 여성을 가리킨다고 한다. 명랑한 곡 안에 과거의 참혹한 시대가 숨 쉬고 있는 것이다.

마더 구스 중에는 직접적으로 표현된 노래도 많고 이해하기 어렵다는 특징이 있는데, '전래 동요'의 특성상 현재 전해지는 것은 크게 순화해서 수정했다.

추상적이기 때문에 다양한 방법으로 읽을 수 있는 마더 구스들은 현재도 공상이나 망상을 불러일으키며 수많은 이야기의 소재가 되고 있다. 특히 추리물에서는 암호로 사용하거나 노래에 비유하여 이야기를 진행하기도 한다.

〈험프티 덤프티〉

관련용어

마더 구스
직역하면 거위 아줌마이다. 이 이름은 1765년경 존 뉴베리가 발행한 동요집 〈Mother Goose's Melody〉에서 유래됐다.

험프티 덤프티
Humpty-Dumpty
〈거울나라의 앨리스〉에 등장하는 목 없는 신사로 유명하지만, 원래는 마더 구스에 있는 계란의 수수께끼 노래에 등장하는 계란의 의인화

순화해서 수정
폭력과 차별, 잔혹한 표현을 배제, 생략했다. 동요뿐만 아니라 동화 등에서도 현저하다.

186 황금 비율 golden ratio

가장 아름답고 안정된 비율이라는 것이 있다. 바로 황금 비율이다. 황금 비율은 수학뿐만 아니라 예술, 자연을 가리지 않고 등장한다.

근거 불문! 안정되어 보이는 아름다운 직사각형

먼저 황금 비율은 1:(1+$\sqrt{5}$)/2를 가리킨다. 근사치로 말하면 1:1.1618, 약 5:8, 8:13 정도가 된다. 이것은 선분을 a, b로 분할할 때 a:b=b:(a+b)가 성립하도록 분할하는 비율로, (1+$\sqrt{5}$)/2를 황금 수=ϕ(파이)라고 한다.

먼저, (1) 정사각형 abcd을 그린다. (2) 변 bc의 중점 0을 중심으로 컴퍼스로 선분 od를 반경으로 한 원을 그린다. (3) 그 원과 변 bc의 연장선의 교점을 e로 해서 직사각형 abef을 그린다. 이 직사각형이 황금 비율의 직사각형이 된다.

왜 이것이 가장 아름답다고 알려져 있는가 하면, 솔직히 예술적 경험칙이라고밖에 할 말이 없다. 황금 비율은 파르테논 신전이나 피라미드 등 역사적인 건축물과 미술품에서 많이 발견되고(물론 뒷받침하는 전설도 있다), 전설에서는 고대 그리스의 조각가 페이디아스가 처음 사용했다거나 레오나르도 다빈치가 발견했다는 등 여러 가지로 알려져 있다.

또한 자연에서는 식물의 엽맥이나 고둥의 단면도 등에서 황금 비율을 볼 수 있으며, 현대의 디스플레이 화면 비율과 카드류도 황금 비율인 것이 있다. 더 이상한 것은 성형외과에서는 발바닥에서 부터 배꼽까지 길이:배꼽에서 정수리의 비율이 황금 비율이면 아름답고 하고, 눈코입 등의 길이와 간격이 황금 비율이라면 아름답다고 하는데 근거가 확실하지 않은 것도 있다.

그런 편견이 있으면 솔직히 뭐든 황금 비율이 돼 버리지만, 불확실한데 뭔가 불변적인 정의를 요구하고 싶어 하는 것은 어떤 의미에서 인간의 본성일지도 모른다.

관련용어

파르테논 신전
세계 유산. 고대 그리스 시대 아테네의 아크로폴리스에 건설된 여신 아테나를 모시는 신전. 당시의 건축 양식을 알 수 있는 가장 중요한 도리아식 건축물이다. 전쟁이나 오염, 파괴 등으로 현재의 모습이 됐다.

페이디아스
기원전 490년경~기원전 43년경. 고대 그리스의 조각가. 파르테논 신전 건축의 총감독을 맡았다. 아테나 프로마코스 동상과 올림피아의 제우스 좌상 등이 대표작이지만, 현재는 제우스 좌상의 복제품만 남아 있다.

레오나르도 다빈치
1452~1519년. 이탈리아 예술가. 〈모나리자〉, 〈최후의 만찬〉 등의 회화뿐만 아니라 과학이나 공학 관련 연구 원고도 남기는 등 르네상스를 대표하는 위인이다.

COLUMN 종이에 사용되는 크기는 백은비白銀比(Silver ratio)

황금 비율이 있으니까 은이나 구리도 있을까도 싶은데 사실 있다. 황금 비율을 포함해 이들은 귀금속 비율이라고 하며, 백은비는 1:$\sqrt{2}$, 백금비는 1:$\sqrt{3}$, 청동비는 1:(3+$\sqrt{13}$)/2. 근사치는 각각 1:1.1414, 1:1.732, 1:3.303이다. 이 중 백은비는 국제 규격의 종이 치수에 사용되고 있다.

187 카타르시스 catarsis

다양한 상황에서 자주 접하는 카타르시스라는 말은 원래는 아리스토텔레스(기원전 384~322년경)가 〈시학詩學〉에서 비관론으로 남긴 연극학 용어이다.

싫은 기분이 개운해지는 것

아리스토텔레스는 카타르시스를 이렇게 말했다. '비극이 관객의 마음에 두려움과 동정의 감정을 불러일으키는 것으로, 정신을 정화하는 효과'라고. 어디까지나 비극에 대해 이야기한 것의 일부이며, 카타르시스 자체가 이러네 저러네 하는 것은 아니었다.

그로부터 수 세기가 지나 프로이트(1856~1939년)가 정신치료에 카타르시스라는 말을 사용했다. '환자가 이야기를 듣고 울어서 마음속에 억압된 것이 해방되는' 것을 카타르시스라고 부르며, 이후 심리학 용어로 정착한다.

그리고 지금은 더 가볍게 '싫은 감정을 쏟아내고 개운하게 하는 것' 정도의 의미로 누구나 사용할 수 있게 일반화됐다. '이 드라마를 보고 카타르시스를 느꼈다'든가 '이 이야기는 카타르시스가 부족하다'는 등 일상 대화에서도 자주 듣는다.

예를 들어 전대戦隊 히어로 작품은 전형적인 카타르시스 이야기이다. 어려운 이웃과 고난에 처한 사람을 영웅이 도와주고 마지막에는 필살기로 적을 때려눕힌다. 보고 있으면 개운해지는 모범적인 사례이다.

다만 영웅이 처음부터 필살기로 적을 멋지게 쓰러뜨리는 이야기는 개운함은 있어도 카타르시스는 아니다. 고난과 위기 등의 묘사로 '싫은 감정'이 먼저 들게 하고 그것을 극복함으로써 개운해지는 형태가 카타르시스인 것이다. 이 카타르시스는 스토리를 재미있게 하는 중요한 요소이다. 그래서 슈퍼 전대 히어로는 처음부터 필살기를 사용하지 않으며 미토 코몬水戸黄門은 마지막 순간에 간신히 인롱印籠(도장 등을 넣는 궤)을 꺼낸다. 답답하게 생각할지 모르지만 사실은 아리스토텔레스의 가르침을 따른 전통 있는 형식이다.

관련용어

비극
고대 그리스 시대부터 있던 연극 양식. 주인공이 파멸적인 결말로 끝나는 등 비참한 이야기를 말한다. 현실 세계의 슬픈 사건을 소재로 사용하기도 한다.

심리학
마음과 행동의 관계를 연구하는 학문. 어떤 내면이 어떤 행동으로 이어지는지를 이론화했다. 철학에서 파생된 학문이다.

전대戦隊 히어로
도에이東映가 제작한, 몇 명이 팀을 이뤄 싸우는 특수 촬영 히어로. 1975년부터 이어지는 장수 시리즈이다.

COLUMN **카타르시스 효과**

PlayStation Vita용 게임 〈칼리굴라Caligula〉에는 카타르시스 효과라는 말이 등장한다. 억압된 감정이 폭주한 인간에 대해 주인공들이 카타르시스 효과라는 힘으로 그것을 억제한다는 것. 가상 세계에서의 탈출을 테마로 한 이색 게임으로 2018년 TV 애니메이션으로도 제작됐다.

188 도플갱어 doppelganger

자신의 분신이 나타나 본인 또는 제3자에게 목격되는 신기한 현상이다. 자신이 분신을 목격한 경우는 죽을 운명에 처해진다고도 알려져 있다.

자신의 닮은꼴이 나타났다!?

도플갱어는 자신의 분신이 나타나거나 혹은 목격되는 불가사의한 현상 중 하나로 자기상 환시自己像幻視라고도 불린다. 이와 유사한 현상은 세계 각지에서 보고되고 있는데, 특히 유명한 것은 프랑스인 교사 에밀리 사제Émilie Sagée의 사례이다.

1845년 리보니아의 명문 학교에 교사로 사제가 부임한다. 얼마 지나지 않아 학교의 학생들이 이해할 수 없는 현상을 경험하게 된다. 그것은 학교에서 두 명의 사제를 목격하는 것이었다.

어떤 때 교실에 있던 40여 명의 학생들이 교실과 창문 밖에 있는 사제를 목격한다. 학생들은 어느 쪽이 진짜 사제인지 만져서 확인하기도 한다. 이 현상은 1년 이상 계속되어 불안을 느낀 보호자들은 아이들을 다른 학교에 전학시키겠다고 했다. 이에 따라 학교 측은 사제를 해고했다. 그녀는 어쩔 수 없이 다른 학교에서 교사 생활을 하게 되는데, 새로운 부임지에서도 비슷한 현상이 일어나 그때마다 직장을 바꾸는 처지가 됐다. 그리고 결국에는 일이 없어 사제는 여동생에게 몸을 의지하게 된다. 덧붙이면 동생의 아이들도 두 명의 사제를 목격했다고 한다.

정신 또는 뇌 질환이 원인이니, 미래나 평행세계의 자신을 보고 있는 거니 도플갱어의 분신에 대해서는 다양한 설이 제기되고 있다. 그중에는 육체에서 빠져나온 영혼, 즉 원령이 아닌가 생각하는 사람도 있지만 그 원리는 아직 밝혀지지 않았다. 단지, 거기에 매력을 느끼는 사람도 많아 도플갱어는 다양한 소설 작품에 등장하고 있다.

이 경우 분신이 문제를 일으키는 게 일반적이지만, 현실의 도플갱어는 있는 것만으로 문제를 일으키는 경우는 거의 없는 것 같다.

도플갱어

관련용어

에밀리 사제
Émilie Sagée
북부 유럽에 속하는 라트비아의 리보니아에 있는 학교에 부임한 여교사

평행세계
이 세상과는 별도로 존재하는 세계를 말하며 패럴렐 월드라고도 한다. 원래의 세계와 꼭 닮았거나 반대로 전혀 다르거나, 작품에 따라 양상이 다르다.

189 가브리엘

유대교와 기독교의 대천사 중 한 명으로, 하나님의 말씀을 인간에게 전하는 메신저이며, 예수 그리스도의 탄생을 성모 마리아에게 전한 천사이다.

하나님의 뜻을 고하는 천계의 사자

〈구약성서〉와 〈신약성서〉에 등장하는 천사 중 한 명으로 그 이름은 하나님의 사람 또는 하나님은 강력한 자라는 뜻이다. 천사의 등급으로는 아래에서 두 번째에 해당하는 대천사이지만, 나중에 최상위 치천사로 일컬어지며 〈실락원〉에도 치천사로 등장한다.

가브리엘의 주요 임무는 선택된 인간에게 하나님의 뜻을 전하는 것이다. 가장 유명한 일화로는 성모 마리아의 수태고지를 들 수 있다. 〈신약선서〉에서도 문학적으로 뛰어난 역사 서술로 평가받는 〈누가복음〉에 따르면 가브리엘은 처녀 마리아에게 잉태를 알리고 태내의 아이를 예수라고 부르라고 계시했다. 또한 그 아이가 나중에 구세주가 된다고도 알렸다고 한다.

천사와 악마에게 성별 개념은 존재하지 않지만, 가브리엘은 여성으로 간주되는 경우도 많다. 그 이유는 앞서 언급한 마리아에게 고지하는 장면에서 가브리엘은 처녀 마리아의 방을 방문하고 있다. 당시의 유대인 사회에서 처녀의 방에 남자가 방문하는 것은 있을 수 없는 일이다. 또한 유대인의 습관은 주인의 왼쪽에는 아내 또는 딸이 앉게끔 정해져 있어 〈구약성서〉의 제 2 정전 〈토비트서Book of Tobit〉에 따르면 가브리엘도 하나님의 왼쪽에 앉는다고 한다. 어디까지나 일설에 불과해 단정할 수는 없지만, 그런 이유 때문인지 가브리엘은 여성으로 그려지는 경우가 많다.

또한 하나님의 측근에 해당하기 때문에 게임이나 애니메이션 등에서는 굉장히 능력이 높게 설정되어 있고, 이야기의 주요 인물에 이름이 사용되는 경우도 있다.

〈헨트 제단화〉 가브리엘

관련용어

실락원
영국의 시인 존 밀턴의 〈구약성서〉의 창세기를 소재로 한 장편 서사시로 루시퍼, 즉 타락천사에 의한 반란이 그려진다. 가브리엘은 원래 대천사이지만 여기서는 치천사로 등장한다.

COLUMN 조금은 부러운 유대교의 안식일

종교색이 강한 국가에서는 국민의 대부분이 그 종교의 계율과 규칙을 지키며 생활하고 있다. 예를 들어 유대인이 많은 이스라엘에서는 안식일이 정해져 있고, 그 날은 음식점 등의 시설과 대중교통을 이용할 수 없다. 심지어 불이나 전기를 사용하는 것조차 금지되기 때문에 경건한 유대인은 이날에 대비해 식사 등을 준비해 둔다고 한다.

190 적벽대전

〈삼국지〉의 중반 하이라이트인 적벽대전. 압도적인 병력을 이끌고 쳐들어 온 조조군을 손권과 유비의 연합군이 격퇴한 전투인데 승패를 결정한 것은 의외의 원인이었다.

조조군이 철수를 결단한 진상은 무엇?

〈삼국지〉에서 가장 유명한 전투인 적벽대전은 어떻게 일어났을까? 당시 최대의 라이벌이었던 원소를 끌어내리고 화북(중국 북부 지역)을 지배하며 중국 최대의 세력이 된 조조는 또 다시 세력 확장을 목표로 208년에는 남하 정책을 시작했다. 형주荊州를 다스리던 유종劉琮을 항복시키고 장강 유역을 다스리는 손권에게로 화살을 돌렸다.

당시 형주의 객장客將이었던 유비는 조조에게 항복하는 것을 거부하고 조조의 추격을 피해 남하했다. 당초 손권은 조조군과의 개전에 소극적이었지만, 부하인 노숙과 주유의 설득에 마음을 움직여 유비와 동맹을 맺고 개전을 결의했다.

이렇게 적벽대전이 시작되지만, 소설 〈삼국지연의〉에서는 유비군 참모인 제갈량이 손권에게 개전의 결의를 하게 하고 조조군을 조종하여 대량의 화살을 얻었고 기도를 통해 바람을 불어 손권군의 화계火計를 성공시키는 등 팔면육비八面六臂(사방에서 오는 적에 대해 날쌔게 대응할 수 있음)의 활약으로 손권·유비 연합군을 승리로 이끌었다고 묘사되어 있다. 하지만 정사에는 이러한 설명은 일절 없고, 손권군이 조조군에 타격을 가해 철수시켰다고 기록되어 있을 뿐이다.

압도적인 전력을 자랑하던 조조는 왜 철수했을까? 정사의 설명을 따르면 손권군이 화계를 성공시켜 조조군에 타격을 준 것은 확실한 것 같은데, 철수의 원인은 그것만이 아니었다. 사실 개전 전부터 조조군에는 역병이 만연하고 있어 제대로 싸울 상황이 아니었다. 삼국지에서 가장 유명한 전투의 승패를 결정지은 것은 제갈량의 뛰어난 계략도 손권군의 분투도 아니고 전염병이었다는 것은 정말이지 열린 결말이다.

관련용어

손권
182~252년. 삼국의 하나인 오나라를 건국한 인물. 병법서 〈손자〉로 유명한 손무의 후예라고 자처했다.

노숙
172~217년. 손권의 부하. 강직한 성격으로 적벽대전에서 조조의 위협 앞에 마음 약해진 손권을 격려하고 개전을 결의하게 했다.

주유
175~210년. 손권의 부하. 손권의 형 손책과는 의형제로 손권의 전폭적인 신뢰를 받았다.

COLUMN 적벽대전의 모티브가 됐다?

〈삼국지연의〉에서 군선을 사슬로 연결하던 조조군에게 손권군이 불을 질러 큰 피해를 주는 묘사가 있다. 이 모티브가 된 것으로 생각되는 것이 1363년에 열린 파양호 대전이다. 이 싸움에서 진우량陳友諒(원나라 말기의 군웅)군이 군선을 사슬로 연결하여 진을 치고 있었는데, 주원장군의 군대가 결사대를 돌격시켜 불을 지르고, 적군을 태워 승리했다.

191 토르

오딘과 함께 유명한 북유럽 신화의 신이며, 날씨를 관장하는 뇌신으로서 풍요신. 아스 신족 중에서는 최강의 전쟁의 신戰神이기도 하다. 선악 양면을 갖춘 트릭스터 로키와 사이가 좋다.

에피소드에는 부족함이 없는 용감한 신

아버지는 오딘, 어머니는 대지의 여신 요르드이다. 아내는 여신 시프sif와 거인족의 야른삭사로 시프의 의붓자식 우르, 시프의 딸 스루즈, 야른삭사의 아들 마그니, 어머니가 명확하지 않은 아들 모지가 자식들이다. 신 중에서도 뛰어난 굳센 힘을 자랑하며, 힘을 배가하는 벨트 메긴기요르드를 메고 철 장갑을 끼고 망치 묠니르를 휘두른다. 이 3개는 토르의 중요한 보물로 여겨지며 이외에도 쌍두마차를 보유하고 있다. 이것을 끄는 것은 탕그리스니, 탕뇨스트라는 염소로, 먹어도 뼈와 피부가 상처 입지 않았으면 재생할 수 있다.

토르는 전쟁의 신답게 무용담이 많고 결투를 도전해 온 흐룽그니르, 묠니르를 속여 여신 프레이야를 아내에게 요구한 스림, 로키를 납치한 게이로드 외에 수많은 요툰을 때려눕혔다. 세계의 종말 라그나로크에서는 커다란 뱀 요르문간드를 쓰러뜨리지만 토르 역시 독에 중독되어 죽는다.

이외에도 거인 우트가르드 로키와의 기량 비교 및 바다에서 요르문간드를 낚는 이야기, 로키에게 삭발을 당한 시브를 위해 소인에게 가발을 만들어 받는 이야기 등이 있으며, 신들 중에서도 특히 에피소드가 많다.

참고로 우리나라에서는 토르라는 이름으로 정착했지만 고대 노르드어 발음은 소르에 가깝다고 한다. 영어로는 쏘르로, 토르를 모티브로 한 미국 만화의 영웅 마이티 토르가 유명하다. 원전을 반영한 매우 강력한 캐릭터로 인기가 높다.

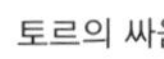

토르의 싸움

관련용어

우르
신들 중에서도 굴지의 활의 명수. 사냥과 활쏘기, 스키, 결투 등을 관장한다. 스웨덴이나 노르웨이의 일부 지역에서 특히 신앙으로 받들었다.

프레이야
사랑과 풍요를 관장하는 반 신족의 여신. 해신 요르드의 딸로 쌍둥이 형제 프레이의 여동생

우트가르드 로키
거인의 왕. 간사한 지혜와 마술에 능하고 여행을 하던 토르와 로키 일행을 환술로 홀렸다. 토르들은 기량에서 졌지만 우트가르드 로키는 일행이 떠날 때 진실을 말하고 실은 토르의 실력을 알고 경악한 것으로 밝혀진다.

COLUMN 실제 신앙에서는 농민들에게 인기였다

토르의 신앙은 북유럽뿐만 아니라 게르만족이 활동한 지역 전반에 걸쳐 있었다. 신화에 나오는 토르는 전쟁신의 일면이 눈에 띄지만, 실제로는 풍요신으로 농민들에게 두터운 신앙의 대상이었던 것 같다. 지명이나 인명에 토르를 딴 이름이 많이 남아 있고, 같은 뇌신인 그리스 신화의 제우스와도 동일시된 것에서도 인기를 엿볼 수 있다.

192 요한 볼프강 폰 괴테

19세기에 활약한 독일의 시인, 소설가, 극작가, 정치가이다. 독일의 고전주의를 확립하고 자연과학 연구에서도 성과를 올린 초인이다. 동년배의 위인들과의 교류 기록도 남아 있다.

창작과 정치에서 큰 성공을 거둔 독일의 위인

괴테는 독일을 대표하는 시인, 극작가, 소설가로 독일 현대 문학의 주춧돌 역할을 한데다 정치가로도 이름을 남겼다.

그런 그의 출세작이 〈젊은 베르테르의 슬픔〉이다. 서간체 소설이라는 '누군가에게 쓴 편지' 형식으로 작성된 것으로, '응, 너'라고 말을 거는 문체는 읽기 쉽고 친숙함이 느껴진다. 그의 '고민'이라는 것은 연애, 그것도 짝사랑이다. 그가 첫눈에 반한 상대는 약혼자가 있는 사람이었다. 달콤새콤한 청춘물이라고 생각했는데 꽤 끈질긴 병든 사랑 이야기로, 결국 그는 자살한다.

하지만 괴테라고 하면 연극 〈파우스트〉를 떠올리는 사람이 많을 것이다. 파우스트 박사가 악마 메피스토에게 '자신을 만족시키면 영혼을 바치겠다'라는 내기를 하는 이야기이다. '순간이여 멈추어라, 정말 아름답구나!'라는 대사로 유명하다.

독일에 전해지는 〈파우스트 박사〉 전설을 모티브로 한 이 이야기는 부유한 가정에서 태어나 정치가로도 대성공한 그답게 경제학과 사회파의 단면을 포함하면서도 유머와 정사, 심지어 음담패설까지 섞은 유쾌하고 즐거운 작풍이다.

그런데 명작이라 칭송받는 작품의 대부분이 작가의 죽음 직전에 쓰인 유작으로, 괴테에게 있어서 〈파우스트〉도 이에 해당한다. 그리고 악마에게 영혼을 바치는 대신 재능을 얻는다는 전설은 세계 각지에 존재하고 있다. 단순한 우연일까.

괴테의 초상

관련 용어

요한 볼프강 폰 괴테
1749~1832년. 독일 프랑크푸르트의 명가에서 태어나 수많은 서사시, 희곡, 소설을 발표했다. 시인 쉴러와 함께 문학 운동 질풍노도(슈투름 운트 드랑)의 선구자가 된다. 바이마르 공국의 정무관을 맡아 자연과학 분야에서는 악간골을 발견하는 등 폭넓은 분야에서 활약한다. 파우스트의 제2부가 출간된 해에 죽었다.

질풍노도
1770~90년경에 독일에서 일어난 문학 운동. 셰익스피어와 루소의 영향으로 당시의 독일적인 합리주의, 형식주의에 대항한다. 감정을 강조하는 비합리주의는 훗날 독일, 영국, 프랑스의 낭만주의 문학에 큰 영향을 주었다.

COLUMN 전설의 마술사 파우스트 박사

〈파우스트〉의 주인공인 파우스트 박사는 모티브가 있다. 15세기에 실존했다고 하는 연금술사 게오르크 파우스트와 전설적인 마술사 요하네스 파우스트 두 사람을 유래로 하는 〈파우스트 전설〉이다. 전설상의 기인이라고 하면 생 제르맹 백작이 유명하지만, 그가 활약하는 것은 18세기경이다. 파우스트가 더 오래된 존재이다.

193 프랙탈 fractal

같은 모양의 지형이기 때문에 같은 지도일까 생각했는데 축척이 다를 뿐이었다. 그런 경험을 한 적은 없을까. 그런 도형을 프랙탈이라고 한다.

자연계에도 왠지 많은, 확대해도 비슷한 도형

프랙탈은 간단하게 말하면, 복잡한 모양인데 작은 구조를 확대하면 전체와 비슷한 형태로 반복되는 도형을 말한다. 수학자 브누아 망델브로가 도입한 개념으로 자기유사성이라는 의미이다.

대표적인 예가 시에르핀스키 개스킷Sierpinski gasket이다. 먼저 정삼각형을 그리고 50% 축소한 것을 내부에 3개 나열한다. 그 정삼각형을 더 축소해서 반복해 가면 프랙탈 도형인 시에르핀스키 개스킷이 완성된다. 또 같은 프랙탈 도형인 코흐 곡선Koch snowflake도 마찬가지로 작도할 수 있다. 우선 1개의 선을 긋고 가운데 1/3을 삼각형으로 뾰족하게 한다. 생긴 모양의 선을 다시 동일하게 접는 과정을 반복하면 눈의 결정과 같은 모양이 된다.

이것만이라면 간단한 법칙을 반복하면 신기한 도형이 완성된다는 얘기지만, 망델브로에 따르면 '자연은 프랙탈이다'고 말했다. 사실, 해안선, 균열, 나무의 가지 분기, 장의 내벽 등은 프랙탈의 특성을 갖고 있다. 이 점에 착안하여 프랙탈은 자연 과학에 대한 새로운 접근 방식을 만들어냈다. 프랙탈이 얼마나 완전하게 공간을 채웠는지를 나타내는 양을 프랙탈 차원이라고 하는데, 예를 들어 의료 분야에서 양성 종양인 경우 1.38, 암이라면 1.5 전후가 되기 때문에, 이것이 객관적인 진단에 도움이 되지 않을까 기대하고 있다.

이 밖에 CG의 세계에서도 지형과 식생의 자동 생성 알고리즘 같은 것에 프랙탈은 활용되고 있다. 게임을 좋아하는 사람이라면 의외로 프랙탈을 많이 목격할지도 모른다.

관련용어

브누아 망델브로
Benoît B. Mandelbrot
1924~2010년. 프랑스의 수학자, 경제학자. 금융의 가격 변동을 보고 프랙탈 영감을 얻어 프랙탈 기하학을 발전시켰다. 프랙탈의 망델브로 집합을 고안했다.

바츠와프 시어핀스키
Wacław Sierpiński
1882~1969년. 폴란드의 수학자. 이론과 함수론, 위상 기하학 분야에서 상당한 기여를 했다. 그가 고안한 프랙탈 시에르핀스키 개스킷 외에 시에르핀스키 카펫이라는 것도 있다.

헬게 폰 코흐
Helge von Koch
1870~1924년. 스웨덴의 수학자. 코흐 곡선을 고안했고, 리만 가설과 소수 정리를 증명했다.

COLUMN 칸토어 함수 Cantor function

프랙탈의 하나에 칸토어 집합Cantor set이 있다. 이를 소개한 칸토어Georg Cantor(독일의 수학자)에서 유래하는 것으로, 악마의 계단(칸토어 함수)이라는 함수가 있다. 이것은 연속이지만 절대 연속이기는 하지만 절대 연속은 아닌 함수를 말한다. 상세한 내용은 생략하겠지만, 요는 미분계수가 거의 제로인데 어째서 계단식 그래프가 되는가 하는 것이다.

194 카를 융 Carl G. Jung

프로이트와 함께 정신분석학을 발전시킨 정신과 의사이자 심리학자. 프로이트와는 다른 방향으로 사람의 심리를 연구하고 '융 심리학'이라고도 불리는 독자적인 분석심리학을 창시했다.

사람의 심리를 유형별로 분류하는 치료법

융(1875~1961년)은 원래 프로이트의 제자로 프로이트와 함께 '사람이 가지는 무의식 영역이 행동에 영향을 준다'고 생각했다. 그러나 그 무의식에 대해 프로이트가 '근저에 있는 성적 욕구이다'라고 생각한 반면 융은 '더 넓은 의미가 있는 건 아닐까?'라고 의문을 제기했다. 이윽고 생각의 차이가 커져 프로이트와 결별하고 자신의 심리학을 구축했다.

융의 심리학에서 특징적인 것은 사람의 심리를 유형별로 분류한 점이다. 그는 사람이 행동할 때의 원칙을 외향형과 내향형으로 크게 나누고 각각의 아래의 4가지 성격으로 나뉜다고 했다.

- 사고형 : 사물을 논리적으로 생각하는 이론을 내세우는 사람
- 감정형 : 사물을 '좋고 싫고'의 감정으로 생각하는 사람
- 감각형 : 사물을 피상적으로 파악하는 사람. 잘 관찰하지만 내면은 보지 않는다.
- 직관형 : 물건을 본질적으로 파악하는 사람. 주위 사람들의 이해를 얻기 어려운 부분도 있다.

애니메이션 〈기동전사 건담〉의 캐릭터로 비유한다면 항상 냉정하고 논리적인 레이는 사고형, 바로 뜨거워지는 신은 감정형, 올바른 길을 오인하는 아스란은 감각형, 대국을 파악하고 행동하는 키라는 직관형일 것이다. 이처럼 사람을 유형으로 나누어 각각에 맞는 대처와 치료를 생각하는 것이 융 심리학의 특징이다. 이 방법은 이후 상담 및 치료 현장에 정착했다.

융의 사진

관련용어

지그문트 프로이트
Sigmund Freud
1856~1939년. 오스트리아의 정신과 의사. 정신분석학을 창시했다. 융은 32세 때부터 7년 동안 그에게 사사했다. 프로이드, 융, 아들러는 심리학의 거장으로 자주 비교된다.

분석심리학
사람이 가진 의식의 영역이 행동과 경험에 미치는 영향을 해석하고 분석하는 심리학의 하나. 프로이트의 정신분석학에 대해 융의 방법은 분석심리학이라고 부른다.

기동전사 건담
SEED DESTINY
지구에 사는 순수한 인간과 유전자 조작을 해서 우주 이민자가 된 코디네이터의 전쟁을 그린 텔레비전 애니메이션. 〈기동전사 건담〉의 속편으로 2004년에 방영됐다.

COLUMN 융이 주창한 집단무의식

유형론은 의식적인 영역의 이야기로, 무의식 영역에 관해서 융은 집단무의식이라는 개념을 바탕으로 했다. '모든 사람에게는 고대부터의 방대한 정보가 선천적으로 전해지고 있다'는 생각이다. 무의식 부분이 다른 사람과 연결되어 있다는 것은 창작에서도 이용되는데, 영국의 아동 문학 〈한밤중 톰의 정원에서〉 등에서 묘사되어 있다.

195 유체 이탈

살아 있는 사람의 몸에서 의식이나 영혼이 유체幽体가 되어 빠져 나간다는 초자연현상으로, 체외 이탈이라고도 불린다. 경험담은 많지만 발생 원리와 진위는 불분명하다.

유체 이탈은 꿈이 아니라 현실이다!?

유체 이탈은 보통 수면 중에 일어나며, 침대에 누워 있는 자신의 모습을 바로 위에서 봤다는 체험담이 많다. 그러나 본인 이외에는 아무도 그 체험이 사실인지 아닌지 알 수 없기 때문에 대개는 꿈에서 본 것으로 치부한다.

한편, 유체 이탈의 해명에 도전한 학자도 있다. 그중 한 사람이 캘리포니아 대학의 심리학자 찰스 타트Charles Tart로 그는 '자유롭게 유체 이탈을 일으킬 수 있다'는 여성을 피험자로 한 실험을 했다. 그 실험은 피험자가 보이지 않는 위치에 5자리 숫자가 적힌 종이를 놓고 유체 이탈하여 그 숫자를 확인하게 하는 내용이다. 피험자인 여자는 침대에 누워 잠을 청했고, 새벽에 눈을 떠 종이에 적힌 5자리 숫자를 정확히 맞췄다. 또 피험자에게는 뇌파 전극을 여러 개 장착시켜 그것을 제거하지 않으면 침대에서 일어나 수 없게끔 했는데, 실험 중에 뇌파가 끊긴 것도 아니었다. 즉, 움직일 수 없는 상태임에도 불구하고 여성은 숫자를 맞춘 셈이다.

또한 오컬트적인 해석은 유체 이탈은 단순히 몸에서 의식이 빠져나갈 뿐만 아니라 영계 같은 다른 차원의 세계에 접근하기 위한 수단이라고도 한다.

지금까지 수천 차례에 걸친 유체 이탈을 경험했다는 로버트 먼로에 따르면 접근할 수는 별세계는 수십 가지이고 어디로 갈지는 유체 이탈자의 의식 상태에 따라 결정된다고 한다.

덧붙여서 유체 이탈은 훈련 등에 의해 의도적으로 일으킬 수 있는 것 같고, 따라서 매뉴얼이 등도 판매되고 있다. 관심 있는 사람은 재미 삼아 시험해 보는 것도 좋겠다.

관련용어

찰스 타트
Charles Tart
1937년~ . 미국의 심리학자로 캘리포니아 대학 교수. 텔레파시와 예지, 원격 투시력, 유체 이탈 등 초능력과 관련된 현상을 연구한다.

로버트 A 먼로
1915~1995년. 미국의 사업가, 초심리학자. 42세부터 여러 차례 유체 이탈을 경험하고, 이를 계기로 유체 이탈 연구를 시작했다. 1971년 먼로연구소를 설립하여 유체 이탈의 해명에 착수했으며 자신의 체험을 쓴 저서도 발표했다.

COLUMN 오컬트 만화의 금자탑 〈등 뒤의 하쿠타로〉

쌍둥이 연예인의 소재로도 사용되는 등 유체 이탈은 이제 일반인에게도 널리 알려졌는데, 유체 이탈의 인지도 향상에 공헌한 작품이라고 하면 〈등 뒤의 하쿠타로〉일 것이다. 주인공 이치타로가 수호령인 하쿠타로와 함께 유체 이탈을 비롯한 다양한 불가사의한 체험을 하는 만화 작품으로, 1970년대 오컬트 붐의 주동자 역할을 했다.

196 라파엘

그 이름에는 히브리어로 '신은 치유한다'라는 의미가 있으며, 치료를 담당하는 천사로 여겨진다. 또한 〈토비트서The Book of Tobit〉에서 나오는 역할에서 여행자의 수호자로도 추앙받고 있다.

사람들에게 사랑받는 치유의 천사

기독교에서 미카엘, 가브리엘과 함께 3대 천사로 꼽히는 라파엘. 계급은 미카엘과 같은 대천사였지만 나중에 천사의 계급이 정해지고 나서는 치천사, 지천사, 주천사, 능천사와 대천사를 포함하여 5개의 계급에 속한 존재가 됐다 .

라파엘에 대해 기록한 문헌으로는 〈구약성서〉의 외전인 〈토비트서〉를 들 수 있다. 내용에는 모범적인 신자인 토비트의 아들 토비아가 여행을 통해 사라와 결혼하고 실명한 아버지 토비트를 치료하기까지의 내용이 그려져 있으며, 라파엘은 하나님의 명령으로 토비트의 여행을 지원하는 역할을 맡았다. 이 에피소드에서 라파엘은 여행과 안전의 천사로 불리게 된다. 회화 등에서 지팡이와 물고기를 든 모습으로 그려지는 것도 이 때문이다.

또한 라파엘은 치유의 천사이기도 하며 예로부터 죽음과 재생을 상징하는 뱀과 연관되어 있다. 대지에 사는 인간의 신체적 행복은 라파엘에 맡겨져 있으며, 기독교에서는 천사들 중에서도 가장 친한 친구로 간주된다.

사실 라파엘이라는 이름도 히브리어로 치유자 또는 의사라는 의미의 rapha에서 유래됐다고 한다. 또한 라파엘은 아브라함을 방문한 3명의 천사 중 하나이며, 야곱이 천사와 싸울 때 다친 다리를 치료했다.

이 밖에도 라파엘과 만나 축복을 받거나 치유를 받았다는 사람은 여럿 있다. 이러한 이야기는 가톨릭 전설으로 현대까지 전해지고 있으며, 예를 들어 18세기 수녀 마리아 프란시스는 병에 잘 걸렸는데 어느 날 라파엘로부터 '병을 치료해 드리죠'라는 말을 듣고 실제로 건강해졌다고 한다. 게임 등에서 라파엘 또는 이와 연관된 캐릭터가 치유 기술을 알고 있거나 치료를 전문으로 하고 있는 것은 그런 성질을 반영한 것이다.

관련용어

아브라함
유대교, 기독교, 이슬람교의 최초 선지자로 〈구약성서〉의 창세기에 등장한다. 야곱의 할아버지에 해당한다.

야곱
아브라함의 아들인 이삭의 아들. 얍복강에서 천사와 싸워 승리하여 이스라엘이라는 이름을 얻는다. 이후 4명의 아내를 맞아 12명의 아들을 낳았다. 그들이 이스라엘 12부족의 시조가 된 것으로 알려져 있다.

가톨릭
기독교 교파의 하나. 여기에서 파생된 형태로 개신교라는 교파가 탄생했다.

197 칼리굴라 Caligula

로마제국 제3대 황제 칼리굴라(12~41년)는 즉위 당시 유능한 통치자였다. 하지만 병으로 쓰러졌다가 복귀한 후 다른 사람처럼 돌변하여 최악의 폭군이 됐다.

로마를 혼란에 빠뜨린 폭군 칼리굴라

로마제국 제2대 황제 티베리우스는 제국의 재정을 다잡기 위해 힘쓴 현제賢帝였지만 시민들에게는 전혀 인기가 없었다. 티베리우스가 죽고 칼리굴라가 황제가 되자 시민들은 새로운 황제를 열광적으로 환영했다. 칼리굴라는 시민들의 기대에 부응하여 감세를 실시하고 정치범을 사면하는 등 개방적인 정책을 추진했다.

하지만 즉위 7개월 후에 칼리굴라는 갑작스런 병으로 쓰러진다. 다행히도 병은 완치하지만, 이 병을 계기로 칼리굴라는 딴 사람처럼 변해서 아내를 추방하거나 친족이나 부하를 사소한 일로 처형하는 등 잔인한 일면을 보이게 된다. 칼리굴라가 추진한 정책도 국가의 지출이 늘어나 재정 위기를 불러일으켜 막다른 상태에 놓인다.

이를 해결하기 위해 칼리굴라는 법을 개정해 모든 것에 세금을 부과하고 무고한 사람을 고발하여 재산을 몰수하는 악정을 실시했다. 이로 인해 로마 시민들은 공포에 떨었고 칼리굴라는 빠르게 지지 세력을 잃었다. 그리고 즉위 3년 후, 마침내 칼리굴라는 친위대의 손에 암살된다.

당시 대부분의 역사가들은 칼리굴라가 미쳤다고 말했다. 또한 칼리굴라의 사후 100년이 지나 역사가들 사이에서는 칼리굴라가 여동생들과 성교를 가졌다거나 애마를 집정관으로 삼으려고 했다는 등 믿기 어려운 에피소드도 전해졌다. 후세의 평판은 과장된 것일 가능성이 높지만, 이런 말도 안 되는 에피소드가 생길 정도로 칼리굴라는 광기로 가득 차 있었다.

관련용어

티베리우스

기원전 42~37년. 로마제국 제2대 황제. 황제가 주최하는 전차 경주와 검투사 시합 등 시민의 오락이던 행사를 줄이고 공공 투자도 축소하는 긴축 재정을 추진했다. 또한 말년에는 카프리섬에 은둔하여 공식적인 행사에도 모습을 보이지 않는다. 이런 일이 원인이 되어 티베리우스는 시민들의 인기를 잃고 원로원과도 사이가 나빠졌다. 하지만 그가 추진한 긴축 재정 덕분에 칼리굴라는 즉위 직후부터 윤택하게 자금을 사용할 수 있었다.

COLUMN 암살된 로마 황제들

칼리굴라는 로마제국에서 처음으로 암살된 황제이지만, 실은 그 후에도 로마 황제들은종종 암살되는 일이 있었다. 암살 원인은 칼리굴라처럼 황제 자신의 실정에 의해 부하가 가망 없다고 포기했거나 권력 투쟁에 관여했기 때문 등 다양하다. 황제는 최고 권력자였지만 절대적인 존재라고도 할 수 없었다.

198 로키 Loki

오딘의 의형제가 된 거인. 외모는 아름답지만 성격이 비뚤어져 있고 잔머리가 뛰어났다. 신들을 역경에 처하게 할 때도 많지만 궁지에서 구해내기도 한다.

오딘과 결합한 불쾌한 거인

아스 신족 아래에 있지만 실은 신이 아니라 거인족이다. 아버지는 파르바우티, 어머니는 라우베이이고 빌레이스트와 헬블린디라는 형제가 있다. 아내 시귄과의 사이에 아들 발리와 나리, 거인 앙그로보다와의 사이에 펜리르, 요르문간드, 헬을 낳았다. 〈로키의 말다툼〉에서는 이전에 로키와 오딘이 '피를 섞었다'는 사실이 기록되어 있는데, 이것은 고대의 혈맹을 맹세하는 풍습 또는 의형제를 맺은 증거라고 한다.

한편 로키가 브라기와 말다툼을 시작하여 여신 이둔에 '친자와 양자의 사이이니까'라고 중재하는 장면이 있다. 의형제인지 입양인지는 명확하지 않지만 오딘과의 관계에서 아스 신족의 아래에 있는 것은 확실하다.

그런데 로키는 신들에게 선이 되기도 악이 되기도 하는 존재로, 뭔가 문제를 일으키는 거추장스러운 존재였다. 단, 결국 로키 자신이 사태를 수습하는 경우가 대부분으로, 결과적으로 신들이 혜택을 받는 일도 많다. 오딘의 창 궁니르와 8개의 다리가 달린 말 슬레이프니르를 비롯해 신들의 주요 보물은 로키의 행동에서 초래된 것이다. 그러나 그 중에는 악행이라고밖에 말할 수 없는 것도 있는데, 바로 발드르를 죽게 한 사건이다. 이 일로 신들에게 벌을 받았다. 이러한 배경에서 로키는 사기꾼이라고도 불리며 창작 작품에서도 장난을 좋아하는 악역이지만, 캐릭터 등에 이름만 빌린 경우도 많다.

시귄과 로키

관련용어

발리와 나리
로키가 잡혔을 때 늑대로 변신한 발리가 나리를 찢었다. 로키를 묶는 데 사용한 나리의 소장은 강철로 변했다고 한다.

브라기
오딘과 거인 군로드의 아들로 시와 음악, 웅변의 신. 거문고를 연주하고 노래하면 꽃이 피고 나무가 싹터 봄을 부르는 신이기도 하다.

이둔
브라기의 아내로, 프레야에 맞먹는 아름다움을 지닌 여신. 늙은 신이 젊어지는 데 필요한 황금 사과를 관리했다.

발드르
오딘과 프리그의 아들로 빛의 신. 로키는 맹인 신 헤즈가 의도치 않게 발데르를 죽이게 유도하고 다시 부활시키려는 시도를 막았다.

COLUMN 고통으로 몸부림치는 로키가 지진을 일으킨다

발드르를 죽게 한 로키는 신들에 의해 동굴의 바위에 묶이고 머리 위로는 독사가 매달려 있었다. 로키의 아내 시귄이 뱀의 독을 통으로 받아내지만 통이 가득 차면 버리러 가야만 한다. 그 동안은 얼굴에 독이 똑똑 떨어져 그 고통으로 로키가 격렬하게 몸부림을 치기 때문에 대지가 흔들려서 지진이 일어난다.

199 프랑켄슈타인

영국 여성 작가 메리 셸리의 고딕 소설. 젊은 과학자가 만들어낸 사람의 마음을 가진 괴물의 슬프고 마음대로 안 되는 이야기는 공포를 넘어선 드라마다.

여성 작가가 낳은 슬픈 괴물

2018년에 공개된 영화 〈메리의 모든 것〉으로 〈프랑켄슈타인〉의 저자가 젊은 여성이라는 것을 처음 알게 된 사람도 많지 않았을까. 지금도 두려움을 느끼게 하는 괴물을 만들어낸 것은 20세의 풋풋한 여성 작가였다. 고딕 소설의 대표작이지만, 인조인간이라는 주제의 첫 SF 소설이라는 평가도 받는다.

원제는 〈프랑켄슈타인 : 또는 현대의 프로메테우스〉이다. 천재적인 과학자 빅터 프랑켄슈타인은 어느 날 생명의 창조라는 야심에 사로잡혀 시체로 인조인간을 만들어낸다. 그 생물은 뛰어난 체력과 지능, 사람의 마음을 겸비하고 있었지만 외형은 아주 추악해서 그 무시무시함에 과학자는 괴물로부터 도망을 친다. 살아남은 괴물은 숨어 살면서 말을 배우지만 외모 때문에 박해를 받고 마침내 살인을 저질렀다. 괴물로부터 '자신의 짝이 되는 생물을 만들어 주면 다른 사람들 앞에 나오지 않겠다'는 부탁을 받아 그것을 수락하지만, 결국 그는 약속을 깨고 괴물을 북극까지 뒤쫓았다. 현재는 프랑켄슈타인이 괴물의 이름으로 통하지만 작품 중에서는 이름 없는 괴물로 생애를 마감했다. 약속을 어기고 배우자를 만들지 않은 프랑켄슈타인은 자신이 낳은 괴물의 번식을 방지하고 끝장을 내려고 한 정도의 책임감은 있었던 것 같다.

〈프랑켄슈타인〉
1831년 개정판의 표지

관련용어

메리 셸리
Mary Shelley
1797~1851년. 영국 런던 태생의 여류 작가. 시인 셸리의 후처. 1818년에 〈프랑켄슈타인〉을 발표한다.

프로메테우스
그리스 신화에 등장하는 남신. 인간에게 불을 준 것으로 유명하지만 점토로 인간을 만들었다는 일화도 있다.

괴물 프랑켄슈타인
1931년 미국 유니버설사에서 영화로 만들어 일약 유명해졌다. 이 영화에서 네모난 머리에 누더기투성이의 피부로 그려졌다.

COLUMN 프랑켄슈타인 콤플렉스

생명 창조에 대한 동경과 피조물에 해를 입는 두려움이 조화된 감정을 표현한 이 말은 바로 본 작품의 주인공이다. 차페크의 〈로봇〉(1920)에서도 같은 내용이 그려졌다. 본질적인 두려움을 뒤집은 것이 아시모프의 〈나는 로봇이야〉(1950)에서 등장한 '로봇은 사람을 거역하지 않는다'는 로봇 3원칙이다.

200 피보나치 수열 Fibonacci sequence

마치 암호와 같이 규칙성을 가지고 수가 늘어선 수열. 그런 수열 중에서도 가장 유명하고 특별한 존재가 바로 피보나치 수열이다.

앞의 두 숫자를 합산만 해도 화제성 상승

피보나치 수열은 레오나르도 피보나치라는 수학자에서 딴 이름으로, 그는 원래 '한 쌍의 토끼가 2개월 후, 매달 한 쌍씩 토끼를 낳는다면 1년 후에 몇 쌍의 토끼가 될까'라는 문제를 고안했다. 그 매달의 합계 쌍의 수가 피보나치 수열이라고 한다.

규칙은 이렇다. 처음 두 항은 0, 1이고 그 후 직전 두 항의 합이 계속 연속되므로 먼저 0+1=1, 다음은 1+1=2, 그 다음은 1+2 =3, 2+3=5와 같은 식이다.

그리고 이 수열은 0, 1, 1, 2, 3, 5, 8, 13, 21, 34, 55, 89, 144, 233, 377, 610, 987, 1597, 2584, 4181, 6765, 10946, 17711, 28657, 46368, 75025, 121393, 317811…이 된다.

이 정도라면 그냥 규칙에 따랐을 뿐 수의 나열에 불과하지만 피보나치 수열이 기묘한 것은 여러 가지 이야기로 파생하는 것이다.

예를 들어, 피보나치 수열의 인접한 숫자의 비는 어째서인지 황금 비율에 가까워진다고 한다. 어떤 이유에서인지 자연계의 현상에 많이 등장하는데, 꽃잎의 수는 피보나치 수(수열에 등장하는 숫자의 수)인 일이 많다고도 한다. 식물의 꽃과 열매에 나타나는 나선의 수도 피보나치 수인 것이 많다. 환율 예상과 분석에서 피보나치 수열을 이용하는 피보나치 리트레이스먼트라는 방법을 사용하는 일도 있다.

이들이 우연인지 필연인지는 모르겠지만, 어쨌든 장르를 불문하고 나오므로 알아둬서 손해 볼 일은 없다.

관련용어

레오나르도 피보나치
Leonardo Fibonacci
1170~1250년경. 이탈리아의 수학자. 〈주판서〉를 간행하고 아라비아 숫자의 시스템을 유럽에 도입한 업적으로 알려져 있다. 피보나치 수열도 책에서 예로 소개한 내용이다.

황금 비율
1:(1+√5)/2로, 가장 안정적고 가장 아름다움을 이루는 비율. 근사치는 1:1.618이다.

피보나치 리트레이스먼트
환율 등 차트를 분석하는 방법의 하나로, 상승·하락의 기대 수준을 나타낸다. 차트에서 두 극의 값을 취해 피보나치 비율로 분할한다.

COLUMN 완전수 또는 친화수로 형용되는 숫자!?

수학적으로 특별한 숫자라는 것이 몇 개 있는데, 완전수와 친화수도 그 일례이다. 완전수는 자신을 제외한 약수의 합이 자신과 같아지는 수. 구체적으로는 6(=1+2+3), 28(=1+2+4+7+14) 등이 있다. 친화수는 약수의 합이 서로 다른 쪽과 같아지는 쌍을 말하며 (220, 284), (1184, 1210) 등이다.

201 카인 콤플렉스 Cain complex

카인 콤플렉스는 형제자매 간에 격렬한 적대감이나 증오를 품는 것으로, 심리학자 융(1875~1961년)이 제창한 콤플렉스 개념의 하나이다.

신화가 바탕이 된 형제자매의 반목

융이 중요하게 여긴 심리적 요소에 콤플렉스가 있다. 콤플렉스라고 하면 현재는 열등감의 의미로 사용되지만, 융이 제창한 콤플렉스는 더 폭넓어 '무의식에 억압된 욕구와 혐오 등의 다양한 관념'을 가리킨다. 이 관념이 평소의 행동에 영향을 주고 있다고 그는 생각했다. 그중 하나가 형제자매 간에 적대감을 품는 카인 콤플렉스로, 〈구약성서〉에 나오는 카인과 아벨 형제의 이야기가 바탕이 된 말이다.

사실, 형제자매 간에 부모의 애정을 놓고 반목하는 일은 자주 있는 얘기다. 그러한 감정이 어른이 되어서도 이어져 주위 동료들에게 증오의 감정을 품는 경우도 있다. 카인 콤플렉스에는 이런 문제가 있다고 융은 지적한다.

형제 사이의 적대감이라고 하면 만화 〈북두신권〉이 유명하다. 일자상전一子相伝(자기 자식 한 사람에게만 비결을 전함) 암살권 '북두신권'의 계승자를 둘러싸고 라오우, 토키, 쟈기, 켄시로 4형제가 싸움을 벌이는 이야기이다. 계승자가 막내 동생인 켄시로로 정해진 것에 만형 라오우는 특히 격렬한 적대감을 품는다. 결국은 켄시로와 결전 끝에 라오우는 패배하지만 이때 동생에 대한 미움을 버리고 시원하게 죽는 장면은 명장면으로 회자되고 있다. 그들은 의형제이지만 부모의 인정을 둘러싼 다툼은 카인 콤플렉스이므로 그것을 극복하는 메시지가 담긴 작품이라고 할 수 있다.

아벨을 죽이는 카인

관련용어

카인과 아벨
구약성서의 신화에서 아담과 이브 사이에 태어난 쌍둥이 형제. 형 카인은 농부, 동생 아벨은 양치기로 각각 농작물과 양의 새끼를 하나님께 바쳤다. 그러자 하나님은 양 새끼를 눈여겨 보고 농작물은 거들떠보지도 않았다. 이에 분개한 카인은 아벨을 죽였다고 한다.

북두신권
1983년부터 〈주간 소년 점프〉에 연재된 만화. 핵전쟁으로 문명이 사라진 세계에서 북두신권의 계승자인 주인공 켄시로의 싸움이 그려진다. 애니메이션과 실사 영화로 만들어진 외에 게임의 작품이기도 했다.

COLUMN 브라더 콤플렉스는 별개

카인 콤플렉스와 비슷한 개념으로 브라더 콤플렉스가 있는데, 이것은 여성이 오빠나 남동생에게 연애 감정을 갖는다는 의미로 전혀 별개이다. 마찬가지로 남성이 누나나 여동생에게 집착하는 시스터 콤플렉스와 함께 금단의 사랑을 그리는 창작의 테마로 사용되기도 한다.

202 폴터가이스트 Poltergeist

특정 장소에서 물체가 이동하고, 출처를 알 수 없는 소리가 울리고, 불이 붙었다가 꺼지는 등. 상황이나 현상에 일관성이 없는 원인 불명의 현상 전반을 가리킨다.

영혼인가 염력인가, 원인 불명의 '시끄러운 잔치'

독일어로 '시끄러운 영靈'이라는 의미이다. 아무것도 하지 않았는데 멋대로 의자가 넘어지거나 물건이 날아다니고 촛불이 꺼지고 조명이 떨어지는가 하면 집이 울리고 파열음 등이 나게 하는 영혼을 가리킨다. 현재는 그 '현상' 자체를 단순히 폴터가이스트라고 부르는 경우가 많다.

폴터가이스트 현상은 크게 두 종류로 나뉜다. 하나는 이름 그대로 심령현상, 그리고 다른 하나는 초자연현상이다.

심령현상으로서 폴터가이스트 사진은 실체가 없는 영혼의 간섭의 하나로 일어난다. 강령술의 초반에 일어나는 것이 많은데, 예를 들어 분신사바에 성공하면 폴터가이스트가 발생한다고 한다. 또한 흉가와 심령 스폿 등에서도 바람이 부는 것도 아닌데 문이 갑자기 닫히거나 전등이 망가지거나 한다. 1977년에 영국 엔필드에서 일어난 심령사진은 과학적 방법으로 기록된 드문 예로 유명하다.

이에 대해 초자연현상으로서의 폴터가이스트는 아이가 있는 집에서만 발생한다고 한다. 이것은 청소년 자녀가 무의식적으로 일으키는 패턴으로 '무자각의 초능력자'인 셈이다. 특히 과도한 스트레스에 노출된 어린이에게 많고 대부분의 경우는 성장과 함께 진정된다고 한다. 이를 제어하고 자각적으로 시작할 수 있게 되면 그 아이는 훌륭한 초능력자라고 할 수 있다.

폴터가이스트

관련용어

엔필드의 심령사진
어떤 공영주택에서 일어난 가장 오래 지속된 폴터가이스트 사건. 이 집에서는 1년 2개월 동안 폴터가이스트가 계속됐다. 현재도 그 사진이나 기록이 남아 있다.

COLUMN 공포의 뒷면에는 심령의 그림자가?

귀신 이야기를 하면 귀신이 다가온다고 한다. 그것과 비슷한 것으로 공포 영화나 게임 등을 제작하는 중에도 폴터가이스트는 자주 일어난다. 의도치 않은 음성이 들어 있거나 반대로 아무것도 녹음되지 않거나, 기자재가 갑자기 망가지는 등의 일이 그 발단이다. 이런 일을 예방하기 위해 관계자들은 제작 전후에 고사를 지낸다.

203 우리엘 Uriel

유대교에서 4대 천사로 꼽히는 위대한 천사. 이름에는 '신의 불꽃'이라는 의미가 있고 소설 작품 등에서는 화재와 결부되는 경우도 많다.

인간의 사정에 따라 악마가 된 천사

〈구약성서〉의 외전 〈에티오피아어 에녹서〉 등에 등장하는 천사. 특히 유대교에서 신성시되고 가브리엘, 미카엘과 함께 4대 천사로 일컬어진다.

그 이름은 '신의 빛'과 '신의 불꽃'을 의미하며 불꽃과 태양을 손에 넣은 모습으로 그려지는 경우가 많다. 우리엘은 타르타로스의 관리인이자 마지막 심판 날에는 황천의 문을 열어 밖으로 사자를 부활시켜 각각에게 심판을 내리는 역할을 담당하고 있다.

책을 든 모습으로 그려진 우리엘은 그가 심판과 예언의 해설자임을 나타내고 있다. 또한 아담과 이브가 살던 에덴의 동산 문을 지키는 천사 중 하나가 우리엘이라고 한다.

우리엘은 유대교에서 위대한 천사이지만, 기독교에서는 한때 부당한 대우를 받았다. 왜냐하면 745년에 로마 교회 회의에서 자카리아 교황으로부터 타락한 천사의 낙인을 받았기 때문이다. 이것은 민간에서 가열된 천사 믿음을 억제하기 위한 것으로 우리엘에 국한된 것은 아니다. 교황들은 성서의 정전에 등장하는 미카엘, 가브리엘, 라파엘 이외의 천사를 모든 타락 천사로 간주한 것이다.

다만, 그 유명한 〈실락원〉에는 태양의 운행을 관장하는 치천사로 등장하는 외에 현대에는 작가의 수호자로서 그들에게 영감을 주는 존재로 사랑받고 있다. 픽션 작품에 따라 그 성질이 선하게 또는 악하게 묘사되는 것은 이러한 사정 때문일 것이다.

우리엘의 모자이크

관련용어

타르타로스
그리스 신화에 등장하는 신으로 나락 자체를 가리킨다. 〈신약성서〉에서도 그 이름이 보인다.

로마 교회
로마 가톨릭 교회라고도 불리는 기독교 최대 교파

실락원
〈구약성서〉의 창세기를 소재로 한 장편 서사시로 저자는 영국의 시인 존 밀턴. 루시퍼들의 타락한 천사의 반란이 그려진다.

COLUMN '악마의 눈'의 시조와 동일시되기도 한다

우리엘은 마찬가지로 대천사이며, 타락 천사로 취급되는 천사 사리엘과 동일시되기도 한다. 이 천사는 시선을 향하기만 해도 대상에게 재앙을 가져다주는 악마의 눈의 원조라고도 전해지고 있으며, 본 것을 움직일 수 없게 하거나 죽일 수도 있다고 한다. 또한 사리엘의 이름이 적힌 부적은 악마의 눈으로부터 자신을 지키는 힘이 있다고 한다.

204 신성로마제국

신성로마제국은 중세부터 근세에 걸쳐 유럽에 존재한 국가이다. 이 나라는 이름의 영향이 강하고 지명도는 높지만 실태에 대해서는 의외로 알려져 있지 않다.

'신성'에 '로마' 제국이 된 이유

한때 유럽에는 지중해 일대를 지배하던 거대 국가 로마제국이 존재했다. 신성로마제국은 그 국가와 마찬가지로 '로마'를 국호에 쓴 국가이다. 이 국가는 현재의 독일, 오스트리아, 체코, 이탈리아 북부 등에 존재한 소국의 집합체로, 이들을 통합하는 역할을 한 황제는 세습제가 아닌 제후의 선거로 선출됐다. 이러한 배경에서 황제의 권력은 그만큼 강하지 않고 제후가 모인 단체와 같은 성질을 가진 국가였다.

그런데 18세기 프랑스 철학자 볼테르는 신성로마제국에 대해 '신성하지도 않고 로마도 아니고 제국도 아니다'라고 혹평했다. 이 비판은 타당한 것일까?

신성로마제국이 탄생한 시기에 대해서는 여러 설이 있지만, 962년으로 보는 것이 일반적이다. 이 시기 동프랑크 왕국의 국왕 오토 1세는 적대 세력으로부터 교황을 수호함으로써 기독교 세계의 보호자로서 교황으로부터 로마 황제의 지위를 받아 황제에 즉위했다. 즉, 로마제국의 후계자이기 때문에 국호에 로마를 쓴 것이다. 단, 건국 초기에는 신성로마제국이 아니라 단순히 제국 또는 로마제국이라고 자칭했다.

국호에 '신성'이 포함된 것은 그로부터 약 200년 후의 일. 건국 이후 황제는 교황에 임명되는 형태를 취해 왔기 때문에 교황이 황제보다 지위가 높았다. 하지만 당시의 황제 프리드리히 1세는 황제의 지위는 교황과 같았으며 제국은 교황이 아니라 신에 의해 거룩히 구별됐다고 주장했다. 1157년 프리드리히 1세가 낸 원정 소환장에는 신성제국이라고 기재되어 있으므로 이 시기에는 국명이 변경되었을 것으로 생각된다. 그 후 1254년의 공식 문서에 처음으로 '신성로마제국'이라는 국호가 등장한다. 이렇게 해서 신성로마제국이 된 것이다.

관련용어

오토 1세 Otto I
912~973년. 신성로마제국의 초대 황제. 이탈리아 왕과 싸우던 교황을 도운 공적으로 황제의 칭호를 얻고 국가 체제를 확립했다.

프리드리히 1세
Friedrich I
1122~1190년. 12세기의 신성로마제국 황제로, 수염이 붉은색을 띤 것에서 바르바로사라 불렸다. 즉위 직후, 혼란에 빠져 있던 제국을 제후와의 협조 노선을 취함으로써 통치한 명군. 제3차 십자군의 총사령관이기도 했지만 원정 중에 의문의 사고로 익사한다.

205 펜리르 Fenrir

펜리스 늑대라고도 불리는 늑대와 같은 괴물이다. 거인 로키와 앙그로보다의 아들로, 남동생은 뱀 요르문간드, 여동생은 사자의 나라의 관리자 헬이다.

아스 신족이 기른 로키의 아들

원래 펜리르는 남동생, 여동생과 요툰헤임에서 살았다. 그러나 훗날 남매가 큰 재앙을 가져올 것이라는 것을 안 신들에 이끌려 가장 대담한 전쟁신 티르를 보살피는 자로 길러진다.

일반 늑대로 보이던 펜리르는 갈수록 크게 성장하자 결국 모든 예언이 '펜리르가 재앙을 가져온다'고 말했다. 구속을 결정한 신들은 힘 시험을 가장해서 레이싱, 이어서 도로미dromi라는 족쇄를 펜리르에게 채우지만 손쉽게 망가졌기 때문에 이에 난쟁이들에게 글레이프니르를 만들게 한다. 신들이 펜리르에게 네가 정말로 대단하다면 글레이프니르도 끊어보라고 도발했지만 펜리르는 겉으로 보기에는 전혀 위협적으로 생기지 않았지만, 글레이프니르를 경계해서 그에 대한 보증으로써 신들 중 누가 자기 입에 팔을 넣는다면 글레이프니르를 받아들이기로 약속했다. 이에 따라 전쟁신 티르가 펜리르의 입에 오른팔을 집어넣었다. 당연히 신들은 글레이프니르로 펜리르를 구속해버렸고 펜리르는 신들이 자신을 풀어주지 않자 입 속에 들어있던 티르의 오른팔을 씹어 먹어버린다.

그 후, 펜리르는 묶인 채 시간을 보내지만, 라그나로크의 도래로 구속이 풀려 거인들과 함께 비그리드로 간다. 여기에서 펜리르는 오딘을 삼키지만 그 아들 비다르의 손에 쓰러진다.

펜리르의 이름은 창작 작품에서도 자주 볼 수 있다. 강력한 몬스터로 등장하는 게임도 있지만 병기와 메커니컬 등의 명칭으로 등장하는 게 대부분이다. 주신을 삼킬 정도로 강력한 존재인 만큼 조금 다루기 어려울지도 모른다.

티르의 팔을 먹어 뜯는 펜리르

관련용어

글레이프니르
실질적으로는 부드러운 마법의 끈. 난폭하게 굴수록 바짝 조여들어 펜리르의 힘으로도 끊을 수 없을 만큼 튼튼하다.

해방되는 보증
신들은 글레이프니르를 보이고 '가는 끈도 끊지 못한다면 위협이 되지 않을 테니 놓아주겠다'고 말했지만 이를 경계한 펜리르는 그 약속을 보증할 것을 요구했다. 외형은 짐승이지만, 로키의 아들인 만큼 의외로 지혜가 있었다.

비그리드
라그나로크에서 신의 군대와 거인의 군대가 격돌한 결전장. 넓이는 12km 사방 또는 4~5마일(6.4~8km) 사방 등 연구자마다 의견이 다르다.

COLUMN 태양과 관련 있는 펜리르 일족

'무녀의 예언'에는 철의 숲에 사는 노파가 펜리르의 일족을 낳았다고 하며 〈그림닐의 노래〉에서는 태양 앞을 달리는 하티가 펜리르의 자녀로 나온다. 태양을 쫓는 늑대인 스콜은 일족이며 하티와 함께 환일幻日(태양과 같은 고도의 떨어진 위치에 태양의 빛이 보이는 현상)을 나타내고 있을 가능성도 있다고 한다.

206 에드거 앨런 포 Edgar Allan Poe

19세기 미국의 시인이자 소설가이다. 그로테스크하고 음악적인 문체가 특징이며, 단편의 명수였다. 그러나 그의 업적은 작품만이 아니라 어떤 장르의 창시자이다.

아무도 모르게 사라졌던 추리 소설의 신

'포는 어떤 인물인가?'라고 물으면 많은 사람들의 인식은 '에도가와 란포의 이름의 유래가 된 사람'이라고 생각한다. 일본 추리 소설의 거장이 이름을 딴 사람이기 때문에 물론 추리 소설과 관련 있는 인물이다. 맞다, 포는 세계 최초로 '추리 소설'을 쓴 소설가이다.

포의 작가 인생은 시로 시작했다. 1809년 보스턴에서 태어난 포는 어려서 부모님을 잃고 대학 및 사관학교를 전전하면서 시작 활동을 하지만 평가받지 못한다. 이모에게 몸을 의탁하여 쓴 단편 소설이 경품에 당첨되어 마침내 그의 문필 활동이 시작됐다. 단편 소설을 전문으로 하며 병적 심리와 이상 심리를 그린 고딕풍 괴기 소설을 많이 남겼다. 그가 뽑아내는 문장은 짧고 음악적이며, 마치 '미의 창조'를 목표로 하는 곳에서 태어난 형식이었던 것 같다.

세계 최초의 추리 소설 〈모르그가의 살인〉(1841년)의 무대는 파리의 모르그가에 있는 아파트. 2층에서 모자가 살해된 채 발견된다. 범인의 단서를 찾지 못한 채 미궁으로 빠질 뻔한 사건을 아마추어 탐정 뒤팽이 해결하는 이야기이다.

그는 생전 거의 평가받지 못했다. 1847년에 아내를 결핵으로 잃은 후 술과 여자에 빠진다. 어느 날 길거리에서 쓰러져 죽은 채 발견되었다. 파란만장한 그의 생애는 누구에게도 알려지지 않은 채 막을 내렸다.

〈모르그가의 살인〉 삽화

관련용어

에도가와 란포
江戸川亂步

1894~1965년. 일본의 소설가. 탐정 소설, 괴기 소설을 집필하는 한편 〈괴인 20면상〉 등의 아동문학에서도 인기를 모은다. 평론과 문학상의 창설, 후진 양성에도 힘을 쏟았다.

COLUMN 탐정 소설의 패턴, 설립자가 거의 콤프

수수께끼가 주제인 추리 소설 중에서도 수수께끼를 푸는 탐정 역할을 중요하게 여기는 것을 탐정 소설이라고 한다. 포는 저서 속에서 탐정과 평범한 이야기꾼, 수집한 정보에서 범인을 알아맞히는 추리소설의 고전적 기법인 안락의자, 탐정 형사가 범인이라는 반전 등 현대의 탐정 소설 형식이라고도 할 만한 요소를 거의 망라했다.

207 마방진

악마 등을 호출하는 원형의 그림이 마법진. 한편 마방진은 가로, 세로, 대각선 어느 열의 숫자의 합도 동일하다는 n×n개의 칸을 말한다. 이른바 퍼즐의 종류이다.

각 열의 합이 모두 동일한 나열은 진짜 존경스럽다

1에서 9까지의 수를 이용하는 3×3 마방진을 예로 들자.

8 1 6
3 5 7
4 9 2

이것을 봐도 알 수 있듯이 세로 3칸, 가로 3칸, 대각선 3칸 어느 방향으로 더해도 숫자의 합은 15가 된다. 1에서 n^2까지의 숫자를 빠짐없이 사용한다는 것도 마방진의 기본 규칙이다. 물론 칸의 수를 늘릴수록 복잡해지고 4×4라면 880가지, 5×5라면 2억 이상이나 된다.

마방진에도 특수 패턴이 있다. 대각선 이외의 사선이나 네 모서리의 합도 같아지는 완전 마방진, 마방진의 중앙 부분도 마방진으로 성립되는 친자 마방진 등이 있다. 또한 반드시 연속된 숫자일 필요도 없기 때문에 각 열의 합이 모두 다르지만 그 합이 모두 연속 수인 안티진이라는 것도 있다.

이뿐이라면 단순한 숫자 퍼즐에 불과하지만 인류는 어떤 이유에서인지 사각의 멋진 숫자 나열에 신비를 느끼는 것 같다. 예를 들어, 숫자점은 유피테르 마방진이라는 4×4 마방진이 특별 취급되고 있다고 한다. 고대 중국의 민간 신앙 구성九星(9개의 별로 운명을 판단한다)은 3×3 마방진을 바탕으로 하고 있으며, 음양도에서는 사람의 운세와 방위의 길흉을 점치는 것으로 알려져 있다. 사그라다 파밀리아에는 4×4 마방진(단 12와 16이 아닌 10과 14가 2개씩 있다)이 새겨져 있다고도 한다. 모두 근거는 확실하지 않지만 인류가 마방진에서 어떤 의미를 찾아낸 것은 틀림없는 것 같다.

관련용어

숫자점
우주의 모든 수의 법칙에 따른다는 피타고라스의 정리를 바탕으로 숫자로 점을 치는 점술. 생년월일과 이름을 숫자로 바꾸어 계산한 식에서 나온 숫자로 의미를 점친다. 마스터 번호도 그중 하나

구성九星
고대 중국에서 전해진 민간 신앙으로 마법진의 숫자에 7색, 오행, 십간·십이지, 팔괘 등을 배당하고 해석을 더한 것. 일백一白·이흑二黒·삼벽三碧·사록四緑·오황五黄·육백六白·칠적七赤·팔백八白·구자九紫를 말한다.

사그라다 파밀리아
세계유산. 스페인 바르셀로나에 있는 가톨릭 교회로 1882년에 착공하여 2대째 건축가 안토니 가우디가 죽은 후에도 건축을 이어가고 있다. 완성까지 300년 걸린다고 하며 21세기 들어 IT를 구사하여 2026년에 완공을 예정하고 있다.

COLUMN 숫자가 중복되지 않는 방진

라틴 방진은 마법진과는 달리 n행 n열의 방진에 n개의 다른 숫자를 맞추어 각 열에 숫자가 중복되지 않는 것을 말한다. 이를 응용한 퍼즐이 넘버 플레이스라는 스도쿠 퍼즐이다. 덧붙여서 스도쿠는 퍼즐 잡지 〈니코리〉의 상표로 '숫자는 한 번씩만 쓸 수 있다.'의 약어.

208 페르소나 persona

'사람은 누구나 입장에 따라 역할을 연기하고 있다'고 심리학자 융은 말했다. 그리고 그 역할을 연기하는 가짜 자신을 페르소나라고 불렀다.

사람은 페르소나라는 가면을 쓰고 살아간다

페르소나는 원래 연극에서 배우가 쓰는 가면을 가리키는 말이었다. 융은 그것을 심리학에 도입하여 사람이 평소 다른 사람을 대하는 얼굴을 페르소나라고 불렀다. '모두가 본래의 자신을 숨기고 평소에는 가면을 쓰고 살아간다'는 것이다.

그것은 맞는 얘기다. 예를 들어 '모두로부터 존경받고 싶다'거나 '상사로부터 신뢰받고 싶다' 또는 '좋은 아빠 엄마이고 싶다'라는 생각에서 사람들은 그러한 자신을 연기하며 살고 있다. 사회 속에서 살아가는 이상 당연한 일이다.

그러나 그러한 '다른 사람에게 보이는 자신'은 어디까지나 페르소나이며, 진정한 자아가 아니다. 진짜 자신은 페르소나를 모두 제거한 후의 무의식 속에 있다고 융은 말한다. 즉, 진짜 자신이란 자신도 깨닫지 못하는 존재라는 얘기이다. 융은 이렇게 무의식이라는 부분을 중시하고 정신치료를 행했다.

그렇게 생각하면 창작과 게임 등에 등장하는 캐릭터도 우리에게 보이는 부분은 기본적으로 페르소나이다. 주인공이나 중요 인물 등은 심리 묘사에 의해 본심을 엿볼 수 있는 경우도 있지만, 그 외의 캐릭터는 거의 페르소나라고 해도 좋다. 거칠게 말하면 캐릭터란, 즉 페르소나인 것이다.

덧붙여서 현대 사회에서 페르소나라고 하면 마케팅 용어로 사용되는 경우가 더 많다. 이 경우의 페르소나는 대상이 되는 고객을 좀 더 구체적으로 표현한 인간상을 말한다. '사람이 가진 가짜 모습'이라기보다는 '가짜로 만든 사람의 모습'이며, 융이 제창한 페르소나와는 조금 의미가 다르다.

관련용어

융

1875~1961년. 스위스의 정신과 의사로 심리학자. 프로이트, 아들러와 함께 20세기를 대표하는 심리학자이다. 사람이 가진 의식의 영역이 행동에 미치는 영향을 연구하고 분석심리학이라고 정리했다.

가면

얼굴을 덮는 장착품. 정체를 숨기거나 어느 캐릭터로 분장하기 위해 사용된다. 또한 진심을 감추기 위한 연기라는 의미로 사용되는 경우도 있다.

마케팅

고객이 원하는 상품과 서비스를 만들기 위한 전략과 철학을 말한다. 구체적인 고객상(=페르소나)을 상정하고 상품 개발하는 것도 그 하나이다.

COLUMN 〈페르소나〉 시리즈

페르소나라고 하면 아틀라스에서 발매되는 게임 〈페르소나〉 시리즈를 떠올리는 사람도 많을 것이다. 1996년에 PlayStation 버전으로 첫 작품이 출시된 이후 현재까지 속편이 차례차례로 나오는 인기 RPG이다.

209 버뮤다 삼각지대

플로리다 반도, 푸에르토리코 그리고 버뮤다의 세 점을 연결한 해역이다. 그곳에서는 이해할 수 없는 힘이 작용하여 비행기와 선박이 수수께끼에 싸인 채 잇따라 사라졌다.

원인 불명의 조난·실족이 잇따르는 마의 해역

1945년 12월 5일 플로리다주 포트로더데일의 해군 기지에서 TBM 어벤저 뇌격기 5대가 훈련 비행을 위해 이륙했다. 훈련은 순조롭게 진행됐고 모든 일정을 마치고 비행대가 귀로에 들었을 때 사건은 일어났다. 점차 통신 상태가 나빠지더니 '흰색 물과 같은 것에 진입했다'는 교신을 끝으로 완전히 두절돼 버렸다. 기지에서는 빠르게 2대의 구조기가 날아가 소식이 끊긴 지점으로 갔다. 하지만 그중 한 대도 승무원과 함께 사라졌다. 해군은 다음날부터 며칠에 걸쳐 대규모 수색 활동을 했지만 사건의 진상은커녕 기체 잔해조차 찾지 못하고 수색은 중단됐다.

실종된 것은 확실한데 흔적조차 보이지 않는 이 수수께끼 사건은 마의 해역 버뮤다 삼각지대의 괴기 전설이 전해지는 계기가 됐다. 플로리다 마이애미, 버뮤다, 푸에르토리코의 수도 산후안을 잇는 삼각 수역은 19세기 초반부터 엄청난 숫자의 선박 및 항공기 사고가 다발했다. 일설에 의하면 콜럼버스가 1492년의 항해에서 이 해역에 도달했을 때도 나침반이 제대로 작동하지 않았다고 한다.

이러한 정보는 사람들의 호기심을 자극하기에 충분한 동기가 됐고, 블랙홀이니 차원의 균열이니, 외계인에 나포되었다거나 혹은 사르가소 마귀의 소행이라는 등 황당무계한 원인을 쏟아냈다. 그 후, 1974년에 찰스 벌리츠Charles Berlitz의 〈The Bermuda Triangle〉이 발행되자 그 기구한 전설은 전 세계로 퍼져 '선박이나 항공기가 사라지는 마의 해역'이라는 이미지가 정착한다.

많은 전문가와 학자들은 그러한 초자연적인 담론을 부정하고 실제로 무슨 일이 일어났는지를 해명하려고 메탄하이드레이트 설과 마이크로 버스트 설 등을 제기했으며 지금도 연구가 계속되고 있다. 하지만 여전히 완전히 납득할 만한 증거는 나와 있지 않다.

관련용어

마의 해역

버뮤다 삼각지대 이외에도 마의 해역으로 불리는 장소가 있다. 하나는 치바현 노지마자키野島崎, 오가사와라 제도, 괌을 연결하는 해역으로 드래곤 삼각지대라고 한다. 또 하나는 포르모사 삼각지대로 대만(포르모사)과 길버트 제도, 웨이크섬을 연결하는 해역을 말한다.

사르가소해

Sargasso Sea

북위 25~35도, 서경 40~70도에 위치한 해역으로 멕시코 만류, 북대서양 해류, 카나리아 해류, 대서양 적도 해류의 합류 지점. 버뮤다 삼각지대보다 약간 북서쪽에 위치한다. 해류가 복잡한 탓인지 대항해 시대 때부터 배가 침몰하거나 조난당하는 마의 바다로 두려움의 대상이었다.

메탄하이드레이트설

현재 가장 유력한 설. 메탄가스가 해저에서 결정화(하이드레이트)해 있던 것이 어떤 이유에서 기화 또는 폭발해서 배를 침몰시키거나 계기나 엔진에 악영향을 미친다는 설이다.

210 솔로몬의 72악마

이스라엘 왕국을 다스리던 솔로몬이라는 왕이 사역했다고 하는 72명의 악마이다. 〈구약성서〉 등에는 등장하지 않고 대부분은 후대에 쓰인 마술서에서 유래한다.

막강한 힘을 자랑하는 마계의 실력자들

솔로몬의 72악마는 〈구약성서〉의 열왕기에 등장하는 이슬라엘 왕국의 3대째 왕 솔로몬이 사역한 악마를 말한다. 경건한 유대교도였던 솔로몬은 하나님께 바치는 성전을 짓기 위해 이 악마들의 힘을 빌렸다고 한다. 단, 솔로몬이 사역했다고 해도 성경에 등장하는 귀신은 아스모데우스와 아문 등 일부에 한정된다. 현재 알려진 72명의 악마가 처음 등장한 것은 15~17세기의 마법서 〈레메게톤〉의 1권인 〈게티아〉이다. 솔로몬 왕의 사후에 마술사로서 솔로몬의 활약이 전설 형태로 다른 나라에도 전해져서 유럽 등에서는 종종 마술 붐이 일기도 했다. 그때마다 솔로몬이 썼다고 여겨지는 마술서가 여러 권 만들어졌다. 〈게티아〉도 그 1권으로 여기에는 솔로몬이 거느린 악마라는 몸에 악마의 이름, 지위, 능력, 능력, 소환 방법 외에 구체적인 소환 절차와 소환에 사용 도형(마법원)이 기록되어 있다.

72명의 악마는 엘리트라고 불러야 할 존재로 인간의 귀족 사회에서 볼 수 있는 작위를 가지고 있다. 또한 어떤 귀신이든 강력한 힘을 가지고 있으며, 각각 복수의 악마로 구성된 전투 집단을 이끈다고 한다. 예를 들어 악마로 유명한 벨리아르는 인간관계를 개선하는 힘이 있고, 이를 활용하면 권력을 가진 조직에 들어가 막대한 부를 쌓을 수 있다고 한다. 그러나 72명의 악마를 소환하여 사역하기 위해서는 악마마다 정해진 방법으로 의식할 필요가 있다. 예를 들어 아스모다이를 소환하는 경우는 모국 이외에서 의식을 하고 귀신이 모자를 쓰고 있으면 벗도록 명령하는 것 등을 들 수 있다. 이를 지키지 않으면 소환자가 불이익을 받기 때문에 악마를 소환할 때는 올바른 절차와 예절에 따라 실시할 것. 덧붙여서, 72명의 악마에는 서열이라는 숫자가 붙어 있는데, 이것은 〈게티아〉에 나와 있는 순서를 나타내는 것이지 악마의 우열을 나타내는 것은 아니라는 점을 기억해 두자.

〈지옥사전〉 아스모데

관련용어

솔로몬
기원전 1011~기원전 931년경. 고대 이스라엘의 왕. 대천사 미카엘을 통해 하나님으로부터 반지를 받고 그것을 사용하여 악마를 사역했다고 한다.

레메게톤
〈아르스 게티아〉, 〈아르스 테우르기아-게티아〉, 〈아르스 포올리나〉, 〈아르스 알마델〉, 〈아르스 노토리올〉의 5권으로 구성된 마술서로 '솔로몬의 작은 열쇠(Lesser Key of Solomon)'라고도 한다.

작위
사람의 혈통 및 능력 등에 따라 주어지는 칭호와 같은 것. 72악마는 왕, 공작(군주), 후작, 백작, 자작, 남작, 기사 중 하나의 작위를 갖는다.

211 십자군

중세 유럽의 가톨릭교회 국가에 의해 몇 번이고 결성된 십자군이다. 성지 탈환을 목표로 했지만, 이슬람 국가의 입장에서 보면 번거로운 침략 행위에 지나지 않았다.

당초의 목적과 달리 대의명분을 잃은 십자군

십자군은 유럽의 기독교 국가(가톨릭교회) 연합군에 의한 이슬람 국가 원정을 말한다. 계기는 이슬람 왕조의 술탄국에게 침공을 받은 동로마제국의 황제 알렉시우스 1세가 성지 예루살렘의 탈환을 명분으로 로마 교황 우르바누스 2세에게 원군을 요청했던 것에 있었다. 이를 받아들인 교황이 프랑스 기사들에게 요청하여 1096년에 결성된 최초의 원정군이 출발했다. 이렇게 시작된 제1차 십자군은 이슬람군을 격파하면서 시리아에 침공하여 예루살렘을 정복하고 일단 성공을 거두었다. 또한 이 과정에서 점령한 지역에는 십자군 국가라 불리는 여러 소국도 건국됐다.

이 성공에 재미를 들인 걸까, 십자군은 이후 13세기에 걸쳐 몇 번이나 결성된다. 여러 설이 있지만, 교황 주최의 공식 십자군 원정은 총 8회라고 하며, 그 외에도 십자군의 이름을 딴 소규모 원정이 종종 있었다.

그러나 자금 부족과 통제 불능 등으로 인해 동로마 제국의 수도 콘스탄티노플에서 약탈이 발생하는가 하면 이집트와 북아프리카의 튀니스를 공략 목표로 삼는 등 십자군의 행동은 점차 원래의 목적에서 크게 멀어졌다. 또한 제1차 십자군에 고배를 마신 이슬람 왕조도 그 후에 침공에 격렬하게 저항한다. 몇 차례의 쟁탈전 끝에 성지 예루살렘은 결국 이슬람 왕조의 지배하에 돌아갔고 십자군 국가도 모두 멸망했다.

성지 탈환 전투라고 하면 듣기는 좋지만, 실상은 단순한 이슬람 세계에 대한 침략이었던 십자군. 2001년에는 교황 요한 바오로 2세가 십자군에 의한 학살에 대해 공식적으로 사과한 바 있다. 이제 십자군은 기독교의 흑역사로 남았다.

제1차 십자군에 의한 안티오키아 공방전

관련용어

알렉시우스 1세

1056~1118년. 동로마제국 황제. 술탄국의 공세에 대항하기 위해 교황에 원군을 요청한 것이 십자군 결성의 계기가 된다. 하지만 본인의 희망은 용병 파견이어었을 거라고 생각된다.

콘스탄티노플 약탈

제4차 십자군에서 발생한 사건. 이 십자군은 자금 부족 해소를 위해 콘스탄티노플 외에도 기독교 국가를 습격·약탈했으며 참가자는 교황으로부터 파문을 당했다.

212 요르문간드 Jormungand

미드가르드 바다에 사는 거대한 독사 괴물로, 미드가르드오름(미드가르드 뱀)이나 세계의 뱀이라고도 불린다. 거인 로키와 앙그르보다의 아들로, 형은 펜리르이고 여동생은 헬이다.

뇌신 토르의 라이벌 존재

요르문간드는 신들에 의해 요툰헤임에서 끌려나왔다. 그런데 요르문간드는 형과 여동생과는 달리 오딘의 손으로 미드가르드를 둘러싼 바다에 던져진다. 오딘은 '다른 생물이 먹을지도 모른다'고 생각했을지도 모르지만, 요르문간드는 이 바다에서 살아남아 몸통이 바다를 한 바퀴 돌아 자신의 꼬리를 물 정도로 거대하게 성장했다.

그런데 신화에서는 요르문간드가 무엇을 한다는 이야기는 거의 없지만 토르의 에피소드에 등장한다. 처음에는 토르가 우트가르자 로키와 기술 비교를 했을 때이다. 토르는 마술로 요르문간드를 고양이라고 생각하게 해 머리와 꼬리가 땅에 닿지 않을 때까지 들어올려 우트가르자 로키를 놀라게 했다. 그 후, 술책을 당한 토르가 요르문간드와의 대결을 희망해서 소의 머리를 미끼로 요르문간드를 낚았지만 동행한 거인 위미르가 두려운 나머지 실을 잘랐기 때문에 놓쳐버렸다. 최종적인 결론은 라그나로크에서 요르문간드는 토르에게 쓰러졌지만 맹독을 뿜어 토르도 데려 갔다.

현대에서 요르문간드라고 하면 카드 게임이나 소셜 게임 등에서 자주 볼 수 있다. 계속해서 새로운 캐릭터가 추가되는 특성상 그렇게까지 강하지 않은 것도 많지만, MMORPG(role playing game, 역할을 수행하는 놀이를 통해 캐릭터의 성격을 형성하고 문제를 해결해 나가는 형태의 게임) 등의 몬스터로 등장하는 경우는 상당히 강력한 토벌 대상인 것 같다.

요르문간드를 무너뜨리는 토르

관련용어

몸통이 바다를 일주
인간이 사는 미드가르드는 거인의 침입을 막는 요새 역할도 한다. 주위를 둘러싼 바다는 이른바 성의 해자로 바깥에 거인이 사는 요툰헤임이 있다. 일반적으로 대지와 바다는 원형으로 간주하며 미드가르드의 몸통은 원형을 그리는 바다를 따라 일주하고 있다.

위미르
바다의 거인. 〈위미르의 노래〉에서는 티르의 아버지로 토르는 술을 만드는 데 필요한 냄비를 손에 넣기 위해 티르와 함께 그의 저택을 방문한다. 음식을 얻을 목적으로 낚시하러 왔다고 되어 있다. 본문에는 토르가 처음부터 요르문간드를 낚을 목적이었던 점이 다르다.

COLUMN 요르문간드에 필적하는 바쿠나와

단순히 미드가르드가 지구라면 요르문간드의 길이는 약 4만km가 되지만, 미드가르드를 바이킹들의 활동 범위라고 생각하면 약 1만km 정도일까. 덧붙여서 거대한 뱀과 도마뱀은 다른 신화와 전설에도 있고, 요르문간드에 필적하는 것으로는 일찍이 존재했던 6개의 달을 삼켰다는 필리핀 바쿠나와가 알려져 있다.

213 표도르 도스토옙스키

도스토옙스키는 1821년 모스크바에서 태어났다. 문학에 뜻을 두고 멋지게 성공을 거둔다. 그의 작품의 중후함, 인간의 심연을 들여다보는 감각은 그의 격동의 인생을 말해준다.

문호는 시베리아의 혹한에서 무엇을 보았나?

〈죄와 벌〉, 〈백치〉, 〈카라마조프의 형제〉 등 자세히는 잘 몰라도 그의 대표작은 꼽을 수 있을 것이다. 위인이나 유명인 중에도 애독자가 많다. 그렇다고 해도 어쩐지 우울하고 어려울 것 같은 인상이 강하다.

도스토옙스키는 러시아를 대표하는 소설가이다. 의사의 차남으로 태어나 공병사관학교를 나와 군에 입대하지만 바로 퇴직한다. 처녀작 〈가난한 사람들〉로 각광받으며 소설가가 된다. 그러나 공상적 사회주의자인 페트라셉스키의 서클을 가까이 했다는 이유로 무려 사형 선고를 받는다. 집행 직전에 특사로 풀려나 시베리아로 유배됐다가 돌아온 것은 체포 후 10년이 지난 뒤이다.

체포되어 사형 직전까지 갔다 온 사람이 〈죄와 벌〉이라는 제목의 소설을 쓴 것을 생각하면 한 걸음 뒤로 물러나게 된다.

그러나 반대로 생각하면 사지死地를 경험한 인간밖에 쓸 수 없는 것이 있다. 체포 전후의 작품 변화를 살펴보는 것도 재미있다. 원래 도스토옙스키는 패러디와 인물 묘사가 능숙한 작가로 알려져 있는데, 그 특징은 체포 후에도 건재했다. 그저 무거운 게 아니라 곳곳에 박힌 지혜는 '과연! 그렇구나' 수긍하게 된다. 그가 추구한 '영혼의 리얼리즘'은 현대에도 통하는 것이 있다.

도스토옙스키의 초상

관련용어

표도르 도스토옙스키
Fyodor Dostoevskii
1821~1881년. 처녀작은 〈가난한 사람들〉(1845년), 가난한 사람의 순수한 사랑과 감정을 그린 휴머니즘 소설이다. 문단에 복귀한 〈죽음의 집의 기록〉은 직접 발간한 잡지 〈시대〉에 연재하지만 발매 금지된다. 특히 유명한 대표작 〈죄와 벌〉(1866년), 〈백치〉(1868년), 〈악령〉(1871년), 〈카라마조프의 형제〉(1880년)는 그 후에 연달아 발표된 것들이다.

미하일 페트라셉스키
Mikhail Petrashevsky
1821~1866년. 러시아의 사상가. 페테르부르크 법대 출신의 엘리트로 전제정치의 폐지와 공상적 사회주의 활동을 한다. 1849년 활동가들이 일제 검거되어(페트라셉스키 사건) 사형 선고를 받지만 특사로 풀려나 시베리아로 유배된다. 석방 후에도 왕성한 활동을 했다.

특사
사면의 일종으로 유죄 판결의 효력을 잃는 것. 이때 특사를 낸 것은 러시아 황제 니콜라이 1세

COLUMN 현대에도 통하는 명작 〈죄와 벌〉

〈죄와 벌〉은 처참한 살인 장면으로 시작된다. 어느 여름날, 가난한 대학생이 대금업자 노파를 도끼로 살해하는 것이다. 이 대학생은 '자기처럼 뛰어난 인간이 사회에 도움이 되기 위해서라면 도움 되지 않는 자를 죽이고 돈을 빼앗아도 좋다'고 자신 중심 철학을 전개한다. 다수의 행복을 위해 소수를 없앤다. 지금도 자주 듣는 말이 아닐까?

214 베이즈 정리 Bayes' theorem

확률은 일반적으로 관측되는 빈도의 분포와 가정하는 모집단의 비율로 나타나는 객관적인 결과라고 생각하는 사람이 많다. 그러나 거기에 이의를 제기하는 확률론이 있다.

업데이트되는 조건부 확률의 개념

먼저 베이즈 정리는 토마스 베이즈가 제시한 조건부 확률(사건 B가 일어났다는 조건하에 사건 A가 일어날 확률)에 대한 정리를 말한다. 조건부 확률은 P(B|A)(=A가 일어났을 때의 B의 확률)로 표시하지만, P(B|A)=P(A|B)P(B)/P(A)가 정리가 된다. 이것만으로는 이해하기 어려우므로 친근한 예를 들어본다.

사상 A=미소녀이며, 사상 B=애니메이션 덕후라고 하고 그 미소녀가 애니메이션 덕후일 확률을 베이즈 정리로 생각하면, '애니메이션 덕후가 미소녀일 확률'×'애니메이션 덕후일 확률'/'미소녀일 확률'이 된다. 실제 숫자를 적용할 것도 없이 본래는 원인과 결과로 적용하지만, 이것이 조건부 확률의 개념이다.

그리고 이 베이즈 정리는 훗날 학자들에 의해 발전하여 베이즈 확률·베이지안 통계학이라는 장르를 구축하고 사전 확률의 새로운 데이터를 얻을 때마다 수치를 업데이트하는 베이즈 추정이 이용되고 있다. 또한 베이즈주의에서는 주관적 확률(인간의 주관적인 신념과 신뢰의 정도와 같은 것)을 용인하는 입장을 취하고 있다. 사실 베이지안 확률은 다방면에서 응용되고 있으며, 예를 들어 스팸 메일 차단에 활용되어 스팸 메일의 특징을 확률론적 방법으로 해석·학습하고 있다.

그야말로 20~30년 전의 덕후라고 하면 버젓이 살지 못하는 사람이었고, 옷차림에 신경을 쓰는 사람도 적었다. 하지만 연예인 중에서도 자신을 덕후라고 밝히는 사람이 많아지는 시대로 멋쟁이도 늘고 있다.

관련용어

토머스 베이즈
Thomas Bayes
1702~1761년. 영국의 수학자, 철학자. 베이즈 정리의 특수한 경우에 대한 증명은 그의 사후에 발표됐다.

베이지안 확률
Bayesian probability
(**베이즈 확률론**)
베이즈 정리, 베이지안 추리의 방법으로 도출되는 확률. 1931년에 프랭크 램지가 확률의 주관적 해석을 옹호하고 후년의 학자들에 의해 베이지안 확률과 베이즈주의라는 개념이 확산됐다.

주관적 확률
인간의 주관적인 믿음과 신뢰의 정도를 나타내는 확률. 원래는 전 세계에 존재하는 관측 결과에 따른 빈도와 경향을 나타내는 객관적 확률만이 확률이었다. 통계학적으로는 주관적 확률 또는 객관적 확률이 다른 이론 체계가 필요하다.

COLUMN 도중에 꽝을 보여 동요케 하는 문제

확률론의 예제에서 유명한 것이 몬티홀 문제이다. 3개 중 하나가 당첨되는 문이 있고 그것이 어느 것인지를 선택한다. 그러나 나머지 문이 하나 열리면 꽝인 것이 보여 선택을 바꿀 수 있다고 한다. 그러면 당첨을 선택할 확률은 몇 가지인가. 직관적으로 2분의 1로 보이지만 실은 처음 선택한 문이 3분의 1, 선택하지 않은 문이 3분의 2가 정답이다.

215 게슈탈트 심리학

'게슈탈트'. 가끔 듣는 말이지만 의미를 잘 모르는 단어이기도 하다. 이 말이 퍼지는 계기가 된 것이 게슈탈트 심리학이다.

세상을 전체로 인식하는 심리

게슈탈트 심리학은 심리학자 베르트하이머를 비롯한 베를린 학파가 제기한 개념이다. 간단하게 말하면, '인간은 사물을 통합된 전체로 인식하고 있으며, 단일 요소의 누적으로 파악하는 것은 아니다'라는 생각이다.

CG를 예로 들면, 우리는 이미지로 그것을 인식하며, 개별 도트나 픽셀이 누적된 것으로 파악하지 않는다. 그 증거로 이미지의 밝기와 색상을 바꾸거나 늘이거나 줄여도 '같은 이미지'라고 판단할 수 있지만 개별 도트로 분리하면 원본 이미지라고는 할 수 없다.

즉, '사물 자체는 미세한 요소가 합쳐져서 구성되어 있지만 우리는 전체로밖에 물건을 보지 않는다'라고 하는 존재와 인식의 차이를 말하는 것이다. 이렇게 해서 형태나 모습을 의미하는 '게슈탈트'라는 심리학 용어가 생겨나게 됐다.

이와 관련하여 전체 이미지로 인식하고 있던 것이 제각각 단일 요소로 재인식되는 현상을 '게슈탈트 붕괴'라고 한다. 예를 들어 어떤 문자를 응시하고 있으면 곧 문자가 이상하게 보이는 착각 같은 느낌을 받는데, 이것은 게슈탈트 붕괴의 한 예이다.

게슈탈트 붕괴가 왜 일어나는지 자세한 내용은 알려져 있지 않다. 덧붙여서 잠시 PC를 사용하지 않으면 바탕화면 이미지가 천천히 왜곡되기 시작하는 화면 보호기가 있는데, 이것은 게슈탈트 붕괴를 시각적으로 표현한 것이라고 할 수 있다.

베르트하이머의 사진

관련용어

막스 베르트하이머
Maximilian Wertheimer
1880~1943년. 체코 태생의 심리학자. 베를린 대학에서 심리학을 공부했다. 같은 학파의 동료인 쾰러, 코프카와 함께 게슈탈트 심리학을 제기했다.

도트나 픽셀
컴퓨터에서 이미지를 구성하는 최소 크기의 점. 도트는 기기가 발광하는 점, 픽셀은 이미지의 요소를 가리키지만, 실질적으로는 같다.

화면 보호기
컴퓨터에서 일정 시간 입력이 없으면 자동으로 시작되는 애니메이션 등의 프로그램. 한때 브라운관 과열을 방지하기 위해 사용됐으나, 최근에는 화면을 감추는 보안 용도로 사용된다.

COLUMN 게슈탈트 심리를 법칙화한 프래그난츠의 법칙

게슈탈트 심리는 프래그난츠의 법칙이라는 말로도 이야기된다. 예를 들어 '+'라는 기호를 봤을 때 보통은 '가로 막대와 세로 막대가 교차하고 있다'고 인식하지 '4개의 막대가 상하좌우로 뻗어 있다'고는 생각하지 않는다. '사람은 어떤 부분을 한 세트로 보는가?'라는 게슈탈트 심리학을 바탕으로 한 법칙이다.

216 윈체스터 미스터리 하우스

유령이 나타난다고 전해지는 사연 있는 거대한 저택. 어떤 과부의 저택으로 지어졌지만, 현재는 관광 명소가 되어 저택을 둘러싼 투어도 운영하고 있다.

막대한 자산을 투자해서 지은 대저택

윈체스터 미스터리 하우스는 미국의 캘리포니아주에 세워진 거대한 저택을 말한다. 소유자는 사업가 윌리엄 워트 윈체스터의 아내인 사라 윈체스터이며, 이 저택은 1884년에 건설이 시작되어 그녀가 사망한 1922년까지 증개축이 계속됐다. 그 결과 160개 가까운 개인실을 갖춘 엄청나게 거대한 집으로 완성됐고 건축비는 총 550만 달러로 늘어났다고 한다. 한때 7층까지였지만, 1906년에 발생한 샌프란시스코 지진 등으로 일부가 소실되어 현재는 4층으로 돼 있다.

약간 작아졌다고는 해도 내부는 복잡하게 얽혀 있어 어디로도 통하지 않는 문과 계단이 설치되어 있는 등 매우 기괴하게 만들어졌다. 사라는 왜 이런 저택을 지은 걸까. 그것은 무속인의 조언에 의한 것이라고 한다.

딸 애니와 남편 윌리엄을 잃고 과부가 된 사라는 슬픔에 빠져 살다가 친구의 권유로 무속인에게 조언을 구하기로 한다. 사라는 무속인에게 불행으로 고통받는 것은 윈체스터 총에 의해 목숨을 잃은 자들의 저주이며, 그것을 진정시키기 위해서는 영혼들이 원하는 집을 지을 필요가 있다는 말을 듣고 이를 받아들여 코네티컷주에서 캘리포니아주로 이사를 하고 남편의 유산으로 저택을 짓기 시작했다. 영혼을 진정시키기 위해 더 많은 영혼들이 머물 자리를 만들기 위해 증개축을 반복한 셈이다.

건설된 경위와 기괴한 제작으로 인해 미국에서 화제가 된 윈체스터 미스터리 하우스는 현재는 관광지로 개방되어 많은 사람들이 방문한다. 또한 이 저택을 소재로 한 소설 작품도 다수 제작되고 있으며, 오컬트 팬뿐만 아니라 일반인에게도 널리 알려져 있다.

남동쪽에서 본 저택

관련용어

윈체스터
윈체스터 라이플을 만들어 낸 미국의 총기 제조업체 Winchester Repeating Arms Company. 창시자인 올리버 윈체스터의 아들이 윌리엄이다.

217 루시퍼 Lucifer

루시퍼는 한때 하나님을 섬기던 천사로, 천계에서는 하나님에 버금가는 지위에 있었지만 쿠데타를 일으켜서 천계에서 추방되어 지옥의 지배자가 됐다.

신을 거역한 결과, 악마의 왕이 되다

루시퍼라는 이름은 '빛을 나르는 자' 또는 '새벽의 빛나는 아이' 등 악마라고는 생각되지 않는 빛나는 의미를 갖고 있다. 그도 그럴 것이 그는 원래 천사이며, 미카엘이나 가브리엘들과 어깨를 나란히 했을 뿐 아니라 천계의 넘버 2라고 할 만한 존재였다. 하나님의 신뢰도 두터웠고 그의 카리스마를 동경해서 복종하는 천사들도 있을 정도였다.

그러나 어느 날 루시퍼는 생각한다. 자신이야말로 하느님에 적합한 존재가 아닐까. 하나님의 대리인인 것에 불만을 느낀 루시퍼는 하나님을 대신하기 위해 천사들을 모아 하나님에 대한 반역을 결의한다.

결국 루시퍼가 이끄는 반역 천사군과 미카엘이 이끄는 천사군의 전쟁이 시작됐다. 〈실락원〉에 따르면 이때 루시퍼의 편을 든 천사는 전체의 3분의 1에 달했다고 한다.

천계 모두를 말려들게 한 장렬한 전투 끝에 루시퍼의 야망은 가차 없이 깨지고 만다. 하나님에게 패한 그는 천계에서 추방당해 지상으로 떨어졌다. 루시퍼가 낙하할 때의 충격으로 지상에 구멍이 뚫리고 그 자리에 지옥이 생겼다고도 알려져 있다. 오만한 그의 야망은 지금도 궤멸되지 않고 땅속에서 하나님의 자리를 노리고 있다고 한다.

덧붙여서 루시퍼와 악마의 왕 사탄을 동일하게 여기는 일도 많지만 사탄은 악마의 칭호와 같은 것이며 둘은 다른 존재라고 생각하는 신학자도 다수 있다. 또한 루시퍼는 미카엘과 형제라는 설도 있고, 드라마 등의 설정에 도입되기도 하는데, 이것은 창작일 가능성이 높다.

시집 〈루치페로〉

관련용어

실락원
영국의 시인 존 밀턴이 쓴 〈구약성서〉의 창세기를 소재로 한 장편 서사시

사탄
지옥을 다스리는 악마의 왕으로 루시퍼와 동일시된다.

COLUMN 악마의 왕 사탄의 최대의 악행

사탄이 특별시되는 데는 이유가 있다. 이 악마는 하나님이 먹어서는 안 된다고 금지한, 선악을 알게 하는 나무의 열매를 아담의 아내 이브에게 먹인 것이다. 이로 인해 두 사람은 에덴의 동산에서 추방되고 그 후손인 인간은 영원한 생명을 잃었으며, 남성은 노동, 여성은 출산이라는 고통을 맛보게 됐다. 사탄이야말로 악마 중의 악마라고 할 수 있다.

218 템플 기사단

템플 기사단은 십자군 원정에 수반하여 설립된 기사단 중에서도 가장 유명한 존재이다. 전성기에는 프랑스 국왕에게 경제 원조를 할 정도로 발전했지만 마지막은 비극적이었다.

왕의 모략에 빠진 최강의 기사단

유럽에서 십자군 원정이 이루어지던 시대에는 십자군에 대동해서 함께 싸우거나 부상자 구호와 순례자 보호를 위해 다수의 기사 수도회가 탄생했다. 기사단도 이러한 단체 중 하나이다. 설립은 제1차 십자군 원정으로부터 얼마 되지 않은 시기로, 1128년에 로마 교황의 공식 기사 수도회로 인가받았다.

기사들은 적에게 항복하지 않고 전사할 때까지 싸울 것을 맹세하고 사기가 매우 높았다. 또한 신도로부터 거액의 기부와 로마 교회로부터 납세 면제 등의 권한을 부여받아 기사단은 막대한 자산을 소지하게 됐고 장비도 윤택하게 구비했다.

이러한 이유로 템플 기사단의 전투 능력은 매우 높아, 예루살렘 왕국에 내습한 이슬람 세력의 군대를 격퇴하고 십자군과의 공동 전투에서 대활약하는 등 중세 최강의 기사단으로 용맹을 떨쳤다.

그러나 13세기 말 영화를 자랑하던 템플 기사단은 프랑스 왕 필리프 4세의 계략에 의해 끔찍한 죽음을 맞이하게 된다. 당시 프랑스는 기사단에 많은 빚이 있었고, 필리프 4세는 빚을 탕감하기 위해 기사단의 해체와 재산의 몰수를 획책했다고 한다. 필리프 4세는 동성애와 악마 숭배 등의 죄상을 기사단에 전가하고 기사 단원을 일제히 체포하여 죄를 자백할 때까지 고문을 가했다. 동시에 기사단의 재산은 몰수되고 마지막에는 기사단 총장 자크 드 몰레 등 4명의 지도자가 화형에 처해져 영광의 기사단은 어이없게 괴멸했다.

관련용어

필리프 4세
Philippe IV

1268~1314년. 프랑스의 왕. 이목구비가 뚜렷했기 때문에 단려왕端麗王이라는 별명이 있었다. 왕권의 강화를 위해 중앙 집권화를 추진하고 교황을 옹립하여 왕권의 영향 아래에 뒀으며 기사단을 해산시켰다.

자크 드 몰레
Jacques de Molay

1244?~1314년. 제23대 기사단 총장. 필리프 4세에 의해 누명을 쓰고 이단 심문을 받은 후에 화형됐다. 화계에 처해지기 직전 자신감과 기사단의 결백을 호소하고 필리프 4세와 당시의 교황 클레멘스 5세를 저주했다고 전해진다. 공교롭게도 같은 해에 두 명은 급사했다.

COLUMN 튀어나온 돌이 정 맞은 신궁당의 말로

유능한 집단도 지나치게 권세를 자행하면 권력자에게 눈총을 받아 무너지는 일은 자주 있다. 일본의 전국 시대에 추고쿠(中国) 지방의 아마코가尼子家를 모시던 신궁당이라는 정예 집단이 전쟁에서 공을 세우자 주군을 소홀히 할 정도로 오만해졌기 때문에 간부와 그 일족이 일제히 숙청되는 사건이 있었다.

219 라그나로크

북유럽 신화 세계의 종말의 날이다. 일반적으로 '신들의 황혼'이라고 번역되나 '신(지배자)들의 운명', 혹은 '신들의 몰락'을 의미한다. 주요 신의 대부분이 죽지만 살아남은 신도 있다.

새로운 시대의 개막이기도 한 라그나로크

북유럽 신화의 신은 전능하지 않아 늙는가 하면 죽을 수도 있다. 운명으로 정해진 라그나로크의 도래에도 대비할 수밖에 없었다.

라그나로크가 닥치자 겨울만 3차례 이어지는 핌불베트르가 찾아온다. 사람들의 도덕심이 무너지고 흉악 범죄가 횡행하는 가운데 하늘에서는 스콜과 하티가 태양과 달을 삼키는 큰 사건이 일어난다. 별은 떨어지고 대지가 흔들리고 산이 무너지고 쇠사슬이 풀려서 로키와 펜리르가 해방된다. 그러자 맹독을 뿜는 요르문간드가 높는 파도를 일으키면서 육지로 향하고 그 파도를 타고 거인 흐륌이 조종하는 거대한 배 나글파르가 나타난다. 기승한 시르테와 무스펠들도 하늘을 찢고 나타나 그들이 건넌 무지개다리 비브로스트가 붕괴한다. 이들의 군세는 비그리드로 진군하고 펜리르와 서리 거인들도 집결한다.

한편, 신들 쪽에서는 헤임달이 뿔피리 갈라르호른을 불어서 울리자, 이를 신호로 신들과 에인헤리야르들이 무장하고 출격한다. 이들 역시 비그리드로 이동하여 이곳에서 마지막 싸움이 시작된다.

이 싸움에서 오딘과 토르가 죽는다. 또한 외팔의 전쟁신 티르는 지옥의 감시견 가름과, 헤임달은 로키와 각각 싸운다. 시르테와 프레이도 쓰러지고 시르테가 뿜은 불꽃으로 세계가 불에 탄다. 그러나 불길이 안정되자 바다에서 녹색의 새로운 대지가 떠오르고 태양이 삼켜지기 전에 낳은 딸이 어머니의 뒤를 잇는다. 살아남은 비다르, 발리, 마그니, 모지가 나타나 저승에서 부활한 발드르, 호드와 지금까지의 사건을 회상한다. 인간도 살아남은 두 명을 조상으로 해서 다시 늘어난다.

라그나로크는 신들이 멸망하는 것에서 종말의 이미지가 있지만 완전한 세계의 멸망이 아니라 새로운 시대의 시작이기도 하다.

비그리드 전투 모습

관련용어

나글파르
죽은 자의 발톱을 모아 만든 거대한 배로, 서리의 거인들이 타고 있다. 〈무녀의 예언〉에서는 로키가 키잡이로 나온다.

헤임달
아홉 자매의 처녀에게서 태어난 위대한 신성한 신. 밤에도 160km 앞까지 내다보는 시력, 잔디가 자라는 소리까지 듣는 청력을 갖추고 있으며, 아스가르드와 미드가르드를 연결하는 비프로스트를 지키고 있다.

시르테
무스펠(불의 거인)의 일원. 남쪽 끝에 있는 뜨거운 나라, 무스펠헤임(무스펠이라고도 한다)의 국경을 수비한다. 〈무녀의 예언〉에 따르면 라그나로크에서는 무스펠과 달리 남쪽에서 나타난다고 되어 있다.

220 레프 톨스토이 Leo Tolstoy

〈전쟁과 평화〉 등의 문학 작품뿐만 아니라 사상가로 역사에 이름을 남긴 러시아 작가이다. 우리나라 문단에도 큰 영향을 준 그의 인생은 불우한 결말을 맞이했다.

역사적 평가와 사생활의 차이

톨스토이는 나폴레옹의 러시아 침공을 소재로 한 〈전쟁과 평화〉와 유부녀와 청년 장교의 사랑을 그린 〈안나 카레니나〉로 알려진 러시아를 대표하는 문호이다. 종교 논문 〈참회〉와 민화 〈바보 이반〉 외에 연극 〈어둠의 힘〉 등 생애 다양한 작품을 그렸다. 그에 대한 평가는 높아 사후 100년이 지난 지금도 명성을 유지하고 있다.

그는 사상가로도 영향력이 컸다. 톨스토이주의는 세계적으로 큰 파문이 됐고 일본에서도 메이지 시대의 문호는 상당한 영향을 받았다. 모리 오가이森鴎外와 고다 로한幸田露伴은 수많은 작품을 번역했고 미야자와 켄지宮沢賢治의 작품 도처에서 그 영향이 보이며 다이쇼 시대의 자작파 등은 그야말로 그의 사상을 계승한 주장을 폈다.

톨스토이는 누구였을까. 그는 1828년 제정 러시아 시대에 백작 가문의 아들로 태어났다. 자서전 3부작으로 작가로서 지위를 확립하고 문필 활동을 하면서 종교와 사상 활동에 빠진다. 사유 재산의 부정과 비전쟁·비폭력주의를 내세워 한때는 사실주의 문학의 최고봉으로 칭송받는다. 심지어 간디에게까지 영향을 주었다고 한다. 그러나 본인은 죽을 때까지 만족하지 않고 길을 찾았다. 아내와의 불화도 있어 1910년에 집에서 나온다. 82세로 고령인데다 병을 얻은 그의 여행은 오래 가지 않았고 국경 마을 아스타포보의 역사에서 목숨을 잃었다. 위대한 사상가의 최후는 명성에 어울리지 않게 쓸쓸했다.

톨스토이의 사진

관련용어

레프 톨스토이
Lev Nikolayevich Tolstoy
1828~1910년. 같은 나이대의 톨스토이라는 성을 가진 저명인이 많기 때문에 착각하지 않도록 주의가 필요하다. 또한 알렉세이 톨스토이는 레프의 먼 친척에 해당한다.

톨스토이주의
톨스토이의 사상을 총칭하는 말로 비폭력에 의한 무저항주의, 인도주의, 사유 재산의 부정과 빈곤층에 대한 지원, 교육 사업 등을 가리킨다. 러시아 정교에 의문을 갖고 자신의 종교론을 기록하고 실행한 것에서 일종의 교주와 같은 지지를 얻었다.

COLUMN 세계 3대 악처, 톨스토이의 아내

소크라테스의 아내 크산티페, 모차르트의 아내 콘스탄체 그리고 톨스토이의 아내 소피아를 세계 3대 악처라고 하지만 남편에게도 문제가 있다는 생각도 든다. 또한 소피아는 13명의 아이를 낳고 작가 활동에도 적극적으로 협력한 현모양처였지만 톨스토이가 종교 활동에 심취하자 불화가 생겼다고 한다.

221 확률수렴

랜덤하다고 생각하는 사상이 점점 패턴으로 수렴되는 것을 확률의 수렴이라고 한다. 그러나 이 말은 꽤 많은 사람들이 착각하고 있다고 한다.

확률수렴의 오해에서 뽑기에 놀아나지 마라!

확률수렴에서 자주 오용되는 것이 도박을 할 때다. '빨간색이 계속 나왔으니 이제 블랙이 나올 것이다'라고. 전혀 당첨이 되지 않았으니까 '다음번에 당첨이 될 확률이 높다'라는 식이다.

이런 생각은 완전한 오해인데, 확률수렴이란 뭔가 예외적인 결과가 일어날 확률은 열이 진행함에 따라서 더 작아진다. 예를 들어 빨강·검정 룰렛에서 처음 10회가 연달아 검정이 나왔다고 하고 다음 10회는 빨강·검정이 반반 나온다고 하면 이제 확률은 5/20=0.25. 다음 10회도 빨강·검정이 반반…. 계속해서 수를 늘려가서 5000회나 나왔다고 하면 2495/5000=0.4999로 확률 2분의 1에 상당히 가까워진다. 이것이 확률수렴이다.

요점은 긴 안목으로 보면 첫 번째 치우침도 수정될 정도로 추정되는 확률대로 되어 가는 것이 수렴이다(큰수의 법칙). 앱 게임 가챠도 결국은 같은 것이므로 우연히 목적하는 캐릭터가 나왔다고 해서 수렴을 오해한 채 과금 늪에 빠지는 것은 주의해야 한다.

덧붙여서 확률 변수란 확률에 따라 다양한 값을 취하는 변수(값을 변화시킬 수 있는 대수)를 말한다. 무작위로 값을 취하는 것, 이라고 하면 좋을까. 주사위라면 나온 눈이 그대로 변수의 값이 되지만 숫자가 되지 않는 경우에도 숫자에 대응시킴으로써 변수가 된다. 과금 가챠라면 눈 캐릭터=0, 다음 눈=1, 정상=2…라고 붙이는 식이랄까. 이 변수 값과 확률을 대응시킨 목록이 확률 분포이므로 이 분포를 알면 우연인가 우연이 아닌가를 판단할 수 있다.

관련용어

큰수의 법칙

어느 시행에서 특정 사건이 일어날 확률은 '몇 번이고 반복한 시행에서 특정 사건이 일어난 상대 빈도(비교했을 때의 빈도)의 극한(한없이 가까워 일정한 값)'으로 거의 확실하게 일치한다는 법칙.

상트페테르부르크의 역설

1738년 스위스의 수학자·물리학자 다니엘 베르누이가 발표한 역설. 개요는 다음과 같은데, 그는 재화에서 얻을 수 있는 장점=효용의 증가분을 정의하여 이 역설을 해결했다. 현실적으로는 노름판의 주인의 자산이 유한하기 때문에 그만두게 될 한계 횟수는 정해지게 되어 기대치도 수십 엔 정도의 범위밖에 되지 않는다.

COLUMN 무한 대박? 상트페테르부르크의 역설

상트페테르부르크의 역설은 '동전의 앞면이 나올 때까지 계속 던지는 게임을 해서 앞면이 처음 나왔을 때의 횟수를 n으로 해 2^{n-1}엔의 상금을 받을 수 있다고 하면 참가비가 얼마면 손해를 보지 않을까?'라는 역설. 상금의 기대치를 계산해 보면 무한대로 발산하는데, 직관적으로 그렇게 득이 아니라는 것을 알 것이다.

222 뮌하우젠 증후군 Münchausen Syndrome

그 옛날 뮌하우젠이라는 사람이 있었다. 그는 과장해서 재미있게 이야기를 만드는 것으로 유명했다. 그런 그의 이름을 따서 붙인 병명이 뮌하우젠 증후군이다.

주위의 관심을 끌기 위해 질병을 가장하는 정신질환

뮌하우젠 증후군은 주위의 관심을 끌기 위해 질병을 가장하거나 자신을 상처 입히는 정신질환을 말한다. 사실은 질병이 아닌데 '병이 났다'고 말하거나 가벼운 질병을 일부러 심한 것처럼 보여서 주위의 동정과 관심을 얻으려는 심리 상태이다. 그런 점에서 허풍쟁이 남작이라는 이름으로 유명했던 뮌하우젠 남작에서 따서 뮌하우젠 증후군이라는 이름이 붙었다.

뮌하우젠 남작은 약간의 과장을 섞어 재미있는 이야기를 하는 사람이었다고 한다. 그러나 지나치게 재미있는 나머지, 듣고 있던 사람들이 〈허풍선이 남작의 모험〉이라는 책을 써서 출판했다. 그 후 여러 사람이 가필해서 이윽고 본인과는 동떨어진 크게 과장된 창작 캐릭터로 바뀌어 버렸다. 이렇게 완성된 뮌하우젠 남작이 뮌하우젠 증후군의 어원이다.

그런데 뮌하우젠 증후군이 질병을 가장한다는 의미에서는 꾀병과 비슷하다. 그러나 꾀병은 직장을 쉬거나 보험금의 부정 수급 등의 이익을 목적으로 하는, 어느 쪽인가 하면 사기에 가까운 것이다. 이에 비해 뮌하우젠 증후군은 자신의 몸을 상처 입혀서라도 주위의 신경을 끌려고 하는 정신질환이다. 어린 시절의 학대 경험과 인격 장애와의 연관성이 지적되고 있지만, 자세한 것은 밝혀지지 않았다. 만약 당신 가까이에 자주 꾀병을 앓는 사람이 있으면 뮌하우젠 증후군일 가능성을 생각하는 것이 좋을지도 모른다.

〈프리드리히 폰 뮌하우젠〉

관련용어

남작
작위의 하나. 국가마다 지위는 다르다. 서양에서는 바론이 남작에 해당하며, 뮌하우젠도 바론이다.

허풍쟁이
이야기를 과장되게 말하는 사람을 말한다. 소라를 불 때 큰 소리가 나는 것에서 그렇게 불리게 됐다. 있지도 않은 일을 꾸며내는 거짓말쟁이와는 다르다.

꾀병
질병이 아닌데 아픈 체한다. 꾀병과 거의 동의어이지만 사기적인 뉘앙스가 더 강하다.

COLUMN 다른 사람을 상처 입히는 '대리 뮌하우젠 증후군'

자신이 아니라 자신의 아이 등을 상처 입히고 주위의 신경을 끌려고 하는 경우도 있다. 이것은 '대리 뮌하우젠 증후군'이라고 부른다. 헌신적으로 간병하고 있는 모습을 외부에 어필하기 위해 자기 아이를 학대하는 것이 그 예다.

223 필라델피아 실험

제2차 세계대전 동안 진행된 극비 실험이다. 군함을 스텔스화하는 목적은 완수했지만, 다수의 승무원이 실종되거나 사망했기 때문에 해군 상층부는 실험을 은폐했다고 한다.

미 해군의 군함 스텔스 실험

필라델피아 실험은 미 해군이 펜실베이니아 필라델피아 앞바다에서 실시한 것으로 알려진 구축함의 투명화 실험을 말하며 레인보우 프로젝트라고도 한다. 처음에는 통일장 이론unified field theory을 바탕으로 배 주위에 강력한 전자파를 둘러치게 해서 적의 어뢰를 유인할 목적으로 연구됐다. 나중에 같은 역장力場을 공중으로 전개해서 광학적 불가시 상태를 만들어내는 연구도 진행하다가 본 실험에 이르렀다고 한다.

1943년 10월 필라델피아의 해상에 떠있는 호위 구축함 엘드리지Eldridge와 승무원을 대상으로 스텔스 실험이 시작됐다. 전자파를 조사한 선체 주변에 역장이 형성되고 녹색 안개가 발생한 후 선체는 승무원과 함께 투명하게 변했다. 밖에서 보이는 것은 선체에 의해서 해상이 오목하게 들어간 자국뿐이었다고 한다. 선박의 스텔스화에 성공했지만 승무원에 관해서는 실험 중에 한두 명이 아무 것도 없는 공간에 발을 들여 소멸하고 귀환 후에도 한 명이 벽 안으로 발을 디딘 후 행방불명됐다. 또한 세 명이 인체 자연 발화를 일으켜 타 죽었고 많은 사람들이 발광하는 결과를 초래해 이후 실험은 중단됐다고 한다.

한편 미 해군은 실험 자체를 부정하고 있다. 그럼 왜 이런 소문이 유포됐을까. 미 해군의 한 장병은 노퍽의 해군 공창에서 실시한 다양한 실험으로 인해 이러한 도시 전설이 만들어졌을 것으로 추측했다. 덧붙여서 예의 구축함 엘드리지는 1951년에 미 해군이 그리스 해군에 매각했다. 그래서 레온이라는 이름으로 바뀌어 1992년까지 군에 재적했다고 한다. 어쨌든 군함의 투명화라는 이야기는 SF 소재로 대중의 관심을 끈 것 같으며 미국에서 본 실험을 소재로 한 영화까지 제작됐다.

실험에 사용된 구축함 '엘드리지'

관련용어

통일장 이론
unified field theory
1925~1927년경에 아인슈타인이 완성한 이론. 전자기장, 중력, 핵력이라는 3가지 기본적인 힘의 상호관계를 하나의 과학 법칙이 도출할 수 있는 한 쌍의 방정식으로, 수학적으로 계산하는 것이 복잡하다. 박사는 이 이론의 이용에 우려감을 갖고 나중에 스스로 철회한다. 인류의 인격이 그 경지에 도달하지 않았다며 죽기 몇 달 전에 관련 문서를 태워버렸다고 한다.

인체 자연 발화
인간의 몸이 갑자기 타오르는 현상. 미국에서는 이 실험 외에도 몇 건 발생했다. 시신은 심하게 탄화하여 내부에서 강한 열을 가한 것처럼 탔다.

224 바알세불 Beelzebul

거대한 파리의 악마라는 이미지가 강한 바알세불은 본래는 풍요를 관장하는 토착신으로 기독교가 세계 각지에 널리 퍼지지 않았다면 지금도 신으로 모시고 있을지도 모른다.

악마로 만들어진 이교도 신

바알세불은 지옥의 왕 사탄의 뒤를 잇는 고위 악마로 지옥의 악마를 통솔하는 지휘관적 존재이다. 바알제붑, 벨제뷔트라고도 불리는 이름은 히브리어로 파리 떼의 왕 또는 분산糞山의 왕이라는 의미가 있으며, 특히 현대는 파리를 모티브로 그려지는 경우가 많다. 원래는 다양한 모습을 가졌으며 새까만 피부의 거대한 몸에 박쥐같은 날개, 사자의 꼬리, 오리 다리를 기른 괴물 같은 모습과는 반대로 위풍당당한 지혜로운 왕으로 묘사되기도 한다. 신탁을 부여하거나 작물을 파리로부터 지키는 힘을 갖고 있지만, 이 악마들이 가장 선호하는 것은 사람을 속여 죄를 짓게 해서 파멸로 몰아넣는 것이다. 유대 백성을 부추겨 예수를 처형시켜 지하에 가두도록 한 것도 바알세불의 악행 중 하나로 알려져 있다.

바알세불은 본래 '높은 곳의 왕' 등을 의미하는 바알제불이라는 신이었다. 이것은 블레셋philistine(고대 팔레스타인의 민족)의 최고신 바알의 존칭으로 신탁을 내리는 힘도 이 신에서 유래한다. 단, 이교도를 배척하는 유대인이 사신邪神이라고 멸시하여 제불(고위)을 제부부(파리)라고 바꾸어 〈열왕기〉에 기록한 외에 〈신약성서〉에도 악령의 우두머리라고 기록된 것에서 대악마 바알세불의 이름이 세계에 널리 퍼져 버렸다.

지금도 다른 종교의 신을 깎아내리고 자신들의 신과 종교가 뛰어나다고 주장하는 일은 드물지 않았다. 실제로 유대인은 아드람멜렉과 몰록 등 다른 신들도 사신(악마)으로 취급했다. 그들은 유대인 네거티브 캠페인의 피해자라고도 할 수 있다.

〈지옥사전〉 바알세불

관련용어

블레셋
고대 이스라엘의 가나안 땅에 살던 사람들. 종교관의 차이 등으로 가나안에 정착한 히브리인(유대인)과 적대 관계가 된다.

바알제불
가나안 주변에서 모시던 폭풍과 단비의 신. 히브리인에 의해 사신으로 간주되어 현재는 악마 바알세불로 알려져 있다.

아드람멜렉
고대 이스라엘의 스발와임과 사마리아라는 땅에서 모시던 태양신. 인간을 제물로 바치는 의식으로 인해 유대교와 기독교에서는 악마로 취급받았다.

몰록
아프리카 대륙과 유라시아 대륙을 연결하는 시나이 반도에서 모시던 농경과 수확의 신. 말년에 솔로몬 왕도 모셨다. 신자들은 아이를 제물로 바치는 의식을 한 것으로 알려져 있다.

COLUMN 세계 각지에서 볼 수 있는 악마 빙의 사건

인간에게 빙의하는 것도 악마의 특징 중 하나다. 바알세불도 프랑스의 도시 랭에서 인간 소녀에게 빙의해서 마을을 시끄럽게 했다는 이야기가 남아 있다. 이러한 이야기는 세계 각지에 존재하는데, 예를 들어 프랑스에서는 다곤이라는 악마가 수녀에 빙의한 사건이 있었다. 이 악마는 나중에 크툴루 신화에 도입됐다.

225 백년전쟁

세계사상 보기 드문 장기 전쟁이 중세 유럽에서 발생했다. 바로 백년전쟁이다. 프랑스 왕국의 계승권을 둘러싸고 시작된 싸움은 각지의 영주까지 가세하여 큰 전쟁으로 발전했다.

국왕의 교체와 내란으로 전황이 수렁에

백년전쟁은 1337년부터 1453년까지 116년간 이어진 잉글랜드 왕국과 프랑스 왕국의 전쟁이다. 이 오랜 싸움이 시작된 계기는 프랑스 국왕 샤를 4세의 사망이다. 샤를 4세에게는 남자 후계자가 없었기 때문에 왕위는 사촌 동생인 필립 6세가 잇게 된 것이다. 이에 간섭을 한 것이 잉글랜드 국왕 에드워드 3세였다. 그는 샤를 4세의 조카인 자신이야말로 정당한 왕위 계승자라고 주장하고, 프랑스 왕국에 선전 포고를 하고 쳐들어갔다.

싸움은 당초 잉글랜드가 우세를 보이며 프랑스 국토의 절반을 점령했지만, 에드워드 3세의 사후에 프랑스가 반격하여 영토를 탈환했다. 그런데 이번에는 프랑스에서 프랑스 국왕파와 친잉글랜드파가 대립한다. 잉글랜드 측은 이 내란을 틈타 공세를 강화하여 프랑스 북부 일대를 점령하고 잉글랜드 왕이 프랑스 왕위를 겸임하는 잠정적 승리라고도 할 수 있는 상황을 얻어냈다.

프랑스의 열세를 뒤집은 것이 프랑스에 갑자기 나타난 영웅 잔 다르크이었다. 잔 다르크는 당시 잉글랜드군에 포위되어 궁지에 빠져 있던 도시 오를레앙을 해방시키는 데 성공한다. 기세가 오른 프랑스군은 랭스도 해방하고 프랑스 왕 샤를 7세의 대관식을 거행하여 왕위를 탈환했다. 그 후 잔 다르크는 잉글랜드군에 잡혀서 화형에 처해지지만 프랑스군의 공세는 멈추지 않았고, 1453년 보르도 공략으로 전란이 종식됐다.

잉글랜드와 프랑스 양국의 의지의 대립이라고도 할 수 있는 장기전 결과 프랑스의 국토는 황폐해졌고 양국 모두 크게 쇠퇴했다. 그나마 장점이라고 하면 제후의 세력이 약해짐에 따라 상대적으로 왕권이 강화된 것이며, 중앙집권화가 진행하여 국가로서 통합됐다는 점을 꼽을 수 있다.

관련용어

에드워드 3세
Edward III

1312~1377년. 백년전쟁을 시작한 잉글랜드 국왕. 재위 기간은 50년에 이르며 스코틀랜드를 제압하는 등 국내의 통제를 통해 잉글랜드를 강국으로 올려놓았다. 장남인 에드워드 흑태자도 우수한 장군으로 백년전쟁의 초반에 잉글랜드군의 공세를 지원했다.

샤를 7세
Charles VII

1403~1461년. 프랑스 국왕. 잔 다르크의 도움으로 즉위하여 프랑스군의 열세를 뒤집고 백년전쟁의 최종 승자가 됐다. 그 공적에서 승리왕이라고 불린다.

226 핀 막 쿨 Find mac Cumai

켈트 신화의 영웅으로 에린(아일랜드의 옛 이름)을 수호하는 피아나 기사단의 단장이다. 원래 발음은 핀 맥 쿠월이지만 핀 막 쿨로 통한다.

기사단의 전성기를 구축한 에린의 수호자

아버지는 피아나 기사단장 쿨 맥트렌모, 어머니는 누아다의 손녀 마나이다. 아버지가 단장의 자리를 노리는 골 막 모르너에 의해 죽었기 때문에 핀은 산에 숨은 채 두 명의 시녀에게 길러졌다. 뛰어난 사냥꾼으로 성장한 그는 여행을 떠나 솜씨를 닦고 마지막으로 드루이드(고대 켈트족 종교였던 드루이드교의 성직자) 휘니가스에 입문한다. 어느 날 핀은 지혜의 연어를 요리하라는 명령을 받고 요리하던 중 튄 기름에 화상을 입은 엄지손가락을 핥았는데, 엄지손가락을 핥자 지혜가 솟아나게 됐고 나아가 손으로 뜬 물로 병자와 부상자를 치료하는 능력을 얻었다.

그 후 핀은 에린의 상왕을 알현한다. 아버지에게 은혜를 입은 남자로부터 마법의 창을 받아 괴물 아이렌을 퇴치하고 피아나 기사단장이 된다. 당시의 기사단장 골은 얌전히 물러나지만 핀은 뛰어난 전사였던 그를 중용한다. 누구에게나 공정한 핀 아래에는 우수한 단원들이 모였고 전성기를 맞이한 기사단은 바이킹을 격퇴했으며, 거인 사냥이나 다넌 신족의 왕 기라 다카를 돕는 등 뛰어난 활약을 했다.

단원들과의 유대가 두터웠지만 핀은 말한 것은 반드시 실행했기 때문에 위험을 알면서도 궁지에 빠지기도 했다. 또한 의외로 뒤끝이 있어 오랜 세월 신뢰하고 노고를 함께한 디어머드 우어 두브너를 죽게 했다. 핀의 만년에 새로운 상왕 카이르브레Cairbre가 기사단을 적대시하여 기사단은 와해되고 전쟁이 일어났다. 카이르브레는 핀의 손자 오스카와 무승부였지만 싸움은 계속됐다. 핀은 주요 적을 죽이지만 전사하고 기사단도 종언을 맞이했다.

핀 막 쿨

관련용어

누아다
투 어허 데 다넌(다나 하나님 족)의 왕. 피르 볼그족과의 전투에서 승리하며 왕이 됐지만 나중에 거인 포모르 족의 발로르에 의해 죽었다.

지혜의 연어
떨어지는 지혜의 열매를 먹었던 연어. 열매에서 연어에게 지혜가 옮겨졌기 때문에 연어를 먹으면 지혜를 얻는다.

에린의 상왕
에린에는 얼스터, 코노트, 미드, 렌스터, 먼스터의 5개 소왕국이 있고 이들 위에 상왕 코르막 맥 에어트가 군림하고 있었다. 피아나 기사단은 상왕을 따르지만 평소에는 대장이 지휘하는 부대가 각국에 주둔하고 있다. 핀의 거점은 렌스터의 킬데어에 있었다.

COLUMN 핀의 삼각관계가 후세의 이야기에 깔려

디어머드는 핀의 아내가 될 그라니아에게 서약으로 묶여 사랑의 도피를 강요당한다. 나중에 핀과 화해하지만 경솔한 그라니아의 행동이 핀의 복수를 불러 디어머드는 사망한다. 몇 년 후, 결국 그라니아는 핀과 결혼한다. 〈트리스탄과 이졸데〉를 비롯한 비슷한 이야기는 이 이야기가 원형이라고 생각된다.

227 악의 꽃

〈악의 꽃〉이라고 이름 붙은 작품은 종종 볼 수 있지만, 그 원본은 보들레르의 운문 시집 〈악의 꽃Les Fleurs du mal〉(1857년)이다. 본 작품에서 그려진 절망은 '이제는 저주'라고 불린다.

출간과 동시에 출간 금지에, 벌금형까지

〈악의 꽃〉이라고 하면 먼저 떠오르는 것은 오시미 슈조押見修造의 만화 〈악의 꽃〉이다. 누계 발행 부수 300만 부를 돌파하며 애니메이션, 실사 영화로도 만들어진 인기 작품이다. 하지만 여기에서 소개하는 것은 이것이 아니다. 이 책의 주인공 카스가 타카오春日高男의 애독서 보들레르의 〈악의 꽃〉이다.

보들레르는 1821년 파리에서 태어난 프랑스의 시인이자 평론가이다. 문학에 뜻을 두고 널리 교류를 넓혔지만 의외로 그의 출발점은 미술 평론이었다. 매우 분방한 생활을 보냈으며 술과 마약에 빠져 46세에 사망한다. 그런 그가 유일하게 남긴 시집이 〈악의 꽃〉이다. 상징시의 선구자이자 날카로운 통찰과 교묘한 구성은 프랑스 근대시의 금자탑이며 최고의 걸작으로 칭송되고 있다.

본 작품은 우울과 이상, 파리 풍경, 술, 악의 꽃, 반항 그리고 죽음의 6장으로 구성되어 있으며, 장 이름에서도 생생히 그의 절망감을 느낄 수 있다. 물질에 사로잡혔으면서도 무한에 대한 동경을 품고 도시의 풍경이나 인물에 대한 공감을 얻고 취기에 위안을 찾아 파괴 충동을 기억하고 죽음에 희망을 맡긴다. 한 사람의 시인의 탄생에서 죽음에 대해 음악적이면서도 매우 논리적으로 전개하고 있다. 악마주의라고도 불리는 본 작품은 독자에게 강한 이야기를 드려준다.

본 작품에는 삭제된 시가 존재한다. 1857년에 발행된 초판은 반도덕적·반종교적이라는 이유로 기소되어 재판 끝에 6편을 삭제하고 제2판의 발행이 허락된다. 제2판에서는 새롭게 32편이 추가됐는데, 이것이 책의 절망을 더욱 깊게 했다는 견해도 있다. 본인에게는 불합리한 재판을 겪고 책을 완성했다고 생각하면 이 또한 아이러니이다.

관련용어

악의 꽃
오시미 슈조의 만화. 소년 매거진(코단샤)에서 2009~2014년에 연재됐다. 사춘기의 자의식과 절망, 성을 그린다.

샤를 피에르 보들레르
Charles Pierre Baudelaire
1821~1867년. 프랑스의 시인·평론가. 의붓아버지와 사이가 나빠 파괴적인 삶을 산다. 술, 마약, 빈곤으로 건강이 악화되어 1867년에 자선 병원에서 사망한다. 〈악의 꽃〉 외에 산문시와 미술 평론서를 남겼다.

상징시
직접적으로 주제를 표현하지 않고 암시적, 음악적 기법으로 표현한 시. 보들레르가 시조로 여겨지며 많은 시인에게 영향을 주었다.

COLUMN 사람의 질병을 아름답게 보는 악마주의

종교적 악마 숭배와는 또 다른 문학과 사상에서 볼 수 있는 주의의 하나. 퇴폐적이고 변태적인 생각으로 유미주의의 궁극이라고도 한다. 모든 것을 파괴하고 부정하고 인간의 어두운 면에 있는 추악함, 괴기, 공포를 그리고 그 안에서 아름다움을 찾으려고 한다. 보들레르와 오스카 와일드Oscar Wilde, 일본의 다니자키 준이치로谷崎潤一郎 등이 유명하다.

228 무한 원숭이 정리

고양이가 키보드 위를 걷다가 우연히 의미 있는 단어를 트위트하는 일이 가끔 있다. 그렇다면 원숭이도 끝없이 타이핑을 하다 보면 언젠가 작품이 완성되지 않을까?

이론은 맞다. 하지만 언제 끝나는 거야?

무한 원숭이 정리는 임의의 문자열을 계속 만들다 보면 언젠가는 완성된다고 하는 정리로, 무한을 상상함으로써 거대한 수를 취급할 위험성을 시사하고 있다.

예를 들어, 원숭이도 타자기의 자판을 언제까지고 적당히 두드리다 보면 셰익스피어의 작품을 나오게 할 수 있다는 것에서 이름 붙었다.

수학적으로 해석한다면 타자기의 자판이 100개 있다고 하면 gundam이라는 6문자를 칠 확률은 1조분의 1이 된다. 그러나 확률이 제로가 아닌 이상 엄청난 횟수를 시도하면 확률은 높아진다.

그냥 정말로 셰익스피어 작품 정도의 문자열을 친다고 하면, 그것이 나타나기까지 필요한 시간이 너무 방대하기 때문에 실제로는 완수할 수 없다. 하지만 이론적으로는 맞다는 것을 제시한다.

어디까지나 이론적으로 그렇게 된다는 수학 이야기였던 무한 원숭이는 각 방면에서 화제가 파생했다. 문학에서는 '그런 우연에 의해 예술은 태어나지 않는다', '아니, 텍스트가 같으면 같은 해석이다' 등 문학론으로도 발전했다. 가상의 원숭이에게 타이핑을 시키는 컴퓨터 프로그램으로 시뮬레이션을 하기도 한다. 실제 원숭이로 실험해 보니 결국 거의 'S'자형으로 이루어진 5페이지의 텍스트에 불과했지만, 여러 가지로 화제가 되고 있다.

덧붙여서 무한 원숭이의 기원 자체는 원숭이와 타자기 같은 단어로 비유를 하고 있는지의 여부는 별도로 하고, 관념 자체로 말하면 아리스토텔레스 시대까지 거슬러 올라간다고 한다.

관련용어

윌리엄 셰익스피어
William Shakespeare
1564~1616년. 영국의 극작가, 시인. 〈햄릿〉 등의 4대 비극을 비롯해 〈로미오와 줄리엣〉 등 수많은 걸작을 남겼다.

아리스토텔레스
Aristoteles
기원전 384~기원전 322년. 고대 그리스의 철학자로 플라톤의 제자이다. 다방면에 걸친 자연 연구 업적으로 만학의 아버지로 불린다. 4대 원소 개념도 그가 주장했다는 설이 퍼졌다.

호르헤 루이스 보르헤스
Jorge Luis Borges
1899~1986년. 아르헨티나의 소설가, 시인. 폭넓은 지식을 바탕으로 한 환상적인 단편을 다수 집필한 라틴 아메리카 문학의 거장이다.

COLUMN 엄청난 문자가 나열된 거대한 도서관

보르헤스의 단편 소설에 〈바벨의 도서관〉이 있다. 이 도서관은 상상을 초월하는 규모인데, 장서는 모두 동일한 포맷, 텍스트는 알파벳과 구두점으로만 구성되며, 게다가 대부분 의미 없는 문자가 나열되어 있다. 지나치게 카오스적인 서가 안에서 사서들이 생을 마감한다니, 무한 원숭이를 능가하는 광기이다.

229 폴리아나 증후군

미국의 베스트셀러 소설을 바탕으로 일본에서 텔레비전 애니메이션으로 방영된 〈시골소녀 폴리아나〉. 이 주인공 폴리아나에서 딴 심적 질환이 폴리아나 증후군이다.

지나친 긍정적 사고 질환

〈시골소녀 폴리아나〉는 아버지를 잃은 소녀 폴리아나가 고난을 극복하고 열심히 살아가는 이야기이다. 폴리아나가 사물을 긍정적으로 파악하는 '기쁨 찾기'는 특히 인상적이며, 이것이 바탕이 되어 야유적으로 '폴리아나 증후군'이라는 말이 생겨났다.

폴리아나 증후군은 사물의 좋은 면만을 보고 문제 해결에서 도망쳐버리는 정신질환을 말한다. 예를 들어 시험에서 불합격하면 '이번에는 너무 어려웠기 때문이야. 그래도 좋은 결과다', '얻은 것은 충분히 있었다'라고 자기를 정당화하고 만족하는 것이 폴리아나 증후군이다.

언뜻 긍정적으로 보이지만 실제로는 현실에서 도피하여 문제 해결을 외면하는 것에 지나지 않는다. 물론 불합격한 것을 끙끙 속상해하는 부정적인 생각도 좋지 않다. 반성과 향상심이 동반하지 않는 긍정적인 생각도 문제가 된다.

폴리아나 증후군은 가까운 곳에서도 종종 볼 수 있다. 만년 후보로 정식 선수가 되지 못한 선수가 '나는 충분히 노력했다'며 만족하거나 원치 않는 회사에 근무하는 사람이 '일자리가 있는 것만으로도 행복하다'고 스스로를 위로하거나 자신보다 더한 경우도 있다고 생각하고 안심하는 것도 전형적인 폴리아나 증후군이다.

폴리아나 증후군은 공식적인 의학명이 아니라 심리학에서 사용되는 용어이지만, 단순한 낙관주의와는 달리 상당히 심각한 문제이다. 폴리아나 증후군을 치료하려면 본인이 문제를 정면으로 마주대하는 수밖에 없다. 덧붙여서 이름의 유래가 된 폴리아나의 명예를 위해 말해 두자면, 그녀는 폴리아나 증후군이 아니라 어려운 현실을 극복하기 위해 긍정적으로 생각하고 강한 의지를 가진 소녀이다.

관련용어

시골소녀 폴리아나
하우스의 〈세계 명작 극장〉으로 1986년부터 방영된 텔레비전 애니메이션. 전 51화의 이야기로 구성된다.

긍정적인 생각
사물을 긍정적으로 받아들여 '반드시 좋은 일이 있을 거야'라고 생각한다. 반대로 사물을 비관적으로 생각하는 것이 부정적인 생각. 기본적으로 긍정적인 생각이 좋지만 지나치면 문제를 돌아보지 않는 폴리아나 증후군이 돼 버린다. 어느 정도 부정적인 생각도 겸비하는 것이 이상적이다.

COLUMN **〈시골소녀 폴리아나〉는 미국의 소설이 원작**

〈시골소녀 폴리아나〉의 원작은 미국의 작가 엘리너 포터가 쓴 〈소녀 폴리아나〉와 〈폴리아나의 청춘〉이다. 일본에서 애니메이션으로 만들면서 폴리아나의 연령을 낮추는 등 일부 내용이 각색됐다.

230 퉁구스카 대폭발

1908년 6월 30일, 구 러시아 제국령 중앙 시베리아 지역에서 대폭발이 일어난 사건. 원인에 대해서는 여러 설이 있었지만, 2013년이 되어서야 유력한 설이 등장했다.

오랫동안 수수께끼였던 러시아의 대폭발

사건이 일어난 것은 유명한 바이칼 호수의 북쪽을 흐르는 포트카멘나야퉁구스카강 상류. 폭발 중심지로 생각되는 위치에서 반경 15~30km권 내의 삼림이 불타고 폭풍으로 더욱 넓은 범위의 수목이 쓰러지고 1000km 떨어진 민가의 유리창이 깨졌다. 폭발로 생긴 버섯구름이 수백km 떨어진 지점에서도 목격됐고 1500km 떨어진 이르쿠츠크에서는 폭발에 의한 충격이 지진으로 관측됐다. 또한 폭발한 물체가 증발하여 대기 중으로 방출됐기 때문에 며칠 동안 밤에도 하늘이 밝게 빛나서 런던에서는 한밤중에 신문을 읽을 수 있을 정도였다고 한다.

이 폭발은 러시아 이외의 국가에서도 보도됐을 정도였지만 러시아가 혼란기였기 때문에 13년 후인 1921년에 첫 조사가 이루어졌다. 당초 원인은 운석이 낙하한 것으로 판단했지만 웅덩이가 발견되기는 했으나 운석 낙하를 나타내는 분화구와 운석의 파편 등이 발견되지 않았다. 때문에 혜성이나 소행성이 공중 폭발했다거나 지하에서 분출한 엄청난 가스가 폭발했다는 설 외에도 외계인의 우주선이 폭발했다는 이야기도 등장했다. 오컬트 방면에서도 주목을 받아 일본에서도 소설을 중심으로 수많은 작품에서 다뤘다.

사건으로부터 약 100년 후인 2007년 미국의 연구팀이 슈퍼컴퓨터로 해석한 결과를 발표했다. 운석은 이전에 생각했던 것보다 작으며 광범위한 피해는 공중 폭발에 의한 것으로 판명됐다.

2013년에는 우크라이나, 독일, 미국의 과학자 그룹이 이탄泥炭을 조사하여 당시의 지층에서 지구상에 거의 존재하지 않는 여러 종류의 광물을 발견했다. 이것이 운석의 파편으로 간주되어 '상식적인 범위'에서 사건은 해명됐지만, 정말로 운석의 파편인지도 모른다.

관련용어

공중 폭발
대기권에 돌입한 소행성이 공기 저항을 받아 압력 증가로 인해 일어나는 현상. 퉁구스카 운석은 기존의 가정보다 작았지만 발생한 음속을 넘는 고온 가스의 하강 기류에 의해 큰 피해가 있었다고 여겨진다. 이에 따라 소행성의 피해는 예상보다 크기 때문에 위협 판정 및 감시 체제를 재검토해야 한다는 지적이 있다.

분화구
원형의 분지와 주변 산맥으로 이루어진 지형. 주로 천체 충돌로 형성되는데, 폭탄이나 핵폭발 등에 의해서도 같은 지형이 형성된다.

COLUMN 하늘에서의 위험은 인식하는 것 이상

러시아에서는 2013년에 운석의 공중 폭발로 1200명이 넘는 부상자가 나왔다. 2019년 7월 25일에는 '2019 OK'라는 소행성이 지구에 이상 접근했다. 도시에 심각한 피해를 주는 크기임에도 전날까지 발견하지 못했기 때문에 문제가 됐다. 각국에서 감시를 강화하고 있지만 아직 완전히 막을 수 있는 상황은 아니라고 한다.

231 벨리알 Belial

벨리알은 사탄의 별명이라고도 하는 고귀한 악마이다. 악마로서의 능력은 다양한 곳에서 평가되고 있으며 루시퍼, 레비아탄 사탄과 어깨를 나란히 하기도 한다.

설전을 자랑하는 발칙한 귀공자

사악과 무가치를 가리키는 말로서 〈구약성서〉와 〈신약성서〉에 여러 번 등장하는 등 벨리알은 유대교와 기독교에서 악의 대명사격 존재이다. 〈게티아〉에서는 마신으로서 솔로몬의 72악마 중 하나로 꼽힌다. 그 모습은 고귀하고 아름다운 신사를 연상시키지만 허위와 속임수에 능한 추악한 영혼을 지녔다고 한다.

벨리알의 악행은 〈12족장의 유훈〉에서 확인할 수 있다. 그는 고대 이스라엘 유다 왕국의 14대 왕 므낫세에게 다가가 결국 그 영혼에 빙의한다. 금지된 우상 숭배를 부활시키고 신의 말씀을 왕과 이스라엘 백성에게 전하는 예언자 이사야를 살해하는 등 유대교의 교리에 반하는 수많은 악행을 저지른 외에 사해 부근에 있다고 알려진 소돔과 고모라에 갖가지 악을 만연시켰다. 이들 사건은 벨리알의 교묘한 화술에 의한 것으로, 우아하고 세련된 그의 말은 어떤 내용이라도 듣는 사람들을 매료시키고 선동해 버린다.

언변에 뛰어난 벨리알은 무려 예수 그리스도를 고소하기도 했다. 1382년에 기록된 것으로 알려진 〈벨리알의 책〉에 의하면 벨리알은 '예수는 바다의 바닥과 지옥을 포함한 모든 것을 지배하며 악마의 권리를 침해하고 있다'고 주장했다.

결국 양자 무승부라는 결말을 맞이한다. 정확하게는 예수의 무죄가 입증된 데다가 벨리알은 특별히 유리한 권익을 얻었다. 그것은 '최후의 심판에서 지옥으로 떨어지는 것에 대해 악마는 권위를 행사하여도 상관없다'는 것이다. 제한적이지만 악마들의 지배권을 인정하는 내용이었다.

〈벨리알의 책〉(1473년판) 삽화

관련용어

게티아
15~17세기에 만들어진 마도서 〈레메게톤〉을 구성하는 1권. 솔로몬의 72악마의 마신의 이름과 지위, 능력 등이 적혀 있다.

12족장의 유훈
유대교와 기독교의 〈구약성서〉의 정전, 외전에 포함되지 않은 문서 중 하나. 유대인의 선조 야곱의 12아들의 유훈이 적혀 있다.

소돔과 고모라
〈구약성서〉의 창세기에 등장하는 도시. 하나님에게 순종하지 않아 멸망했다.

종말
제 종교에서 볼 수 있는 종말론적 세계관. 기독교에서는 예수가 재림하여 모든 사자를 부활시켜 심판한다. 이때 천국에 가는 자와 지옥에 가는 자를 선별한다고 한다.

COLUMN 지옥에서 악마들의 역할

천사처럼 악마도 직함이나 계급이 있고 각각 맡은 역할이 있다. 마술서 〈그란 글리머아Grand Grimoire〉에 의하면 루시퍼, 바알세불, 아스타로토의 세 명이 지옥의 지배자라고 한다.

232 잔 다르크 Jeanne d'Arc

백년전쟁에 지친 프랑스에 갑자기 나타난 성녀 잔 다르크(1412~1431년). 그녀는 궁지에 몰린 프랑스를 구한 영웅이 되지만, 운명은 급전하여 비극적인 최후를 맞이한다.

잔은 왕에게 버림받은 영웅인가?

백년전쟁이 시작되고 약 90년이 경과한 1429년, 한 명의 여성이 프랑스 왕태자 샤를(샤를 7세)을 찾았다. 이 여성이 바로 잔 다르크이다. 샤를에게 인정받은 잔은 프랑스군을 이끌고 잉글랜드군에 포위되어 있던 오를레앙을 해방하고 랭스까지 길을 열어 샤를을 프랑스 왕에 즉위시켰다. 하지만 구국의 영웅이 된 그녀는 이후 원군으로 향한 곳에서 부르고뉴 공작에게 붙잡혀 잉글랜드군에게 넘겨진다. 그리고 종교 재판에 회부되어 화형에 처해진다.

열세에 있던 프랑스군을 재건하고 왕권을 회복시킨 공로자였던 그녀는 왜 그리 간단히 처형됐을까? 당시의 전쟁에서는 포로는 몸값을 대가로 풀려나는 것이 통례였다. 하지만 잔의 경우에는 협상에 임해야 할 샤를이 구체적인 협상에 나서지 않은 것으로 알려져 있다. 샤를은 자신을 국왕으로 밀어준 은인을 버린 것일까?

안토니오 모로시니의 〈연대기〉의 설명에 따르면 샤를은 부르고뉴공에게 '잔을 잉글랜드군에 인도하면 자신의 진영에 있는 포로에게도 같은 일을 하겠다'고 협박에 가까운 메시지를 보냈다고 한다. 또한 샤를의 부하 군인 라 이르가 실패로 끝났지만 잔의 탈환 작전을 시도했다는 사실도 있다. 이런 점을 고려하면 샤를이나 주위 사람들은 잔을 버리려고 했다고는 생각하기 어렵다. 프랑스군을 살린 잔을 꼭 처치하고 싶어 하는 잉글랜드의 의지가 샤를의 기대를 넘어선 결과가 비극으로 이어진 것이 아닐까.

잔의 죽음으로부터 20년 후, 샤를은 재판을 다시 하라고 명령하고 그녀의 이단 인정을 무효화하고 명예를 회복시켰다. 샤를이 잔의 죽음에 책임을 느꼈던 것은 확실한 것 같다.

잔 다르크의 미니어처

관련용어

라 이르 La Hire
1390~1443년. 백년전쟁에서 활약한 프랑스의 군인. 분노라는 뜻의 라 이르는 별명이고 본명은 에티엔 드 비뇰. 오를레앙 해방 전투에서 잔 다르크와 함께 싸우고 친구가 된다.

233 쿠 훌린 Cuchulain

에린의 소왕국 얼스터의 영웅. 쿠컬린이라고도 표기한다. 콘코바르(콘코바, 콘코와)왕의 여동생(딸이라고도 한다) 데히티네가 빛의 신 루로부터 하사받았다고 한다.

신의 핏줄을 이어받은 무적 전사

아명은 세탄타. 7살 때 구기球技에서 수많은 소년들을 압도하는 모습을 본 왕으로부터 연회에 초대받았다. 연회장인 저택에 뒤늦게 도착한 그는, 착오로 덮친 사나운 경비견을 맨손으로 순식간에 죽였다. 왕들이 칭찬하는 가운데 개를 잃어 소침해 있는 저택의 주인 클랜을 보고 '내가 동종의 개를 길러서 그것이 성장할 때까지 저택을 지키겠다'고 맹세했는데, 이후 쿠 훌린(클랜의 개라는 뜻)이라고 불리게 됐다. 이후 쿠 훌린은 어떤 영주의 딸 에메르와 서로 사랑하는 사이가 되지만, 그녀의 아버지 포갈로부터 무술 수행이 부족하다는 이유로 결혼을 거절당한다. 그 후 쿠 훌린은 그림자의 나라의 여전사 스카하크를 찾아가 뛰어난 신체 능력과 대담함으로 제자로 들어간다. 1년 남짓의 수행으로 마법과 전술, 무술을 습득하고 마법의 창 게 볼그Gáe Bolg를 하사받는다. 그는 곧 에메르에게 가던 중 포갈이 보낸 군사를 혼자서 격퇴한다. 포갈이 죽자 쿠 훌린은 에메르와 결혼하고 죽을 때까지 그녀를 사랑했다.

한편 청년 전사가 된 쿠 훌린의 싸우는 모습은 장편 서사시 〈THE TAIN〉에서도 그려진다. 코노트의 여왕 메이브가 얼스터 남부를 침공하는 이야기이다. 얼스터의 성인 남성이 여신 마하의 저주로 움직일 수 없는 가운데 17살의 쿠 훌린이 마부와 둘이 출격하여 전투 규칙에 의한 금기와 무용을 구사해서 얼스터를 승리로 이끈다. 귀신이라고밖에 할 수 없는 쿠 훌린의 맹활약은 꼭 봐야 한다.

마차를 타고 싸우는 쿠 훌린

관련용어

스카하크
Scáthach
예언이나 마술에 정통한 여전사. 7개의 성벽으로 둘러싸인 그녀의 저택은 무술 학교와 같은 것으로, 각국에서 입문을 원하는 젊은이들이 모여들었다.

게 볼그
Gáe Bolg
박히면 화살촉이 튀어나와 상처를 깊게 하는 마법의 창. 쿠 훌린은 오른발로 투척한다.

전투 규칙
전사들에게 몇 가지 규칙이 있고, 이를 무시하거나 어기면 재앙이 따른다고 한다. 쿠 훌린의 경우 보통은 달성하기 어려운 과제를 내고 '달성해야 앞으로 나아갈 수 있다'고 적에게 도전한다. 무시하고 나아가면 재앙을 당하므로 적군은 어쩔 수 없이 진로를 변경한다.

COLUMN 소중한 사람들의 목숨을 앗아간 게 볼그

수행 시절 쿠 훌린은 코노트 출신의 페르디아드와 우정을 키웠다. 또한 스승과 싸운 여전사 오이페을 항복시켜 교제하고 나중에 쿠 훌린의 아들 콘라가 태어난다. 그러나 무엇보다 명예와 서약을 존중하는 전사의 규정에 따라 둘 모두 게 볼그에 의해 죽게 되어 쿠 훌린은 깊은 슬픔에 휩싸인다.

234 쥘 베른 Jules Verne

19세기 프랑스의 작가이자 극작가. 변호사 자격을 갖고 있으면서 극작에 몰두하여 모험 과학 소설이라는 일대 장르를 구축했다. 공상을 향한 여로를 연 제일인자이다.

공상 과학 소설의 선구자

쥘 베른은 '지구의 신비'를 이야기한 선구자라고 할 수 있다. 다만 그것은 공상 속 이야기다. 19세기, 세상에는 지금보다 많은 미지의 영역이 존재했다. 그러던 중 그는 암흑대륙 아프리카를 〈기구를 타고 5주간〉에서, 북극을 〈네모 선장과 함께하는 쥘 베른의 미래세계 탐험〉에서, 남반구를 〈그랜트 선장의 아이들〉에서 그렸다. 〈80일간의 세계일주〉에서는 세계를 한 바퀴 돌았고, 〈해저 2만리〉에서는 심해를, 〈달나라 탐험〉에서는 달나라를 다뤘다. 일련의 모험 이야기는 아이들뿐만 아니라 어른들도 매료시켜 읽는 사람을 본 적도 없는 세계로 초대했다.

베른은 1828년 프랑스 서부에서 태어났다. 법률을 배우고 변호사 자격증을 땄지만 차츰 문학과 연극의 세계로 이끌린다. 그러던 중 잡지에서 연재하고 있던 〈기구를 타고 5주간〉이 큰 인기를 끈다. 과학·박물학의 지식을 살린 모험 과학 소설은 한 시대를 풍미하며 SF의 선구자로 자리 잡았다. 문학 분야를 개척한 베른은 과학에 관심이 강했던 것 같다. 작품에 등장하는 잠수함이나 우주 로켓, TV 등은 지금은 당연하지만 당시에는 실용화와는 거리가 먼 것들이었다. 과학 분야에서도 선견지명이 있었던 것이다.

많은 모험 소설을 그린 베른은 필시 여행을 좋아할 것 같은데, 그렇지는 않았던 것 같다. 그는 소년 시절 이국에 대한 동경에서 밀항을 기도한 적이 있었다. 그것에 실패했을 때 "이제는 환상 속에서만 여행을 할 거야!"라고 외쳤다던가….

〈해저 2만리〉

관련용어

암흑대륙
한때 아프리카의 속칭. 당시는 알려지지 않은 미개의 땅이었다.

기구
인류 최초의 하늘을 나는 탈것. 1783년에 몽골피에 형제가 성공한 최초의 유인 비행은 파리를 출발하여 25분의 짧은 여행을 했다.

COLUMN SF 작가의 선견지명

베른이 살던 19세기는 잠수함을 발명하기는 했었지만 실용화는 먼 얘기였고, 우주 로켓은 20세기가 되고 나서야 본격적인 개발이 시작됐다. 이러한 예언적인 작품을 그린 작가는 일본에도 있다. 데즈카 오사무手塚治虫이다. 〈우주소년 아톰〉에서 그린 발명품은 미래를 내다본 것들로 실용화되지 않은 것도 많다.

235 소수 素數

마음을 진정시키기 위해 소수를 계산하는 장면이 소설에서 가끔 나온다. 자신과 1밖에 약수가 없는 숫자 소수에 인류는 왜인지 매료되는 것 같다.

섹시와 슈퍼도 있다, 매혹의 숫자?

소수의 정의 자체는 간단하다. 1보다 큰 자연수 중에서 1과 자신으로밖에 나눌 수 없는 숫자이다. 구체적으로 나열하면 2, 3, 5, 7, 11, 13, 17, 19, 23, 29, 31, 37, 41, 43, 47, 53, 59, 61, 67, 71, 73, 79, 83, 89, 97, 101, 103, 107, 109…가 되고 소수는 무한하게 존재한다. 언뜻 규칙성이 없어 보이지만, 소수에서 짝수인 것은 2뿐이며 2, 5 이외의 소수는 1의 자리가 1, 3, 7, 9가 된다는 특징이 있다.

소수의 개념 자체는 고대 그리스에서도 연구 대상이었던 것으로 보아 당시에도 존재 자체에 대해서는 알고 있었을 것이다. 소수를 찾는 방법도 고대 그리스의 에라토스테네스가 고안했다고 알려진 '에라토스테네스의 체'라는 방법이 전해지고 있다. 절차는 ① 2부터 지정한 수 x까지의 정수를 오름차순으로 넣은 목록을 만든다. ② 리스트의 첫 번째 수를 소수 목록에 넣고 그 배수를 원래 목록에서 제거한다. ③ 제거한 원래 목록의 첫 번째 값이 x의 제곱근(√)에 도달할 때까지 반복한다. ④ 원래 목록에 남은 숫자를 소수 목록으로 이동하고 종료한다.

인류는 그런 소수에 왜 매료되었는지를 짐작할 만한 특수한 소수가 여러 가지 있다. 차이가 2인 두 소수 쌍둥이 소수, 차이가 4인 두 소수 사촌 소수, 차이가 6인 두 소수 섹시 소수, 소수의 수열에서 소수 번째 소수 슈퍼 소수 등 쓸데없이 많다. 또한 1970년대에 소수를 암호 알고리즘에 사용할 수 있는 것으로 알려지게 됐고, 현재는 계산으로 구하기 어려운 자릿수가 많은 소수의 중요도가 높아지고 있다.

관련 용어

에라토스테네스
기원전 275~기원전 194년. 헬레니즘 시대의 이집트 학자. 지구의 크기를 처음으로 측정했고, 소수 판정법 '에라토스테네스의 체'를 고안하는 등 수학과 천문학에 큰 업적을 남겼다.

쌍둥이 소수
차이가 2인 소수의 쌍을 말하다. 오름차순으로 (3, 5) (5, 7) (11, 13) (17, 19) (29, 31)…이 된다. 쌍둥이 소수가 무한히 존재하는지는 아직 알 수 없지만 무수히 많을 것으로 추측된다.

슈퍼 프라임
소수의 수열에서 소수 번째 소수. 예를 들어 11은 5번째 소수이고 5는 소수이므로 11은 슈퍼 소수가 된다. 오름차순으로 3, 5, 11, 17, 31, 41, 59…가 된다.

COLUMN 소수 같으나 조금 다른 행운의 숫자

소수와 비슷한 방식으로 선택되는 숫자에 행운 수가 있다. 도출 방법으로는 먼저 자연수의 수열에서 2n번째(짝수)를 제거한다. 여기서 두 번째 숫자 3이 행운의 수가 되고 3n번째 수를 제거한다. 이번에는 세 번째의 7도 행운의 수가 되어 일곱 번째 수를 제거한다. 이렇게 생긴 1, 3, 7, 9, 13, 15, 21, 25, 31, 33…이 행운 수의 수열이 된다.

236 트라우마 trauma

트라우마라고 하면 '나쁜 기억' 정도로 이해하고 있는 사람도 많을 것이다. 트라우마는 외상 후 스트레스 장애로 정신이 손상되는 어엿한 병이다.

기억할 때마다 심신 이상이 나타나는 병

트라우마는 불쾌한 경험을 하거나 정신적으로 충격을 받으면 발생한다. 학대와 괴롭힘을 당한 사람 또는 범죄나 사고·재해를 당한 사람 등에서 특히 자주 나타난다. 이러한 체험에 의해서 마음을 다쳐 기억할 때마다 불쾌한 기분이 들고, 경우에 따라서는 몸 상태가 나빠지기도 한다. 이것이 트라우마이다.

비교적 가벼운 트라우마라면 자연히 잊혀지지만 심한 경우는 좀 심각하다. 싫은 기억을 떠올리고 싶지 않기 때문에 원인이 된 사람이나 장소를 극단적으로 피하거나 비슷한 사람과 장소도 싫어하게 된다. 이러한 상태가 1개월 이상 지속되면 PTSD(외상 후 스트레스 장애)로 진단받는 경우도 있다.

한편, 일각에서는 조금 싫은 충격을 받은 정도의 의미로도 사용된다. 트라우마 드라마 내지 트라우마 애니메이션 등이 그 하나이다.

예를 들어 후지코 후지오 A 씨 원작의 〈웃는 세일즈맨〉은 대표적인 트라우마 애니메이션이다. 주인공인 모구로 후쿠조喪黒福造에게 '새벽'을 선고받은 손님이 비참한 말로를 걷는 블랙 유머는 때로는 파멸적 섬뜩함을 느끼게 한다. 아무것도 모르는 어린아이가 후지코 후지오의 작품을 본다면 정말 트라우마가 될지도 모른다. 이외에도 호러나 그로테스크한 묘사 등 트라우마 작품은 많다.

실제로 이러한 작품은 충격적인 장면이 머리 속을 떠나지 않고 떠올라 기분이 나빠지기도 한다. 정말 트라우마가 되지 않도록 '시청제한' 작품은 주의해서 봐야 할 것이다.

관련용어

범죄와 사고·재해
한신 아와지 대지진과 동일본 대지진 등의 재해 후 트라우마가 생긴 사람이 많다. 그 외에 전쟁터에서 돌아온 군인 중에서 충격을 호소하는 사람이 많다.

후지코 후지오 A
만화가. 원래는 후지코 F 후지오와 손잡고 후지코 후지오로 활동했지만, 1987년에 해체했다. 대표작은 〈닌자 핫토리군〉나 〈괴물군〉 등

웃는 세일즈맨
후지코 후지오 A 씨의 원작 만화. 마음의 틈새를 채우는 모구로 후쿠조喪黒福造를 블랙 유머로 그린 작품. 1989년 애니메이션으로 제작되면서 현 제목으로 변경되었다.

COLUMN 트라우마 작품은 칼리굴라 효과가 목적?

트라우마 작품이라고 하면 오히려 어떤 것이 있을까 하고 관심이 생기지 않을까? 이 무서운 것을 보고 싶어 하는 심리를 칼리굴라 효과라고 부른다. 하면 안 된다는 말을 들으면 더 하고 싶어지는 심리이다. 단순히 못보게 하는 것보다 트라우마가 될 거라고 말하는 편이 칼리굴라 효과가 큰 것은 납득된다.

237 염력

물건 등에 손을 대지 않고 염력만으로 물체를 움직이는 능력. 염동력이라고도 하고 psychokinesis를 줄여서 PK라고도 한다.

염력으로 숟가락을 구부린다!?

자신의 염력만으로 물건을 공중에 띄우거나 이동시키는 사이코키네시스psychokinesis. 텔레파시와 투시, 사이코메트리 등과 함께 애니메이션이나 만화에서는 단골 소재로 등장하는 초능력의 하나이지만, 이러한 능력은 결코 허구 속에만 존재하는 것은 아니다.

왜냐하면 실제로 사이코키네시스를 사용할 수 있다고 주장하는 사람들이 존재한다. 그중 가장 유명한 인물이라면 숟가락 구부리기로 친숙한 유리 겔라Uri Geller이다. 그는 1984년 한국을 방문해 수많은 TV 프로그램에 출연했다. 염력으로 숟가락을 구부리는 기술을 선보여 큰 화제가 됐다. 또한 TV 화면을 통해 염력을 보내서 멈춰 있는 시계를 움직일 수 있다고도 주장했다. 방송이 나가는 동안 실제로 시계가 움직이고 있다는 제보가 잇따랐다. 이렇게 유리 겔라는 한국에 초능력 붐을 일으켰다.

일본에서도 이 붐을 타고 다양한 초능력 소년들이 출현했다. '에스퍼 키요타'도 그중 한 명으로 그는 어려서부터 염력으로 전기를 켜고 끌 수 있었다고 하며, 유리 겔라 같은 숟가락 구부리기를 선보이며 텔레비전에서 인기를 끌었다.

그런데 이후 한 주간지에서 숟가락 구부리기가 속임수라고 폭로한 기사를 게재했다. 또한 TV의 검증 프로그램에서도 속임수라고 보도되면서 붐은 사그라들었다. 미디어에서 인기를 끌던 초능력 소년들도 무대에서 사라졌다. 그런 가운데, 유리 겔라만은 지금도 무대에 서서 여전히 숟가락 구부리기를 선보이며 인기를 얻고 있다. 비록 사기라는 말을 듣지만 흔들리지 않고 활동을 계속 하는 정신력이야말로 그가 가진 최대의 초능력이라고 할 수 있겠다.

관련용어

사이코메트리
물질에 남겨진 주인의 기억을 읽을 수 있는 능력을 말한다. 미국의 과학자 제임스 뷰캐넌이 제창한 용어로, 영미에서는 사이코메트리를 이용해서 범죄 현장의 유류품에서 범인이나 피해자의 행방을 찾는 시도도 이루어지고 있다.

숟가락 구부리기
손에 든 숟가락을 문지르거나 흔들어서 구부리는 기술. 일단 염력으로 구부린다고 알려져 있으며, 초능력(사이코키네시스) 중 하나로 여겨진다. 유리 겔라가 선보이며 널리 알려지게 됐고 한때 전국에서 숟가락 구부리기에 도전하는 사람들이 속출했다. 실제로 구부린 사람도 나타나는 등 약간의 사회 현상이 되기도 했다.

COLUMN 최강의 PK 능력을 가진 소녀

소설 작품에서는 사람을 들어 올리거나 바위를 부수는 등의 강력한 사이코키네시스 명수가 등장하지만, 그에 필적하는 힘을 가졌다고 여겨진 것이 소련의 니나 쿨라기나이다. 그녀의 PK 능력은 생물의 심장을 멈추게 하는 것으로, 실제로 개구리를 사용한 시험에서 정말로 심장을 정지시키게 했다고 한다.

238 릴리트 Lilith

일반적으로 악마로 알려진 릴리트는 실은 최초의 인간인 아담의 아내였다는 설도 있다. 이것이 사실이라면 릴리트는 인류의 어머니가 될 것이다.

부부 싸움 끝에 악마로 변한 여성

릴리트는 신생아를 날치기해서 죽이는 여성형 악마이다. 내력에 대해서는 확실하지 않지만, 원래 여신이었으나 악마로 변모한 것으로 알려져 있다. 일찍이 모계사회에서는 밤과 달 등 음陰이 중요하게 여겨졌으며 릴리트는 여신으로 간주됐다. 그런데 낮과 태양 등을 축으로 한 유대교, 기독교 등의 부계사회로 전환되자 그녀는 밤의 악마로 몰리고 말았다.

그것과는 별도로 아담의 아내 릴리트가 악마로 바뀌었다는 설도 있다. 〈구약성서〉의 창세기에는 이브 이전에 여성이 창조되었다고 볼 수 있는 부분이 있는데, 여기에서 최초의 여성이 릴리트라는 전설이 생겼다. 아담의 아내가 된 그녀는 매일 100명의 아이(릴린)를 낳았는데, 어느 날 남편과 싸우고 에덴동산을 떠난다. 그 후 중재하러 찾아온 세 명의 천사가 '아담에게로 돌아가지 않으면 릴린을 매일 죽이겠다'고 위협했는데 이를 거절해서 악마가 됐다고 한다.

게임이나 애니메이션에서 이브가 아니라 릴리트라는 여자가 아담의 아내로 나오는 것은 이 설에서 유래한다. 덧붙여서 악마로서의 릴리트는 신생아를 해치고 남자를 타락시키는 음란한 마귀로 알려져 있다. 이것은 메소포타미아의 악령 릴리트와 아르닷 릴리Ardat-lilī 등의 전설을 바탕으로 하며, 릴리트가 뱀과 결부되는 것도 여기서 기인한다. 또한 릴리가 밤을 의미하는 것에서 〈이사야서〉에서는 밤의 마녀라고 불리는 외에 올빼미와 박쥐 등 야행성 동물과 연관지어 그들을 거느린 모습으로 그려지는 경우도 많다.

〈릴리트〉

관련용어

릴린
아담과 릴리트 사이에 태어난 아이로 인류의 시조가 된다. 사탄과 릴리트의 아이라는 설도 있는데, 이쪽은 악마 릴린으로 유명하다.

릴리트
메소포타미아에 전해지는 귀신. 출산을 하다가 목숨을 잃은 여성의 영혼으로 부모를 죽이고 아이를 먹는다.

아르다 릴리트
Ardat-lilī
메소포타미아에 전해지는 악마. 결혼하지 못하고 죽은 여자의 영혼으로 남녀 불문하고 모든 수단을 가리지 않고 결혼을 방해한다.

COLUMN 릴리트와 동일시되는 악마

아담을 떠나 악마가 된 릴리트는 민간 전설에 등장하는 여성형 악마 서큐버스와 동일시된다. 이 악마는 남성을 유혹해서 성관계를 하고 수집한 정액을 사용하여 다른 여성에게 아이를 낳게 하는 것으로 알려져 있다. 덧붙여서 인큐버스라는 남성판 악마도 존재하지만, 모두 같은 악마로 모양을 바꿀 뿐이라고 알려져 있다.

239 블라드 3세 Vlad Ⅲ

발라히아 공국의 군주 블라드 3세(1431~1476년)는 몇 번이나 적국의 침략을 막아내고 통치 능력도 뛰어난 군주였지만, 적이나 죄인에게 너무 가혹하여 전설의 존재가 됐다.

적군의 전의를 상실케 한 블라드 3세의 잔학성

블라드 3세는 발라히아 공국을 통치한 군주로 강대한 오스만 제국의 침공을 몇 번이나 막아낸 영웅이다. 하지만 이러한 실적보다 드라큘라 공작 또는 가시 공작이라는 무서운 별명이 일반적으로 더 유명하다.

우선 드라큘라 공작이라고 불린 이유는 아버지 블라드 2세가 드래곤 기사단에 소속되어 있었기 때문이며 드라쿨(용을 의미한다. 드래곤 공작)이라고 불리던 것에서 기인한다. 블라드 3세는 그의 아들이기 때문에 드래곤의 아들이라는 뜻의 도라큘레아(영어로 드라큘라)라고 불리게 됐다. 본인도 이 별명이 마음에 들었는지, 자필 서명에 블라드 드라큘레아라고 적은 것이 남아 있다.

또 하나의 별명인 가시 공작은 블라드 3세가 적국의 병사와 범죄자를 처형할 때 꼬챙이에 꿰어 죽였던 것에서 유래한다. 당시 꼬챙이 형벌은 신분이 낮은 사람에게 행해지는 형벌로 블라드 3세처럼 귀족조차 가차 없이 꼬챙이에 꿰는 사람은 없었다고 한다. 가시형의 위압감은 엄청났는데, 한 싸움에서는 발라히아에 공격해 들어간 오스만 제국군은 이전 전투에서 붙잡힌 병사들이 모두 꼬챙이에 꿰어 있는 모습을 보고 전의를 상실하고 철수했다.

이처럼 잔혹함으로 명성이 자자했던 블라드 3세는 후세의 소설가 브램 스토커에게 영감을 주어 소설 〈흡혈귀 드라큘라〉의 모델이 됐다. 과거 적군을 두렵게 한 가시 공작은 현대에서는 대표적인 뱀파이어로 활약 중이다.

블라드 공작의 꼬챙이 형벌 모습

관련용어

발라히아 공국
14세기부터 19세기에 걸쳐 현재의 루마니아 남부에 있던 공국

브램 스토커
Bram Stoker
1847~1912년. 아일랜드의 소설가. 가시 공작 블라드 3세를 모델로 뱀파이어를 창조하고 괴기 소설 〈흡혈귀 드라큘라〉를 집필했다. 또한 블라드 3세 자신에게는 잔인함을 보여주는 일화는 많지만, 뱀파이어와 흡혈 행위에 관련된 에피소드는 존재하지 않는다.

COLUMN 젊은 여성의 피를 좋아한 무서운 흡혈 부인

블라드 3세처럼 뱀파이어 전설의 모델이 된 인물 가운데는 정말 뱀파이어가 아니었을까 의심되는 에피소드가 있는 사람도 있다. 그 대표격이 헝가리 왕국의 귀족, 엘리자베스 바토리이다. 그녀는 어린 딸을 납치해 고문기구로 피를 짜 뒤집어 쓴 피의 백작부인이라고 불린 여성이다.

240 베오울프 Beowulf

영국 최고의 서사시 〈베오울프Beowulf〉의 주인공. 예탈란드(스웨덴 남부)에서 데인(덴마크)에 걸쳐 괴물과 용을 퇴치한 이야기가 전해진다.

괴물과 용을 퇴치한 스웨덴 용사

예탈란드의 히엘릭 왕을 섬기던 용사이다. 어렸을 때 데인의 흐로스가르 왕이 늪의 괴물 그렌델로 인해 12년이나 고생하고 있다는 얘기를 듣고 14명의 힘 센 남자들과 도와주러 갔다. 강력함을 자랑하는 그렌델이 맨손으로 나타나자 베오울프도 맨손으로 맞섰다. 괴력으로 팔을 잡아비틀어서 물리치지만, 다음 날 흐로스가르 왕의 총신이 그렌델을 낳은 수마에게 납치된다. 베오울프가 늪에 도착하자 총신은 이미 사망했지만 늪에 뛰어들어 수마와 격투전을 벌였다. 힘에서 밀렸으나 그곳에 있던 고대의 대검으로 물리쳤다.

그 후 전쟁에서 히엘릭 왕이 사망하고 뒤를 이은 왕자도 전사하자 친족이었던 베오울프가 왕이 되어 50년이 흐른다. 이 즈음 용이 사는 해변의 무덤에서 보물을 훔친 사람이 있어 성난 용이 도시를 덮쳤다. 나이 든 왕 베오울프는 용을 토벌하러 나선다. 동행한 부하들이 무서워 도망치는 가운데 친척인 위글라프와 함께 무덤에 발을 딛는다. 그런데 혼신의 힘으로 휘두른 칼은 용의 딱딱한 피부를 찌르지 못했고, 게다가 그의 강력함에 견디지 못해 부러졌다. 베오울프는 용에 물려 중상을 입지만 오히려 용을 세게 졸라 움직이지 못하게 하고 위글라프가 단검으로 부드러운 배를 공격한다. 베오울프는 단검으로 기가 죽은 드래곤의 숨통을 끊지만 용의 독에 의해 그도 숨졌다. 게임 등에 등장하는 불을 뿜어 보물을 지키는 용은 이 이야기에 나오는 용이 기원이다. 베오울프의 이야기는 현대에도 살아 숨 쉬고 있는 것이다.

베오울프

관련용어

예탈란드
스웨덴 남부에 있는 10개 지방을 말한다. 노르웨이와 덴마크를 포함하며 지역 사람들은 노르만인이라 불리는 북방계 게르만족으로 바이킹이 두려워한 것으로 알려져 있다.

그렌델
성경에 등장하는 카인의 후예라고도 알려진 괴물. 흐로스가르 왕은 늪 근처에 화려한 저택을 세우고 매일 밤 연회를 열었다. 그렌델은 이 소란에 화가 나서 저택을 덮쳤다고 한다.

용
왕가가 보물을 숨긴 무덤에 들러붙어 살고 있다. 불을 토하고 하늘을 날지만, 이른바 사족의 용이 아니라 벌레라 불리는 큰 뱀 같다.

COLUMN 베오울프에게서 보이는 당시 전사의 가치관

맨손으로 괴물과 격투를 벌이거나 둘이서 용에 맞서는 등 베오울프의 무모함이 눈에 띄는데, 이것은 당시의 가치관에 의한다. 북유럽 신화에 '전사한 용사는 발할라로, 수명과 질병으로 죽은 자는 지옥으로 보내진다'고 돼 있어 용감하게 싸우다가 쓰러지는 것이 전사에게는 최고의 영예였다. 죽어서도 이름을 남기는 활약상을 가장 중요하게 여겼다.

241 이상한 나라의 앨리스

매력적인 캐릭터, 이상한 세계관, 머릿속에 남는 표현. 지금도 많은 사람들을 매료시키는 아동 문학 〈이상한 나라의 앨리스〉가 탄생한 계기는 어떤 소녀의 부탁이었다.

지금도 확산되는 앨리스 월드

문학 작품으로는 물론 주인공 앨리스의 존재를 모르는 사람은 없다고 해도 과언이 아닐 것이다. 창작의 모티브는 물론 심리학에서는 앨리스 콤플렉스로, 의학계에서는 앨리스 증후군이라는 이름이 사용될 정도로 앨리스의 존재는 전 세계에 퍼져 개념처럼 자리 잡았다.

황당무계하고 초현실적이며 불합리한 내용의 이 이야기는 어떤 세 자매가 졸라서 즉흥적으로 만들어졌다고 한다. 앨리스의 이름은 그중 한 명인 앨리스 리들에서 취했다. 원안인 〈앨리스의 지하세계 모험〉은 그녀들의 소원으로 책으로 만들어져 극찬을 받으며 출간됐다. 그리고 자매작인 〈거울나라의 앨리스〉가 탄생했다.

더운 여름날, 정원에서 놀던 앨리스는 시계를 손에 든 토끼를 쫓다가 이상한 나라에서 길을 헤맨다. 그곳은 사람처럼 말을 하는 동물들과 트럼프 카드, 먹으면 키가 작아지거나 커지는 버섯과 음료수, 담배를 피우는 애벌레 등 신비한 물건과 생물들로 가득하다. 이상한 생물들은 분명 이상한데, 어딘가 웃음이 터진다. 교훈적인 이야기가 많았던 아동 문학에 새로운 바람을 불어 넣었는데, 세상에 내놓을 마음이 없었던 즉흥적인 이야기였기 때문일 것이다. 원래 저자 루이스 캐럴은 옥스퍼드 대학의 수학 강사로 수학 관련 저서도 많이 남아 있다. 성직자 자격도 있고 아마추어 사진작가의 선구자답게 다양한 취미를 가진 교양인이다. 그런 그의 이야기에는 여기저기에 수수께끼가 숨어 있어 사람들의 뜨거운 시선을 모으고 있다. 앨리스가 태어난 지 150년이 지난 지금도 앨리스의 세계는 확산되고 있다.

〈이상한 나라의 앨리스〉 삽화

관련용어

앨리스 콤플렉스
로리타 콤플렉스의 일종. 특히 7세부터 12세 무렵의 소녀에 대해 성적인 호의를 갖는 경향을 말한다. 어디까지나 속칭이며 학술적인 것은 아니다.

앨리스 증후군
자신의 몸과 주변의 물건이 실제와는 다른 크기로 보이고 얼굴과 형태가 일그러져 보이거나 소리가 크게 들리는 등 오감의 인지가 어긋나는 제 증상을 말한다. 급성 발열이나 약물 부작용 등 원인은 여러 가지여서 명확하지 않다. 대부분은 어린 아이에게서 일어난다.

수학
수학자인 캐럴이 좋아하는 숫자가 있었다. 그의 경우는 42였는데, 그래서인지 〈이상한 나라〉, 〈거울나라〉 모두 12장 구성에 42장의 삽화가 들어 있다.

COLUMN 전설의 앨리스 매니아

앨리스는 문학뿐만 아니라 회화, 삽화, 영화, 만화 등 다양한 분야에서 활약하고 있는데 학술계에서도 반응이 뜨겁다. 미국의 수학자 마틴 가드너도 그 연구자 중 한 명이다. 그는 이 작품을 철학·문학·수학·논리학 등 모든 학문에서 해설한 〈주석붙인 앨리스〉를 출판했다. 죽기 직전까지 주석을 업데이트했다.

242 나비효과 butterfly effect

단 한 마리의 나비의 날갯짓이 멀리 떨어진 곳의 기상에 큰 영향을 미친다. 어디까지나 비유적인 표현이지만 그런 혼란은 분명히 존재한다.

계산은 맞는데 오차가 큰 카오스

나비효과는 에드워드 로렌츠의 강연 제목 '브라질에 사는 나비 한 마리의 날갯짓이 텍사스주에서 토네이도를 일으키는가?'에서 유래한다. 아주 사소한 변화를 주면 그 결과가 크게 달라지는 현상을 말한다.

1961년 로렌츠는 컴퓨터에서 날씨, 예측 프로그램을 실행하고 '0.506127'을 입력했을 때와 '0.506을 입력했을 때 둘의 계산 결과가 전혀 다른 상황에 직면한다. 여기에서 그는 초깃값의 근소한 차이(초깃값의 차이가 시간이 지날수록 무시할 수 없는 큰 차이가 된다)가 추후 예상하지 못한 엄청난 결과로 이어진다는 사실을 알았고, 이를 연구 결과로 발표했다. 이러한 복잡한 행동을 나타내는 현상을 다루는 이론을 혼돈이론이라고 하고, 로렌츠는 이것을 일반적으로 확산하기 위해 나비효과butterfly effect라는 말을 사용했다. 덧붙여서 로렌츠가 발표한 로렌츠 방정식이 만들어내는 집합은 딱 나비 모양을 하고 있다.

어디까지나 비유이니 만큼 정말 나비의 날갯짓으로 토네이도가 발생하는 일은 있을 수 없다. 그러나 현대의 기상 예보에서는 나비효과로 인해 장기의 날씨를 예측할 수 없는 것은 확실하며 상세한 예보는 2주일이 한계라고 한다. 장기 예측의 경우 초깃값을 바꾸어 여러 차례 계산을 해서 평균을 취함으로써 정확도를 높이는 앙상블 예보ensemble forecast를 채용하고 있다고 한다.

덧붙여서 허구의 세계에서는 매우 작은 사건에서 비롯된 인과관계가 큰 결과로 이어진다는 나비효과의 개념은 많은 작품에서 볼 수 있다.

관련용어

에드워드 로렌츠
Edward Lorenz
1917~2008년. 미국의 기상학자. 컴퓨터 시뮬레이션을 하던 중 나비효과를 발견한다. 기상학자이지만 수학적 탐구를 계속했다.

혼돈이론
chaos theory
역학계에서 볼 수 있는, 오차로 인해 예측할 수 없는 복잡한 모습을 나타내는 현상을 다룬다.

로렌츠 방정식
로렌츠가 제시한 비선형 상미분 방정식으로 카오스적인 행동을 보인다. 3개의 상수 p=10, r=28, b=8/3일 때 나비 모양의 궤적을 나타낸다.

COLUMN 일본판 나비효과

'바람이 불면 통장수(통을 파는 사람)가 돈을 번다'는 일본의 속담 역시 상관없는 곳에 영향을 미친다는 것을 비유한 것이다. 바람이 거세면 흙먼지가 일고, 흙먼지가 눈에 들어가 눈병을 앓아 장님이 늘어난다. 그러면 장님이 사용하는 샤미센의 수요가 늘어 샤미센의 재료인 고양이가 많이 죽는다. 고양이가 줄어들면 쥐가 늘어난다. 쥐는 통을 갉아 때문에 통 수요가 늘어난다는 것.

243 스톡홀름 증후군

현대사회에서 PTSD(외상 후 스트레스 장애)라는 말이 일반적으로도 알려지게 됐다. PTSD의 하나로 스톡홀름 증후군이 있다.

인질이 범인에게 호의를 갖는다?

1973년 8월 23일 스웨덴 스톡홀름에서 은행 강도 인질 사건(노르말름 광장 강도 사건)이 발생한다. 범인인 올슨이라는 남자는 은행 직원 9명을 인질로 잡고(당일에 그중 5명은 풀려남) 경찰에게 현금과 은행 강도 혐의로 복역하고 있던 그의 친구 오로후손의 석방 등을 요구했다. 몇 차례의 협상이 있은 후 28일 밤, 경찰은 최루가스를 사용한 강경책을 취해 범인을 체포한다. 인질들은 큰 부상을 입지 않았고 사건은 무사히 해결됐다.

그런데, 사건 해결 후 인질들을 수사하다 보니 인질이 경찰에게 총을 겨누거나 범인들에게 협력하고 경찰에게 적대 행동을 보인 것으로 확인했다. 이런 연유에서 갑자기 인질이 되어 죽음을 각오한 사람이 범인의 작은 친절에 감사하고 심리적 유대를 갖는 것을 스톡홀름 증후군이라고 부르게 됐다.

다만 미연방수사국의 조사에 따르면 스톡홀름 증후군 사례는 약 8%로 많지는 않다. 더 말하면, 원래 범인에게 살해되지 않기 위해 피해자가 자신을 범인의 주장에 부합시키고 때로는 공감하고 범죄 행위에 정당성을 찾으려고 하는 것은 당연한 생존 수단이므로 어디까지가 진짜 PTSD인지는 외부에서는 판단하기 어렵다.

이 말이 세간에 널리 알려진 것은 드라마나 영화 등에서 자주 등장하기 때문이다. 미디어에서는 이러한 심리적 유대를 '호의를 가졌다'고 확대 해석해서 표현하는 일이 많다. 이것은 픽션이니까 허용되는 것이지, 실제로 인질 사건 모두에 적용하면 확실히 해석의 차이가 생긴다.

관련용어

PTSD
외상 후 스트레스 장애. 전쟁, 폭력, 범죄, 재해나 사고 등 강한 충격으로 인해 심적 타격을 받아 불쾌한 기분을 느끼거나 컨디션 난조가 되는 상태가 오래 지속되는 마음의 병을 말한다.

스톡홀름
북유럽의 베니스라 불리는 멋진 경관을 자랑하는 스웨덴의 수도. 스톡홀름 증후군의 어원이 된 은행 강도 사건은 노르말름 광장 신용은행에서 일어났으며 건물은 현존하고 있다.

미연방수사국
미국 경찰기관의 하나로 FBI라는 이름으로 알려져 있다. 본부는 워싱턴 D.C.이다. 국내 치안 유지를 담당하고 있으며, 광역 사건이 일어나면 지자체 경찰에서 FBI로 수사 주체가 바뀐다.

COLUMN 여고생 유괴 사육 사건

일본에서 스톡홀름 증후군의 사례로 유명한 것은 여고생 새장 조류 사건이다. 1965년 11월 중년 남자가 여고생을 길에서 납치, 감금했다. 소녀는 당초 범인을 무섭다고 생각했지만, 점차 불쌍한 사람이라고 느끼고 연애 감정이 싹터 이상한 동거로 발전한다. 이 사건을 그린 논픽션 영화가 〈완전한 사육〉이다.

244 텔레파시

말, 몸짓, 표정 등 정상적인 수단에 의하지 않고 생각과 감정 등을 전달, 감지하는 능력이다. 정신 감응라고도 하며 통계학적으로는 존재할 수 있다고 믿고 있다.

텔레파시 능력의 존재는 인정받고 있다

전조 또는 이심전심이라는 말로 대표되듯 텔레파시와 유사한 현상은 옛날부터 알려져 있었다. 텔레파시라는 말 자체는 영국 캠브리지 대학의 프레데릭 마이서스 교수가 1882년에 제안했다. 박사는 같은 해 협회를 설립하고 6년에 걸쳐 텔레파시와 최면술을 과학적으로 연구했다고 하니 텔레파시 연구는 19세기에 시작됐다고 할 수 있다.

2000년대 이후 독일의 첨단 영역 심리학 연구소 소속 연구원이 17쌍의 쌍둥이를 대상으로 행한 실험이 있다. 두 사람을 격리된 별도의 방에 넣고 한쪽에만 시각 자극을 주어 각각의 뇌파를 기록하는 것으로, 실험 결과 '격리된 사람 사이에서 뇌파가 동기화된다'는 가능성이 제시됐다.

방법은 다르지만, 미국의 연구소에서 실시한 실험에서도 뇌파 동기화라고밖에 생각할 수 없는 결과가 얻어졌다. 이로써 격리된 사람 사이에서 어떤 에너지적 교환 또는 정보적 교환이 존재한다고 생각할 수밖에 없다는 결론이 도출됐다. 아직 해명되지 않은 부분은 많지만, 텔레파시적인 것의 존재 자체는 긍정해도 좋을 것 같다.

창작 작품에서는 텔레파시 능력이 비교적 자주 등장한다. 일상에서 사람과의 교제를 원활하게 하고 전투에서 우위를 선점하는 등 장점은 있지만 한편으로 숨겨진 타인의 본심을 알고 사람을 싫어하게 되거나 간파당한 것 같은 기분이 들어 고립될 경우도 있다. 앞뒤가 다르지 않은 생각을 읽힌다고 해도 주의주장과 좋고나쁨의 감정은 얘기가 다르다. 수긍하지 못하는 일을 알게 되는 경우도 있을 수 있어 텔레파시 능력이 있다고 해서 좋은 것만은 아닌 것 같다.

관련용어

전조
근거 없이 무슨 일이 일어날 것 같다고 느끼는 것. 가까운 사람이 사망하거나 사고를 당하기 전에 문득 뭔가를 느끼고 평소와 다른 행동을 취하는 등의 경우가 많다.

이심전심
말을 하지 않아도 서로의 마음이 통하는 것. 원래는 선종禪宗에서 쓰는 말로, 표현할 수 없는 불법佛法의 참뜻을 단어와 문자를 사용하지 않고 제자에게 전하는 것을 가리킨다.

COLUMN 초능력판 영시靈視, 사이코메트리

사람 사이에서 감지하는 것이 텔레파시이지만, 사람 외의 대상에서 감지하는 능력도 있다. 사람이 강하게 무슨 생각했을 때 그 장소·물체 등에 남는 사고·감정을 잔류사념이라고 하는데, 이것은 심령계에서는 친숙한 개념이다. 그리고 잔류사념을 영감으로 실시하면 영시가 되는데 초능력으로 감지하는 경우는 사이코메트리가 된다.

245 아스타로트 Astaroth

아스타로트는 유럽이 발상지인 악마로, 주술서에 따르면 루시퍼와 바알세불 못지않은 고위급 악마로 여겨지는데, 그런 취급에 본인은 납득하지 않는 것 같다.

수많은 하급 악마를 거느리는 지옥의 대공작

아스타로트는 루시퍼 및 바알세불과 동격으로 취급되는 지옥 지배자의 하나이다. 솔로몬의 72악마의 마신에도 이름이 올라 있으며, 마술서 〈게티아〉에는 40의 악마 군단을 지배하는 지옥의 대공작으로, 손에 독사를 들고 드래곤 혹은 드래곤에 올라탄 추악한 천사 모습이라고 적혀 있다.

이 악마의 입에서 나는 엄청난 악취로 인해 함부로 접근하는 것은 위험하다. 과거와 미래를 내다보는 힘을 갖고 있고 협상을 잘 하면 모든 지식을 하사해 주지만, 그 힘을 빌릴 경우는 그가 풍기는 악취를 방지하는 마법의 반지를 코에 달아야 한다고 한다.

아스타로트의 원형이 된 것은 페니키아 지방에서 신앙으로 모시던 여신 아스타르테. 죽음과 재생을 관장하는 아스타르테는 수메르 신화의 인안나, 메소포타미아 신화의 이슈타르, 그리스 신화의 아프로디테 등과 기원이 같으며, 고대 세계에서 널리 신앙되던 존재였다.

그러나 〈구약성서〉의 열왕기에서 사신邪神으로 다루어지며 이윽고 악마로 취급된다. 또한 〈실락원〉에서도 원래는 치천사의 계급에 있던 훌륭한 천사로 묘사되지만, 일부 천사가 일으킨 반란에 가담하여 타락천사가 돼 버렸다. 이에 대해 아스타로트 자신은 반란에 관여한 적이 없다고 말하고 있어 악마로 취급되는 것을 원치 않는 것 같다. 대악마로 두려워하는 것에 비해서는 인간다운 면이 있는 좋은 놈일지도 모른다.

〈지옥사전〉 아스타로트

관련용어

루시퍼
일찍이 하나님을 섬기던 천사. 천계에 있을 때는 하나님에 버금가는 지위에 있었지만, 쿠데타를 일으켜서 추방되어 지옥의 지배자가 됐다.

바알세불
지옥의 악마를 통솔하는 지휘관적 존재. 본래는 블레셋 사람이 믿는 토착신이었다.

솔로몬의 72악마
이스라엘 왕국을 다스리던 솔로몬이라는 왕이 사역했다고 하는 72명의 마신

치천사
9등급의 천사 계급에서 최상위에 해당한다.

COLUMN 타락한 이유는 천사마다 제각각?

천사가 악마로 변하는 이유는 실로 다양하다. 예를 들어 루시퍼는 하나님을 대신하여 세계를 지배하겠다는 장엄한 야망을 품고 싸움에 도전했지만 패배해서 악마가 됐다. 한편 아자젤이라는 악마는 인간인 여성과 교제하고 싶어서 타락했다는 설이 있다. 욕망에 충실한 점은 악마답지만 고작 '그런 이유로!?'라고밖에 할 말이 없다.

246 스페인 종교 재판

15세기 말, 성립한 지 얼마 안 된 스페인 왕국은 이교도를 쓸어내고 국내의 종교를 통일할 명목으로 대규모 종교 재판을 시작한다. 하지만 진짜 목적은 다른 곳에 있었다?

국왕의 사욕으로 진행된 더러운 재판

이베리아 반도는 예로부터 다양한 민족·국가가 주도권을 다투어 온 지역으로 15세기 말 스페인 왕국이 통일 국가를 건국했을 때는 가톨릭(기독교) 외에 이슬람교도, 유대교도, 겉으로는 가톨릭으로 개종했지만 실제로는 자신들의 신앙을 지키고 있는 이슬람교도와 유대교도 등 다양한 종교가 혼재하고 있었다. 이것은 국교를 가톨릭으로 통일해서 정세를 안정시키려고 했던 스페인 국왕에게 바람직한 상황이 아니었기 때문에 국왕 페르난도 2세는 종교 재판을 해서 이교도의 개종과 배척을 계획했다.

그러나 종교 재판소의 진짜 목적은 따로 있었다. 사실 페르난도 2세는 유대인 금융업자에게 거액의 채무가 있었는데, 종교 재판으로 그들을 없앰으로써 채무를 떼어먹으려고 한 것이다. 이 음모를 처음부터 간파하고 있었는지, 로마 교황청에서는 이단 심문을 허가할지 말지를 놓고 논의가 분분했지만 결국 페르난도 2세의 사전 교섭이 주효해서 종교 재판의 허가가 떨어졌다.

그런데 이런 속사정에서 행해진 종교 재판의 결과는 당연하지만 참혹했다. 특히 유대교도에 대한 저격이 노골적으로 심해서 지나친 처사에 교황이 '종교 재판은 유대인의 재산 탈취 행위'라며 항의의 목소리를 제기했지만 페르난도 2세는 개의치 않고 추궁의 고삐를 늦추지 않았다. 또한 익명으로 고발할 수 있었기 때문에 보상 목적이나 개인적 원한에 의한 고발도 이어져서 이단과 전혀 관계없는 무고한 사람들이 체포되기도 했다. 붙잡힌 피의자는 고문을 받고 죄를 자백하면 국가에 재산을 몰수당하고 형벌에 처해졌다.

부당하기 짝이 없는 종교 재판은 19세기까지 계속됐다. 최근의 연구에 따르면 이 기간에 고발되어 재판을 받은 사람은 약 12만 5,000명, 그리고 2,000명 정도가 사형이 선고된 것으로 알려졌다.

관련 용어

페르난도 2세
Fernando II

1452~1516년. 아라곤 왕국의 국왕. 카스티야 왕국의 여왕 이사벨 1세와 결혼하여 스페인 왕국(카스티야=아라곤 연합 왕국)의 국왕이 됐다. 이베리아 반도에 가톨릭 왕국을 쌓아 올린 업적으로 아내와 함께 '가톨릭 군주'라는 칭호를 수여받아 로마 교황청에 대한 강한 발언권을 가졌다.

형벌

형벌은 이단임을 나타내는 특별한 옷을 입고 구경거리가 되는 가벼운 것부터 화형(사형)과 같은 무거운 것까지 다양한 단계가 있었다.

247 아서왕 전설

중세 기사 문학. 토머스 맬러리의 〈아서왕의 죽음〉이 일반적으로 잘 알려져 있으며 유사점이 있는 켈트 신화, 흑해 주변의 나루토 서사시 등을 기원으로 하는 설이 있다.

예로부터 인기였던 아서왕 전설

아서왕은 6세기 초 무렵의 인물로 브리튼섬에 침공해 온 색슨족을 격퇴했다고 알려져 있다. 관련된 가장 오래된 자료로는 830년경에 기록된 것으로 보이는 역사서 〈브리튼인의 역사〉가 있다. 단, 아서가 등장하는 것은 단 한 장章이다. 그가 관여했다는 12싸움이 적혀 있지만, 관계가 명확하지 않은 것도 있고, 또한 신분은 왕이 아니라 군 지휘관에 불과하다.

이른바 아서왕 전설이 퍼진 것은 12세기에 잉글랜드의 성직자 몬머스의 제프리가 쓴 〈브리타니아 열왕사〉가 계기가 됐는데, 이미 여기에 마법사 멀린과 엑스칼리버, 캄란 전투와 아발론 출항 등 전설의 주요 요소가 등장한다.

이를 기반으로 랜슬롯과 호수의 요정, 트리스탄과 이졸데의 이야기, 성배 탐색, 돌에 박힌 검 등이 추가되어 12세기 후반의 〈짐마차의 기사 랜슬롯〉, 14세기 후반의 〈가웨인경과 녹색의 기사〉 등이 등장한다.

15세기 후반의 〈아서왕의 죽음〉은 이러한 작품군의 집대성이라고 할 수 있다. 아서왕의 존재에 대해서 논의가 이어지고 있지만, 아서왕 전설이 오랫동안 구전되어 온 것은 사실이다. 관련 인물이나 아이템은 현대의 게임이나 만화에도 자주 등장하고 있으며, 그만큼 사람들을 끌어당기는 매력이 있다는 증거라고 할 수 있다.

〈아서왕 전설〉

관련용어

브리타니아 열왕사
약 2000년에 걸쳐 브리튼 왕들의 행적을 기록한 책. 역사서가 아닌 가짜 사서이다. 단, 중세 문학으로 그 가치를 평가받고 있다.

캄란 전투
아서왕의 군대와 왕위를 찬탈한 모드레드경이 이끄는 반란군과의 싸움. 10세기 이전 웨일즈의 연대기 〈캄브리아 연대기〉가 첫 등장한다. 아서와 모드레드로 생각되는 인물이 죽었다고만 적혀 있을 뿐이지만, 〈브리타니아 열왕사〉 이후의 책에서는 아서왕이 일대일 승부를 겨뤄 모드레드경을 쓰러뜨렸다고 돼 있다.

아발론
일대일 대결에서 중상을 입은 아서가 최후를 맞이했다고 여겨지는 전설의 섬

COLUMN 아서의 선조는 트로이인!?

〈브리튼인의 역사〉에서는 브리튼섬 이름의 유래가 로마인 브루투스라고 돼 있다. 트로이 전쟁에서 활약한 아이네이아스의 먼 후예로 실수로 아버지를 죽게 해 로마에서 쫓겨나 신하들과 여행 끝에 브리튼섬에 상륙한다. 거인의 후예를 평정, 통치했다고 한다. 섬 사람들은 그들의 후예이므로 이에 따르면 아서의 선조는 트로이인 셈이다.

248 지킬 박사와 하이드

1886년에 간행된 영국의 소설가 로버트 루이스 스티븐슨이 쓴 괴기 소설로, 약물에 의해 한 몸에 별개의 인격체가 존재하는 남자를 그려 이중인격의 대명사가 됐다.

인격이 바뀐 건가, 아니면 중독 증상인가

지킬 앤 하이드라고 하면, 곧 이중인격을 가리킨다. 이제는 일반 명사로 굳어진 선과 악의 이중인격을 가진 사람의 비극을 그린 것이 〈지킬 박사와 하이드〉이다.

의사인 지킬은 자신 안에 존재하는 선과 악을 별개의 인격으로 분리하는 방법을 연구했다. 약물의 개발에 성공하고 지킬은 밤마다 '악'의 인격인 하이드가 되어 자신의 욕망을 충족하며 쾌락에 빠진다. 그러나 점차 억제하지 못해 나중에는 약을 먹지 않아도 하이드의 인격이 나와 버린다.

마침내 살인을 저지른 하이드는 수사망이 좁혀져 오자 자살한다. 이런 스토리는 원작을 읽지 않은 사람이라도 어느 정도는 알고 있을 것이다. 그러나 지킬이 약을 사용하여 하이드로 '변신'하는 것이 밝혀지는 것은 클라이맥스가 되고 나서이며, 유서라고도 할 수 있는 수기가 등장할 때까지 숨겨져 있다.

그들이 동일 인물이라는 것은 지킬이 '행방불명'이 될 때까지 '독자'에게는 밝히지 않아 작품 최대의 수수께끼였다. 지킬이 돌보고 있는 추악한 청년 하이드의 정체를 폭로하려는 지킬의 친구인 변호사는 그 모습을 숨바꼭질(Hide and Seek)에 비유하고 그가 숨어 있는 역(Mr.Hide)이라면, 나는 찾는 역(Mr.Seek)이라고 말한다.

덧붙여 작품에 등장하는 '약'에 대해서는 각성제일 거라는 견해도 있다. 하이드는 악한 성격이라기보다는 이성의 테를 벗어버린 상태다. 약에 의존하는 상황도 상상이 된다. 하이드의 추악한 외모도 표정을 만드는 방법인지도 모른다.

다만 지킬은 '그가 나라고는 생각하지 않는다'고 말했다. 이것을 '자신의 추태를 인정하고 싶지 않은' 것이라고 파악하면 이 작품을 다르게 받아들일 수 있지 않을까? 하이드의 자살은 하이드에 의한 지킬의 살해라는 해석도 머쓱해진다.

관련용어

로버트 루이스 스티븐슨
1850~1894년. 영국 태생의 소설가, 시인, 수필가. 여행을 좋아한 것으로 알려져 있으며 기행문이나 〈보물섬〉 같은 아동 문학도 집필했다.

이중인격
인격 장애의 일종으로, 한 명의 인간 안에 전혀 다른 두 개의 인격이 나타나는 것. 세 개 이상인 인격의 경우 다중인격이라고 한다. 각기 다른 이름을 사용하고 기억이 공유되지 않는 경우가 많다. 현재는 해리성 정체성 장애라고도 한다.

249 죄수의 딜레마 prisoner's dilemma

공범에게 사법 거래를 제안한다. 드라마와 같은 설정이지만, 그런 테마의 게임이 학문 속에는 있다. 이름하여 죄수의 딜레마라고 한다.

합리적인 선택인데, 유익한 결과를 얻지 못한다고?

죄수의 딜레마라는 게임의 기본은 이렇다. 우선 공범 A와 B가 있으며, 자백시키기 위해 검사는 이런 사법 거래를 제의한다. (1) 원래는 징역 5년이지만, 둘 다 묵비권(=공동)을 행사하면 증거 불충분으로 감형하여 두 사람 모두 징역 2년. (2) 만약 한쪽만 자백(=배신)하면 자백한 사람은 당장 석방하고 묵비권을 행사한 다른 한 명은 징역 10년. (3) 둘 다 자백하면 판결대로 징역 5년. 그러면 죄수 A와 B는 자백해야 할까.

순수하게 생각하면 서로 묵비권을 행사하는 것이 유리한 선택이지만, 죄수 A와 B가 서로 자신의 이익만을 추구하는 한 서로 고백하는 결과가 돼 버린다. 왜냐하면 죄수 A만으로 생각했을 때 죄수 B가 묵비권을 행사하면 징역 2년 또는 0년이므로 자백 징역 0년을 선택한다.

죄수 B가 자백한 경우 징역 10년 또는 징역 5년이므로 자백 징역 5년을 선택한다. 요점은 B의 선택에 관계없이 자백하는 것이 득이 되므로 결국 서로 자백 징역 10년이 된다. 이것이 딜레마인 셈이다. 포인트는 상대방에 대한 의심이나 두려움이 아니라 합리적으로 선택한 결과인데 손해를 보고 있다는 점이다.

그런데 죄수의 딜레마를 여러 번 반복하면 몇 번째에 마지막이 되는지를 알 수 없어 무한 반복하는 경우 협조 가능성이 생긴다고 한다. 그러면 어떤 패턴이라면 플레이어(죄수)의 평균 이익이 극대화될까. 이런 연구를 수학적 모델을 사용하여 수행하는 학문이 게임 이론으로 현대에서는 경제학의 중심 역할을 담당하고 있다.

구체적으로 이 게임에서는 최초에 협조를 선택하고 두 번째 이후는 이전에 상대가 낸 것과 같은 방법을 내는 보복 전략을 이용한다고 한다. 미리 정한 협조·배신의 순서에 따라 상대가 동료라고 판단하고 동료일 때와 동료가 아닐 때 패턴을 변경하는 '주인과 노예 전략' 등의 전략이 있다고 한다. 그것에 기초한 심리전도 생각할 수 있으므로 알아두면 손해는 없다.

관련용어

게임 이론
의사 결정과 행동의 상호 의존적 상황을 수학적 모델을 이용하여 연구하는 학문. 수학자 존 폰 노이만과 경제학자 오스카 모겐 스턴에 의해 탄생했다.

보복 전략
죄수의 딜레마의 전략 중 하나이다. 첫 번째에 협조를 선택하고 두 번째 이후는 이전에 상대가 낸 것과 같은 방법을 선택하는 전략

주인과 노예 전략
보복을 물리치고 우승한 전략. 미리 정한 순서에 따라 협조 또는 배신을 5번 내지 10번 내서 상대가 동료인지의 여부를 판단하고 동료가 아니라고 판단하면 항상 배신을 선택한다. 동료로 판단한 경우는 할당된 역할(노예 또는 주인)을 기반으로 항상 협조, 항상 배신을 선택한다.

250 사이코패스 psychopath

냉철하고 자기중심적이며 태연하게 거짓말을 하지만, 말을 잘 해서 어딘가 매력적이다. 주위에 그런 사람이 없을까? 그 사람은 어쩌면 사이코패스일지도 모른다.

사이코패스는 인격 장애의 하나

사이코패스라고 하면 상식을 벗어난 흉악 범죄자라는 이미지가 먼저 떠오를 것이다. 확실히 그럴지도 모르지만, 실은 사회생활을 하면서 보통으로 살아가고 있는 사이코패스도 많다고 한다.

사이코패스는 인격 장애의 하나로, 타인에 대한 공감 능력이 떨어지고 자기중심적이고 선악의 판단 기준이 다른 사람과 다른 것이 큰 특징이다.

한편 말을 잘하고 자기표현 능력이 뛰어나 보통 사람이라면 긴장할 만한 상황에서도 당당하기 때문에 매우 매력적으로 비칠 수 있다. 실제로 사회적 지위가 높은 사람 중에는 적잖이 사이코패스가 있다고도 알려져 있다. 오히려 사이코패스이기 때문에 거리낌없이 달려들어 위업을 달성했다고도 할 수 있다.

이처럼 사이코패스라고 해서 반드시 범죄자라고는 국한할 수 없다. 범죄 심리학 연구자 로버트 D. 헤어는 1995년의 저서 〈진단명 사이코패스(우리 주변에 숨어 있는 이상인격자)〉에서 미국 전체에 200만 명의 사이코패스가 있다고 말했다. 일본에서도 100명 중 1명 내지 2명 정도는 사이코패스가 있을 거라고 한다.

다만 사이코패스가 좋은 이미지가 아닌 것은 확실하다. 사이코패스라고 하면 영화 〈양들의 침묵〉에 등장하는 정신과 의사 한니발 렉터가 유명하다. 의사의 얼굴을 하고 엽기적 살인을 저지르는 그는 바로 사이코패스=흉악범의 전형적인 예이다. 또한 소설 〈악의 교전〉에서는 주인공인 교사 하스미 세이지蓮実聖司가 사이코패스라는 얼굴을 숨기고 학교에서 수많은 참살을 저질렀다.

그렇다고 해도 서두에서 언급한 바와 같이 본래 사이코패스는 인격 장애의 하나이다. 사이코패스니까 나쁜 사람이라고 단정해서는 안 된다.

관련용어

인격 장애
생각과 행동이 크게 치중되어 있어 본인 또는 주위의 사회생활에 지장이 있는 것

사회적 지위가 높은 사람
주목할 만한 성공을 거둔 사람이 사이코패스일 가능성이 있다고 지적되고 있다. 역사를 거슬러 올라가면 오다 노부나가도 그 부류로 여겨진다.

한니발 렉터
작가 토마스 해리스의 작품에 등장하는 정신과 의사이자 엽기 살인범. 〈양들의 침묵〉, 〈레드 드래곤〉, 〈한니발〉 등 수많은 작품에 등장한다.

251 천리안

직접적으로는 천 리 앞까지 내다볼 수 있는 눈이라는 뜻이다. 여기에서 와전되어 떨어진 장소나 미래의 사건, 사람의 마음을 꿰뚫어 보는 능력 및 이러한 능력의 소유자를 말한다.

검증과 연구가 시도되기도 한 천리안

천리안은 신화나 종교에 자주 등장하는 것으로 보아 개념 자체는 고대부터 존재했다. 예를 들어 북유럽 신화에서는 천리안으로 미래에 닥칠 재앙을 안 신들이 그 원흉이 되는 펜리르, 요르문간드, 헤르를 요툰헤임에서 데리고 나가 조치를 취해 멸망의 운명을 피하려고 했다.

또한 불교에서는 과거와 미래를 내다볼 수 있는 천안통天眼通이라는 신통력이 있는데, 부처님과 보살, 광목천 등 외에도 수행을 쌓은 자가 얻을 수 있는 육신통의 하나로 꼽힌다. 천리안과 비슷한 것으로는 초심리학에서 말하는 투시가 있다. '보통의 감각기관에 의하지 않고 물체의 상태를 인식'하는 능력으로 텔레파시, 예지와 아울러 ESP라고 불린다.

이와 같은 초능력이라고 불리는 힘에 대해 지금까지 다양한 검증이 이루어져 왔다. 심리학자와 물리학자, 미디어 등이 입회하에 과학적인 증명을 시도했지만 결국 실패로 끝났다. 능력을 발휘함에 있어서는 인간의 정신이나 심리 상태가 영향을 주기 때문에 검증 및 재현성 등의 측면에서 부정적인 입장에 있는 사람들을 납득시킬 만한 결과는 내기 어려운 것 같다. 미국에서는 천리안을 '스파이에 이용할 수 있지 않을까?' 하는 생각에서 연구를 진행했던 시기가 있었지만, 역시 중단된 지 오래다.

하지만 창작 세계에서는 이야기가 달라서 천리안은 다양한 작품에 등장하고 있다. 천리안은 정보를 얻을 뿐 대상에게 직접 뭔가 효과를 미치는 것은 아니다. 천리안으로 얻은 정보를 활용할 수 있는지는 또 다른 얘기이다.

관련용어

텔레파시
시각이나 청각 등 정상적인 감각에 의하지 않고 자신과 상대의 의사나 감정을 직접 전달, 감지하는 능력. 정신감응이라고도 한다.

ESP
extrasensory perception의 약자로 초감각적 지각이라는 뜻이다. 텔레파시는 다른 사람의 마음이나 머리의 상태를 인식한다는 의미이고, 예지는 미래의 상태를 인식한다는 의미이므로 넓은 의미에서 투시라고 할 수 있다.

초심리학
인간의 마음과 마음 또는 마음과 물체의 상호작용에 대한 과학적인 방법으로 연구하는 학문

COLUMN CIA의 초능력 검증 실험 기록

초능력자라고 하면 우리나라에도 방문한 유리 겔라가 유명하다. 그는 1973년에 연구기관과 협력하여 8일간에 걸쳐 투시 능력을 검증하는 실험을 했다. 그 기록이 2017년에 공개된 CIA의 내부 문서에 포함되어 있다. 특히 인터넷에서 화제가 됐지만, CIA가 초능력을 공식적으로 인정한 것은 아닌 것 같다.

252 세피로트의 나무 parchangels of the Sephiroth

세피로트의 나무는 신비주의 카발라에서 생겨난 것으로, 생명의 나무라고도 한다. 우주를 지배하는 법칙, 신과 인간 세계의 구조를 나타내고 있어 카발라의 비밀로 여겨지고 있다.

이해력을 시험하는 신비주의 카발라의 비밀

세피로트의 나무는 유대교의 신비주의 사상 카발라에서 유래하는 그림 모양을 말한다. 이것은 창조신 아인소프에서 방출된 에너지가 세피라(구체) 및 패스(통로)를 거쳐 최종적으로 인간이 사는 물질세계(지구)에 도착한다고 한다.

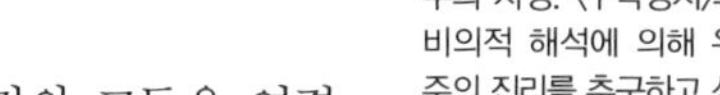

세피로트의 나무를 구성하는 10개의 세피라와 그들을 연결하는 22개의 경로는 각각 의미를 갖고 있으며 뭔가를 상징하고 있다. 예를 들어 왕관 세피라라 불리는 ①은 생각과 창조를 주관하며 숫자 1, 흰색, 다이아몬드, 명왕성을 상징하고 있다. 또한 22개의 경로는 각각 타로의 메이저 아르카나와 연결시킬 수 있으며, 세피라를 연결하는 수직 경로 ③⑤⑧은 준엄의 기둥, ①⑥⑨⑩은 자비의 기둥, ②④⑦은 균형의 기둥으로 불리며 세계의 균형이 유지되어 안정적인 것을 나타낸다고 한다. 또한 여러 개의 세피로트와 경로로 둘러싸인 영역이 세계의 구조를 나타내며 ①②③이 유출계(신의 세계), ②③④⑤가 창조계(천사의 세계), ④⑤⑦⑧이 형성계(영혼의 세계), ⑦⑧⑩가 물질계(인간의 세계)라고 불린다.

하나의 도형에 이렇게나 많은 정보가 담긴 세피로트의 나무는 사람에 따라 해석이 다르며 그것을 설명하는 것도 이해하는 것도 어렵다. 하지만 그렇기 때문에 신비함을 느끼는 사람도 많고 현대의 판타지 작품에 도입되는 경우도 드물지 않다.

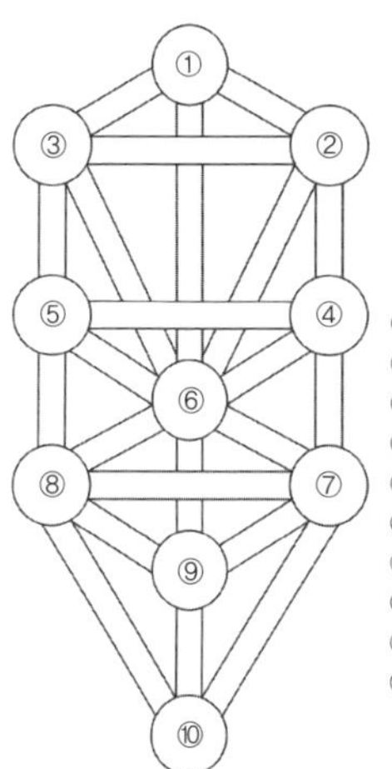

① 케테르(Kaether : 왕관)
② 코크마(Cochma : 지혜)
③ 비나(Binah : 이해)
④ 케세드(Chesed : 자애)
⑤ 게부라(Geburah : 신의 힘)
⑥ 티파레트(Tiphreth : 미)
⑦ 네트아크(Netreth : 승리)
⑧ 호드(Hod : 영광)
⑨ 이에소드(Iesod : 기반)
⑩ 말쿠트(Malchut : 왕국)

세피로트의 나무

관련용어

카발라
유대교에서 파생된 신비주의 사상. 〈구약성서〉의 비의적 해석에 의해 우주의 진리를 추구하고 신에게 접근하는 것이 목적이다. 독자의 우주관을 갖고 있으며, 이후 서양 마술에 도입된다.

타로
운세 등을 볼 때 사용하는 카드. 마이너 아르카나라 불리는 56장의 카드와 메이저 아르카나라 불리는 22장의 카드로 구성된다.

COLUMN 만다라는 밀교의 세피로트의 나무

세피로트의 나무는 카발라가 갖는 우주관을 도형화한 것이지만, 다른 종교에도 비슷한 것이 존재한다. 바로 밀교의 만다라로, 이것은 불교의 가르침과 밀교의 우주관, 부처님의 세계를 그림으로 나타낸 것이다. 태장계 만다라와 금강계 만다라를 합친 양계 만다라 등 세피로트의 나무와 달리 다양한 종류의 만다라가 존재한다.

253 메리 1세 Mary I

잉글랜드 여왕 메리 1세(1516~1558년)는 국교를 가톨릭으로 되돌리려고 분투한 경건한 신자였다. 하지만 무리한 방법을 이용했기 때문에 후세에 비판을 받는다.

가톨릭 회귀에 몰두한 나머지 폭주

16세기 영국에서는 국왕 헨리 8세에 의해 종교개혁이 단행되었고, 잉글랜드 성공회는 로마 교황이 아니라 잉글랜드 국왕을 수장으로 하는 독립적인 조직이었다. 하지만 경건한 가톨릭 신자였던 메리 1세는 이 상황을 납득하지 못했다. 원래 잉글랜드 성공회가 독립한 이유는 헨리 8세가 첫 아내 캐서린(메리 1세의 친어머니)과 이혼하고 애첩인 앤과 결혼하려고 생각했던 것이 계기이며, 이로써 메리 1세는 서자 취급을 받아 왕위 계승권을 잃었기(나중에 복귀) 때문에 교파 문제를 떠나서라도 반발하는 것이 당연하다고 할 수 있다.

헨리 8세의 사후, 왕위는 메리 1세의 동생인 에드워드 6세에게 계승되지만 병약한 남동생이 요절하자 메리 1세가 즉위했다. 여왕이 된 메리 1세는 즉시 아버지가 한 종교개혁을 취소하고 잉글랜드를 가톨릭 국가로 복귀시킨다. 하지만 그 후의 행동으로 인해 그녀는 악명을 떨친다.

메리 1세는 개신교(프로테스탄트)를 이단으로 몰아 심한 박해를 시작한 것이다. 이단자들은 잇달아 체포되어 개종을 강요당하고 이에 응하지 않을 경우에는 비록 여성과 어린아이일지라도 가차 없이 처벌이 내려졌다. 이렇게 처형된 사람이 약 300명에 이른다. 국민은 메리 1세가 저지른 잔인한 처사에 블러디 메리(피의 메리)라고 부르며 두려워했다고 한다.

잉글랜드 여왕 메리 1세의 초상

관련용어

헨리 8세

1491~1547년. 잉글랜드 국왕. 가톨릭 교리에서는 이혼이 인정되지 않았기 때문에 종교개혁을 실시하여 잉글랜드 성공회를 로마 가톨릭 교회로부터 독립시켰다. 이에 따라 이혼이 자유로워졌고 평생 여섯 번 결혼을 했다. 호색 왕이라고 악평을 받기도 하지만, 여러 차례 새 아내를 맞이한 것은 국가 체제를 안정시키기 위해 남자 후계자를 얻기 위해서라고 한다.

COLUMN 불행한 최후를 맞은 또 한 명의 메리 여왕

16세기 잉글랜드에는 또 한 명의 메리라는 이름의 여왕이 존재했다. 바로 메리 스튜어트로 스코틀랜드의 마지막 여왕이다. 반란으로 국가에서 쫓겨나 영국으로 망명했다. 하지만 그녀는 잉글랜드 여왕 엘리자베스 1세를 폐위시키는 음모에 가담한 혐의로 처형됐다.

254 로빈후드 Robin Hood

12~13세기경 영국에 있었다고 전해지는 전설적인 영웅이다. 현대에는 동료들과 함께 셔우드 숲에 숨어 지내는 궁술과 검술이 뛰어난 의적으로 정착했다.

창작 작품의 소재로 인기인 서민의 영웅

로빈후드 이야기는 오래전부터 영국 사람들에게 사랑받아 왔다. 기원은 확실하지 않지만, 음유 시인 발라드에 의해서 이야기가 퍼졌고 14세기 무렵에는 민중에게 꽤 알려진 것 같다. 초기의 신분은 독립 자영 농민인 요먼yeoman이다. 신사적인 인물로 그려지며 반대 체제의 사람들과 대적하지만, 아직까지 의적으로서의 면모는 보이지 않았다.

15세기가 되자 발라드를 문서화한 것으로 가장 오래된 것으로 알려진 〈로빈후드와 수도사〉가 등장한다. 여기서 로빈후드는 셔우드 숲에 사는 무법자로, 거구에 괴력의 무사 리틀 존, 방앗간 아들 무치 등의 동료들과 노팅엄의 집정관도 등장한다. 또한 이 무렵 영국의 5월 축제와 연결되어 연인 마리안과의 로맨스가 등장하기 시작하는 외에 무대를 에드워드 1세 시대로 하여 로빈후드를 노르만인에게 토지를 빼앗긴 귀족, 의적으로 묘사한 작품도 나타나기 시작한다.

현대에는 십자군에 참가한 리처드 1세의 시대를 무대로 해서 로빈후드를 십자군에서 돌아온 기사로 설정한 것을 볼 수 있는데, 이것은 16세기의 일이라고 한다.

설정이 변화된 것에서 알 수 있듯이 로빈후드는 창작 작품의 소재로 인기가 많았다. 근대 이후에도 수많은 작가가 이야기를 썼다. 또한 1922년 이후 영화도 많이 만들어졌는데, 2000년 이후에만 세 편이 제작됐다.

로빈후드

관련용어

발라드
이야기를 넣어서 짓거나 풍자를 담은 노래. 무용담이나 로맨스, 사회 풍자가 주요 테마이다. 기본적으로 구전이므로 저자는 알 수 없다.

셔우드 숲
잉글랜드 중부 도시 노팅엄 북부에 있는 숲. 예전에는 광대한 숲이었지만, 근현대에 벌채로 인해 축소됐다. 현재 왕립 숲으로서 국립 자연 보호 구역으로 지정되어 있다.

5월 축제
봄 또는 여름이 온 것을 축하하는 축제. 영국에서는 활쏘기 경기나 야외극 등이 펼쳐진다. 야외극의 주제는 기사와 여자 목동의 로맨스이며, 이것이 로빈후드와 마리안으로 대체됐다.

COLUMN 재판 관련 사료에 이름이 남은 로빈후드

로빈후드의 첫 등장은 13세기경으로 간주된다. 당시의 재판 관련 사료에 로빈후드의 이름이 있는 것으로 보아 범죄자가 로빈후드를 자칭하거나 유사한 이름의 범죄자 재판 기록에서 이름을 다시 바꾸어 적은 것 같다. 실존 인물인지는 명확하지 않지만, 15세기 무렵의 책에는 로빈후드가 사냥꾼이라고 돼 있는 것도 있다.

255 미래의 이브 L'Eve future

프랑스 소설가 비에르 드 릴라당의 장편소설로 사랑에 고통받는 사람이 과학의 힘으로 이상형의 여성을 창조하는 이야기. 세계 최초로 안드로이드를 그린 소설이다.

미래의 이브는 전기로 움직이는 과학의 처녀

안드로이드라고 하면 무엇이 떠오를까. 물론 스마트폰 OS는 아니다. 인조인간과는 또 다른 높은 지능을 가진 인형 로봇으로 휴머노이드라고도 불린다. 안드로이드라는 단어를 처음 사용한 소설이 〈미래의 이브L'Eve future〉이다.

상상대로 미래의 이브는 안드로이드를 가리킨다. 작중에서 안드로이드를 만들어낸 것은 무려 발명왕 에디슨이다. 물론 실제로 에디슨은 그런 발명은 하지 않았다. 그래도 안드로이드의 신체는 전기신호에 의해 움직이고 음성은 순금 축음기에 저장되는 등 에디슨의 발명품에 의해서 재현하고 있는 점이 얄미울 정도로 세심하다.

어느 날 밤 에디슨에게 그의 은인인 귀족 청년 에발트가 찾아오는 것에서 이야기는 시작된다. 에발트에게는 알리시아는 매우 아름다운 연인이 있지만, 그 영혼魂은 추악했다. 알리시아를 애타게 그리워하면서도 그 '내면'을 받아들이지 못하는 에발트는 자살을 생각하고 그 여자의 영혼이 빠지면 좋겠다고 한탄한다.

그 말을 들은 에디슨은 자신의 발명품인 금속 처녀 하다리를 소개한다. 그리스어로 이상理想을 의미하는 하다리는 아직 태어나기 전의 안드로이드였다. 에디슨은 에발트에게 하다리를 알리시아를 꼭 닮은 이상적인 여성으로 만들어 그의 고민을 없애자고 제안한다.

본 작품에는 그리스 신화의 〈피그말리온〉이 깔려 있다. 키프로스의 왕 피그말리온이 생명을 부여한 상아 여자의 동상과 부부가 되는 이야기이다.

관련용어

오귀스트 드 비에르 드 릴라당
Auguste de Villiers de L'Isle Adam

1838~1889년. 프랑스에서 태어난 소설가, 극작가. 귀족 출신이지만 몰락 후 문학의 길에 들어선다. 상징주의의 선구자로 많은 환상 소설을 남겼다.

하다리

에디슨이 만든 안드로이드인 하다리는 이른바 소체素體(염색소체) 상태로 등장한다. 금속 갑옷이라는 표현에서 〈스타 워즈〉의 C-3PO와 같은 모습이었을 것으로 추정된다.

COLUMN 로봇과 안드로이드

로봇이라는 말은 카렐 차페크의 〈로봇〉(1920년)에서 태어난 것으로 알려져 있다. 이 작품의 〈로봇〉은 기계의 모습이 아니라 인조인간에 가까운 인공 생명이다. 나중에 로봇이 가리키는 의미는 기계장치로 바뀌고 자동인형은 안드로이드와 휴머노이드라는 말로 갈라졌다.

256 페르마의 마지막 정리 Fermat's problem

수학계에는 360년이나 증명되지 않은 수수께끼가 있다. 오랜 수학자들을 괴롭혀온 페르마의 마지막 정리에 왜 다들 쩔쩔매는 걸까?

360년, 수학자를 애먹인 낙서

페르마는 고대 그리스의 〈산술算術〉을 읽으면서 여백에 여러 가지 낙서를 하고 게다가 증명 방법을 종종 생략했다. 그렇게 기록한 책이 그의 사후에 발견되어 세상에 알려진다. 기록의 대부분은 진위 여부가 가려졌지만, 이 정리만 아무도 증명도 반증도 하지 못했다. 그래서 마지막이라는 이름이 붙어 있다. 정리 자체는 3 이상의 자연수 n에 대해 $x^n+y^n=z^n$이 되는 자연수의 쌍(x, y, z)이 존재하지 않는다는 것이다.

일찍이 n의 숫자 각각에 대해 증명했는데(페르마 자신은 n=4에 대해 증명했다), 먼저 에른스트 쿠머Ernst E. Kummer(독일의 수학자)가 이상수理想數(이상수 정수론에서, 정수체의 환의 원소 가운데 아이디얼을 대표하는 선형 정수)라는 이론을 도입해서 37, 59, 67을 제외한 100 이하의 소수에 대해서는 증명했다고 발표했다.

일부 그의 증명에는 오류가 있음이 지적됐지만 정리를 증명한 것에는 큰 진전이 있었다. 그 후, 5000건의 증명서가 제출되지만, 모두 오류가 있었다고 한다.

그러나 20세기 이후 상황이 크게 바뀌어서 기하학으로 접근하는 것이 정리를 증명하는 열쇠로 떠올랐다. 타원 곡선에 관한 이론과 다니야마 유타카谷山豊와 시무라 고로志村五郎라는 일본인 수학자들이 세운 예상이 실마리가 되어 1993년 영국의 수학자 앤드류 와일즈Andrew J. Wiles가 마지막 정리의 증명을 발표했다. 지적된 오류가 수정된 후, 1995년에 수정된 증명에 오류가 없음이 확인되어 역사적 수수께끼는 마침내 결론이 났다. 따라서 이 정리는 이제 와일즈의 정리, 페르마-와일즈 정리라고도 불린다.

관련용어

피에르 페르마
Pierre Fermat
1607~1665년. 프랑스의 수학자. 파스칼과 함께 확률 이론의 기초를 다진 외에 분석 기하학을 초안하는 등의 업적을 남겼다.

에른스트 쿠머
Ernst E. Kummer
1810~1893년. 독일의 수학자. 아이디얼 이론의 기초를 확립했으며, 포탄의 탄도 계산 등에서 업적을 남겼다.

앤드류 와일즈
Andrew J. Wiles
1953년~. 영국의 수학자. 이와사와 이론과 타원 곡선 이론에 대한 연구로 박사 학위를 받았다. 10살 때 페르마의 마지막 정리를 접하고 수학의 길로 들어섰다.

COLUMN 현상금이 걸린 수학계의 어려운 문제들

수학계에는 밀레니엄 문제Millennium Prize Problems라는 미해결 난제가 있고 100만달러의 현상금이 걸려 있다. 원래 7문항이 있었는데, 그중 하나는 해결됐다. 현재는 양-밀스 방정식의 존재와 질량 간극 가설, 리만 가설, P 대 NP 문제, 나비에-스토크스 방정식의 해의 존재와 매끄러움, 호지 추측의 6문제가 남아 있다.

257 밀그램 실험 Milgram experiment

만약 당신이 권력자로부터 '사람을 죽이라'는 명령을 받으면 순순히 따를 것인가? 아니면 거절할 것인가? 그런 심리를 검증한 것이 밀그램 실험이다.

권위자의 명령에 따르는 심리를 증명

시작은 제2차 세계대전 당시 독일의 홀로코스트 책임자였던 아돌프 아이히만이 전후 재판에 세워졌을 때다. 그는 명령에 따랐을 뿐이라고 주장했다. 정말 그랬는지 예일 대학의 심리학자 밀그램은 그의 심리를 실험을 통해 검증했다. 그것이 유명한 밀그램 실험이다.

실험 방법은 피험자인 교사와 학생 역할을 맡을 사람을 준비하고 해답을 틀린 학생에게 교사가 체벌로 전기 충격을 가하는 것이다(실제로는 전류가 흐르지 않고 학생은 아픈 척 연기한다). 물론 교사 역할을 하는 사람에게는 거부감도 있었지만, 권위자 역할을 하는 사람이 상관하지 말고 계속 하라고 지시하면 교사가 어디까지 처벌을 계속 할 수 있는지를 확인했다.

그러자 교사 역할 중 65%가 최대 전류까지 올렸다. 대부분의 사람은 권위자의 명령을 따른다는 결과가 나온 것이다. 권위자가 말한 것이니까 따라도 문제없다 내지는 모두들 그렇게 하니까 따르는 것이 좋다고 하는 심리가 '이것은 인도주의에 반하므로 해서는 안 된다'는 양심을 몰아낸 것이다.

이것은 일반 조직에서도 통용되는 이야기다. 대부분의 사람은 윗사람이 명령하면 불합리한 것이라도 따르게 된다. 좀 슬프지만 밀그램 실험으로 그러한 심리가 밝혀졌다.

또한 명령했기 때문에 했을 뿐이라는 말은 최근의 사건에서 자주 듣지만 밀그램 실험에서 보여준 심리와는 관계없이 단순한 발뺌일 가능성도 있으므로 주의해야 한다.

관련용어

홀로코스트
holocaust

제2차 세계대전에서 나치 독일이 자행한 유대인 학살. 계획성 및 실태 등에 대해 지금도 연구가 계속되고 있다.

아돌프 아이히만
Adolf Eichmann

1906~1962년. 독일 나치스 친위대 중령. 지극히 평범한 성격의 사람이었다고 한다. 밀그램 실험의 계기가 된 재판에서 명령에 순종했을 뿐이라는 해명은 통하지 않고 유죄 판결을 받고 사형됐다.

스탠리 밀그램
Stanley Milgram

1933~1984년. 예일 대학의 심리학자. 권위에 대한 복종 실험인 밀그램 실험이 유명하며 20세기를 대표하는 심리학자 중 한 명이다.

COLUMN 미식축구의 위험천만한 태클 사건

권위자의 말을 따른 예로 2018년에 일본 대학 대 간사이학원 대학의 미식축구 경기에서 일어난 위험한 태클 사건은 기억에 새롭다. 일본 대학 선수가 대학의 이사이기도 한 감독의 지시로 상대 선수에게 위험한 태클을 건 사건이다. 궁지에 몰린 사람이 권위자의 명령에 따른 심리는 밀그램 실험이 제시하는 바라고 할 수 있다.

258 슬리피 할로우 sleepy hollow

미국 뉴욕에서 전해져 내려오는 목 없는 기사의 전설. 워싱턴 어빙의 단편 소설 〈슬리피 할로우의 전설〉로 유명해졌다.

둘라한*으로도 통하는 미국의 목 없는 기사 전설

북아메리카 식민지 개척을 위한 이민자라고 하면 영국인의 이미지가 강한데, 영국과 경쟁한 프랑스 외에도 네덜란드와 스웨덴의 식민지도 있었다. 뉴욕은 원래 네덜란드인이 정착한 지역으로 '개척시대 때 독일에서 건너간 기사가 목이 베여 살해됐지만 머리 없는 기사의 망령이 되어 교외의 숲에서 피해자를 기다리고 있다'는 전설이 있었다.

이 전설을 바탕으로 한 것이 〈슬리피 할로우의 전설〉이며, 이를 통해 슬리피 할로우의 목 없는 기사는 세계적으로 알려지는 존재가 된다. 이 작품은 종종 영화나 드라마로 만들어졌고, 그중에서도 1999년 미국 영화 〈슬리피 할로우〉가 비교적 유명하다.

그런데 목 없는 기사라고 하면 아일랜드에 전해지는 둘라한이 있다. 목 없는 말이 끄는 마차를 타고 자신의 목을 안고 있는 남성(여성이라는 설도 있다)으로 임종이 임박한 사람이 사는 집 앞에 정차한다.

무심코 문을 열면 통에 들어 있는 피를 뒤집어쓴다고 한다. 전설에서는 요정이지만 판타지 RPG에서는 언데드 몬스터로서 친숙하다.

일본의 라이트 노벨에서는 둘라한 자체가 등장할 뿐 아니라 현대풍으로 각색한 것도 있어 목 없는 라이더(바이크를 탄)가 등장하는 모 인기 작품이 잘 알려져 있다.

덧붙여서 〈슬리피 할로우의 전설〉을 집필할 때 저자 워싱턴 어빙Washington Irving도 유럽에서 둘라한을 취재했다고 한다. 뉴욕의 전설도 실은 둘라한의 전설에서 파생한 것일지도 모른다.

관련용어

북미 정착민
북아메리카 동부에서 중앙부는 주로 영국과 프랑스가, 남서부와 플로리다 반도는 스페인이 장악했다. 네덜란드인들은 뉴암스테르담이라 이름 붙인 맨해튼 남부와 뉴네덜란드라고 칭한 롱아일랜드에 정착했다. 훗날 영국-네덜란드 전쟁 결과, 동남아시아의 섬에 대한 대가로 영국에 양도되어 뉴욕이라고 명명된다.

독일에서 건너간 기사
전해져 내려오는 이야기 속 출신 배경은 명확하지 않지만, 〈슬리피 할로우의 전설〉에서는 헤센 대공국에서 온 용병으로 나온다. 참가한 독립전쟁에서 머리가 잘려 전사하고 유령이 되어 밤마다 머리를 찾고 있다고 한다.

*둘라한Dulachán : 아일랜드에 전승되는 요정의 일종

COLUMN 촬영지로 유명한 슬리피 할로우 마을

〈슬리피 할로우의 전설〉의 무대는 분명하지 않지만 뉴욕 중부의 웨스트체스터 카운티인 것으로 알려져 있다. 이곳에는 전설을 따서 슬리피 할로우라는 이름의 마을이 있고 영화 〈슬리피 할로우〉는 물론 다양한 작품에서도 촬영지로 사용되고 있다.

259 일곱 개의 대죄

기독교에서는 사람들이 죄를 저지르는 원인이 될 수 있는 감정과 행동을 일곱 개의 대죄라고 규정하고 있다. 성립 시기는 불분명하지만, 기독교에 도입되면서 전 세계로 퍼졌다.

사람을 죽음에 이르게 하는 일곱 개의 큰 죄

기독교에서 죄의 근원이 된다고 여기는 나쁜 감정과 행동을 말하며 '일곱 개의 죽음에 이르는 죄', '일곱 개의 죄악의 원천'이라고도 불린다. 오만, 질투, 분노, 게으름, 탐욕, 식탐, 색욕의 일곱 가지가 대죄에 해당하며, 특히 오만이 가장 무거운 죄가 된다.

기독교에서는 하나님께 구원을 요청하는 것과 하나님을 사랑하는 것 등 일곱 가지의 덕을 중요하게 여긴다. 이것은 기독교의 세계관이나 종말론에 관한 것으로, 신도들은 결국 천국에 갈 수 있도록 정진하는데 아무리 선행을 쌓아도 그 이상으로 나쁜 짓을 한다면 의미가 없다. 권장하는 일곱 가지 덕이 사람들을 선한 길로 이끄는 것이라면 일곱 개의 대죄는 이들에 주의함으로써 사람들을 선한 길로 밀어주는 것이라고 할 수 있다.

그렇다고 해도 일곱 가지 대죄는 성경에 기록되어 있는 것은 아니고, 4세기경에 신학자가 제창한 것이 가톨릭에 전해져서 기독교권에 퍼져서 현대에 전해졌다고 한다. 엄밀하게는 누가 만들었는지는 알 수 없지만 〈신곡〉에 등장하는 13세기경에 생겨났다.

일곱 개의 대죄라는 개념은 간단하기 때문에 쉽게 응용이 가능하고 상상력을 불러일으키기 때문인지 영화나 드라마 등 다양한 작품에 이용되어 왔다. 오래된 것으로 말하면, 독일의 화가 부르크마이어의 대죄와 악마를 접목시킨 판화를 들 수 있다. 비슷한 일을 하는 것은 그 후에도 종종 나타나 지금은 교만은 루시퍼, 분노는 드래곤과 같은 식으로 악마와 동물을 결부하는 것이 일반적이다.

〈일곱 가지 대죄와 네 가지 종말〉

관련용어

신곡
이탈리아의 시인 단테 알리기에리가 쓴 서사시. 지옥편, 연옥편, 천국편의 3부로 구성된다. 연옥편에 등장하는 연옥산은 여러 계층으로 나뉘어 있으며, 사망자는 그곳에서 영혼을 정화하면 천국에 갈 수 있다. 각층에는 오만한 자나 질투 많은 자 등의 이름이 붙어 있다.

루시퍼
하나님을 섬기는 천사 중 한 명. 원래는 최고위의 천사이지만 신을 거역해서 천계에서 추방되어 악마가 된다. 일곱 개의 대죄에 대응하는 악마로는 이외에 사탄(분노), 레비아탄(질투), 벨페고르(게으름), 마몬(탐욕), 바알세불(식탐), 아스모데우스(색욕)가 꼽힌다.

드래곤
판타지 작품 등에서 볼 수 있는 몬스터의 종류. 오만은 사자, 질투는 뱀 등 일곱 개의 대죄 각각에 해당하는 동물이 존재한다.

COLUMN 시대가 바뀌면 대죄도 바뀐다?

2008년에는 로마 교황청이 현대의 가치관에 맞는 새로운 일곱 개의 대죄를 만들어 대대적으로 발표했다. 현대판 일곱 개의 대죄라고도 할 수 있는 그것은 유전자 변형, 인체 실험, 환경오염, 사회적 불공정, 마약 중독과 다른 사람을 가난하게 하고, 필요 이상으로 부를 얻는 행위이다. 본래의 일곱 개의 대죄에 비해 종교색이 흐리고 내용도 매우 구체적이다.

260 이반 4세 Ivan IV

모스크바 대공 이반 4세(1530~1584년)는 뇌제雷帝라고 불릴 정도로 가혹한 인물이었다. 그의 가혹함은 국가를 이끄는 원동력이 되기도 했지만 한편으로 잃은 것도 많았다.

아내의 죽음에 폭주를 시작하고 결국 아들까지 잃었다

후세에 뇌제雷帝라고 불리며 두려움의 대상이 된 이반 4세는 어떤 인물이었을까? 아버지의 죽음으로 3세에 군주가 된 그는 군주에 걸맞는 영재 교육을 받아 총명하고 신앙심이 두터운 인물이었다고 한다. 하지만 다른 한편으로 귀족의 자제를 데리고 거리에서 날뛰거나 개나 고양이를 학살하는 등 잔인한 일면도 있어 이미 폭군의 징조를 보였다.

이반 4세가 직접 정무를 수행하게 된 것은 17세에 차르로 즉위하고 나서이다. 즉위 직후의 이반 4세는 기존보다 다양한 신분의 사람들이 참여할 수 있는 전국 회의의 창설, 지방 자치단체로의 이행, 상비군의 설립 등 다양한 정치 개혁을 단행한 명군이었다. 또한 외정外征도 적극적으로 실시해, 카잔칸국(카잔시를 수도로 했던 투르크족의 국가)과 아스트라한 칸국(1466년 킵자크한국의 말기에 카심한이 세운 국가)을 정복하여 영토를 확장했다.

하지만 만사 순조로워 보였던 그의 인생은 사랑하는 아내 아나스타샤의 병사에 의해 암전된다. 이반 4세는 성미가 급하고 의심이 많은 성격이었지만, 아나스타샤는 남편을 잘 달래고 주변 사람들과 사이에서 완충재 역할을 한 영리한 아내로 6명의 아이를 낳았다. 그런 그녀가 세상을 떠나자 이반 4세를 멈출 수 있는 사람은 아무도 없었다.

이반 4세는 점점 의심이 깊어져서 내통을 의심한 제후를 가차없이 처형한다. 이에 따라 국내의 불만이 높아지자 일단 양위하지만 민중의 탄원에 의해 복귀한다. 차르의 직할령을 관리하는 친위대 오프리치니키를 설립하여 반란 분자의 탄압과 숙청을 단행하고, 이에 항의하는 자는 한꺼번에 처형했다. 말년에는 거칠고 사나운 위세가 가족에게도 향하였고, 사소한 일에 화가 난 이반 4세는 후계자인 차남과 그 아내까지 때려서 죽인다. 그도 이 일만은 후회한 것 같고, 아들이 죽고 3년 후에 실의에 빠져 죽는다.

이반 4세의 초상

관련용어

차르tsar
러시아와 불가리아 등 슬라브계 민족 국가에서 사용되던 군주의 칭호. 어원은 로마 황제의 칭호인 카이사르

오프리치니키
오프리치니나(이반 4세의 공포정치)를 통치하기 위해 결성된 이반 4세의 직속 친위대. 이반 4세에게 역심을 가진 귀족이나 적국과 내통이 의심되는 자를 찾아내서 살해했다. 1570년에는 벨리키 노브고로드라는 도시의 반란이 의심되어 오프리치니키에 의해 수천 명이 학살되는 사건이 일어났다.

261 피닉스 phoenix

이집트 신화가 기원으로 여겨지는 전설의 새로, 스스로 불에 뛰어들어 죽은 후에 부활한다고 알려져 있다. 여러 문헌에서 전해지고 있지만, 다르게 묘사되어 있기 때문에 여러 설이 있다.

고대 이집트를 기원으로 하는 부활의 상징

고대 이집트 신화에는 태양신 라에 따르는 신성한 새 벤누Bennu가 등장한다. 금색의 청왜가리, 빨간색과 금색의 날개가 있는 독수리, 할미새라고도 불리며 매일 밤 헬리오폴리스Heliopolis(카이로의 북동쪽 교외에 있는 고대 이집트의 종교도시 유적)의 태양 신전에서 타오르는 불에 뛰어들어 죽고 다음날 아침 불꽃에서 태어난다고 믿었다.

이것을 유럽에 전한 것이 그리스의 역사가 헤로도토스이다. 그는 저서 〈역사〉 제2권에서 '아라비아에 사는 피닉스'라고 소개하고 500년에 한 번 헬리오폴리스를 찾아오는 날개의 일부가 빨간색과 금색인 독수리와 닮은 희귀한 새로 몰약으로 만든 구체에 어미새를 넣고 헬리오폴리스 신전으로 옮긴다고 했다.

이후 피닉스는 플리니우스의 〈박물지〉를 비롯해 다양한 문헌에 소개된다. 점차 그 습성도 변화하여 2~4세기경의 〈피지올로구스〉에서는 헬리오폴리스 신전의 불꽃에 타 죽은 후 솟은 구더기가 원래의 피닉스로 성장해서 다시 고향으로 날아간다고 기록되어 있다.

한 번 죽고 되살아나는 피닉스는 나중에 그리스도의 부활과 결부되어 기독교에서는 부활의 상징으로 여겼다. 피닉스는 부활의 상징으로서 현대에도 계승되고 있다. 게임에도 피닉스 부활 능력이 있고, 이름을 딴 부활 아이템이 등장하는 작품도 있다.

피닉스

관련용어

헬리오폴리스
카이로 부근에 있었던 고대 이집트 시대의 도시. 이름은 태양신 헬리오스의 이름을 따서 그리스인이 명명한 것이다.

몰약 沒藥
아라비아와 동아프리카의 일부에 생육하는 감람과의 관목에서 채취하는 수지. 외용약이나 가글, 향료 외에 미라의 방부제로도 사용됐다.

플리니우스
Plinius
23~79년. 〈박물지〉의 저자로 유명한 제정 로마 시대의 인물. 박물학자로서 군인, 정치가이기도 하다.

COLUMN 피닉스에 관련된 다른 존재

피닉스와 비슷한 존재로 동양에서는 중국을 기원으로 하는 서수瑞獸(상서로운 징조로 나타나는 짐승)인 주작이나 봉황이 알려져 있다. 본래는 별개이지만 서양에서는 특히 피닉스와 같은 존재로 간주하는 것 같다. 일본에서는 데즈카 오사무手塚治虫의 만화 〈불새〉가 유명하고, 100년에 한 번 자신을 태워 재생하는 초생명체로 묘사되고 있다.

262 셜록 홈즈 Sherlock Holmes

영국의 추리 소설 작가 코난 도일이 만들어낸 명탐정의 대명사이다. 명탐정과 평범한 조수라는 추리 소설의 한 형태를 정착시킨 작품이기도 하다.

(여러 가지 의미로) 죽음의 늪에서 생환한 명탐정

세계에서 가장 유명한 탐정 중 한 명인 셜록 홈즈는 런던의 베이커가 221B에 사는 남성으로 180cm의 마른 체격에 매부리코와 매의 눈매를 갖고 있고 바이올린이 전문이며 코카인 애용자이다. 이만큼 개인 정보가 널리 알려진 탐정이라는 점도 흥미롭다.

홈즈는 1887년에 세상에 등장했다. 뛰어난 추리력은 물론 많은 학술에 정통하고 변장이 특기인데다 관찰력이 뛰어나다. 그러나 성격은 매우 비상식적이고 조울증이 심해 마약에 의존하는 등 결코 사회적인 인간이라고는 할 수 없다. 그런 다루기 힘든 천재의 친구가 된 것이 그의 동거인 존 왓슨이다. 두 사람의 이상한 우정은 기분 좋고 추리 자체는 물론 빠른 전개는 영원히 읽고 싶어지는 매력이 있다. 첫 등장 작품인 〈주홍색 연구〉에서 레스 트레이드 경부에게 자신의 공을 빼앗겼다고 말하는 홈즈에게 왓슨은 '내가 기록해 둘게'라고 대답한 것이 이 '수기'의 출발점이 된다. 이렇게 본 작품은 왓슨에 의한 홈즈의 전기轉記인 셈이다.

죽여도 죽지 않을 것 같은 홈즈는 실은 1893년에 발표된 〈마지막 사건〉에서 한 번 죽었다. 도일은 본 작품을 문자 그대로 마지막 사건으로 하기 위해 홈즈를 숙적 모리아티와 함께 라이헨바흐의 폭포에 떨어뜨렸다. 그러나 팬들의 강력한 요구에 부응하는 형태로 귀환시킨 것이다. 현재도 영화와 드라마에 등장하는 이 홈즈의 '죽음'은 당분간 오지 않을 것 같다.

〈셜록 홈즈〉 삽화

관련용어

베이커가 221B
허드슨 부인이 경영하는 하숙집에서 홈즈의 방이 있는 가상 주소. 작품이 쓰인 시대에 베이커가는 85번지까지밖에 존재하지 않았다. 현재도 홈즈 앞으로 팬들로부터 편지가 배달된다고 한다.

홈즈의 신장
본문에서는 6피트(약 1.83m)가 조금 넘는 것으로 알려져 있다.

코난 도일
1859~1930년. 영국의 추리 소설가, 의사, 극작가. 개업의로 일하는 한편 홈즈 시리즈를 쓴다. 역사 소설이나 희곡도 남겼다.

COLUMN 열광적 애호가, 셜로키언

셜록 홈즈의 열광적인 애호가·연구가를 셜로키언Sherlockian이라고 부른다. 현지 영국에서는 그의 성을 따서 홈지언Holmesian이라고 한다. 셜로키언 단체는 세계 각국에 존재하고 일본에도 셜록 홈즈 클럽이 있다.

생물 / 의학 / 약리학

263 백신

수수께끼의 병원체가 유행하는 소설(주로 좀비)에서 반드시 아이템으로 등장하는 것이 백신이다. 백신의 무엇이 그렇게 효과적일까?

이물질 제거 경험을 세포에 기억시켜라

18세기 말 치사율 20~50%의 공포의 감염, 천연두가 대유행했다. 그러나 에드워드 제너Edward Jenner가 병원체로 만든 의약품, 백신을 발명해서 많은 사람들을 구원했다. 그는 한 번 우두(바이러스에 의한 소의 급성 전염성 질병)에 걸린 사람이 천연두에 걸리지 않는다는 사실을 깨닫고 인류 최초의 천연두 백신을 개발한 것이다. 이후 천연두 예방 방법은 전 세계로 퍼졌고 1980년에는 WHO(세계보건기구)에서 박멸을 선언했다.

그 후, 루이스 파스퇴르Louis Pasteur가 병원체를 배양하여 약독화한 것을 접종하면 면역을 얻을 수 있다는 이론을 확립하여 다양한 감염증에 대한 백신이 개발됐다.

백신의 기초 시스템은 쉽게 설명하면 이렇다. 인간과 동물은 원래 자신과는 다른 이물질을 제거하는 기능(면역)이 있다. 인간의 면역 체계는 특정 병원체에 대해 효과적으로 인식·적응해 온 뛰어난 성능이 있어, 면역 기억이라는 것을 만들어낸다. 그리고 어떤 병원체에 대해 첫 회 대응을 하면 면역 기억으로 두 번째 이후에 만나면 더 강화된 대응을 한다. 비유하자면, 첫 악플에 대응하고 나면 다음에 악플이 달렸을 때도 당황하지 않고 더 익숙하게 대응을 하는 것과 같다. 이 면역 기억을 갖기 위해 독성을 약하게 한 바이러스로 그 첫 회를 수행하는 것이 백신의 목적이다.

백신은 크게 독성을 약하게 한 미생물이나 바이러스를 사용하는 생백신과 죽은 바이러스와 세균을 사용하는 불활성화 백신이 있다. 전자는 천연두의 종두나 결핵 BCG 등, 후자는 인플루엔자 백신, A형 간염 백신 등이 있다.

관련용어

천연두
기원전부터 전 세계에서 전염성이 매우 강한 질병으로 두려워했던 감염증이다. 치료 후에도 얼굴에 보기 흉한 자국이 남는다.

에드워드 제너
Edward Jenner
1749~1823년. 영국의 의학자. 안전한 종두법이라는 천연두 예방법을 개발한 현대 면역학의 아버지. 소의 젖을 짜다가 자연스럽게 우두에 걸린 사람이 천연두에 걸리지 않는다고 말한 농민의 한 마디가 대발견을 하는 실마리가 됐다.

루이스 파스퇴르
Louis Pasteur
1822~1895년. 프랑스의 생화학자, 세균학자. 백신의 예방 접종 방법이나 우유와 와인의 부패를 방지하는 저온 살균법 등을 개발했다.

COLUMN 생물 필수 기능이기 때문에 피할 수 없는 알레르기

면역이 특정 항원(항체를 만들게 하는 물질)에 대해 과민 반응하는 경우를 알레르기라고 한다. 면역 자체가 생체에 필수적인 기능이므로 치료를 하려면 원인 항원을 회피·제거할 수밖에 없다. 원인은 여전히 확실하지 않지만, 환경이 너무 청결하면 알레르기 질환이 증가한다는 가설이 있기 때문에 결벽증도 생각해 봐야 할지도 모른다.

264 노출 효과 exposure effect

처음에는 관심 없던 텔레비전 광고가, 몇 번 보다 보니 점점 신경이 쓰인 경험은 없을까? 이것은 노출 효과라는 현상이다.

접촉을 반복하면 호감도가 상승하는 심리

노출 효과(exposure Effect, 자이언스 효과)란 여러 번 접촉하면 그 대상에 대한 관심과 호감도가 증가하는 것을 말한다. 심리학자 자이언스가 발표한 것에서 자이언스 효과라고도 한다.

이 효과를 이용한 것이 시작 부분에서 언급한 텔레비전 광고이다. 텔레비전 광고를 반복해서 여러 번 보다 보면 흥미가 없던 것도 점점 친근감이 생기는 일이 있다. 바로 텔레비전 광고가 노리는 효과이다.

또한 연애에서도 노출 효과가 중시되고 있다. 신경 쓰이는 이성을 여러 차례 접촉하여 호감도를 높인다는 것이다. 이것은 연애의 기본 테크닉이다.

그렇다고 맹목적으로 여러 번 접촉하면 된다는 얘기는 아니다. 호감도 상승 여부는 결국 상대에 따라 따르다. 상대가 불쾌하다고 느끼면 만날 때마다 오히려 혐오감이 커진다. 텔레비전 광고도 불쾌한 내용이 반복해서 나가면 클레임 문제가 될 수 있다. 중요한 것은 상대에게 효과적으로 접촉하는 것이다. 당연히 이쪽에서 어떻게 하느냐에 따라 상대의 태도도 달라진다. 때문에 상대의 반응을 보면서 효과적인 방법을 찾을 수밖에 없다.

여러 번 접촉하여 호감도를 높인다는 것은 게임 세계에서는 자주 사용되는 시스템이다. 상대에게 말을 걸거나 무언가를 주면 호감도 내지 우호도 등의 파라미터가 올라가 결국 상대가 동료가 된다거나 친밀한 관계가 되는 구조이다. 그중에는 바람직하지 않은 방법으로 접촉을 하면 파라미터가 내려가거나 파라미터가 올라갈지의 여부가 랜덤인 것도 있다. 노출 효과의 심리를 꽤 충실하게 재현한 연출이라고 할 수 있다.

관련용어

로버트 자이언스
Robert Zajonc
1923~2008년. 미국의 심리학자. 사람의 인식에 관한 연구를 하고 노출 효과 외에도 정서와 인지의 관계 등을 규명했다.

연애 기술
상대에게 호감을 불러일으키는 기법으로 노출 효과는 자주 권장된다. 그러나 독선적 강요는 하지 않도록 주의가 필요하다.

게임에서의 호감도
게임에서 상대의 호감도를 수치 등으로 알기 쉽게 표현하는 경우가 많다. 다만, 그중에는 숨겨진 파라미터로 돼 있어 마치 현실처럼 상대의 반응을 보면서 모색하는 것도 있다.

COLUMN 노출 효과 + 유사성의 효과

연애에서는 노출 효과에 더해서 유사성을 이용하는 것이 효과적이라고 알려져 있다. 유사성은 자신과 상대가 비슷한 것에서 갖는 친근감을 말한다. 사람은 자신과 닮은 사람에 매료된다. 상대와 공통 주제가 있거나 또는 유사한 행동을 취하는 데다 노출 효과를 사용하면 상대가 더 좋아하게 된다고 한다.

265 침대 밑의 남자

침대 밑에 숨어 있는 수상한 사람에 얽힌 도시 전설이다. 미국이 발상지로 알려져 있지만, 비슷한 이야기는 전 세계에 있다.

침대 밑에 숨어 있는 이상한 남자

도시 전설의 개요는 다음과 같다. 1인 생활을 하고 있는 여성의 방에 단짝 친구가 놀러 왔다. 그날 밤 친구가 묵게 되는데 방에는 침대가 하나밖에 없어서 침대 옆에 이불을 깔고 자기로 했다.

그런데 잠자리에 들고 나서 얼마 되지 않아 갑자기 친구가 외출을 하자며 반강제로 밖으로 끌려나왔는데, 얼굴이 파래진 친구가 침대 밑에 식칼을 든 남자가 있었다고 털어놨다.

이 이야기에는 많은 버전이 있다. 무대가 개인의 방이 아니라 호텔 등의 숙박 시설이거나 남자가 가진 흉기가 식칼이 아니라 낫과 도끼와 같은 식이다. 수상한 남자가 체포되는 결말이 대부분이지만, 그중에는 등장인물을 죽이고 도망가는 유형도 있다.

이야기에 따라서는 남자가 옷장이나 벽장 등에 숨어 있는 경우도 있는 것 같지만 그렇게 되면 더 이상 '침대 밑의 남자'가 아니다.

이 이야기의 무서운 점은 인간이 가장 무방비한 상태로 있는 침대 아래에 생각지 못한 위협이 도사리고 있다는 데 있다. 그렇다면 역시 무대는 자신의 방이어야 공포감이 극대화된다. 집은 말하자면 자신의 세력권이다. 안전한 공간이라는 인식하에 기본적으로 마음을 놓는 장소이다. 어느새 수상한 사람이 들어와 있는 것만으로도 무서운데, 심지어 일부러 침대 밑에 숨어 있다면 무서움은 두 배로 커진다.

덧붙여서 침대 아래의 어둠 속에 있는 무언가는 예로부터 공포 영화와 괴기 드라마에서도 사용되어 왔다. 그것이 유령이나 괴물이 아닌 수상한 남자인 것 자체가 실은 가장 무서운 것일지도 모른다.

관련용어

도시 전설
누가 처음 시작했는지 모른 채 확산된 현대 발상의 소문. 대부분의 경우 명확한 근거가 없고, 뭔가 근거가 있는 경우도 별거 아닌 사실이기도 하다. 미디어에서는 괴담적인 것을 가리키는 경우가 많지만, 괴담에 한정된 것은 아니다.

COLUMN 실제 사건이기도 했던 침대 밑의 남자

혼자 사는 여성을 노린 빈집털이나 스토커 피해가 심각하다. 그중에는 범인이 방에 침입해 있는 와중에 집주인이 집에 돌아와서 당황해서 침대 밑에 숨었지만 발견되어 체포된 사건도 있다. 이러한 사건의 보도도 침대 밑의 남자의 소문이 가미된 것일지도 모른다.

266 성사 sacrament

성사는 예수 그리스도가 정한 몇 가지 의식儀式을 말한다. 신자들은 이들 의식을 거행함으로써 하나님의 축복과 도움을 받는다. 교파에 따라 의식의 수는 다르다.

예수가 정한 은총을 받는 의식

신자들이 신의 은총을 받는 의식을 기독교에서는 성사(聖事)라고 한다. 가톨릭에서는 예수가 정한 신의 은혜를 주기 위한 의식들이라는 의미가 있다. 가톨릭이나 정교회는 세례, 견신, 성체(성찬) 용서(고해), 병자성사(종 오일), 신품성사, 결혼(혼인)의 일곱 가지이다. 개신교는 〈신약성서〉에 근거를 요구하는 세례와 성체 두 가지로 좁혀진다. 다른 주요 교파에서는 성공회가 개신교와 같이 두 가지밖에 허용하지 않았다.

원래 〈신약성서〉에서는 예수 그리스도 자체가 성사이며, 그 예수가 정한 의식을 통해 신의 은총을 받을 수 있도록 돼 있기 때문에, 어떤 의식이 성사에 해당하는지는 의견이 나뉜다. 덧붙여서 각 의식의 자세한 내용은 다음과 같다.

- 세례 : 입신에 필요한 의식. 세례명을 받고 신자로서의 삶을 산다
- 견진 : 신심을 높여 신자로서 성숙하고 기독교에 입신을 완성한다
- 성체(성찬) : 최후의 만찬을 재현, 예수님의 몸인 빵과 포도주를 먹고 예수와 일체화한다
- 용서(고해) : 신의 용서를 받기 위해 신자가 세례 후 죄를 사제에게 고백한다
- 병자성사(종유) : 이전에는 종말 의료적인 의미가 강했다. 성스러운 기름을 발라 병을 치유한다
- 신품성사 : 성직자로 임명, 권한을 받고 그에 상응하는 은총을 준다. 사제가 될 때 치르는 의식
- 결혼(혼인) : 신자끼리 교회에서 결혼식을 올리고 평생 사랑을 맹세하고 실제로 함께 산다

관련용어

가톨릭
서방 교회로 분류되는 기독교의 최대 교파. 구교라고도 불린다.

정교회
동방 교회로 분류되는 기독교 교파의 하나. 각국에 교회 조직을 두고 있다.

개신교
서방 교회로 분류되는 기독교 교파의 하나. 신교라고도 불린다.

성공회
서방 교회로 분류되는 기독교 교파의 하나

267 성 바르텔레미의 학살

위그노 전쟁이 한창이던 프랑스. 황비 카트린 드 메디시스(1519~1589년)는 양자의 공존을 목표했지만, 생각지 않은 것에서 최악의 학살 사건을 초래했다.

융화 정책이 돌변한다! 파리가 지옥으로 바뀌다

역사상 보기 드문 학살 사건이 일어난 경위는 이러하다. 우선 16세기의 프랑스에서는 위그노(=개신교)와 기독교의 싸움이 일어났다. 그런 가운데 가톨릭을 지지하는 앙리 2세가 급사하자 왕비인 카트린은 자신의 아들을 차례로 즉위시키고 섭정으로 실권을 장악했다.

카트린은 양 교파의 공존을 목표로 자신의 셋째 딸 마르그리트와 위그노파 나바르 왕 앙리의 정략결혼을 진행했다. 그런 때, 위그노파 수장인 콜리니 제독이 카트린의 아들 샤를 9세에게 가톨릭파인 스페인과의 전쟁을 부추긴다. 이에 따라 그녀는 마르그리트의 결혼식 도중에 콜리니의 암살을 지시했다.

하지만 콜리니는 기적적으로 목숨을 건졌고 위그노파의 보복을 크게 두려워한다. 거기에 스페인에서 위그노파 귀족이 국왕들의 유괴 납치 계획을 꾸미고 있다는 정보가 입수된다. 이것으로 명분을 얻은 카트린은 샤를 9세를 어떻게든 설득했다. 이렇게 해서 '모두 학살'이라는 위그노 학살 명령이 내려진다.

무장 봉기를 막기 위해 파리시 문을 폐쇄한 후 1572년 8월 23일 새벽 종소리를 신호로 학살은 시작됐다. 먼저 결혼을 위해 궁중에 있던 귀족들과 콜리니가 차례로 살해되고 궁정 정원에는 그들의 시체로 뒤덮인 산이 쌓였다. 그리고 둑이 터진 것처럼 학살은 멈추지 않고 병사들의 살육뿐 아니라 민중 폭동으로까지 발전했다. 여자, 아이, 갓난아이까지 가리지 않고 살해되어 센 강에는 사방에서 피로 물든 강이 흘러들었고 파리 시내의 길거리는 죽은 사람들의 살점, 내장, 피가 난무하는 지옥으로 변했다. 이 잔혹한 학살과 약탈은 3일 밤낮 이어졌고 지방으로까지 확대됐다.

〈성 바르텔레미의 학살〉

관련 용어

종교혁명
16세기 루터 교회를 비판한 것에서 시작된 기독교의 종교적 혁명 운동. 구파인 가톨릭에 대항하여 신파인 개신교가 탄생하여 양자의 대립은 유럽 전체로 파급됐다.

위그노
프랑스의 가톨릭에서 개신교를 가리키는 통칭. 카트린의 남편 앙리 2세의 사후, 1562~1598년까지 가톨릭과 개신교가 싸운 프랑스 내전을 위그노 전쟁이라고 한다. 성 바르텔레미의 학살도 이 내전 중에 일어난 사건이다.

앙리 2세
1519~1559년. 발루아 왕조 제10대 프랑스 국왕. 전 국왕인 프랑수아 1세와 마찬가지로 가톨릭에서는 개신교를 탄압하고 종교 재판 법정까지 만든다. 1559년 마상 창시합 중에 우연히 오른쪽 눈을 찔려 부상을 입어 사망한다. 또한 이 사망 사고는 노스트라다무스의 예언이 적중한 것으로 유명하다.

268 지크프리트 Siegfried

서사시 〈니벨룽겐의 노래〉에 등장하는 영웅이다. 부르군트 왕 군터의 친구이지만, 아내 크림힐트와 군터의 아내 브륀힐트의 말다툼으로 죽는다.

독일과 북유럽에서 특히 유명한 영웅

라인강 하류 니더란트의 왕자로 아버지는 지그문트, 어머니는 지그린데이다. 젊을 때부터 용사로 알려졌으며 보물의 분배 역할을 부탁받은 것을 계기로 니벨룽겐족의 보물을 손에 넣은 이야기, 드래곤 퇴치 시에 때 피를 뒤집어써 피부가 경질화해서 칼에 찔리지 않게 된 이야기 등이 유명하다. 단, 보리수 잎이 붙은 한 곳은 피가 닿지 않아 유일한 약점이 됐다.

나중에 지크프리트는 아름다운 크림힐트의 소문을 듣고, 부르군트의 군터 왕을 찾았다가 마침 침공해 온 작센 왕 리우데게루와 덴마크 왕 루데가스트를 이겼다. 또한 군터와 여동생 브륀힐트의 결혼을 돕고 군터의 여동생 크림힐트와 이어진다. 그런데 군터는 강력한 왕비로 인해 애를 먹고 요청을 받은 지크프리트가 왕 행세를 해서 굴복시켰다. 이 사건은 비밀이었지만 나중에 왕비와 말다툼을 하던 크림힐트가 일러바쳐 브륀힐트로부터 미움을 사는 바람에 지크프리트는 왕비의 뜻을 받은 대작 호겐에게 암살된다.

〈니벨룽겐의 노래〉는 독일어로 기록된 13세기 초반의 작품. 북유럽의 가요집 〈에다Poetic Edda〉와 〈볼숭가 전설Volsunga Saga〉에도 비슷한 이야기가 있어 기원은 같다고 여겨진다. 이름은 지크프리트가 아닌 지구르트라 불리며 용을 퇴치한 이야기가 자세하게 적혀 있다.

〈지크프리트와 신들의 황혼〉 삽화

관련용어

니더란트
저지대에 있는 현재의 벨기에, 네덜란드, 룩셈부르크를 가리키지만, 작중의 니더란트는 현재 크산텐 부근으로 생각된다.

니벨룽겐족
본래는 보물을 소유하고 있던 니벨룽크왕의 일족으로, 노르웨이에 있던 것으로 보인다. 나중에 보물을 소유한 가문을 가리키게 됐고 부르군트가 보물을 손에 넣고 나서 그들이 니벨룽겐족이라고 불린다.

부르군트
현재 프랑스와 스위스에 걸쳐 있는 왕국. 연대에 따라서 범위는 다르다.

COLUMN 유명한 대작과도 관계가 있다? 지크프리트의 검

보물을 분배받을 때 지크프리트는 보상으로 발뭉크라는 검을 얻었다. 이것은 시구르드 칼 그램(북유럽에 전설로 내려오는 승리의 검)에 해당하며 부러진 칼을 다시 단련한 것이다. 부러진 검을 단련하는 거라면 J.R.R.톨킨의 〈반지의 제왕〉에 등장하는 안두릴이 있다. 북유럽 신화의 영향을 크게 받은 작품이므로 그 소재는 그램일지도 모른다.

269 허버트 웰스 Herbert G. Wells

허버트 조지 웰스Herbert G. Wells는 소설가뿐만 아니라 문명 비평가로도 알려져 있다. 지혜가 깊어 미래를 개척하고 예언적인 책을 많이 남겼다.

많은 SF의 '개념'을 만들어낸 제안자

쥘 베른이 SF의 개척자라면 웰스는 많은 SF적인 테마를 만들어낸 제안자라고 할 수 있다. 그런 그의 가장 유명한 발명품이 시간을 자유롭게 오가는 타임머신이다.

사실 시간을 넘나드는 도구는 그가 발명한 것은 아니다. 1878년 스페인 작가 엔리케 가스파르 이 림바우가 쓴 〈시간 역행자anacronópete〉가 최초라고 알려져 있다. 그러나 이 작품에 등장하는 차량은 과거로밖에 갈 수 없었다. 역행밖에 할 수 없었던 것이다. 이외에도 시간을 이동하는 차량이 등장하는 작품은 있기는 했지만, 과거로 가는 것뿐이었다. 그렇게 생각하면 웰스는 미래를 개척한 사람이라고 할 수 있다.

웰스는 영국 태생의 소설가이자 평론가이다. 1866년에 태어나 이과사범학교, 현재의 런던 대학 이학부에 교사로 근무했다. 독특한 문명 비평으로도 알려져 있었지만, 1895년에 미래 소설 〈타임머신〉을 집필하고 문단에 등장한다. 그 후에도 모습이 보이지 않는 〈투명인간〉, 지구 외 생명체에 의한 침략과 공방을 그린 〈우주전쟁〉 등 지금은 친숙한 SF 테마의 원점을 만들어냈다. 웰스의 작품은 과학적 지식이 넓고 명석한 두뇌로 판타지의 영역을 과학의 테이블에 올려놓았다. 과학적이라고는 하지만 공상을 많이 그린 것을 보면 매우 현실적인 사람이었을 것이다.

〈우주 전쟁〉 삽화

관련용어

쥘 베른
1828~1905년. 프랑스의 소설가. 〈해저 2만리〉 등 많은 모험 과학 소설을 집필했다. SF의 선구자라고 불린다.

역행
흐름을 거슬러 올라가는 것. 역류

투명인간
모습은 보이지 않고 목소리만 들리는 공상 속 인간 또는 어떤 이유로 그런 상태가 된 인간. 몸을 숨기기 위해 몸이 사라지는 전설이나 이야기는 많지만, 빛의 굴절이나 체내 색소 등 과학·의사과학적 요소를 사용하여 그린 것은 웰스가 처음이었다.

COLUMN 미친 과학자, 모로 박사

웰스의 인기에 힘을 실은 작품 중 하나인 〈모로 박사의 섬〉이라는 단편이 있다. 어느 무인도에 10년간 틀어박혀 조수와 함께 연구를 이어간 모로 박사. 그의 목적은 동물을 개조하여 '동물 인간'을 만들어내는 것이었다. 〈프랑켄슈타인〉에서 영감을 얻었다고 하는 이 작품으로 새로운 '미친 과학자'상이 세상에 탄생했다.

270 플라시보 효과 placebo effect

실제로는 전혀 효능이 없는데 약이라고 믿고 먹으면 왠지 증상이 개선된다. 그런 있을 수 없는 현상을 플라시보 효과라고 한다.

과신은 금물

진짜 약 성분이 들어 있지 않은 가짜 약을 위약僞藥이라고 한다. 그런 위약이나 관계없는 효능의 약 또는 약도 아닌 것을 복용했는데 약이라고 믿고 먹으면 왠지 병이 호전되는 경우가 있다. 이것을 위약 효과, 플라시보 효과라고 한다. 약을 먹었다는 정신적인 안정감과 편견, 암시 효과가 나타난다고 하므로 물론 성분이 효과를 낸 것은 아니다. 다만 그 믿음으로 증상이 완화되는 경우는 있는 것 같다.

믿음과 암시에 의해 상태가 호전된다는 것은 반대로 부작용이 있다고 믿으면 부작용이 나타나기도 한다. 이것을 반위약 효과, 노시보 효과nocebo effect라고 한다.

이 효과는 1955년에 발표된 헨리 비처의 연구 보고를 통해 널리 알려지게 됐는데, 애초에 플라시보 효과라는 것에 대해 의문을 제기하는 의견은 항상 있다. 다만, 적어도 임상시험에서는 위약 효과와 편견의 가능성을 배제하지 않으면 신약이나 새로운 치료법의 효과를 검토할 수 없다. 그렇지 않으면 신약이 정말 효과가 있는지 없는지를 알 수 없기 때문이다. 이것을 이중맹검법이라고 하며, 환자뿐만 아니라 의사에게도 실시하고 있는 약이나 치료법의 성질을 밝히지 않는다고 한다.

또한 이러한 편견이나 플라시보 효과를 방지하는 과학적 방법은 심리학이나 사회과학 등에도 응용되고 있다고 하니 왠지 픽션에서 쓸 만한 재료라고 생각된다. 모든 것은 수수께끼의 암조직이 짜낸 실험이었다거나, 외계 생명체 대에 의한 연구였다는 이야기는 비교적 나오는 패턴일 것이다.

관련용어

편향bias

편향, 치우친 견해. 여러 종류가 있으며 인지 편향(사회 귀속 오류나 기억 오류 등 인간이 범하기 쉬운 오류), 감정 편향(감정에서 오는 인지와 의사 결정의 왜곡), 정상성 편향(자신만은 괜찮다고 생각하는 것) 등이 있다.

헨리 K. 비처
Henry K. Beecher

1904~1976년. 미국의 의료 윤리학자. 플라시보 효과에 관한 논문에서 이중맹검의 필요성을 처음으로 강조했다. 또한 비윤리적인 임상 연구 예에 관한 기사를 발표하고 이후의 사전 동의informed consent와 인체실험 관련 지침의 기초를 마련한다.

이중맹검법

의사나 환자에게 약물이나 의료법의 성질을 알리지 않고 수행하는 임상시험 및 연구. 1948년 윌리엄 H. 리버스가 처음 실시한 것으로 알려졌다. 환자에게만 알리지 않는 시험은 단일맹검법이라 한다.

COLUMN **죽은 자는 말이 없다, 생존자 편향**

생존자 편향survivor bias이라는 것도 있다. 살아있는 환자에게는 이야기를 들을 수 있지만 죽은 자에게는 이야기를 들을 수 없기 때문에 전자만으로 판단하면 일을 그르친다. 재해나 사고에 대해서는 물론이지만, 경쟁이 심한 업계에서 패자의 의견이나 실패를 무시하면 이 편향에 걸린다.

271 방관자 효과 bystander effect

1964년 뉴욕에서 심야에 여성이 습격을 당해 도움을 요청했지만 주위 사람들이 보고도 못 본 척해서 여자는 죽었다. 이 사건을 계기로 방관자 효과라는 말이 생겨났다.

'자신이 나서지 않아도 문제없다'는 심리

방관자 효과는 집단의 무책임이라고도 불리는 것으로, '모두가 보고 있거나 알고 있는데, 아무도 행동하지 않는다'라는 심리이다. 위에 소개한 사건에서 습격당한 여성이 여러 번 외치며 도움을 청했지만 그 목소리를 듣고 있었을 인근 주민 38명 중 누구 하나 밖으로 도우러 나오지 않았을 뿐 아니라 경찰에 신고조차 하지 않았다.

이 말을 듣고 인근 주민들이 너무 야박하다고 생각했을까? 그러나 이것은 결코 특수한 예가 아니라 많은 사람들이 가진 심리라고 심리학자인 빕 라타네Bibb Latané와 존 달리John M. Darley는 지적했다. 다른 누군가가 해줄 것이니 내가 나설 필요는 없다, 아무도 나서지 않으니까 내가 나서지 않아도 책임을 지지 않는다, 아니면 섣불리 움직이면 자신도 휘말린다는 심리이다.

왕따 문제는 바로 이 심리가 크게 관여하고 있다. 왕따가 발생하는 것을 알고 있어도 방관자 효과로 아무도 나서지 않는다. 라타네와 달리의 연구에 따르면 집단이 커질수록 사람들은 행동하지 않게 된다고 한다.

한편, 입후보자를 선출하는 일에 관해서도 방관자 효과는 역시 작동한다. 리더를 맡으면 이득이라는 걸 알고 있어도 '나보다 더 뛰어난 적임자가 있을 거라거나 나 따위가 주제넘다'는 심리에서 출마를 망설이기 쉽다.

이렇게 보면 집단은 죄다. 방관자 효과라는 점에서는 독불장군이나 소수정예 쪽이 우수하다고 할 수 있다. 정당을 결성하고 싸우는 게임에서도 때로는 회원을 압축하는 것이 좋은 경우도 있는 것은 인간의 심리를 생각하면 납득할 수 있는 부분이 있다.

관련용어

습격 사건
1964년에 일어난 키티 제노비스 사건이라 불리는 사건. 뉴욕의 여성 키티 제노비스가 누구의 도움도 받지 못하고 살해됐다. 이 사건은 언론에서 대대적으로 보도되어 다양한 논의를 불렀다.

빕 라타네
Bibb Latané**와**
존 달리
John M. Darley
미국의 심리학자. 공동 연구를 통해 다양한 인원으로 구성된 그룹에서 비상시에 행동에 나서는 비율을 검증했다. 그러자 인원이 많은 그룹일수록 행동에 나서는 사람이 적었다고 한다.

COLUMN 방관자 효과를 아랑곳하지 않는 용자상像

방관자 효과를 생각하면 마왕을 물리치기 위해 일어서는 용사라는 것은 참으로 위대하다. 모두가 '나에게는 무리다', '내가 하지 않아도 문제없다'고 생각했을 법한데 당당하게 자기 이름을 댄 것이다. 방관자 효과를 아랑곳하지 않는 용자상이라는 것은 어떤 의미에서 우리가 동경하는 모습을 구체화한 것이라고 할 수 있다.

272 소의 목

〈소의 목〉이라는 무서운 이야기가 있다. 이 이야기를 한 사람도 들은 사람도 모두 죽는다고 한다. 그래서 아무도 이야기하고 싶어하지 않고, 아무도 내용을 모르는 무서운 이야기이다.

무서운 이야기가 잇따라 만들어지는 괴담

〈소의 목〉은 작가 고마쓰 사쿄小松左京가 쓴 단편소설이 발단이 된다. 그 소설은 주인공 '내'가 〈소의 목〉이라는 괴담을 가르쳐 달라고 여러 사람을 찾아다니는데, 모두에게 '알고 있지만 이야기하고 싶지 않다'고 거절당한다. 어쨌든 〈소의 목〉은 두려워서 말한 사람도 들은 사람도 죽어 버리기 때문에 아무도 내용을 자세히 모른다. 무섭다는 것만이 전해져 왔다고 한다.

즉, 내용을 모르는 괴담인 것이다. 단, 황당무계한 이야기가 아니라 실제로 옛날부터 전해져 온 이야기라고 작가인 코마츠 사쿄 씨는 말했다. 진상은 모르지만, 어쨌든 무서운 사건이 있었던 것은 확실한 것 같다.

그런 이유에서 '이런 사건이 있었잖아요?'라고 하는 여러 가지 추측을 부르게 됐다.

[이야기 ①] 어느 폐촌에서 대량의 인골과 소의 머리뼈가 발견됐다. 천보天保의 기근이 있었을 무렵, 그 폐촌에서는 사람을 먹고 살아남기 위해 살아 있는 사람에게 소의 목을 씌워 사냥했다고 전해진다.

[이야기 ②] 어느 마을에서 소가 칼에 베여 죽고 옆 마을에서 여자가 납치되는 사건이 이어졌다. 범인은 마을 권력자의 아들로 납치한 여자에게 소의 목을 씌우고 관계를 했다고 한다.

[이야기 ③] 어느 교사가 소풍을 가는 버스 안에서 아이들에게 〈소의 목〉 이야기를 들려줬는데, 모두가 개거품을 물고 실신했다고 한다.

이런 이야기를 비롯해 생각할 수 있는 무서운 이야기가 속속 만들어졌다. 결국, 그런 두려운 이야기를 만들어내는 것 자체가 〈소의 목〉의 두려움이라고 할 수 있다.

관련용어

코마츠 사쿄
小松左京

1931~2011년. SF 작가. 베스트셀러가 된 〈일본 침몰〉을 비롯해 수많은 히트작을 발표했다. 같은 시기에 활약한 작가 호시 신이치星新一와 츠츠이 야스타카筒井康隆와 친분이 있었다.

천보의 기근

1833~1839년(천보 4~10년)에 일어난 대기근. 에도 4대 기근 중 하나로, 특히 동북 지방에 막대한 피해를 가져왔다. 이 기근에 의해 100만 명 이상이 사망했다는 기록이 남아 있다.

COLUMN 일본의 2채널 등에서 거론되는 사메지마鮫島 사건

〈소의 목〉과 마찬가지로 진상을 모른 채 무서운 이야기로 전해지는 것에 사메지마鮫島 사건이 있다. 이것은 익명 게시판 2채널에서 화제가 됐고 사건의 내용은 모르지만 절대로 이야기해서는 안 된다고 퍼졌다. 다양한 추측을 불러일으켜 단순한 자작극이라고도 했지만, 진상은 알 수 없다.

273 아마겟돈 Armageddon

아마겟돈은 세상의 종말에 일어날 최종 전쟁, 그리고 그 싸움의 무대가 되는 장소의 이름이다. 오늘날에는 싸움 자체를 나타내는 단어로 사용되는 경우도 많다.

아마겟돈의 무대는 아마겟돈

아브라함의 종교에서 그려지는 세계의 종말, 혹은 그 발단이 되는 전쟁 등을 아마겟돈이라고 한다. 예를 들어 기독교라면 〈요한계시록〉이 유명한데, 이에 따르면 세계가 종말을 맞이할 때 선의 군대(예수 그리스도)와 악의 군대(안티 그리스도) 사이에서 마지막 전쟁이 발발했다. 곧 선한 군대가 승리를 하고 예수가 이상향을 완성했다고 한다.

일반적으로 아마겟돈이라고 하면 인류의 존망이 걸린 대규모 전쟁을 떠올리겠지만, 사실 아마겟돈이란 전투 자체가 아니라 싸움이 벌어지는 장소의 이름이다. 그 땅은 이스라엘에 실재하는 메기도 언덕을 말한다. 이곳은 메소포타미아에서 이집트로 이어지는 길목이었기 때문에 고대에 종종 큰 싸움이 일어났다고 한다.

〈요한계시록〉에도 '예수가 군대를 아마겟돈이라는 땅에 모으거나'라고 적혀 있는 대로 아마겟돈은 본래 지명이지만 현대에서는 성경의 전설에 비유해서 대규모 전투를 아마겟돈이라고 칭하는 것이 일반적이다.

요한계시록을 저술한 밧모섬의 요한

관련용어

아브라함의 종교
하나님의 말씀을 정리한 성전을 중요하게 여기는 유대교, 기독교, 이슬람교를 말한다. 〈구약성서〉의 창세기에 등장하는 예언자 아브라함에서 유래한다.

메기도 언덕
이스라엘에 있는 언덕. 솔로몬성 등의 요새가 구축됐다.

요한계시록
〈신약성서〉의 마지막에 나오는 책. 미래의 일을 기록한 예언 성격의 내용으로 돼 있다.

COLUMN 전 세계가 열중한 종말 예언

〈요한계시록〉을 비롯해 종말에 대해 쓴 작품은 세계 각지에 존재하지만, 그중에서도 특히 유명한 것이라고 하면 1973년에 발행된 〈노스트라다무스 대예언〉일 것이다. 여기에는 1999년 7월에 공포의 대왕이 와서 인류가 멸망한다는 예언이 기록되어 있으며, 사실로 받아들이는 사람이 많아 일대 붐을 일으켰다.

274 무적함대

스페인 펠리페 2세 통치 기간에 스페인 제국은 절정을 맞이했다. 패권을 노리는 펠리페 2세는 숙적 영국을 향해 대함대 무적함대를 파견했다.

무적이 아니었던 무적함대

16세기경 유럽에서는 국왕 펠리페 2세 치하에서 스페인 제국이 높은 해군력을 등에 업고 세력권을 확대하여 큰 번영을 이루었다. 역사서에서는 이 시기의 스페인 함대를 무적함대라고 부르기도 했다. 하지만 당시 스페인에서는 이 호칭은 사용되지 않았다. 도대체 왜 무적함대라는 이름으로 불린 걸까? 계기가 된 것은 1588년에 발발한 전투였다.

1588년 5월 이웃나라 영국과 전쟁 상태에 있던 스페인은 약 130척의 대함대를 보냈다. 스페인 함대는 7월 말에 영국 함대와 조우하고 아르마다 해전에서 결전을 벌인다. 스페인 함대는 적군의 군함에 다가가 백병전으로 제압하는 전법이 특기이다.

하지만 상대의 의도를 잘 알고 있던 영국 함대는 적군의 군함과 근접하지 않게 피하면서 포탄을 마구 쏘게끔 유도했고, 탄환이 바닥나자 가까운 거리에서 포격을 퍼부었다. 큰 손해를 입고 스페인 함대는 달아난다. 귀국 도중에 손상된 함선이 탈락하고 귀환한 것은 67척이었다고 한다. 이름도 무색하지만, 실은 무적함대라는 호칭은 승리한 영국이 사용하기 시작한 것. 승리를 더 화려하게 선전하기 위해 적을 '무적'이라고 치켜세운 것이 진상이다.

덧붙여서 스페인 축구팀을 무적함대라고 한다. 단어의 유래를 생각하면 모욕이라고 받아들일 수도 있으니 주의하는 편이 좋다.

〈스페인 무적함대의 패배〉

관련용어

펠리페 2세
Felipe II
1527~1598년. 가톨릭의 맹주로 가톨릭 세력을 지원하고 유럽에서 아프리카, 아시아, 신대륙까지 지배하는 대제국을 건설한 명군. 재위 기간 스페인은 '태양이 지지 않는 제국'이라 불렸다.

아르마다 해전
1588년 7월부터 8월에 걸쳐 스페인 함대와 영국 함대가 도버 해협에서 벌인 일련의 전투를 일컫는다. 최강을 자랑하던 스페인 함대를 영국 함대가 무찔렀다.

COLUMN 무적함대 못지않은 강렬한 임팩트, 그 이름은 우주 대장군!

우주대장군 도독육합제군사. 이것은 6세기경 중국에 있던 후경侯景이라는 무장이 자칭한 장군 이름이다. 육합六合은 '하늘과 땅의 모든 공간'이라는 뜻으로 천상천하의 모든 것을 총괄하는 대장군을 뜻한다. 하지만 후경은 나중에 제위를 찬탈하고 한나라를 세웠지만 토벌군에 패배하여 어이없이 죽었다. 이름처럼 되는 것은 쉽지만은 않은 것 같다.

275 브라다만테 Bradamante

르네상스 시대의 이탈리아 서사시 〈사랑에 빠진 오를란도〉, 〈광란의 오를란도〉에 등장하는 여성. 기량이 뛰어난 기사인 데다 미인이었다.

장애를 넘어 사랑을 성취한 미인 여기사

샤를마뉴를 섬기는 기사 리날도의 여동생. 여성이지만 기사였던 그녀는 침공해 온 이슬람교도와 싸웠지만, 우연히 만난 이슬람교도인 루지에로와 사랑에 빠진다. 두 사람은 주위 사람들의 도움을 받으면서 적과 아군이라는 입장 차이와 완고하게 결혼을 반대하는 루지에로의 양부 등 장애를 극복하고 결혼한다. 두 사람의 자손이 에스테가의 시조가 됐다고 한다.

브라다만테가 등장하는 〈사랑에 빠진 오를란도〉는 이탈리아의 시인 마테오 마리아 보이아르도Matteo Maria Boiardo(이탈리아의 시인이자 기사騎士)가 다룬 서사시로, 1495년에 출판됐지만 전쟁이 일어나서 집필이 중단되어 미완성인 채 남았다.

훗날 마찬가지로 이탈리아 시인 루도비코 아리오스토Ludovico Ariosto(르네상스기를 대표하는 이탈리아의 시인)가 속편을 제작했다. 이것이 1516년에 발표된 〈광란의 오를란도〉이다. 모두 이슬람교도의 침공에 맞서는 샤를마뉴와 기사들의 활약을 그렸으며, 오를란도의 활약상과 연애가 중심이다.

단지 〈광란의 오를란도〉는 에스테가의 기원에 대해서도 중요하게 다루고 있고 브라다만테의 활약상을 그린 내용도 더 많다.

브라다만테는 완전히 가공의 인물이지만 서사시가 명작으로 유명해졌기 때문에 그림의 소재로 인기가 있다.

브라다만테의 일러스트

관련용어

샤를마뉴
프랑크 왕국을 통치한 샤를마뉴. 샤를마뉴는 프랑스에서 부르는 이름이고 샤를마뉴 전설 등으로도 알려져 있다.

오를란도
샤를마뉴를 섬긴 기사의 필두격. 오를란도는 이탈리아어의 통칭으로, 프랑스에서는 롤랑. 유명한 〈롤랑의 노래〉의 주인공으로 〈광란의 오를란도〉는 그 전일담(사건·사실 등의) 이전의 상황에 대하여 덧붙이는 이야기이기도 하다.

에스테가
이탈리아의 유력 귀족 가문 중 하나이다. 가문 이름은 11세기에 에스테 변경백 지위를 얻은 것이 유래이다. 페라라Ferrara를 정비해 수백 년간 통치했다.

COLUMN 전장에 서는 여기사는 창작 작품뿐?

역사상 군대를 지휘하고 무기를 손에 들고 싸운 여성은 존재한다. 다만 기사가 되기 위해서는 임관이 필요하다. 누구나 될 수 있는 것은 아니고, 명예 기사로 수훈한 예는 있지만 정식 기사로 전장에 선 유명한 여성은 없는 것 같다. 창작 작품에 여자 기사가 비교적 자주 등장하는 일은 없기 때문에 로망을 느끼는 것일지도 모른다.

276 오페라의 유령

극장에 숨어 사는 수수께끼의 그림자. 정체불명 유령의 수수께끼를 파헤치는 미스터리의 원점이라고 할 수 있는 본 작품은 지금도 유명 극단에서 상영되는 인기 공연이다.

극장에 숨어 모습을 감춘 슬픈 괴인

유령이라는 뜻의 단어 팬텀에 실체가 있는 '괴인'이라는 의미를 부여한 것은 분명 본 작품일 것이다. 〈The Phantom〉이라고 적으면 오페라 극장에 정착한 유령을 가리킨다.

가스통 르루의 소설 〈오페라의 유령〉은 1909년에 발표한 괴기 미스터리이다. 하얀 마스크에 검은 턱시도, 무대 위에서 샹들리에가 떨어지고 정수리를 내리칠 것 같은 테마 곡이다. 유령의 이름은 화려한 뮤지컬 버전의 이미지와 함께 유명해졌다.

원작 소설은 어느 수기를 바탕으로 집필한 형식으로 돼 있다. 무대는 1905년 오페라 극장에 정체불명의 유령이 살았다. 유령은 지배인에게 월급 2만 프랑과 5번 박스석을 늘 비워 두라고 요구했다. 이것을 어기면 재앙이 일어날 거라고 경고했다. 그 유령이 신인 여배우를 사랑하게 됐고, 이야기는 거기에서 처참한 사건으로 발전한다.

저자 르루는 원래 언론인으로 본 작품을 쓰기 위해 오페라 극장(오페라 가르니에)을 정성스럽게 취재·조사하고 '유령이 살고 있다'는 소문과 실제로 있던 샹들리에 낙하 사건을 교묘하게 도입했다. 이 작품을 통해 확산된 '극장에 누군가가 있다'는 정형 설정은 실제의 소문에서 태어난 것이다.

다른 얘기지만, 유령이 요구한 월급을 현재 가치로 환산해 보자. 당시의 화폐 가치는 여러 설이 있지만, 대략 1프랑은 5,000~10,000원 정도이다. 아무리 그래도 너무 고액이 아닐까.

오페라 가르니에의 내부 사진

관련용어

가스통 르루
Gaston Leroux
1868~1927년. 프랑스의 소설가, 저널리스트. 범죄 기자, 전쟁 특파원으로 세계 각국을 취재하고, 그 후 소설가로 데뷔했다. 대표작은 〈오페라의 유령〉 외에 탐정 소설 〈노란 방의 미스터리〉 등이 있다.

뮤지컬 버전
뮤지컬이 초연된 것은 1986년, CM 송 등에서도 친숙한 '빰 빰빰빰빠빰'은 각본을 담당한 앤드류 로이드 웨버가 작곡한 서곡으로 2004년에 영화로 만들어졌다.

박스석
완전 개인실로 된 관람석. 유령이 지정한 5번 박스석은 2층 아래 쪽. 현재도 오페라 가르니에는 '오페라의 유령 박스석'이라고 플레이트가 붙어 있다.

오페라 가르니에
오페라 가르니에의 정식 명칭은 파리 국립 오페라 극장, 가르니에가 설계한 것에서 '오페라 가르니에'라고도 불린다. 네오 바로크 양식의 웅장한 건물에 샤갈의 천장 그림도 볼거리다.

COLUMN 오페라의 유령의 실력

지나친 고액을 요구한 것에 놀라겠지만 실제로 상당히 다재다능한 인물이다. 올가미, 이상한 요술의 명수로 극장 내부를 잘 알고 목소리도 좋아 가창 지도에 탁월한 재능을 발휘한다. 그 수완을 고려하면 결코 높은 금액이 아닐 것이다. 만약 제대로 활용했다면 유령이 아니라 오페라의 천사가 될 수 있었을지도 모른다.

277 클론 clone

소설에서는 이미 정평난 재료라고 할 수 있는 클론. 즉 생체나 세포, DNA의 복제를 말하는데 과연 어느 정도 실현 가능한 이야기일까?

복제 인간은 판박이가 되지 않는다?

클론은 엄격하게는 동일한 기원을 갖고 균일한 유전 정보를 가진 핵산이나 세포 등을 가리킨다. 원래 곰팡이와 이끼 등의 무성생식 생물은 원칙적으로 복제를 해서 개체를 늘린다. 서양민들레의 삼배체라는 종류는 꽃가루에 관계없이 무성생식으로 클론의 자식을 만든다. 원예 꺾꽂이도 클론 기술의 응용에 해당한다.

소설 등에서 자주 소재로 등장하는 동물 복제에는 수정란을 분할하는 배아 분할과 복제 원본 세포핵을 미수정란에 이식하는 핵 이식의 두 유형이 있다. 현재의 주류는 후자이다. 인공적인 동물 개체의 복제는 1891년에 성게에서 처음 만들어졌다. 다음으로 1952년 체세포의 핵을 수정란에 이식하는 체세포 핵 이식에 의해 개구리 복제가 탄생한다.

포유류 최초의 복제는 1981년에 만들어진 양(이름은 돌리)이고 계속해서 쥐, 돼지, 고양이(이름은 CC), 쥐, 말, 개(이름은 스너피), 늑대, 원숭이 등에서 복제에 성공했다. 이러한 복제는 일반적으로 수명이 짧은 경우가 많다. 인간에서 성공한 사례는 없지만 복제 인간이 만약 생긴다고 하면 아기 상태에서 시작하기 때문에 확실히 원래 개체와의 나이 차이가 있어, 혈관 패턴이나 지문 같은 후천적인 영향에 의한 것은 동일하지 않을 것으로 여겨진다.

지금의 법 규제에서는 인간 복제는 금지이고 종교적으로도 복제에 비판적인 입장을 취하는 종파가 많다. 또한 복제 음식조차 상품자의 반발이 강하기 때문에 사회 전반에서 복제에 대한 거부감은 강하다.

관련용어

돌리
1996년에 탄생한 세계 최초 포유류의 체세포 복제. 이름의 유래는 가수인 돌리 파튼에서 땄다. 염색체로 봐서 태어나면서 돌리는 노화했다고 발표되어 유전 정보의 원본이 6살 양이었기 때문에 출생 시에 이미 여섯 살이 아닐까 논의됐다.

CC
2001년에 태어난 가정용 애완동물 최초의 클론. 머리 색깔, 성격이나 체형이 원래 고양이와 달리 복제 동물의 외모와 성격은 생활환경에 크게 의존하는 것을 증명했다.

COLUMN 지금도 거부감이 강한 복제 작물, GM 작물

유전자 변형 작물(GM 작물)이라는 것이 있는데, 이것은 새로운 유전자를 도입하여 제초제 내성 및 저장성 증대, 영양가 강화, 유해 물질 감소 등의 변형을 한 식품을 말한다. 윤리, 식품 안전 문제가 있어 소비자의 거부감과 규제가 강하지만, 이보다 거부감이 강한 것이 클론 식품이다. 인간은 아직 거기까지는 과감하지 못한 것 같다.

278 모럴 패닉 moral panic

만약 '오타쿠 콘텐츠는 청소년의 성장에 좋지 않다'는 편견이 퍼져, '맞아 맞아'하고 대중이 비난을 시작한다면, 그것이 바로 모럴 패닉이다.

자신들과 다른 것을 패닉적으로 비난한다

모럴 패닉은 간단하게 말하면 도덕이나 상식에서 볼 때 좋지 않다는 편견에서 특정 물건이나 사람에 대한 비난이 폭주하는 것이다. 특히 자신과 다른 것, 자신들이 이해할 수 없는 것, 소수파인 것 등이 그 대상이 되기 쉽다.

예를 들어, 휴대폰이나 스마트폰의 보급과 함께 어린이들의 성장에 좋지 않다고 우려를 호소하는 의견도 있었다. 아이들이 있는 집에서 휴대폰이나 스마트폰을 만지고 있으면 어떻게 될까, 경험한 적 없는 미지의 세계에 어쨌든 뚜껑을 덮어버리려는 배제의 움직임이 나오는 것도 무리는 아니지만, 이것은 모럴 패닉이다.

또는 오타쿠 문화와 같이 일반 세상과는 다른 것은 모럴 패닉의 절호의 적이다. 지금은 일본이 자랑하는 콘텐츠로 널리 널리 인정받고 있지만, 과거에는 게임 뇌라는 말까지 등장하는 등 비난의 대상으로 거론됐다.

이외에도 고령자가 자동차로 교통사고를 일으키면 노인은 운전 면허증을 반납해야 한다고 비난하고, 성적 소수자에 대해서는 자신들과 다르다는 이유로 차별의 시선을 보낸다. 결국 모럴 패닉은 그 대상을 비난하는 풍조가 만연하는 것이며, 사건의 본질을 보지 않는 것이 큰 문제이다.

모럴 패닉이라는 말은 영국의 사회학자 코헨이 당시의 청년 문화와 언론 보도를 연구하기 위해 이용하면서 확산했다. 그러나 어느 시대든 그렇지만 대중은 쉽게 뜨거워지고 쉽게 식으며 하나의 모럴 패닉이 지나가면 바로 다음의 모럴 패닉이 생겨나는 것이다.

관련용어

게임 뇌
2002년에 출판된 〈게임 뇌의 공포〉(저자 모리 아키오)에서 사용된 단어. 비디오 게임을 하는 인간의 뇌파는 치매 환자와 마찬가지라고 지적했다. 그 검증이나 이론은 찬반양론을 불렀다.

스탠리 코헨
1942~2013년. 영국의 사회학자. 당시 젊은이들의 비행이 언론의 주목을 받고 그것이 어떻게 보도되어 과열됐는지 연구했다. 그때 모럴 패닉이라는 말을 사용하였다.

COLUMN 오타쿠는 모럴 패닉에 노출되어 왔다

오타쿠의 모럴 패닉이라고 하면 1989년에 일어난 미야자키 쓰토무宮崎勤 사형수의 연속 영아 유괴 살인 사건이 너무나 유명하다. 그가 이상한 오타쿠 취미를 갖고 있었기 때문에 이후 오타쿠에 대한 세간의 비난이 거세졌다. 그로부터 30여년. 오타쿠 취미는 상당히 친근해졌지만, 그에 대한 편견은 지금도 뿌리 깊게 남아 있다.

279 나고야 살인 사건

1979년 '입 찢어진 여자'라는 이야기가 일본 전체에 퍼져 전국의 아이들을 두렵게 만들었다. 사회 현상이 되기도 했던 이 이야기는 일본 도시 전설의 시초로 알려져 있다.

아이들의 입소문에서 사회 문제로 발전

마스크를 한 젊은 여성이 지나가는 아이에게 "나 예뻐?"라고 묻는다. 아이가 "예쁘다"라고 대답하면 여성은 "이래도?"라며 마스크를 벗는다. 그 얼굴은 입이 귀까지 찢어져 있다.

이것이 유명한 입 찢어진 여자 이야기이다. 원래는 기후현에서 농가의 노파가 입 찢어진 여자가 정원에 서 있다며 기겁을 한 것이 시작이었다고 한다. 그 이야기는 아이들 사이에서 소문이 났고, 입소문으로 학교에서 지역으로, 그리고 다른 지역으로 순식간에 퍼져 나갔다. 불과 반년 만에 아오모리에서 가고시마까지 알려졌다고 한다.

이 이야기는 신문에서도 다뤄졌고 교사와 부모들은 걱정이 되어 아이들을 집단 하교시키는 등 사회 문제로까지 발전했다. 젊은 여성이 입이 찢어진 모습을 하고 식칼을 들고 서성이다가 잡히는 사건도 일어났을 정도이다. 그리고 아직 인터넷이 없던 시대여서 정확한 정보를 알 방법도 없는데 꼬리에 꼬리를 물고 입 찢어진 여자 소문은 점점 확산된다. 100m를 3초에 달린다거나 낫을 들고 있다거나, 옛날에 이곳에서 처벌된 농민의 원한이라거나 정신병원에서 탈출한 사람이라거나 하는 식이다. 또한 '포마드, 포마드'라고 외치면 입 찢어진 여자를 물리칠 수 있다는 대처법도 유명해졌다. 성형 수술에 실패해서 입이 찢어졌고 그때 집도의가 다량의 포마드를 묻혔기 때문이라고 한다.

입 찢어진 여자 이야기는 6개월 정도 지나서 가라앉았는데 그 강렬한 캐릭터가 모두의 인상에 남아 1990년대 들어와서 재연되기 시작했다. 21세기가 되자 인터넷의 보급으로 한국에도 전해져서 빨간 마스크라는 이름으로 아이들에게 두려움을 줬다.

관련용어

학교에서 지역으로
당시는 학원이 유행하기 시작한 시기로, 한 학교에서 불거진 이야기가 학원을 통해 다른 학교로 전해지는 소문 경로가 주목받았다. 그 외에 전화 통화를 통해 먼 곳으로 소문이 퍼졌다고 알려져 있다.

포마드
쇼와 초기 무렵부터 확산된 남성용 머리 기름. 다량의 향료가 포함되어 있는 경우가 많고, 그 냄새를 입 찢어진 여자가 싫어한다고 한다.

*나고야 살인 사건 : 2006년에 제작된 시라이시 코지 감독의 일본 영화. 원제는 〈입 찢어진 여자〉

COLUMN 지역에 따라 명칭이 다르다

입 찢어진 여자는 입소문으로 퍼졌기 때문에 지역마다 명칭이 조금 다르다. 간사이 지방에서는 아이의 입을 찢는다는 뜻에서 입 찢어진 여자라고 불렸다. 또한 에히메현에서는 지역 신문사가 입이 균열된 여자라고 잘못 보도해서 입 균열 여자라는 명칭이 퍼졌다고 한다.

280 사해문서 死海文書

사해 근처에 있는 쿰란 동굴에서 발견된 구약성서 사본 및 유대교 관련 문서를 말하며, 그 내용은 유대교와 기독교에 깊이 관계되어 있다. 문서의 일부는 인터넷에 공개되어 있다.

많은 음모론을 낳은 태고의 문서

중동의 요르단에는 염분 농도가 짙어 일부 플랑크톤 외에는 서식할 수 없기 때문에 사해死海라고 이름 붙은 소금 호수가 있다. 1947년 이후 사해 주변의 동굴에서 900점 이상의 사본이 발견됐다. 이들 문서는 발견 장소의 이름을 따서 사해문서라고 불리고 있다. 사해문서는 구약성서의 사본과 유대인 공동체 헌장, 쿰란 교단의 법률 문서 등으로 구성되어 있다. 그때까지 발견된 가장 오래된 성경 관련 문서보다 더 오래된 기원전에 만들어진 것으로 판명되어 당시 20세기 최대의 고고학적 발견이라고도 했다.

사해문서의 내용은 역사적으로도 종교적으로도 매우 귀중하다고 할 수 있다. 특히 초기 기독교와의 연관성이 제기되어 주목을 끌었다. 한편, 발견된 문서의 대부분이 오랜 기간 공개되지 않았기 때문에 오컬트 마니아들 사이에서 각종 물의를 빚었다. 그중에는 문서의 조사가 늦어진 것은 가톨릭교회가 은폐했기 때문이라고 주장하는 사람까지 있었다. 이 문서의 내용이 현재의 기독교 성경과 교리에 불리하다는 추측에 기인한 것이지만, 근거가 없는 주장이라고 묵살당했다. 단, 사해문서 중에는 예루살렘 성전의 숨겨진 보물이 있는 곳을 담은 동판이 포함된 경우도 있어, 현재도 이 문서에 담긴 계시와 예언 암호를 찾아내려는 움직임이 있다.

애초에 사해문서를 쓴 사람은 누구일까? 이에 대해서는 여러 설이 있지만 가장 유력한 것은 쿰란 교단의 에세네파(B.C. 2세기경 일어났던 유대교의 한 파)가 썼다는 설이다. 그리스도는 고대 유대교의 에세네파 또는 관련이 깊은 그룹에 속해 있었다는 것인데, 이것이 사실이라면 사해문서는 고대 유대교뿐만 아니라 초기 기독교의 텍스트이기도 하다.

이사야서의 제2 사본

관련용어

사해
아라비아 반도 북서부에 있는 호수. 해수의 염분 농도가 3~4%인데 반해 사해는 30% 전후로 매우 높다. 구약성서에는 소금의 바다와 아라바의 바다라는 이름으로 등장한다. 신에 의해 멸망한 도시 소돔과 고모라가 사해에 침몰했다는 전설이 남아 있는 등 유대교 및 기독교와 관련이 깊다.

쿰란 교단
유대교에 속한 종교 파벌 중 하나로 사해문서에 포함된 〈쿰란 문서〉를 작성했다. 공동생활을 하고 엄격한 계율과 삶의 모든 측면에서 청결함을 강조했다.

281 구스타프 2세 아돌프 Gustaf II Adolf

스웨덴 왕인 구스타프 2세 아돌프(1594~1632년)는 다양한 분야에서 재능을 발휘하고 강렬한 리더십으로 나라를 발전시킨 영웅과도 같은 왕이었다.

짧은 인생에서 강렬한 빛을 발한 북방의 사자獅子

스웨덴 사상 최대의 영웅을 꼽는다고 하면 누가 될까? 어느 정도의 역사 지식을 가진 사람이라면 분명 구스타프 2세 아돌프의 이름을 댈 것이다. 그 유명한 프랑스 황제 나폴레옹 1세도 역사상의 영웅 7명 중 한 명으로 구스타프 2세를 꼽았다.

구스타프 2세의 대단함은 먼저 본인의 영재성에 있다. 어린 시절부터 높은 수준의 교육을 받고 자란 그는 라틴어와 독일어 등 5개 언어를 모국어처럼 말하고 그 외에도 5개 언어를 이해했다고 한다. 그는 9세의 어린 나이에 공무를 시작해서 15세 때 부왕을 대신해서 의회에서 연설을 하는 등 황태자로서 당당한 모습을 보였다. 그리고 17세에 왕이 되자 당시 28세의 신예 악셀 옥센셰르나를 재상으로 임명했다. 옥센셰르나도 상당한 인물로, 이후 스웨덴은 젊은 국왕과 재상의 협력으로 폭발적인 발전을 이루었다.

구스타프 2세의 치세하에서는 행정 제도의 정비, 공업의 근대화, 교육 개혁 등 다양한 개혁을 이루며 모두 큰 성공을 거두었다. 또한 군사면에서도 당시의 최첨단 이론을 도입해 정예 부대를 편성했다. 이 군대를 이끌고 구스타프 2세는 30년 전쟁에서 승리를 거듭하며 북방의 사자로 맹위를 떨친다.

하지만 직접 군대를 이끌고 싸우는 용맹함이 구스타프 2세의 목숨을 앗아갔다. 뤼첸 전투에서 적진 깊숙이 들어가 유탄을 맞아 전사했다. 전투는 스웨덴군이 승리했지만 스웨덴은 잃은 것이 많았다. 구스타프 2세의 뜻을 이어 옥센셰르나의 지휘하에 그 후에도 끈질기게 싸운 스웨덴은 결국 30년 전쟁에서 승리하지만, 만약 구스타프 2세가 생존해 있었더라면 세계의 역사는 전혀 다른 모습이 됐을 것이다.

구스타프의 초상

관련용어

나폴레옹 1세
(나폴레옹 보나파르트)
1769~1821년. 프랑스 혁명 후의 혼란을 수습하고 정권을 탈취해 황제가 된 영웅. 막강한 군대를 이끌고 나폴레옹 전쟁을 일으켜 당시 유럽의 대부분을 정복했지만 결국 영국을 중심으로 한 반 프랑스 동맹과의 싸움에서 패해 황제 자리에서 쫓겨났다.

악셀 옥센셰르나
Axel Oxenstierna
1585~1654년. 구스타프 2세와 후계자인 여왕 크리스티나를 섬긴 인물. 구스타프 2세와는 서로를 존경하는 관계로, 구스타프 2세는 항상 옥센셰르나에게 조언을 구했다고 한다. 구스타프 2세의 사후, 어린 여왕 크리스티나를 보필하면서 국정의 혼란을 다스리고 30년 전쟁을 승리로 이끈 명재상으로 평가가 높다.

282 뒤랑달 durendal

프랑스 서사시 〈롤랑의 노래〉나 이탈리아의 서사시 〈광란의 오를란도〉에 등장하는 영웅 롤랑의 검. 이탈리아어로는 두린다나라고도 불린다.

기독교의 상징이 된 성검

뒤랑달의 내력에 대해서는 몇 가지 설이 있는데, 〈광란의 오를란도〉에서는 트로이의 영웅 헥토르가 소지한 칼로 여겨진다. 한편 〈롤랑의 노래〉에서는 검 손잡이에 성 베드로의 치아, 바질레이오스의 피, 드니의 머리카락, 성모 마리아의 옷의 일부 등 유물이 담긴 성검으로 등장한다. 샤를마뉴가 천사에게 받은 후 신뢰가 두터운 조카 롤랑에게 하사했다고 한다. 롤랑이라고 하면 〈롤랑의 노래〉의 주인공이라는 인상이 강한데, 뒤랑달도 이와 관련해서 이야기되는 일이 많은 것 같다.

〈롤랑의 노래〉의 소재는 778년에 일어난 롱스보 전투. 사라고사Zaragoza(스페인 북동부 아라곤 자치지방의 수도이자 사라고사주의 주도)에서 프랑스로 돌아오는 길에 프랑크군의 전군을 맡은 롤랑 일행이 이슬람의 대군에게 공격을 받아 분전하지만 거의 전멸한다. 롤랑은 뒤랑달을 적에게 빼앗기지 않으려고 바위에 세게 내리쳐 구부리려고 했지만 구부려지기는커녕 이도 빠지지 않았다고 한다.

롤랑이 전사한 것은 사실이지만, 서사시에서는 본래 적이었던 바스크인이 이슬람 세력으로 대체됐고 롤랑 전투에서 순직한 고결한 기사로 다뤄진다. 〈롤랑의 노래〉가 쓰인 것으로 여겨지는 11세기 말경은 이베리아 반도에서 레콩키스타가 시작됐으며 또한 제1차 십자군이 원정한 시기였다. 롤랑은 기독교 기사의 이상형, 뒤랑달은 기독교의 상징인데, 서사시에는 당시 중요하게 여기던 순교 정신과 애국심 등이 반영되어 있다.

롤랑의 죽음

관련용어

헥토르
트로이아 전쟁에서 활약한 영웅. 트로이의 왕자로는 트로이 세력에서는 최강이었지만 아킬레스에 의해 무너졌다.

롱스보 전투
카를 대제가 이끄는 프랑크 왕국군이 피레네 산맥에서 바스크인에게 습격당한 싸움. 실제 전투에서도 후위 부대가 전멸하고 롤랑을 비롯한 많은 중신들이 토벌됐다.

바스크인
피레네 산맥 서쪽의 바스크 지방에 사는 사람들

레콩키스타
기독교 국가의 이베리아 반도 재정복 활동. 이베리아 반도는 711년 이후 이슬람이 지배했지만, 1031년에 후 우마이야 왕조가 멸망해 분열됐다. 이때 레콩키스타가 활발해진다.

COLUMN 영웅들의 검을 단련했다고 하는 전설의 대장장이

게르만족의 전설에는 볼룬드Völundr라는 이름의 대장장이가 자주 등장한다. 중세 영웅의 명검은 볼룬드가 제작했다고 여기는 것이 관례였다고 하며, 뒤랑달 외에 북유럽 신화의 영웅 시구르드의 검 그램 또는 지크프리트의 발뭉크 등도 그가 단련했다고 한다.

283 변신

1915년에 발표된 독일 작가 프란츠 카프카의 중편 소설. 실존주의 문학의 선구자인 그가 그린 〈변신〉은 읽는 사람에 따라 전혀 다른 느낌을 받는 신기한 이야기이다.

해석은 무한대, 수수께끼 많은 기서奇書

'깨어나니 벌레가 돼 있었다.'

〈변신〉은 그레고르 잠자라고 하는 세일즈맨이 어느 날 아침 갑자기 거대한 독충으로 변신한 것에서 시작된다. 그가 먼저 한 것은 일을 걱정한 것이고 그를 본 부모님과 여동생은 수입원을 잃은 것을 슬퍼한다. 아버지와 동생은 일을 하러 나가고 어머니는 부업으로 하숙을 해서 생계를 이어가려고 하지만 '벌레' 때문에 뜻대로 되지 않는다. 결국 그레고르는 원래의 모습으로 돌아가지 못하고 죽고 그것을 지켜본 가족들은 교외로 나간다. 말하자면 딱 그만큼의 이야기다. 인간이 벌레가 된 기괴한 현상만 빼고는 말이다.

하지만 그렇기 때문에 다양한 방법으로 읽히는 작품이기도 하다. 왜 벌레가 돼 버렸을까, 왜 벌레였을까. 그러한 수수께끼도 물론이지만 있을 수 없는 현상이 일어나고 있음에도 불구하고 이 작품은 이상하리만큼 감정 이입과 상황이 쉽게 상상된다. 간단하게 벌레가 돼 버린 주인공으로도 읽을 수 있으며, 벌레가 된 상태를 우울증과 질병의 상징으로도 읽을 수 있다. 카프카가 이 작품에 벌레 삽화를 넣는 것을 한사코 거부했다는 일화도 흥미롭다.

애초에 왜 변신인 걸까. 등장하는 주인공은 이미 벌레로 변신했으므로 말하자면 결말이다. 변신한 것이 중요한 것인지, 변신 후가 중요한 것인지, 아니면 변신한 것은 다른 사람인지를 고찰하는 것도 또 하나의 재미다.

〈변신〉(초판) 표지

관련용어

프란츠 카프카
Franz Kafka
1883~1924년. 체코 태생의 독일어 작가. 프라하 대학에서 법률을 전공하고 노동자상해보험협회에 근무했다. 생전에는 무명이었으나 사후에 친구 브로트에 의해 출판된 작품이 높은 평가를 받는다. 대표작은 〈변신〉 외에 〈심판〉(1925년), 〈성〉(1926년) 등

COLUMN 사후에 평가받은 작가 카프카

1883년 프라하에서 태어난 유대계 독일인인 그는 지금은 세계적인 문호로 알려져 있지만 생전에는 무명이었다. 보험협회에서 일을 하면서 집필 활동을 이어갔지만 40세의 젊은 나이에 폐결핵으로 사망한다. 자신이 죽으면 태워 달라고 당부한 유고가 출판되어 일약 유명해졌다고 하니 그의 인생도 꽤나 불합리하다.

284 3D 바이오프린팅

2010년대부터 성큼 가까워진 3D 프린터 기술은 이제 의료 분야에서까지 활용되고 있다. 이름도 무려 3D 바이오프린팅이다.

세포에서 장기를 3D 인쇄하는 위험한 프린터

3D 데이터의 설계도를 바탕으로 입체물을 조형하는 3D 프린터는 단면 형상을 가공으로 적층해서 입체물로 완성시킨다. 그 방식에는 열로 융해한 수지를 조금씩 쌓는 FDM 방식, 분말 수지 접착제를 분사하는 분말 고착 방식 등 여러 가지가 있지만, 이 기술을 바이오 기술에 응용한 것이 3D 바이오프린팅이다. 이 경우는 CT나 MRI 등의 장기 데이터에서 단층을 재구성하고 살아있는 세포 등을 재료로 하는 바이오 잉크로 인쇄한다.

순서는 먼저 ① 특정 세포만을 꺼내서 층(말하자면 세포의 발판)을 형성하고, 산소와 영양소 등을 넣어 특별한 액상 물질과 혼합한다. ② 액체 혼합물을 프린터의 카트리지에 넣고 스캔 데이터를 이용하여 바이오 잉크로 구조를 형성한다. 이 세포를 보온 상태로 보관해서 성숙시켜 조직으로 만든다. ③ 완성된 인쇄물에 기계적 자극과 과학적인 자극을 가해 구조를 확고하게 성장시키는 흐름이다.

3D 바이오프린팅은 장기 이식 기증자 부족 문제를 해결하는 것을 목표로 연구됐으나 장기 외에 보철물이나 이식용 피부 응용에도 검토되고 있다. 일부 기관器官은 임상시험 단계라고 하는데 여전히 해결해야 할 과제는 많다.

예를 들어, 인공 환경에서 인쇄하는 이상 인쇄물의 자연스러운 세포 증식 과정을 어떻게 만들어낼 것인가? 그리고 세포 지속에 필수적인 혈관의 구조도 아직 완전히 재현되지 않았다. 그래서 실용까지는 아직도 먼 것 같지만, 연구 성과에 관심이 쏠리고 있는 분야인 만큼 크게 꿈을 꿔도 좋을 것 같다.

관련용어

CT Computed Tomography
컴퓨터 단층 촬영자. 컴퓨터와 방사선을 사용하여 물체 내부의 단면 이미지를 얻는 기술. 기본적으로 둥글게 썬 평면 이미지가 집합을 이룬 것인데, 기술의 발달로 3차원으로 재구성 가능한 데이터도 기록할 수 있다.

MRI Magnetic Resonance Imaging
자기 공명 영상법. 핵자기 공명 현상(외부 정자기장에 놓인 원자핵과 고유 주파수의 전자파가 상호 작용하는 현상)을 이용하여 생체 내부를 영상으로 만드는 기술

기증자donor
질병이나 사고로 장기가 기능하지 않는 경우 다른 사람의 건강한 장기를 이식하는 것을 장기 이식이라고 그 기증자를 기증자donor라고 한다. 덧붙여서 받는 쪽은 수혜자라고 한다. 면역 결핍 위험이 있다.

COLUMN iPS 세포 등으로 만드는 장기 모형

한때 화제가 된 ES 세포나 iPS 세포에서 시험관 내에서 3차원으로 만드는 장기를 오르가노이드라고 한다. 이것은 줄기 세포를 입체적인 배지培地에 포매包埋해서 만드는데, 실제 장기보다 소형이다. 이식이 아닌 질병 모델 연구나 생체로 치료하기 전에 오르가노이드로 시험해서 맞춤형 치료를 하는 방법으로 활용되고 있다.

285 밴드왜건 효과 band wagon effect

밴드왜건bandwagon이란 퍼레이드 등에서 선두를 달리는 악대차를 말한다. 밴드왜건의 뒤를 사람들이 우르르 따라가는 모양은 밴드왜건 효과라는 심리 용어의 어원이 됐다.

화제와 유행에 모두가 따라가는 심리

악기를 연주하고 즐겁게 진행하는 밴드왜건에 대중들이 줄줄이 따라간다. 거기에는 단순히 재미있을 것 같기 때문이라는 이유뿐만 아니라 모두가 따라가니까 나도 간다고 하는 편승 심리가 작용하고 있다. 이것이 밴드왜건 효과bandwagon effect(편승 효과)이다.

다시 말해 유행이나 행렬이 늘어서는 가게 등 다른 사람들이 주목하고 있는 것은 자신도 시도해 보고 싶은 심리이다. 만약 텅 빈 가게와 줄이 늘어서 있는 가게가 있다면 당연히 후자 쪽에 들어가고 싶다. 이 심리는 미국의 경제학자 하비 라이벤스타인Harvey Leibenstein이 밴드왜건 효과라는 단어로 논문을 발표하면서 널리 알려지게 됐다.

밴드왜건 효과는 특히 비즈니스에서 중요시되고 있다. 자사의 상품이나 서비스를 구입하도록 유도하는 데 밴드왜건 효과는 아주 효과적이다. 한 번 화제가 되면 불이 붙어 점점 널리 알려지기 때문이다. 어떻게 하면 먼저 알릴 수 있도록 화제를 만들지가 큰 관건이다.

그러나 유행하고 있는 것처럼 보이게 하려고 바람잡이를 고용하거나 하면 경우에 따라서는 크게 이미지가 손상된다. 특히 스텔스 마케팅stealth marketing(광고라는 것을 숨기고 입소문처럼 상품을 칭찬하는 내용을 적어 올리는 것)은 불법이기 때문에 아무리 밴드왜건 효과를 노린다고 해도 수단을 제대로 생각하는 것이 중요하다.

이외에 밴드왜건 효과가 강하게 나타나는 것이 주식 거래 등 자산 운용 분야이다. 모두가 사는 주목하는 종목은 '나도! 나도!' 식으로 사는 사람이 늘어 가격이 더 올라간다. 물론 오르기만 하는 상장은 없기 때문에 매도 시기를 놓치면 큰 손해를 보는 것은 말할 것도 없다.

관련용어

유행
많은 사람이 주목해서 잘 팔리는 것. 화제가 되기 때문에 팔리고, 팔리기 때문에 더욱 화제가 되는 선순환을 낳는다. 그러나 일시적인 것도 많다.

하비 라이벤스타인
Harvey Leibenstein
1922~1994년. 미국의 경제학자. 밴드왜건 효과를 비롯한 소비 외부성 이론 연구를 진행했다.

스텔스 마케팅
stealth marketing
직원이나 관계자가 일반인을 가장해 SNS 등에서 입소문을 내서 상품이나 서비스의 평가를 높이는 것. 이익을 받는 입장이면서 중립적 입장을 가장하는 것은 사기 행위에 해당한다.

COLUMN 정반대의 심리, 스놉 효과

밴드왜건 효과와는 반대로 유행에 편승하고 싶지 않다, 남과 같은 것은 싫다는 심리가 스놉 효과snob effect(속물 효과)로, 이것도 라이벤스타인이 제창했다. 오리지널 창작을 생각하는 경우에는 팔리고 있는 작품을 모방해서 밴드왜건 효과에 편승할지, 스놉 효과로 독창성을 추구할지 판단이 갈린다.

286 화장실의 하나코 씨

아마 일본에서 가장 유명한 학교 귀신일 것이다. 변태에게 살해된 여자의 영혼이라고 하는데, 이름 말고는 알려진 것이 없다.

왜 부르나요? 정체불명의 여자 귀신

건물 3층 화장실에 나타나는 하나코 씨는 학교 괴담으로 알려져 있으며, 일본 여자 유령의 대표격이라고 할 수 있는 존재이다. 검은색 단발머리에 붉은색 치마를 입고 있다고 하며, 이야기에 따라서는 흰색 셔츠라는 설도 있다.

원래는 세 번째 하나코 씨라는 이름의 도시전설이었다. 지역마다 이야기 내용이 다소 다르지만, 학교 건물 3층 화장실 앞에서 세 번째 칸에서 나타난다는 것만은 공통적이다.

일반적으로 알려져 있는 하나코 씨를 부르는 절차는 이렇다. 화장실 문을 가볍게 3회 노크하고 '하나코 씨, 놀아요'라고 말을 건다. 이 행동을 입구 쪽부터 차례대로 하면 세 번째 문 화장실에서 '네~'라고 작게 대답을 한다. 문을 열면 거기에 하나코 씨가 있다. 여자 화장실에서 자주 나타난다거나 오후 4시로 시간이 지정되어 있다거나 노크 전에 3번 돌지 않으면 안 된다거나, 내용은 학교마다 제각각인 것 같다.

불러내고 나서의 이야기 내용은 더 달라지는데, 화장실에 끌려간다거나 놀이 방법을 묻는 질문에 제대로 대답하지 않으면 목이 졸려 죽는다거나 3초 안에 도망가지 않으면 죽는다는 등 내용이 다양하다. 타로라는 애인이 있다는 설도 있다.

이 도시전설의 신기한 점은 어떻게 해도 생존 가능성이 낮다는 것이다. 소원을 들어주는 것도 아니고, 불러낸 이상에는 도망갈 방법은 없다. 그렇다면 왜 불러내는 걸까? 불러내지 않으면 될텐데.

관련용어

학교 괴담
학교마다 전해지는 무서운 이야기. 학교의 시설이나 역사에 관한 것이 많다.

COLUMN 화장실 괴담, 빨간 종이 파란 종이

화장실 괴담이라고 하면 역시 '빨간 종이 파란 종이'이다. 화장실의 개인실에서 화장지가 없을 때, '빨간 종이 줄까? 파란 종이 줄까?'라고 의문의 목소리가 물어온다. 빨간 종이라고 대답하면 전신이 피투성이가 돼서 죽고, 파란 종이라고 대답하면 피가 모두 뽑힌 채 죽는다고 한다.

제41주 7일 일요일

유대교 / 중동 / 인물

287 다윗 David

다윗은 기원전 10세기경에 활약했다고 알려진 고대 이슬라엘의 2대 국왕이다. 팔레스타인 베들레헴에 살던 이새의 아들로 목동이었다.

공적을 세워 목동에서 왕으로

구약성서의 〈사무엘기〉나 〈열왕기〉에 등장하는 고대 이스라엘의 왕으로 그 유명한 솔로몬 왕의 아버지이다. 누구든 한 번은 본 적 있는 미켈란젤로의 대표작 다비드상의 모델이기도 하다.

다윗은 원래 목동이었지만, 거문고 실력을 인정받아 이스라엘의 초대왕 사울이 불러들인다. 결국 전사로 전장에 나가 연이어 공적을 세우며 일약 인기인이 된다. 하지만 그로 인해 사울이 질투를 해서 오랜 세월 도망자 생활을 하는 처지가 된다. 그리고 사울이 전사하자 다윗은 하나님의 신탁을 받아 이스라엘의 왕이 되어 예루살렘에 훌륭한 도시를 구축한다.

목동이었는데도 불구하고 수많은 전장에 몸을 던져 승리를 거듭한 다윗. 가장 유명한 전투가 펠리시테인Pelishte 중 최강의 전사로 여겨지는 골리앗과의 일대일 대결일 것이다. 골리앗은 종종 이스라엘군의 앞에 나타나서 '나와 일대일 대결을 해서 이기면 펠리시테인은 너희들의 노예가 되겠다. 반대로 너희가 지면 우리들의 노예가 되라'고 도발했지만 이스라엘 병사는 골리앗을 두려워해 아무도 도전하지 않았다. 하지만 다윗만큼은 달라서 그의 거구에 겁을 먹지 않고 목동의 지팡이와 투석기를 들고 맞섰다. 싸움이 시작되자 다윗은 투석기로 돌을 날려 골리앗의 머리에 명중시킨다. 그가 기절해 있는 틈을 타서 다윗이 칼을 빼앗아 목을 잘랐다고 한다. 판타지 작품에서는 강자의 캐릭터로 등장하는 골리앗은 실은 당시 전사가 아니었던 청년에게 완벽히 패배했다.

다윗상

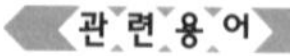

관련용어

사울
이스라엘 왕국의 초대왕. 펠리시테(블레셋)와의 전투에서 목숨을 잃었다. 다윗의 인기를 질투해 여러 번 암살을 기도하지만 모두 실패로 끝났다.

골리앗
〈사무엘기〉에 등장하는 펠리시테 전사. 키가 3m나 되고 전투에서는 장대한 창을 들고 싸운다. 사울은 골리앗에 도전하려고 하는 다윗에게 갑옷과 칼을 주지만, 다윗은 익숙하지 않다는 이유로 거절했다고 한다. 골리앗과 다윗의 전설에 빗대어 현대에는 약자가 강자를 이기는 것을 자이언트 킬링이라고 한다.

COLUMN 포경했기 때문에 다윗이 아냐?

미켈란젤로의 다비드상 모델은 다윗왕이 아니라는 설도 있다. 왜냐하면 유대교와 이슬람교 사람들은 당시부터 신앙의 일환으로 할례(성기의 포피 절제)를 하는 것이 일반적이다. 소위 포경 수술을 말하는데, 동상의 남자는 포경 수술을 하지 않았기 때문에 다윗이 아니라고 한다. 그렇다면 이 동상의 모델은 도대체 누구일까 궁금해진다.

288 프랜시스 드레이크 Francis Drake

프랜시스 드레이크(1543~1596년)는 해적, 모험가, 제독 등 다양한 얼굴을 갖고 있다. 잉글랜드에서는 영웅이지만 적국 스페인에게는 악마와 같은 존재였다.

타도 스페인에 집념을 불태운 해적 제독

프랜시스 드레이크는 16세기 후반에 활약한 전설적인 선원이다. 하지만 선원으로 경력을 시작했을 무렵의 그는 평범한 상인이었다. 하지만, 어떤 항해에서 스페인 해군에 시달려서 드레이크가 소속되어 있던 선단은 파멸해 버린다. 이 한 사건 이후 드레이크는 스페인을 강렬하게 미워하게 되고, 평생 동안 복수를 이어간다.

복수의 첫 시작으로 그가 선택한 수단은 해적이 되어 스페인 선박을 습격하는 것이다. 활동 범위는 주로 카리브해였지만 나중에 장기 항해에 견딜 수 있는 만반의 준비를 한 그는 남미에도 발을 뻗어, 스페인의 식민지를 공격해서 보물을 약탈했다. 그대로 태평양을 횡단해서 아프리카를 지나 영국으로 돌아와 마젤란에 이어 사상 두 번째 세계일주 항해에 성공한다. 해적을 계속하면서 모험가 명성까지 얻은 것이다.

항해 후 드레이크는 후원자였던 잉글랜드 왕실에 항해 중에 얻은 보물의 일부를 바쳤다. 그 액수는 당시 왕실의 연간 수입보다 많았다고 하니 드레이크가 스페인에 끼친 손해는 엄청난 액수인 셈이다. 당연히 스페인은 격노하고 드레이크의 처분을 요구했지만 잉글랜드 여왕 엘리자베스 1세는 처분은커녕 드레이크의 활약을 치하해 해군 중장으로 발탁했다.

이렇게 군인이 된 드레이크는 해적 생활을 하며 쌓은 전투 경험을 살려 해군에서도 활약한다. 스페인 무적함대와 결전이 벌어진 아르마다 전투에서는 영국 해군의 부사령관을 맡아 불을 붙인 선박을 적의 함대에 돌격시키는 등 이기기 위해 수단을 가리지 않는 작전을 감행해서 잉글랜드의 승리에 기여했다.

해적으로 스페인 선박이나 식민지를 황폐하게 만들고 제독으로서는 무적함대를 격파한 드레이크. 스페인 함대의 약탈 행위가 훗날 스페인의 원수를 탄생시켰으니 아이러니이다.

드레이크의 초상

관련용어

페르디난드 마젤란
Ferdinand Magellan

1480~1521년. 포르투갈 선원. 1519년에 스페인을 출항, 남미를 지나 태평양에 도착한다. 마젤란은 1521년에 필리핀에서 섬주민과 싸우다 전사했지만, 남은 선원이 아프리카를 통해 스페인으로 돌아와 최초의 세계일주를 이룩한 함대의 지휘관으로 이름을 남겼다.

엘리자베스 1세
Elizabeth I

1533~1603년. 잉글랜드의 여왕. 아버지인 헨리 1세와 언니 메리 1세의 통치로 혼란해진 국내 정세를 바로 세우고 대외적으로는 스페인 무적함대를 물리치고 제해권을 확보하는 등 영국의 황금시대를 구축한 명군으로 알려져 있다.

289 파우스트 Faust

독일의 '파우스트 전설'의 등장인물. 전설은 인형극과 오페라, 발레 등의 소재로 사용되고, 특히 희곡 〈포스터스 박사의 비극〉과 〈파우스트〉 등의 주인공으로 유명하다.

지식을 얻기 위해 악마와 계약한 학자

전설의 토대는 파우스트라는 인물이지만, 그것이 누구인지에 대해서는 몇 가지 설이 있다. 그중 하나가 16세기 독일에 실존했던 요한 게오르그 파우스트라는 것이다. 그는 점성가이자 연금술사였다고 하며 하이델베르크 대학에서 1509년에 신학 학위를 취득했다고 한다. 마틴 루터로부터는 악마와 관련되어 있다고 비난을 받았다는 이야기가 있다. 그는 1540년경에 변사했는데, 악마와 계약한 결과라고 소문이 났다고 한다.

출처가 명확하지 않지만 파우스트 전설은 세상에 퍼졌고, 1587년에는 요한 파우스트 박사의 히스토리Historia von D. Johann Fausten라는 제목의 소책자를 발간했다. 이를 바탕으로 한 것이 크리스토퍼 말로의 〈포스터스 박사의 비극〉이다. 인간이 이룩한 학문을 모두 섭렵하였다고 자부하는 한 학자(포스터스)가 인간의 한계를 넘어서는 세계를 갈구한 나머지, 무한대의 지식과 초인적인 능력을 얻으려 자신의 영혼을 악마(메피스토펠리스)에게 팔아넘기고, 종국에는 영원한 파멸을 맞는다는 내용이다.

후년에 괴테가 다룬 〈파우스트〉에서는 기쁨에 한계가 있음을 알고 무기력해지는 한편 지속적으로 개선에 노력하는 인물로 그려지는데, 악마와 계약하는 것은 마찬가지이지만 마지막에 신에게 구제받는다는 점이 말로의 희곡과는 다르다. 지식에 강한 욕망을 가진 자 중에 창작 세계에서 미친 과학자가 있다. 지식 탐구를 위해서라면 뭐든 하는 성격 파탄자인 경우가 많고 악마와 계약한 파우스트 박사로도 통한다. 다만 현실의 새로운 영역 개척 등에도 이러한 부분이 있다고 하므로 나아갈 방향만 틀리지 않으면 사회에 유익한 것 같다.

파우스트

관련용어

크리스토퍼 말로
Christopher Marlowe
1564~1593년. 영국의 극작가이자 시인. 영국 문학사상 중요한 인물이지만 어떤 이유에서 모살됐다는 설이 있는 등 수수께끼가 많은 인물이다.

요한 볼프강 폰 괴테
Johann Wolfgang von Goethe
1749~1832년. 독일의 극작가로 시인, 소설가, 자연 과학자와 법률가, 정치가이기도 한 다재다능한 인물. 작품으로는 소설 〈젊은 베르테르의 슬픔〉이 유명하다.

미친 과학자
상식을 벗어난 과학자를 말한다. 대부분은 보통 사람과 동떨어진 천재적인 두뇌를 가졌다. 하지만 가치관과 선악의 판단 기준 등에서 독특한 견해를 갖고 있어 일반 상식이 통하지 않는 경우도 많다. 작품에 따라서는 범죄자와 큰 차이가 없을 수도 있다.

COLUMN 파우스트 박사가 계약한 메피스토펠리스

파우스트와 계약한 악마 메피스토펠리스. 소책자에서 이미 등장했고 루시퍼와 사탄, 바알세불 등을 제외하면 세계에서 가장 유명한 악마라고 할 수 있다. 계약이라고는 해도 가벼운 말을 입에 담으면서도 파우스트에게 최선을 다하는 모습은 헌신적이며 친구처럼 보일 정도다. 이러한 성격이 인기가 있어서인지 현대의 창작 작품에도 가끔 등장한다.

290 크툴루 신화 Cthulhu Mythos

크툴루 신화는 문학 작품군이며, 세계관이며, 게임 설정이기도 한 부정형의 대물代物이다. 원작이라고 할 수 있는 것이 있다면, 지금은 없는 창시자의 머릿속에 있으니까.

진행형으로 형성되어 있는 최신 '신화'

크툴루, 니아라토텝, 아자토스…장르를 불문하고 평소 창작 작품에 흥미가 있는 사람이라면 한두 번 들어본 적이 있을 법한 크툴루 신화에 대해 실상을 아는 사람은 없을 것이다. 어쨌든, 그런 건 없으니까 말이다.

신화라고 붙어 있지만 어느 나라에 전해지는 전설 종류가 아니다. 1920년대 러브크래프트라는 청년이 만들어낸 인공 신화이다. 인류가 탄생하기 이전, 원시 지구에는 다른 모양을 한 존재가 군림하였는데 마치 신과 같은 존재였다. 이것이 이 신화의 설정이다. 그들은 현재 지상에서 모습을 감추었지만 완전히 사라진 것은 아니다. 심해나 지하, 이차원에 몸을 숨기고 부활의 기회를 노리고 있다. 지금도 사신邪神들은 때때로 인간 세계에 간섭하여 괴기 사건과 수수께끼를 일으키고 있다.

이 신화의 '신화다운 부분'은 누구나 자유롭게 참가할 수 있는 점일 것이다. 원래 신화와 전설이라는 것은 사람들이 자신의 체험이나 들은 이야기를 전하고 기록해 체계화한 것이다. 그 역사를 현대에서도 체험할 수 있는 셈이다. 사실 크툴루 신화의 사신들은 온갖 창작에 등장하여 이제는 다른 신화의 신들과 같이 취급되고 있다. 지금 바로 이 신화가 한창 만들어지고 있는 중이다.

이 신화를 만들어 낸 러브크래프트 자신은 유물론자로 신의 존재를 부정했다고 한다. 그런 그가 '신'을 만들어내 그 영향이 계속 확장하고 있다. 불쾌하고 아이러니한 이상한 이야기다.

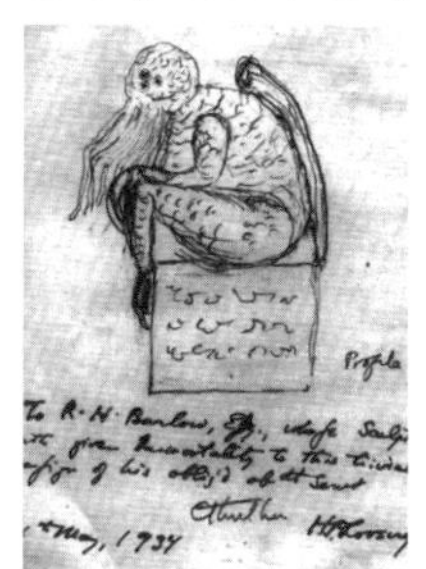

크툴루의 소묘

관련용어

크툴루Cthulhu
크툴루 신화의 만신전 가운데 한 자리를 차지한 가상의 존재이다. 이름은 다양하게 발음되지만 보통 '크툴루'로 불린다.

하워드 필립스 러브크래프트
Howard Phillips Lovecraft
1890~1937년. 미국의 소설가. 1923년부터 펄프 매거진 〈위어드 테일즈Weird Tales〉를 중심으로 기존 인공 신화에 근거한 공포 소설을 발표한다. 1937년에 병사했다. 대표작은 〈콜 오브 크툴루〉, 〈광기의 산에서〉 등이다.

COLUMN 오메가버스 세계관

창작을 위한 자유 세계관이라는 의미에서는 이것도 유명하다. 해외에서 태어난 BL(Boy's Love)에서 사용되는 특수 설정 중 하나로, 남녀 외에 늑대에서 유래한 제2의 성 버즈성(α, β, Ω의 3종)이 있고, 동성 간의 성교·결혼·출산이 이루어진다. 2차 창작 세계에서 태어났지만, 현재는 1차 창작 BL에서도 일대 장르로 성장했다.

291 맞춤아기

인간은 이기적인 생물이라고 하지만, 그중에서도 최고봉이 바로 맞춤아기이다. 복제 이상으로 해서는 안 된다고 하는 이 기술은 도대체 무엇일까?

치트 인간을 낳을 수밖에 없는 유전자판 미용 성형

인류는 유전자까지 과학의 메스를 가해 유전자 조작이라는 기술을 손에 넣었다. 그리고 수정란 단계에서 유전자를 조작해서 부모가 원하는 외모와 체력, 지능을 갖게 한 아이, 즉 맞춤아기를 생각해낸다. 원래 유전적 질병을 방지할 목적으로 실제로 2015년 영국에서는 MELAS라는 유전자 질병 치료를 목적으로 정상적인 미토콘드리아 DNA를 수정란에 이식하여 아이에게 유전하는 기술이 의회에서 승인됐다.

다만 이때도 우려는 있었지만, 부모가 생각한 대로 더 나은 아이를 바라는 마음에서 유전자 조작을 하는 사업이 성립하면 제동이 걸리지 않을 거라는 지적이 있었다. 미용 성형의 유전자 버전이라고 생각하면, 우리 아이에게 배우 수준의 외모와 천재 과학자 수준의 지능을 주고 싶어 하는 부모는 많을 거라고 쉽게 상상할 수 있기 때문이다.

만일 맞춤아기가 태어나는 미래를 상상해 보자. 잠재력은 갖고 있어도 그 아이가 부모가 원하는 인생을 살 거라고는 단정할 수 없다. 이름은 개명할 수 있어도 유전자를 재설정할 수 없다. 주위 사람들의 특별 취급과 차별이 평범한 인간 이상으로 강하게 따라다니는 것을 상상하면 맞춤아기에게는 여러 가지 문제가 있다. 물론 유전자 조작으로 인해 일어나는 예상치도 못한 질환, 돌연변이의 가능성이 있다. 또한 게놈 편집 수준에서의 의료 사고 등이 일어난다면 눈 뜨고는 볼 수 없다.

그러나 그런 우려를 뒷전으로 하고 2013년 미국에서는 유전 정보를 분석하고 원하는 아이가 태어날 정확도를 예측하는 시스템이 개발됐다. 2015년 중국에서는 게놈 편집을 이용해서 세계 최초의 맞춤아기가 탄생했다고 난리가 났다. 그러나 유전자 조작 식품에 관해서는 국제 조약 '생물다양성협약'이 있는데, 인간에 대해서는 자율 규제 상태이다. WHO(세계보건기구)는 전문가 위원회를 설치했지만 법 규제는 뒤로 밀리고 있다.

관련용어

멜라스 증후군
MELAS

젖산혈증을 동반한 미토콘드리아성 뇌병증과 뇌졸중 유사 삽화가 나타나는 질환. 미토콘드리아 장애로 인해 뇌졸중 발작을 반복하는 증상이 특징이다.

게놈 편집

DNA에 기록되어 있는 유전자 정보 게놈을 수정하는 기술. 표적 부위가 아닌 곳도 바꿔 버린다. 오프 타깃 현상이 발생하기 쉬운 단점도 있다.

생물다양성협약

약어는 CBD(Convention on Biological Diversity) 생물 다양성의 보전, 생물 다양성 구성 요소의 지속 가능한 이용, 유전자원의 이용으로 발생하는 이익의 공정하고 공평한 배분을 목적으로 한다.

292 사이버 캐스케이드 cyber cascade

사이버는 인터넷 공간, 캐스케이드는 연결. 인터넷상에서의 연결은 특이한 심리 상태를 만들어내는 만큼 그 위험성이 지적되고 있다.

인터넷상의 연결이 폭주하는 위협

인터넷의 보급과 함께 우리는 불특정다수의 사람과 쉽게 이어질 수 있게 됐다. SNS나 게시판 등을 통해 누구와도 연락하고 같은 생각과 의견을 가진 사람과 바로 동료가 될 수 있다. 이것은 공죄功罪 양면의 결과를 가져왔다.

일례로 지금은 어떤 사소한 취미나 특수한 입장에서도 쉽게 동료를 찾아 무리를 형성할 수 있다. 이로써 옛날에는 생각할 수 없었던 광적인 그룹이나 커뮤니티가 차례차례 태어나 새로운 세계가 개척됐다.

한편, 동종의 사람만 모이는 배타적이고 극단적인 사상이 쉽게 형성되는 부정적인 면도 있다. 예를 들어, 아이돌의 팬 커뮤니티에서 다른 아이돌을 부정하거나 일반인을 멸시하는 풍조가 생겨나기도 한다. 또는 차량 폭주를 즐기는 그룹이 일반 자동차는 방해라고 생각하게 된다. 즉, '우리가 맞다'라는 생각에 '잠깐'이라고 딴지를 거는 사람이 없어 집단으로 폭주하게 되는 것이다.

그리고 무엇보다 인터넷에서는 어느 뉴스에 대해 서로 의견을 나누는 등의 형태로 간단하게 연결이 발생하는 데 위협이 있다. 게다가 얼굴이 보이지 않는 사이이므로 말하고 싶은 것을 마음껏 말하다 보면 치달아서 염상炎上이라는 현상으로 발전한다.

이처럼 인터넷 연결은 직접 대면하는 것에 비해 다양한 위험을 내포하고 있다. 미국의 법학자 캐스 선스타인Cass R. Sunstein은 이러한 관계를 집단 극화라고 부르며 그 문제를 지적했다.

관련용어

인터넷 보급
인터넷이 없던 시대는 동료를 만들기 위해 잡지나 신문 등을 통해 모집하거나 직접 만나는 수밖에 없었다. 이에 비해 인터넷이 대중화된 현재는 같은 생각을 가진 사람이 쉽게, 게다가 대규모로 모일 수 있다.

캐스 선스타인
Cass R. Sunstein
1954년~. 미국의 법학자. 인터넷의 자유에 대해 '민주주의를 위협하는 존재'라고 이의를 제기하여 미국 사회에 찬반 양론을 불러일으켰다.

COLUMN 집단 극단화가 자살 문제로도 발전

2019년 한국 연예계에서는 집단 극단화로 인한 자살 사건이 잇따랐다. 모두 인터넷상의 악플이 자살의 가장 큰 원인이라고 여겨진다. 댓글에 동조하는 목소리가 많아지면서 '우리가 맞다'라는 심리가 생겨나고, 또 다른 댓글이 확대되어 일어난 참혹한 사건이다.

293 에메랄드 타블릿 emerald tablet

연금술은 마음을 자극하는 울림에서 많은 창작에 도입되는 오래된 학문이지만, 그 여명기에 기록된 전설의 보배가 에메랄드 타블릿이다.

연금술의 비법이 담긴 전설의 에메랄드판板

에메랄드 명판, 에메랄드 비문, 녹옥판 등으로도 불리는 에메랄드 타블릿은 이름 그대로 문자가 새겨진 거대한 에메랄드로 제작된 판이다. 가령 iPad 정도의 크기라 하더라도 말도 안 되는 보물이라고 할 수 있는데, 불행히도 현물은 잃어버린 지 오래다.

하지만 이 명판의 참된 가치는 거기에 새겨진 문장이며, 원문은 아니지만 그 번역문이 지금도 전해지고 있다.

명판을 기록한 것은 1~3세기 이집트에서 모시던 전설의 현자 헤르메스 트리스메기스토스이다. 그는 신비(마술), 의학, 철학, 천문학에 정통한 〈헤르메스 문서〉라는 신비주의적 사상의 문헌을 저술한 것으로 알려져 있으며 후세에 큰 영향을 주었다. 또한 연금술의 대가이며, 연금술사의 시조라고 불리기도 하고 연금술을 '헤르메스의 술術'이라고도 한다. 그리고 이 명판에는 그가 도달한 '연금술의 비법'이 적혀 있었다고 한다.

실물을 잃어버린 후 그 문장은 9세기에 편찬된 아랍어 책 〈창조의 비밀의 책〉에서 발견됐다. 그것이 12세기경 라틴어로 번역되어 점차 유럽 전역에 퍼져 나간다. 18세기에는 아이작 뉴턴(그도 연금술에 심취해 있었던 시기가 있었다)이 영어로 번역하였고, 그 문서는 현재에도 케임브리지 대학 도서관에 보관되어 있다.

그런데 정작 중요한 내용은 어떠냐고 하면… 솔직히 매우 난해하다. 비교적 짧은 문서이지만, 풍자적이고 추상적이며 읽기에 따라서는 다양하게 해석할 수 있기 때문이다.

유명한 것이 '아래에 있는 것은 위에 있는 것과 같고, 위에 있는 것은 아래에 있는 것과 같으며, 그것은 유일하게 기적을 달성하기 위한 것이다'라는 한 문장으로, 이것은 연금술의 우주관을 표현한 것이라고 하는데 일반인에게는 그저 수수께끼이다.

하지만 그것도 당연할 것이다. 이 수수께끼 문장을 해독해야 비로소 연금술 비법에 도달할 것이며, 전설의 연금술사의 예지에 견줄 수 있기 때문이다.

관련용어

연금술
일반적으로 비금속을 귀금속으로 정련하는 것이라고 생각하기 쉽지만, 그것은 연금술의 초보에 지나지 않는다. 궁극적으로는 영혼을 연성하고 사람을 더욱 더 완전한 존재로 승화시키는 것이 목적이다. 고대 그리스의 철학자 아리스토텔레스의 4원소설–물질은 불, 물, 공기, 흙으로 이루어져 있다는 가설–에서 시작된 이 학문은 이윽고 화학으로 이어진다.

에메랄드
취옥翠玉, 녹옥綠玉이라고도 불리는 세계 4대 보석 중 하나. 녹주석의 일종으로 강한 녹색을 띤다. 고대 로마와 이집트에서 진기하게 여겼으며 클레오파트라도 좋아했다는 설이 있다. 모스 경도는 7.5~8이고 5월의 탄생석이다.

헤르메스 트리스메기스토스
Hermes Trismegistus
헬레니즘 시대에 그리스 신화의 신 헤르메스와 이집트 신화의 신 토트를 절충한 존재. 또는 그 위엄을 계승한 인물을 가리킨다. 트리스는 '3', 메기스토스는 '위대한'을 의미하므로, 3배 위대한 헤르메스로 번역된다.

294 메타트론 Metatron

에녹서 등에 등장하는 천사 중 한 명이다. 현인 에녹과 선지자 엘리야라는 형제가 있으며, 그들이 하나님의 손에서 천사 메타트론과 산달폰이 됐다고도 알려져 있다.

신에 필적한다는 대천사

유대교, 기독교, 이슬람교에서 유래하는 천사. 〈신약성서〉나 〈코란〉에서는 특별히 언급되어 있지 않고, 성경 위전 〈에녹서〉에서 그 이름을 볼 수 있다.

메타트론이라는 이름은 이란 신화의 영웅 신 미트라에서 유래했다는 설과 그리스어로 '옥좌에 모시고 있는 자'라는 뜻의 메타토로니오스가 어원으로 알려져 있다. 또한 아브라함을 이끈 천사 요엘은 메타트론의 원형으로 여겨지며 현대에서는 메타트론을 요엘이라고 부르기도 한다. 또한 메타트론은 별명이 많은 것으로도 알려져 있는데 '하늘의 서기관' 또는 '하나님의 대리인', '작은 야훼' 등 그 수는 70가지 이상이나 된다.

메타트론은 '세계와 동일하다'라고 표현될 정도로 큰 몸을 갖고 있고 등에는 36장 또는 72장의 날개가 자라고 있으며, 36만 5,000개의 눈을 갖고 있다고 한다. 도대체 어떤 천사인지 상상하기 어렵지만, 그 힘은 대천사 미카엘과 가브리엘을 능가하고 하나님에 필적할 정도라고 하니 천계의 실력자인 것은 틀림없다.

덧붙여서 메타트론의 쌍둥이 형제 산달폰('형제'라는 의미)은 천국의 노래를 관장하는 것이 업무이고 사탄과 싸우는 임무도 있다고 한다. 메타트론과 마찬가지로 하늘에 달할 정도로 거대한 신체를 갖고 있다. 생일을 앞둔 태아의 성별을 결정하는 천사로, 형제인데 여성이라는 설도 있다.

관련용어

에녹서
작성 연도는 기원전 1~2세기경. 에티오피아 정교회에서는 〈구약성서〉의 하나이지만, 다른 교파는 위전으로 여긴다. 천사와 악마에 대한 기록이 많다.

아브라함
〈창세기〉에 나오는 선지자

미카엘
〈다니엘서〉에 등장하는 천사. 유대교, 기독교, 이슬람교 모두에서 위대한 천사로 여기며 4대 천사로 꼽힌다.

가브리엘
미카엘과 마찬가지로 〈다니엘서〉에 등장하는 천사. 기독교에서는 미카엘, 라파엘과 함께 3대 천사로 여긴다.

COLUMN 천사의 전문 서적이라고 할 수 있는 〈에녹서〉

교파에 따라서는 〈구약성서〉의 일부로 여겨지는 〈에녹서〉. 기원전 2세기경에 쓰인 문서를 정리한 것으로, 에티오피아어 번역(<제1에녹서>)와 슬라브어 번역(<제2에녹서>) 2종류가 있다. 천사(타락 천사)나 악마에 대해 성경보다 상세히 설명하고 있으며, 타미엘과 셈하자 등 여기에만 등장하는 천사도 많다.

295 마녀사냥

중세부터 근세에 걸쳐 행해졌던 마녀사냥에서는 여러 명의 마녀가 고발됐다. 무지했던 대중은 불안에 내몰려서 다른 사람을 박해한 것이다.

민중의 불안의 출구가 됐다? 마녀의 피의자들

마녀사냥은 주로 15세기부터 18세기에 걸쳐 유럽을 중심으로 한 지역에서 발생한 현상이다.

현대에서 마녀라고 하면 옛날이야기에 나오는 수상한 마술을 부리는 노파의 이미지가 있지만, 마녀사냥으로 고발된 사람들은 반드시 그렇지도 않고 젊은 여성 외에 소수이지만 남성도 포함됐다. 마녀는 악마와 계약하고 특별한 능력을 얻은 인간을 가리키며 성별은 딱히 정해져 있지 않다.

마녀로 의심된 사람들의 대부분은 살림이 넉넉하지 않고 지역 사회와 고립되어 있다고 한다. 이것은 현대에서도 마찬가지라고 할 수 있는데, 이런 사람들이 지역에서 사건이 발생하면 제일 먼저 의심받기 쉽다. 질병이 유행하거나 누군가에게 불행한 사건이 발생하면 불안감에 공황에 빠진 대중들은 누군가를 마녀로 고발함으로써 원인을 밝혀낸 기분이 들어 안정감을 얻었다.

마녀가 고발당하면 그것이 사실인지 확인하기 위해 조사가 이루어졌다. 취조관에 따라서는 애초에 마녀의 고발을 중요하게 여기지 않고 고발을 접수하지 않거나 경미한 처벌을 주고 석방하기도 했다. 하지만 그중에는 마녀를 찾아내는 것에 집념을 불태운 자도 있었다. 그러한 취조관들은 피의자를 엄격히 힐문하고 때로는 고문을 해서 무리하게 자백을 이끌어내려고 했다.

마녀임을 자백한 사람에게는 채찍질과 마을에서 추방하는 등의 형벌이 내려졌고 가장 죄가 무거운 경우에는 처형됐다. 처형된 사람들의 정확한 수는 밝혀지지 않았으며, 수백만 명이 희생된 시기도 있었지만 최근의 연구에 따르면 4만 명 전후가 아닐까 추정된다. 그 대부분이 이유 없이 의심을 받은 무고한 사람들이었다.

마녀의 화형

관련용어

전염병이 유행
마녀사냥이 이루어지던 시대에는 원인을 알 수 없는 각종 전염병이 나돌았기 때문에 마녀의 관여를 의심하는 경우가 많았다. 특히 전염병의 유행은 마녀를 박해하기에 알맞은 구실이었다.

고문
마녀를 취조할 때 물에 넣거나 물을 마시게 하고 신체의 일부를 불로 지지거나 몸을 잡아당기고 달군 못으로 찌르는 등 다양한 고문 방법이 있었다. 그중에는 마녀를 취조하기 위해 새로 개발한 고문도 있었다고 한다.

296 길가메시 Gilgamesh

수메르 초기 왕조 시대에 도시 국가 우루크를 다스리던 왕이다. 길가메시는 아카드어이고 수메르어로는 빌가메시라고 한다. 〈길가메시 서사시〉의 주인공이기도 하다.

명계신으로도 추앙받은 전설의 왕

우루크는 수메르에서 발흥한 도시 국가 중 하나다. 길가메시는 우루크 제1왕조 제5대 왕으로 기원전 2600년경의 인물로 여겨진다. 재위 기간 126년으로 인간으로서는 길지만, 이는 역대 왕이 신격화됐기 때문으로 길가메시는 사후에 명계신으로 추앙받았다.

〈길가메시 서사시〉에 따르면 길가메시는 제3대 왕 루갈반다와 여신 닌순의 아이로, 3분의 2는 신, 3분의 1은 인간이다.

우루크의 성벽을 건설한 공적도 있었지만, 처음에는 폭군이었기 때문에 사람들의 원성을 들은 아누신이 길가메시를 징계하려고 야인 엔키두를 만들었다. 하지만 엔키두는 길가메시와 결투를 벌여 결론이 나지 않자 서로 인정하고 친구가 된다. 동등한 힘을 가진 친구를 얻은 영향에서인지 길가메시의 통치는 온화해졌다고 한다. 이후 길가메시는 항상 엔키두와 행동을 함께했는데, 삼나무 숲에서 후와와(훔바바)를 퇴치한 이야기, 길가메시가 여신 인안나의 구애를 거절해서 생긴 하늘의 황소 퇴치 이야기가 잘 알려져 있다.

한편, 길가메시의 탄생에 대해서는 다른 이야기가 있다. 바빌로니아의 세우에코로스 왕이 딸의 아들에게 왕위를 빼앗길 때 주술사에게 경고를 받았다. 왕은 딸을 가뒀음에도 불구하고 임신을 했고, 탄생한 아이는 버려졌지만 독수리의 도움으로 나중에 바빌론의 왕이 되어 길가메시라고 불렸다고 한다. 게임 등에서 길가메시가 바빌론과 관련되어 나오는 것은 이 이야기를 바탕으로 하고 있다.

길가메시의 부조

관련용어

수메르
메소포타미아 남동쪽 지역 또는 이 땅에 탄생한 가장 오래된 문명을 말한다. 주변은 바빌로니아라 불리며 남쪽 절반이 수메르이다.

닌순
신격화된 왕 루갈반다의 배우자 신. 서사시에서 길가메시가 꾸었던 꿈을 바탕으로 해몽을 했다.

아누신
하늘과 별을 관장하는 메소포타미아 신화의 최고신으로 창조신. 수메르에서는 안이라고 불렸다.

인안나
미美와 연애, 전쟁 등을 관장하는 풍요신으로 우루크의 도시신이기도 하다. 일반적으로 아카드어의 명칭 이슈타르로 알려져 있다.

COLUMN 〈길가메시 서사시〉는 교양 소설의 선구

〈길가메시 서사시〉는 우정과 자연과의 싸움, 죽음에 대한 고뇌 등이 그려져 있어 당시의 교양 소설로 평가받는다. '노동이야말로 인간의 모든 것'이라고 하는 고대 그리스의 〈노동과 나날〉, 인도인의 마음의 고향이라고도 하는 〈라마야나〉 등도 역시 교양 소설로서의 측면이 있어 〈길가메시 서사시〉는 그 선구라고도 할 수 있다.

297 메리 포핀스 Mary Poppins

패멀라 린든 트래버스의 아동 소설에 등장하는 매력적인 할머니다. 동풍을 타고 와서 서풍을 타고 돌아가는 마법사는 지금도 어딘가에 있을 것만 같다.

영화 버전과는 느낌이 다르다?

분명 많은 사람들이 이 이름을 듣는 순간 그 주문과도 같은 노래를 떠올릴 것이다. 1964년 줄리 앤드류스의 주연으로 영화화된 이후 디즈니에서도 인기를 끄는 캐릭터다. 2018년에 제작된 속편에서는 25년의 세월이 흘렀음에도 변하지 않은 모습으로 등장해 이 작품을 보고 자란 이들을 놀라게 했다.

디즈니 버전에서는 메리 포핀스라는 이름으로 통일되어 있지만, 원작 소설에서는 메리Mary라고 돼 있는 경우가 많다.

그녀는 영국 아동 작가 트래버스에 의해 1934년에 런던에 왔다. 뱅크스 부부의 4명의 아이들의 내니nanny(유모)로서 말이다.

내니는 더부살이를 하며 아이를 돌보는 보모 겸 교육을 맡는 것을 말한다. 단, 메리는 보통의 내니와는 모든 것이 달랐다. 우선 그녀는 마법을 사용하여 신비한 힘으로 뱅크스 4형제를 상대한다. 동풍을 타고 오고, 계단의 난간을 미끄러지거나 개의 말을 통역하고 가방에서 다양한 도구를 꺼낸다. 그리고 그 인품도 색다른 면이 있다. 네덜란드 인형을 닮은 미모를 지녔지만 화를 잘 내고 훈육이 엄격해서 아이라 할지라도 용서하지 않는다. 결코 부드러운 유모는 아니다.

모든 것이 상식에서 벗어난 내니 메리는 떠날 때도 상식 밖이다. 봄이 되어 풍향이 바뀌면 돌아올 때까지 얌전히 있으라는 말을 남기고 서풍을 타고 어디론가 떠난다. 그렇지만 그 무렵에는 모두가 수수께끼투성이에 색다른 매력을 지닌 내니의 포로가 돼 버렸다. 독자들은 뱅크스 4형제와 함께 그녀가 다시 돌아오기를 이제나 저제나 기다리고 있다.

관련용어

주문과 같은 곡
곡명은 Supercalifragilisticexpialidocious이다. 영화에 등장하는 오리지널 고유 명사(한 단어)이다.

줄리 앤드류스
Julie Andrews
1935년~. 영국 여배우이자 가수. 영화 〈마이 페어 레이디〉(1956년)의 엘리자 역으로 크게 히트를 하고 〈메리 포핀스〉, 〈사운드 오브 뮤직〉 등으로 한 세대를 풍미한다.

패멀라 린든 트래버스
Pamela Lyndon Travers
1899~1996년. 영국의 여류 작가. 다양한 직업을 경험하고 질병을 얻지만 회복한다. 이후 자신에 대한 이야기를 쓰기 시작한다. 〈우산 타고 날아온 메리 포핀스〉가 히트하면서 본 시리즈는 세계 20개 언어로 번역됐다.

COLUMN 일상에 숨어 있는 마법

판타지 색이 강한 마법을 현대 사회에서, 그것도 가사家事에 사용하는 작품은 그 밖에도 있다. 바로 미국 TV 드라마 〈그녀(아내)는 요술쟁이Bewitched〉(1964~1972년)이다. 이 작품에서 요술쟁이 사만다는 정체를 숨기고 있다. 이 드라마는 나중에 일본의 일대 장르가 된 '마법 소녀물'이 탄생한 계기가 됐다.

298 팬데믹 pandemic

놀라운 감염 및 사망 피해가 심각한 사태를 초래하는 전염병 등의 감염증이 세계적으로 유행하는 것을 가리킨다.

인류를 공포에 떨게 하는 대유행

감염증 자체는 인간과 생물이 원인이 되는 병원체를 포함하는 것(감염원)과 접촉해서 감염되고, 감염원과 접촉하는 사람이 같은 지역, 같은 시기에 많이 있으면 집단 발생한다. 또한 인간에서 인간으로 전염되는 전염병의 경우 그 규모가 커져서 집단 발생이 장기화한다. 이 상태를 '유행'이라고 하며, 그중에서도 여러 국가 및 지역에 걸쳐서 일어나는 가장 규모가 큰 것이 팬데믹pandemic이다.

인류는 지금까지 몇 번의 전염병을 경험했으며 ① 바이러스 감염증인 천연두, AIDS, 흑사병(페스트) 등 ② 세균 감염증인 콜레라, 결핵, 발진티푸스, 말라리아, 탄저병 등 다양한 병원체가 유행했다. 계절마다 유행하는 인플루엔자도 독감의 일종으로, 전 세계적으로 2500만 명이 사망했다는 스페인 독감도 정체는 인플루엔자이다.

팬데믹 중에서도 사람의 이동에 의해 국제적인 확산이 문제가 되는 '신흥(신종) 감염증', 한때 발병이 감소했다가 다시 증가하는 '재흥 감염증'은 전 세계적으로 경계의 대상이었다. 실제로 콜레라는 7차례나 대유행했고 한때 화제가 된 조류 인플루엔자는 현재도 팬데믹의 위험이 있다. 또한 현재 WHO(세계보건기구)가 경계하고 있는 감염증은 에볼라출혈열 등 19종이다. 천연두(두창)는 인류가 처음 박멸에 성공한 감염이지만, 만일의 하나 생화학 무기 등에 사용되면 팬데믹의 위험이 높아지므로 방심은 금물이다.

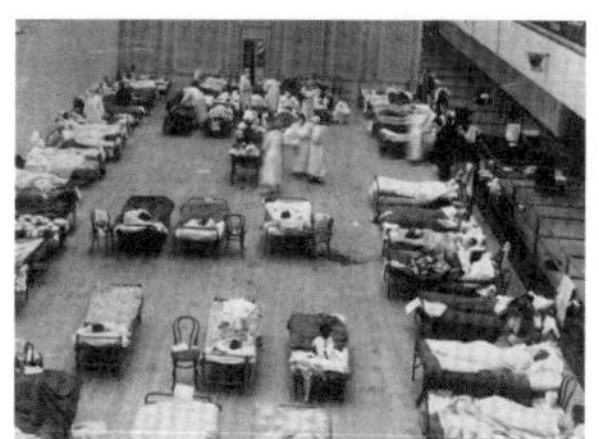
스페인 독감 유행

관련용어

AIDS
후천성 면역 결핍증의 약어. 사람 면역 결핍 바이러스(HIV)가 면역 세포를 파괴하여 면역 결핍을 일으킨다. 일반적인 환경에서는 매우 약한 바이러스이지만 혈액이나 정액, 질 분비액, 모유 등이 감염원이 될 수 있기 때문에 성적 감염이 가장 큰 원인이 된다.

페스트
14세기 전 세계에서 대유행하여 인구의 약 30%를 사망시킨 감염증. 일명 흑사병으로 불린다. 먼저 쥐에서 유행하고 이 피를 빨아 먹은 벼룩이 사람의 피를 빨아 먹어 감염된다. 팬데믹까지는 아니어도 현재도 사망자는 나오고 있다.

말라리아
열대 기후에서 아열대 기후에 널리 분포하는 전염병. 말라리아 원충이 병원체이고 매개체인 학질모기에 물려 감염된다. 40도 이상의 고열을 반복하는 증상이 특징이다. 모기에 물리지 않는 것이 가장 중요한 예방책이며, 치료약이 있지만 부작용이 크다.

COLUMN 좀비 작품에 흔히 있는 아웃브레이크(감염병 집단 발생)

유행에는 3단계가 있는데, 좁은 지역에 한정되는 엔데믹, 감염 범위와 환자 수가 확대한 에피데믹 그리고 팬데믹이다. 그리고 그때까지 발생하지 않았던 지역에서 갑자기 감염이 집단 발생하는 것 및 감염자를 아웃브레이크라고 하는데, 좀비 게임의 상황은 거의 이와 유사하다.

299 카스파 하우저 Kaspar Hauser

옛날 독일에 누구와도 접촉하지 않고 자란 고아가 있었다. 그의 이름은 카스파 하우저 (1812년경~1833년)**. 그의 출생과 생애는 지금도 수수께끼에 싸여 있다.**

그는 결국 어디의 누구였을까?

카스파 하우저가 발견되어 마을에서 보호한 것은 1828년이었다. 그때 그는 16세 정도로, 말도 잘 하지 못하고 카스파 하우저라는 이름만 알 수 있었다.

그는 사람들에 의해 양육되면서 상식을 배우고 인간으로서 지녀야 할 예절과 규범을 몸에 익혔다. 그의 특별한 성장 과정에 학자를 비롯한 많은 사람들이 관심을 보였고 그는 순식간에 널리 알려지게 됐다. 그리고 그가 과거를 띄엄띄엄 말하기 시작한 찰나 누군가에게 암살되어 세상을 떠난다. 이에 따라 출생과 경위는 수수께끼에 싸인 채 다양한 논쟁을 불러일으켰다.

애초에 그는 어디의 누구였을까? 혹자는 바덴 대공가의 후계자와 비슷하다, 또 어떤 사람은 나폴레옹의 숨겨놓은 아이일지 모른다고도 하지만 아무런 확증은 없다. 또한 그는 왜 살해당한 걸까. 그가 살아 있으면 불편한 사람이 있었는지 아니면 살해된 게 아니라 자살한 걸까. 그에 관한 논쟁은 끊이지 않고 사후 180년이 이상 지난 지금도 여전히 연구가 계속되고 있다.

이만큼 모두의 관심을 끄는 것은 그의 기구한 인생이 신비에 차 있기 때문일 것이다. 그 후 수많은 창작의 주제로 그려졌다. 1975년에 영화화된 〈카스파 하우저의 신비〉, 1991년에 일본에서도 소설화된 〈카스파 하우저〉 등이 대표적이다. 또한 그가 잠든 안스바흐Ansbach(독일 남부, 바이에른 주 서부의 도시)에서는 그를 기리는 축제가 열린다.

덧붙이면 사람과 접촉하지 않고 폐쇄적인 공간에서 자라서 발달이 더딘 것을 카스파 하우저 증후군이라고 부른다. 1920년 인도에서 늑대에게 길러진 것으로 보이는 소녀 두 명이 발견됐는데 그녀들은 바로 이런 상태였다. 이 정도까지 극단적이지는 않아도 어려서부터 소외당한 채 성장하면 다양한 감각 장애가 나타나는 것으로 알려져 있다.

카스파 하우저의 초상

관련용어

카스파 하우저
그는 말을 하지는 못했지만, 종이와 펜을 건네자 '카스파 하우저'라는 이름을 썼고 그것을 통해 이름을 알았다고 한다.

바덴
1806년 신성로마제국이 해체되었을 때 탄생한 대공국. 당시 대공가는 세속 문제로 흔들리고 있었고 그 싸움 속에서 죽었을 거라 생각된 아기가 카스파 하우저일 거라는 설이 있다.

300 현자의 돌

중세 유럽의 연금술사들이 일제히 추구한 전설의 아이템으로, 그것이 현자의 돌이다. 헤르메스 트리스메기스토스만이 연성할 수 있었다는 환상의 돌의 정체는?

모든 기적을 가능케 하는 만능 돌

현자의 돌(Philosopher's stone, 철학자의 돌이라고도 함)은 연금술에서 가장 중요한 물질로, 엘릭서elixir와 동일시되기도 한다. 비금속에서 귀금속으로 연성은 물론 불치병이나 치명상을 즉석에서 치료하고 육체를 불로불사로 만드는 등 연금술적인 모든 기적은 이 돌을 촉매로 해서 일어난다고 생각했다.

즉, 현자의 돌을 생성하지 못하면 연금술의 궁극적인 목적인 완전한 인간의 연성을 위한 출발선에도 서지 못하는 것이다.

그렇다고는 해도 처음부터 현자의 돌을 목표로 한 것은 아니다. 1세기경의 연금술 관련 문헌에서 이미 그 이름을 볼 수 있지만, 실제로 주목받기 시작한 것은 이슬람 세계에서 유럽으로 연금술이 전해진 12세기경부터다. 이윽고 중세의 연금술사들은 현자의 돌이야말로 모든 것의 열쇠라고 보고 생성 방법을 해명하는 데 혈안이 됐다.

그러나 현자의 돌을 실제로 본 사람은 아무도 없어 생성에 성공한 것은 헤르메스 트리스메기스토스 단 한 명이라고 전해진다. 또한 문헌에 따라서는 모양과 색상도 제각각이어서 돌, 점토, 분말, 액체 혹은 다른 상태이기도 하다고 하며 형상은 아랍에서는 노란색 달걀형, 유럽에서는 붉은 보석 같다고 믿었다.

그런 허황된 정보 속에서 중세 유럽 연금술에 큰 영향을 미친 것이 아라비아의 연금술사 자비르 이븐 하이얀의 〈검은 땅의 책 Kitab al-Kimya〉(금속귀화비법 대전이라고도 한다)이다. 이 책에는 수은과 유황의 비율에 따라 금속의 성질이 바뀌어 비금속과 귀금속이 생긴다고 적혀 있다. 나중에 소금이 추가되지만, 어쨌든 연금술사들은 유황과 수은을 섞어 돌을 만들어내려고 했다.

실제로 유황과 수은을 섞어 붉은 돌(진사辰砂)을 만들 수 있었고, 이것을 현자의 돌을 완성하는 토대라고 생각했다. 하지만 진사는 자연계에 존재하는 보통의 돌이며, 그 생각은 틀렸다. 그 후, 파라켈수스와 생 제르맹 백작 등 몇 명이 생성에 성공했다는 소문이 그럴듯하게 들렸지만, 결국 진위는 밝혀지지 않았다.

관련용어

엘릭서elixir
게임 등에서도 친숙한, 연금술에서 마시면 불로불사가 될 수 있다고 전해지는 영약. 엘릭시르, 일릭서 등으로도 불린다. 마시면 만병을 치료할 뿐만 아니라 불로불사가 될 수 있다고 한다. 그 효능에서 현자의 돌과 동일시하거나 현자의 돌을 이용하여 생성되는 것으로 알려져 있다.

검은 땅의 책
중세 유럽의 연금술사들이 교본으로 삼은 책. 아랍어 제목 Kitab al-Kimya의 Kitab은 '책'을 의미하고 Kimya는 '이집트'를 가리킨다. al-Kimya는 lchemy의 어원. 그리고 아랍어 정관사 al을 제외한 것이 화학(Chemistry)이다.

진사辰砂
황화수은으로 이루어진 광물로 투명감이 있는 붉은색 결정. 중국 진주辰州에서 많이 채취되기 때문에 이렇게 불린다. 중국식 연금술인 연단술煉丹術의 재료 외에도 약초와 안료에 사용됐다.

301 무함마드 Muhammad

예언자로서 사람들에게 가르침을 설파하고 이슬람교를 만들어낸 인물. 이슬람교 경전 〈코란〉은 무함마드가 신에게서 받은 계시를 편찬한 것이다.

신의 계시를 받고 이슬람교를 창시

무함마드는 신의 말씀을 대변하는 예언자로 이슬람교 창시자이다. 본명은 무함마드 이븐=아부두루뭇타리부이지만, 보통은 무함마드나 마호메트라고 불린다. 그는 사우디아라비아의 헤자즈 지방에 있는 메카의 지배 부족 쿠라이시족 사람으로, 그중에서도 명문인 하심가에서 태어났다.

무함마드의 아버지는 그가 태어나기 전에 돌아가셨고 어머니도 그가 어릴 적에 돌아가셨다. 일찍 부모를 여읜 무함마드는 삼촌과 할아버지 손에서 성장한다. 어른이 된 무함마드는 일족과 마찬가지로 상인이 되어 595년에 직장에서 만난 하디자와 결혼했다. 그리고 15년 후 610년 히라산에서 명상에 빠져 있던 무함마드는 천사 지브릴을 통해 계시를 받는다.

무함마드는 곤혹스러워하지만 하디자의 격려도 있고 해서 그는 자신이 모세 등과 같은 예언자임을 자각하고 계시 내용을 친밀하게 전하고 다녔다고 한다. 이렇게 해서 순조롭게 이슬람교도의 수가 늘지만, 그것을 달가워하지 않은 사람도 있었다. 특히 예로부터 메카에 살았던 사람은 고래부터 이어지는 부족 신앙을 부정한 무함마드 등을 박해했다. 무함마드가 이끄는 무슬림은 어쩔 수 없이 야트리브(메디나)로 이주하여 그곳에서 이슬람 공동체를 결성한다. 그 후 두 세력은 몇 번이나 맞붙었고 630년에는 무함마드가 이끄는 무슬림 군대가 메카를 침공했다. 그들은 이 싸움에서 승리하여 메카를 되찾음으로써 이슬람교의 성지가 됐다.

〈집사集史〉 예언자 무하마드전

관련용어

메카
사우디아라비아 메카주의 주도로, 메카라고도 불린다. 무슬림은 하루에 몇 번 이곳을 향해 기도를 바친다.

하디자
무함마드의 첫 번째 아내. 무함마드는 하디자를 깊이 사랑해서 그녀가 죽을 때까지 다른 여성을 아내로 맞은 적이 없다고 한다.

지브릴
〈구약성서〉 등에 등장하는 천사 가브리엘의 별명

야트리브
아라비아 반도의 도시. 무함마드 일행이 이주한 후 '예언자의 도시'를 의미하는 마디나트 알 나비라고 이름을 바꿨다. 현대는 메카의 뒤를 이어 이슬람의 성지로 여겨진다.

이슬람 공동체
이슬람교도에 의해 통치되는 조직. 이슬람 국가와 동의어

무슬림
아랍어로 '절대 순종한다'는 뜻으로, 이슬람 신자를 가리킨다.

COLUMN 지하드jihād(성전)는 원래 위험한 것은 아니다

지하드라고 들으면 자살 폭탄 테러 등을 상상하는 사람도 많지만, 이 말은 본래 목표를 향해 노력하는 것이나 이교도로부터 자신을 지키기 위한 싸움을 의미한다. 지하드=테러는 오해이며, 이슬람교도 중에는 테러는 이슬람교의 가르침에 반한다고 해서 과격파라 불리는 사람들을 이단시하는 사람도 다수 있다.

302 마리 앙투아네트 Marie Antoinette

마리 앙투아네트(1755~1793년)는 언동 때문에 프랑스 국민의 반발을 산 것으로 알려져 있다. 하지만 그녀의 에피소드 가운데 사실 무근인 것도 의외로 많다.

악의적인 소문에 왜곡된 앙투아네트

18세기 말 프랑스에서 시민혁명이 일어나 오랫동안 이어온 왕정이 무너졌다. 이 시기, 프랑스의 왕 루이 16세의 왕비가 바로 마리 앙투아네트다. 오스트리아의 명가 합스부르크가에서 시집온 그녀는 미모가 뛰어나지만 거만하고, 이기적이고, 방탕하다는 이유로 민중의 반발을 산 결과 혁명이 일어나 남편과 함께 처형되고 말았다. 정말 앙투아네트는 민중들이 증오할 정도의 악녀였을까?

그녀의 오만함을 보여준다고 해서 잘 알려진 것이 민중이 식량난에 빠졌을 때 '빵이 없으면 과자를 먹으면 되잖아'라고 말했다는 일화이다. 하지만 이 대사는 프랑스 철학자 루소의 저작에서 인용된 것으로, 앙투아네트 본인이 말한 것이 아니라고 판명됐다. 오히려 그녀는 굶주린 민중을 위해 기부금을 모으거나 자신의 아이들에게 들어가는 비용을 줄이고 기부금을 염출하는 등 민중을 생각하는 왕비였다고 한다.

또한 앙투아네트의 명성을 추락시킨 사건으로 알려진 '목걸이 사건'의 의혹도 사실은 앙투아네트의 이름이 멋대로 사용됐을 뿐 그녀 자신은 무관했다.

앙투아네트의 사치로 프랑스 왕실이 재정난에 빠졌다고도 하지만, 이것도 주요 원인은 오랜 기간 지속된 전쟁 비용 부담과 이전부터 이어진 왕실의 사치, 화산의 분화에 의한 기상 이변으로 발생한 기근 등이 겹친 결과이다.

앙투아네트는 매우 아름답고 멋을 좋아하고 눈에 띄는 여성이었다. 혁명 전 프랑스에서는 과거 왕정에 대해 불만이 쌓여 있었고, 그로 인해 불만의 화살이 눈에 띄는 왕비를 향해 버렸다. 그녀에게 나쁜 소문이 나서 필요 이상으로 민중들의 미움을 사게 된 원인에는 그런 측면도 있지 않았을까.

마리 앙투아네트의 초상화

관련용어

목걸이 사건

1785년 프랑스에서 발생한 사건. 잔느 드 라 모트 백작 부인이 마리 앙투아네트의 요구라고 속이고 루이 드 로앙 추기경을 속이고 보석상에서 고액의 목걸이를 구입했다. 하지만 시간이 지나도 목걸이 대금이 지급되지 않았기 때문에 보석상이 왕비의 측근에게 사정을 확인하면서 사건이 들통났다. 주모자인 잔느와 로앙, 그리고 이들을 도운 자들이 체포되어 잔느는 유죄 판결을 받았다. 그 후 사건은 어떤 이유에서인지 앙투아네트의 음모에 의해 일어난 것이라고 소문이 나 민중 사이에서는 왕비의 명성이 크게 떨어졌다.

303 파주주 Pazuzu

기원전 1000년경에 아시리아와 바빌로니아에서 숭배한 악마. 열병을 일으키는 바람의 악령의 왕으로 두려움의 대상이 되는 한편 약한 하위 귀신을 쫓아내는 존재로 여겼다.

공포 영화를 계기로 인지도가 높아진 귀신

지하 세계, 즉 명계의 존재로 사람들에게 두려움의 대상이 됐다. 발굴된 파주주의 작은 초상에 새겨진 '대기의 악령의 왕자'라는 문구로 보아 열병을 옮긴다고 생각한 바람을 상징한 존재라고 여겨진다.

출토품이 많이 발견되어 모습은 비교적 명확하다. 큰 눈이 인상적인 얼굴은 사자 또는 개와 같고 앞다리는 사자, 뒷다리는 맹금류(매). 몸에는 비늘이 있고 등에 두 쌍의 날개, 전갈의 꼬리, 뱀 머리를 하고 있다.

또한 파주주에는 라마스투라는 아내가 있다. 사자의 머리에 당나귀 치아, 맹금류의 다리가 있고, 몸은 털로 덮여 있으며 피투성이 손가락은 길고 날카로운 발톱이 나 있다. 태아 및 신생아의 희생을 선호한다고 해 유산이나 유아 돌연사의 원인으로 여겨졌다. 아누의 딸로 여긴 것으로 볼 때 본래는 여신이었던 것 같지만, 앞에서 말한 모습과 어린아이를 희생시키는 점에서 악령이라고도 할 수 있다. 따라서 임산부들은 파주주의 머리를 본뜬 부적을 몸에 소지하거나 작은 초상을 방에 매달아 모셨다. 이것은 힘센 파주주가 하급 악령을 쫓아낸다고 여겼기 때문이다. 파주주가 라마스투를 명계로 쫓아내는 부조인 청동판 등도 발견되어 신앙이 두터웠음을 엿볼 수 있다.

한편, 마신魔神 파주주는 기독교에서는 악마로 간주한다. 악마학에서는 오랫동안 거론되지 않았지만, 파주주가 등장한 영화 〈엑소시스트〉가 세계적으로 히트하여 유명해졌고 일본의 게임이나 만화, 특수 촬영 작품에서도 이름을 볼 수 있다.

파주주의 머리 동상

관련용어

악령
원래 정령은 중립적인 존재로 인간에게 유익한 영향을 미치는 것을 좋은 정령, 해를 끼치는 것을 나쁜 정령이라 부르는 것에 지나지 않는다. 그리고 나쁜 정령이 곧 악령이다.

지하 세계
고대에는 시체를 특정 산 등에 묻어 매장하는 토장이 많았고, 따라서 죽음의 세계, 즉 명계는 지하에 있다고 여겼다. 이것은 메소포타미아뿐 아니라 세계 각지의 신화에서도 볼 수 있다.

악마
기독교에서는 '하나님 아버지'가 아닌 신을 인정하지 않는다. 마신인 파주주가 악마로 여겨지는 것은 납득되지만, 기본적으로 선악에 관계없이 정령들은 물론 이교도의 신들도 악마로 간주된다.

COLUMN 고대 메소포타미아의 정령과 괴물

고대 메소포타미아의 정령과 괴물은 여러 동물의 부위가 합쳐진 모습으로 표현된다. 새의 머리에 인간의 몸을 가진 직립한 존재는 정령, 인간의 머리에 소의 몸을 한 4족의 복합 동물은 괴물이라고 구별했다. 정령에는 좋은 정령과 나쁜 정령이 있으며, 괴물 중에서도 하나님을 따르는 것이 있어, 모습이 괴물 같다고 해서 반드시 나쁜 존재는 아니다.

304 그리고 아무도 없었다

〈명탐정 푸아로〉, 〈미스 마플〉 시리즈로 유명한 여류 작가 아가사 크리스티의 대표작이다. 클로즈드 서클, 대역 살인을 다룬 추리물로 최고 걸작이라 칭송받고 있다.

U.N.오웬은 누구였을까?

아가사 크리스티 하면 〈명탐정 푸아로〉와 〈미스 마플〉 같은 탐정 소설로 유명한 여류 작가로, 그 시리즈는 전 세계에서 사랑받고 있다. 기발한 트릭도 매력이지만, 관련된 인물과 갈등의 묘사도 기발하여 인간 드라마로도 즐길 수 있다.

〈신비의 여왕〉, 〈죽음의 후작〉, 〈범죄의 여왕〉이라는 영예 높은 호칭으로 불린 그녀의 대표작 중 하나가 〈그리고 아무도 없었다〉이다. 이 작품을 몰라도 문구는 들어본 적이 있을 것이다. 이 제목은 원래는 마더 구스의 하나인 〈열 꼬마 인디언〉이라는 설이 있다.

'10명의 인디언 소년이 외식을 하러 갔다네. 한 명은 목이 막혀 죽었고, 아홉이 남았지…'.

이런 식으로 한 명씩 소년이 줄어들어 마지막에는 드디어 '그리고 아무도 없었다'. 이 작품에서는 U.N.오웬이라는 수수께끼 인물의 초대를 받아 외딴 섬에 모인 나이도 지위도 제각각인 10명의 남녀가 이 가사대로 한 사람씩 살해된다. 그리고 그때마다 10개 있었던 인디언 인형도 하나씩 줄어든다.

연락 수단도 탈출 수단도 없는 폐쇄 공간에서 사건이 일어나는 클로즈드 서클, 동요와 전설을 본뜬 살인이 벌어지는 비유 살인은 모두 추리물에 등장하는 요소이지만, 둘을 교묘하게 버무렸다.

이 작품은 요코미조 세이시横溝正史와 아야쓰지 유키토綾辻行人를 비롯해 일본의 새로운 본격 미스터리에도 큰 영향을 주었다. 또한 매우 제한적이지만 게임 〈동방 프로젝트〉에서도 이 작품을 오마주한 부분이 있다. 이쯤 되면 눈치 챈 독자도 있을 것이다.

관련용어

마더 구스
영국에서 전해지는 동화의 총칭. 자장가와 이야기시, 빠른 말 등 다양한 종류가 있다.

열 꼬마 인디언 소년들
Ten Little Indian Boys
가사가 과격하다는 이유에서 최근에는 표현이 순화됐다. 마지막 결말의 '결혼을 해서'를 '목을 매어서'로 바꾸어 싣기도 했다.

동방 프로젝트
일본의 동인 서클인 상하이 앨리스 환악단에서 개발한 탄막 슈팅 게임 시리즈

COLUMN 사건을 해결하는 회색 뇌세포

명탐정 푸아로의 말에 '회색 뇌세포'라는 것이 있다. 푸아로 자신이 뛰어난 통찰력을 가진 자신의 두뇌를 가리켜 사용한 단어지만, 이것이 변해서 명탐정 = 회색 뇌세포를 가진 자를 의미하는 풍조가 됐다. 사실 원문에서는 'grey cells', 즉 뉴런이 모이는 회백질을 가리키며 그대로 '지능'이나 '두뇌'를 의미하기도 한다.

305 화석 전쟁

19세기 말 미국에서 전쟁이 이어졌는데, 진짜 전쟁이 아니라 처절한 경쟁이었다. 게다가 공룡 화석을 둘러싼 화석 발굴 경쟁이다. 이름하여 화석 전쟁!

파괴와 방해가 난무했던 화석 발굴 경쟁

화석을 두고 경쟁한 사람은 고대 생물학자 에드워드 드링커 코프와 오스니얼 찰스 마시이다. 원래 두 사람은 친구였지만 서서히 관계가 악화됐다. 한 번은 화석 채집 때 마시가 채석장의 관리인에게 뇌물을 주고 코프에게 화석을 주지 않도록 당부한 사건이 일어난 것이 관계 균열의 결정적인 원인이었다.

그리고 1870년대 두 사람은 큰 화석이 발견됐다고 소문난 아메리카 서부로 가서 서로 화석층에서 화석을 발견하고는 공룡과 고생물에 관련해서 앞다투어 발표를 한다. 동시에 서로의 실수를 지적하고 인신공격을 펼쳤다.

특히 1877년 이후 코모 블러프의 화석층을 놓고 경쟁하다가 일촉즉발 상황에서 현지 직원과 원주민 등도 말려들게 했다. 정보 전쟁이나 스파이, 뇌물은 시작에 불과하고 상대의 작업자를 빼앗고 화석을 가로채고 발굴 현장을 방해하는 것을 비롯해 상대에게 빼앗기지 않기 위해 깨진 화석을 다시 파괴하는 일도 있었다. 결국 이 화석 전쟁은 둘의 자금이 바닥날 때까지 계속됐다.

그런 화석 전쟁의 결과 코프는 56종, 마시도 80종의 새로운 공룡을 발견했다. 트리케라톱스, 스테고사우루스, 알로사우루스 등 지금은 친숙한 공룡이 다수 발견된 만큼 고생물학 발전에 크게 공헌한 것은 틀림없다. 그러나 다른 한편으로 공을 세우기에 급급한 엉터리 복원도 많아 혼란을 초래한 사실도 무시할 수 없다.

오스니얼 찰스 마시(왼쪽)와
에드워드 드링커 코프(오른쪽)의 사진

관련용어

에드워드 드링커 코프
Edward Cope
1840~1897년. 미국의 고생물학자. 멸종된 척추동물의 속屬을 1000종이나 보고했으며 평생 발표한 과학 논문도 1200편을 넘는다.

오스니얼 찰스 마시
Othniel Charles-Marsh
1831~1899년. 미국의 고생물학자. 아파토사우루스와 알로사우루스 같은 공룡뿐 아니라 익룡 초기의 말, 이크티오사우루스 등에 대해서도 발표했다.

코모 블러프
como bluff
와이오밍주 록 강Rock River과 메드슨보우Medi-cine Bow 사이에 위치하는 긴 능선. 쥐라기 후기의 화석을 포함한 지층이 노출되어 있어 보존 상태가 좋은 표본이 발견되고 있다.

COLUMN 복원 실수는 초기 공룡 연구에서는 흔하다

마시와 코프의 언쟁이 일어난 한 원인에는 엘라스모사우루스의 복원도가 있다. 코프의 복원도에서는 꼬리의 위치에 머리가 있었는데, 이것을 마시가 지적하자 수치심을 느꼈다는 것. 뼈를 오인하는 실수는 초기의 공룡 연구에서는 때때로 있었는데, 이구아노돈 엄지의 큰 발톱도 처음에는 코끝의 뿔로 잘못 알려진 적이 있다.

306 제로섬 사고방식 zero-sum mind

누군가 이득을 보면 그만큼 다른 사람이 손해를 본다. 손해와 이득의 합계는 정산하면 제로가 된다는 개념이 제로섬 사고방식이다. 이 생각은 비생산적이고 불행을 가져다준다.

사물을 제로섬으로 생각하는 것의 단점

제로섬은 원래 수학적 현상으로 그 의미는 문자 그대로 '합계가 제로가 된다'는 것이다. 예를 들어 경마의 마권은 이긴 사람이 얻는 금액과 진 사람이 지불한 금액이 같으며, 전원의 수지는 제로섬이다. 진 사람이 많을수록 이긴 사람의 몫은 증가하고 반대로 이긴 사람이 많으면 1인당 이익은 적어진다. FX(외환 증거돈 거래)도 마찬가지로, 이들을 제로섬 게임이라고 부른다.

이러한 논리에서 사물을 생각하는 것이 제로섬 사고이다. 제로섬 사고는 사물이 제로섬인지 아닌지와는 관계없이 본인이 그렇게 믿고 있는 것을 가리킨다. 실제로는 제로섬이 아닌데 '그 녀석이 행복하기 때문에 나는 불행해졌다'거나 혹은 '내가 맞다, 왜냐하면 그 녀석이 잘못됐기 때문이다'라고 생각하는 것이 제로섬 사고이다.

원래 세상에는 어떻게 받아들이냐에 따라서 제로섬이기도 하고 그렇지 않은 일도 많다. 예를 들어 만화와 애니메이션 팬을 서로 빼앗는다면 제로섬 관계이지만, 협력해서 서로 시장을 확대해 나간다면 윈윈Win-Win 관계가 된다. 하지만 그 대신 프라모델과 피규어의 팬이 줄어들지 모른다. 취미라는 장르 전체에서 보면 제로섬 관계에 있는 경우도 있다.

제로섬 부분을 각별히 중시하는 것도 제로섬 사고이다. 하지만 '어차피 제로섬'이라고 소극적으로 생각하면 좋은 물건은 창출되지 않고 타인과의 관계도 악화된다. 그래서 다른 업종이나 전체의 일은 제쳐두고 자신의 주위에서만이라도 윈윈을 지향해서 긍정적으로 사는 것이 권장되는 것이 일반적이다.

관련용어

경마의 마권
정확하게는 모두의 베팅금에서 노름판의 주인 몫을 제외한 총액을 이긴 사람이 나누는 구조로 되어 있다. 즉 노름판의 주인까지 포함하면 이긴 사람과 진 사람의 수지를 합계해도 마이너스가 되어, 제로섬은커녕 마이너스섬 게임이라고 할 수 있다.

제로섬 게임
제로섬의 원리로 움직이는 것을 제로섬 게임이라고 한다. 수학과 경제학에서 생겨난 게임 이론의 하나다.

윈윈Win-Win
서로 장점이 있는 관계. 스티븐 코비의 베스트셀러 저서 〈성공하는 사람들의 7가지 법칙 The 7 Habits of highly effective people〉에서 사용되며 확산됐다.

COLUMN 제로섬의 반대인 '넌-제로섬 게임'

제로섬과는 반대로 누군가의 이득이 다른 사람의 손해와 연동하지 않는 것을 '넌-제로섬 게임'이라고 한다. 주식 시장에서는 모두가 산 주식이 오르면 모두 돈을 벌고 MMORPG에서는 경쟁은 있어도 전원이 점점 강해진다. 제로섬 게임과 넌-제로섬 게임 중 어느 쪽을 좋아하는지를 보면 성격이 드러난다.

307 파라켈수스 Paracelsus

파라켈수스(1493~1541년)는 유럽의 연금술사 중에서 가장 유명한 인물이다. 의사이기도 한 그는 연금술에서 얻은 지식을 약학에 응용하여 수많은 업적을 세웠다.

르네상스 시대를 대표하는 전설의 연금술사

필리푸스 아우레올루스 테오플라스투스 봄바스투 폰 호엔하임라는 긴 본명을 가진 이 남자는 스위스 출신의 의사 겸 연금술사이다. 통칭 파라켈수스는 '고대 로마의 대의사 켈수스를 능가하는 자'라는 뜻으로, 젊은 시절 스스로 부르기 시작한 것 같다. 실제로 평생 의사로서 유럽 각지를 순회하면서 실시한 그의 치료는 연금술에 관련되는 광물이나 화합물을 약에 이용했다. 이것은 현대 의학으로 통하는 획기적인 처방이었지만 시대를 너무 앞섰다. 또한 자기 주장이 지나친 성격이 화를 불러 이해를 얻기는커녕 많은 적을 만들었다. 제자 입장에서도 '학자로서는 천재, 인간성은 최악'이라는 말을 들었기 때문에 상당한 골칫거리였을 것이다.

의학뿐만 아니라 연금술에 대해서도 그는 적극적으로 나섰다. 당시 연금술은 불, 물, 공기, 흙의 4원소설과 유황과 수은을 사용하는 2원소설이 주류였지만, 파라켈수스는 '물질의 근간은 유황, 수은, 소금의 배합으로 형성되고 거기에서 4원소가 생긴다'는 독자의 3원질설三原質說을 주장했다. 또한 4원소에 대해서도 독자의 이론을 전개하여 〈요정의 책〉에서 '4원소 안에는 4대 정령이 존재하고 있다'고 적었다. 그가 고안한 4대 정령상은 오늘날 판타지 창작물의 단골로 등장한다.

이러한 전대미문의 인물이었기 때문인지, 파라켈수스에게는 다양한 소문과 전설이 생겨났다. 유명한 '현자의 돌을 생성(또는 소유)했다'는 것이다. 그는 돌을 아조트Azoth라는 이름이 새겨진 단검에 끼워 넣고 늘 지니고 다니며 병자를 치유하고, 황금을 만들어 가난한 사람들에게 주기도 했다고 하는데, 다른 소문에서는 '그는 악마를 다루는 자로 아조트 검에 봉인된 악마를 사역해서 기적을 일으킨다'고도 한다. 이외에도 호문클루스를 만들어냈다고도 전해진다. 여기에 대해서는 자신의 저작 〈만물의 본성에 대하여De rerum natura〉에 제법製法이 기록되어 있으며, 만들어진 존재에 대해서도 구체적으로 설명되어 있다. 하지만 그 이후에 호문클루스를 탄생시킨 사람은 없다.

관련용어

켈수스Celsus
기원전 42~서기 37년경에 실존했던 고대 로마의 학자이자 의사. 성명은 아우렐리우스 코넬리우스 켈수스. 〈의학론〉이라는 책을 남겼으며 로마 시대의 의학을 아는 최고의 자료가 되고 있다. 또한 종양을 캔서(cancer)이라고 번역한 인물이기도 하다.

요정의 책
정확하게는 〈요정, 요정 공주, 난쟁이, 도롱뇽, 기타 정령에 대한 책Liber de Nymphis, Sylphis, Pygmaeis et Salamandris et de caeteris Spiritibus〉이라는 제목이다. 4원소에 잠들어 있는 에테르체인 자연령에 대해 자세하게 묘사되어 있으며 현대 판타지물의 대부분이 이 설정을 답습하고 있다.

호문클루스
Homonculous
연금술로 만들어낸 인조인간. 호문클루스는 라틴어로 '난쟁이'라는 의미가 있다. 〈만물의 본성에 대하여〉에 따르면, 증류기에 넣은 인간의 정액을 부패시키면 태어난다고 한다. 호문클루스는 태어날 때부터 모든 지식을 갖추고 있지만, 플라스크 안에서만 살 수 있다고 한다.

308 육신오행

육신오행六信五行은 이슬람교의 근간을 이루는 믿음과 행위를 말한다. 그 내용은 종파에 따라 다르지만 의무인 오행은 이슬람교도라면 누구나 실천하고 있다.

무슬림에 필수적인 여섯 가지 믿음과 다섯 가지 의무

육신오행은 이슬람교도가 가져야 할 여섯 가지 믿음과 실행해야 할 다섯 가지 의무를 말한다. 종파에 따라 그 내용은 다르지만 중요시되는 것에는 변함이 없다. 다음은 이슬람 최대 종파인 수니파가 정하고 있는 육신오행이다.

[육신]
① 유일하고 절대적 신인 알라
② 알라를 섬기는 천사의 존재
③ 알라에게서 예언자에게 내려진 계전(성경)의 내용
④ 알라가 정한 선지자의 존재
⑤ 사후 세계와 내세의 존재
⑥ 알라가 정한 각자의 운명

[오행]
- 신앙의 증언 : 알라 외에 신은 없으며 무함마드는 알라의 사도임을 주장, 재확인한다
- 예배 : 1일 5회 성지인 메카를 향해 예배한다
- 자카(종교세) : 수익의 일부를 가난한 사람에게 베푼다
- 단식 : 9월(하람)에는 단식하고 전쟁이나 성관계도 피한다
- 순례 : 메카의 카바 신전 순례

이슬람은 이러한 믿음과 의무를 고수하고 있으며, 특히 신앙의 증언과 예배는 해외 드라마의 장면 등에서도 자주 볼 수 있다.

관련용어

수니파
정통파(다수파)라고도 불리는 이슬람교의 최대 종파. 다음으로 신자가 많은 것이 시아파로, 이쪽은 오신오행을 실천하고 있다.

모스크
이슬람교의 예배당

*카바 : 이슬람교 신전의 명칭

COLUMN 고대 중국에서 생겨난 다섯 가지 약속

육신오행과 같은 가르침은 세계 각지에서 볼 수 있다. 유명한 것에 중국 유교의 오상(五常, 인의예지신)이 있다. 이것은 사람이 지켜야 할 다섯 가지 기본 덕목으로, 요약하면 인은 사람을 배려하고, 의는 욕망에 사로잡히지 않고 행동하고, 예는 인을 행동으로 나타내고, 지는 옳은 결정을 위해 유연한 사고를 가지고, 신은 거짓 없이 인의예지신을 실천하는 것이다.

309 아우스터리츠 전투 Battle of Austerlitz

프랑스군이 오스트리아·러시아 연합군과 싸운 아우스터리츠 전투(1805년)는 수적으로 열세인 프랑스군이 불리해 보였지만 지휘관 나폴레옹에게는 비책이 있었다.

적의 생각을 꿰뚫어 승리한 명 지휘

18세기 말, 혁명 후 프랑스에서 대두된 나폴레옹 보나파르트(1769~1821년)는 대륙군이라 불리는 거대한 정예 부대를 편성하여 유럽 전역을 대상으로 한 침략 전쟁(나폴레옹 전쟁)을 시작했다. 프랑스 군영을 거부한 주변 국가는 대 프랑스 동맹을 결성해 대항했다. 그 싸움 중 하나의 변곡점이 된 것이 아우스터리츠 전투이다. 이 싸움은 프랑스군과 오스트리아·러시아 연합군 간의 전투로 프랑스 황제 나폴레옹 1세, 오스트리아 황제 프란츠 1세, 러시아 황제 알렉산드르 1세, 이 세 명의 황제가 참가했다.

결전 직전 불리한 입장에 있었던 것은 프랑스군이었다. 7만 3,000명의 프랑스군은 8만 4,500명을 거느린 연합군에 비해 병력이 열세에 있을 뿐만 아니라 오스트리아 별동대도 다가오고 있었기 때문이다. 궁지에서 벗어나려면 최대한 빨리 연합군을 물리칠 필요가 있었다. 이때 나폴레옹은 아이디어 하나를 떠올렸다. 전술적으로 중요한 거점이 되는 프라첸 고지를 점령한 후 일부러 이곳을 포기한 척 해서, 유리한 지형을 버릴 정도로 프랑스군이 도망치기에 급급한 것처럼 보인 것이다. 연합군은 감쪽같이 작전에 걸려들어 고지에 진을 쳤다.

전투가 시작되자 나폴레옹은 자군의 헛점을 보여서 연합군을 불러들여 전력을 분산시키고 기회를 노려 숨어 있던 별동대에게 공격하라고 명령하여 고지에 남은 연합군을 격퇴했다. 그리고 고지에서 진군 중이던 연합군을 협공 작전으로 역시 격파했다. 이후에도 전장 곳곳에서 격전이 이어졌지만 고지를 둘러싼 싸움에서 승리한 프랑스군이 점차 우세해져 오스트리아군은 항복하고 러시아군도 철수했다. 양 군의 전사자 수는 프랑스군이 1,305명에 연합군 약 1만 5,000명. 헛점을 보여 적을 뜻대로 움직이는 나폴레옹의 용기와 결단력이 전쟁사에 남는 압승극으로 이어진 것이다.

아우스터리츠 전투의 나폴레옹

관련용어

대 프랑스 동맹
프랑스 혁명의 영향 확대와 나폴레옹이 시작한 침략 전쟁에 위협을 느낀 주변 국가들이 타도 프랑스를 외치며 결성한 동맹. 제1차에서 제7차까지 7차례의 동맹이 결성됐다. 중심이 된 것은 7차례 동맹 모두에 참가한 영국이며, 그 밖에도 오스트리아와 러시아, 프로이센 등 여러 국가가 참여했다.

310 자하크 Zahhãku

페르시아 서사시 〈왕서王書〉(샤나마Shahnama)의 등장인물이다. 신화시대에 이란을 통치한 제5대 왕으로 조로아스터교의 괴물 아지 다하카와 동일시되고 있다.

악마의 계획으로 이란의 왕이 된 폭군

신화시대에 아라비아 사막을 다스리던 마르다스왕의 아들. 용감했지만 경솔한 면이 있어 악마 이블리스가 야심을 부추겨 왕위를 찬탈했다. 또한 그는 양 어깨에서 사나운 뱀 두 마리가 자라나자, 인간의 뇌를 매일 먹이면 치료를 할 수 있을 거라고 믿고 인간의 뇌로 만든 요리를 뱀에게 먹이기 시작한다. 이후 이란에서 전란이 일어나 악마의 계략으로 왕이 된 자하크가 1,000년간 통치하게 된다.

어느 날, 자하크는 용사에게 쓰러지는 꿈을 꾸고 주교에게 '나중에 살해하는 남자의 아들 페레이둔에게 왕위를 빼앗긴다'는 예언을 듣는다. 자하크는 예언을 막으려고 하지만, 17명의 자식을 빼앗긴 대장장이가 왕에게 반기를 들고, 살아남은 페레이둔과 합류한다. 반란군이 결성되어 궁전으로 몰려들었다. 운명을 깨달으면서도 자하크는 페레이둔과 싸워 패배한다. 다마반드산의 바위에 쇠사슬로 묶여 깊은 구멍의 바닥에 거꾸로 매달리게 된다.

그런데 6세기 이전의 이란에서 신봉된 조로아스터교에 절대악으로 여겨지는 앙그라 마이뉴의 최악의 피조물로 머리 세 개의 아지 다하카가 등장한다. 이후 이란이 이슬람화되어 아지 다하카가 인간으로 대체된 것이 자하크다.

자하크는 소설이나 일부 소셜 게임에 등장하고 있지만, 아지 다하카에 비해 등장 작품은 적다. 인간 기반의 자하크에 비해 아지 다하카는 몬스터로 취급되기 때문일 것이다.

다마반드산에 구속된 자하크

* 샤나마Shahnama: 근대 페르시아어 문학의 대표적 걸작으로 일컬어지는 장편 서사시. 왕서王書라고 번역된다.

관련용어

이블리스Iblis
이슬람교의 마왕으로 유대교, 기독교의 사탄. 마왕 앙그라 마이뉴가 이슬람교에 맞게 대체된 것으로 보인다.

페레이둔
Fereydun
〈샤나마王書〉에 등장하는 영웅. 자하크를 넘어뜨리고 이란의 새 왕이 된다. 조로아스터교에서 아지 다하카를 이긴 영웅 트래타오나Thraetaona와 동일 인물이다.

아후라 마즈다
Ahura Mazdah
조로아스터교의 최고신으로 창조신. 절대 선이기도 하며 선한 자에게는 기쁨이, 악한 자에게는 고통이 있다고 믿었다.

앙그라 마이뉴
Angra Mainyu
조로아스터교의 마왕. 처음부터 존재했으며 아후라 마즈다의 화신이 선을 선택하자 악을 선택했을 뿐이지만 나중에 이것을 잊고 절대 악으로 간주됐다.

COLUMN 자하크의 전신, 아지 다하카

조로아스터교의 경전 〈아베스타Avesta〉에 등장하는 아지 다하카는 아후라 마즈다의 피조물을 파괴하기 위해 만들어진 존재이다. 일본에서는 다하카 용이라고도 하며 '삼구三口, 삼두三頭, 육안六眼, 천술千術'이라고 돼 있는 것에서 천의 기술을 사용하는 머리가 세 개인 용으로 여겨진다. 수천 년 후에 부활하여 인류를 습격하지만 이번에는 영웅 쿠르사스파에 의해 쓰러지는 운명에 놓인다.

311 이방인

1942년 발행된 프랑스 작가 알베르 카뮈의 처녀작이자 대표작이다. 어머니의 죽음에서 시작해서 한 청년이 사형에 이르기까지를 그린 '그것뿐'인 이야기다.

받아들이는 것은 제각각인 '부조리' 이야기

프랑스의 소설가, 평론가, 극작가로 알려진 카뮈는 가난한 집안 출신이지만 대학에서 철학을 배우고 반전 기자로 활약, 1957년에는 노벨 문학상을 수상했다. 그런 그의 데뷔작이자 대표작이라고 할 수 있는 것이 〈이방인〉이다.

〈이방인〉은 중편 소설로 독서에 익숙한 사람이라면 몇 시간이면 읽을 수 있다. 본 작품은 '오늘, 엄마가 죽었다'라는 한 문장으로 시작된다. 주인공은 평범한 청년 뫼르소. 어머니를 막 잃었음에도 그는 딱히 비관적으로 살지 않는다. 장례를 마친 다음날에 여자와 애정을 나누기도 하는데, 그러던 중 싸움에 휘말려 살인을 저지르고 만다. 재판에서는 그를 내버려 둔 채, 사람들은 뫼르소라는 범죄자의 이단성을 논하며 결국 사형을 선고한다. 사형 집행을 기다리는 사이에 목사의 회계를 거절한 그는 '나는 행복하다'고 실감한다.

재판에서 살인을 저지른 이유를 '태양 때문'이라고 대답한 대목을 아는 사람도 있을 것이다. 뫼르소는 전편에 걸쳐 마음에도 없는 감정을 말하는 것을 거절한다. 어머니의 장례식에서 울지도, 죄를 가볍게 하기 위해서 반성하는 기색을 보이지도 않는다. 그로 인해서 부도덕하다거나 냉혈한 사람이라고 욕을 먹든 사형이 선고되든 그것으로 그는 '행복'한 것이다.

제목의 이방인은 일반 명사로는 이국 사람이나 나그네 또는 유대인에게는 유대인이 아닌 민족(비유대인)이라는 의미가 있다. 모두 단적으로 말하면 '자신과는 다른 문화권의 사람'이라는 뜻이다. 그런데, 이 책의 제목에 있는 이방인은 누구에게 있어서, 누구를 일컫는 것일까.

관련용어

알베르 카뮈
Albert Camus

1913~1960년. 프랑스의 소설가, 극작가, 평론가. 희곡 〈칼리굴라〉와 평론 〈반항적 인간〉 등을 남겼다. 또래의 작가이자 사상가인 사르트르와 논쟁한 것으로도 유명하다.

COLUMN 기준이 모호한 노벨 문학상

인류에 가장 큰 공헌을 한 사람들에게 주어지는 노벨상 중에서도 카뮈가 수상한 문학상의 심사 기준은 매년 화제가 되고 있다. 경향으로 보면 SF와 미스터리, 코미디 등 대중 문학은 선정되기 어렵고, 그런가 하면 소설가가 아닌 사람이 수상하기도 한다. 2016년 밥 딜런이 수상한 것은 기억에 새롭다.

312 공룡 르네상스

1960년대, 어느 소형 공룡 화석이 당시의 공룡 연구에 한 획을 그었고, 이후의 가치관을 확 바꾼다. 그 이름은 데이노니쿠스Deinonychus(백악기에 살았던 육식 공룡)이다.

공룡의 이미지를 크게 바꾼 대발견

공룡이라고 하면 몸집이 크고 아둔한 변온동물이 떠오른다. 그러나 1964년, 존 오스트롬이 데이노니쿠스 화석을 발견하면서 그런 인식이 순식간에 확 바뀐다. 이 공룡은 골격으로 봐서 시속 50km 전후로 빠르고 지능도 높으며 무리 사냥을 하는 흉폭한 소형 육식 공룡으로 추측됐다.

이렇게 활발한 움직임을 하려면 항온동물이 아니면 무리이므로 공룡항온설이라는 개념이 퍼져 나갔다. 공룡은 현생의 항온동물과 마찬가지로 활동적인 생활을 영위하는 고도의 사회성을 갖고 있었을 거라는 새로운 공룡의 이미지가 확산되는 계기가 된 것이 데이노니쿠스이다.

오스트롬은 나아가 가장 오래된 조류 시조새에 대해서도 재검증을 해서 많은 공통점을 발견한다. 그리고 조류는 데이노니쿠스와 같은 수각류에서 진화했다고 보고 1860년대에 토마스 헉슬리가 최초로 주장한 '조류 공룡 기원설'을 부활시켰다.

그리고 오스트롬의 제자인 로버트 베커는 그의 주장을 지지하고 공룡항온설을 공룡 르네상스라고 부르며, 공룡은 진화의 종말이 아니라 조류로 살아남았다고 말했다. 또한 공룡은 포유류의 조상보다 우수할 뿐 아니라 지금까지 수륙 양성이라고 간주되던 용각류는 완전한 육상동물이었다고 주장하는 등 공룡 연구에 관한 새로운 가설로 논쟁을 일으켰다.

또한 공룡 르네상스는 일반 대중의 관심을 크게 끌어 인식을 바꾸는 데 기여했다. 후년에 공개된 공룡 영화도 공룡 르네상스 이후의 인식 변화에 기초해서 그려지는 것이 많았다. 그만큼 영향이 컸다.

관련용어

존 오스트롬
John Ostrom
1928~2005년. 미국의 고생물학자. 데이노니쿠스의 화석을 발견하고 공룡은 도마뱀 같은 것이 아니라 오히려 날지 못하는 큰 새라는 논제를 논증했다.

토마스 헨리 헉슬리
Thomas Henry Huxley
1825~1895년. 영국의 생물학자. 찰스 다윈의 진화론을 강렬하게 변호하여 '다윈의 불독'이라는 별명으로 불렸다.

로버트 T. 베커
Robert T. Bakker
1945년~. 미국의 고생물학자. 스승인 존 오스트롬과 함께 공룡 르네상스를 강력하게 추진했지만 담론이 과격한 탓에 논란이 많았다.

COLUMN 80년대에 등장한 새로운 학설, 운석 충돌설

1980년대 들어 새로운 학설로 화제가 된 것이 공룡이 멸종된 이유가 백악기 말기의 거대한 충돌 때문이라는 것이다. 당시의 지층을 조사하니 고농도의 이리듐이 검출됐고, 이것이 운석에 많이 들어 있는 원소이기 때문에 이런 설이 부상했다. 멕시코 유카탄 반도의 거대한 분화구는 그 흔적이 아닌가 여겨지고 있다.

313 매너리즘 mannerism

레오나르도 다 빈치 등이 활약한 르네상스 시대에서도 후기에 접어들어 새로운 문화가 대두하기 시작한다. 이 시기에 꽃을 피운 미술 양식을 매너리즘이라고 한다.

기묘한 화풍이 특징인 매너리즘

르네상스 시대는 리얼리즘을 추구하고 자연을 있는 그대로 모사하는 방식의 예술이 중심을 이뤘다. 레오나르도 다 빈치, 미켈란젤로, 라파엘로 등에 의해 리얼리즘은 극에 달했고, 1500년 전후에 르네상스는 정점을 맞이했다.

그 이후부터 예술의 방향이 바뀌어 거장들의 작품을 모방하면서 전례 없는 표현을 가미한 작풍이 속속 등장한다. 이러한 작품군을 매너리즘이라고 불렀다.

매너리즘은 이탈리아어로 양식과 방법을 의미하는 마누엘라가 어원이다. 즉 양식주의이다. 이 시기의 작품은 인체의 크기 비율을 극단적으로 바꾸거나 뒤틀린 포즈와 왜곡된 원근감 등을 도입한 화풍이 특징이다. 이렇게 해서 거장들의 작품을 기반으로 기발하게 어레인지한(각색, 편곡) 작품이 늘어났다.

그러나 당연히 이러한 작품들은 그다지 평판이 좋지 않았다. 창의력을 잃은 모방주의라고 표현하며 부정적인 시선으로 바라봤다. 그것이 20세기 들어 재검토되어 독자의 미의식을 표현했다고 해서 매너리즘은 평가를 받게 됐다.

지금도 위대한 작가들의 작품을 모방해서 어레인지하는 것은 영상, 음악, 게임 등을 불문하고 일반화된 수단이다. 그중에는 재탕이나 단순 표절이라고 혹평받는 것도 있지만, 매너리즘과 마찬가지로 언젠가 재평가받는 때가 올지도 모른다.

〈긴 목의 성모〉

관련용어

르네상스
1300~1600년경에 서유럽에서 일어난 고대 문화의 부흥을 중심으로 한 문화. 1400년경부터 본격화되어 1500년경에 피크를 맞았고, 이후부터 1600년까지를 매너리즘이라고 부른다.

미켈란젤로 부오나로티
Michelangelo Buonarroti
1475~1564년. 르네상스를 대표하는 예술가 중 한 명. 리얼리즘을 추구한 남성상 조각 〈다비드상〉은 너무도 유명하다. 그는 훗날 작풍을 바꾸어 매너리즘의 선구자로도 이름을 알린다.

COLUMN ‘죠죠’는 매너리즘이 뿌리?

독특한 무늬로 알려진 인기 만화 〈죠죠의 기묘한 모험〉. 특히 등장인물들이 기묘하게 서 있는 포즈는 매너리즘을 연상시켜 ‘죠죠 서기’라는 애칭으로 사랑받고 있다. 작가 아라키 히로히코荒木飛呂彦는 바로크 시대의 조각에서 영향을 받았다고 말했는데, 바로크 예술의 기반이 되는 매너리즘에 영향을 받은 것이 확실하다.

314 시온 장로 의정서

나치 독일의 유대인 대량 학살을 일으킨 계기 중 하나로 알려진 문서이다. 그러나 그 내용은 과거에 출판된 어떤 책을 흉내낸 것이었다.

대량 학살을 초래한 죄 많은 책

〈시온 장로 의정서〉는 제1회 시온 회의에서 발표된 시온 24명의 장로에 의한 결의문이다. 세계 정복을 기획하는 유대인들이 세상을 뒤에서 지배하는 방법을 논의하기 위해 비밀리에 열린 회의의 기사록이라는 설정이지만, 현재는 날조된 위조문서라고 결론이 났다.

원래 이 문서는 나폴레옹 3세의 반민주적 정책을 야유한 모리스 졸리의 저서 〈마키아벨리와 몽테스키외의 지옥에서의 대화〉의 내용과 완전히 일치했다. 저자는 러시아 비밀경찰 또는 반유대주의자일 것으로 추정되며, 어쨌든 러시아가 관계했을 가능성이 높다. 또한 만든 이유에 대해서도 여러 설이 있지만 러시아에서 반유대주의가 강해지고 있었기 때문으로 알려져 있다.

러시아에서 발견된 이 문서는 전 세계에서 출판되어 사람들의 반유대 감정을 자극하게 된다. 그러나 1921년에 영국의 신문 런던 타임스가 날조됐다고 보도하여 유대인에 대한 의혹은 불식됐지만 독일만큼은 반응이 달랐다.

나치는 오보라고 보도했다. 그 내용은 유대인을 설명하는 데 들어맞는다며, 〈시온 장로 의정서〉를 반유대주의의 근거로 이용한 것이다. 그 결과 독일의 반유대주의는 심화되어 이후의 홀로코스트로 이어졌다. 그러므로 〈시온 장로 의정서〉는 세계에 존재하는 위서 중에서도 사상 최악의 위서라고 불리고 있다.

"JEWISH WORLD PLOT."
AN EXPOSURE.
THE SOURCE OF THE PROTOCOLS.
TRUTH AT LAST.
A LITERARY FORGERY.

영국 잡지 〈타임스〉

관련용어

시오니스트 회의
고향인 이스라엘에 국가를 재건할 목적으로 개최된 유대인 대표 회의. 제1회는 1897년 스위스에서 열렸고 구체적으로 나라를 재건할 수단이나 외국에서 동의를 얻는 방법 등이 논의됐다.

마키아벨리와 몽테스키외의 지옥에서의 대화
1864년 프랑스에서 출판된 책. 내용은 그 유명한 나폴레옹 보나파르트의 조카인 나폴레옹 3세가 세계 정복을 기도하고 있다고 주장하는 것

홀로코스트
원래는 유대교의 종교 용어였지만 대학살 내지 참사를 의미하게 됐다. 그리고 현재는 제2차 세계대전 때 나치 독일이 유대인에게 행한 학살을 말한다.

COLUMN 검술의 비밀을 기록한 것은 제자였다?

제삼자에 의해 위조된 것으로 간주되는 책은 〈시온 장로 의정서〉 외에도 다수 존재한다. 일본 검술의 명인 미야모토 무사시宮本武가 쓴 병법서 〈오륜서〉가 유명하다. 사실 이 책은 무사시의 사후에 그의 제자가 썼다는 설이 있다. 만약 이것이 사실이라면 매우 우수한 제자였다고 할 수 있다.

315 하산 사바흐 Hassan Sabbah

이슬람교 종파의 하나로 암살 교단이라고 불리며 사람들을 공포로 몰아넣은 니자르파의 창시자. 첫 번째 지도자인 하산은 마술에도 정통했다는 이야기가 전해진다.

암살 집단을 이끈 노회한 전사

이슬람의 2대 종파 중 하나인 시아파의 분파인 이스마일파. 여기에서 파생된 것이 니자르파이며 창시자는 '산의 장로長老'라는 별명으로 알려진 하산 사바흐다.

하산이 태어난 것은 테헤란 남쪽에 있는 도시 쿰으로, 시기는 11세기경으로 여겨진다. 17세까지 테헤란에서 수학과 천문학, 이슬람교를 공부한 하산은 1072년에 정식으로 이스마일파의 신도가 됐다. 그리고 1094년 파티마 왕조의 제8대 칼리프인 무스탄시르가 사망하자 이스마일파는 지도자 자리를 놓고 내부 갈등이 일어난다. 자격을 박탈당한 니자르를 지지하던 하산은 대리인으로 니자르파를 만들어 무스탈리파에 대항했다.

그들은 이란 중서부에 있던 알라무트 성채를 비롯한 몇몇 산악 요새를 거점으로 활동을 펼쳤다. 이 때문에 나중에 하산은 '산의 장로'라고 불리게 된다. 또한 셀주크 등 적대 세력의 요인 암살도 마다하지 않았기 때문에 어느덧 암살 교단으로 불리며 사람들을 두려움에 떨게 했다고 한다. 첫 번째 지도자인 하산도 셀주크의 재상 니잠 알 물크를 암살했다는 이야기가 남아 있다. 그들의 활약은 절반은 전설처럼 전해져서 현대 판타지 작품에 니자르파를 모델로 한 것으로 보이는 가상 조직도 다수 등장한다.

관련용어

시아파, 이스마일파
시아파는 수니파와 쌍벽을 이루는 이슬람의 2대 종파 중 하나. 시아파에 속하는 것이 이스마일파이고 거기에서 다시 니자르파와 무스탈리파가 파생했다.

파티마 왕조
이스마일파가 건국한 이슬람 왕조. 북아프리카에서 탄생해서 카이로로 옮겨 이집트 인근을 지배했다.

칼리프
이슬람 공동체(국가)의 지도자에게 주어지는 칭호

셀주크
이슬람 왕조의 하나. 이란과 이라크 등을 지배했다.

COLUMN 암살을 생업으로 하는 사람들도 있었다?

암살자를 양성하고 그들을 이용하여 사람을 죽이는 조직은 암살 교단뿐만 아니라 세계 각지에서 확인되고 있다. 예를 들어 1930년경 미국에는 범죄 신디케이트의 살인 부문에 해당하는 살인주식회사라는 것이 존재했다. 게다가 그 본부는 편의점으로, 이곳에 전화를 걸어 문의를 하면 즉시 대상을 처리해 준다고 하니 놀랍다.

316 오토 폰 비스마르크 Otto von Bismarck

오토 폰 비스마르크(1815~1898년)는 독일 제국의 재상을 지낸 인물이다. '철혈 재상'이라는 별명에서 강직한 사람처럼 보이지만 의외로 인간미 넘치는 에피소드도 많다.

독일 건국 주역의 의외의 약점

비스마르크는 현재의 독일이라는 국가의 원형이 된 독일 제국의 건국에 핵심적인 역할을 한 정치인이다. 프로이센 왕국의 총리였던 그는 그때까지 크고 작은 39개의 작은 국가가 난립해 있던 독일의 통일을 구상하고 필요한 군비 확장 정책을 선언했다. 이때 한 연설이 '문제의 해결은 연설이나 다수결에 의해서가 아니라 철과 피로써 이루어진다'라고 마무리한 것에서 '철혈 재상'이라는 별명이 붙었다고 한다.

통일을 위해 행동에 나선 비스마르크는 먼저 덴마크, 이어서 오스트리아, 나아가 프랑스와의 연이은 전쟁에서 승리하고 독일 제국 성립의 기틀을 다졌다. 그리고 프로이센 황제 빌헬름 1세를 설득해서 독일 제국의 초대 황제로 즉위시키고 독일 제국의 건국을 이루었다.

목적 달성을 위해 강한 의지를 갖고, 신속하고 합리적으로 일을 추진한 인물이었던 비스마르크는 정치학이나 법학 등 정치인으로서 필요한 교양뿐만 아니라 철학과 신학, 의학 등의 박사 학위도 취득한 높은 교양의 소유자였다.

하지만 완벽한 인간처럼 보이는 그에게도 평범한 사람의 일면이 있었다. 잘 알려져 있는 것은 많이 먹고 술을 좋아해서 의사에게 주의를 받을 정도로 뚱뚱했다는 일화이다. 국정 관리는 제대로 했지만 자기 관리는 서툴렀던 것이다.

또한 치과의사를 신뢰하지 못해 충치가 있어도 치료하지 않았다는 웃지 못할 에피소드도 남아 있다. 독일 제국을 건국한 위대한 영웅도 치과 의사는 거북한 상대였다는 것은 정말 귀여운 약점이다.

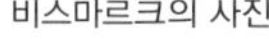
비스마르크의 사진

관련용어

프로이센 왕국
18세기에서 20세기에 걸쳐 번영한 왕국. 현재 독일 북부에서 폴란드 서부에 걸쳐 영토를 보유하고 독일 연방 중에서는 오스트리아 제국에 버금가는 세력을 떨쳤다.

빌헬름 1세
1797~1888년. 프로이센 왕. 비스마르크를 총리로 임명하고 독일 통일을 이룬 독일 제국의 초대 황제이다. 비스마르크와는 종종 의견이 충돌했지만, 자신이 세상을 떠날 때까지 총리로 정무를 맡겼다. 비스마르크도 주군을 성실하고 정직하고 신뢰할 수 있는 인물이라고 했다.

317 시바 Siva

브라흐마, 비슈누와 더불어 힌두교에서 가장 중요하게 여기는 신. 시바파에서는 최고신으로 모시고 있고 비슈누를 중시하는 비슈누파와 쌍벽을 이룰 정도로 인기가 있다.

폭풍신 루드라를 전신으로 하는 파괴와 재생의 신

비슈누, 시바, 브라흐마를 3대 신으로 하고 본질적으로 1기둥의 신으로 생각하는 토리무르티(삼신일체)에서는 브라흐마가 창조하고 비슈누가 유지하는 세계를 시바가 최종적으로 파괴한다고 여긴다.

일반적으로는 엉클어진 긴 머리카락, 이마의 제3의 눈, 푸른 목 등이 특징이며, 또한 목에 뱀을 감고 초승달 장신구를 달고 삼지창 트리슐라를 들고 있다. 산신으로 알려진 만큼 거주 장소로 생각되는 히말라야의 카일라스산에서 고행을 했기 때문에 명상하는 모습으로 그려지는 경우도 많다. 아내는 같은 산의 여신으로 알려진 파르바티이다. 아들에게 상업과 학문의 신인 가네샤와 군신인 무루간이 있다. 유백색의 황소 난딘을 타고 다니며 시바가 춤을 출 때 음악을 연주한다.

시바는 인기가 있는 것에 비해 기원은 그다지 분명하지 않다. 다만 시바에는 길상자吉祥者라는 의미가 있으며, 〈리그베다〉에서는 신들의 별명으로 사용되고 나중에 폭풍신 루드라를 완곡하게 표현해서 시바라고 부르게 됐다. 여기에서 시바의 전신은 루드라이며, 여기에 화신 아그니와 뇌신 인드라의 요소가 더해져 현재 알려진 시바가 형성됐다고 한다.

시바는 창작 작품에서도 인기가 많으며, 특히 소설 게임이나 카드 게임에서는 비교적 강력한 캐릭터로 자주 등장한다. 시바가 직접 등장하는 것은 아니지만, 파괴의 신이라는 특성을 설정에 살린 소설이나 만화 등도 있으므로 관심이 있다면 찾아보자.

시바와 파르바티

관련용어

리그베다 Rigveda
힌두교와 그 전신인 바라문교의 경전. 기원전 1000~기원전 500년경에 만들어진 〈베다〉라고 불리는 경전군의 하나로, 그중에서도 가장 오래됐다.

제3국의 눈
힌두교와 요가, 밀교 등에서 인체의 중추가 되는 차크라(인간 신체의 여러 곳에 있는 정신적 힘의 중심점 가운데 하나)의 하나. 시바의 그것은 욕망을 태워 재로 만든다고 여겼다.

루드라 Rudra
폭풍의 신에서 폭풍을 신격화한 마루트 신군(神群)의 아버지. 파괴와 공포의 신으로 여겨지는 반면 병을 치유하는 신이기도 해 시바와 통하는 면이 있다.

COLUMN 일본에서 칠복신으로 거듭난 인도 신

시바에는 마하칼라는 화신化身이 있고 밀교에 도입됐다. 마하는 '크다, 위대하다,' 칼라는 '시간, 검은색'이라는 의미가 있으며, 여기에서 다이코쿠텐大黒天이라고 명명됐다. 처음에는 분노의 상相이었지만, 일본에서는 '大黒'이 '대국大國'으로 통하기 때문에 무로마치 시대에 오쿠니누시노 미코토大国主命와 결부되어 칠복신으로 알려진 온화한 '다이코쿠사마大黒さま'가 됐다.

318 어린 왕자

1943년에 출간된 프랑스 작가 생텍쥐페리의 대표작. 저자가 미국에 망명해 있는 동안 집필했다. 인연과 사랑에 대해 시적이고 우화적으로 그린 명작이다.

환상 혹은 현실, 신비한 왕자님과의 만남

동화, 소설, 아동 문학, 그림책, 어떤 장르에는 적용할 수 있을 것만 같은 이 작품은 사막 한가운데 불시착한 비행사와 작은 왕자의 대화 이야기다. 원제 〈Le Petit Prince〉를 직역하면 '작은 왕자'이지만, 우리나라에서는 '어린 왕자'로 통한다. 전 세계에서 여러 언어로 번역됐다.

사막에서 만난 어린 왕자는 지구가 아닌 다른 별에서 왔다. 그가 원래 있던 별은 장미가 있으며, 그 장미와 사이가 틀어져서 다양한 별을 돌아다니며 여행을 떠난 것이다. 자신이 보고 온 별들의 이야기를 마친 왕자는 마지막으로 자신의 별로 돌아간다. 여행을 하면서 얻은 '가장 중요한 것은 눈에 보이지 않는 거야'라는 말을 남기고.

덧붙여서 눈길을 끄는 일러스트도 작가가 그린 것이다. 뭐라고 말할 수 없는 동그란 눈망울에서는 표정을 읽을 수 없으며 그래서 보는 사람의 감정을 반영하는 거울처럼 생각된다. 독자는 비행사인 '나'에 몰입하여 달랑 둘만 있는 사막에서 왕자와 대화를 나눈다.

생텍쥐페리는 그 밖에도 비행사가 등장하는 작품을 남겼다. 모두 환상적이고 우화적일 거라고 생각했으나 오히려 이 시적인 표현은 그에게 특별한 작풍이다. 〈야간비행〉에서는 항공우편회사에서 근무하는 조종사와 총책임자가 맹렬히 일하는 모습을 그리고 있다.

그는 이 아름다운 이야기를 세상에 선보이고 지원병으로 제2차 세계대전에 참전한다. 그리고 코르시카에서 정찰 비행을 위해 하늘로 날아오른 채 그대로 행방불명됐다. 어린 왕자를 만나러 간 것일까…라고 생각하는 것은 지나친 낭만일까.

관련용어

생텍쥐페리
Saint Exupery
1900~1944년. 프랑스의 소설가, 비행사. 유서 깊은 귀족 출신으로 군 복무 후에 민간 항공사에서 근무한다. 틈틈이 집필 활동을 하며 〈남방우편기〉(1929년)로 문단에 데뷔하고 이후에도 비행사가 등장하는 이야기를 다수 발표했다.

야간비행
1931년 발행. 야간이나 폭풍 속에서도 비행하는 항공우편회사의 조종사와 그것을 관장하는 총책임자의 어느 하룻밤을 그린 생텍쥐페리의 대표작이다.

COLUMN 〈어린 왕자〉의 저작권 미스터리

2005년 일본에서는 〈Le Petit Prince〉의 신 번역 붐이 일어났다. 생텍쥐페리는 1944년에 법적으로 사망했다. 본래라면 당시의 저작권 보호 기간 50년에 맞추어 일본에서는 1994년에 만료됐어야 했다. 그러나 일본은 전시 가산이라는 제약 때문에 이전 연합국의 저작권 보호 기간이 60년으로 연장된 것이다.

생물 / 고생물학 / 발견

319 깃털 공룡

공룡 르네상스가 물의를 빚은 지 약 30년 후, 또 다시 새로운 화석이 발견되어 공룡의 인식을 바꾸게 된다. 그것은 깃털의 흔적을 볼 수 있는 공룡 화석이었다.

조류의 조상 = 공룡설을 입증한 대발견

조류의 조상인 시조새 화석이 발견된 이후 조류와 공룡의 관계에 대해 강하게 시사됐다. 그러나 1920년대부터는 조류와 공룡의 관계를 부정하고 조류는 악어류 등으로부터 진화했다고 하는 설이 널리 받아들여지는 상황이 오랜 세월 계속된다.

그런데 1960년대의 공룡 르네상스에 의해 조류 공룡 기원설이 다시 부상했다. 분기 분류학 등의 발전에 따라 이를 지지하고 찬성하는 학자도 많아졌지만 여전히 명확한 증거는 발견되지 않아 논쟁은 계속 이어졌다.

그리고 1996년 중국 요녕성에서 시노사우롭테릭스의 화석이 발견된다. 이것은 당초 조류라고 생각됐지만(중국 이름도 중화용조) 나중에 공룡이라고 판명됐다. 결국 깃털이 화석화된 상태의 공룡이라는 명확한 증거가 나온 것이다.

그 후 중국에서 미크로랍토르, 프시타코사우루스, 딜롱, 벨로키랍토르, 유티란누스 등 깃털 공룡 화석이 다수 발견된 데 이어 북미에서도 깃털 공룡이 발견됐다(오르니토미무스). 현재 깃털 공룡은 20종류 이상 발견되어 적어도 일부 공룡은 깃털이 있었음이 확실시되고 있다. 이제 '깃털이 있었다고?'에서 완전히 물음표가 사라졌다고 해도 좋다.

공룡이 왜 깃털을 가지게 됐는지에 대해서는 보온 때문이라는 설이 유력하다. 공룡이 살았던 시대의 기온은 높지만 밤에는 기온이 낮아져 체온이 급격하게 변하는 몸길이 2m 전후의 초기 공룡에게는 깃털의 발달이 효과가 있었을 거라고 볼 수 있다. 물론 아직도 수수께끼가 많기 때문에 앞으로의 연구에 따라 또 모습은 변화할 것이다.

관련용어

시노사우롭테릭스
1996년 중국에서 발견된 작은 깃털 공룡. 사상 처음으로 깃털이 화석 상태로 발견됐다. 작은 동물이나 곤충 등을 포식했을 것으로 추측된다.

프시타코사우루스
2002년 중국에서 발견된 작은 깃털 공룡. 성체와 34장 이상의 유체 화석이 둥지로 추정되는 구조에서 함께 발견되어 육아를 했던 것으로 보인다. 이족 보행의 초식 공룡

유티란누스
2012년에 등록된 중국에서 발견된 깃털 공룡. 전신에 깃털이 난 대형 수각류로 주목받았다. 티라노사우루스상과의 조상이다.

COLUMN **명칭 통합으로 사라진 부론토사우루스**

신종 공룡이 나오는 반면 사라진 공룡도 있다. 일찍이 도감에 실려 있던 부론토사우루스는 이후의 연구에서 아파토사우루스와 같은 종으로 성장 단계에서 차이가 있는 것으로 판명됐다. 이런 이유에서 아파토사우루스로 통합되어 부론토사우루스의 이름은 자연히 사라지게 됐다. 이렇게 이름이 통합된 경우가 종종 있다.

320 바로크 baroque

바로크 음악과 바로크 건축 등 바로크라는 이름은 친숙하다. 바로크는 르네상스 시대 이후 서유럽에서 확산된 대담하고 격동적인 문화이다.

서유럽의 모든 문화에 침투한 바로크

르네상스 시대는 자연주의라고 하여 자연을 있는 그대로 묘사하는 예술이 중심이었다. 그러나 후기가 되자 생동감을 추구하여 왜곡하는 매너리즘이 대두했고 결국 바로크 시대가 개막된다.

바로크 시대에는 더 역동적인 움직임과 효과, 정교한 구조 등이 도입되고, 서유럽의 모든 예술에 퍼져 나갔다. 대표적인 것이 바로크 건축이다. 고급스럽고 정교한 장식의 큰 건물이 속속 건설되었고, 현재에도 남아 있는 건축물은 많다. 세계유산에 등록된 베르사유 궁전도 그중 하나다.

또한 당시를 대표하는 예술가 베르니니의 조각은 미술관이나 교회 등에 지금도 장식되어 있다. 아름답고 어딘가 이상한 모습을 한 조각상은, 만화 〈죠죠의 기묘한 모험〉을 만든 계기가 됐다고 작가인 아라키 히로히키荒木飛呂彦는 말했다.

그리고 바로크 하면 음악을 빼놓을 수 없다. 당시 음악은 종교곡과 성악이 중심이었지만, 바이올린과 쳄발로 등 다양한 악기가 만들어지고, 오케스트라와 오페라가 등장했다. 음악의 아버지로 불리는 바흐가 활약한 것도 이 시대이다.

바로크 음악을 상징하는 또 하나가 폴리포니 스타일이다. 폴리는 반주와 화음을 사용하지 않고 여러 멜로디만으로 음악을 구성한다. 2·3음만으로도 음악을 만들 수 있는 이 방법은 음원에 제약이 있었던 가정용 비디오 게임에 도입됐다.

〈아폴론과 다프네〉

관련용어

잔 로렌초 베르니니
Gian Lorenzo Bernini

1598~1680년. 바로크 시대를 대표하는 예술가. 건축, 조각, 회화, 음악 등 폭넓은 분야에서 재능을 발휘했다. 대표작으로 보르게세 미술관에 장식된 조각 〈아폴론과 다프네〉 등이 있다.

요한 제바스티안 바흐
Johann Sebastian Bach

1685~1750년. 바로크 시대를 대표하는 음악가. 서양 음악의 토대를 마련하여 '음악의 아버지'라고도 불린다. 같은 시기에 활약한 음악가로는 비발디, 헨델이 있다.

드래곤 퀘스트

1986년에 발매된 가정용 비디오 게임. 가정용 비디오 게임에 RPG를 도입한 획기적인 작품으로 사회 현상으로도 자리 잡았다. 지금도 시리즈가 계속 발표되고 있다.

COLUMN 바로크 음악을 살린 〈드래곤 퀘스트〉

바로크 음악을 도입한 게임으로 가정용 비디오 버전 〈드래곤 퀘스트〉가 유명하다. 작곡가인 스기야마 고이치椙山 浩一는 음원에 제약이 있는 가정용 비디오를 '멜로디+멜로디'의 형태로 살려서 바로크 양식의 매력적인 음악을 만들어냈다. 또한 〈드래곤 퀘스트 Ⅱ〉 이후에는 현대 음악으로 방향을 바꾸었다.

321 보이니치 필사본 Voynich manuscript

알 수 없는 문자와 화려한 삽화로 많은 사람들을 매료시킨 매뉴스크립트(친필 원고). 발견된 지 200년 이상 경과한 현재도 내용을 알 수 없어 연구자들이 해독을 시도하고 있다.

거기에 기록된 것은 과연?

〈보이니치 필사본〉은 1912년에 미국인 고서 수집가 빌프리드 보이니치가 이탈리아의 한 고성에서 발견한 고문서. 현존하는 것은 약 240페이지로 각 페이지에는 알 수 없는 문자와 동식물 등의 일러스트가 빼곡하게 그려져 있다. 문자에 관해서는 자연언어인지 인공언어인지, 애초에 문자가 아니라 기호라는 등 다양한 견해가 오가고 있으며, 아직도 그 내용은 알려지지 않고 있다. 과거에는 암호 해독 전문가가 문자의 해독에 도전했다가 실패했고, 최근에는 원고의 해독에 인공지능까지 동원됐다고 하니 그저 놀랍다.

또한 2011년에는 애리조나 대학에서 방사성 탄소 연대 측정법으로 원고 양피지羊皮紙(소, 양, 새끼염소의 가죽으로 만든 서사 재료)가 1404~1438년경의 것으로 판명됐다. 그러나 정작 작가와 집필 시기는 알 수 없어 역시 다양한 설이 제기되고 있다. 그중에는 천사의 언어를 발견한 마술사 존 디의 조수로 알려진 연금술사 에드워드 켈리가 썼다고 생각하는 사람도 있는 것 같다.

무엇이 적혀 있는지 모르는 것을 구실로 삼아 소설 작품에서 과장된 설정이 추가되는 경우도 많다. 예를 들어 영국의 작가 콜린 윌슨은 자신의 작품 속에서 〈보이니치 필사본〉을 〈네크로노미콘Necronomicon〉의 사본이라고 했다. 원고의 내용은 아무도 모르기 때문에 부정할 수 없지만 가상의 책의 사본이라는 아이디어는 꽤나 참신하다.

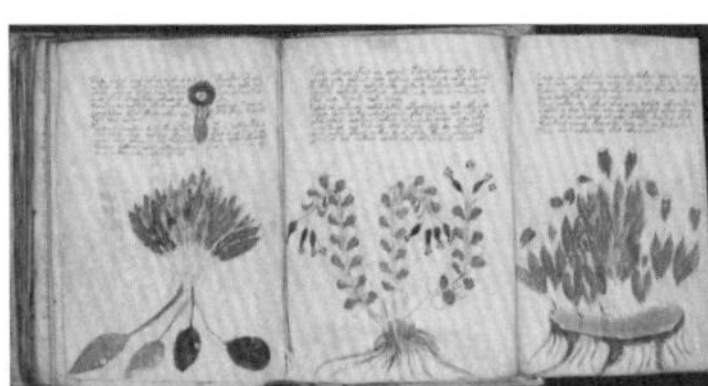

〈보이니치 필사본〉 페이지를 펼친 것

관련용어

방사성 탄소 연대 측정법
대상에 포함된 탄소 14의 양을 바탕으로 탄생 시기를 파악하는 것

존 디 John Dee
1527~1609년. 영국의 마술사. 연금술사와 점성술로도 유명하다. 에녹어라는 천사의 언어를 발견했다.

에드워드 켈리
Edward Kelley
1555~1597년. 존 디의 조수로 천사의 언어를 연구했다. 나중에 연금술사로 유명해졌지만, 사기꾼이었다고도 전해진다.

네크로노미콘
Necronomicon
미국의 소설가 하워드 필립스 러브 크래프트가 만들어낸 크툴루 신화에 등장하는 상상의 마술 책. 마술의 비밀이 적혀 있다.

COLUMN 현대에도 잘 알려진 고대의 책

현대인을 매료시킨 고대의 책은 보이니치 필사본만은 아니다. 예를 들어 헝가리에서 발견된 〈로혼치의 서Rohonczi Codex〉가 유명한데 역시 내용은 아직 밝혀지지 않았다. 또한 중세기에서 최대라 불리는 코덱스 기가스도 유명하다. 이것은 무게 75kg의 매우 거대한 사본으로 수도사가 악마의 힘을 빌려 썼다고 여기고 있다.

322 마나 Mana

판타지 작품에서는 마법을 사용할 때 필요한 에너지를 마나라고 부르기도 하는데, 본래의 마나도 비슷한 것으로, 현지에서도 초자연적인 존재로 취급됐다.

오세아니아 발상의 초자연적인 힘

마나는 주로 멜라네시아와 폴리네시아에서 믿었던 지역 종교의 개념으로, 인간이나 동물 등 모든 것에 깃든 초자연적인 힘이나 존재를 가리킨다.

마나는 사람에서 사람, 물건에서 물건, 사람에서 물건으로 이동시킬 수 있으며, 질병에 걸린 인간에게 마나를 주어 치료하거나 도구에 주입해서 그 성능을 높일 수 있다고 믿었다. '일족의 가장이 훌륭하게 역할을 해내고 있는 것은 마나가 깃들어 있기 때문이다' 등 때로는 매력이나 카리스마를 상징하는 형태로도 사용되었다고 한다.

단순한 힘으로서뿐만 아니라 더 넓고 다양한 요소를 내포한 것이 마나라는 존재이다. 이 개념은 영국 선교사 코드링턴의 저서 〈멜라네시아인〉 등에서 소개됐다. 그리고 세계의 모든 종교의 초자연적인 현상을 이해하고 설명하는 데 유효한 개념으로서 학회에 큰 영향을 주었다고 한다.

서양에도 도입된 마나의 개념은 SF 작가 래리 니븐도 이용했다. 그는 1976년에 출판된 판타지 소설 〈The Magic Goes Away〉에서 마나를 마법을 사용하는 데 필요한 유한한 자원으로 그렸다. 즉, 롤플레잉 게임에서 마법을 사용했을 때 소비하는 매직 포인트와 같은 존재로서 마나라는 말을 처음 사용한 것이다. 이것이 화제를 불러 이후 판타지 소설이나 게임에 유사한 정의와 설정이 사용되게 됐다.

래리 니븐에서 시작된 마나의 개념은 결국 일본에 상륙했고 지금은 당연한 것처럼 사용되고 있다. 무엇보다 누가 일본에서 처음으로 사용하기 시작했는지는 정확히 알 수 없다. 다만 이 단어를 확산하는 계기가 된 작품은 얼마든지 있다.

관련용어

멜라네시아
호주의 북쪽에서 북동쪽에 위치한 섬의 총칭. 파푸아뉴기니와 피지 등이 유명하다.

폴리네시아
태평양의 하와이 제도, 뉴질랜드, 이스터섬을 꼭짓점으로 하는 삼각지대에 있는 섬의 총칭

래리 니븐
Larry Niven
하드 SF를 전문으로 하는 미국의 소설가. 대표작은 〈링 월드〉, 〈The Magic Goes Away〉에서 마나를 자원으로 그렸다.

COLUMN 마나를 확산시킨 판타지 작품

일본에서 마나를 전파시킨 요인이 된 것은 미즈노 료의 소설 〈로도스도 전설〉과, 같은 세계관을 공유하고 있던 〈소드 월드 RPG〉일 것이다. 전자는 아직 라이트 노벨이라는 장르가 존재하지 않았던 시절에 검과 마법의 판타지 소설로 인기를 얻었다. 이 작품 속에서 마술사는 체내의 마나를 소비하여 마법을 사용했다.

323 블라디미르 레닌 Vladimir Lenin

블라디미르 레닌(1870~1924년)은 제2차 러시아 혁명을 일으키고 역사상 최초의 사회주의 국가인 소비에트 연방을 만든 초대 지도자이다.

지금도 시신을 보존하는 혁명가

소비에트 연방, 통칭 소련을 건국한 레닌은 본명은 블라디미르 일리치 울리야노프이고 레닌은 필명이다. '레나 강의 사람'이라는 뜻이다. 출생은 귀족 집안이지만, 자신의 이상의 올바름과 혁명 지도자로서의 능력에 조금도 의문을 품지 않았다고 하는 순수한 혁명가 기질의 인물이다.

레닌은 마르크스의 〈자본론〉을 읽고 마르크스주의 운동가가 됐고 정치 활동에 본격적으로 나선다. '직업적 혁명가들로 구성된 혁명 정당이 노동자를 지도한다'는 주장과 러시아 사회민주노동당의 분열로 탄생한 볼셰비키를 지도했다. 제1차 세계대전 중인 1917년 2월 혁명이 발발하자 전쟁에 대한 대응으로 임시 정부와 대립한 소비에트를 지지한다. 계속되는 10월 혁명에서 임시 정부를 타도하는 데 성공했다. 이후 레닌은 구세력, 간섭하는 외국, 배반한 다른 정당 등의 대립 세력과 싸우면서 대담한 혁명을 추진하여 1922년 12월에 드디어 연방 소비에트 사회주의 공화국이 탄생한다. 그러나 레닌은 크게 건강을 해쳐 요양을 하게 되고 2년 후에 사망했다.

사후 레닌의 시신은 보존 처리되어 모스크바의 레닌 묘지에 영구 전시 중이다. 러시아 혁명으로부터 100년 이상 지난 지금도 포름알데히드 용제를 주로 하는 방부제, 발삼액에 1년 반에 한 번 절여서 보존하고 있다. 그만큼 공산주의 국가에서 신격화된 인물인데, 레닌 자신은 무신론자에 종교 비판자이기 때문에 아이러니라고 할 수밖에 없다.

레닌의 사진

관련용어

칼 마르크스
Karl Heinrich Marx
1818~1883년. 독일 출신의 철학자, 사상가. 마르크스주의를 내세워 사회주의, 공산주의 사회의 도래를 설득했다.

볼셰비키
Bolsheviki
러시아 사회민주노동당이 분열하여 형성된 좌파의 일파. 레닌이 주도했다. 러시아 혁명 때 '빵, 토지, 평화'를 외쳤다.

소련
1922년 러시아, 우크라이나, 자카프카스 등 각 공화국을 통합하여 형성된 공화국. 소련 공산당에 의한 일당제

COLUMN 독재자로 유명한 스타

레닌 다음으로 소련 최고의 지도자가 된 스탈린은 독재자로서 유명하다. 그는 정책에 반대하는 사람들뿐만 아니라 적이 될 수 있는 사람들도 처형하거나 강제 수용소로 보내 추방했다. 덧붙이면 심야에 문을 두들기고 내무인민위원부의 사람이 들어와 연행하는 당시의 관례를 '심야의 스탈린 노크'라고 한다.

324 칼리 Kālī

힌두교의 여신으로 파르바티와 동일시되는 두르가durga 여신의 분노상으로 알려져 있다. 많은 신화에 보이는 고운 여신과는 달리 무서운 모습으로 살육을 좋아한다.

꽤 흉폭하고 엄청나게 강한 인도 여신

칼리의 활약은 경전의 하나인 〈여신의 영광Devi Mahatmya〉에서 거론되고 있다. 어느 날, 아수라 왕 슘바와 동생 니슘바가 삼계를 정복하고 아름다운 여신 두르가에게 구혼을 했다. 거절한 두르가를 잡으려고 군대를 파견했다. 그러자 분노로 얼굴이 검게 변한 두르가의 이마에서 칼리가 출현했다. 포효하면서 검으로 베고 해골 지팡이로 치고 발로 밟아 뭉개고 뾰족한 이빨로 씹어 으깨는 난폭함으로 아수라를 전멸시켰다.

이어서 아수라가 전군으로 쳐들어와 대 아수라인 락타비자가 다가왔다. 그에게는 흐른 혈액에서 분신이 나타나는 힘이 있었지만, 칼리는 흐른 피를 마셔서 말리는 동시에 분신을 먹어치워 락타비자는 피를 잃고 사망했다.

그러자 승리에 취한 칼리가 춤을 추기 시작해 대지가 밟혀서 갈라질 것 같았기 때문에 시바가 몸을 밟게 해 제정신으로 돌아오게 했다고 한다. 따라서 칼리의 회화나 동상에는 시바를 밟고 있는 것이 많다.

칼리가 싸우는 모습은 질릴 정도이지만 두르가도 막강한 아수라를 물리치기 위해 신들이 힘을 결집해 만들어낸 존재이다. 신들의 분노만을 한데 모았기 때문에 사정을 알면 납득이 된다.

일본에서도 '최강의 여신'을 말할 때 자주 이름이 오르내린다. 소셜 게임에서도 강력한 캐릭터로 등장하는 일이 많고 또한 칼리처럼 변신해서 날뛰는 여고생이라는 조금 특이한 설정의 만화도 있다.

칼리

관련용어

삼계
하늘, 땅, 인간 세계를 말한다. 참고로 일반적으로 하늘, 지상, 지하를 뜻하는 경우가 많고, 불교에서는 욕계, 색계, 무색계를 삼계라고 부른다.

아수라
지하 세계에 살고 있는 것으로 추정되는 마족으로 불교의 아수라이기도 하다. 옛날에는 하늘과 법을 관장하는 바르나신과 권속을 가리켰다. 조로아스터교에서는 최고의 신 아후라 마즈다가 아스라, 힌두교의 신이 다에와(악마)로 뒤바뀌어 있다.

COLUMN 강하기 때문에 인기 있는 여신

일반적인 모습은 검은 머리에 검은 피부, 두개골 목걸이를 걸고 이를 드러낸 입에서 긴 혀를 내밀고 있다. 팔은 넷 또는 그 이상이고 반달형 칼과 삼지창, 방금 자른 목과 피를 받을 그릇을 손에 들고 인간의 머리와 손발로 만든 허리띠를 두르고 있는 일도 있다. 이 끔찍한 모습은 칼리가 순수하게 적을 때려 부수는 전투의 신이기 때문으로 인도에서 그 강력함 때문에 인기가 있다.

325 1984년

1949년에 발행된 영국 작가 조지 오웰의 소설이다. 디스토피아 소설의 히트작이며, 최근 무라카미 하루키의 〈1Q84〉로 다시 주목을 받았다.

디스토피아 소설의 금자탑

디스토피아dystopia라는 말을 알고 있는가? 역逆 유토피아, 반유토피아라고도 불리는 이 개념은 이상 사회를 그리는 유토피아의 반대, 반이상적인 사회를 그린 것이다.

조지 오웰이 쓴 〈1984년〉은 디스토피아 문학 중에서도 큰 반향을 불러일으켰다. 무대는 가상의 초강대국 오세아니아. 이곳은 늘 전체주의, 감시 체제, 권력의 집중, 사상 통제와 탄압, 전쟁 상태가 이어졌다. 지도자 빅 브라더하에 사상 통제를 위한 새로운 언어인 신어(newspeak)를 강요하고 역사마저 정부의 입맛에 맞게 변조된다. 바로 그 정보를 총괄하는 부서 '진리성'에 근무하는 하급 관사인 윈스턴 스미스는 감시 카메라의 사각지대에서 자신의 생각을 노트에 기록했다.

현대의 문제점을 해결하지 못한 채 발전한 '근미래'를 쓴 책이지만, 1949년에 발행되었으니 '미래'라는 것은 불과 35년 후를 보여준다. 근미래야말로 눈앞의 미래의 영역이다. 이것은 상상할 수 있는 근미래에 대한 '경고'가 아니라 현대 사회에 대한 '풍자'의 의미가 강하다.

저자인 오웰은 이 작품 이전에 스탈린의 독재 정치를 풍자한 〈동물농장〉을 썼다. 원래 그는 근미래 SF 작가가 아니라 전체주의를 풍자한 작풍을 구사했다. 그것은 영국 통치하의 버마(미얀마)에서 경찰관을 했던 경험도 크게 영향을 미쳤을 것이다. 그가 그리는 디스토피아는 결코 공상이 아니라 현실의 연장선상에서 발생할 수 있는 '미래'의 모습이다.

조지 오웰의 사진

관련용어

조지 오웰
George Orwell
1903~1950년. 영국의 소설가. 본명은 에릭 아서 블레어이고 오웰은 필명이다. 버마에서 경찰관 근무를 거쳐 이후 파리와 런던에서 방랑 생활을 한다.

동물농장
1945년에 발행된 오웰의 출세작. 학대받는 가축이 인간을 추방하고 스스로 농장을 관리하는 우화적인 작품. 소련의 스탈린 체제를 희화했다.

미래 SF
미래 소설이라고 하면 먼저 등장한 웰스의 〈타임머신〉이 있는데, 이를 '최초의 디스토피아 소설'이라고 보기도 한다.

COLUMN 두 유형으로 나뉘는 디스토피아

디스토피아의 개념은 확대되고 있지만, 크게 두 유형으로 나뉜다. 대중의 이상을 좇는 과도한 합리주의 사회가 된 유형. 그리고 권력자에 의한 독재가 지나친 유형이다. 결과적으로 모두 비인간적인 감시 사회가 되지만, 전자는 비교적 발전하는 반면 후자는 황폐해지는 경우가 많다.

326 필트다운인 Piltdown人

최근에도 과학계에서 조작·부정 논문 사건 소식이 세간을 떠들썩하게 한 적이 있었지만, 과학 역사상 최대의 날조 사건이라고 하면 바로 필트다운인이다.

긴 세월 전문가들을 속여온 환상의 인류의 조상

네안데르탈인, 자바원인 등의 인골 화석이 발견되어 인류의 진화 과정이 서서히 해명되던 20세기 초반. 찰스 도슨이라는 아마추어 고고학자로부터 대영박물관에 필트다운에서 발견된 두정골과 측두골이 반입됐다. 박물관의 아서 스미스 우드워드 경은 현지에 가서 후두골과 하악골, 석기, 동물의 화석 등을 발견했다. 뼈를 조사하니 머리뼈는 현생 인류와 같이 크고 턱뼈는 원숭이와 같았다. 동물의 화석에서 연대를 추정하니 갱신세(플라이스토세) 초기 약 258만 년 전 무렵으로 보였다. 이러한 점에서 필트다운인은 현생 인류의 조상으로 간주됐다. 그리고 당시의 저명한 인류학자들도 이 설을 지지했다고 한다.

그런데 훗날 북경 원인과 오스트랄로피테쿠스 등의 화석이 발견되어 인류의 진화가 밝혀지면서 필트다운인은 그러한 진화의 흐름에서 벗어나는 것으로 확인되어 의문이 제기됐다. 화석이 발견된 지층에서는 도슨의 사후에 전혀 화석이 발견되지 않았다.

그리고 날조가 발각된 것은 1949년. 불소법이라는 연대 측정에 의해 이 뼈가 5만 년 전의 것으로, 필트다운인이 유인원과 현생 인류를 잇는 존재, 미싱 링크가 아니라는 점이 확실해졌다. 더 정확한 분석을 통해 턱뼈는 오랑우탄의 것이고, 어금니는 성형을 해서 약품으로 착색했으며, 현지에서 발굴된 동물의 뼈는 다른 지역의 것으로 밝혀졌다. 가공된 날조품이었던 것이다.

범인으로 의심받은 것은 당연히 도슨으로, 일단 그로 단정했다. 그러나 그는 이용당했을 뿐이라는 의견도 있다. 또한 박물관의 큐레이터였던 마틴 힌튼의 소지품에서 필트다운인과 같은 가공을 한 화석이 발견되어 그가 진범이라는 설도 있다. 유감스럽게 날조 발각 전후에 당시의 관계자 모두 타계했기 때문에 진상은 어둠에 묻혔다.

관련용어

네안데르탈인
1856년 독일에서 발견된 과학적 연구 대상이 된 화석 인류. 살던 시대는 약 40만 년~4만 년 전. 유인원과 현생 인류의 중간에 해당하는 원시인으로 생각했지만, 이후의 연구 결과는 현생 인류의 조상이 아닌 다른 계통의 인류라는 견해가 유력하다.

북경 원인
1921년 중국 북경의 삼림에서 발견된 화석 인류. 살던 시대는 68~78만 년 전. 아프리카 대륙이 기원인 원시인으로 어떤 이유에서 멸종한 것으로 생각된다.

오스트랄로피테쿠스
1924년 남아프리카에서 발견된 화석 인류. 약 400만 년~300만 년 전에 생존했다. 한때 인류의 가장 오래된 조상으로 여겼다(그 후 아르디피테쿠스가 갱신). 골격을 볼 때 두 발로 직립해서 걸었을 것으로 생각된다.

327 낭만주의

18세기 말부터 19세기에 걸쳐 유럽에서 확산된 문화가 낭만주의. 화가 외젠 들라크루아, 음악가 쇼팽과 슈베르트 등이 이름을 떨쳤다.

전통적인 가치관에 반발한 문화

르네상스에서 바로크를 거쳐 서유럽은 다시 조화를 목표로 신고고전주의라 불리는 시대에 접어들었다. 그러나 귀족 사회의 반발이 차츰 커져서 산업혁명과 프랑스혁명 등을 거쳐 시민 중심의 사회가 구축된다. 그런 가운데 확산된 것이 낭만주의이다.

낭만주의에서는 당시까지의 전통적인 가치에 대한 반발에서 자유와 사랑을 추구하는 움직임이 활발해졌다. 엄격한 이성보다 꿈과 가공의 것, 귀족이 아닌 시민을 그린 것이 낭만주의의 특징이다. 그중에서도 중세 기사도와 연애 이야기를 그린 로맨스물이 주목을 받았고, 이것을 바탕으로 낭만주의라고 불리게 됐다고 한다.

중세 로맨스물이라고 하면 〈아서 왕 전설〉이 대표적이다. 중세 시대에 만들어진 아서 왕 이야기와 성배 전설 등을 바탕으로 수많은 창작이 만들어졌다. 이러한 중세를 테마로 한 것은 현재에도 인기가 있으며, 특히 아서왕이 가진 검 엑스칼리버와 아서왕을 섬긴 원탁의 기사 등은 지금도 수많은 작품에 등장한다.

그런 낭만주의도 19세기 후반 들어 다시 리얼리즘을 요구하는 목소리가 커지면서 쇠퇴한다. 돌이켜보면 자연주의의 르네상스에서 화려한 바로크로 변천하고 다시 전통을 존중하고 신고전주의가 되고…. 이처럼 사람의 역사는 반복한다. 이러한 유행의 추이는 현대 문화에서도 비슷하다.

〈알제의 여인들〉

관련용어

신고전주의
바로크 사상에 대한 반발로 18세기 중반에 확산된 문화. 엄격하고 전통적인 문화가 다시 주목을 받는다. 프랑스는 바로크라 불릴 만한 시대 없이 고전주의가 쭉 이어졌다.

킹 아서
5~6세기경에 있었던 것으로 간주되는 영국의 전설적인 왕. 12세기에 처음으로 이야기로 정리되고, 중세 후기의 르네상스 시대에 들어 다양한 창작이 등장했다. 이후에는 일단 사그라들지만 낭만주의 시대에 다시 주목을 받게 된다.

COLUMN 일본에도 전파한 낭만주의

유럽에서 시작된 낭만주의는 훗날 일본에도 상륙했다. 쇄국 정책을 고수하던 에도 시대가 끝나고 메이지 시대가 되자 개국 초기의 문화적 혼란이 수습되면서 낭만주의가 확산했다. 모리 오가이森鴎外, 히구치 이치요樋口一葉, 요사노 아키코与謝野 晶子가 이 시대를 대표하는 사람들이다. 이윽고 다이쇼 시대에 접어들면서 낭만주의는 사라졌다.

328 다케우치 문서

귀족 가문의 하나인 타케우치가에 전해지는 오래된 문헌이다. 천진교天津教의 경전으로 여기며 신관인 다케우치 키요마로竹内巨麿가 1928년에 공개해서 물의를 빚은 바 있다.

일본의 고대 왕조 시대를 언급한 문서

다케우치 문서는 직접적으로는 신대神代(일본 역사상 진무神武 천황 이전의 시대. 신(神)의 시대라고 일컬음) 문자로 기록된 문서를 가리키는데, 한자와 가타카나 문장으로 번역된 사본, 문자가 새겨진 돌, 철검 등 문서에 관련된 일련의 물품을 총칭하기도 한다.

이 문서에는 일본의 정사正史로 여기는 〈일본서기〉와는 다른 역사가 적혀 있다. 진무 천황부터 이어지고 있는 현재의 황조를 신위조神倭朝라고 칭하고 그 이전에는 가장 오래된 순서대로 텐진天神 7대, 조코上古 25대, 아에즈초不合朝 72대가 있었다고 한다.

또한 세계의 인간을 '오색인'이라고 부르며 아시아계인 황색인, 아프리카계와 인도 원주민인 흑인, 소위 서양인계인 백인, 아메리카 원주민 등의 붉은 사람, 심지어 지금은 순수종이 거의 없는 피부가 창백한 푸른 사람들의 5가지로 분류한다.

석가와 예수, 모세 등이 일본에 와서 아오모리현에 그리스도의 무덤, 이시카와현에는 모세의 무덤이 있다고 적혀 있다. 또한 태고의 일본에서 사용됐다고 하는 금속 오레이칼코스(오리할콘)도 언급되어 있으며 현재는 원료와 기술에 대한 지식이 없어졌지만, 앞으로의 철검이 오레이칼코스제라고 하고 있다.

이 밖에도 많은데, 다케우치 문서는 공개 직후부터 논란를 일으켰다. 또한 쇼와 전기라는 시기에 문서의 내용이 내용인 만큼 천진교는 종종 탄압을 받고 키요마로도 사기죄와 불경죄 등으로 재판에 불려 다녔다. 재판에서는 결국 무죄 판결을 받았지만 이때 제출된 다수의 물건은 반환되지 않은 채 태평양 전쟁의 공습으로 대부분이 소실됐다고 한다. 덧붙여서 오레이칼코스는 서양의 전설의 금속 오리할콘과 같은 존재로 게임 등에 종종 등장하고 있다.

관련용어

천진교
1900년 다케우치 키요마로竹内巨麿가 연 신도계의 종교 단체. 정치인과 유력한 군인 중에도 신자가 있었다고 한다. 전후에 해산 명령이 내려졌지만, 1952년에 종교법인 황조황태신궁 천진교로 다시 출범했다.

오레이칼코스
고대 그리스와 로마의 문헌에 기록되어 있는 금속으로 고고학에서는 진유(놋쇠)라고 여겼다. 한편, 플라톤의 저서에서는 '과거 아틀란티스에서 생산된 환상의 금속'이라고 돼 있다.

COLUMN 신비함과 공통점도 있는 고사고전古史古伝

〈고지키〉와 〈일본서기〉와 다른 고대 역사가 기록된 문헌은 고사고전이라 불리며 다케우치 문서 외에도 〈상기上記(우에츠후미)〉와 〈궁하문서宮下文書(미야시타 문서)〉 등 다양한 같은 것이 있다. 위서라고 여기지만, 호칭은 달라도 아에즈초에 대한 언급 등 공통되는 부분이 있어 일부 진실이 포함되어 있다고 생각하는 사람도 있다.

329 하인리히 코넬리우스 아그리파

중세 유럽을 대표하는 마술사 중 한 명으로 군인과 의사로 활약했다. 젊은 시절부터 밀교 연구를 시작했고 현대에는 오컬티즘의 거장으로 알려져 있다.

각지를 전전하며 지식을 쌓다

아그리파는 16세기에 활약한 독일 출신의 마술사. 1486년 신성로마제국의 쾰른 또는 쾰른에서 가까운 네테스하임에서 태어난 것으로 알려져 있다.

성숙한 아그리파는 쾰른 대학에 들어가서 법률과 의학 등 다양한 학문을 배웠다. 이때, 이탈리아의 철학자 조반니 피코 델라 미란돌라의 영향을 받아 밀교 연구를 시작했다고 한다.

대학을 졸업한 그는 황제 막시밀리안 1세의 궁정 비서관이 되고, 1507년에는 프랑스로 간다. 그곳에서 학자, 연구자들과 교류를 깊이 하며 더 많은 지식을 습득하지만, 한 대학에서 강의를 하던 중 프란체스코의 반감을 사서 프랑스에서 추방된다.

아그리파는 이후에도 비슷한 문제로 나라에서 쫓겨나 각지를 전전한다. 다만, 그 덕분에 여러 외국의 학자와 교류하거나 책을 접할 기회를 얻었다. 그러한 지식을 살려 아그리파는 〈은비철학Three Books of Occult Philosophy〉 등의 책을 썼다. 여기에는 유대 카발라와 헤르메스주의, 수비학numerology 등이 담겨 있는데, 당시 마술 전서의 집대성이라고도 할 수 있는 내용이었다. 책으로 아그리파는 마술사로서 후세의 연구자들에게 큰 영향을 미치는 존재가 된 셈이다.

아그리파는 수상한 흑마법사였다는 이야기도 있다. 그가 벨기에에 살던 시절 그 집에 하숙하고 있던 젊은이가 흥미로 서재에 있던 마도서를 읽고 만다. 그러자 악마가 나타나 젊은이를 교살해 버렸다. 다급해진 아그리파는 마술로 젊은이의 시체를 위장해서 마을 광장에서 죽은 것처럼 보이게 한다. 또한 그는 항상 큰 검은 개를 거느리고 있었다고도 한다. 이 개는 아그리파의 사역마로 항상 그와 함께 행동했다고 전해진다.

아그리파의 초상

관련용어

신성로마제국 / 쾰른
9~10세기에 성립. 현재의 독일과 오스트리아 등을 지배했다. 쾰른은 그 도시의 하나

카발라
유대인이 〈구약성서〉의 내용을 이해하기 위해 만들어낸 신비주의 사상. 유대 카발라를 기독교에 적용시킨 것이 기독교 밀교로 여겨진다.

프란체스코 수도회
가톨릭교회의 수도회. 아그리파는 가톨릭을 적으로 돌리는 담론을 지지했기 때문에 프랑스에서 추방됐다.

은비철학
아그리파의 저서 중 하나. 자연 마술, 수학 마술, 의식 마술의 3부작으로 구성된다.

헤르메스주의
신비주의적인 사상을 총칭하는 말로 점성술과 연금술 등을 다룬다. 전설적인 연금술사 헤르메스 트리스메기스토스에서 유래한다.

수비학(숫자점)
numerology
계산식에 따라 생년월일과 성명 등의 운세 등을 점치는 점술의 하나

330 마타 하리 Mata Hari

부유한 가정에서 태어났지만 파란만장한 인생을 보낸 스파이 마타 하리는 부득이하게 이중 스파이가 되어 프랑스에서 체포되어 결국 처형되고 만다.

빼어난 미모로 남자를 유혹하고 정보를 모았던 스파이

마타 하리는 프랑스 파리 등에서 활동했던 무희로 현대에는 여성 스파이의 대명사로 알려져 있다. 그 이름은 말레이어로 '여명의 눈동자'라는 의미인데, 이는 무희로서의 예명이며 본명은 마가레타 거트루이다 젤러이다.

네덜란드 암스테르담의 부유한 가정에서 태어나 부족함 없이 살던 마타 하리. 그러나 아버지가 사업에 실패하자 부모가 이혼했다. 당시 15세였던 그녀는 친척에게 몸을 맡긴다. 몇 년 후, 마타 하리는 네덜란드군 장교와 결혼하여 두 명의 자녀를 두지만, 성격 차이와 자녀의 요절로 결혼 7년 만에 이혼한다. 이후 그녀는 일자리를 찾아 파리로 간다. 거기서 어느 사건을 계기로 무희로 일을 시작한다.

처음에는 작은 살롱에서 춤을 추던 마타 하리는 요염한 용모와 춤으로 평판을 얻어 일약 인기 댄서로 이름을 알린다. 또한 그녀는 창녀로도 유명했던 것 같은데 많은 정치인이나 군인과 잠자리를 했다고 한다. 프랑스 당국은 무희 혹은 창녀로 폭넓은 인맥을 가진 그녀에게 적국 독일의 정보를 수집하라고 요청한다. 그녀는 이를 거절하지 못해 스파이가 되지만, 그 활동이 독일에 발각돼서 이중 스파이가 될 것을 강요당한다. 얼마 지나지 않아 프랑스 당국은 마타 하리가 자국의 정보를 독일에 흘리고 있는 증거를 잡고 그녀를 체포한다. 재판을 받고 그녀는 처형된다.

마타 하리의 처형을 둘러싸고 다양한 일화가 있다. 자주 거론되는 것은 '그녀의 아름다운 외모에 현혹되지 않도록 총살대가 눈을 가렸다'는 이야기이다. 눈가리개를 하고 총을 쏘는 일은 보통은 있을 수 없지만, 마타 하리가 그만큼 아름다웠다는 얘기일 것이다.

마타 하리의 사진

관련용어

총살대
총을 장비한 여러 명의 병사로 구성된 부대. 처형이 실패하지 않도록 형 집행 대상 인물을 향해 병사들이 동시에 사격을 한다.

331 4서수

고대 중국에서 좋은 일이 일어나기 전에 나타난다고 믿었던 서수 중에서 가장 대표적인 4종류의 생물이다. 특징에서 4가지로 분류되던 각 생물종의 왕이기도 하다.

길조로 여긴 생물들의 왕

고대 중국에서는 보통과는 다른 특별한 생물이 있다고 믿었고, 그것이 출현하는 것을 길조라고 여겼기 때문에 서수瑞獸라고 부른다. 기린, 봉황, 영귀(거북), 응룡(용)의 4서수가 그 대표이며 이들은 〈예기禮記〉의 기술을 바탕으로 사령四靈이라고도 불렀다. 또한 세상의 생물은 털이 나있는 모충, 날개가 있는 익충, 비늘이 있는 인충, 껍질과 갑각이 있는 갑충의 4가지로 분류되며, 360종씩 존재한다고 믿었다. 각 범주에는 정점이 되는 생물이 있어, 기린은 모충, 봉황은 익충, 응룡은 인충, 영귀는 갑충의 4서수가 그 왕이라고 여겼다. 모습 등에 대해서는 시대와 책에 따라 다르지만, 대략적인 특징은 다음과 같다.

- 기린 : 다른 생물을 해치지 않는 온후한 성격. 왕의 정치에 인仁이 있는 태평 시대에 나타난다고 믿었다. 중국에서는 공자와 관련된 획린獲麟 이야기가 잘 알려져 있고 일본에서는 맥주 회사의 라벨로도 유명하다.
- 봉황 : 천명으로 천자가 될 자가 탄생했을 때 나타난다. 예부터 일본에서도 알려져 있으며 1만 엔 지폐의 뒷면에 그려져 있다.
- 응룡 : 날개가 있는 용으로 황제를 상징한다. 살무사에서 황룡까지 6단계로 성장하는 설에 따르면 다섯 번째 모습. 중국에서는 전설 시대의 황제를 도와 치우蚩尤와의 전쟁에서 활약한 신화로 유명하다.
- 영귀 : 장수를 상징하며 미래의 길흉을 알고 있다고도 한다. 신선이 산다는 봉래산을 짊어진 모습으로 자주 묘사된다. 일본에서도 유명한 사신의 현무도 영귀의 한 종류이다.

〈삼재도회〉 기린

관련용어

예기禮記
유교 경전의 하나. 사회질서와 개인에 대한 전통적 규범과 그 윤리적 의미를 해설해 놓은 고서를 모은 것

천명
하늘이 인간에게 내린 명령과 사명을 말한다. 예로부터 중국에서는 다양한 사상이 있었지만, 천명은 모든 사상에 공통되는 개념이었다.

COLUMN 일본에서는 비슷한 존재의 사신이 일반적

4서수와 비슷한 것에 하늘의 동서남북을 관장하는 영수의 사신(청룡, 백호, 주작, 현무)이 있고 오행사상에서는 이 중앙에 기린 또는 황룡이 더해진다. 게임에서는 사신이 캐릭터로서, 오행은 속성의 강약에 관련된 시스템으로 등장하는 작품이 많으며 4서수는 몰라도 4신이라면 알고 있는 사람도 많을 것이다.

332 반지의 제왕

1954~55년에 걸쳐 영국 작가 톨킨이 집필한 장편 소설. 〈로드 오브 더 링〉이라는 이름으로도 알려진 일대 판타지 거편이다.

근세 판타지 원점으로 정점

2001년부터 방영된 실사 영화 〈The Lord of The Rings〉로 아는 사람도 많은 그 유명한 판타지 작품의 원작 책이다. 1954년부터 영국의 영어 학자이자 중세 문학자, 작가인 존 로널드 톨킨이 쓴 작품이다.

그는 작가일 뿐만 아니라 학자로서도 업적이 많아 영국의 영웅 베오울프의 재발견을 비롯해 원탁의 기사, 그 외 수많은 신화와 전설을 연구했다. 이만큼 영국 문화에 조예가 깊은 인물이 만들어낸 것이 〈반지의 제왕〉이다.

이 작품은 반지 원정대, 두 개의 탑, 왕의 귀환의 3부작으로 구성되어 있으며, 난쟁이 호빗족이 반지를 소멸시키는 모험을 그린 이야기이다. 마법 사용이나 요정, 악귀와 마귀가 등장하는 이른바 왕도王道 판타지라고 할 수 있는데, 이 작품은 바로 그 왕도를 배경으로 길을 개척한 이야기라고 하는 것이 옳을 것이다.

그런데 엘프라고 하면 어떤 모습을 상상할까. 귀가 길고 뾰족하고 미남미녀에 지식과 신의 성품(속성)을 가진 현자와 같은 이미지가 아닐까. 우리에게 익숙한 엘프의 모습은 톨킨에 의해 창조된 것이다. 원래 영국에 전해지는 엘프는 요정의 일종으로 교활하고 장난끼가 많다.

20세기에는 〈피터팬〉과 〈나니아 연대기〉 등 판타지 작품이 많이 등장했지만, 요정이 사는 완전한 공상 세계라는 공간은 톨킨에 의해 개척됐다.

관련용어

존 로널드 로웰 톨킨
John Ronald Reuel Tolkien
1892~1973년. 영국의 영어 학자이자 중세 문학자, 작가. 리즈 대학 교수, 옥스퍼드 대학 교수를 역임했다.

호빗
키가 60~120cm 정도의 작은 체구에 수명이 길고 쾌활한 종족. 톨킨에 의해 창조된 상상의 생물

피터팬
영국 극작가 배리가 쓴 희곡. 영원한 소년 피터팬과 함께 소녀 웬디들이 요정의 나라 네버랜드를 여행한다.

나니아 연대기
영국의 비평가, 작가인 루이스가 발표한 아동소설. 4명의 형제가 옷장을 통해서 미지의 나라 나니아로 향하는 모험담. 그리스도의 교리가 짙게 표현되어 있다.

COLUMN 판타지의 진폭

판타지의 역사를 거슬러 올라가면 셰익스피어의 〈한여름 밤의 꿈〉이 가장 오래되지 않았을까. 신화 등을 제외하고 공상의 사건, 공상의 세계라면 대체로 판타지라고 해도 좋을 것이다. 완전한 다른 세계의 이야기, 주인공이 다른 세계를 헤매고, 다른 세계가 현대에 침식하는 것이 왕도 패턴으로 사용되고 있다.

333 티라노사우루스 Tyrannosaurus

공룡뿐만 아니라 고생물학 전체에서 가장 인기있는 것은 뭐니뭐니 해도 티라노사우루스일 것이다. 사상 최대의 육식 공룡으로 당대 생태계의 정점에 군림한 폭군이다.

공룡 전성기의 정점에 군림한 육식 공룡의 왕

미국 자연사박물관의 큐레이터였던 바넘 브라운Barnum Brown이 1900년, 1902년 몬태나주에서 화석을 발견했다. 박물관에 근무하는 헨리 오스본Henry Fairfield Osborn에 의해 그 공룡은 12m의 거대한 육식 공룡으로 추정되고 티라노사우루스 렉스(폭군 도마뱀의 왕)라고 명명, 기재됐다.

오스본은 이 공룡을 '대형 육식 공룡의 궁극'이라고 표현했으며, 당시 신문에서도 이 대발견을 대대적으로 보도하면서 티라노사우루스의 이름은 일약 유명해졌다. 그 후 1990년에 보존 상태가 좋은 전신 골격, 애칭 '수Sue'가 발견되기도 하고 일본과 중국에서도 티라노사우루스과의 화석이 발견되는 등 이 공룡에 대한 이야기는 항상 세상을 떠들썩하게 했다.

티라노사우루스의 매력은 몇 가지 있지만, 육식 공룡 중에서도 눈에 띄게 그 수가 많고 장기간 번영했다. 여러 개의 날카롭고 크고 두꺼운 치아로 봤을 때 씹는 힘이 3~8t로 추정되는 등 폭군 공룡에 어울리는 스펙을 들 수 있다.

최근 진행된 연구는 큰 화제가 되기도 했는데, 적어도 유체幼体에는 깃털이 있었다는 설, 작은 앞다리에는 깃털 장식이 붙어 있었다는 설, 잡식이었다는 설 등 여러 가지 설이 난무하고 있다.

예전에는 고질라처럼 두 발로 섰을 거라고 여겼으나 후속 연구에 의해 몸을 수평으로 한 모습으로 표현됐다가 최근에는 깃털이 돋아난 상상도와 모형도 접할 수 있게 됐다. 시대를 거쳐 옷차림도 여러 가지 변하고 있으며 이 또한 인기에 따른 숙명과도 같은 것일까?

관련 용어

바넘 브라운
Barnum Brown
1873~1963년. 20세기 초반에 가장 유명한 화석 사냥꾼. 티라노사우루스는 평생 3마리 발견했으며 트리케라톱스, 안킬로사우루스, 코리토사우루스, 파라사우롤로푸스 등 귀중한 화석을 많이 발견했다.

헨리 페어 필드 오스본
Henry Fairfield Osborn
1857~1935년. 미국의 고생물학자. 미국 자연사박물관의 큐레이터로 취임한 후 관장도 맡았다. 그의 재임 중에는 브라운의 경이적인 능력 덕분에 세계 최고 수준의 화석 컬렉션을 자랑했다.

수Sue
1990년에 90% 이상의 보존 상태로 발견된 티라노사우루스의 화석. 개체로도 최대. '수'라는 애칭은 발견자인 수잔 헨드릭슨의 별명을 따서 지었다. 현재는 필드 자연사박물관에 전시되어 있다.

COLUMN 티라노사우루스의 표본은 어째서인지 이름이 있다

티라노사우루스는 정말 특별한 존재여서인지 표본에 애칭을 붙이는 경우가 많다. 1980년에 발견된 블랙 뷰티, 1987년 스탠, 1990년 수, 1998년 버키, 2001년 제인 등 여러 가지이며 주로 발견자의 이름을 따서 지은 경우가 많다.

334 인상주의

19세기 후반에 권위에 반발해서 생겨난 것이 인상주의다. 이 시대에 활약한 화가로는 모네와 르누아르, 피사로, 음악가로는 드뷔시 등이 있다.

본 것을 인상 그대로 그리는 문화

19세기 프랑스에서는 절대적인 권위를 가진 고전주의에 반발해서 낭만주의와 사실주의가 등장했다. 이들이 발전된 형태로 나타난 것이 인상주의다. 인상주의는 본 것을 인상 그대로 그리는 것이 특징이다. 순식간에 변화하는 빛과 변하는 계절 등 순간을 포착해서 그리는 것을 중시했다. 또한 대담하고 자유로운 붓 사용과 밝고 화려한 색채도 특징이다.

인상주의라는 이름은 중심인물이었던 모네의 작품 〈인상, 해돋이Impression Sunrise〉에서 유래한다. 이 그림은 당시의 보수파로부터 '그리다만 그림'이라는 혹평을 받고 '단순히 인상을 그렸을 뿐'이라는 평가를 받은 것에서 인상주의와 인상파라는 말이 생겨났다. 이윽고 인상주의 미술가들이 직접 전시회를 열자 부유층에서 주목하게 돼 인상주의의 이름은 단숨에 퍼져 나갔다.

현재로 말하면 보수적이고 권위 있는 대형 방송국에 대해 좀 더 자유롭게 작품을 만들고자 하는 사람들이 동영상 사이트를 출범한 식이다. 처음에는 방송국에서 '이런 것은 도저히 방송이라고 할 수 없다'고 혹평을 받았지만 동영상 사이트에 관심을 갖는 층이 점점 늘어나 마침내 세상의 주류가 됐다.

결과적으로 인상주의는 널리 알려진 예술의 한 시대가 됐다. 동영상 사이트가 향후 주류가 될지 어떨지는 미지수이지만, 권위에 대해 자유를 요구하는 움직임은 어느 시대나 마찬가지이다.

〈인상, 해돋이〉

관련용어

클로드 모네
Claude Monet

1840~1926년. 인상주의를 대표하는 화가. 살롱에서 인정받지 못했기 때문에 동료와 함께 자신의 전시회를 개최하고 인상주의의 흐름을 만들었다.

당시의 보수파

당시는 왕립 미술 아카데미가 주최하는 살롱이 화가에게 가장 공식적인 무대였다. 거기에서는 전통 있고 격식 높은 그림이 평가받고 일상의 풍경을 그린 인상주의 그림은 외면당했다.

COLUMN 8색의 도트화에 통하는 색채 분할

인상주의에서는 물감을 섞지 않고 색상을 직접 놓는 색채 분할도 사용했다. 예를 들어 녹색 잎에 빨간색과 파란색 점을 두면 빛이 더 생생해진다. 이것은 PC가 8색밖에 볼 수 없었던 시대의 CG와 통하는 것이 있다. 지금은 32비트 컬러가 당연하지만 당시는 8색의 도트를 나열해서 다양한 색채를 표현했다.

335 코팅리 요정 사진

1917~20년에 걸쳐 영국 코팅리 마을에 사는 두 소녀가 촬영한 요정 사진이 유명한 소설가 아서 코난 도일이 긍정하면서 물의를 빚었다.

요정의 존재를 믿어 달라고 하기 위해 탄생한 사진

사진을 촬영한 소녀는 엘시 라이트와 프랜시스 그리피스로 처음 두 장을 촬영했을 당시 엘시는 16세, 프랜시스는 10세였다. 사진은 총 다섯 장, 촬영 장소는 코팅리 계곡이었다. 사건의 발단은 두 사람이 요정을 보았다고 말을 꺼낸 것. 그래서 아마추어 카메라맨이었던 엘시의 아버지가 구식 카메라를 빌려줬고 두 사람이 계곡에서 찍은 사진에 요정이 찍혔다.

그 후 두 사람은 또 한 장의 사진을 촬영한다. 아버지는 사진이 가짜라고 생각했지만 어머니는 믿었던 것 같으며, 1919년의 신지학협회 회의에 참석해서 사진을 공개했다. 협회의 간부 에드워드 가드너가 전문가에게 감정을 의뢰했다. '카메라 앞에 있는 것을 찍은 사진임은 틀림없다'고 판정나면서 사진이 강의 인쇄물에 게재됐다.

이것이 당시 심령주의에 심취해 있던 도일의 눈에 띈다. 도일과 가드너가 사진 회사와 심리학 연구자에게 의견을 구한 결과, 긍정도 있는가 하면 부정도 있었다. 그러나 두 사람은 엘시와 프랜시스가 거짓말을 하고 있다고는 생각하지 않았으므로, 1920년에 가드너가 코팅리를 방문한다. 또 다시 세 장의 사진을 촬영하여 〈스트랜드 매거진〉 12월호의 도일의 기사에서 소개됐다.

1921년 이후 요정에 대한 세간의 관심은 점차 사라졌다. 1983년 엘시와 프랜시스는 잡지 취재에서 사진을 위조했다고 고백했다. 그 방법을 밝혔지만, 프랜시스는 다섯 번째 사진은 위조가 아니라 두 사람이 요정을 본 것도 사실이며 어른들이 믿지 않았기 때문이라고 위조 동기를 밝혔다.

프랜시스 그리피스와 엘시 라이트의 사진

관련용어

코팅리
잉글랜드 북부 웨스트 요크셔 근교의 마을

스트랜드 매거진
1891년부터 1950년까지 발간된 월간지. 도일이 다룬 셜록 홈즈의 소설이 연재된 외에 아가사 크리스티를 비롯해 많은 유명한 작가가 기고했다.

COLUMN 일본에 있는 요정 사진 원판

엘시 등이 촬영에 사용한 카메라는 브래드포드의 국립미디어박물관에 전시되어 있다. 덧붙여서 사진의 원판은 토치기현 우츠노미야시의 '우츠노미야 요정 박물관'에 전시되어 있다. 명예 관장인 이무라 기미에井村君江는 켈트 문학과 요정 연구자이며, 그가 기증한 요정 자료 사진의 원판이 포함되어 있다.

336 존 디 John Dee

16세기에 활약한 영국 출신의 연금술사로, 점성가와 수학자로 알려진 에드워드 6세와 엘리자베스 여왕 등 권력자들을 섬겼다.

천사와 교신하고 그 언어를 해명한다

연금술사, 마술사, 점성가 등 다양한 직함을 가진 존 디. 그는 천사의 언어 '에녹어'를 발견하고 연구를 계속하여 에녹 마술이라는 새로운 마술 체계를 만들었다.

1527년 영국에서 태어난 존 디는 1542년에 케임브리지 대학에 입학, 대학을 졸업한 후에는 잠시 파리 대학에서 강사를 역임했다. 그 후, 에드워드 6세와 펨브로크 백작 가문을 섬기지만 1553년에 메리 1세가 즉위하자 마술사 혐의를 받아 투옥된다. 마술사라고 부를 만한 짓을 하지 않은 것으로 확인되어 곧 석방됐다. 존 디가 마술사 활동을 시작한 것은 그로부터 30년 지난 후이다.

1580년경부터 존 디는 수정 구슬을 이용해서 천사와 접촉을 시도하기 시작하지만, 혼자서는 쉽지 않았다. 2년 후, 존 디는 에드워드 켈리와 만나 그의 협력을 얻어 마침내 천사와 교신하는 데 성공했다. 두 사람은 유럽을 여행하면서 교신을 반복하고 해명에 주력하지만 켈리는 천사의 언어보다 연금술에 흥미가 있던 것 같아 여행 도중에 결별하게 된다. 그 후, 존 디는 엘리자베스 1세의 배려로 대학의 교장이 된다. 그러나 제임스 1세가 즉위하자 직장에서 쫓겨나 가난으로 사망했다고 한다.

한편 켈리라고 하면 연금술 지식을 활용하여 귀족들을 등쳐 한때 매우 부유한 생활을 했다고 한다. 그것도 오래 가지는 못하고 1595년에 체포되어 옥중에서 사망했다.

에녹어를 발견하고 에녹 마술의 창조자가 된 존 디는 마술사 내지 연금술사로 후세에 이름을 남겼다. 판타지 작품에 사용되는 경우도 많은데, 예를 들어 하워드 필립스 러브크래프트의 작품에 존 디라는 이름의 박사가 등장하고 그가 네크로노미콘의 번역을 했다고 한다.

존 디의 초상

관련용어

에드워드 켈리
Edward Kelley
1555~1597년. 수정 구슬을 사용하여 영적 존재와 교신하는, 이른바 무속인. 존 디의 의뢰로 천사와 교신을 시도했다. 연금술사이기도 하며 금의 연성 방법을 미끼로 귀족들에게 빌붙어 큰돈을 벌었다. 그 후, 금 생산에 여러 번 실패해서 후원자를 화나게 해 결국 체포되어 사망했다.

에녹어 / 에녹 마술
천사의 언어이며, 최초의 인간 아담이 하나님과 천사와 대화하기 위해 사용했다고 한다. 존 디가 알게 된 천사들의 말은 문자로 현대에 전해지고 있다. 또한 이 언어를 기초로 한 에녹 마술이 만들어졌다.

엘리자베스 1세
Elizabeth I
1533~1603년. 헨리 8세의 딸. 메리 1세의 사후, 영국의 왕이 된다. 그녀에게 총애를 받은 존 디는 영국에 귀국한 후 맨체스터에 있던 대학의 교장으로 임명됐다.

하워드 필립스 러브크래프트
1890~1937년. 미국의 소설가, 크툴루 신화의 창조자

337 에르빈 롬멜 Erwin J. E. Rommel

부대를 이끄는 지휘관으로서 제1차, 제2차 세계대전에 참가한 독일 육군 군인이다. 지혜가 많아 '사막의 여우'라는 별명을 얻으며 두려움의 대상이 된 동시에 국내외에서 영웅시되고 있다.

사막의 여우라는 별명을 가진 독일 육군의 명장

에르빈 롬멜은 독일의 육군으로, 매우 유능한 지휘관이며 제1차, 제2차 세계대전에서 눈부신 활약을 보이고 독일 육군 사상 최연소로 총사령관까지 올랐다.

1910년에 군에 입대한 롬멜은 1914년에 제1차 세계대전에 참가한다. 1937년에는 그곳에서의 경험을 정리한 군사 서적 〈보병 공격〉을 출판하는데, 이것이 아돌프 히틀러에게 좋은 평가를 받아 곧 총통 호위 대대의 지휘관으로 임명됐다. 2년 후, 1939년에 제2차 세계대전이 발발하자 롬멜은 주로 프랑스와 북아프리카에서 지휘봉을 잡고 수많은 성과를 올렸다. 압도적으로 우세한 영국군을 뛰어난 전략, 전술로 격파하는 롬멜의 모습에 히틀러를 포함한 많은 사람들이 감탄했다. 한편, 적국의 병사들은 경외감을 담아 '사막의 여우'라고 부르게 됐다.

롬멜은 기사도 정신이 넘치는 인격자이기도 했는데, 때로는 군 상층부의 명령을 무시하고 적병을 죽이지 않고 포로로 삼거나 포로를 정중하게 다루었기 때문에 적과 아군을 가리지 않고 칭찬했다. 전후에 많은 독일 군인들이 적국에 비난을 받는 가운데 롬멜만 옹호하는 목소리가 많았던 것도 그의 업적과 인품에 의한 바가 크다.

수많은 공적을 올린 영웅으로 칭송받은 롬멜의 최후는 불합리했다. 1944년 7월 히틀러 암살 미수 사건이 발생하자 롬멜이 관여했다는 의심을 받아 반역자로 재판을 받거나 아니면 자살하라고 강요받았다. 재판을 받아도 사형에 처해질 것을 알고 있었던 그는 가족이 말려들지 않기 위해 스스로 독약을 먹고 세상을 떴다. 사건 후 롬멜 부인은 그가 암살에 반대했다고 증언했으며, 관여했다는 물적 증거도 발견되지 않았다. 만약 그가 무고했다면 비극이 아닐 수 없다.

롬멜의 사진

관련용어

아돌프 히틀러
Adolf Hitler

1889~1945년. 국가 사회주의 독일 노동자당(나치스)의 지도자로 나치스 독일 총리. 자신과 같은 평민 출신으로 군인으로서도 출중한 롬멜을 총애했다. 제2차 세계대전 말기 자국의 패전을 깨닫고 자살한다.

제1차 세계대전

1914~1918년 발생한 세계 규모의 전쟁. 독일이 속한 동맹국과 영국과 프랑스 등이 속한 연합군이 싸워 연합국이 승리했다.

제2차 세계대전

1939~1945년 일본, 독일, 이탈리아를 중심으로 한 추축국과, 영국과 미국을 중심으로 한 연합국 간에 발생한 전쟁. 연합국이 승리했다.

338 라 Ra

'레'라고도 불리는 고대 이집트의 태양신으로 이집트 신화에서 가장 중요한 신. 이집트 왕 파라오는 라의 자식임을 칭하고 왕권의 정통성을 주장했다.

하늘과 명계를 여행하는 태양신

빛과 열, 모든 생명을 준 신으로서 모든 사람들에게 추앙받았으며, 밤낮을 항해하는 신화는 잘 알려져 있다. 매일 아침 라는 만제트라는 배를 타고 태양의 신 호루스, 폭풍의 신 세트, 지혜의 신 토트 등의 신들과 함께 사악한 뱀 아펩을 물리치면서 동쪽에서 서쪽 하늘로 향한다. 도착한 라는 죽은 태양의 신 아우프로 모습을 바꾸고 메스케테트라는 배로 갈아탄다. 12개 주州로 나뉜 명계를 향해 뱀과 마귀를 물리치면서 동쪽으로 나아가고, 다시 아침이 되면 만제트에 올라탄다. 라는 매일 탄생해서 한낮에 성인이 되고 저녁에 노인이 돼서 죽는다고도 알려져 있으며, 이 신화는 태양의 운행의 상징인 동시에 탄생과 죽음을 나타낸다.

신앙이 왕성해진 것은 제2왕조 무렵부터로, 중심지는 헬리오폴리스. 이전에는 호루스 신앙이 번성하고, 헬리오폴리스에서는 창조신이자 태양신이기도 한 아툼을 신앙으로 모셨다. 이들과 융합한 매의 머리를 한 인간의 모습과 머리 위에 태양 원반을 얹은 남성의 모습으로 그려지며 라하라크티, 라아툼이라고 부른다. 훗날 신앙이 왕성해진 아멘과도 융합해서 아멘라의 이름은 비교적 유명하다. 이집트 신화의 신들은 우리에게도 알려져 있다.

역시 소설 게임에서 많이 등장하고 고대 이집트 문명을 소재로 한 해외의 보드 게임 등도 판매되고 있다.

라

관련용어

아펩
Apep, Apepi, Aapep, Apophis
아포시스라는 이름으로도 알려져 있다. 어둠에 대한 인간의 두려움의 상징으로 고양이 또는 사자의 모습이 된 라에 퇴치당하는 모습을 그린 벽화가 있다.

제2왕조
기원전 2890~기원전 2686년경으로 추정되는 고대 이집트의 두 번째 왕조. 시대 구분에서는 제1왕조와 함께 초기 왕조 시대를 형성한다. 이 시기에 라는 왕권과 결부됐다.

호루스Horus
고대 이집트의 태양의 신. 매의 머리가 있는 인간의 모습으로 그려진다.

아멘Amen
테베 지방에서 신앙으로 받든 풍요 신. 별로 중요한 신은 아니었지만, 기원전 2055년 제11왕조 이후에 믿음이 활발해져 중요한 신의 하나가 된다.

COLUMN 늙음에는 이길 수 없었던 라의 신화

라 신화에는 늙어서 망령이 났다는 이야기가 있다. 라는 자신이 창조한 세계를 스스로 통치했지만, 결국 늙어서 망령이 났기 때문에 인간들이 폐위시키려고 획책했다. 라는 이를 저지하지만 통치에 흥미를 잃고 누트의 등에 타고 천계로 떠나고 그 후 신들의 왕으로 군림하면서도 은둔 생활을 했다.

339 로리타 lolita

1955년 미국 작가 블라디미르 나보코프가 쓴 소설이다. 중년 남성의 소녀에 대한 변태적인 연애 감정을 그려 문제가 됐고, 그 이상으로 화제도 됐다.

로리타 콤플렉스의 원점

로리타 콤플렉스, 통칭 로리타의 이름을 모르는 사람은 그리 많지 않을 것이다. 성애의 대상으로 어린 소녀를 요구하는 심리를 말하며, 이것이 변해서 어린 소녀를 로리타라고 부르고, 인형 같은 소녀 취향의 옷을 로리타 패션이라고 부르기도 한다. 세상에서 처음으로 로리타라고 불린 것은 12세 소녀 돌로레스이다. 러시아 출신의 작가 나보코프가 쓴 영어 소설 〈로리타〉에 등장한다. 로리타는 그녀의 애칭이었다.

중년의 대학 교수 험버트는 첫사랑의 소녀와 쏙 빼닮은 돌로레스를 만나 마음을 빼앗긴다. 그녀를 사랑한 나머지 그녀의 어머니와 결혼했다. 아내가 자살이나 다름없는 사고로 사망하자 로리타와 함께 미국 각지를 돌면서 도망자 생활을 한다. 그러나 소녀가 점차 성장하여 남자를 따라 험버트 곁을 떠난다. 다음에 험버트가 로리타를 발견했을 때, 그녀는 그가 요구하는 '로리타'가 아니었다.

험버트가 어느 의미에서 구제받을 수 없는 부분은 로리타에 대한 성애를 그녀의 탓으로 돌린 점이다. 그는 로리타를 '님펫', 간단히 말하면 나이 든 사람을 유혹하는 악귀라고 말하며 자신을 정당화하려고 했다. 작품에서는 마치 학술 논문과 같이 님펫에 대해 언급하는 장면이 있다.

중년 남성의 변태적인 사랑을 그린 이 작품은 처음 미국에서 출판을 거절당해 파리에서 겨우 빛을 보게 됐다. 물론 문제작으로 화제가 된 것은 말할 필요도 없다. 지금까지도 소녀애에 대해 그린 작품은 있었지만, 이렇게까지 노골적이고 아름답고 적나라하게 묘사한 것은 처음이었을 것이다.

관련용어

블라디미르 나보코프
Vladimir Nabokov

1899~1977년. 러시아 태생의 소설가, 시인. 러시아 혁명 당시 망명해서 1940년부터 미국으로 이주한다. 러시아 문학을 가르치면서 집필 활동을 한다. 말장난이나 현실과 망상의 경계가 애매한 표현으로 '언어의 마술사'라고도 불린다.

로리타

1955년 파리에서 처음으로 간행된다. 1958년에는 미국판이 출판됐다.

COLUMN 무자각에서 남자를 유혹하는 님펫

이 말은 나보코프의 주장이다. 작품에서 말하기를, 님펫은 '9~14세의 소녀 중에서 드물게 나타나고 몇 배나 연상의 여행자(남성)에게만 님프(악마)의 본성을 나타낸다', '외모의 수려함과 행실로는 판단할 수 없다', '본인은 자신이 엄청난 힘을 가지고 있는지 모르는 것 같다'. 무지각에서 남자를 유혹하는 소녀라고 한다.

340 분진 폭발

폭발이라고 하면 다이너마이트 등의 화약을 사용한 것이나 가스 폭발 등을 상상하기 쉽지만 그것만이 폭발이 아니다. 가루가 폭발을 일으키는 일도 있다.

방심은 금물! 폭발 위험이 있는 고운 가루

먼저 폭발은 급격히 압력이 발생하거나 반대로 급격하게 방출되어 열, 빛, 소리 등이 발생하여 파괴를 수반하는 현상을 말한다. 계기는 다양하지만 화학반응이 대표적인 예다. 분진 폭발의 경우는 미세한 가연성 분진이 대기 등 기체 중에 부유한 상태에서 인화하여 폭발한다. 가루라고 무시하기 십상이지만, 미세한 분진은 체적에 대해 표면적이 차지하는 비율이 커서 충분한 산소와 불씨만 있으면 연소반응에 민감한 상태가 된다. 게다가 빛이나 전자파에 의한 열 등으로도 발화하기 때문에 상당한 주의가 필요하다.

분진 폭발이 발생하는 조건으로는 (1) 분진의 입자가 미분 상태에서 공기 중에 일정 농도로 부유하고 있을 것, (2) 점화원, (3) 공기 중의 산소의 3가지를 들 수 있다. 분진 폭발을 일으키는 것으로는 밀가루, 설탕, 옥수수, 석탄가루, 알루미늄이나 아연의 금속 분말 등이다. 특히 금속 분말은 공기에 닿기만 해도 발화하는 위험한 물질이다.

근대에 일어난 분진 폭발 사고로 피해가 큰 예로는 2015년 대만에서 일어난 팔선낙원(워터파크, 온천 등을 같이 운영하는 테마파크) 폭발 사고가 있다. 워터파크에서 일어난 이 사고로 525명이 부상했는데, 원인은 컬러 파우더였다. 일본의 사례는 전후 최악의 탄광 사고로 불리는 미쓰이미이케미카와三井三池三川 탄광 석탄 가루 폭발(1963년)이 유명하다. 석탄 먼지가 원인으로 일어난 사고로 458명의 사망자를 낸 대형 사고였다.

워시번제분소의 분진 폭발을 기록한 스테레오 그래프

관련용어

옥수수 녹말
옥수수로 만든 전분. 식품은 물론 화장품이나 골판지, 고무장갑 등의 공업용 풀로 쓰인다. 팔선낙원 폭발 사고의 원인인 컬러 파우더는 착색한 옥수수였다.

알루미늄 가루
알루미늄 자체는 원자번호 13의 원소로 열전도성, 전기전동성을 갖고 있다. 이것이 분말이 되면 가연성 물질이 되어 연소열이 크고 연소 시 가스를 발생하지 않기 때문에 열이 집적하기 쉬운 성질을 지녔다.

미쓰이미이케미카와三井三池三川 탄광 석탄가루 폭발
1963년 후쿠오카현 오무타시에 있는 미이케 탄광에서 발생한 분진 폭발 사고. 석탄을 가득 실은 트럭이 불꽃을 내면서 탈선하여 석탄 가루가 갱내에 만연해 인화. 폭발뿐만 아니라 일산화탄소가 대량 발생하여 피해가 컸다.

COLUMN 일본에서 대참사가 잇따른 피로 물든 토요일

미쓰이미이케미카와 탄광 석탄가루 폭발이 일어난 1963년 11월 9일, 관동지방에서는 쓰루미鶴見 사고라는 탈선 다중 충돌 사고가 일어났다. 탈선한 화물 열차와 국철 도카이도 본선이 충돌하여 사망자 161명, 중경상자 120명의 대참사를 기록했다. 석탄가루 폭발 사고도 있었기 때문에 이날은 '피로 물든 토요일', '마의 토요일'라고 불린다.

341 아르누보 Art Nouveau

아르누보는 '새로운 예술'이라는 뜻이다. 지금까지의 그림과 음악을 중심으로 한 예술 운동과는 달리, 가구와 건물 등의 공예품과 예술이 융합된 문화 운동이다.

유럽에서 태어난 프리미엄 브랜드

19세기 말 유럽에서 산업혁명에 의해 공업 제품이 대량 생산되어 생활용품이나 가구 등이 널리 보급되는 세상이 됐다. 그러자 그러한 보급품과는 차별화된 고급 제품을 요구하는 목소리가 부유층에서 대두됐다. 그래서 등장한 것이 아르누보이다.

아르누보는 '예술이 있는 라이프 스타일'을 테마로 디자인성이 높은 갖가지 공예품을 만들어냈다. 그 범위는 가구와 장식품, 기구, 건물 등에 이른다. 이들은 유리와 철 등의 신소재를 맘껏 사용하여 하나하나 장인이 수작업으로 만들어냈다. 디자인은 식물을 비롯한 유기적인 모티브를 사용하여 곡선은 물론 좌우 비대칭 구조로 만들기도 했다. 그야말로 비용이 많이 드는 프리미엄 브랜드다.

이것은 부유층의 큰 지지를 받았고 그 움직임은 유럽 각국에 퍼져 나갔다. 현재에도 물건이 보급되면 '더 좋은 것을 갖고 싶다'라는 고급품 지향이 생겨나는 것은 흔히 있는 일이다. 예를 들어 자동차라면 과거에는 수천만 원이라고 하면 고급차였지만, 지금은 그런 가격대도 보급품이 되었으며, 고급품을 추구한 수천만 원이나 하는 자동차가 주목받고 있다. 호텔이나 아파트도 고급품을 지향하기는 마찬가지다.

아르누보는 제1차 세계대전의 발발과 함께 쇠퇴하고 대신 합리적이고 대중적인 아트 데코가 대두했다. 무슨 일이 있으면 사치품이 몰매를 맞는 것도 일반적인 일이다.

타셀 저택

관련용어

아르누보
art nouveau
벨기에 건축가 빅토르 오르타가 브뤼셀에 건설한 타셀 저택, 프랑스의 디종 미술관에 장식되어 있는 에밀 갈레의 꽃병 등이 대표적 작품이다. 아베스 지하철역의 입구도 아르누보 작품으로 파리의 명물 중 하나로 자리 잡고 있다.

아르데코
art deco
직선적인 디자인으로 대량 생산에 적합하며 아르누보와는 대조적인 성격을 띤다. 제2차 세계대전까지의 짧은 기간이지만 붐을 일으켰다. 뉴욕의 엠파이어스테이트 빌딩과 크라이슬러 빌딩 등이 대표작으로 꼽힌다.

COLUMN 일본 문화가 아르누보에 영향을 미쳤다?

당시 유럽에서는 일본 우키요에(浮世絵, 일본 에도 시대 서민 계층에서 유행했던 목판화)를 비롯한 문화가 수입되어 '자포니즘(19~20세기 서양 미술 전반에 나타난 일본 미술)의 영향'이라고 해서 크게 주목받았다. 이들이 아르누보 디자인에 끼친 영향은 매우 크다. 그들 입장에서는 수입품인 셈이다. 현재도 고급 브랜드에 해외 지향이 많은 것처럼 당시 유럽에서 자포니즘은 고급품의 증거였던 것 같다.

342 생 제르맹 백작 Comte de Saint-Germain

18세기에 실존했던 수수께끼 많은 유럽인으로, 프랑스 국왕 루이 15세의 마음에 들었던 그에게는 다양한 소문이 항상 따라 다녔고, 어느덧 전설적인 인물로 이야기되기 시작했다.

불로불사? 시간 여행자? 기상천외한 전설

생 제르맹 백작의 출신은 분명하지 않다. 그가 주목받기 시작한 것은 18세기 중반 파리에 나타나고 나서이다. 어디선가 갑자기 나타난 이 남자는 화학과 연금술을 통해 모든 언어를 조종하고, 음악과 그림에서도 전문가 뺨치는 솜씨를 보였다.

파리에 오기 전에는 다양한 지역을 여행하고 유럽 각지의 역사와 전설에 대해서도 밝았는데, 이러한 지식과 교양을 교묘한 입담으로 풀어내서 사교계의 스타가 되기까지 시간은 얼마 걸리지 않았다. 루이 15세도 생 제르맹의 총명함에 매료되어 순식간에 팬이 된 것 같다.

한편, 그의 인기를 불쾌하게 생각하는 사람도 있었다. 그중 대표적인 사람이 중신 스와쇠이Choiseul 공작이다. 생 제르맹을 실각시키고 싶었던 공작은 계책을 생각해내 백작의 가짜 인물을 내세워 여기저기서 허풍을 떠들고 다녔다. 가라사대, '알렉산더 대왕과 술잔을 나눴다'라던가 '그리스도에 불길한 예언을 위탁받았다'라는 황당한 이야기다. 하지만 이것은 역효과였다. 가짜인 것이 바로 들켰지만 허풍은 절반은 사실로 퍼져 오히려 백작의 몸값을 올려 버렸다. 게다가 백작과 그의 집사가(아마 즐거워하며) 긍정하는 발언까지 한 결과, 기상천외한 전설이 많이 생겼다.

전설 중에서도 특히 매우 이상한 것이 불로장생설이다. 백작은 자칭 2000살(4000살이라고도)로 직접 만든 환약만 먹고 다른 사람과 식사를 하지 않았다고 한다. 그런 기행에 추가해 고대의 사건을 그 자리에 마치 그 자리에 있었던 것처럼 말하는 모습, 수십 년이 지나도 나이를 먹지 않는 외모는 불로불사 전설을 키우기에 충분했다. 백작은 1784년에 죽었다고 기록되어 있지만, 그 후에도 백작을 만났다는 증언이 끊이지 않았고 중일 전쟁에서도 목격했다고 한다. 때문에 불로불사가 아닌 시간여행자라는 설도 유력하다.

생 제르맹 백작의 초상

관련용어

멀티링궐
multilingual
다국어를 할 줄 아는 사람. 백작은 월등한 재능을 가지고 있는 것으로 알려졌는데, 영어를 비롯해 프랑스, 독일어, 이탈리아어, 스페인어, 포르투갈어뿐만 아니라 라틴어, 그리스어, 산스크리트어, 중국어 등을 구사했다.

연금술
백작은 연금술을 심득한 것 같고, 그 기술로 루이 15세의 다이아몬드 흠집을 복구했다고 한다. 식사 대신 복용하는 불로장생약도 아마 연금술로 만들었을 것이다.

외모
작곡가 장 필리프 라모는 "여러 번 생 제르맹을 만났는데 수십 년이 지나도 나이를 먹지 않았다"고 적었다. 또한 세르지 백작 부인도 40년 후에 백작과 재회했을 때 전혀 나이를 먹은 것처럼 보이지 않았다고 말했다.

343 엘리파스 레비 Éliphas Lévi

프랑스 파리에서 태어나 작가와 화가로 활약한 엘리파스 레비는 신비학을 소재로 한 작품을 다수 발표했으며 현대의 작가에도 영향을 주고 있다.

19세기를 대표하는 위대한 오컬티스트(신비학 연구자)

엘리파스 레비는 19세기를 대표하는 오컬트 작가이자 마술사다. 이름은 본명인 알퐁스 루이 콩스탕을 히브리어로 번역한 것이다. 연금술과 카발라, 점성술 등을 배우고 학문으로 체계화하는 것을 시도했다.

〈고등 마술의 교리와 제의〉와 〈대신비의 열쇠〉 등 그의 생애에서 마술 관련 책을 여러 권이나 썼고 후세의 오컬티스트들에게 큰 영향을 준 것으로 알려져 있다.

장인의 집에서 태어난 레비는 병약하지만 똑똑한 아이였고, 15세가 되자 사제가 되기 위해 생 니콜라 뒤 샤르도네 신학교에 입학했다. 그 후 신학을 배우기 위해 성 쉴피스 신학교에 재입학했고, 25살의 젊은 나이에 부제로 임명되어 생 쉴피스 교회의 전도사가 됐지만, 한 여자와 사랑에 빠져 신학교를 자퇴한다. 4년 후 1839년 다시 사제를 목표로 했는지 그는 프랑스 솔렘에 있는 가톨릭 수도원으로 간다. 여기에서는 입원을 인정받지 못해 일자리를 전전하며 책과 그림을 그려 생계를 이어갔다.

그에게 전환기가 찾아온 것은 이름을 엘리파스 레비로 바꾼 다음 해인 1854년. 영국을 방문한 레비는 소설가 리턴을 만나 그가 소속되어 있던 장미십자회에 가입한다. 이 즈음부터 마술사로 활동하게 된 그는 귀국 후에 프랑스의 장미십자회를 재건했다. 그 후에도 〈고등 마술의 교리와 제의〉를 집필하고 런던에서 강령술 실험을 실시한 외에 제자를 두고 마술을 가르쳤다고 한다.

엘리파스 레비의 초상

관련용어

에드워드 불워 리턴
1803~1873년. 영국의 소설가. 대표작은 〈폼페이 최후의 날〉

장미십자회
중세 무렵부터 존재했다고 하는 비밀 결사. 프리메이슨리에 속한 조직으로 불로장생을 실현하기 위해 세계 각지에서 활동을 어어왔다고 한다.

COLUMN 지금은 비밀조차 없는 세계의 비밀 결사

장미십자회와 프리메이슨리 외에도 비밀 결사라는 조직이 다수 존재한다. 마법 관련으로 말하면 맥그리그 매더즈(MacGregor Mathers, 1854~1918년) 등이 결성한 황금새벽회, 소설 작품의 소재로 등장한 것으로는 독일 툴레협회와 프랑스 시온수도회가 유명하다. 이들은 실제 조직이고 지금은 그 전모도 대체로 밝혀졌다.

344 만프레트 폰 리히트호펜

1892년생으로 제1차 세계대전 당시 활약한 독일 군인. '붉은 남작'으로도 불리며, 다른 어떤 전투기 조종사보다도 많은 80번의 항공전 승리를 공식적으로 인정받은 최고의 에이스였다.

'레드 바론'이라 불린 독일의 격추 왕

제1차 세계대전 중에 전투기 중대의 지휘관으로서 맹활약을 한 리히트호펜은 '붉은 남작Red Baron'이라는 별명을 가지고 있었다. 독일 남작 가문에서 태어난 기사도 정신이 넘치는 비행기 조종사이다.

제1차 세계대전 초기에 리히트호펜은 독일 육군의 창기병 연대에 배속됐다. 창기병은 문자 그대로 창을 든 병사, 즉 이미 구식인 존재였다. 전령과 후방 지원이라는 직책을 맡으면서 그는 상공을 나는 비행기에 강한 관심을 가지고 비행대로 전속했다. 당시 비행기의 역할은 정찰이 주 업무였지만, 서서히 '전투기'라는 병기로 바뀌었다.

리히트호펜의 진가가 발휘된 것은 중량급 폭격기에서 경량 전투기로 전속되고부터였다. 서부 전선에서 영국군의 에이스 라노에 호커 소령를 격추한 것을 시작으로 차례차례로 격추 점수를 올려 80기라는 유례없는 성과를 올렸다. 그 활약은 군인에게 최고의 훈장인 푸르 르 메리트Pour le Mérite 훈장을 수상하고 황제 빌헬름 2세의 축하 인사를 받았을 정도였다.

별명의 '붉은'은 그의 기체 색상에서 붙여졌다. 1917년 그가 중대장을 맡은 제11 전투기 중대는 모두 붉은색 기체로 맞췄지만, 그중에서도 리히트호펜의 '알바트로스 D.Ⅱ'는 특히 눈에 띄는 빨간색이었다고 한다. 적군, 아군 가리지 않고 '최고의 에이스'라고 불린 붉은 남작은 25세의 젊은 나이에 하늘에서 목숨을 잃었다.

리히트호펜의 사진

관련용어

레드 바론
남작 가문 태생이어서 붙은 이름이다. 리히트호펜의 가장 인기 있는 별명으로 그의 생애를 그린 영화 제목이기도 하다.

창기병 연대
화려한 군복을 입고 창을 들고 말에 올라 돌격을 한다. 제1차 세계대전 당시 대부분의 전령과 후방 지원을 맡았고 훗날 해산됐다.

라노 호커
Lanoe Hawker
1890~1916년. 영국 군인. 빅토리아 훈장을 수여받았다. 영국 최고의 에이스 파일럿 중 한 명

COLUMN **일본 애니메이션에 침투한 '붉은 ○○'**

공식적으로 언급되지는 않았지만, 리히트호펜의 영향을 받은 작품은 얼마든지 있다. 유명한 것은 붉은 기체를 타고 민완 비행사가 활약하는 지브리 영화 〈붉은 돼지〉. 그러나 '붉은 기체'라고 하면 다른 것을 떠올리는 사람도 있을 것이다. 바로 〈기동전사 건담〉의 '붉은 혜성' 샤아 아즈나블Char Aznable이다. 이것도 무관하지 않아 보인다.

345 오시리스 Osiris

명계의 신으로, 대지의 신 게브와 하늘의 여신 누트의 아들이다. 남동생은 세트, 여동생에 이시스와 네프티스가 있고 이시스는 아내이기도 하다.

일찍이 식물의 신이었던 명계의 왕

고대 이집트 사람들은 죽은 자는 생전의 죄 때문에 심판받는다고 믿었다. 심판의 자리에서 심판을 하는 것이 오시리스이고 〈사자의 서Book of the Dead〉에 그려진 모습은 유명하다. 무엇보다 처음부터 명계의 신이었던 것이 아니라 거기에는 동생과의 불화가 있었다.

원래 오시리스는 식물의 성장을 담당하는 신으로 겨울에 시들고 봄에 꽃피는 식물을 통해 영원한 생명을 상징하는 존재였다. 작물 재배 방법과 예술을 사람들에게 전수하고 문화적인 생활을 가져온 고대 이집트의 첫 번째 왕이자 온화한 통치로 지지를 받았다. 그런데 이를 질투한 세트의 음모로 살해되고 시신은 14등분으로 분할되어 각지에 버려졌다고 한다. 아내 이시스가 시체를 모아 한 번 부활했다. 아들 호루스를 낳았지만 몸이 불완전했기 때문에 현세에 머물지 못해 명계로 떠나 왕이 됐다고 한다. 현재 전해지고 있는 그림에서는 오시리스의 얼굴은 녹색. 몸은 미라처럼 천으로 싸여 있고 머리에 2개의 깃털이 달린 장식을 쓰고 가슴 앞에 마주한 양손에 갈고리와 도리깨를 든 모습으로 그려져 있고, 식물의 신과 명계의 신이라는 두 가지 특징이 잘 나타나 있다.

그런데 오시리스가 등장하는 작품은 일부 소설 게임이나 카드 게임 정도로 적지만, 죽은 사람을 심판하는 오시리스의 신화를 관련시킨 해외 업체의 보드 게임도 있다. 또한 FPS(First-person shooter, 1인칭 슈팅 게임)의 타이틀이나 게임 중에 등장하는 밴드의 명칭 등에서 그 이름을 볼 수 있어 이름만 사용되는 경우가 많은 것 같다.

오시리스상

관련용어

사자의 서
고대 이집트에서 사자와 함께 묻힌 책. 사후 영혼이 낙원에 이르기까지의 과정이 그려져 있고, 사후의 심판을 무사히 극복한 영혼은 지하를 통과한 후 낙원 아아루aaru에 갈 수 있다고 믿었다.

세트
난폭한 성격으로 알려진 파괴의 신. 오시리스를 죽였기 때문에 악신의 인상이 강하다. 군대의 신이기도 하며, 또한 명계를 여행하는 라ra의 호위 무사이기도 하다.

FPS
First-person shooter
1인칭 슈팅 게임의 약자. 주인공의 시점에서 이동과 전투를 하는 액션 게임을 말한다. 특히 해외에서 매우 인기 있는 장르로 타이틀 수도 많다.

COLUMN 사자의 심장을 저울질하는 오시리스의 심판

오시리스의 심판에서는 진실의 여신 마트Ma'at의 날개(진실의 날개)와 사자의 심장을 저울질해서 죽음의 운명이 결정된다. 생전의 죄가 심장에 나타난다고 생각했기 때문으로 죄가 가벼우면 마음과 날개와 균형을 이루고 하늘 신 호루스에 인도되어 천국에 갈 수 있다. 죄가 무거우면 저울이 심장 쪽으로 기울어 심장이 암무트에 먹혀 두 번 다시 부활할 수 없게 된다.

346 서유기

명나라 시대에 지어진 장회章回(장과 회. 중국 장편소설의 단락 형식) 소설. 삼장법사 현장이 불경을 찾아 중국에서 천축(인도)으로 향한 사실을 바탕으로 한 신마神魔 소설의 선구자이다.

무법자들의 로드 노벨?

〈서유기〉라고 하면 삼장법사와 원숭이, 돼지, 사오정 등이 등장하는 만화를 떠올릴 것이다.

이 이야기는 당나라 초기(600년 중반) 중국의 고승 현장 삼장이 천축(인도)에서 불교의 경전을 갖고 돌아왔다는 사실을 바탕으로 만들어졌다. 이 사실은 당나라 말엽에 이미 전설화되어 강담이나 연극 등에서 다루어졌지만 처음 기록된 것은 남송 시대의 〈대당삼장취경시화大唐三蔵取経詩話〉라고 한다. 이를 바탕으로 요괴와 신불을 등장시켜 대담하게 재편집한 것이 〈서유기〉이다. 저자는 오승운으로 알려져 있지만 확실하지 않다. 이후 많은 사본이 생겨났고 사본마다 내용이 가미되다 보니 어느 단계에서 '편찬'이라고 해야 한다는 논의마저 불러일으켰다.

돌에서 태어난 손오공(제천대성), 돼지 요괴 저팔계(법호는 저오능), 사오정을 제자로 삼아 삼장법사가 수많은 어려움을 극복하고 천축까지 가는 여정이 그려져 있다.

함께하는 세 명의 제자는 모두 원래 천계에 살았으나 죄를 범했기 때문에 지상으로 떨어진(환생한) 자들이다. 그러나 사실은 삼장도 같은 처지이다. 요컨대 이 작품에서 그려지는 것은 그들의 죄를 씻는 여정이다. 죄를 지은 자에게 큰 시련을 주고 그것을 해냄으로써 용서받는다는 구문은 귀종유리담이라고 불리며 세계 공통의 개념인 것 같다.

〈월백자月百姿〉 옥토끼

관련용어

몽키 매직
GoDieGo의 1978년판 텔레비전 드라마 〈서유기〉(일본 TV)의·오프닝 테마. 〈간다라〉는 엔딩 테마

귀종유리담
貴種流離譚
젊은 신이나 영웅이 다른 땅에서 시련을 극복하고 귀한 물건으로 변하는 이야기의 한 유형

COLUMN 시작과 마무리가 정해진 장회소설

중국 소설의 한 형식으로 구어체 소설을 토막 내어 장 또는 회로 나누어 서술한 것. 각 회마다 내용을 나타내는 제목이 붙고 '그런데'라는 뜻의 '화설話說', '차설且說'로 시작하며 매회 끝은 '그러면 이 결말은 어떻게 될지 다음 회의 이야기를 기다려 주세요'라고 정해진 문구로 끝나는 연재물 형식이다. 덧붙여서 〈서유기〉는 총 100회로 되어 있다.

347 인공지능

일찍이 SF의 단골 소재로 등장했던 인공지능(AI)은 더 이상 꿈같은 이야기가 아니라 완전히 현실이 됐다. 기술은 지금도 발전하고 있는데, 과연 인공지능의 미래는?

인공지능이 지배하는 미래는 이제 곧인가?

인공지능은 인간을 대신해서 지적 행동(인식 및 추론, 언어 운용, 창조 등)을 컴퓨터에 수행하게 하는 기술을 말한다. 이 장르에서는 알고리즘이라는 절차와 '지식'이라는 데이터를 준비하고 기계에 그것을 어떻게 실행시킬 수 있을지 등을 연구한다.

인공지능이라는 말은 1950년대에 등장했지만, 일반 대중에게 인공지능이 널리 알려진 것은 아마도 인공지능이 오셀로 게임 세계 챔피언을 이긴 1990년대 즈음부터이다. 2010년대에 들어 딥러닝과 빅데이터의 환경 정비, GPU의 고성능화 등으로 연구가 크게 진전했다. 현재 가장 가까운 인공지능 응용 예는 기계 번역이나 화상인식 등이 있다.

이제 압도적인 인공지능이 지식과 지능의 관점에서 인간을 초월하고 과학 기술의 발전을 담당하는 변혁, 다시 말해 기술적 특이점이 현실성을 띠게 됐다. 그에 수반하여 사회 문제도 나타나고 있다.

그래서 인공지능을 개발하는 선두회사 중 하나인 구글은 인공지능 개발을 진행할 때 7가지 원칙이라는 것을 발표했다. ① 사회적으로 유익하며 ② 불공정한 편향을 만들어내거나 강화하지 않고 ③ 안전성을 우선으로 설계하고 ④ 인간을 위해 책임을 다하며 ⑤ 개인정보를 보호하고 ⑥ 과학적 우수성에 대한 높은 기준을 유지하는, ⑦ 이러한 원칙에 부합하는 용도에만 활용한다.

이상이 그 원칙이며 나아가 해를 일으키는 기술, 인간을 해치는 기술, 국제적인 규범에 위반되는 방식으로 정보를 수집·이용하는 기술, 국제법과 인권의 원칙에 위배되는 목적을 가진 기술은 개발하지 않는다고 규정하고 있다. 단, 구글의 이야기이므로 다른 업체가 이러한 원칙을 지킨다는 얘기는 아니다.

관련용어

딥러닝
deep learning
심층학습. 인간과 동물의 뇌신경 회로를 모델로 한 알고리즘을 다층 구조화된 딥 뉴럴 네트워크를 이용하여 인간의 도움 없이 기계가 자동으로 데이터에서 특징을 추출하는 학습 시스템을 말한다.

빅데이터
bigdata
일반적인 소프트웨어로 처리가 곤란할 정도로 거대하고 복잡한 데이터의 집합. 단지 크기만 한 것이 아니라 데이터의 양, 데이터의 종류, 데이터의 발생 빈도와 갱신 빈도가 중요한 요소가 되고 있다.

구글Google
1998년에 설립된 인터넷 관련 서비스 전문 기업. 사업으로는 검색 엔진, 온라인 광고, 소프트웨어, 하드웨어 등이 있다. 2014년에 인공지능과 로봇 관련 기업을 잇따라 인수했다.

COLUMN 어쩌면 참고했을지도? 로봇 3원칙

인공지능 개발의 7가지 원칙을 만들 때 참고를 했는지는 모르겠지만, 로봇 3원칙이라는 것이 있다. 미국의 작가 아이작 아시모프의 SF 소설에서 제시된 것으로, ① 로봇은 인간에게 해를 끼쳐서는 안 된다 ② 로봇은 인간의 명령에 복종해야 한다 ③ 1 항 및 2 항에 반하지 않는 한 자신을 지켜야 한다.

348 다다이즘 dadaism

예술은 아름다울 필요가 있을까? 그것이 다다이즘의 원점이다. 제1차 세계대전이 인간의 어리석음을 드러내면서 이에 대한 반발로 다다이즘이 등장했다.

의미가 명확치 않은 것에서 추구한 아름다움

때는 제1차 세계대전 중인 1916년. 전쟁은 사람의 이성과 도덕을 부정하고, 그때까지 믿어 온 상식을 무의미하게 만들었다. 전통적인 가치관의 파괴…. 그런 세상을 풍자하기 위해 등장한 예술 활동이 다다이즘(또는 다다)이라 불리는 것이다.

다다이즘은 아름다운 그림이나 형태를 요구하는 게 아니라 알 수 없는 것, 의미 불명한 것, 우연히 생긴 것 등을 작품으로 만들었다. 지금까지 예술의 개념과 상식을 근본적으로 뒤집는 발상이다.

예를 들어, 뒤샹의 작품 〈샘〉은 기존의 소변기를 옆으로 눕혔을 뿐이다. '왜 이것이 예술인가?'라고 고개를 갸웃거리게 된다. 그러나 뒤샹은 아름다움은 의도적으로 만들어내는 것이 아니라, 사람이 보고 아름답다고 느끼는 것이 아름다움이라고 했다. 그것은 흔한 것이기도 하고 아무렇게나 만든 것일지도 모른다. 그런 아름다움을 추구한 것이 다다이즘이다.

이와 같이 고정관념을 과감하게 파괴한 다다이즘은 스위스에서 탄생하여 유럽과 미국에서 일대 붐을 일으켰다. 전쟁으로 사람의 마음이 피폐해진 시점에 딱 맞아떨어진 것도 있을 것이다. 그러나 인기는 오래 가지 않았고 몇 년 후 순식간에 사라진다. 그래도 다다이즘이 예술 세계에 던진 파문은 컸고 기성 개념에 사로잡히지 않은 새로운 가치를 만들어낸 예로서 주목받았다. 만약 당신이 지금까지 볼 수 없었던 작품을 만들려고 생각하고 있다면, 그것은 바로 다다이즘의 정신이다.

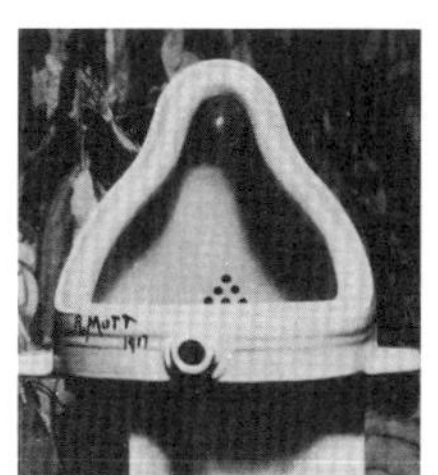

〈샘〉

관련용어

다다이즘
dadaism

'다다'라는 이름의 유래에는 여러 가지 설이 있지만, 눈에 띈 단어를 그대로 이름 붙인, 즉 의미 없는 단어로 여겨진다. 전쟁으로 인해 스위스로 도망온 사람들이 취리히의 카바레 볼테르에 모여 무의미한 연극과 낭독으로 밤마다 분위기에 젖었던 것이 시작이었다고 한다.

마르셀 뒤샹
Marcel Duchamp

1887~1968년. 다다이즘을 대표하는 미국의 예술가. 본문에서 언급한 〈샘〉 외에 모나리자의 복제 이미지에 연필로 수염을 그려넣은 작품 〈L.H.O.O.Q.〉 등도 유명하다.

COLUMN 다다이즘을 모티브로 한 울트라 괴수

특수 촬영 히어로 〈울트라맨〉 제28화 등에 나오는 괴수 다다는 다다이즘의 개념을 바탕으로 만들어졌다고 한다. 전신이 흑백 줄무늬에 기괴한 얼굴을 가진 다다는 다다이즘다운 예술을 연상시키는 디자인이다. 또한 나타났다고 생각하면 쉽게 당하고 사라지는 등 연출 방식도 다다이즘의 덧없는 역사를 떠올리게 한다.

349 노스트라다무스 Nostradamus

'노스트라다무스 대예언'으로 유명한 16세기 프랑스인이다. 그가 남긴 여러 가지 4행시는 많은 사람들을 매료시켰고 해석을 둘러싸고 다양한 논쟁이 일어나기도 했다.

대예언자로 추대받은 남자의 반생애

르네상스 시대에 실존했던 예언자(점성술)로 현대에 전해지는 노스트라다무스(1503~1566년). 본명은 미셸 드 노트르담이고, 노스트라다무스는 노트르담을 라틴어로 한 필명이다. 예언자로서의 활동만 주목받기 쉽지만, 원래는 의사로서 당시 유행했던 전염병을 치료하기 위해 몇 번이나 감염 지역으로 가는 등 감염 위험을 무릅쓰고 활동했다.

그런 그가 예언자로 변신하는 것은 50세 가까이 되면서부터다. 1549년경부터 노스트라다무스는 〈역서曆書〉라 불리는, 이듬해 한 해 동안의 예언 달력과 같은 것을 출판하기 시작했다. 이것이 호평을 얻어 1557년판부터는 이탈리아어 등의 번역본까지 나올 정도로 인기를 끌었다.

역서의 작성과 병행하여 그는 '더 앞의 미래 예언'에 착수하여 1555년에 〈미셸 노스트라다무스사의 예언서〉를 간행했다. 이 시점에 간행된 것은 4권으로 내용적으로도 미완성이었음에도 불구하고 큰 반향을 일으켰다. 이 작품은 왕비 카트린 드 메디시스를 비롯한 유력 귀족 중에서도 추종자를 얻으며 대표작이 됐다.

그 〈예언집〉에서 '백시선'이라 이름 붙은 4행시가 이른바 '대예언'에 해당한다. 각 구절의 의미를 읽어내는 것은 매우 난해하지만, 반대로 그것이 추종자들에게는 안성맞춤이었다. 즉, 일어난 사건에 대해 예언의 해석을 정하고 적중했다고 주장하는 셈이다. 이리하여 노스트라다무스는 사후 400년 이상에 걸쳐 대예언자로 추대받는다. 하지만 정확한 의미를 모르는 이상, 엉터리라고 단정할 수도 없다. 어쩌면 정말 그에게는 미래가 보였을지도 모른다.

노스트라다무스의 초상

관련용어

역서曆書
다음해에 무슨 일이 일어날지를 예언하고 적은 간행물. 1549~1566년까지 매년 출간됐고 후기에는 이탈리아어와 영어, 네덜란드어로도 제작됐다. 역서는 주로 달력 형식으로 돼 있으며, 각 달의 시작 부분에 예언의 4행시가 곁들여 있다.

4행시
4행으로 구성된 시절詩節을 말하며, 유럽의 전통적인 시 형식이다.

예언집
노스트라다무스의 대표작으로, 먼 미래의 사건을 예언한 것. 942편의 4행시를 쓴 '백시선'과 2개의 서문으로 구성되어 있다. 생전에 8권까지 간행됐고 사후 2년 만에 2권이 증보되어 전 10권이 됐다. 유명한 '공포의 대왕'은 10권 72호에 수록되어 있다.

350 알레이스터 크로울리 Aleister Crowley

20세기를 대표하는 오컬티스트 중 한 명으로, 황금여명회에서 마법을 배운 후 몇 권의 마술서를 집필했다. 악마의 소환을 시도하거나 직접 마술 결사를 만들었다.

위대한 오컬티스트이자 마술사

크로울리가 태어난 것은 1875년 영국 워릭셔주. 아버지는 양조장을 운영했으며, 크로울리가 초등학생 때 돌아가시면서 막대한 유산을 남겼는데 이것이 훗날 활동 자금이 됐다고 알려져 있다. 성장한 크로울리는 캠브리지 대학에 입학해서 재학 중에 마술 결사인 황금여명회에 가입하지만, 그의 승진을 둘러싸고 내부에 알력이 생겨 결국 내부 분쟁이 일어난다. 그 책임을 물어 추방된 것인지 아니면 스스로 그만둔 건지는 확실하지 않지만, 이후 바로 크로울리는 황금여명회를 탈퇴하고 아내 로즈와 함께 세계 여행에 나섰다. 그리고 이집트를 방문했을 때, 자신의 수호천사 에이와스와 접촉하고 그 말을 〈법의 서〉로 기록했다. 여행을 마치고 돌아온 크로울리는 1907년에 마술 결사 '은의 별銀の星'을 결성한다. 1912년에는 독일의 밀교 단체 '동방성당기사단'의 지도자와 접촉하고 영국 지부를 개설한다. 또한 이탈리아 시칠리아섬에 마술사 학교인 시설을 지어 마약을 이용한 강령성 마술 의식을 실천하던 중 젊은이가 사망한다. 이 일로 결국 정부로부터 추방 명령을 받았다. 이후 그는 영국으로 돌아가려고 하지만 정부로부터 거절당해 각지를 전전하는 처지가 된다. 1937년 드디어 귀국해서 몇 년 후에 조용히 세상을 떠났다고 하다.

자기 스스로를 마술사 엘리파스 레비의 환생 또는 묵시록의 짐승이라고 칭하며 수상한 종교 단체를 시작해 세상을 떠들썩하게 해서 모국 영국에서 격렬하게 비난받은 크로울리. 그러나 다수의 마술서를 집필하고 토트 타로Thoth Tarot를 고안하는 등 오컬티스트로서 남긴 업적은 후세에 높이 평가받고 있다. 또한 코론존Coronzon이나 메르쿠리우스Mercurius 등을 소환했다는 일화도 있어 대마술사로 불리기도 한다. 좋게든 나쁘게든 화제에서 빠지지 않는 인물인 만큼 현대 픽션 작품에서도 종종 그 이름이 보인다.

크로울리의 사진

관련용어

황금여명회
19세기 후반에 영국에서 설립된 마술 결사

에이와스
크로울리에게 〈법의 서〉를 쓰게 한 지성체. 그는 에이와스를 자신의 수호천사라고 말했다.

법의 서
크로울리가 에이와스로부터 받은 말을 기록한 것. 상징적인 문장이 많아 내용을 이해하기가 어렵다.

은의 별
크로울리가 시작한 마술 결사. 〈법의 서〉를 경전으로 한다.

동방성당기사단
20세기에 설립된 종교 단체. 나중에 크로울리가 지도자가 된다.

토트 타로
Thoth Tarot
크로울리가 고안하고 화가 프리다 하리스가 일러스트를 그린 타로

메르쿠리우스
Mercurius
크로울리가 제자와 협력하여 호출한 로마 신화 신. 상인과 여행자의 수호신으로, 그리스 신화의 신 헤르메스와 동일 신으로 여긴다.

351 피의 일요일 사건

1905년 1월 9일 러시아 제국의 군대가 노동자의 항위 시위대를 향해 발포를 해 다수의 사상자를 낸 사건으로, 러시아 제1혁명의 발단이 됐다.

가장 많은 피가 흐른 피의 일요일

역사상 '피의 일요일 사건'으로 불리는 유혈 사건은 상당히 많다. 1920년 더블린에서 영국군과 아일랜드 사이에 일어난 총격 사건, 1939년 폴란드에서 폴란드군과 독일계 폴란드인 사이에 일어난 전투, 1965년 미국의 셀마에서 민권 운동 중인 시위대와 경찰이 충돌한 사건, 1972년 북아일랜드에서 시위 행진을 하던 시민이 영국군의 총에 맞은 사건 등이 있다. 시위 사건이 많은 것은 역시 일요일이기 때문일까.

1905년 러시아에서 일어난 이 피의 일요일 사건은 그중에서도 사상자 수가 압도적으로 많아 수천 명으로 추정된다. 당시는 러시아 제국 시대로 노동자 조직을 만든 가폰 신부가 계획하고 노동자들을 모아 상트페테르부르크의 거리를 행진했다.

탄원 내용은 노동자의 권리 보장, 러일 전쟁 중지, 헌법 제정 회의 소집, 자유권 확립 등 비교적 민중의 소박한 요구였다. 당국은 군대를 동원하여 이 시위대가 중심가에 들어오지 못하도록 했지만, 행진 참가자가 6만 명으로 너무 많아 불가능했기에 결국 각지에서 발포하는 사태가 됐다고 한다.

원래 러시아 민중은 러시아 정교회의 영향도 있어 황제 숭배 관념이 있었다. 시위에 나선 것도 황제 니콜라이 2세의 직소가 있으면 상황이 개선될 거라고 생각했기 때문이다. 그러나 이 사건이 발생하면서 황제 숭배는 완전히 붕괴되고 반정부 운동, 러시아 혁명으로 이어진다.

군대의 총에 맞는 군중을 그린 그림

관련용어

러시아 제국
1712~1917년 러시아에 있던 국가. 1721년에 황제 표트르 1세가 황제 선언을 함으로써 제정된다. 국교는 러시아 정교회

상트페테르부르크
발트해 동부 핀란드만 최동단에 있는 레닌그라드주의 도시. 러시아 제국시대의 수도. 덧붙이면 1924~1991년까지 소련 건국의 아버지 레닌의 이름을 따서 레닌그라드로 개칭된 바 있다.

러시아 정교회
기독교의 종파인 동방정교회에 속한 자립 교회의 하나이다. 러시아 정교회는 가장 신도 수가 많다.

COLUMN 주가가 갑자기 하락하는 것은 '암흑의…'로 명명

비슷한 단어로는 '암흑의 목요일', '암흑의 월요일'이 유명하다. 모두 주가가 대폭락한 날을 말한다. 전자는 1929년 10월 24일이 발단이 되는 대폭락으로 대공황의 계기가 됐다. 후자는 1987년 10월 19일 홍콩을 발단으로 일어난 세계적인 주가 대폭락으로 다우존스 산업 평균 지수는 22.6%나 하락했다.

352 아누비스 Anubis

오시리스와 네프티스의 아들. 죽은 자들(묘지)의 수호신으로 여겨지며 미라를 만드는 신이기도 하다. 아누비스의 이름은 그리스인과 로마인이 명명한 것으로, 이집트에서 임프라고 불렸다.

불의에서 태어난 죽은 자에 얽힌 신

그 믿음은 오래되어 묘지를 배회하는 자칼이나 개를 묘지의 수호자, 곧 명계신으로 간주한 것이 원점인 것 같다. 동상이나 벽화에서도 아누비스는 검은 개와 같은 동물 또는 검은 개와 같은 머리를 한 사람 형상을 하고 있는 것으로 보아 개나 자칼은 아누비스의 성수聖獸로 여겨진다. 아누비스는 죽은 자를 심판의 자리로 인도하고 저울의 기울기를 확인해서 오시리스의 심판을 보좌하는 역할을 한다. 그 모습이 그려진 〈사자의 서〉는 유명하다.

플루타르코스의 〈이시스와 오시리스에 관하여〉에 따르면 아누비스의 아버지는 오시리스이지만, 어머니는 이시스가 아닌 네프티스이다. 네프티스는 오시리스 등 4남매의 막내 여동생으로 오빠 세트와 결혼했지만 마음은 오시리스에게 향했다. 그래서 오시리스를 만취시킨 후 이시스로 둔갑하여 관계를 갖고 낳은 것이 아누비스라고 한다. 이것이 세트가 오시리스를 죽인 이유 중 하나라고도 하는데, 세트도 사실은 이시스에 관심이 있었다는 이야기도 있다. 어쨌든 남매는 치정 드라마와 같은 애증극이 있었다. 세트가 오시리스를 적대시했기 때문에 숨길 의도로 아누비스는 버려지지만 나중에 이시스의 아들로 입양되어 성장하고 아버지를 보좌하게 된다. 세트에게 살해당한 오시리스를 미라로 만든 것도 아누비스인데, 특히 미라 장인으로 신봉됐다. 일본에서도 유명한 만큼 아누비스 자체는 물론 모델로 한 로봇이 등장하는 게임도 있고, 아누비스가 등장하는 작품은 비교적 많다.

〈사자의 서〉 아누비스

관련용어

자칼
늑대를 닮은 개과의 작은 종. 여기서 말하는 자칼은 일반적으로 황금 자칼이라고 생각된다. 또한 개로 보면 예부터 모습이 거의 변하지 않은 파라오 하운드라는 견종이 아누비스와 비슷하다.

플루타르코스
Plutarchos
1세기 중반~2세기 전반 무렵의 그리스 역사가. 이시스와 오시리스의 이야기를 그리스의 신들로 바꾸어서 소개했다. 대표작으로 고대 그리스와 로마의 유명 인사의 전기 〈플루타르코스 영웅전〉이 있다.

COLUMN 아누비스와 비슷한 회색의 신 웨프와웨트

고대 이집트의 아시우트에 웨프와웨트라는 신이 있었다. '길을 개척하는' 역할이 있고 왕의 군기에 그려진 군신이다. 회색으로 그려져 늑대라고 여겼지만, 모습은 아누비스를 꼭 닮았다. '명계의 길을 개척한다'고 해서 아누비스와 마찬가지로 죽은 자를 맞이하는 신으로 간주되기도 해 아누비스와 혼동하게 됐다.

353 수호전

중국 사대 기서 중 하나다. 〈충의수호전〉이라고도 한다. 〈송사宋史(중국 원나라 때의 사서)〉에 남아 있는 송강이라는 실재한 도적의 활약을 바탕으로 쓴 구어 장회 소설이다.

조정을 농락한 도적은 백성을 구원하는 의적으로

중국 송나라(960~1279년)를 다룬 역사서 〈송사宋史〉에 이런 기록이 있다. 송나라 말기 황제 휘종은 국비를 남용하고 사람을 압박하여 농민 폭동을 일으켰다. 그 하나인 '송강의 난'(1121년)은 양산박(중국 산동성에 있는 지명)의 도적 송강이 주도했다고 한다. 그의 활약상은 대가 바뀐 남송 시대부터 강담이나 희곡으로 해서 〈대송선화유사大宋宣和遺事〉로 간행됐다.

이것을 더욱 장대하게 부풀린 소설이 〈수호전〉이다. 도적단의 수는 36명에서 108명으로 늘었고 그들은 영웅으로 묘사됐다. 덧붙여서 '수호水滸'란 '물가'라는 뜻으로, 그들이 호수가 펼쳐진 양산박을 근거지로 삼은 데서 붙은 이름이다.

줄거리는 사실에서 벗어나지 않지만, 문장으로는 100회본, 115회본, 120회본 등 다양한 버전이 있으며, 어느 것이 원본인지는 딱 잘라 말하기 어렵다. 현재 널리 알려진 것은 청나라 시대에 김성탄이라는 문학 평론가가 정리한 70회본 책이다.

송강 등은 도적단, 산적으로 표현되기도 하지만, 백성을 위해 싸우고 베풀었기 때문에 의적으로 다루어지는 경우가 많다. 신의가 두텁고 덕망이 있으며, 그래서 많은 동참자가 모인 것이다.

이야기 후반은 역사적 사실에 따라 그들의 항복과 죽음이 기다리고 있다…는 내용으로 전개될 것 같지만, 실은 송강은 체포된 후에 조정에 귀순하여 이후에 일어난 난을 진압하는 성과를 올렸다. 그만큼 송강은 유능한 인물이었다는 얘기인데, 조금은 의외의 결말이라고 할 수 있다.

〈호걸수호전豪傑水滸傳〉

관련용어

중국 4대 기서
중국을 대표하는 4개의 전기적 장편 소설. 〈삼국지연의〉, 〈수호전〉, 〈서유기〉, 〈금병매〉. 명나라 4대 기서는 뒤의 둘이 〈서상기〉와 〈비파기〉로 돼 있다.

양산박
중국 산동성의 량산현 남동쪽에 있는 양산 기슭

수호전의 작가
여러 설이 있으며, 원나라 말기의 시내암 또는 그와 나관중의 공동 제작이라는 설이 유력하다. 어쨌든 명나라 초기(1370년경)에 편찬된 것으로 알려져 있다.

의적
부자한테 훔쳐서 가난한 사람에게 금품을 베푸는 도적을 말한다.

COLUMN 발매 금지된 4대 기서 〈금병매〉

중국 4대 기서 중 하나로 〈수호전〉의 일설에서 태어난 장회 소설 〈금병매〉. 명나라 시대에 쓰인 작자 미상의 작품으로 총 100회로 되어 있다. 산동성의 호상 서문경과 반금련이라는 여자의 밀통 에피소드를 시작으로 서문경의 색과 욕에 찌든 생활을 다루고 있다. 제목은 각각 관계하는 여자의 이름에서 땄다. 노골적이기까지 한 성 묘사로 몇 번이나 발매 금지됐다.

354 양자 컴퓨터

컴퓨터 없이는 아무것도 성립하지 않는 현대 사회이지만, 새로운 개념의 컴퓨터인 양자 컴퓨터가 주목을 받고 있다. 뭐가 그렇게 대단한 걸까?

이미 상용 버전도 나온 소문의 고속 처리 컴퓨터

기존의 컴퓨터는 고전 컴퓨터라 불리며 정보를 0과 1의 비트 단위로 해서 2진수 연산으로 처리하며 전압의 온오프로 상태를 나타낸다. 그러나 양자 컴퓨터는 양자 역학 특유의 물리 상태를 이용하여 고속 계산을 실현한다.

양자 역학에는 중첩이라는 성질이 있는데, 0과 1이라는 정보에 0이기도 하고 1이기도 한 중첩 상태가 더해지는 것이다. 이런 상태의 정보 단위를 양자 비트(Qbit)라고 하며, 양자 비트라면 조합 수가 많은 계산을 병렬로 빠르게 처리할 수 있다고 한다.

그러나 양자 컴퓨터의 하드웨어는 아직 연구 단계이고, 현재의 양자 컴퓨터는 오류(계산 도중의 오류)도 많다고 알려져 있다. 가령 사용할 수 있게 됐다고 해도 양자 컴퓨터의 계산 능력을 무엇에 활용할 수 있는지는 여전히 알 수 없다. 현재로서는 가장 퍼뜩 떠오르는 것은 양자 컴퓨터로 가상화폐 등의 암호를 쉽게 해독할 수 있으므로 그것을 방지하는 양자 암호가 개발되고 있다는 정도이다.

그런 이유로 양자 컴퓨터는 한동안은 미래의 이야기라고 생각되지만, 구글의 양자 컴퓨터가 슈퍼컴퓨터로 1만 년이 걸릴 계산을 200초에 실현했다든가 IBM이 세계 최초의 상용 20Qbit 양자 컴퓨터 'IBM Q System One'을 개발했다든가, 세상을 떠들썩하게 하는 뉴스도 많아 무시할 수 없는 수준으로 발전하고 있다.

만약 실현된다고 하면, 인공지능에 활용되어 굉장한 로봇이 탄생할지도 모르지만, 과연?

관련용어

오버레이
확률적으로밖에 표현할 수 없는 양자 역학 세계의 기본적인 성질. 관측할 때까지 A와 B 중 어느 상태가 될 모르는, 즉 A이기도 B도 한 상태를 말한다.

가상화폐
실제 통화와 같은 실체가 없이 네트워크상에서 전자 결제에 한정하여 사용되는 디지털 통화. 함수 등을 사용하여 암호화되며, 블록체인을 적용해서 진정성을 담보하고 있다.

IBM
1911년에 설립된 미국의 컴퓨터 관련 제품, 서비스 제공 기업. 연구기관으로도 유명하고 ATM이나 바코드, 하드디스크, DRAM 등을 발명했다.

COLUMN 적敵은 시스템을 알고 있다는 암호계의 대원리

암호 세계에서는 케르크호프스의 원리, 즉 '키를 제외한 시스템의 다른 모든 내용이 알려지더라도 암호 체계는 안전해야 한다'는 철칙이 있다. 19세기에 제안된 것이지만 현대의 가상화폐, 전자서명 등에도 적용되어 있으며, 보안 제품의 경우 공격에 대비해 안전한 제품을 만들어야 한다는 의미이다.

355 쉬르레알리슴 surrealism

다다이즘의 흐름을 이어 나타난 예술 양식이 쉬르레알리슴이다. '현실과 동떨어진', '비현실적인'을 의미하는 '쉬르sur'라는 말의 어원이기도 하다.

무의식의 세계에 예술이 있다고 하는 생각

다다이즘은 예술의 고정관념을 깨며 주목을 받았지만, 많은 예술가는 그것만으로는 만족하지 못하고 현실과 동떨어진 예술을 추구했다. 그리고 1924년 초현실주의로 번역되는 쉬르레알리슴 스타일을 확립한다.

쉬르레알리슴의 창시자로 여겨지는 사람은 프랑스의 시인 앙드레 브르통. 그는 예술의 전통적인 제약에서 벗어나 한때 프로이트가 제창한 '무의식의 세계'를 표현하는 것을 중시했다. 의식이 몽롱한 상태에서 그리는 오토마티슴automatisme(자동기술법)이나 프로타주frottage(회화에서 그림물감을 화면에 비벼 문지르는 채색법) 등은 쉬르레알리슴의 대표적인 기법이다. 이런 방법으로 기성의 틀을 뛰어넘는 작품을 만들어냈다.

또 하나 현실에 있을 수 없는 것을 사실적으로 그리는 것도 특징이다. 녹아내리는 시계를 그린 달리의 작품 〈기억의 지속〉은 특히 유명한 작품이다. 이러한 표현 방법은 지금도 일러스트나 광고 등에 자주 이용되고 있어 우리에게도 친숙하다.

또한 달리는 미국에서 유명세를 타며 디즈니와 합작해서 애니메이션 제작에도 참여했다. 제2차 세계대전으로 한때 중단됐지만 2003년에 디즈니의 조카 로이 E. 디즈니에 의해 〈Destino〉라는 단편 애니메이션으로 빛을 본다. 쉬르레알리슴적인 세계와 인물을 그린 작품으로, 나도 모르게 빨려드는 영화이다.

〈여름산〉

관련용어

앙드레 브르통
Andre Breton
1896~1966년. 쉬르레알리슴의 선구자이다. 원래는 다다이즘에 참여했지만 결국 결별하고 1924년에 쉬르레알리슴을 선언한다. 이것이 쉬르레알리슴의 시초가 됐다.

살바도르 달리
Salvador Dali
1904~1989년. 쉬르레알리슴을 대표하는 스페인 화가. 제2차 세계대전 중 미국으로 건너가 상업적으로 대활약한 것으로 인해 '달러에 환장한 놈'이라고도 불린다.

Destino
달리와 디즈니에서 '무의식을 표현한다'를 테마로 제작에 들어간 작품. 대사는 하나도 없고 그림과 당시의 음악만으로 쉬르레알리슴의 세계를 그렸다.

*쉬르레알리슴surrealism : 초현실주의

COLUMN 쉬르레알리슴과 트릭 아트

현실에 있을 수 없는 그림을 그리는 쉬르레알리슴은 트릭 아트(착시 그림)의 하나이기도 하다. 르네 마그리트의 작품에 자주 나오는 '얼굴 없는 인물'은 보고 있으면 혼란을 일으키는 트릭 아트풍의 쉬르레알리슴이다. 덧붙여서 트릭 아트는 프랑스어로 '눈을 속이는'을 의미하는 '트롱프뢰유 trope l'oeil'가 어원이다.

356 호프 다이아몬드 hope diamond

예로부터 어떤 종류의 매우 귀중한 보석은 '불행을 부르는 저주'가 깃들어 있다고 생각해 왔다. 그런 저주받은 보석의 대표격이 호프 다이아몬드이다.

주인에게 재앙을 가져다주는 블루 다이아몬드

호프 다이아몬드는 45.52캐럿의 블루 다이아몬드이다. 추정 가격은 2,000억 원. 선명도(투명도)는 VS1, 이것은 11단계 중 다섯 번째에 해당하지만, 자외선을 쬐면 1분 이상 붉게 발광하는 고유의 특징이 있다. 발광 자체는 드물지 않지만 1분 이상 지속되는 다른 예는 없다. 이 메커니즘은 현재도 해명되지 않고 있고, 그런 이유에서 매우 귀중한 보석 중 하나로 여겨지고 있다. 하지만 그런 것보다 이 보석을 유명하게 만든 것은 '저주받은 보석'의 전설이 담겼기 때문이다.

호프 다이아몬드는 9세기 인도 남부의 마을 강가에서 한 가난한 농부가 발견했다. 약 800년 후인 17세기 중반 프랑스인 타베르니에가 구입했다. 그는 루이 왕 14세에게 매각했고 다이아몬드는 왕실을 상징하는 물건으로 '왕관의 푸른 다이아몬드', '프랑스의 파란색(프렌치 블루)'라고 불리게 됐다.

하지만 이때부터 프랑스의 재정이 기울었고, 그것이 원인이 되어 혁명으로 이어진다. 다이아몬드를 물려받은 루이 15세는 천연두를 앓아 사망했고 혁명 후 루이 16세와 왕비 앙투아네트, 그의 총애를 받는 랑발 공작 부인은 처형됐다. 이러한 비극적인 왕가의 말로가 보석의 저주라고 속삭이는 연유이다.

프랑스 혁명 후 다이아몬드는 절도단에 의해 도난을 당했고 몇 사람의 손을 거친 후, 헨리 호프라는 영국인 사업가의 소유가 되면서 호프 다이아몬드라고 불리기 시작했다. 하지만 호프도 19세기 말에 파산해서 손에서 놓을 수밖에 없게 된다. 그 후, 다이아몬드는 단기간에 몇 사람의 손을 전전하다가(그중에는 보물장식 디자이너 피에르 C. 까르띠에도 있었다), 마지막으로 미국의 보석상 해리 윈스턴의 손에 들어간다. 그 사이에도 불행을 부르는 보석으로 소문이 났지만, 실제로는 거짓말이나 각색된 이야기가 대부분이었던 것 같다. 윈스턴은 잠시 수중에 갖고 있다가 1958년 스미소니언박물관에 기증했고, 다이아몬드는 현재 그곳에 있다.

관련용어

45.52캐럿
호프 다이아몬드는 발견 당시 112캐럿이었던 것 같다. 그것을 루이 14세가 하트 모양으로 커팅했기 때문에 약 70캐럿이 됐다. 프랑스에서 도난당한 후 어느 시기에(아마도 도난품으로 들키지 않기 위해) 깎여서 현재의 크기가 됐다.

소문
불행을 부르는 보석이라는 소문에는 여러 가지가 있었다. 잘 알려져 있는 것은 마릴린 먼로가 비명에 죽은 것은 호프 다이아몬드를 착용했기 때문이다, 윈스턴은 다이아몬드를 손에 넣고 나서 몇 차례 교통사고를 당해 결국 파산했다는 내용인데, 모두 사실 무근이다.

357 에드거 케이시 Edgar Cayce

리딩reading으로 질병의 치료법을 찾아 많은 사람을 구한 초능력자. 과거와 미래를 투시할 수 있는 능력이 있으며, 상담을 하러 방문한 사람은 환자만은 아니었다고 한다.

투시 능력으로 사람들을 구한다

에드거 케이시는 투시 능력을 이용하여 많은 사람을 구원하고 뉴 에이지 사상에도 큰 영향을 끼친 미국의 초능력자다. 원래는 보험 영업사원이었지만, 원인불명의 실어증을 앓아 사진작가로 전향한다. 질병을 치료하기 위해 최면술을 받던 중 케이시의 다른 인격이 나타나 병의 치료법을 일러준다. 후에 '리딩reading'이라 불리는 이 행위로 병을 극복한 케이시는 자신처럼 질병으로 고통받는 사람들을 위해 그 힘을 아끼지 않았다.

투시 능력을 이용한 케이시의 활동은 20년 이상 지속됐고 그 사이에 많은 사람을 진찰했다. 질병 치료 외의 상담까지 포함하면 기록에 남은 것만 해도 1만 4000건 이상에 이른다고 한다. 또한 환자의 경우 대부분은 당시의 의학으로 불치 또는 난치병으로 진단됐지만, 케이시는 아카식 레코드에서 정보를 얻어 질병의 원인과 올바른 치료법을 전한 것으로 알려졌다. 의학적인 지식이 없음에도 불구하고 그는 안면이 없는 사람의 건강 상태를, 때로는 직접 만나지도 않고 정확하게 진단하고 효과적인 치료법을 전수했다는 것이다. 덧붙여서, 처음에는 질병의 치료에만 투시 능력을 사용하던 케이시는 나이가 들어서는 다른 분야에서도 그 힘을 활용했으며 정치인과 과학자, 예술가 등 그에게 조언을 받은 사람은 다방면에 걸친다.

케이시는 환생설을 지지했으며, 자신의 전생은 아틀란티스인, 페르시아의 왕, 고대 그리스의 화학자였다고 한다. 또한 영적인 존재에서 진화한 인류는 아틀란티스 대륙에 문명을 구축하고 크리스털에 담긴 영력에서 막대한 에너지를 추출하여 무기 등에 이용했다고 말했다고 한다. 아틀란티스에 관한 그의 이야기는 지금까지와는 전혀 다른 참신함과 재미가 있었기 때문에 후대의 판타지 작품에도 반영되고 있다.

에드거 케이시의 사진

관련용어

뉴 에이지 사상
1960~1970년대에 미국의 서해안을 중심으로 태어난 영적 부흥 사상을 말한다. 초자연적이고 정신적인 사상으로 기존 문명과 과학, 정치 등을 비판하고 진정으로 자유롭고 인간적인 삶을 모색하는 것이 목적이다. 요가와 정체술, 파워스톤, 환생 신앙 등은 여기에서 보급됐다.

리딩reading
자신을 최면 상태로 하고 아카식 레코드와 연결하여 제3자로부터 질문을 받아 정보를 추출하는 행위

아카샤 기록(아카식 레코드)
이 세상의 모든 정보는 어딘가에 보관되어 있다는 신지학적 개념에서 만들어진, 물리적으로 존재하지 않는 매우 대규모의 데이터 은행을 말한다.

아틀란티스 대륙
고대 그리스의 철학자 플라톤이 저서에서 말한 전설의 대륙. 해신 포세이돈의 먼 후손 왕가가 지배했으며 지진과 홍수로 바다에 침몰했다.

*에드거 케이시Edgar Cayce : 미국 최고의 투시 능력자, 예언자

358 아나스타샤 니콜라에브나

2월 혁명으로 실각한 마지막 러시아 황제 니콜라이 2세의 막내딸이다. 불과 17세의 나이로 가족,수행원들과 함께 총살됐는데, 어떤 이유에서인지 훗날 논란이 됐다.

생존설이 부상한 비극의 젊은 공주

1901년 6월 18일, 아나스타샤는 니콜라이 2세와 알렉산드라 황후의 넷째 공주로 태어난다. 자녀 중에서는 말괄량이에 익살스러운 성격으로 붙임성이 있었지만, 아름답게 성장하는 언니들과 황태자가 된 알렉세이에 비하면 주목받지는 못했다.

1917년 러시아 혁명이 발발하고 임시 정부의 강요로 니콜라이 2세가 퇴위한다. 황족 일가는 엄중한 감독 아래에서 유폐 생활을 보내게 된다. 게다가 볼셰비키(훗날 소련 공산당)가 권력을 잡게 되자 유폐는 더 엄중해진다. 1918년에는 '특별한 목적의 집'이라고 불리는 이파티예프 하우스Ipatiev House로 이송됐다. 가혹하고 굴욕적인 대우를 받은 끝에 1918년 7월 17일 심야, 일가와 종들은 지하실에 불려가 총살당한다. 어떠한 정치적 반란도 차단하기 위해 이 사건은 철저하게 은폐된다. 의류 및 귀중품은 빼앗고 시체는 갈가리 찢어 황산으로 태운 것도 모자라 타 버린 뼈도 분쇄해서 묻었다. 또한 니콜라이 2세는 처형됐지만 가족은 안전한 장소에 호송했다는 거짓 정보도 유포됐다.

그러나 훗날 조사에서 정작 중요한 처분지가 발견되지 않아 황제 일가를 동정한 경비병이 구출했을지도 모른다는 소문이 나면서 아나스타샤 생존설이 떠오른다. 실제로 1920년 독일에서 안나 앤더슨이라는 여성이 자신이 아나스타샤라고 주장하는 등 물의를 빚었다. 또한 아나스타샤 생존설의 전설을 모티브로 한 영화도 제작됐다. 생전에는 주목받지 못한 아나스타샤는 끔찍한 죽음을 맞은 후 이런 형태로 주목받을 거라고는 생각지 못했을 것이다.

또한 현재는 1991년 이후의 유골 발견과 DNA 감정을 통해 황제 일가 전원이 살해된 것이 과학으로 입증됐다.

아나스타샤의 사진

관련용어

니콜라이 2세
1868~1918년. 로마노프 왕조 제14대 러시아 황제. 러일 전쟁, 제1차 세계대전에서 지도자적인 입장이었지만, 러시아 혁명으로 축출된 후 가족과 함께 학살됐다.

이파티예프 하우스
예카테린부르크에 있던 니콜라이 2세 일가를 유폐하는 데 사용된 집. 경비병 약 50명이 배치되고 다락방 창문과 층 곳곳에는 기관총도 배치됐다. 1977년에 파괴됐다.

안나 앤더슨
1896~1984년. 1920년 독일 베를린에서 자살 미수자로 정신병원에 수용되어 자신이 아나스타샤라고 주장했다. 러시아 황실을 상대로 소송을 하지만, 사실 확인이 불가능해 소송은 장기화된다. 그녀의 사후, 가족의 유골 발견과 DNA 검사로 마침내 아닌 것으로 확인됐다.

359 케찰코아틀 Quetzalcoatl

고대 멕시코의 신으로 일반적으로 15~16세기 아즈테카의 신으로 알려져 있다. 기원은 오래되어 기원전 2세기~6세기의 테오티우아칸 문명 이전부터 이미 믿었다.

시대와 함께 요소가 늘어난 농경신

아스테카에서는 인간에게 학문과 문화를 가져온 창조신이며, 주식이었던 옥수수 재배법을 전수한 농경신이기도 하다. 비를 부르는 바람의 신, 여명의 명성의 상징, 전쟁신이기도 했다. 대개는 날개가 있는 용의 모습으로 그려지지만, 의인화되어 모자와 보석을 한 사람으로 그려지는 경우도 있다. 원래는 뱀과 같은 농경과 관련된 물의 신이었던 것으로 여겨지며 이것이 테오티우아칸 문명에서 케찰코아틀(깃털이 있는 뱀이라는 뜻)이 됐다.

테오티우아칸이 망한 후에는 신흥 톨테카 문명에 계승되어 조상신으로 모셔지는 가운데 바람의 신이나 금성과의 연관성이 부가된다. 또한 아스테카 시대가 되자 원초신原初神의 아들로 여겨져 창조신으로 간주되게 된 것이다.

그런데 케찰코아틀은 테스카틀리포카라는 형제 신이 있었다. 창조 시에 경쟁을 하거나 테스카틀리포카의 음모로 케찰코아틀이 추방되는 신화 등이 있어 라이벌 관계가 엿보인다. 이 추방 신화는 케찰코아틀을 자칭한 토루테카왕이 제사 의식에 반대하여 추방된 사실이 바탕이라고 한다. 멕시코 남동부의 마야 문명에도 같은 전설이 있어, 케찰코아틀은 쿠쿨칸이라고 불리며 창조 신화에도 관여하고 있다.

케찰코아틀은 비교적 유명하며 사상 최대의 익룡 케찰코아틀루스라는 이름으로도 알려져 있다. 일본에서는 게임이나 만화 캐릭터로 등장하며, 경주마의 이름에 사용된 적도 있다.

케찰코아틀

관련용어

테오티우아칸 문명
현재 멕시코시티 북동쪽에 있는 고대 도시 테오티우아칸을 중심으로 번성했던 문명. 원인은 밝혀지지 않았지만 7세기경부터 급속히 쇠퇴하여 멸망했다.

톨테카 문명
테오티우아칸 문명 멸망 후 7~11,12세기에 번성했던 문명. 케찰코아틀을 자칭한 왕의 추방 신화 등을 바탕으로 주변 지역을 지배한 제국이 있었다고 생각되지만 확증은 없다.

아스테카
12세기 이후 멕시코 중앙 고원으로 남하해 온 치치메카족이 428년경에 건국한 국가. 현재 멕시코시티가 있는 위치에 수도 테노치티틀란을 구축하고 번성했지만, 1519년에 스페인 원정대가 나타나 1521년에 멸망했다.

COLUMN 케찰코아틀의 예언이 아스테카 멸망을 초래

케찰코아틀은 턱수염이 난 하얀 피부의 인간으로 변신할 수 있었다고도 하며, 추방되는 신화에서는 떠나기 전에 자신의 부활을 예언했다. 16세기 스페인 정복자가 나타난 시기가 예언과 일치하며, 아즈테카인이 백인이기도 했던 그들을 케찰코아틀이 부활한 거라고 착각하고 이것이 훗날 멸망하는 원인의 일단이 됐다고도 알려져 있다.

360 봉신연의 封神演義

중국 명나라에 쓰인 장편 장회 소설로, 고대의 은주殷周 혁명을 기반으로 한 신선, 요괴, 신을 섞은 일대 역사 판타지라고 할 수 있다. 저자는 허중림으로 알려져 있지만 여러 설이 있다.

역사의 전환기에 신선들이 섞여 대전투

일본에서 봉신연의封神演義는 아노 츠토무가 번역한 소설(코단샤 문고)과 후지사키 류藤崎竜의 만화(슈에이샤)가 유명하다. 그러나 이들은 원본에 비해 크게 각색되어 제대로 된 〈봉신연의〉라고는 하기 어렵다. 그렇다고 해도 지금도 일본에서 완역이라고 할 만한 판은 없는 상황이다.

〈봉신연의〉는 전설에 전해지는 왕조 은나라(기원전 17세기경~기원전 1046년)의 마지막 왕 주왕紂王이 나라를 어지럽히자 새롭게 일어선 문왕에 의해 토벌되어 주나라가 시작될 때까지를 그린 작품이다. 이들 역사를 정리한 〈무왕벌주평화〉를 베이스로 그렸음에도 불구하고 4대 기서 버금가는 지명도·평가를 얻을 수 없는 데는 몇 가지 이유가 있다. 그것은 사실이 거의 전설급의 고대이기 때문에 작중의 사실 확인이 불충분하다는 점, 그리고 판타지 색이 너무 강하다는 점이다.

주인공인 강자아(강태공이라 불린 중국 주나라의 정치가)는 실재했다고 하는 인물이다. 낚시를 했던 곳이 발견되어 '낚시꾼'이라는 이름이 붙었다. 군대의 지휘관으로도 활약하며 병서 〈육도六韜〉를 남겼다. 이 책에서 그는 선계보다 인간계에 사용된 선인이다. 〈봉신연의〉는 인간계의 역사에 신이나 선인이 개입하는 이야기이다. 중세, 주지육림, 포락형 등을 통해 은나라의 멸망에 한몫한 주왕의 애첩 달기도 책에서는 여와女媧라는 여신으로 등장하는 구미호다. 덧붙여서, 그녀가 주왕에게 행하게 한 이러한 행위는 실제로 있었던 사실이기도 한다.

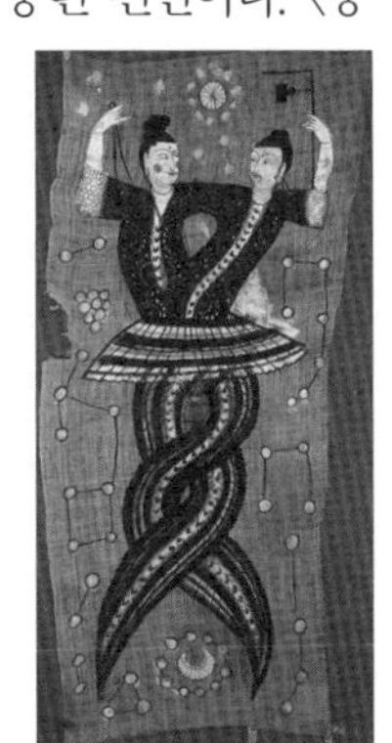

〈복희伏羲와 여와女媧〉

관련용어

무왕벌주평화 이야기
평화란 강담의 강사(역사 자료)를 말한다. 무왕벌주평화 이야기는 은주 혁명을 담고 있다.

강자아(강태공)
강태공이라는 이름으로 더 유명한 주나라의 명장. 주나라 건국 후 제나라를 다스린다. 출신에 대해서는 여러 설이 있고 역사상으로도 수수께끼가 많은 인물. 〈봉신연의〉에서는 72세의 노인이지만, 선인으로서는 젊은이라고 돼 있다.

육도六韜
고대 중국의 병법서. 6권으로 구성되어 있다. 강자아가 썼다고도 알려져 있지만, 실제로는 위진 시대의 것이라고 한다.

포락炮烙
기름을 바른 구리로 만든 긴 물건을 숯불에 달구고 그 위를 죄인이 건너게 해 죽이는 형. 화형

COLUMN 반수반인의 창조 신 삼황三皇

중국 고대 신화에는 삼황이라는 사람의 머리에 뱀의 몸통을 가진 복희와 그의 아내 여와, 황소의 머리에 인간의 몸을 한 신농新農이라는 신이 있다(조합 제설이 있다). 복희와 여와는 음양 사상의 바탕이 되고, 또한 여와는 흙을 반죽하여 인간을 만들었다는 설도 있다. 신농은 농업의 신인 동시에 사람에 불을 줬기 때문에 염제炎帝라 불리기도 한다.

361 니콜라 테슬라 Nikola Tesla

교류 전류, 형광등, 라디오, 리모컨, 전동 모터 등 에디슨과 어깨를 나란히 하는 발명왕 니콜라 테슬라. 그러나 그에게는 왠지 초자연의 그림자가 따라 다닌다.

기행으로 튀는 또 한 명의 발명왕

니콜라 테슬라는 교류 송전 발명으로 장거리 송전을 가능케 한 외에 무선통신과 에너지 전달 연구 등으로 유명한 물리학자이자 발명가이다.

하지만 꽤 엉뚱한 인물로도 잘 알려져 있는데, 비정상적인 결벽증이니 비둘기와 사랑에 빠졌다, 우주인과 교신하고 있다, 지구를 나눠 보겠다, 3, 6, 9에서 만물은 만들어졌다 등 이해할 수 없는 발언을 많이 했다고 전해진다. 뇌를 자극하기 위해 머리에 X선을 조사했다고도 하는 등 괴짜였음을 말해주는 에피소드는 이루 다 헤아릴 수 없다.

이러한 언행 때문인지 그의 발명품에도 오컬트 성향의 에피소드가 자주 등장한다. 그 대표가 테슬라 코일이다. 이것은 고주파·고전압을 발생시키는 공진 변압기인데, 지구의 자기장에서 프리 에너지인 전력을 생성하고 무선으로 송전하는 '세계 체제'를 구축한다는 구상이었다.

이것이 왜인지 오컬트 방면에서는 자주 화제로 등장하고 UFO의 원동력이 사용됐다던가, '필라델피아 실험'에서 배를 레이더에 잡히지 않게 하는 실험을 했다던가, 이런 식의 이야기가 많다. 그 외에도 중력 엔진(즉, 비행접시 동력), 피스 레이(소위 빔 병기), 인공 지진 발생기, 영계靈界 통신기 등의 기묘한 연구 일화가 남아 있다.

그런 수많은 에피소드로 인해 테슬라는 허구의 세계에도 자주 등장한다. 오히려 이쪽 방면에서는 라이벌인 토머스 에디슨보다 유명하다.

니콜라 테슬라의 사진

관련용어

니콜라 테슬라
Nikola Tesla
1856~1943년. 미국의 전기 기술자, 발명가. 원래는 에디슨의 회사 사원이었지만, 교류 송전을 제안해서 대립 끝에 독립한다. 회사를 설립하여 교류 전력 사업을 추진했다.

자속 밀도
자속(자기장의 강도와 방향을 하나의 선 뭉치로 나타낸 것)의 단위 면적당 밀도. B로 나타내며 국제단위는 테슬라(T) 또는 웨퍼 미터제곱(Wb/m^2)

토마스 에디슨
Alva Edison
1847~1931년. 미국의 발명가, 기업가. 축음기의 상품화로 명성을 얻었으며 전화, 전기 철도, 전기 조명 등도 상품화했다. 일반적으로 발명왕이라는 별명으로 알려져 있다. 직류 송전을 고집하다가 테슬라의 교류 송전과의 전류 전쟁에서 졌다.

COLUMN 라이벌 에디슨도 영계 통신에 열심이었다

말년에 테슬라는 영계 통신을 연구했다고 하는데, 사실 에디슨도 말년에 영계 방면에 관심을 가졌다. 블라바츠키(1831~1891년, 러시아의 신지학자神智學者)의 신지학회에 참석했다거나, 영혼을 잡아 비추는 스피릿 폰이라는 통신 장비를 연구했다는 이야기가 있다. 발명왕이 결국 도달하는 곳은 영계 통신일까?

362 포스트모더니즘 postmodernism

포스트는 '그 다음', 모더니즘은 '근대주의'를 일컫는다. 즉 근대주의의 다음에 오는 사상이나 주의가 포스트모더니즘 또는 포스트모던이다.

근대에서 현대로의 문화 변천

포스트모더니즘이라는 용어는 주로 건축 분야에서 사용된다. 두 차례의 세계대전을 거치면서 건축 분야에서는 합리적이고 기능적인 모더니즘 건축이 확산했다. 그러나 1970년대 무렵이 되자 그러한 사상에서 탈피하려는 흐름이 활발해진다. 다양성과 장식성 등을 중시한 새로운 방향성, 그것이 포스트모더니즘이다.

단, 디자인과 특징은 제각각이어서 '이것이 포스트모더니즘이다'라고 할 만한 공통성은 별로 없다. 따라서 근대에서 현대로 변천한 문화라는 넓은 의미에서 포스트모던이라고 불리는 일도 많다. 시대적으로는 1960년대부터 1980년대 무렵이다.

이 시대는 새로운 것이 속속 만들어지고 사람들의 생활이 점점 풍요로워졌다. 이 무렵 퍼지기 시작한 애니메이션이나 만화 등의 비주류 문화도 포스트모던의 하나이다.

애니메이션이라는 표현 방법 자체는 일본에서는 다이쇼 시대부터 있었지만, 텔레비전의 보급과 함께 애니메이션이 친숙해진 것은 1963년에 방송을 시작한 〈철완 아톰〉이 최초이다. 그 후, 1969년에 〈사자에씨〉가 시작되고 1970년대에 들어서면서 〈도라에몽〉과 〈우주전함 V호(야마토)〉 등 오늘날 명작으로 불리는 작품이 속속 등장했다.

이렇게 포스트모던 시대를 거쳐 현재에 이른 것인데, 지금은 문화가 한층 더 다양해지고 혼돈된 시대다. '옛것이 좋은 것'이라며 포스트모던을 되돌아보는 것은 그 반동일지도 모른다.

관련용어

모더니즘 건축
1920년경에 융성한 건축 양식. 직선적이고 장식이 없는 건물이 많다.

근대와 현대
근대는 '현대의 하나 앞 시대'를 나타내는 애매한 기간이다. 일본에서는 메이지 유신 이후를 가리키는 경우가 많지만, 유럽에서는 르네상스 후기 이후나 프랑스 혁명 등 해석이 분분하다. 어쨌든 그때부터 제2차 세계대전 종전까지를 가리키는 것이 일반적이다.

COLUMN 오타쿠 문화와 포스트모던

포스트모던의 이름을 알린 철학자 장 프랑수아 리오타르Jean-François Lyotard에 의하면 포스트모던의 특징으로 '원작과 모방이 애매해지는 것'을 들 수 있다고 한다. 오리지널 작품에 대해 2차 창작과 미디어 믹스를 자랑하는 오타쿠 문화는 바로 이 포스트모던의 특징 자체라고 비평가 아즈마 히로키東浩紀는 말했다.

비밀결사 / 서양 / 조직

363 프리메이슨 freemason

프리메이슨이라는 말은 귀동냥으로는 들어 봤어도 어떤 조직인지 모르는 사람도 많을 것이다. 음모를 기획하는 수수께끼의 비밀 결사라는 것이 통설이지만, 과연 그 실체는 무엇일까.

이미지와는 정반대?! 세계 최대의 우애 단체

프리메이슨 또는 프리메이슨리라고 하면 대다수의 사람들은 '수수께끼의 비밀 결사이며, 각국의 지배자 계층에 깊이 침투하여 세계를 뒤에서 좌지우지하는 흑막'일 것이라고 생각한다.

확실히 지배 계급의 인물이나 역사적 유명 인사들이 프리메이슨이었던 경우는 매우 많으며 그들이 '조직의 의향에 따라 세계를 움직여 왔다'고 생각하는 것은 어떤 의미에서 드라마틱하다. 하지만 실제로는 음모론이나 또는 신비주의와 관련된 조직이 아니다.

프리메이슨의 성립 배경에는 여러 설이 있지만, 일설에 의하면 원래 중세 영국에 있던 석공(메이슨)들의 조합으로 심벌마크가 자, 나침반인 것이 그 증거라고 한다. 그것이 18세기 무렵에 석공 이외의 사람들(귀족, 신사, 지식인 등)이 참가하기 시작하여 당시 주류였던 계몽사상이 내부에 침투하여 회원끼리 상부상조하는 우애 단체로 변모한다. 그것은 정치나 종교와는 일정한 거리를 두면서 사회 공헌을 통해 자기自己를 높이려는 조직이었다.

그러면 왜 음모를 획책하는 수상한 비밀 결사라는 이미지가 만연한 걸까. 아마 그들만의 방식 때문일 것이다. 그들은 조직의 교리와 이념에 대해 숨기지는 않았지만 선전하지도 않기 때문에 외부인은 실태를 알기 어렵다. 또한 가톨릭교회에서 위험하게 여긴 탓에서인지 그들을 바라보는 왜곡된 시선도 적지 않은 영향을 미쳤을 것이다.

영국에서 시작된 프리메이슨은 이후 유럽과 미국에 전파되고 지금은 전 세계 약 600만 명의 회원이 존재한다.

한국 프리메이슨은 서양인들의 사교 단체로서 1909년 서울에서 창립됐다. 창립 멤버와 초창기 회원의 상당수는 개신교 미국 선교사들이었다.

관련용어

프리메이슨
프리메이슨은 회원 개인을 가리키는 단어이다. 조직 자체를 가리키는 경우 프리메이슨리라고 부르는 것이 맞다.

유명 인사
프리메이슨이었던 유명인에는 조지 워싱턴을 비롯한 많은 미국 대통령, 아이작 뉴턴, 모차르트, 베토벤, 철학자 볼테르와 몽테스키외 등 이루 다 열거하기 어렵다.

심벌마크
자는 성실, 공정, 미덕. 나침반은 우정, 도덕, 형제애를 나타낸다. G는 God, Geometry, Glory 등의 이니셜로 지고至高의 존재를 의미한다.

독자 양식
그들은 서로를 형제라고 부르며, 그들만이 아는 비밀 신호가 있다. 가입하려면 회원의 추천이 필요하며 입회 의식을 거쳐야 한다. 자신이 프리메이슨임을 밝혀도 상관없지만 다른 회원에 대해서는 알리면 안 되는 등 여러 가지 규칙이 있다.

364 아카식 레코드 akashic records

아카식 레코드는 이 세상의 모든 정보는 어딘가에 저장되어 있다는 신지학神智學의 개념에서 탄생한 물리적으로 존재하지 않는 매우 큰 데이터 은행이다.

모든 정보가 모이는 우주 인터넷

신지학에서는 이 세상의 모든 정보는 우주의 에너지 구조체에 기억되어 있다고 생각한다. 그 정보가 저장된 영역이 바로 아카식 또는 아카식 레코드라 불리는 것으로, 말하자면 전 세계의 책을 모은 매우 거대한 도서관, 더 친숙하게 말하면 인터넷에 가까울 것이다.

아카식이라는 이름은 산스크리트어 아카샤에서 유래하며, 원래는 고대 인도의 종교와 사상 철학에서 볼 수 있는 오대의 허공을 가리킨다. 고대 인도의 세계관을 이용하여 아카식 레코드의 원형을 만들어낸 것이 블라바츠키가 중심이 되어 설립한 신지학이다.

그녀는 저서 〈시크릿 독트린The Sercret Doctrine〉에서 '생명의 서'라는 것에 대해 다음과 같이 설명했다. '생명의 서는 7대 천사의 아들인 언어와 영靈에서 창조된 리피카(書紀)가 기록하는, 아스트랄 광(에테르)으로 구성된 캔버스이며, 아카샤에는 장대한 화랑이 구축되어 있어 인류의 활동이 기록된다'.

고도의 정신적인 내용으로 이해하기 어렵지만, 철학자 루돌프 슈타이너는 이를 원형으로 아카식 레코드라는 개념을 정립했다고 한다.

아카식 레코드는 지구에서 일어난 모든 사건 외에 개인의 감정과 행동까지 문자 그대로 모든 정보가 집적되어 있다. 따라서 아카식 레코드에 액세스를 시도하는 사람이 많았고, 그중에는 성공한 사람도 있다. 그것이 미국의 초능력자 에드거 케이시이며, 그는 리딩으로 아카식 레코드에서 정보를 얻고, 많은 환자들에게 치료법을 전수한다. 이러한 사례도 있어서인가, 일본의 게임과 애니메이션 중에는 과거와 미래를 알기 위한 아이템으로 아카식 레코드를 이용한 작품이 몇 가지 존재한다.

관련용어

신지학
세상의 모든 종교, 사상, 철학, 과학, 예술 등을 하나의 진리로 통합하고 보편적인 진리를 이끌어내는 것

오대
우주를 구성하는 땅, 물, 불, 바람, 하늘(허공)의 5가지 요소

헬레나 P. 블라바츠키
Helena Petrovna Blavatsky
1831~1891년. 신지학을 제창한 인물. 영국의 영매사 밑에서 영매 기술을 익힌다. 1873년에 미국으로 건너가 신비주의 작가, 사상가로 활동하고 2년 후에 신지학협회를 설립했다.

루돌프 슈타이너
Rudolf Steiner
1861~1925년. 오스트리아 출신의 신비 사상가이자 철학 박사. 1902년에 신지학협회의 회원이 되고 영적인 세계를 논하지만, 협회 간부와 방향이 달라 탈퇴한다. 이윽고 인지학이라는 독자적인 세계관을 창시하고 인지학회를 설립했다.

365 에리히 하르트만 Erich Hartmann

역사상 최다 격추 수를 자랑하는 격추왕은 누구일까? 틀림없이 그것은 독일 공군 에리히 하르트만Erich A. Hartmann(1922~1993년)이다. 그 수는 무려 352대이다.

엄청난 격추 수를 기록한 검은 악마

하르트만은 제2차 세계대전 당시 활약한 독일 공군의 에이스 파일럿이다. 1942년 10월부터 1945년 5월까지 약 2년 반 동안 825차례의 전투 기회(총 출격 횟수는 1405회)에서 352대나 격추했다. 예쁘장한 외모 때문에 아군은 아가라고 불렀다. 한편 하르트만의 기체에는 검은 튤립의 꽃잎이 그려져 있었기 때문에 소련에서는 우크라이나의 검은 악마라고 부르며 두려워했다.

히틀러유겐트(나치스 독일의 청소년 조직) 활공기 훈련 교관이 된 어머니의 영향 때문인지 하트만은 독일 공군에 입대한다. 1942년 10월에 동부 전선 제52전투 비행단에 배속되어 11월에 소련 Ⅱ-2 슈트르모빅Shturmovik을 격추하며 첫 격추를 기록했다.

그때의 교훈을 살려 하르트만은 자신에게 어울리는 '관찰-결정-공격-이탈'의 일격이탈 전술을 확립한다. 또한 베테랑 파일럿이 탄 호위기의 비밀을 관찰하고 기술을 연마하여 편대장이 됐을 무렵에는 격추 수 10대를 넘어 에이스 대열에 오른다. 그 후 순조롭게 격추 숫자를 늘려 1943년 11월에 148기를 마크하고 기사 십자 훈장을 수여했다.

1944년 독일군의 패색이 짙었지만 하트만의 점수는 순조롭게 증가하여 8월에는 290기를 격추하고 전군에서 1위에 올랐다. 301기를 달성하고 히틀러로부터 직접 다이아몬드 백엽검 기사 철십자 훈장을 수여받았다. 제트 전투기의 시대로 이행하던 시기였지만, 그는 익숙한 메서슈미트 Bf109를 애용했으며 독일이 연합국에 항복한 1945년 5월 8일 마지막 출격까지 352기를 기록했다.

관련용어

히틀러유겐트
Hitler-Jugend
1926년에 설립된 나치스 독일의 청소년 조직. 동 세대의 지도자로부터 육체 훈련과 조국애 등을 주입받았다.

Ⅱ-2 슈트르모빅
구 소련 항공 설계국이 개발한 소련군의 대지 공격기. 튼튼한 기체로 '하늘의 콘크리트 토치카'라고 불렸다.

메서슈미트 Bf109
나치스 독일 공군의 주력 전투기. 가속력이 뛰어나고 스피드와 기동력도 나름 좋았다.

COLUMN 해체자, 모모타로, 백장미 등 다양한 종류의 에이스

에이스 파일럿이 되면 여러 가지 별명이 붙는다. 제2차 세계대전으로만 보면 독일 공군 오토 키텔Otto Kittel은 슈트르모빅 해체자, 일본 해군 이와모토 데쓰조岩本徹三는 영전호철, 일본 육군 아나부키 사토시穴吹智는 버마의 모모타로, 소련 공군 리디아 라트뱌크의 스탈린그라드의 백장미 등이 있다.

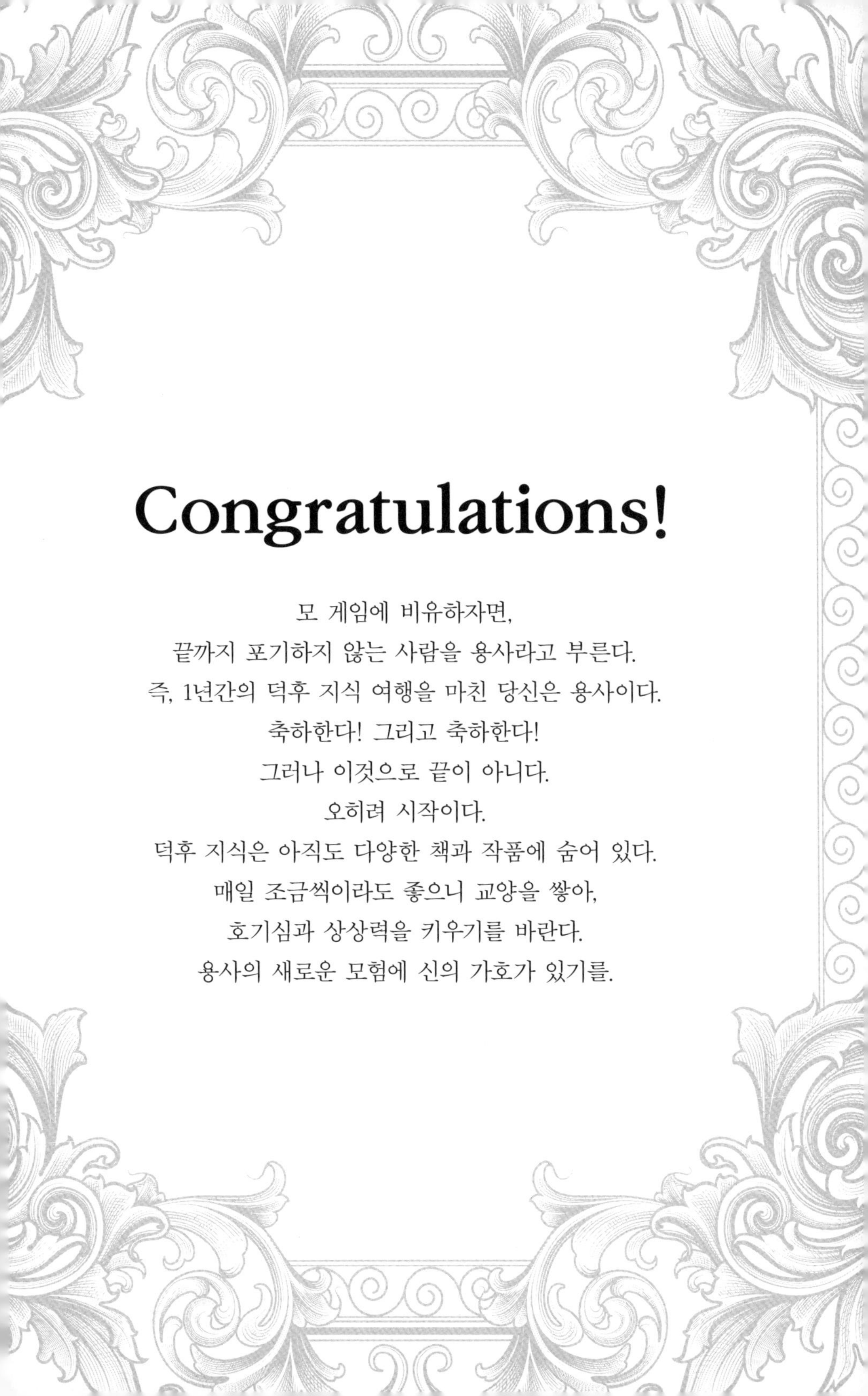

Congratulations!

모 게임에 비유하자면,
끝까지 포기하지 않는 사람을 용사라고 부른다.
즉, 1년간의 덕후 지식 여행을 마친 당신은 용사이다.
축하한다! 그리고 축하한다!
그러나 이것으로 끝이 아니다.
오히려 시작이다.
덕후 지식은 아직도 다양한 책과 작품에 숨어 있다.
매일 조금씩이라도 좋으니 교양을 쌓아,
호기심과 상상력을 키우기를 바란다.
용사의 새로운 모험에 신의 가호가 있기를.

찾아보기

장르별 찾아보기

월요일 [역사]

화요일 [신화·전설]

수요일 [문학]

목요일 [과학·수학]

금요일 [철학·심리·사상]

토요일 [오컬트·불가사의]

일요일 [종교]

참고문헌

〈새로운 헤겔〉 하세가와 히로시 저, 고단샤현대신서

〈아폴로도로스 그리스 신화〉 Apollodoros, 고즈 하루시게 역, 이와나미서점

〈이이 집의 비밀〉 피어MOOK

〈이반 뇌제〉 Henri Troyat 저, 중앙공론신사

〈살아있는 2·26〉 이케다 토시히코 저, 치쿠마서방

〈영국 왕실 1000년의 역사〉 KANZEN

〈우주의 비밀을 알 수 있는 책〉 우주과학연구클럽 편, 가켄

〈영불 백년 전쟁〉 사토 켄이치 저, 슈에이샤

〈영웅 전설의 일본사〉 세키 유키히코 저, 코단샤

〈이집트의 신들〉 이케가미 쇼타 저, 신키겐샤

〈에다-고대 북유럽 가요집〉 타니구치 유키오 역, 신쵸샤

〈오비디우스 변신 이야기(상)(하)〉 Ovidius 저, 나카무라 젠야 역, 이와나미서점

〈왕서-고대 페르시아의 신화·전설-〉 Ferdowsi 저, 오카다 에미코 역, 이와나미서점

〈개정판 유럽 역사의 전쟁〉 Michael Howard저, 중앙공론신사

〈신의 문화사 사전〉 마츠무라 카즈오, 히라후지 키쿠코 저, 야마다 히토시 편, 하쿠스이샤

〈그리스 신화집〉 Hyginus 저, 마츠다 오사무, 아오야마 테루오 역, 코단샤

〈기상 과학론-세계의 기설·괴론·초연구〉 미나미야마 히로시 저, 학습연구사

〈켈트 신화 황금의 기사 핀막쿨〉 Rosemary Sutcliff 저, 가네하라 미즈히토, 쿠지 미키 역, 호르쁘출판

〈켈트 신화·전설〉 Frank Delaney 저, 쓰루오카 마유미 역, 소겐샤

〈켈트 신화 여신과 영웅과 요정〉 이무라 키미에, 치쿠마서방

〈현대어역 신쵸코키〉 오타 규이치 저, 추케이출판

〈원전 번역 아베스타〉 이토 요시노리 역, 치쿠마서방

〈'요점'으로 보는 세계의 '명저' 50〉 구츠와다 타카시 저, 미카사서점

〈삼국지 인물사전〉 고이데 후미히코 감, 신키겐샤

〈사기(史記) 1~8권〉 사마천 저, 치쿠마서방

〈시즈오카 문화 신서 호수의 영웅 이이시〉 공익재단법인 시즈오카현문화재단

〈십자군 대전〉 Elizabeth Hallam 저, 도요서림

〈수메르 신화의 세계 점토판에 새겨진 오래된 로망〉 오카다 아키코, 고바야시 토시코 저, 중앙공론신사

〈인생에 필요한 물리 50 아세요? 시리즈〉 Joanne Baker 편, 와다 미오 감역, 니시다 미오코 역, 현대과학사

〈인생에서 필요한 수학 50 아세요? 시리즈〉
Tony Crilly 편, 쓰시마타에 역, 노자키 아키히로 감, 현대과학사

〈새로운 학설 공룡학〉 히라야마 렌, KANZEN

〈신센구미 100화〉 스즈키 토오루 저, 중앙공론신사

〈신·터무니없는 불가사의 60의 진상〉 미나카미 류타로, 시미즈 가즈오, 가몬 쇼이치 저, 라코샤

〈인문 연구_오사카시립대학 문학부 게시판〉
48권 6호 〈이야기에서의 도검의 상징주의〉 후지이 야스오 저

〈새로운 역사 군상 시리즈 ①【세키가하라 전투】 일본 사사 최대의 대회전〉 가켄

〈도해 잡학 사르트르〉 나가노 쥰 저, 나쓰메샤

〈도해 천국과 지옥(F-FILES No.009)〉 쿠사노 타쿠미 저, 신키겐샤

〈도해 일본도 사전-칼·검에서 도공·명검까지 도검 용어 철저 망라!〉
역사 군상 편집부 편, 학연 마케팅

〈도해 북유럽 신화(F-FILES No.010)〉 이케 료타 저, 신키겐샤

〈도해 아서왕 이야기〉 Andreas Hopkins 저, 야마모토 시로 역, 하라쇼보

〈도해 영국 왕실〉 이시이 미키코 저, 가와데쇼보신샤

〈도해 영국 역사〉 사시 아키히로 저, 가와데쇼보신샤

〈도해 2·26 사건〉 히라쓰카 마사오 저, 가와데쇼보신샤

〈도해 프랑스 혁명사〉 다케나카 코지 저, 가와데쇼보신샤

〈도해 마녀사냥〉 구로카와 마사요시 저, 가와데쇼보신샤

〈무적함대의 비극 잉글랜드 원정 끝에〉 이와네 니카즈 저, 사이류샤

〈'세계의 영웅'을 이해하는 책〉 데라사와 아키요시 감, PHP연구소

〈'세계의 신들'을 이해하는 책〉 히가시 유미코 감, 조(造)사무소 저, PHP연구소

〈'세계의 비밀 결사'를 이해하는 책〉 기류 미사오 감, 레카사 편저, PHP연구소

〈세계의 미확인 생물 〈UMA〉 파일〉 레카사 편저, 야마구치 빈타로 감, PHP연구소

〈세계 불가사의 대전〉 이즈미야스야 저, 학습연구사

〈전쟁의 일본사11 기나·긴코쿠 전국 전투〉 후쿠시마 카츠히코 저, 요시카와코분칸

〈전투 기술의 역사3 근세편〉 Christer Jorgensen, Michael F. Pavkovic, Rob S. Rice, Frederic C. Chenay, Chris L. Scott 저, 소겐샤

〈천년의 백 권〉 쇼가쿠칸

〈소크라테스의 변명〉 Plato 저, 노토미 노부루 역, 고분샤고전신역문고

〈조로아스터교의 악마 퇴치〉 오카다 아키노리 저, 히라카와출판사

〈'초음모' 60가지 진실-속이는 일본·먹히는 아시아의 뒷면〉
Jonathan Vankin, John Whalen, 이시타니 나오코 역, 도쿠마서점

〈침묵의 제독 중장 도고 헤이하치로 전〉 호시 료이치 저, 고진샤

〈천사와 악마의 수수께끼를 즐기는 책〉 그룹SKIT 편저, PHP연구소

〈전설의 '무기·방어구'를 이해하는 책〉 사토 유키 감, PHP연구소

〈도쿄대 교수가 가르치는 위험한 일본사〉 혼고 카즈토 감, 다이아몬드사

〈도쿄대 명예 교수가 가르치는 위험한 세계사〉 모토무라 료지 감, 다키노 미와코 저, 다이아몬드사

〈독파할 수 없는 난해한 책을 알 수 있는 책〉 토마스 아키나리 저, 다이아몬드사

〈터무니없는 불가사의 99의 진상〉 도학회, 야마모토 히로시, 시미즈 가즈오, 미나카츠 류타로 저, 요센샤

〈수수께끼 불가사의〉 ASIOS 저, 사이즈샤

〈수수께끼 불가사의 II〉 ASIOS 저, 사이즈샤

〈나폴레옹 언행록〉 Octave Aubry 옥타브 오브리 저, 이와나미서점

〈뭐든지 알 수 있는 기독교 대사전〉 야기타니 료코 저, 아사히신문출판

〈니벨룽겐의 노래 (전편)〉 사가라 모리오 역, 이와나미서점

〈일본 판타지 소설 전경〉 스나 아사히코 편, 신쇼칸

〈일본도(별책 보물섬 2288)〉 다카라지마사

〈일본의 역사9 남북조의 동란〉 사토 신이치 저, 중앙공론신사

〈비스마르크 독일 제국을 건설한 정치 외교술〉 중앙공론신사

〈Faust 파우스트 [1] [2]〉 Johann Wolfgang von Goethe 저, 타카하시 요시타카 역, 신쵸샤

〈헤시오도스 신통기〉 헤시오도스 저, 히로 요이치 역, 이와나미서점

〈마녀 사냥〉 모리시마 츠네오 저, 이와나미서점

〈마쓰나가 히사히데와 하극상 무로마치의 신분 질서를 뒤집다〉 아마노 타다유키 저, 헤이본샤

〈마도서 솔로몬의 열쇠~부적 마술과 72명의 악마 소환 방법〉 청랑단 편저, 후타미서점

〈마야·아즈텍의 신들〉 히지카타 요시오 저, 신키겐샤

〈밀교 입문〉 니시무라 코쵸 저, 신쵸샤

〈밀교의 책-놀라운 비의·수법의 세계(NEW SIGHT MOOK Books Esoterica 1)〉
고지로 야스타카, 가나자와 토모야, 후지 타츠히코, 도요시마 야스쿠니 저, 학습연구사

〈메소포타미아의 신들과 공상 동물〉 앤서니 그린 감, 야마카와출판사

〈800만의 신들 - 일본 신령들의 프로필(Truth In Fantasy)〉 도베 타미오 저, 신키겐샤

〈불교 지식 백과〉 히로사치야 감, 주부와 생활사

〈미확인 동물 UMA 대전〉 나미키 신이치로 저, 가켄퍼블리싱

〈무 인정 놀라운 불가사의〉 무 편집부 편, 나미키 신이치로 저, 가켄플러스

〈명작 뒷얘기 읽기 프리미엄〉 사이토 미나코 저 중앙공론신사

〈쉽게 이해하는 불상 입문〉 무코요시 유보쿠 저, 나카무라 케이보쿠저, 나쓰메사

〈유럽의 용병〉 스즈키 타다시 저, 야마카와출판사

〈역사 군상 아카이브 volume4-Filing book 서양 전사 그리스 로마 편〉 가켄플러스

〈역사 군상 시리즈 47 [나폴레옹 황제편] 프랑스 혁명과 영웅 전설〉 가켄

〈역사 군상 시리즈 48 [나폴레옹 전쟁편] 패권 수립과 제국의 붕괴〉 가켄

〈역사 군상 시리즈 76 [미나모토노 요시츠네] 영광과 낙백 영웅 전설〉 가켄

〈역사 군상 시리즈 특별 편집 [결정판] 도해·격투 로마 파이터〉 가켄플러스

〈역사 군상 시리즈 특별 편집 [결정판] 도해·겐페이 전쟁 인물전〉 가켄플러스

〈로마 제국 인물 열전〉 모토무라 료우 저, 쇼덴샤

【게재 사진에 관하여】

다음의 이미지와 사진은 Wikipedia가 정하는 공공 도메인의 규정에 의거하여 사용하는 것이 포함된다. 이들은 저작자가 사망한 날이 속하는 해의 다음 해부터 50년 또는 70년을 경과한 것이기 때문에 일본의 저작권법 규정에 따라 저작권 보호 기간이 만료하여 지적재산권이 발생하지 않거나 소멸된 퍼블릭 도메인이다. 위키백과재단의 공식 견해는 〈퍼블릭 도메인에 있는 평면적인 작품의 충실한 복제는 퍼블릭 도메인이며, 퍼블릭 도메인이 아니라고 주장하는 것은 퍼브릭 도메인의 개념 자체에 대한 공격에 해당한다〉라고 돼 있다. 또 평면적인 미술 저작물을 사진술에 의해 충실하게 복제한 것은 촬영자의 '저작물'로 취급하지 않고 〈복제〉로 취급한다. 따라서 사용하는 사진은 〈복제〉라고 여겨 그림처럼 퍼블릭 도메인으로 간주한다.

기노쓰라 유키 / 석가가 흰코끼리가 되어 어머니의 자궁에 들어가는 장면 / 〈센켄코시츠〉 사카노우에노 다무라마로 / 〈이와토카구라노키켄〉 아마테라스 오미카미 / 〈겐지모노가타리 화첩〉 와카무라사키 / 미륵보살가사유상 / 구카이(신뇨요다이시) / 〈본조영웅전〉 고즈 천황 이나타히메 / 대일여래상 / 스가와라노 미치자네 / 〈와칸햐쿠모노가타리〉 기요히메 / 소크라테스의 흉상 / 〈월백자〉 오우스노미코 황자 / 〈기케이키고조바시노즈〉 / 수미산을 그린 회화 / 〈센켄코시츠〉 미나모토노 요리미쓰 / 야오야오시치 / 〈덴시세칸미에이〉 스토쿠인 / 〈괴담백귀도회〉 오뉴도 / 〈미용수호전〉 사토미지로타로요시나리 / 〈아테네 학당〉 플라톤 / 가리테이모(귀자모신)상 / 요시쓰네상 / 〈금석화도속백귀〉 슈텐 동자 / 〈햐쿠모노가타리〉 제등귀신 오이와/ 아리스토텔레스의 흉상 / 지옥의 법정을 그린 중국 불화 / 〈안토쿠 천황 엔기에즈〉 / 〈화도백귀야행〉 구로츠카 / 〈신형삼십육괴이선〉 보탄도로 / 우키요에의 칠복신 / 구스노키 마사시게상 / 〈태평기영용전십사〉 마쓰나가단조히사히데 / 〈삼국요호전 제1반 족왕어전단〉 / 데카르트의 초상 / 아메노이와토신화의 아마테라스 오미카미 / 〈도화백귀야행〉 갓파 / 파스칼의 초상 / 〈이즈모타이샤 그림〉 / 〈요괴착도첩〉 오사카베히메 / 흄의 초상 / 〈이세참궁소도회〉 / 임마누엘 칸트의 초상 / 후시미 이나리 신사 / 오다 노부나가상 / 〈가이아〉 / 오르피레우스의 자동바퀴 / 헤겔의 초상 / 〈호쿠사이만가〉 엔노 오즈누 / 크로노스와 그 아이들 / 아베노 세이메이상 / 〈세키가하라 전투 병풍〉 / 제우스상 / 마르크스의 사진 / 〈예수의 부활〉 / 포세이돈과 아테나의 분쟁 / 니체의 초상 / 예수의 옆구리를 찌르는 롱기누스 / 페르세포네의 약탈 / 아틀란티스가 그려진 지도 / 〈최후의 만찬〉 / 아테나상 복제품 / 무 대륙의 위치가 표시된 지도 / 막달라 마리아상 / 스톤헨지 / 세례자 요한 / 〈호쿠사이만가〉 은나라 달기 / 〈보석상자를 가진 판도라〉 / 〈모세의 십계〉 / 〈월백자〉 남병산승월 / 헤라클레스와 어린 텔레포스 / 나스카 지상화 / 〈홍수〉 / 촉왕 유비 / 〈피그말리온과 갈라테이아〉 / 〈지옥의 그림〉 / 안티키테라 기계 / 성 게오르기우스와 용 / 〈통속삼국지지내〉 관우 / 〈일리오스의 함락〉 / 〈로미오와 줄리엣〉 / 프로이트의 사진 / 수정 해골 / 〈삼재도회〉 제갈량 / 〈신 에다〉 영어 번역본 삽화 / 〈오펠리아〉 / 〈대천사 미카엘〉 / 청나라 서적에 실린 황건적의 난 / 오딘 / 〈험프티 덤프티〉 / 도플갱어 / 〈헨트 제단화〉 가브리엘 / 토르의 싸움 / 괴테의 초상 / 융의 사진 / 시귄과 로키 / 〈프랑켄슈타인〉 1831년 개정판의 표지 / 아벨을 죽이는 카인 / 폴터가이스트 / 우리엘의 모자이크 / 티르의 팔을 먹어 뜯는 펜리르 / 〈모르그가의 살인〉 삽화 / 〈지옥사전〉 아스모데 / 제1차 십자군에 의한 안티오키아 공방전 / 요르문간드를 무너뜨리려는 토르 / 도스토옙스키의 초상 / 베르트하이머의 사진 / 남동쪽에서 본 저택 / 시집 〈루치페로〉 / 비그리드 전투 모습 / 톨스토이의 사진 / 〈프리드리히 폰 뮌하우젠〉 / 실험에 사용된 구축함 '엘드리지' / 〈지옥사전〉 바알세불 / 핀 막 쿨 / 〈벨리알의 책〉(1473년판) 삽화 / 잔 다르크의 미니어처 / 마차를 타고 싸우는 쿠 훌린 / 〈해저 2만리〉 / 〈릴리트〉 / 블라드 공작의 꼬챙이 형벌 모습 / 베오울프 / 〈이상한 나라의 앨리스〉 삽화 / 〈지옥사전〉 아스타로토 / 〈아서왕 전설〉 / 잉글랜드 여왕 메리 1세의 초상 / 로빈후드 / 일곱 가지 대죄와 네 가지 종말 / 이반 4세의 초상 / 피닉스 / 〈셜록 홈즈〉 삽화 / 〈성 바르텔레미의 학살〉 / 〈지크프리트와 신들의 황혼〉 삽화 / 〈우주 전쟁〉 삽화 / 요한계시록을 저술한 밧모섬의 요한 / 〈스페인 무적함대의 패배〉 / 브라다만테의 일러스트 / 오페라 가르니에의 내부 사진 / 이사야서의 제2 사본 / 구스타프의 초상 / 롤랑의 죽음 / 〈변신〉(초판) 표지 / 다윗상 / 드레이크의 초상 / 파우스트 / 크툴루의 소묘 / 마녀의 화형 / 길가메시의 부조 / 스페인 독감 유행 / 카스파 하우저의 초상 / 〈집사〉 예언자 무하마드전 / 마리 앙투아네트의 초상 / 파주주의 머리 동상 / 오스니얼 찰스 마시(왼쪽)와 에드워드 드링커 코프(오른쪽)의 사진 / 아우스터리츠 전투의 나폴레옹 / 다마반드산에 구속된 자하크 / 〈긴 목의 성모〉 / 영국 잡지 〈타임스〉 / 비스마르크의 사진 / 시바와 파르바티 / 〈아폴론과 다프네〉 / 〈보이니치 필사본〉 페이지를 펼친 것 / 레닌의 사진 / 칼리 / 조지 오웰의 사진 / 〈알제의 여인들〉 / 아그리파의 초상 / 마타 하리의 사진 / 〈삼재도회〉 기린 / 〈인상, 해돋이〉 / 프랜시스 그리피스와 엘시 라이트의 사진 / 존 디의 초상 / 롬멜의 사진 / 라 / 워시번제분소의 분진 폭발을 기록한 스테레오 그래프 / 타셀 저택 / 생 제르맹 백작의 초상 / 엘리파스 레비의 초상 / 리히트호펜의 사진 / 오시리스상 / 〈월백자〉 옥토끼 / 〈샘〉 / 크로울리의 사진 / 군대의 총에 맞는 군중을 그린 그림 / 〈사자의 서〉 아누비스 / 〈호걸수호전〉 / 여름 산〉 / 에드거 케이시의 사진 / 아나스타샤의 사진 / 케찰코아틀 / 복희와 여와 / 니콜라 테슬라의 사진

365일 1일 1지식
덕후를 위한 교양 수업

2021. 12. 27. 초 판 1쇄 인쇄
2022. 1. 3. 초 판 1쇄 발행

지은이 | 라이브
옮긴이 | 김희성
펴낸이 | 이종춘
펴낸곳 | BM (주)도서출판 성안당
주소 | 04032 서울시 마포구 양화로 127 첨단빌딩 3층(출판기획 R&D 센터)
10881 경기도 파주시 문발로 112 파주 출판 문화도시(제작 및 물류)
전화 | 02) 3142-0036
031) 950-6300
팩스 | 031) 955-0510
등록 | 1973. 2. 1. 제406-2005-000046호
출판사 홈페이지 | **www.cyber.co.kr**
ISBN | 978-89-315-5748-0 (13300)
정가 | 18,000원

이 책을 만든 사람들
책임 | 최옥현
진행 | 김해영, 김혜숙
본문 디자인 | 김인환
표지 디자인 | 디엔터, 박원석
홍보 | 김계향, 이보람, 유미나, 서세원
국제부 | 이선민, 조혜란, 권수경
마케팅 | 구본철, 차정욱, 나진호, 이동후, 강호묵
마케팅 지원 | 장상범, 박지연
제작 | 김유석

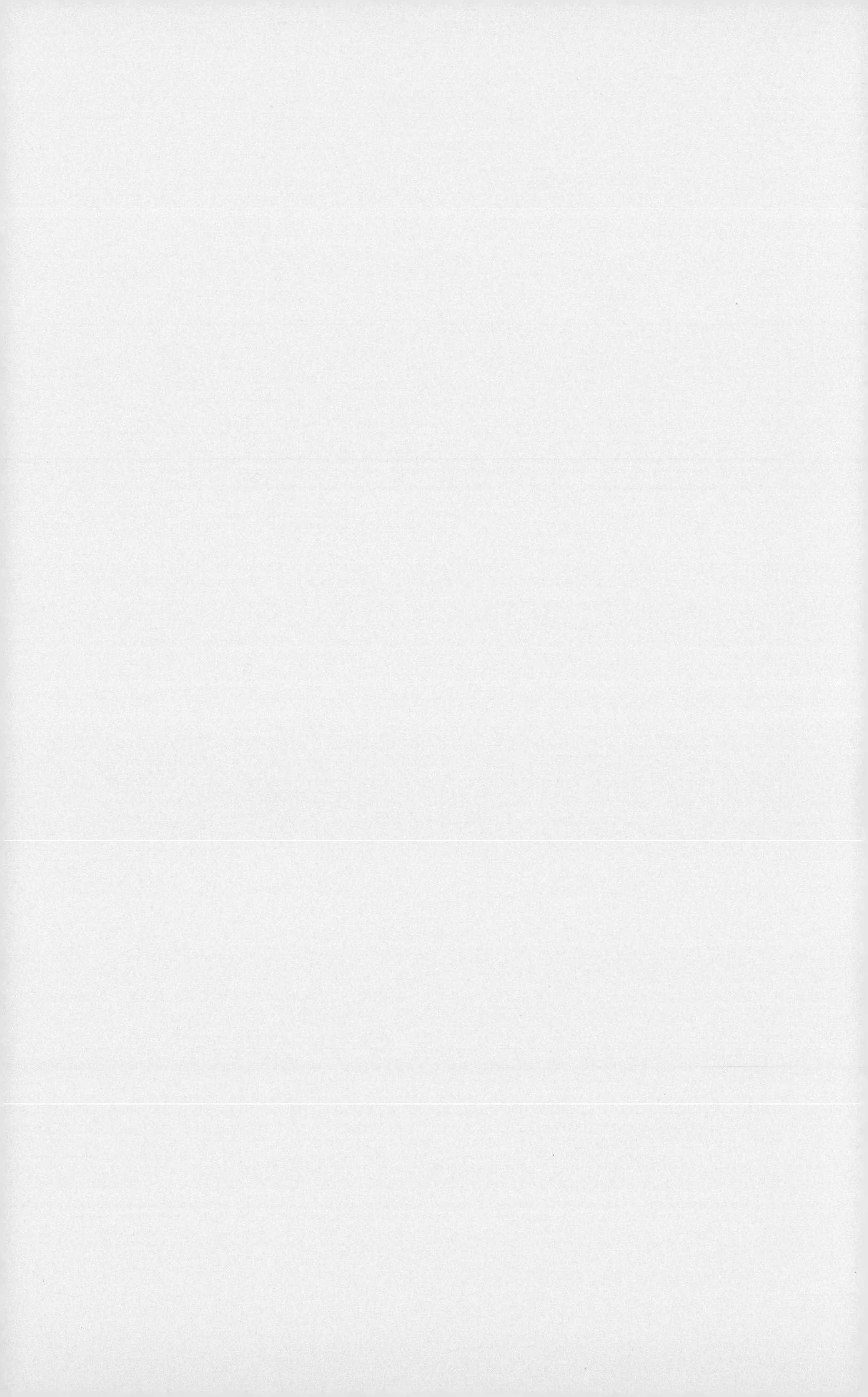